Comportamento
Organizacional

Tradução da 6ª edição norte-americana

Dados Internacionais de Catalogação na Publicação (CIP)
(Câmara Brasileira do Livro, SP, Brasil)

Vecchio, Robert P.
  Comportamento organizacional: conceitos básicos / Robert P. Vecchio; [tradução Roberto Galman]. - São Paulo : Cengage Learning, 2017.

  5. reimpr. da 1. ed. brasileira de 2008.
  Título original: Organizational behavior: core concepts.
  6ª ed. norte-americana
  ISBN 978-85-221-0625-7

  1. Administração de empresas 2. Comportamento organizacional 3. Cultura organizacional 4. Mudança organizacional 5. Organização I. Título.

08-05473   CDD-658.001

Índices para catálogo sistemático:

1. Análise organizacional: Administração 658.001
2. Estudos organizacionais: Administração 658.001

Tradução da 6ª edição norte-americana

Comportamento Organizacional
Conceitos Básicos

Robert P. Vecchio
Professor de Administração da Cátedra Franklin D. Schurz
University of Notre Dame

Revisão técnica: Ana Cristina Limongi-França
Professora associada da Universidade de São Paulo

Tradução: Roberto Galman

Austrália • Brasil • México • Cingapura • Reino Unido • Estados Unidos

Comportamento Organizacional – Conceitos Básicos
Tradução da 6ª edição Norte-Americana
Robert P. Vecchio

Gerente Editorial: Patrícia La Rosa

Editora de Desenvolvimento: Tatiana Pavanelli Valsi

Supervisora de Produção Editorial: Fabiana Albuquerque Alencar

Produtora Editorial: Gisele Gonçalves Bueno Quirino de Souza

Título Original: Organizational Behavior – Core Concepts

(ISBN 978-0-324-32336-8)

Tradução: Roberto Galman

Copidesque: Elizabeth Griffi Mariano

Revisão Técnica: Ana Cristina Limongi-França

Revisão: Shirley Figueiredo Ayres, Tatiana Costa

Diagramação: Megaart Design

Capa: Gabinete de Artes

© 2006 de South. Western, parte da Cengage Learning
© 2009 Cengage Learning Edições Ltda.

Todos os direitos reservados. Nenhuma parte deste livro poderá ser reproduzida, sejam quais forem os meios empregados, sem a permissão, por escrito, da Editora.
Aos infratores aplicam-se as sanções previstas nos artigos 102, 104, 106, 107 da Lei nº 9.610, de 19 de fevereiro de 1998.

Esta editora empenhou-se em contatar os responsáveis pelos direitos autorais de todas as imagens e de outros materiais utilizados neste livro. Se porventura for constatada a omissão involuntária na identificação de algum deles, dispomo-nos a efetuar, futuramente, os possíveis acertos.

A Editora não se responsabiliza pelo funcionamento dos links contidos neste livro que possam estar suspensos.

Para informações sobre nossos produtos, entre em contato pelo telefone **0800 11 19 39**

Para permissão de uso de material desta obra, envie seu pedido para
direitosautorais@cengage.com

© 2009 Cengage Learning. Todos os direitos reservados.

ISBN-13: 978-85-221-0625-7
ISBN-10: 85-221-0625-8

Cengage Learning
Condomínio E-Business Park
Rua Werner Siemens, 111 – Prédio 11
Torre A – Conjunto 12 – Lapa de Baixo
CEP 05069-900 – São Paulo – SP
Tel.: (11) 3665-9900 Fax: 3665-9901
Sac: 0800 11 1939

Para suas soluções de curso e aprendizado, visite
www.cengage.com.br

Impresso no Brasil
Printed in Brazil
5. reimpr. – 2017

Sobre o Autor

Robert P. Vecchio (Ph.D. pela University of Illinois em Champaign – Urbana) é titular da Cátedra de Administração na University of Notre Dame. Desde que ingressou nessa universidade, em 1976, lecionou e conduziu pesquisas sobre comportamento e gerenciamento de Recursos Humanos, com ênfase especial em liderança e supervisão. O professor Vecchio atuou como titular do Departamento de Ciências Administrativas da Notre Dame entre 1983 e 1990. Fez parte dos seguintes comitês editoriais: *Academy of Management Review, Academy of Management Learning and Education Journal, Journal of Management, Journal of Organizational and Occupational Psychology, Leadership Quarterly, Journal of Managerial Inquiry, Employee Responsabilities and Rights Journal, International Journal of Applied Quality Management* e *Organizational Analysis*. Atuou como editor-chefe do *Journal of Management* entre 1995 e 2000.

    O professor Vecchio é membro da Society for Industrial and Organizacional Psychology, da American Psychological Association, da American Psychological Society e da Southern Management Association. Também foi admitido, em 1974, como membro do Centro de Liderança Criativa. Recebeu financiamento do Departamento de Trabalho dos Estados Unidos para estudar o processo de liderança e editou numerosos artigos nas seguintes publicações especializadas: *Journal of Applied Psychology, Academy of Management Journal, Academy of Management Review, Organizational Behavior and Human Decision Processes, Journal of Management, Journal of Organizational Behavior, Leadership Quarterly* e *Human Relations*. Também publicou a obra *Leadership: Understanding the Dynamics of Power and Influence in Organizations*, editada pela University of Notre Dame Press. Tem atuado como consultor de empresas e de organizações sem fins lucrativos. Seu nome é citado em *Who's Who in America* e *Who's Who in the World*.

Prefácio

Uma das metas ao escrever este livro foi apresentar a essência do campo do comportamento organizacional de maneira a transmitir meu entusiasmo com a dinâmica social nos ambientes de trabalho. Meu interesse por esse campo se manifestou desde a participação inicial em um curso de comportamento organizacional, na qualidade de aluno, muitos anos atrás. O tópico cativou-me porque havia exercido algumas funções diferentes até aquela ocasião em minha vida e conseguia perceber a relevância e o valor da compreensão da dinâmica interpessoal existente no local de trabalho. Comecei a ler mais sobre comportamento humano em organizações e, no final, lecionei em cursos de comportamento organizacional. Ao escrever esta obra, tentei partilhar meu interesse e entusiasmo a partir dos fundamentos teóricos da disciplina, atribuindo-lhes um formato mais compreensível e acessível.

Este livro foi elaborado para proporcionar uma visão de conjunto introdutória do campo. Pretende se direcionar principalmente a alunos que freqüentam cursos universitários com dois e quatro anos de duração. O texto também é relevante em um curso introdutório de MBA. Em virtude de analisar os fundamentos essenciais da ciência comportamental, não é necessário que o leitor tenha feita um curso prévio de psicologia ou sociologia. O texto também não exige uma grande experiência de trabalho para que o leitor assimile os conceitos. A matéria abordada é formada, essencialmente, pelos aspectos básicos que definem o campo do comportamento organizacional. Embora outros livros tentem englobar 400 a 500 itens de uma só vez, decidi me concentrar apenas nos conceitos básicos que um aluno deve apreender. Em virtude deste foco naquilo que é essencial, o livro é especialmente adequado como suplementação dos materiais de leitura adicional indicados por um professor. Também seria adequado para um curso de três meses de duração ou um que se apóie em exercícios baseados na experiência como componente básico. Espero, portanto, que ele preencha um espaço importante para os professores que buscam algo diferente de um livro-texto tradicional de cobertura ampla.

Ao preparar esta edição, empenhei-me em manter um tratamento equilibrado entre teoria e prática, apresentando, ao mesmo tempo, conceitos clássicos e contemporâneos avançados. São descritos termos importantes do comportamento organizacional juntamente com elementos básicos do gerenciamento de recursos humanos, do desenvolvimento organizacional e de temas interculturais. Além disso, diversos capítulos são dedicados exclusivamente à teoria organizacional.

Organização

Os capítulos são organizados e dispostos de maneira que os temas avancem do modelo tradicional de nível micro (individual) para um macro (organizacional ou de grupo). Eles estão agrupados em três seções principais, refletindo a progressão: Parte I, Processos Individuais; Parte II, Processos Interpessoais; Parte III, Estrutura e Dinâmica Organizacionais.

Sob o título de Processos Individuais (Capítulos 1 a 5, Parte I) são analisados tópicos relativos a personalidade, percepção e motivação. Processos Interpessoais (Capítulos 6 a 11, Parte II) incluem os temas de poder, liderança, tomada de decisões, dinâmica de grupo, conflito e estresse. A última seção, Estrutura e Dinâmica Organizacional (Capítulos 12 a 15, Parte III), examina os temas de comunicação, estrutura organizacional e ambiente, influências culturais e mudança e desenvolvimento organizacional.

Características

Este livro inclui algumas características pedagógicas criadas para ampliar o aprendizado do aluno e ajudar na compreensão.

Objetivos de Aprendizagem Sete a dez objetivos de aprendizagem coordenam o conteúdo de cada capítulo, concentrando a atenção do leitor nos principais temas.

Citações, Quadros, Tabelas e destaques Visão Interior Citações no início de capítulos, quadros e tabelas, preparados por B. J. Parker, ilustram os princípios do comportamento organizacional. Baseados em organizações reais, proporcionam uma idéia autêntica do tópico de cada capítulo. As citações e o destaque Visão Interior – um por capítulo – oferecem exemplos atuais provenientes de diversas corporações e empresas, enfatizando aspectos relacionados à ética, à diversidade e a temas internacionais, conforme se apliquem ao campo do comportamento organizacional.

Resumo No fim de cada capítulo, um resumo retoma os objetivos de aprendizagem e ressalta os pontos críticos.

Episódios Críticos e Exercícios Experimentais Cada capítulo é seguido por um Episódio Crítico, um caso resumido para fins de discussão, que aplica os conceitos abordados. Cada capítulo também inclui um Exercício Experimental. Alguns foram criados para uso individual e outros para participação do grupo; ambos podem ser adotados para sintetizar os conceitos.

Glossário Um glossário contendo definições das expressões e termos básicos é apresentado no fim do livro. As expressões e termos básicos aparecem em negrito quando mencionados pela primeira vez no texto.

Agradecimentos

A edição atual e as anteriores deste livro se valeram do empenho de muitas pessoas. Desejo externar meu especial agradecimento aos diversos revisores que fizeram inúmeras sugestões a respeito de como aprimorar o conteúdo de cada capítulo: Hines Cronin, da Delta State University; Karen Evans, da Indiana University – Northwest; Janice Feldbauer, do Austin Community College; Jerry Houser, do California Institute of Technology; Angela McArthur da University of Wisconsin – Parkside; Ernesto Reza, da California State University – San Bernardino; Samuel Rabinowitz, da Rutgers University; Douglas M. McCabe, da Georgetown University; Raymond Read, da Baylor University; Joseph C. Rallo, da Ferris State University; Shiori Sakamoto e Cheryl Wyrick, da California State Polytechnic – Pomona; Elizabeth C. Ravlin, da University of South Carolina; Edward W. Miles, da Georgia State University; Sandra Hartman, da University of New Orleans, e Carol Harvey, do Assumption College.

Também sou grato aos profissionais da editora South-Western que ajudaram no desenvolvimento, na produção e estruturação do livro: Joe Sabatino, Jacquelyn Carrillo, Anna Hasselo, Emma Guttler, Emily Gross, Bethany Casey, Mike Stratton e Kristen Meere. Agradeço igualmente o apoio de Kim Brumbaugh, que auxiliou na preparação do manuscrito final, e de minha esposa, Betty, que fez a análise crítica de grande parte do texto. Sem o suporte, as sugestões, a paciência e o incentivo de todas essas pessoas e o apoio contínuo de meus filhos, esta edição não teria sido publicada.

Robert P. Vecchio
Janeiro de 2005

Sumário

Parte Um Processos individuais

Capítulo 1   Introdução ao comportamento organizacional   3

O que é comportamento organizacional?   4
Por que se importar? Ou três razões para estudar CO   4
    Aplicações práticas 4 • *Crescimento pessoal* 6 • *Maior conhecimento* 6
CO e seus campos relacionados   7
Estudo do comportamento das pessoas no trabalho   8
    Administração científica 8 • *Métodos das relações humanas: os Estudos Hawthorne* 10 • *Método da contingência* 11 • *Movimento de cultura da qualidade* 12
Desafios enfrentados pelos gerentes no século XXI 14
    Diversidade da equipe de trabalho 14 • *Colaboradores temporários* 15 • *Expressão das emoções no trabalho* 15 • *Críticas do campo* 16
Estrutura para o estudo do CO   18
Resumo   19
Episódio crítico   21
Exercício experimental   22

Capítulo 2   Personalidade e percepção   25

Personalidade   26
    Determinantes da personalidade 26 • *Avaliação dos traços de personalidade* 28 • *Aspectos importantes da personalidade* 31
Percepção das demais pessoas   36
    Precisão na percepção das demais pessoas 37 • *Outras comunicações não-verbais* 38 • *Percepção dos traços de personalidade* 40 • *Alguns obstáculos para a percepção precisa* 40 • *Compreensão das atribuições* 43
Resumo   45
Episódio crítico   47
Exercício experimental I   47
Exercício experimental II   48

Capítulo 3   Mudança do comportamento dos colaboradores por meio das conseqüências   51

A natureza da aprendizagem   52
    Condicionamento clássico 53 • *Aprendizagem observacional* 54 • *Condicionamento instrumental ou operante* 55

Uso dos princípios operantes em contexto organizacional   55
    Aquisição de comportamentos complexos: modelagem 55 • *Continuidade do comportamento desejado* 56 • *Regras para aplicação dos princípios operativos* 58 • *A Mod CO dá certo?* 58 • *Controvérsias em torno da Mod CO* 60

Papel da punição   61
    Alternativas à punição 62 • *Punição eficaz* 62 • *Diretrizes para manter a disciplina* 63 • *Disciplina progressiva* 63 • *Condução de uma reunião disciplinar* 64

Resumo   66
Episódio crítico   67
Exercício experimental   68

Capítulo 4   Motivação   71

Natureza da motivação   72
    Teoria da motivação para o sucesso 72 • *Hierarquia das necessidades de Maslow* 75 • *Teoria dos dois fatores* 77 • *Teoria da expectativa* 78 • *Teoria do reforço* 81 • *Teoria da eqüidade* 81 • *Teoria da aprendizagem social* 84

Um modelo de motivação abrangente   84
Resumo   86
Episódio crítico   87
Exercício experimental   88

Capítulo 5   Aumento da motivação dos colaboradores usando reconhecimento, metas, expectativas e empoderamento   91

Sistemas de reconhecimento   92
    O papel da remuneração   92

Fixação de metas   95
    Especificidade 95 • *Dificuldade* 96 • *Aceitação* 96 • *Administração por objetivos* 96

Expectativas   98
    O poder das profecias de autodesempenho (PAD) 99 • *Gerenciamento construtivo das PAD* 100

Empoderamento dos colaboradores   101
    Redefinição das funções 102 • *Círculos de controle de qualidade* 109 • *Equipes de trabalho autodirigidas* 110

Resumo   115
Episódio crítico   117
Exercício experimental   118

Parte Dois   Processos interpessoais

Capítulo 6   Poder e política   123
Diferença entre poder e influência   124
Processos de influência interpessoal   124
As cinco bases do poder 125
 Poder de reconhecimento 125 • *Poder coercitivo* 126 • *Poder legítimo* 126 • *Poder referente* 127 • *Poder baseado em especialização* 127 • *Inter-relação entre as bases do poder* 127
Política: os fatores da vida organizacional 128
 Táticas políticas 129 • *Táticas políticas escusas* 131 • *Disparates políticos* 132 • *Lidar com a política organizacional* 134 • *Maquiavelismo* 135 • *Conseqüências da adoção da tática de influência* 136 • *Outras técnicas de influência* 137 • *Ética da política organizacional* 137
Acatar a autoridade: obediência   138
Resumo   140
Episódio crítico   142
Exercício experimental   142

Capítulo 7   Liderança   145
A natureza da liderança   146
A liderança faz diferença?   147
O que os gerentes realmente fazem?   148
Teoria dos traços   148
 Questões de gênero   150
Teoria comportamental 151
 Estudos de liderança da University of Iowa 151 • *Sistema de análise do processo de interação* 152 • *Estudos de liderança da Ohio State University* 153 • *Gráfico gerencial* 155 • *Liderança carismática* 156
Método situacional 158
 Modelo de contingência de Fiedler 158 • *Implicações do modelo de contingência* 161 • *Teoria da trajetória-meta* 162 • *Teoria da liderança situacional* 163 • *Modelo de liderança de Vroom-Yetton* 165 • *Modelo de intercâmbio entre líder e membro* 167
Substitutos da liderança   169
Obstáculos à eficácia pessoal nas posições gerencial e de liderança   170

Resumo 171
Episódio crítico 172
Exercício experimental I 173
Exercício experimental II 178

Capítulo 8   Tomada de decisão   181
Tipos de decisão organizacional   182
    Decisões pessoais versus *decisões organizacionais* 182 • *Decisão programada* versus *decisão não-programada* 182
Teoria clássica da decisão   184
Teoria comportamental da tomada de decisões   185
    A influência das estratégias de julgamento 187
Obstáculos à tomada de decisões eficazes   187
    Filtros de julgamento 188 • *Aumento do compromisso* 188 • *Pensamento único do grupo* 190 • *Aceitação de riscos por grupos* 192
Técnicas para melhorar a tomada de decisões 193
    Tomada de decisão individual versus *grupal* 193 • *Técnica nominal do grupo* 196 • *Técnica Delphi* 196 • *Descaso social e técnica dos degraus da escada* 197
Criatividade e tomada de decisões   198
    Características dos indivíduos criativos 198 • *Avaliação da criatividade individual* 199 • *Etapas do processo criativo* 199 • *Aumento da criatividade* 200
Ética na tomada de decisões   201
Resumo   202
Episódio crítico   203
Exercício experimental   205

Capítulo 9   Dinâmica de grupo   209
Natureza dos grupos   210
    Grupos formais versus *informais* 210 • *Grupos abertos* versus *fechados* 211
Motivos para a formação de grupos   211
    Segurança e proteção 212 • *Associação* 212 • *Estima e identidade* 212 • *Realização de tarefas* 212
Atração interpessoal   213
    Distância física e distância psicológica 213 • *Similaridade* 214
Estágios do desenvolvimento de grupos   215
Impacto dos atributos do grupo sobre o desempenho   215
    A mera presença de outras pessoas 215 • *Tamanho* 216 • *Composição* 218 • *Papéis* 219 • Status 220 • *Normas* 222 • *Coesão* 223

Resumo 224
Episódio crítico 225
Exercício experimental 226

Capítulo 10   Gerenciamento de conflito   229
Conflito 230
Mudança das visões do conflito 231
Fontes de conflito 232
Fatores de comunicação 232 • Fatores estruturais 232 • Fatores do comportamento pessoal 234 • Conflito interpessoal 235
Estratégias para diminuir os conflitos 236
Metas de nível superior 236 • Métodos estruturais 238 • Estilos de gerenciamento de conflitos 239
Gerenciamento de conflitos entre grupos 242
Regras e procedimentos 242 • Apelo à autoridade superior 242 • Posições de contato 242 • Negociação 243 • Equipes 243
Estímulo ao conflito 243
Resumo 244
Episódio crítico 245
Exercício experimental 246

Capítulo 11   Gerenciamento do estresse e da satisfação do colaborador no desempenho das funções   251
Visões do estresse relacionado às funções 252
Causas do estresse 253
Fatores pessoais 253 • Fatores interpessoais 255 • Fatores organizacionais 258
Reações ao estresse 261
Problemas físicos 261 • Alcoolismo e abuso de drogas 262 • Absenteísmo, rotatividade e insatisfação 262 • Violência no ambiente de trabalho 262 • Doença psicogênica do grupo 263 • Esgotamento – Um problema persistente 264
Lidando com o estresse 264
Fuga ou luta 265 • Exercício 267 • Apoio social 267 • Redefinição do cargo 267 • Técnicas de relaxamento 267 • Gerenciamento do tempo: um método prático para reduzir o estresse 268
Satisfação do empregado no desempenho das funções 269
A importância da satisfação no desempenho das funções 269 • Fontes de satisfação no desempenho das funções 270 • A procura por tendências relacionadas à satisfação no desempenho das funções 273 • Conseqüências

da insatisfação no desempenho das funções 273 • *Satisfação no desempenho das funções e produtividade* 275

Resumo   276
Episódio crítico   278
Exercício experimental I   280
Exercício experimental II   284

Parte Três   Estrutura e dinâmica organizacionais

Capítulo 12   Comunicação   291

Um modelo de processo de comunicação   292
Tipos de comunicação   293
Redes de comunicação   294
Direção da comunicação   296

Comunicação com o nível inferior 296 • *Comunicação com o nível superior* 296 • *Comunicação horizontal* 297

Papéis na comunicação 298

Emissores 298 • *Contatos* 298 • *Isolados* 298 • *Cosmopolitas* 298

Comunicação não-verbal   299

Aspectos da comunicação não-verbal 300 • *Proximidade relativa* 301 • *Arranjos espaciais* 302 • *Tempo* 302

Obstáculos individuais à comunicação   303

Diferenças de status 303 • *Credibilidade da fonte* 303 • *Vieses perceptivos* 303

Obstáculos organizacionais à comunicação 303

Sobrecarga de informações 303 • *Pressões do tempo* 304 • *Clima organizacional* 304 • *Tecnologia* 304

Comunicação informal   304
Aperfeiçoamento da comunicação organizacional   306
Resumo   307
Episódio crítico   308
Exercício experimental I   309
Exercício experimental II   311

Capítulo 13   Estrutura organizacional e influências ambientais   313

Princípios de organização   314

Descentralização versus *centralização* 314 • *Estruturas complexas* versus *compactas* 315 • *Unidade de comando e cadeia de comando* 318

Descrição de algumas estruturas organizacionais modernas   320

Estrutura funcional 320 • *Estrutura em função do produto* 321 • *Estrutura híbrida* 322 • *Estrutura matricial* 322

Influências ambientais 324

Aspectos dos ambientes externos 324 • *Gerenciamento do ambiente externo* 328

Visão da estrutura organizacional sob o ângulo da contingência 329

Sistemas mecanicistas e orgânicos 329 • *Estudos de tecnologia de Woodward* 330

Resumo 332

Episódio crítico 333

Exercício experimental 335

Capítulo 14   Influências culturais   339

Cultura organizacional 340

Rituais e histórias 341 • *Avaliação e mudança da cultura organizacional* 341 • *Criação e preservação da cultura organizacional* 342

Estrutura para compreensão da cultura organizacional 343

Decisões críticas do empreendedor ou dos membros fundadores 343 • *Idéias orientadoras e missão* 343 • *Estrutura social* 343 • *Normas e valores* 344 *História relembrada e simbolismo* 344 • *Esquemas institucionalizados* 344

Estudos de cultura organizacional 344

Estudos interculturais 345

Diferenças culturais 346 • *Aspectos das diferenças culturais* 348 • *Gerenciamento japonês* 348

Atuação empresarial no exterior 351

América Latina 352 • *Leste da Ásia (Japão, as duas Chinas e Coréia do Sul)* 352 • *Rússia* 353 • *Oriente Médio* 353

Treinamento intercultural 353

Assimilação de cultura 354 • *Simulação* 355

Resumo 355

Episódio crítico 356

Exercício experimental 357

Capítulo 15   Gerenciamento da mudança e do desenvolvimento organizacional   363

Fontes de mudança 364

Crescimento e declínio organizacionais 365

Crescimento por meio de criatividade 365 • *Crescimento por meio de direção* 366 • *Crescimento por meio de delegação* 366 • *Crescimento por meio de coordenação* 366 • *Crescimento contínuo por meio de colaboração* 367 • *Gerenciamento do declínio organizacional* 367

Determinantes críticos do sucesso e do fracasso organizacional   368
    Fatores que resultam em sucesso 369 • *Fatores que conduzem ao fracasso* 369
Desenvolvimento organizacional (DO)   370
    Fases do processo DO 371 • *Resistência à mudança* 372 • *Técnicas de DO* 372 • *Condições para a adoção bem-sucedida do DO* 376
O DO dá certo?   376
DO em perspectiva   377
Resumo   379
Episódio crítico   380
Exercício experimental   382

Glossário   383
Notas   395
Índice remissivo   427

Parte Um

Processos Individuais

Capítulo 1 Introdução ao Comportamento Organizacional

Capítulo 2 Personalidade e Percepção

Capítulo 3 Mudança do Comportamento dos Colaboradores por Meio das Conseqüências

Capítulo 4 Motivação

Capítulo 5 Aumento da Motivação dos Colaboradores usando reconhecimento, metas, expectativas e empoderamento

"Administrar é a arte de fazer as outras pessoas executarem todo o trabalho."
— *Anônimo*

"Comportamento organizacional é a ciência de prever como os colaboradores se comportarão e explicar, em seguida, por que não se comportam do modo esperado."
— *Um Gerente*

"Quando se trata de administrar uma organização, a 'atuação humana' é que age como centro de tudo."
— *Anônimo*

"Fatos não têm importância. Você poderia usar fatos para provar qualquer coisa, mesmo remotamente verdadeira."
— *Homer Simpson*

Objetivos de aprendizagem

Após estudar este capítulo, você deverá ser capaz de:

1. Definir a finalidade e a natureza do campo do comportamento organizacional.
2. Afirmar por que comportamento organizacional é um campo importante de estudo para os gerentes.
3. Diferenciar comportamento organizacional de teoria organizacional, de gerenciamento de recursos humanos e de desenvolvimento organizacional.
4. Descrever os princípios básicos da administração científica e discutir as deficiências desse método para gerenciar o comportamento dos colaboradores.
5. Relacionar as descobertas dos Estudos Hawthorne ao desenvolvimento do método de relações humanas.
6. Explicar por que os defensores do método da contingência raramente dão uma resposta simples a uma pergunta aparentemente simples.
7. Descrever as linhas de pensamento que vigoram atualmente no campo do comportamento organizacional.
8. Enumerar diversos desafios com que se defrontam os gerentes no século XXI.
9. Responder aos críticos que afirmam que a maior parte dos princípios do comportamento organizacional é óbvia.

Capítulo 1

Introdução ao comportamento organizacional

Descobrindo ouro na regra de ouro

Uma pesquisa recente sobre retenção de colaboradores revelou que, embora as pessoas possam ficar atraídas por uma companhia pelas oportunidades de trabalho, pelos altos benefícios ou pela opinião elevada que se tem da organização, o fator número um da permanência ou não no emprego se relaciona aos "temas de liderança" – o grau em que os líderes promovem confiança e fazem os colaboradores se sentirem valorizados. Conforme um participante da pesquisa afirmou, "desconfiança, falta de integridade e aplicação incoerente de ações corretivas no âmbito da equipe me fariam deixar a companhia". Um outro disse o mesmo, da seguinte maneira: "Trabalhar com um supervisor que não oferece espaço para crescimento e usa sua posição para intimidar todos os colaboradores diretos faria com que eu saísse". A mensagem que ecoa por toda a equipe de trabalho é clara: sem respeito e confiança não há retenção.

Considerando o fato de que substituir um colaborador pode custar de uma a uma vez e meia o salário de uma pessoa, a falha em tratar bem os colaboradores pode ser onerosa. Portanto, de que modo as empresas deveriam reagir? Primeiro, os empregadores precisam reconhecer que a insatisfação dos colaboradores em relação a temas de liderança apresenta consequências imediatas e impacto financeiro negativo. Colaboradores com pouca satisfação no trabalho apresentam o maior risco de sair voluntariamente. A Previsão do Local de Trabalho, realizada em 2003, pelo Pennington Performance Group, assevera com firmeza: à medida que a economia se recuperar, "será a ocasião do retorno financeiro pelo tratamento inadequado dos colaboradores. Os profissionais brilhantes que sobreviverem à calamidade das dispensas terão novamente muitas opções. Eles se lembrarão de como seu empregador os tratou e a seus colegas e sairão".

Os dirigentes precisam reconhecer, em seguida, as principais etapas do desenvolvimento dos novos colaboradores e dar atenção aos momentos críticos de vulnerabilidade, quando eles têm maior probabilidade de sair. Nos primeiros 60 dias, os colaboradores se adaptam ao novo ambiente corporativo e a um novo líder – caso essa etapa não se desenvolva bem, a organização estará sujeita a perder seus novos contratados. No período entre um ano e 18 meses, os colaboradores almejam novas oportunidades e maiores responsabilidades, as quais a liderança deve proporcionar. Após três anos, surgem novas expectativas de avanço na carreira e os colaboradores decidem empenhar-se novamente ou ir em busca de melhores oportunidades. Perder talentos nessa etapa significa abrir mão de pessoas qualificadas – pessoas que elevam as vendas e aumentam a qualidade do atendimento aos clientes, com menor quantidade de erros e menos faltas ao trabalho. A partida desses colaboradores representa um obstáculo para uma organização e um desgaste emocional para os empregados.

Finalmente, as companhias deveriam compreender que os temas de liderança são os que afetam as pessoas. Os colaboradores não estão saindo de seus empregos – estão se afastando de seus chefes. Tais temas pessoais não podem ser retificados por meio de um melhor plano de saúde ou de um plano de aquisição de ações. Uma pesquisa realizada em 2003 pela TalentKeeper indica que as pessoas almejam uma boa liderança, que faça o seguinte:

- crie uma sensação de confiança nos membros da equipe;
- adote comunicação nos dois sentidos, partilhando e solicitando informações;
- acredite na importância da retenção dos colaboradores e seja dotado de conhecimento especializado para reter os membros da equipe;
- reconheça e leve em consideração as necessidades e opiniões de cada membro da equipe.

Essas conclusões da pesquisa são instrutivas: se as empresas desejam reter os bons talentos, os líderes precisam gerenciar com sinceridade. Devem demonstrar confiança, comunicação aberta, apreço e flexibilidade.

Substituir colaboradores sempre acarreta um custo para a companhia em termos de negócios e produtividade perdidos. A longo prazo, reter pessoas competentes que já trabalham na empresa é menos oneroso e problemático.

Fonte: Taylor, C. R. "The tides of talent: A slew of studies points to some surprising deciding factors that make the best employes leave or stay", *T&D*, abr. de 2003.

O que é comportamento organizacional?

Todos nos surpreendemos com os motivos pelos quais algumas pessoas têm sucesso e outras fracassam no mundo do trabalho. A maioria de nós também fica admirada pela maneira como algumas pessoas parecem ter um "poço sem fundo" de entusiasmo por seu trabalho, ao passo que outras o consideram como algo um pouco melhor que tortura. Embora a maioria de nós freqüentemente nada faça além de especular sobre os fatores que afetam nossa vida de trabalho, os estudiosos criaram um campo de análise voltado à pesquisa científica dos processos comportamentais que ocorrem em contexto de trabalho: o campo do comportamento organizacional (CO). O conteúdo desse campo é muito amplo. Engloba tópicos como atitudes, motivação e desempenho dos colaboradores, para citar apenas alguns. E o conteúdo se estende para fatores organizacionais e societários mais amplos, como a estrutura das organizações e as pressões ambientais, que influenciam o comportamento e as atitudes de uma pessoa.

O campo do CO aproveita muitos conceitos e métodos das ciências comportamentais e sociais, incluindo psicologia, sociologia, ciência política e antropologia, porque todos são relevantes para a compreensão do comportamento das pessoas em cenários organizacionais. Como resultado, temas e tópicos referentes a muitas disciplinas acadêmicas podem se tornar matéria de estudo no campo do CO. Portanto, neste livro, analisamos tópicos sociológicos, como a importância da estrutura organizacional; questões psicológicas, como a importância dos fatores da personalidade para explicar o comportamento dos colaboradores; temas antropológicos relativos à influência da cultura; e tópicos de ciência política, como a distribuição e o uso do poder em uma organização. Entretanto, em geral, o CO vale-se com mais ênfase do campo da psicologia.

Por que se importar? Ou três razões para estudar CO

Aplicações práticas

Existem vantagens práticas importantes para se compreender os princípios do CO. O desenvolvimento de um estilo pessoal de liderança, por exemplo, pode ser orientado pelo conhecimento dos resultados dos estudos que tentaram relacionar o estilo de liderança às exigências das situações (Capítulo 7). A escolha de uma estratégia de resolução de problemas (Capítulo 8) pode ser orientada por uma compreensão dos resultados de estudos nas áreas de tópicos associados. Especialmente na área de aumento do desempenho (Capítulos 3 e 5), pode-se obter vantagens aplicando o conhecimento obtido no campo do CO. Adicionalmente, porque o ambiente em que as organizações operam apresenta complexidade cada vez maior é preciso compreender como criar estruturas organizacionais eficazes (Capítulo 13) e como se relacionar com pessoas de formação distinta e muitas vezes internacional (Capítulo 14).

É difícil dimensionar a importância prática da capacidade de se relacionar eficazmente com outras pessoas em contextos organizacionais. Atrair e desenvolver indivíduos talentosos são dois temas cruciais para a sobrevivência e a prosperidade de uma organização. A ênfase no elemento humano (em vez de nos recursos técnicos, financeiros e outros tangíveis), muitas vezes, diferencia organizações concorrentes quando se trata do desempenho organizacional. Isso ocorre porque todos os concorrentes sérios em um determinado setor já atingiram quase o mesmo nível de sofisticação técnica. Portanto, na igualdade das demais condições, as organizações que detêm colaboradores talentosos e aplicados têm maior probabilidade de ser mais eficazes. Além disso, em um dado setor, a variabilidade dos aspectos humanos entre as organizações tem possibilidade de ser maior do que a das dimensões técnicas. Conseqüentemente, podemos sustentar que o elemento mais importante para o crescimento de uma organização – e aquele que pode ser o mais negligenciado por causa de sua natureza menos tangível – é o comportamental.

A título de exemplificar como é importante o elemento humano para a excelência organizacional, considere os times profissionais de futebol americano. Basicamente, todos possuem as mesmas condições e instalações. Cada time, por exemplo, possui um estádio, uma equipe de técnicos, instalações para treinos, equipamento avançado, e assim por diante. Além disso, cada um possui o mesmo número de jogadores e, essencialmente, a mesma estrutura. Portanto, o que diferencia um time de outro sob a ótica dos torcedores esportivos e no gramado é atribuível, em grande parte, ao elemento humano: o talento dos jogadores e dos técnicos, a capacidade dos técnicos para desenvolver o talento de seus jogadores e a capacidade de ambos para demonstrar motivação visando alcançar níveis elevados de sucesso.

Um exemplo similar pode ser citado usando faculdades e universidades. Em termos gerais, as faculdades que buscam conquistar prestígio possuem instalações praticamente idênticas (por exemplo: salas de aula, equipamentos de informática de última geração, dormitórios modernos e paisagem atraente). Essas instituições, no entanto, ao congregar membros do corpo docente com elevado conceito em seus campos de atuação e alunos admitidos de modo mais competitivo alcançam posições mais sólidas. A distinção entre instituições sob o aspecto da reputação é baseada, em grande parte, no elemento humano. Em essência, o reconhecimento do sucesso organizacional resulta, freqüentemente, do gerenciamento eficaz de pessoas. Portanto, o sucesso é alcançado considerando a equipe de trabalho como uma fonte estratégica de vantagem competitiva (em vez de simplesmente um custo).[*]

---

[*] Em uma demonstração mais formal do valor de relações construtivas com os colaboradores, Fulmer, Gerhart e Scott compararam o desempenho das companhias de capital aberto listadas na publicação *As 100 Melhores Empresas para Trabalhar nos Estados Unidos* com um conjunto de companhias equivalentes. Os resultados indicaram não somente atitudes estáveis e grandemente positivas nas empresas listadas, mas também um desempenho superior ao do grupo equivalente, bem como ao do mercado mais amplo.

Crescimento pessoal

A segunda razão para estudar CO é a realização pessoal que obtemos ao compreender nossos companheiros. A compreensão de outras pessoas também pode conduzir a um maior autoconhecimento e autopercepção. Tal crescimento pessoal é um aspecto da educação, muitas vezes indicado como a maior vantagem de se obter um diploma universitário. Algumas pessoas podem questionar o valor prático dessa característica no mundo dos negócios. Na realidade, porém, pode fazer diferença quando se trata de avançar além de uma posição inicial. Grande parte das contratações, em nível inicial, baseia-se em capacidade técnica, tal como um diploma de administração, de contabilidade (com registro no Conselho Regional) ou em MBA. As promoções, no entanto, envolvem, freqüentemente, mais do que mera capacidade técnica. Baseiam-se, muitas vezes, na demonstração de capacidade para compreender e trabalhar eficazmente com superiores, colegas, subordinados e clientes. Em resumo, uma compreensão do CO pode não ser uma garantia que de algum modo óbvio o ajude a conseguir seu primeiro emprego, porém, será valiosa para você após tê-lo conquistado e procurar se distinguir.

Os alunos que se matricularam em um curso introdutório de CO deveriam compreender que a finalidade desse curso é proporcionar uma estrutura à qual podem ser integradas posteriormente experiências organizacionais pessoais. A matéria do curso, portanto, forma um alicerce para ampliar o conjunto de conhecimentos que eles podem adquirir com a experiência. Em suma, o que um aluno *aprende* em um curso de CO não é tão importante como a maneira pela qual o curso *prepara uma pessoa para aprender* (e, portanto, progredir) em uma organização. O conteúdo desse curso é relevante para o avanço pessoal, não importando se a pessoa trabalha para uma corporação grande e consolidada (como General Motors, IBM ou DuPont) ou para uma organização pequena e recente.

Em muitos casos, as inovações ocorrem, em princípio, no interior das organizações. Posteriormente, os pesquisadores de CO desenvolvem e testam explicações para demonstrar como as inovações são eficientes e sob quais circunstâncias elas têm possibilidade de ser particularmente eficazes. Um bom exemplo de como a inovação precede uma compreensão mais básica é dado pela "fixação de metas comuns", que envolve reuniões estruturadas regulares entre um supervisor e um subordinado (veja o Capítulo 5).

O CO, como disciplina, está abrindo constantemente novas fronteiras de conhecimento. A maioria dos estudiosos da área é jovem e treinada há pouco tempo. Na realidade, a grande maioria dos profissionais que alguma vez declararam atuar no campo do CO provavelmente ainda estão vivos nesta data. Muitas das publicações periódicas que divulgam as descobertas das pesquisas de CO são relativamente novas. Conforme você observará ao ler este texto, os estudos citados são todos um tanto quanto recentes. A ampla aceitação do CO, entretanto, constitui um tema importante para os futuros gerentes, conforme comprova o fato de um curso de CO fazer parte da grade de disciplinas de praticamente todas as escolas de administração.

Maior conhecimento

A terceira meta do CO consiste em reunir conhecimento sobre pessoas em cenários de trabalho. O campo procura, no mínimo, agrupar conhecimento por interesse próprio. Conforme evidenciado pelo avanço de muitas áreas de "ciência pura", como física, pesquisa espacial e química, a aplicação prática de muitas descobertas pode não ficar visível durante anos.

Um processo similar ocorre no campo do CO. As primeiras pesquisas sobre os processos de liderança, por exemplo, identificaram os seus principais aspectos (a serem discutidos integralmente no Capítulo 7). Os especialistas em treinamento que acompanharam essas pesquisas as aplicaram na composição de programas de treinamento de liderança oferecidos presentemente às organizações. Além disso, o estudo do CO pode ajudar uma pessoa a pensar de modo crítico a respeito de assuntos relacionados à experiência do trabalho. Tal aptidão para o pensamento crítico pode ser útil para a análise de problemas pessoais e dos empregados.

CO e seus campos relacionados

CO é o estudo sistemático dos comportamentos e atitudes de pessoas e grupos em organizações. Essa pode ser considerada uma perspectiva em nível micro. Nesse nível, os atributos de uma organização, como tamanho e estrutura, usualmente figuram como dados que exercem efeitos uniformes sobre o comportamento em uma situação específica. O foco, ou a unidade de análise na perspectiva micro, é principalmente o indivíduo.

A **teoria organizacional** focaliza a organização como unidade de análise. Os atributos organizacionais, como metas, tecnologia e cultura, são objetos de estudo. Ela freqüentemente usa uma abordagem interorganizacional, ou perspectiva em nível macro, para colher novas informações. CO e teoria organizacional utilizam métodos de pesquisa marcadamente distintos. O CO apóia-se usualmente em experimentos de laboratório e de campo para juntar informações, ao passo que a teoria organizacional tende a depender mais de pesquisas e estudos de caso.

O campo de **gerenciamento de recursos humanos**, ou administração de pessoal, tenta aplicar os princípios das ciências comportamentais ao local de trabalho. Enquanto o CO é mais orientado a conceitos, o gerenciamento de recursos humanos revela maior preocupação com técnicas aplicadas e tecnologia comportamental, tentando estabelecer um elo entre o indivíduo e a organização ao criar e implementar sistemas para atrair, desenvolver e motivar pessoas no interior de uma organização (por meio da concessão de benefícios e de programas de remuneração, por exemplo).

O **desenvolvimento organizacional** refere-se à introdução de mudanças bem-sucedidas nas organizações. Os especialistas nessa área encaram, algumas vezes, a tarefa de mudança sob uma perspectiva macro, concentrando-se na estrutura e nos valores da organização. A meta final dessas iniciativas consiste em aumentar a eficácia organizacional.

Pode-se diferenciar CO de outros campos relacionados por sua ênfase no estudo científico dos fenômenos comportamentais em nível individual e grupal; a teoria organizacional focaliza principalmente fenômenos organizacionais e ambientais; o gerenciamento de recursos humanos se preocupa com a aplicação do conhecimento comportamental para selecionar, localizar e treinar pessoal; e o desenvolvimento organizacional visa a um melhor desempenho da organização. Uma maneira útil, mas talvez muito simplificada, para compreender esses quatro campos consiste em diferenciá-los sob dois aspectos: o nível micro *versus* o nível macro de análise, e teoria *versus* prática. Uma análise das combinações que resultam do cruzamento desses dois aspectos indica que o CO é um campo micro orientado à teoria; o gerenciamento de recursos humanos um campo micro orientado à prática; a teoria organizacional um campo macro orientado à teoria; o desenvolvimento organizacional um campo macro orientado à prática. (A Figura 1.1 resume os resultados do cruzamento desses dois aspectos.) Você observará, neste livro, que os campos relacionados à teoria organizacional, ao gerenciamento de recursos humanos e ao desenvolvimento organizacional também são discutidos ocasionalmente.

Em resumo, o campo do CO é caracterizado por diversidade, em conseqüência de apoiar-se em diversas disciplinas; por ser novo, conforme evidenciado por seu surgimento relativamente

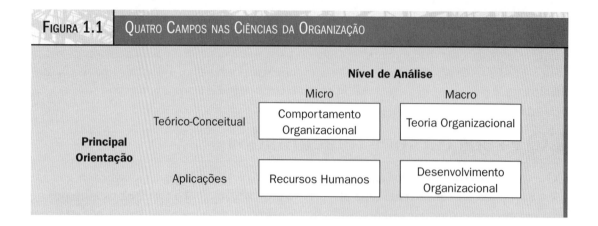

recente na cena acadêmica, e por vitalidade, como demonstrado pelo número crescente de profissionais no campo, o surgimento de novas publicações e a intensidade do debate científico sobre o assunto.

Estudo do comportamento das pessoas no trabalho

O CO é, hoje, uma área em crescimento, rica em variedade de métodos. É interessante examinar as diversas maneiras de análise do comportamento dos colaboradores surgidas ao longo dos anos. Analisar a dinâmica do desenvolvimento de nossa atual perspectiva das atitudes em relação ao comportamento dos colaboradores ajuda a compreender onde o CO se situa atualmente e a visualizar as direções que pode tomar no futuro.

Administração científica

A Revolução Industrial do século XIX acarretou muitas mudanças radicais. Em contraste com o trabalho dos artesãos em épocas anteriores, a atividade se centrou nas fábricas. As funções também exigiam menos aptidões, porque as máquinas controlavam os processos de produção e, embora esta tivesse aumentado consideravelmente, outros resultados dessas mudanças de grande alcance não foram de todo positivos. Alguns autores, em especial Adam Smith e Karl Marx, ressaltaram que a simplificação dos processos de trabalho além de um certo ponto poderia acarretar rendimentos decrescentes e produzir sensações de alienação nos trabalhadores.

Embora reconheçamos a importância dessas críticas, os industriais do início do século XX ainda não estavam dispostos a considerá-las. Preferiram um método de engenharia para dirigir o comportamento dos trabalhadores, denominado **administração científica**. Essa disciplina, desenvolvida por Frederick Taylor, baseava-se na análise detalhada de tarefas e em estudos de tempo e movimento, em conjunto com esquemas de pagamento por unidade produzida, a fim de melhorar a produtividade.[*] As pessoas que acreditavam na administração científica buscavam a melhor maneira para realizar uma tarefa. Elas introduziram peças e procedimentos padronizados. Em seu extremo, o método da administração científica apóia a crença de que existe uma única ótima solução para uma determinada situação.

---

[*] Além de sua contribuição para o estudo de tempo e movimento, Taylor também foi campeão dos jogos de tênis em dupla dos EUA no ano de 1881.

O método da administração científica para lidar com o comportamento dos trabalhadores foi criticado por uma série de motivos. Uma deficiência importante é que são necessários muito tempo e empenho para estabelecer os padrões de trabalho, controlando de perto muitos aspectos do processo e calculando os valores de remuneração. O custo dessas atividades pode eliminar os benefícios esperados. Um problema adicional é a resistência do trabalhador às tentativas de medição do empenho e da produtividade, que pode ser manifestada por diminuição do ritmo de trabalho quando ele percebe que está sendo observado.

Os trabalhadores também se opõem a mudanças nos esquemas de remuneração, porque suspeitam de que os novos valores podem ser estabelecidos para acelerar a produção. Taylor, por exemplo, defendeu esquemas de pagamento que proporcionavam um aumento salarial máximo de apenas 60%, independentemente de quanto aumentava a produtividade do trabalhador. A descrição de Taylor sobre sua supervisão de um trabalhador da Bethlehem Steel Works oferece um exemplo da desigualdade que pode resultar de tal esquema de pagamento.[1] A função de Schmidt, um trabalhador especializado em ferro-gusa, consistia em levar placas de ferro pesando 45 kg de uma plataforma de carregamento para um vagão de trem. Taylor, enquanto prestava consultoria para a Bethlehem Steel, criou um esquema de incentivo salarial (associado a períodos de descanso) que motivou Schmidt a movimentar uma quantidade substancialmente maior de ferro em um determinado dia. Ele respondeu ao plano de incentivo aumentando seu empenho de tal modo, que seu salário sofreu um aumento de US$ 1,15 para US$ 1,85 por dia. Schmidt, a fim de ganhar esse salário maior, movimentou 47,5 t de ferro por dia, ao passo que anteriormente movimentava somente 12,5 t. O desequilíbrio que existe nessa situação pode ser compreendido por meio do cálculo e da comparação dos aumentos relativos da porcentagem de pagamento e de produtividade. O aumento salarial de Schmidt foi de 61%, ao passo que sua produtividade aumentou 280%. A companhia, indubitavelmente, estava se beneficiando mais com a maior produtividade do que o próprio empregado. A crença de Taylor de que os trabalhadores deveriam ter seu aumento salarial limitado a 60% baseava-se em sua premissa de que aumentos maiores tornariam os trabalhadores mais rebeldes e difíceis de supervisionar. Essa conclusão não era baseada em provas colhidas cientificamente, mas em suposições pessoais não-testadas a respeito da natureza humana. Taylor acreditava ainda que os dirigentes tinham direito a lucros substanciais, porque assumiam a responsabilidade e os custos da elaboração de novas técnicas de produção.

Os estudos de Taylor sobre tempo e movimento, sua análise das partes constituintes das tarefas e dos padrões de produtividade eram um reflexo pessoal de sua formação como engenheiro. Um legado desses conceitos é que muitas funções, atualmente, ainda são criadas com a meta de maximizar a eficiência a curto prazo. As implicações negativas de trabalhadores executando tarefas simplificadas e repetitivas não preocupavam os defensores da administração científica.*

Frank e Lillian Gilbreth, casal de consultores, foram dois dos discípulos mais famosos de Taylor. Os Gilbreths, adeptos do estudo de tempo e movimento, criaram uma vida familiar

---

* Como contraponto a essas críticas, alguns autores recentes argumentaram que Taylor foi muito injuriado e que suas técnicas de estudo de tempo, padronização, fixação de metas e incentivos monetários podem ter sido baseadas em conceitos fundamentalmente corretos para lidar com numerosas situações.[2] A validade de uma das sugestões mais originais de Taylor, de que os supervisores deveriam aprender a agredir verbalmente a fim de motivar as outras pessoas, ainda não foi demonstrada. A administração científica defrontou-se, logo no início, com a oposição de dirigentes trabalhistas quando foi proposta como um método para aumentar a eficiência nos arsenais militares dos Estados Unidos. Como resultado, uma investigação do Congresso decidiu contra o uso da administração científica nos arsenais e nos estaleiros marítimos. Os oponentes pertencentes à classe trabalhista também afirmaram que Schmidt, o carregador de ferro-gusa, acabou morrendo por sobrecarga. Taylor, com a ajuda de um detetive, foi capaz de localizar Schmidt (cujo nome verdadeiro era Henry Knolle), que estava vivo e com boa saúde.[3]

(14 pessoas) bastante disciplinada, que alcançou notoriedade pela divulgação do livro *Cheaper by the Dozen*. Frank Gilbreth, adotando princípios de tempo e movimento, reformulou o modo pelo qual os tijolos eram colocados para aumentar grandemente a produtividade. Os Gilbreths também desenvolveram um sistema elaborado para redefinir funções, com base na noção de uma tarefa relativa a uma unidade de trabalho com tempo e movimento irredutíveis, denominada *therblig* (o nome Gilbreth soletrado de forma inversa). Os Gilbreths, com Taylor, fundaram uma associação para promover a administração científica.[*]

Métodos das relações humanas: os Estudos Hawthorne

Durante parte do mesmo período em que a administração científica era adotada, surgiu uma outra linha de pensamento, o **método das relações humanas**. Esse método, que surgiu parcialmente do campo da psicologia, enfatizava a importância da motivação e das atitudes para explicar o comportamento dos trabalhadores. A abordagem obteve grande parte de sua força e aceitação com os resultados de uma série de estudos conduzidos na fábrica de Hawthorne, da Western Eletric Company, localizada nos subúrbios, a oeste de Chicago. Os **Estudos de Hawthorne** foram importantes por terem demonstrado que, além das próprias funções, certos fatores sociais podem influenciar o comportamento dos trabalhadores.[4] Grupos sociais informais, relações entre gerentes e colaboradores e o inter-relacionamento de muitos aspectos dos ambientes de trabalho provaram ser muito influentes.

Os Estudos Hawthorne representaram um importante passo na tentativa de estudar sistematicamente o comportamento dos trabalhadores. Embora os estudos possam ser agrupados em diversas iniciativas ou divisões principais, o **Estudo da Sala de Montagem de Relés** é de interesse particular. Nessa sala, um pequeno grupo de colaboradoras foi deslocado do local de trabalho usual e encarregado de montar pequenos relés de telefone em um arranjo muito similar ao do Departamento de Montagem de Relés real. A decisão de segregar as mulheres do restante da equipe baseou-se na intenção dos pesquisadores de manter controle total sobre o ambiente de trabalho experimental. Foi de especial interesse a possibilidade de alterações no cenário de trabalho influenciar a produtividade das mulheres. Entre as mudanças que os pesquisadores tentaram figuravam a introdução de períodos de descanso, um lanche gratuito no meio da manhã, um dia de trabalho com meia hora a menos de duração, uma semana de trabalho de cinco dias (uma idéia nova na ocasião) e variações nos métodos de pagamento.

Os pesquisadores esperavam que seus estudos indicassem que a introdução de períodos de descanso de 10 minutos produzisse um aumento de 12% na produtividade, ao passo que uma semana de trabalho de cinco dias diminuísse a produtividade em 16%, e assim por diante. Os resultados foram, no entanto, surpreendentes. Em vez de constatarem que algumas condições aumentavam a produtividade enquanto outras a reduziam, os pesquisadores descobriram que a produtividade seguia uma tendência ascendente gradual ao longo de todo o estudo, independentemente da condição estabelecida. Além disso, quando as mulheres estavam na sala de testes, seu número de faltas era menor do que em seu ambiente de trabalho original.

Esses resultados levaram os pesquisadores em Hawthorne a considerar os aspectos psicológicos do cenário de trabalho somados a suas características mais objetivas. Uma análise cuidadosa indicou que os resultados positivos eram devidos parcialmente ao fato de as trabalhadoras apre-

---

[*] Embora Taylor e os Gilbreths, no início, admirassem reciprocamente seus trabalhos, no final tiveram um desentendimento. Taylor procurou desacreditar os Gilbreths, e eles também criticaram suas idéias. Os Gilbreths tiveram a última palavra, pois Taylor morreu primeiro, em 1915.

ciarem a atenção e o reconhecimento que os pesquisadores lhes estavam proporcionando. As trabalhadoras, por exemplo, fizeram comentários favoráveis sobre todas as mudanças realizadas e externaram atitudes positivas em relação a todo o projeto e pesquisa. Em resposta ao tratamento favorável que receberam na situação de teste, em comparação ao tratamento usual dispensado aos empregados naquela época,* as trabalhadoras se valeram de reciprocidade, oferecendo os resultados que julgavam ser da expectativa dos pesquisadores. Esse fenômeno, em que a alteração dos aspectos sociais e psicológicos de um ambiente de trabalho resulta em maior desempenho, em grande parte porque os colaboradores percebem que estão sendo observados, foi denominado **efeito Hawthorne**. Esse efeito explica muitos casos em que o simples estudo das pessoas no trabalho, em si e por si, pode ser responsável por um conjunto de resultados observados.**

Muitos especialistas acreditam que os Estudos Hawthorne mostram a importância da natureza social dos colaboradores. Isso parecia contradizer a abordagem econômica ou racional do comportamento dos colaboradores implícita nos princípios da administração científica. Do mesmo modo que o método da administração científica, porém, o das relações humanas apresenta problemas de aplicação. As maiores dificuldades se originam de uma suposição, sem prova, que é a pedra angular do método das relações humanas: a crença de que os colaboradores contentes com suas funções se sentirão reconhecidos a seus empregadores e demonstrarão sua satisfação sendo mais produtivos. Isso sugere um relacionamento recíproco entre dirigentes e subordinados – a maior preocupação em melhorar as condições de trabalho renderá dividendos aos empregadores por meio da maior produtividade, de colaboradores mais felizes e mais reconhecidos.

Infelizmente, esse simples relacionamento baseado em um intercâmbio idêntico não foi estabelecido com firmeza. Estudos não identificaram uma prova insofismável de um relacionamento entre satisfação dos colaboradores e produtividade. Diante dessa falta de constatação, é difícil apoiar a posição de que os gerentes deveriam se preocupar com o nível de satisfação de seus colaboradores, na expectativa de que eles retribuirão o favor. Os gerentes, no entanto, não podem desprezar o tema do bem-estar dos colaboradores, alegando outras razões consistentes e defensáveis, conforme veremos no Capítulo 11.

Método da contingência

Após a Segunda Guerra Mundial, começou a se desenvolver uma nova visão de CO. Denominado **Método da Contingência**, reconheceu a dificuldade de oferecer princípios gerais simples para explicar ou prever o comportamento em cenários organizacionais. O método da contingência, no entanto, não abandonou a busca por princípios, mas, como alternativa, procurou especificar as condições sob as quais podemos identificar certos relacionamentos. Representou, nesse sentido, uma busca pelos fatores que ajudariam a prever e a explicar o comportamento. Os pesquisadores do CO que aprovam o método da contingência acreditam que o comportamento dos colaboradores é muito complexo para ser explicado somente por alguns princípios

---

* Em uma entrevista de acompanhamento com uma das mulheres que participaram do estudo, foi afirmado que não era incomum, naquela época, os supervisores punirem um grupo de operadoras que não conseguisse produzir as quantidades que lhes eram designadas. Uma forma de punição consistia em não lhes permitir usar o elevador.
** Houve muito debate recentemente a respeito da possibilidade de os resultados efetivos dos Estudos Hawthorne terem indicado factualmente prova substancial e incontroversa de melhor desempenho devido ao fato de as trabalhadoras serem observadas.[5] As críticas originam-se, em parte, da falta de controles extremamente rigorosos no estudo (algumas das trabalhadoras estudadas inicialmente, por exemplo, foram substituídas por outras, devido a vários motivos, durante a longa duração do estudo). A grande maioria dos estudiosos que analisam o comportamento organizacional, no entanto, aceita a conclusão geral dos pesquisadores de Hawthorne e reconhece a existência provável de um fenômeno como o efeito Hawthorne.

simples e diretos. Eles buscam, como alternativa, identificar os fatores que são necessários conjuntamente para que um determinado princípio seja válido. Os pesquisadores desse método reconhecem a interdependência dos fatores pessoais e situacionais na determinação do comportamento dos colaboradores.

Se você solicitar a um pesquisador do método da contingência uma resposta simples a uma pergunta aparentemente simples, deverá esperar uma resposta razoavelmente complexa e com muitas ressalvas. Em virtude de o comportamento humano ser ele próprio complexo, uma definição dos princípios comportamentais também deve ser complexa. Considere, por exemplo, essa pergunta aparentemente simples: Qual é a melhor maneira para um gerente se comportar, de modo autocrático ou democrático? Os pesquisadores do método da contingência não escolhem simplesmente uma alternativa em vez de outra, porém, tentam identificar um conjunto de condições em que se poderia esperar que um estilo de supervisão acarretasse resultados superiores se comparado a outro. Eles levam em consideração temas como expectativas e preferências dos subordinados por estilos diferentes de liderança. Se você for o chefe de um grupo de fascistas, por exemplo, seus subordinados, provavelmente, terão a expectativa e a vontade de que você comande com mão-de-ferro.

Diferenças culturais também são levadas em conta ao se optar por um estilo de supervisão. Na América do Norte, por exemplo, aprova-se a supervisão democrática e participativa, ao passo que um estilo de supervisão autocrático não é visto com bons olhos. Em outros países, porém, um líder que demonstre empatia e disposição para ser influenciado pelos subordinados pode ser julgado um fraco. Além disso, a capacidade do líder para exercer um determinado estilo de supervisão constitui uma consideração importante, conforme ocorre com a natureza da tarefa a ser realizada.

Na maioria dos casos, a resposta de um pesquisador do método da contingência à pergunta relativa ao estilo de gerenciamento pode ser resumida em duas palavras: "Isso depende". Essa resposta, porém, não pretende ser evasiva, pois um pesquisador do método tentará, então, identificar precisamente as subordinações importantes, cujo número supõem poder ser especificado. Com base nessa premissa, podem almejar uma representação válida do comportamento dos colaboradores. Atualmente, a maioria dos especialistas no campo do CO aprova o método da contingência.

Movimento de cultura da qualidade

As duas últimas décadas do século XX testemunharam a ascensão de dois temas relacionados. Esses temas surgiram do trabalho de consultores organizacionais e pesquisadores de ciência aplicada que vincularam o crescimento do poder das corporações do Japão à capacidade gerencial para inspirar dedicação, mantendo simultaneamente a flexibilidade.[6] Duas expressões que estimularam rapidamente o interesse entre gerentes e pesquisadores organizacionais foram *cultura corporativa* e *melhoria de qualidade*. Os autores de diversos livros de grande aceitação – Peters e Waterman (*In Search of Excellence*), Deal e Kennedy (*Corporate Cultures*) e Ouchi (*Theory Z*) – focalizaram o tema de como criar um conjunto sólido de valores positivos partilhados (isto é, uma cultura corporativa sólida), ressaltando ao mesmo tempo qualidade, atendimento, desempenho elevado e flexibilidade.[7] A indústria ocidental desenvolveu, simultaneamente, um interesse por criar uma resposta eficaz à concorrência global crescente. A alta qualidade era vista como relacionada a compromisso e lealdade elevados dos colaboradores, que se acreditava resultar, parcialmente, de seu maior envolvimento na tomada de decisões. Visando a estabelecer

Visão Interior

Viva a revolução gerencial?

Os gurus da administração publicam centenas de livros a cada ano, alardeando novas tendências que revolucionarão o futuro dos negócios. Os livros mais radicais são fáceis de identificar, porque seus títulos contêm palavras e expressões como "bravo mundo novo!", "manifesto!" ou "revolução!", com ponto de exclamação grafado ou implícito. Talvez a melhor resposta a essas tendências seja a cautela. Se alguma lição pode ser aprendida da História com relação às revoluções, é que a maioria delas é esmagada rapidamente pela velha-guarda ou por militantes com excesso de entusiasmo. Os próprios revolucionários usualmente são enforcados ou exilados.

Quando se trata de administrar uma empresa, a mudança radical pode ser desastrosa. A Gateway, Inc. estava liderando as vendas de PCs no mercado de consumo no início do século, quando procurou revolucionar sua atuação deixando de produzir PCs, dedicando-se a aplicações na web, inaugurando muitas lojas no interior e investindo em empreendimentos futuristas. As ações da companhia logo tiveram uma baixa de US$ 50 para US$ 5, à medida que as idéias visionárias se exauriam e os clientes ficavam irritados por problemas de assistência técnica. Muitas demissões e substituições constantes de CEOs, finalmente, fizeram com que a Gateway voltasse ao ponto inicial e tentasse retomar seu negócio tradicional de computadores. Em termos retrospectivos, as iniciativas da Gateway pareceram mais uma tentativa para reequilibrar-se do que um plano de negócio bem fundamentado. A Gateway, entretanto, não é única: trata-se apenas de uma entre muitas companhias que se debateram ao implantar muitas mudanças radicais e de grande alcance.

O problema com os novos modismos é que, geralmente, indicam expectativas irreais, exagerando os benefícios e subavaliando custos. O principal impacto das diversas revoluções gerenciais é que as companhias principiam a mudar e oscilar, algumas vezes impetuosamente, entre centralização e descentralização, concentração e diversificação, lealdade e dispensas. Mudanças rápidas podem desestabilizar uma organização, produzindo ao mesmo tempo poucos resultados mensuráveis. Empreendimentos Corporativos, Análise da Ruptura do Mercado e Gerenciamento do Relacionamento com Clientes são apenas algumas das tendências de sucesso imediato que produzem resultados lentos ou inexistentes para muitas empresas. Os gurus, no entanto, menosprezam qualquer moderação, sempre tentando fazer com que a sabedoria convencional fique de ponta-cabeça.

Líderes experientes nas empresas reconhecem que o sucesso exige, muitas vezes, uma visão de longo prazo, que inclua mudança progressiva e gradual. Métodos testados e aprovados não são sempre "atraentes", mas usualmente os mais confiáveis. Ferramentas gerenciais como Planejamento Estratégico, Missão e Visão da Empresa e Remuneração por Desempenho podem ser clássicos antigos, mas conseguem opiniões favoráveis continuamente. No final, é melhor usar ferramentas testadas do que as modernizantes, e isso também se torna mais fácil para os colaboradores. Conforme um dirigente desanimado afirmou: "Se me disserem para adotar um novo modismo, eu saio da empresa".

Fonte: Rigby, D. "Don't Get Hammered by Management Fads", *The Wall Street Journal*, 21 de maio de 2001.

novos mecanismos para esse envolvimento, mudanças foram consideradas necessárias nas culturas corporativas existentes, e o estabelecimento e a continuidade de novas culturas tornaram-se a meta. Algumas organizações se empenham atualmente para que os colaboradores discutam abertamente aspectos da cultura corporativa e sugiram técnicas para alcançar uma cultura que enfatize mais trabalho em equipe e maior cooperação.

Os defensores do **movimento de cultura da qualidade** afirmam que a produtividade e o retorno financeiro podem ser aumentados significativamente pelo desenvolvimento de culturas que enfatizem os principais valores. As evidências indicam que, quando introduzidos adequadamente, existem vantagens econômicas na adoção dos princípios do movimento de cultura da qualidade. Para toda história de sucesso, no entanto, podem existir, no mínimo, algumas tentativas que resultem em fracasso. As razões para a defesa do movimento de cultura da qualidade serão discutidas mais detalhadamente nos capítulos dedicados ao aumento da motivação dos colaboradores (Capítulo 5) e às influências culturais (Capítulo 14).

Deve-se observar que as duas visões atuais (isto é, o método da contingência e o movimento de cultura da qualidade) não faziam parte das abordagens anteriores de administração científica e de relações humanas; em vez disso, substituíram-nas como perspectivas claramente dominantes para o estudo do CO. As duas abordagens anteriores, entretanto, não foram descartadas. Embora o entusiasmo que as cercava tenha diminuído nitidamente, elas ainda possuem alguns defensores. Os adeptos das relações humanas tendem a ser associados a um campo orientado humanisticamente ou filosófico-altruísta, ao passo que os defensores da administração científica, muitas vezes, mantêm laços estreitos com faculdades de engenharia. Os investidores bem-informados estão apostando na substituição final do movimento de cultura da qualidade por uma perspectiva futura (imprevisível até o momento), ao passo que a abordagem da contingência, por causa de sua abrangência, provavelmente fará parte do campo enquanto retiver sua base empírica.

Desafios enfrentados pelos gerentes no século XXI

Existem diversos desafios constantes e emergentes com que se defrontam os gerentes do século XXI no domínio das relações com os colaboradores. Esses temas não são definíveis facilmente, nem se enquadram em uma estrutura simples. Eles incluem, especificamente: ampliação da diversidade crescente de trabalhadores temporários e expressão cada vez maior de emoções fortes no local de trabalho.

Diversidade da equipe de trabalho

Em anos recentes, tem sido reconhecida uma variedade demográfica mutável na força de trabalho dos Estados Unidos. A expressão *diversidade da equipe de trabalho* adquiriu popularidade após a publicação de um estudo intitulado *Força de Trabalho 2000: Trabalho e Trabalhadores para o Século XXI* (encomendado pelo Departamento do Trabalho dos Estados Unidos). Uma conclusão importante desse estudo foi que uma grande proporção dos novos participantes da força de trabalho virá, em um futuro próximo, de categorias demográficas não formadas por homens brancos. Muitas empresas de tecnologia avançada reagiram ao trabalho crescentemente diversificado procurando gerenciar ativamente a diversidade, tendo em vista obter vantagem competitiva. Para alguns gerentes, essa preocupação recente com a diversidade reflete o último estágio na evolução dos temas de ação afirmativa e oportunidades iguais. Outros gerentes encaram a diversidade como um ensejo para maior produtividade e competitividade (recrutando, por exemplo, mulheres talentosas e minorias, entrando em novos mercados e maximizando a capacidade única de cada colaborador para dar sua contribuição). Muitos gerentes, entretanto, ainda se defrontam com o desafio de como a diversidade deveria ser gerenciada especificamente.

Embora muitos executivos considerem a diversidade um tema importante, também reconhecem obstáculos para a implementação de iniciativas a respeito. Os principais são: a concorrência com outros temas; a crença de que as mudanças demográficas previstas não prejudicarão a capacidade corporativa para atrair talentos; a falta de apoio dos níveis gerenciais médios e superiores; o medo de uma reação contrária da parte de homens brancos. Além disso, não está claro como alguém pode usar deliberadamente diferenças identificáveis nos grupos ou agregá-las para gerenciar uma equipe de trabalho competitivamente, pois a tendência histórica da legislação de direitos civis tem sido a exigência de tratamento igual para as pessoas, em vez de diferenciado com base na participação no grupo. Muitos gerentes (e pesquisadores) também afirmam observar diferenças muito maiores no interior de grupos de pessoas do que entre esses grupos. Como conseqüência dessas ressalvas, a retórica que enfatiza o gerenciamento da diversidade pode existir no processo de mudança para um ouro que a preze. Valorizar a diversidade implica aceitar outras pessoas e tolerar diferenças individuais com menos ênfase implícita para tomar decisões de recursos humanos (potencialmente ilegais) baseadas em suposições de diferenças no grupo. A constatação do impacto da diversidade crescente nas unidades de trabalho indica que para as tarefas que exigem uma ampla gama de aptidões, unidades de trabalho mais diversificadas geram soluções de maior qualidade. Este ganho de qualidade, no entanto, exige mais tempo dos colaboradores. Igualmente, os aumentos da diversidade nas unidades relacionam-se a aumentos da rotatividade dos colaboradores e contribuem para maiores conflitos interpessoais.[8]

Colaboradores temporários

A contratação de colaboradores temporários está aumentando. O Departamento de Trabalho dos Estados Unidos estima que a utilização de trabalhadores temporários aumentou mais de 400% durante os últimos 15 anos. Como resultado, os temporários parecem ocupar um lugar permanente na equipe de trabalho. As vantagens superficiais para os empregadores são maior flexibilidade e economia de benefícios. Os temporários, por exemplo, ganham 40% a menos por hora em comparação aos colaboradores de período integral, e a maioria não possui planos de saúde ou de aposentadoria. Outra vantagem potencial é que os empregadores usam, algumas vezes, o trabalho temporário como um dispositivo de seleção, a fim de identificar colaboradores potenciais para período integral. Não está claro, no entanto, se muitos temporários se beneficiam da suposta oportunidade para transpor a porta de acesso que esse tipo de emprego pode oferecer. Acrescente-se a essa preocupação o fato de que uma porcentagem desproporcional de temporários pertence a minorias, tem menos de 25 anos e é formada por mulheres. Do lado positivo, o emprego temporário, efetivamente, dá às pessoas uma oportunidade para adquirir experiência de trabalho e desenvolver aptidões que poderiam não possuir em outras circunstâncias. Uma preocupação importante dos gerentes, entretanto, consiste em como gerenciar eficazmente colaboradores que não têm um senso de compromisso ou lealdade com seu empregador.

Expressão das emoções no trabalho

Durante anos recentes, tem ocorrido o surgimento gradual da propensão dos colaboradores para agir por impulso pessoal quando sentem emoções fortes. A prova dessa tendência crescente é fornecida por dados sobre o aumento da violência no local de trabalho. Assassinato no local de trabalho representa a categoria de homicídio que cresce mais rapidamente.[9] Igualmente, o aumento de crimes por preconceito na sociedade em geral tem se estendido ao local de trabalho.[10] Esse aumento da violência fez com que o Serviço Postal dos Estados Unidos introduzisse uma linha telefônica especial para que os colaboradores liguem informando a respeito de ameaças de ex-colegas ou colegas atuais. Os fatores que contribuem para a maior violência no trabalho incluem: falha na identificação de candidatos instáveis; supervisão medíocre, que não consegue gerenciar conflitos potenciais; desigualdades flagrantes. Embora assassinato e outras formas extremas de violência apareçam nas manchetes, existem muitas outras formas sutis de comportamento agressivo que infestam os locais de trabalho, incluindo ofensas verbais, intimidação, humor humilhante e falta de apoio.

A propensão para agir com base em emoções positivas fortes também constitui um novo desafio para os gerentes. Sentimentos positivos intensos em relação a outras pessoas são manifestados pelos namoros no local de trabalho, um tópico de CO relativamente negligenciado. O namoro no ambiente de trabalho começou a atrair muito a atenção por causa de diversas forças.[11] Primeiro, está aumentando a proporção de mulheres na equipe de trabalho e também a de mulheres em posições ocupadas tradicionalmente por homens. Essa tendência oferece maior oportunidade para que ocorram namoros.* Segundo, existe uma preocupação crescente a respeito da utilização errada do poder no local de trabalho, conforme se observa nos casos de assédio sexual, em que supervisores (e subordinadas) podem trocar relações íntimas por avanço na carreira, ou quando condições de trabalho hostis são criadas para desencorajar concorrência potencial. As empresas continuam a se empenhar na definição de políticas que coíbam abusos de poder, tendo em vista a tendência natural dos indivíduos de buscar, em relacionamentos íntimos, um companheiro. Muitas pessoas, por exemplo, realmente conhecem seu eventual cônjuge no trabalho.

Casos muito divulgados de namoro e assédio potencial no local de trabalho envolvendo as Forças Armadas e personalidades políticas colocaram em evidência o tema. Em virtude da possibilidade de os colegas de trabalho se ressentirem diante de casos flagrantes de namoro no local de trabalho (pois oferecem oportunidade para desigualdades genuínas como o favoritismo), os gerentes serão forçados a criar e a pôr em prática políticas que respeitem o direito dos colaboradores para se associarem, restringindo ao mesmo tempo ocasiões para conduta potencialmente imprópria.

Críticas do campo

Embora o campo do CO seja relativamente novo, tem provocado muita controvérsia, atraindo críticas de estudiosos na própria área, bem como de alunos e gerentes. O fato de o CO gerar tais debates é prova de que o campo está verdadeiramente dinâmico e em desenvolvimento.

Talvez a crítica mais freqüente do CO como campo de estudo seja feita por alunos de cursos introdutórios. Eles afirmam, muitas vezes, que grande parte daquilo que aprendem é razoavelmente óbvio e poderia ter origem no senso comum.

Essa observação surge, usualmente, em resposta à interpretação dos resultados dos estudos. Considere, por exemplo, os seguintes princípios demonstrados freqüentemente nos estudos sobre comportamento: premiar os colaboradores com base em seu desempenho passado apresenta possibilidade de melhorar seu desempenho subseqüente; um colaborador tenderá a gostar de uma colega que demonstrou apreciá-lo.** Algumas pessoas podem pensar que essas afirmações são

---
* Na verdade, uma pesquisa constatou que 71% dos pesquisados testemunharam um ou mais relacionamentos pessoais no trabalho e 31% envolveram-se pessoalmente.[12]
** Essas afirmações constituem variações da lei do efeito e do princípio da reciprocidade da atração interpessoal

ridiculamente óbvias e que qualquer um poderia fazer essas observações sem dar-se ao trabalho de empreender estudos científicos. Se qualquer um de nós poderia prever tais princípios, por que se incomodar para desenvolver um campo em torno desses clichês?

Para examinar a crítica de que os pesquisadores organizacionais fazem pouco mais do que reafirmar o óbvio, considere o caso a seguir. O Exército dos Estados Unidos criou uma seção de pesquisas no Departamento da Guerra como parte do empenho para vencer a Segunda Guerra Mundial. No decorrer da guerra, a seção conduziu centenas de estudos sobre temas do tipo atitudes, moral e sentimentos de frustração dos soldados. Durante o processo, foram entrevistados mais de 600 mil soldados. Os resultados desses estudos foram tão amplos, que seu resumo final gerou quatro volumes. Quando esses volumes finalmente vieram a público, foram muito criticados na mídia impressa de grande circulação. Uma crítica afirmava que muitas descobertas eram excessivamente óbvias. Uma conclusão importante do relatório, por exemplo, era de que muitos soldados estavam infelizes durante a guerra. Essa conclusão parecia evidente a ponto de levantar dúvidas sobre a legitimidade de investir tempo e energia em pesquisas de atitudes que geram descobertas tão óbvias.

Paul Lazarsfeld, sociólogo, em uma análise do trabalho em quatro volumes, elaborou uma lista resumida das constatações óbvias.[13] Como você avaliaria a novidade de cada uma das seguintes afirmações obtidas por essa análise?

1. Enquanto a guerra continuava, os homens alistados manifestavam maior vontade de retornar aos Estados Unidos do que após o colapso do regime nazista. (Alguém ficaria surpreso ao descobrir que esses soldados não queriam ser mortos?)
2. Soldados dos estados do sul foram mais capazes de tolerar o clima tropical do Pacífico Sul do que aqueles dos estados do norte. (Dadas as diferenças de criação e adaptação ao clima, isso também poderia ser facilmente previsto.)
3. Homens brancos convocados demonstravam mais vontade de ser promovidos do que os negros. (Por causa da falta de oportunidades reais para os negros nas Forças Armadas dos Estados Unidos naquela época, isso não seria inesperado.)
4. Homens altamente educados apresentavam maior dificuldade para ajustar-se à vida no Exército, manifestada especialmente por pequenos distúrbios psicológicos, em comparação com os homens de menor formação. (Pode-se facilmente esperar que o indivíduo altamente cerebral apresente dificuldades para se ajustar a uma situação que requer obediência e aceitação sem questionamento de um regime diário difícil.)
5. Negros dos estados do sul preferiam servir sob o comando de oficiais brancos de mesma origem geográfica, em contraste com os oficiais originários de estados do norte. (A similaridade de formação e valores poderia explicar facilmente essa preferência.)
6. Soldados criados em áreas rurais foram mais capazes de se ajustar à vida no Exército do que os de áreas urbanas. (Dormir sob as estrelas poderia ser um ajuste difícil para alguém que raramente, ou nunca, deixou de viver debaixo de uma laje de concreto.)

Se reconhecermos a natureza óbvia dessas descobertas, precisaremos questionar todas as iniciativas voltadas à condução de pesquisas que envolvem pessoas em contextos organizacionais. Se esses forem os dados básicos adotados para desenvolver princípios nesse campo, a pessoa média já detém um conhecimento razoavelmente sofisticado sobre CO.

Essas afirmativas seriam verdadeiras, exceto por um fato importante: a relação acima apresenta o *oposto exato* das descobertas reais. Na verdade, os soldados preferiram permanecer no estrangeiro até que a guerra terminasse e desejavam voltar para casa somente depois que isso ocorresse. Sulistas não tinham maior tolerância para o calor do Pacífico Sul, negros manifestavam maior vontade de ser promovidos, homens com pouco estudo apresentavam maior dificuldade para se ajustar à vida no Exército, e assim por diante. Podemos oferecer, em cada caso, uma explicação que, uma vez mais, é aparentemente óbvia. O desejo dos soldados de permanecer no estrangeiro, por exemplo, poderia ser explicado por seu compromisso de se empenhar até o fim da guerra e por seu patriotismo, ao passo que o anseio por retornar tornava-se forte após sua missão ter sido concluída; negros tinham maior ambição de ser promovidos porque eram relativamente privados de oportunidades como grupo, e assim por diante. Caso as constatações verdadeiras houvessem sido relatadas inicialmente, nossa reação também seria de que elas eram óbvias.

A noção de que os fenômenos comportamentais são óbvios constitui, portanto, uma ilusão. Pode muito bem ocorrer que, quando nos fizerem uma afirmação a respeito do comportamento humano, tenhamos uma reação defensiva: "Ah, logicamente teria percebido isso". Essa tendência para afirmar que teríamos previsto a relativa inevitabilidade de um resultado é denominada **viés da percepção tardia**. Essa reação pode ser muito autoconvincente (pois indica que temos muito controle do ambiente a nosso redor), mas também visivelmente muito errada. Em virtude de todo tipo de comportamento humano ser, no mínimo, concebível, não devemos cair na armadilha da auto-ilusão, apoiando-nos na intuição e em teorias afastadas da realidade, em vez de buscar provas empíricas. Precisamos pesquisar igualmente os fatores conjuntos, pessoais e situacionais responsáveis por uma determinada regularidade do comportamento humano. Um ceticismo positivo se torna necessário, porque quase toda explicação do comportamento, independente de sua validade ou falsidade, pode ser considerada óbvia após a termos escutado.[14]

Estrutura para o estudo do CO

Na prática, gerentes e pesquisadores interessados no CO tendem a juntar temas e tópicos em algumas categorias mais ou menos comuns, tais como poder, remuneração, comunicação, satisfação no trabalho, liderança, e assim por diante. Essas categorias normalmente utilizadas formam a base para os tópicos deste livro. Os capítulos apresentam uma continuidade lógica: dos temas de âmbito individual aos de relações entre as pessoas e, no final, aos temas do relacionamento entre o indivíduo e a organização. Portanto, eles são apresentados em seqüência, indo do nível micro (menor) para o macro (maior) de análise e discussão.

A Figura 1.2 resume a organização desses tópicos, agrupando os diversos títulos dos capítulos em três grandes categorias. Examinaremos inicialmente os tópicos relacionados aos indivíduos, como personalidade, percepção, aprendizagem e motivação. Em seguida, os processos interpessoais, como liderança e dinâmica de grupo. Finalmente, as forças organizacionais e ambientais, como as influências estruturais e culturais.

Em essência, iniciaremos com o conjunto de tópicos no lado superior esquerdo da Figura 1.2 e seguiremos em sentido horário ao longo da estrutura. Uma característica importante da estrutura é a interconexão dos conjuntos (conforme observado pelo uso constante da seta com duas pontas). Essas interconexões denotam a inter-relação, ou influência múltipla, existente entre os tópicos. Isso significa dizer que os processos interpessoais são influenciados por fatores individuais e organizacionais, e vice-versa. A título de exemplo, a forma real de um sistema de remuneração será um produto de forças individuais e organizacionais. O sistema de remuneração, por sua vez, influenciará as atividades em nível individual e no âmbito da organização. Os processos comportamentais não ocorrem em um vazio. Em vez disso, devem ser considerados como causas e conseqüências potenciais de outros processos.

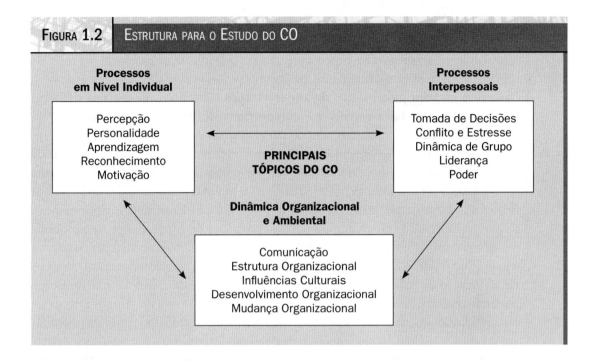

FIGURA 1.2 ESTRUTURA PARA O ESTUDO DO CO

Resumo

1. **Definir a finalidade e a natureza do campo do CO.**
   CO é um campo de análise relativamente novo, com interesse no estudo científico dos processos comportamentais que ocorrem nos contextos de trabalho. Ao basear muitos de seus conceitos e métodos nos adotados pelas ciências comportamentais e sociais, o CO explora uma ampla gama de temas que incluem: (1) fenômenos baseados no indivíduo, como percepção e personalidade; (2) processos interpessoais e de grupos de trabalho, como poder e liderança; (3) forças organizacionais e ambientais, como as influências estruturais e culturais. O CO, por ser recente, constitui um campo dinâmico e promissor, caracterizado por diversidade e vitalidade.

2. **Afirmar por que o CO é um campo importante de estudo para os gerentes.**
   Compreender que o CO auxiliará os gerentes de pelo menos três maneiras. Primeiro, por meio do CO os gerentes podem aprender a compreender melhor e aumentar seu próprio desempenho, o dos subordinados e o de seus superiores. Segundo, os gerentes descobrirão que o estudo de CO pode resultar em crescimento pessoal. Uma melhor compreensão das outras pessoas pode ser altamente gratificante e contribuir para maior autoconhecimento e autopercepção. Terceiro, o CO proporciona aos gerentes conhecimentos de seu próprio interesse. Embora algumas constatações ainda possam não ter aplicação prática, são, não obstante, contribuições valiosas para o acervo cumulativo do conhecimento humano.

3. **Diferenciar CO de teoria organizacional, gerenciamento de recursos humanos e desenvolvimento organizacional.**
   CO, em termos restritos, é o estudo sistemático do comportamento de pessoas e grupos no interior das organizações. Em contraste, a organização como unidade de análise e os atributos organizacionais como metas, tecnologia e cultura são os objetivos de estudo. O campo de gerenciamento de recursos humanos tenta aplicar os princípios das

ciências comportamentais no local de trabalho, criando e implementando sistemas para atrair, desenvolver e motivar as pessoas no âmbito das organizações. Finalmente, o desenvolvimento organizacional procura elevar o desempenho organizacional por meio da introdução de mudanças sistemáticas na estrutura e nos valores de uma organização.

4. **Descrever os princípios básicos da administração científica e discutir as deficiências desse método para gerenciar o comportamento dos colaboradores.**

   Trata-se, essencialmente, de um método para controlar o comportamento dos empregados, desenvolvido pelo engenheiro Frederick Taylor. A administração científica usou uma análise detalhada das tarefas e estudos de tempo e movimento conjuntamente com esquemas de pagamento por unidade para aumentar a produtividade. Os proponentes da administração científica, em seus estudos para identificar a melhor maneira de executar uma dada tarefa, impuseram aos processos de fabricação peças e procedimentos padronizados. Esse método foi muito criticado. Entre suas deficiências, havia a grande quantidade de tempo e dedicação exigidas para estabelecer padrões, monitorar o processo de trabalho e calcular os níveis de remuneração. Muitos trabalhadores, receando que os novos níveis de remuneração representassem uma tentativa de acelerar a produção, valeram-se de um ritmo menos intenso de trabalho, a fim de resistir às tentativas de medição de seu empenho e de sua produtividade.

5. **Relacionar as descobertas dos Estudos Hawthorne ao desenvolvimento do método de relações humanas.**

   O método de relações humanas enfatizou a importância da motivação e das atitudes para a explicação do comportamento dos colaboradores. Essa filosofia baseou muitas de suas crenças nas descobertas dos Estudos Hawthorne, conduzidos em uma única indústria. Os Estudos Hawthorne representaram um grande passo na tentativa de analisar sistematicamente o comportamento dos trabalhadores e demonstrou que grupos sociais informais, relações entre superiores e empregados e a inter-relação entre muitos outros fatores contribuem para o desempenho das funções.

6. **Explicar por que os defensores do método da contingência raramente dão uma resposta simples a uma pergunta aparentemente simples.**

   Os proponentes do método da contingência afirmam que a complexidade do comportamento dos colaboradores contesta as explicações simples. Eles procuram identificar os diversos fatores pessoais e situacionais necessários para explicar e prever o comportamento. Atualmente, a maior parte dos especialistas no campo do CO aprova o método da contingência.

7. **Descrever as linhas de pensamento que vigoram atualmente no campo do CO.**

   Existem hoje duas linhas de pensamento dominantes no campo do CO: o método da contingência e o movimento de cultura da qualidade. O método da contingência tenta explicar e prever o comportamento a partir de uma análise das interdependências das forças pessoais e situacionais. O movimento de cultura da qualidade focaliza o papel da cultura corporativa na influência do desempenho dos colaboradores. Aspectos importantes da cultura corporativa, como a participação dos colaboradores na tomada de decisões, são encarados como demonstração de compromisso e lealdade, o que, por sua vez, afeta a qualidade do trabalho dos empregados.

8. **Enumerar diversos desafios com que se defrontam os gerentes no século XXI.**

   À medida que entramos no novo século, os gerentes cada vez mais forçados a lidar com desafios comportamentais resultantes da diversidade crescente da equipe de trabalho, maior utilização de trabalhadores temporários e a tendência crescente dos colaboradores para agir com base em emoções fortes (negativas e positivas) enquanto trabalham.

9. **Responder aos críticos que afirmam que a maior parte dos princípios do CO é óbvia.**
Em virtude de todo tipo de comportamento humano ser, no mínimo, concebível, manifestamos uma tendência para acreditar que muitas descobertas do CO parecem ser óbvias. Tal reação poderia conduzir a uma dependência da intuição e de teorias distantes da realidade, em lugar de pesquisas empíricas. Independentemente de quanto pode ser óbvia uma afirmação sobre o comportamento, os pesquisadores do CO não a consideram como fato até ser provada cientificamente.

Episódio crítico

Simplesmente não se consegue mais uma boa contribuição

O lucro da Greenley Corporation ao longo dos últimos cinco anos tinha aumentado a uma taxa anual de 13,5%. A maior parte desse acréscimo foi resultado direto de subcontratos que a empresa havia conseguido de outras.

Há seis meses, para equacionar seu atraso de 90 dias no atendimento dos pedidos, a Greenley introduziu um plano de incentivos para aumentar a produção. Houve diversas versões do plano, cada uma direcionada a funções específicas. O plano para montadores e embaladores oferecia uma gratificação de 25% por toda quantidade acima do padrão. O montador-embalador médio ganhava US$ 9/hora, e se esperava que montasse e embalasse dez unidades nesse intervalo de tempo. Excetuando o tempo gasto com almoço e intervalos para descanso, as pessoas trabalhavam sete horas por dia, e a expectativa era de que produzissem 70 unidades, resultando em um custo básico de mão-de-obra no valor de US$ 0,90 por unidade.

Se o montador-embalador optasse por trabalhar aos sábados, o salário seria 1,5 vez maior, e os gerentes também prometiam pagar a gratificação de 25% pela produção que excedesse o padrão. Um dos montadores-embaladores que produzia 82 unidades por dia recebia um salário semanal bruto de US$ 497,25. Os cálculos eram os seguintes:

Salário semanal médio (7 horas x US$ 9/hora x 5 dias)	US$ 315,00
Gratificação por 12 unidades adicionais por dia (US$ 0,90/unidade x 1,25 de gratificação x 12 unidades adicionais x 5 dias)	US$ 67,50
Horas extras no sábado (7 horas x US$ 13,50 [US$ 9/hora x 1,5 de gratificação]	US$ 94,50
Gratificação por 12 unidades adicionais produzidas no sábado (US$ 0,90/unidade x 1,5 pelas horas extras x 1,25 de incentivo x 12 unidades)	US$ 20,25
	US$ 497,25

Semana passada, o departamento de produção divulgou que havia um atraso de 100 dias no atendimento dos pedidos. O vice-presidente responsável pela área industrial comunicou ao presidente que seria uma boa idéia começar a identificar empresas terceirizadas para alguns desses pedidos. O presidente concordou, porém, exortou o gerente a tentar fazer com que a maior parte possível do trabalho fosse feita internamente. "Se necessário", disse o presidente, "aumente a gratificação para 35% do salário-base". O vice-presidente concordou, porém, ressaltou que apenas 6% do número total de trabalhadores da fábrica estavam dispostos a trabalhar aos sábados. "Não creio que estamos tendo muito sucesso com nosso programa de incentivos. Se você me perguntasse, diria que simplesmente não se consegue mais uma boa contribuição."

1. Os dirigentes da Greenley consideram que o dinheiro motiva as pessoas?
2. Por que o plano de incentivo não está sendo eficaz?
3. Com base no último comentário do episódio, como você caracteriza a visão que o vice-presidente possui da natureza humana?

Fonte: Altman, J.; Valenzi, E.; Hodgetts, R. *Organizational Behavior.* Nova York: Academic Press, 1985. p. 29.

Exercício experimental

O que você conhece sobre comportamento humano?

O Capitulo 1 discute vários métodos de estudo do CO. Encontra-se implícito na discussão o aspecto de que CO é uma ciência social com base empírica. Nessa condição, os pesquisadores precisam se valer de diversos métodos para coletar dados. Grande parte daquilo que conhecemos sobre a interação entre pessoas, entretanto, não se origina da coleta de dados. Manifestamos opiniões, palpites etc. em nossa vida diária que nos ajudam a decidir o que fazer.

Este exercício tem por finalidade proporcionar-lhe algum *feedback* a respeito daquilo que você julga conhecer a respeito do comportamento humano.

Escreva V (verdadeiro) ou F (falso) ao lado de cada afirmação, para indicar sua concordância ou discordância. As respostas corretas encontram-se após a lista.

_____ 1. As pessoas são inerentemente sociais.
_____ 2. As pessoas que, muitas vezes, são silenciosas, em geral, pensam cuidadosamente.
_____ 3. Na média, os homens conduzem melhor veículos do que as mulheres.
_____ 4. A maioria dos gerentes prefere usar comunicação escrita (por exemplo, memorandos).
_____ 5. Existem certos aspectos da personalidade comuns a todas as pessoas.
_____ 6. Um número maior de pessoas que obtêm grande sucesso origina-se da classe média superior.
_____ 7. As mulheres visivelmente possuem maior intuição do que os homens.
_____ 8. Os introvertidos são mais sensíveis às idéias abstratas e aos sentimentos do que os extrovertidos.
_____ 9. A maioria das pessoas muito inteligentes parece ser fraca fisicamente.
_____ 10. Aqueles que assumem grandes riscos também parecem obter grande sucesso.
_____ 11. As pessoas têm maior probabilidade de atribuir o sucesso à sorte ou às oportunidades.
_____ 12. Os fumantes parecem estar mais dias ausentes do trabalho por motivo de saúde do que os não-fumantes.
_____ 13. A apreciação por arte ou música parece ser herdada.
_____ 14. Parece que a maioria das pessoas trabalha principalmente por dinheiro.
_____ 15. Parece que a maior parte dos grandes atletas é dotada de inteligência abaixo da média.

_____16. As pessoas muito religiosas parecem ter como origem condições muito humildes.
_____17. Setenta e cinco por cento da população dos Estados Unidos visivelmente preferem juntar informações por meio de intuição.
_____18. Parece que a maioria das pessoas cegas possui excelente audição.
_____19. A maior parte das pessoas que trabalham para o governo assume poucos riscos.
_____20. Os professores universitários apresentam maior auto-estima do que os membros de qualquer outro grupo profissional.
_____21. Os melhores trabalhadores de uma organização, muitas vezes, produzem duas ou três vezes mais do que os colaboradores pouco eficientes.
_____22. As mulheres, nas interações sociais, olham mais para a outra pessoa do que os homens.
_____23. Parece existir, nos Estados Unidos, uma maior ênfase em "inserir-se" do que em "destacar-se" nas situações sociais.
_____24. Bons líderes têm se tornado muito comuns na maior parte das organizações.
_____25. Tentar influenciar o comportamento de outras pessoas é uma tendência natural dos seres humanos.
_____26. Os executivos do escalão superior parecem ter maior necessidade de dinheiro do que de poder.
_____27. A História indica que a maioria das pessoas famosas eram filhas de pais pobres e muito trabalhadores.
_____28. A vivência de uma pessoa em tenra idade e na infância tende a determinar o comportamento em épocas posteriores da vida.
_____29. O estresse no trabalho é indesejável e deve ser evitado sempre que possível.
_____30. A maioria dos relacionamentos bem-sucedidos apóia a noção de que os opostos se atraem.

As respostas encontram-se a seguir. Compare com as suas para conhecer seu grau de percepção do comportamento humano. A maioria dos alunos acerta entre 16 e 22 itens. Qual o seu número de acertos?

Recorde-se de que, ao propor este exercício, foi ressaltado que grande parte do que você conhece a respeito do comportamento humano não se baseia em pesquisas. Nestes termos, seu conhecimento tende a estar errado.

O comportamento organizacional, no entanto, baseia-se em mais do que opinião e intuição – é uma ciência. Portanto, à medida que você iniciar a leitura e o estudo dos capítulos a seguir, lembre-se de que as informações possuem base empírica.

1. V	11. F	21. V
2. F	12. V	22. V
3. F	13. F	23. F
4. F	14. F	24. F
5. V	15. F	25. V
6. V	16. F	26. F
7. F	17. F	27. F
8. V	18. F	28. V
9. F	19. F	29. F
10. F	20. V	30. V

"Yon Cassius tem uma aparência esguia e ansiosa. Ele pensa muito. Esses homens são perigosos.
– William Shakespeare

Caso não tivesse acreditado nisso, não teria visto.
– Anônimo

Não se trata de você ganhar ou perder, mas de como atribuir a culpa.
– Anônimo

Objetivos de aprendizagem
Após estudar este capítulo, você deverá ser capaz de:

1. Discutir o conceito de personalidade e os fatores que afetam seu desenvolvimento.
2. Descrever as técnicas mais comumente utilizadas para avaliar os atributos da personalidade.
3. Especificar e definir diversos aspectos da personalidade especialmente relevantes para o comportamento organizacional.
4. Defender a noção de que percepção é um processo complexo e ativo.
5. Explicar como as expressões faciais e outras insinuações não-verbais afetam a precisão de nossas percepções.
6. Identificar os obstáculos comuns para a percepção precisa.
7. Descrever os princípios básicos da teoria da atribuição.

Capítulo 2

Personalidade e Percepção

Lembre-se: não existem respostas erradas

Ao examinar uma companhia por dentro, certos tipos de personalidade destacam-se. Existe o extrovertido simpático, que pode tornar agradável toda reunião, mas também o colaborador tímido ou sério, que evita conversa fiada e tem propensão a silêncios constrangedores. Há o visionário, que se entusiasma por discutir estratégias de grande alcance, mas também o devorador de números, que encontra satisfação em minúcias intermináveis. Existe o superentusiástico, que adora a equipe, e a prima-dona, que despreza o trabalho em equipe. Essas descrições representam caricaturas e estereótipos, refletindo, no entanto, algumas das diferenças reais existentes na equipe de trabalho.

Identificar e avaliar tipos de personalidade pode ser útil para os empregadores. À medida que eles se dedicam à tarefa de desenvolver talentos para as organizações, estão cada vez mais transpondo degraus para assegurar que as pessoas contratadas se adaptem bem – em termos de descrição de cargo e com os prováveis colegas de equipe. Corporações multinacionais como PepsiCo, Hewlett-Packard e Sara Lee adotam uma variedade de análises da personalidade, escalas de avaliação, testes situacionais e outras técnicas para identificar os pontos fortes e ajudar a enquadrar a pessoa certa no cargo certo. Testes como o Indicador de Tipos Myers-Briggs (*Myers-Briggs Type Indicator* – MBTI) permitem que se analisem a fundo temas como capacitação e experiência no cargo.

Dificilmente alguém contesta que avaliações padronizadas da personalidade proporcionem benefícios – o Indicador de Tipos Myers-Briggs foi utilizado durante mais de 60 anos por causa de seu valor para aprimorar a comunicação e avaliar os tipos de personalidade – mas também possuem limitações. Podem ser fáceis de "burlar", pois, um empregado potencial consegue dar respostas que, presumivelmente, seriam as esperadas pelo empregador. Também podem não ser confiáveis no sentido de que avaliações constantes podem produzir resultados muito diferentes. Podem criar questionamentos legais, como no caso em que as companhias se defrontam com a possibilidade de processos coletivos por parte de pessoas que acreditam serem os testes usados como discriminação contra candidatos de classes sociais protegidas ou de minorias. Finalmente, as medições de personalidade podem ser recusadas pelos candidatos que se opõem a tal procedimento.

Os testes de personalidade, mesmo com suas limitações, são considerados úteis para o planejamento da carreira e o desenvolvimento da equipe de trabalho. Algumas empresas não preencherão cargos de gerenciamento sem informações sobre aspectos da personalidade do candidato, por causa do potencial de maior rotatividade dos colaboradores e de maiores custos de treinamento. Essas empresas assumem o compromisso de aplicar avaliações padronizadas, reconhecendo que existe uma justificativa relacionada ao lucro para seu uso: testes de medição da personalidade podem ser caros, porém, não utilizá-los pode ser até mais oneroso.

Fonte: Shuit, D. P. "At 60, Myers-Briggis is still sorting out and identifying people's types; demand for the venerable personality test remains strong, even though the world has changed", *Workforce Management*, dez. 2003.

A capacidade para perceber e compreender de modo preciso as pessoas é importante para todo gerente. A maneira como chegamos a conhecer os demais e a compreender seu comportamento relaciona-se à personalidade e à percepção, dois tópicos que examinamos neste capítulo.

Personalidade

As diferenças individuais entre as pessoas no trabalho tornam a interação social estimulante e, algumas vezes, frustrante. Examinamos, a seguir, as técnicas usadas para medir as diferenças de personalidade. Analisamos, em seguida, diversos aspectos importantes das diferenças específicas dos colaboradores.

Personalidade pode ser definida como traços e características individuais de longa duração, formadores de um padrão que distingue uma pessoa de todas as demais. Essa não é, de maneira alguma, uma definição aceita universalmente. Na realidade, existem muitas definições de personalidade, assim como teorias. Para nossas finalidades, no entanto, essa definição será suficiente.*

O conceito de personalidade representa diferenças de estilo de comportamento nas pessoas. Vamos supor, por exemplo, que você observou atentamente o comportamento de um de seus colegas de trabalho. Ele raramente fala nas reuniões de grupo e parece preferir permanecer sozinho a maior parte do tempo. Baseado nessas informações, você possivelmente concluiria que esse indivíduo é introvertido. Isso ajudaria a explicar seu comportamento passado e atual e também a prever o comportamento em situações futuras. Nossa definição de personalidade inclui a noção de que os traços são relativamente duráveis a longo prazo, o que implica uma conduta idêntica em situações distintas e ao longo do tempo. Sem dúvida, as pessoas mudam com o passar do tempo, porém, o ritmo de tal mudança normalmente é muito gradual. Os processos normais de maturidade são suficientemente lentos para que possamos avaliar os traços das pessoas com um grau razoável de certeza quanto à sua estabilidade.

Determinantes da personalidade

Houve um debate considerável a respeito das origens da personalidade de uma pessoa. Um ponto de vista argumenta que a personalidade é determinada, em grande parte, na concepção, envolvendo cada conjunto único de genes. Segundo essa visão, em essência, traços como temperamento e sociabilidade são determinados de modo muito parecido ao da cor dos cabelos e às características faciais.

O contra-argumento à posição que defende a hereditariedade baseia-se em considerações de ordem ambiental. Os ambientalistas defendem que os resultados da experiência podem moldar e alterar a personalidade de uma pessoa. A possibilidade de os colaboradores serem lentos ou dinâmicos, por exemplo, seria determinada pelo fato de terem sido incenti-

---

* Observa-se que alguns autores questionaram se a noção de personalidade é mesmo necessária. Eles argumentam que os atributos individuais podem ser explicados facilmente reduzindo as observações da "personalidade" de uma pessoa a conceitos mais básicos, tais como hábitos, reflexos condicionados, atitudes, e assim por diante. Em outras palavras, "personalidade" é algo parecido com os canais de Marte: pode ser mais na visão de quem contempla, como parte da estruturação que o observador realiza daquilo que está sendo observado, do que ser uma característica real. Pode haver algo de legítimo nessa crítica de todas as iniciativas de estudo da personalidade. A coerência que notamos no comportamento de um indivíduo, no entanto, indica que pode ser muito válido inferir a existência de traços e características que justifiquem parcialmente – e, portanto, expliquem – o comportamento dos colaboradores.

vados ou punidos pelos pais, professores e amigos, por demonstrarem comportamentos semelhantes no passado. Se a noção de ética no trabalho fosse arraigada nas pessoas desde crianças e elas se deparassem continuamente com situações em que o empenho no trabalho trouxesse compensação, seriam inclinadas a adotar valores que apoiassem a ética no trabalho. Alguns indícios demonstram que a hereditariedade pode influenciar a personalidade. Talvez a indicação mais interessante da importância da predisposição genética tenha sua origem nos estudos de gêmeos idênticos separados no nascimento e criados um distante do outro. Embora muitos dos gêmeos fossem criados por famílias de classes sociais diferentes, e algumas vezes em países diferentes, cada par possuía muitos traços comuns. Preferências alimentares, de vestuário, hábitos pessoais como fumar, roer unhas e usar bigode, por exemplo, muitas vezes eram partilhados pelos pares criados separadamente.[1]

Um grande número de indícios também sugere que as situações com as quais uma pessoa se depara podem moldar e alterar seus traços de personalidade. O exemplo mais marcante surge da comparação entre culturas. Conforme muitas pessoas têm notado, os traços de personalidade dos ocidentais são distintos daqueles das pessoas criadas em outras culturas, como as asiáticas. As pessoas criadas muito jovens em uma nova cultura refletem igualmente a influência de suas experiências no interior dessa nova cultura.

Podem-se, também, identificar indícios de um elo entre personalidade e influências ambientais mais imediatas. Pesquisas sobre a relação entre ordem de nascimento e personalidade, por exemplo, revelaram algumas descobertas interessantes. As crianças primogênitas são mais dependentes, mais influenciadas por pressão social e mais propensas à esquizofrenia do que as nascidas posteriormente.[2] Os primogênitos encaram o mundo como mais previsível, racional e ordenado. Além disso, eles apresentam menor possibilidade de desafiar a autoridade, são mais ambiciosos, cooperam mais e são mais preocupados em ser aceitos socialmente. Um número desproporcional de primogênitos faz parte da lista *Quem É Quem*.

Acredita-se que diferenças de personalidade identificadas entre crianças primogênitas e as nascidas posteriormente resultem de experiências distintas às quais elas são expostas. Os primogênitos, geralmente, são tratados pelos pais de modo diferenciado. Em comparação aos nascidos depois, tendem a receber mais atenção de início, porém, os pais têm a expectativa de que se comportem mais responsavelmente, cuidando dos irmãos menores.

Para a maioria dos estudiosos, o debate entre hereditariedade e ambiente é concluído pelo reconhecimento da importância de ambos como determinantes da personalidade. A hereditariedade pode predispor um indivíduo a certos padrões de comportamento, ao passo que as forças ambientais podem ser responsáveis por padrões de ação mais específicos. Ambos os conjuntos de fatores são necessários para um reconhecimento mais abrangente do comportamento individual.

Um dos aspectos da personalidade que causa maior perplexidade é sua resistência geral à mudança. Estudos de tentativas para alterar a personalidade de uma pessoa mostram que é muito difícil, ou mesmo impossível, conseguir isso para muitos indivíduos. Essa dificuldade não elimina a possibilidade de mudança pessoal por meio de forças ambientais, mas argumenta, alternativamente, que a magnitude de tais forças direcionadas à mudança e a propensão dos indivíduos não são suficientes. Tal resistência à mudança é importante por indicar que os gerentes precisam aprender a lidar, no ambiente de trabalho, com os traços de personalidade das pessoas. Em resumo, as possibilidades de um gerente alterar consideravelmente os traços de personalidade de um colaborador não são grandes. Pode ser mais realista procurar aceitar as pessoas como elas são ou tentar somente poucos ajustes entre as características da personalidade e as exigências do cargo.

Avaliação dos traços de personalidade

Existem muitas técnicas para medir os atributos da personalidade. Entre elas encontram-se avaliações, testes situacionais, análises e técnicas projetivas.*

Avaliações da Personalidade

Uma maneira muito conhecida para analisar personalidade é o uso de avaliações. Os formatos mais freqüentes de tais **avaliações da personalidade** são escalas de 5 e de 7 pontos com adjetivos no final, ou âncoras, para as escalas. Tais escalas podem não proporcionar julgamentos confiáveis, porque os significados associados ao final e aos pontos intermediários não são definidos claramente. Portanto, avaliadores distintos podem interpretar diferentemente a mesma escala.

Esse método pode ser aperfeiçoado utilizando-se escalas de avaliação cujos pontos sejam definidos claramente por indicadores comportamentais específicos. Considere, por exemplo, o seguinte caso de uma escala para medir o traço de competitividade.[4]

1 = Sensível à presença de situações competitivas, porém, torna-se desorganizado, desapontado, improdutivo e se afasta delas. Fica desanimado ou aparenta ansiar compulsivamente pelo fracasso.

2 = Não sente um interesse competitivo real; aprecia jogos pelo prazer de participar, mas é relativamente sem importância quem os vence.

3 = É estimulado por situações competitivas e aprecia se destacar, mas pode aceitar a derrota sem muita tensão. Surtos competitivos periódicos, porém, não persistentes e abrangentes.

4 = Aprecia vencer os concorrentes, a ponto de ficar aborrecido quando defrontado com uma derrota; ou não consegue conter uma expressão de satisfação em público após triunfar. A energia competitiva é muito pronunciada em diversos campos ou existe uma área na qual é sumamente importante se sobressair.

5 = Enorme energia para derrotar os concorrentes; não participará se não puder ganhar; sempre importuna oponentes inferiores ou engana para vencer. A energia competitiva estende-se a muitas situações que a maioria das pessoas não definiria como competitivas.

Conforme esse exemplo demonstra, é importante que um avaliador esteja em posição para observar os traços em questão. Ele também precisa agir sem viés e ser sincero.** Os avaliadores, normalmente, relutam em usar as posições negativas extremas das escalas de avaliação. Como conseqüência, as avaliações, muitas vezes, concentram-se em torno da ponta positiva da escala, resultados que não diferenciam os indivíduos e, portanto, não são esclarecedores.

---

* O que se segue, é uma análise das principais técnicas utilizadas para avaliar traços. A técnica de grafologia, ou análise da escrita, não consta da análise. De modo estranho e lamentável, a técnica é usada por um número considerável de empresas nos Estados Unidos, Canadá e Europa Ocidental. Embora esquemas de pontuação razoável tenham sido desenvolvidos para as características de curvatura e altura, não existe prova da validade dessas medidas para prever o desempenho nas funções ou o posicionamento individual em função de medidas da personalidade mais amplamente aceitas.[3]

** Infelizmente, os avaliadores são solicitados, algumas vezes, a realizar testes sem ter oportunidade de observar os traços necessários. Professores universitários, por exemplo, são solicitados, com freqüência, a fazer avaliações de alunos que se candidatam a programas MBA ou a entrar em uma faculdade de Direito. Essa tarefa inclui, freqüentemente, avaliações de traços do tipo de maturidade, firmeza em relações sociais e confiabilidade. A maioria dos membros do corpo docente, no entanto, mantém somente contato superficial com esses alunos e, muitas vezes, é muito generosa em suas avaliações.

Testes Situacionais

Testes situacionais, ou testes comportamentais, envolvem a observação direta do comportamento de uma pessoa em um contexto; sua finalidade é proporcionar informações sobre a personalidade. Os primeiros testes situacionais foram usados para avaliar a personalidade de crianças. Para avaliar o traço de honestidade, por exemplo, os alunos foram solicitados a dar nota a suas próprias monografias. Uma análise posterior das monografias indicou o grau de honestidade de cada um. Em uma avaliação do traço de caridade, as crianças foram convidadas a doar anonimamente pequenos pertences, como material escolar, a criança menos afortunadas. Em virtude de os itens individuais terem sido anotados sub-repticiamente, foi possível identificar quanto cada criança doou.

Como parte de um teste situacional de honestidade em adultos, soldados ficaram isolados em uma situação de teste em que uma série de problemas matemáticos deveria ser resolvida. O livro contendo as respostas encontrava-se disponível na sala, porém, cada pessoa foi instruída a não abri-lo. Observando secretamente a pessoa por trás de uma tela, os avaliadores foram capazes de determinar seu nível de honestidade.[5]

Um outro exemplo de teste situacional é oferecido pelo programa de seleção da Toyota, em sua fábrica de automóveis localizada em Georgetown, no estado de Kentucky. Como parte desse programa, a capacidade dos candidatos para resolver problemas é testada posicionando-os em uma versão de linha de montagem problemática e solicitando-lhes que sugiram melhorias nos procedimentos.[6]

Os testes situacionais oferecem muitas vantagens. São menos subjetivos do que as escalas de avaliação e o traço em questão pode ser avaliado, algumas vezes, em um cenário razoavelmente natural. Isso indica que os resultados serão mais válidos. Infelizmente, esses testes são muito caros para elaborar e aplicar. Além disso, não servem para avaliar de forma imediata certos traços, como auto-estima.

Análise da Personalidade

Análise da personalidade talvez seja o método mais amplamente adotado para avaliação de características. Muitas vezes, a análise solicita ao respondente que indique se uma afirmativa se relaciona a ele mesmo ou reflete verdadeiramente sua pessoa. Uma pergunta típica seria: "Você tem facilidade para fazer amizades?" A primeira iniciativa conjunta para o uso de uma análise da personalidade ocorreu quando o Exército dos Estados Unidos tentou identificar homens que apresentavam possibilidade de ter reações emocionais severas e adversas aos rigores das ações de guerra. Em vez de selecionar os homens por meio de entrevistas, os pesquisadores elaboraram um questionário longo, denominado *Folha de Dados Pessoais*, no qual o indivíduo faria essencialmente uma entrevista consigo mesmo.[7] Entre os 116 itens da *Folha de Dados Pessoais* destacavam-se:

1. Você já chegou a ter uma visão?
2. Você sente, algumas vezes, que está sendo observado?
3. Você já teve algum episódio de vertigem?
4. Você sente que se prejudica ao consumir drogas?
5. Você teve uma infância feliz?

Pessoas eram eliminadas caso respondessem um determinado número de perguntas que indicassem propensão neurótica.

Atualmente, são utilizados muitos dispositivos para avaliar literalmente centenas de características da personalidade. Podem-se consultar fontes de referência como o *Mental Measurement Yearbook* ou o *Tests in Print*.[8]

Embora a análise tenha a vantagem óbvia de facilidade de aplicação, persiste o problema da possível simulação de respostas e a questão relacionada ao motivo da aprovação – a tendência para responder de maneira socialmente aceitável.[9] Algumas das análises de personalidade mais sofisticadas, no entanto, permitem identificar simulações. São incluídos itens que não medem traços de personalidade em si, mas atuam como sinal de que uma pessoa está respondendo desonestamente.*

Técnicas Projetivas

As **técnicas projetivas** são elaboradas para sondar os aspectos mais sutis da personalidade. Elas baseiam-se na crença de que uma pessoa oferecerá uma interpretação extremamente individualista a um estímulo ambíguo.** Narração de histórias e finalização de sentenças representam duas formas de técnicas projetivas mais comumente utilizadas.

Narração de histórias. A **narração de histórias** possui um histórico razoavelmente bom em termos de interpretação padronizada, confiabilidade e utilidade como previsora do comportamento. A técnica de narração de histórias mais amplamente adotada é o **Teste de Apercepção Temática (TAT)**.[11] O TAT é formado por 20 imagens, cada uma representando um cenário social de significado ambíguo. Uma imagem mostra, por exemplo, um menino fitando pensativamente um violino. Para cada uma, o respondente é solicitado a contar uma história que contenha os seguintes elementos: uma descrição das personagens, uma afirmativa a respeito daquilo que está ocorrendo na imagem, explicações sobre o que levou à atual situação e como a história provavelmente terminará. As 20 histórias são analisadas em seguida, para identificação dos temas recorrentes. Supondo que as pessoas se identifiquem com o protagonista de suas histórias, torna-se possível realizar inferências a respeito de suas atitudes, necessidades, aspirações e autopercepção.

Finalização de sentenças. A **finalização de sentenças** constitui uma outra variedade difundida de técnica projetiva em que os respondentes são solicitados a finalizar uma série de sentenças incompletas. A forma de finalização é razoavelmente direta. Exemplo:

Gostaria de que meu chefe _____ .
Sinto-me bem quando _____ .
O problema com meus colegas de trabalho é que _____ .

Em alguns casos, foram elaborados esquemas de pontuação padronizados para auxiliar na interpretação das respostas. Em virtude de a finalização das sentenças ser relativamente clara e, via de regra, as pessoas terem tempo ilimitado para responder, o formato desse teste é mais bem utilizado quando os respondentes têm pouco a ganhar falseando suas respostas. As situações apropriadas podem incluir sessões de treinamento de sensibilidade e exercícios de formação de equipes. Quando as pessoas respondem honestamente, suas respostas às sentenças incompletas podem ser muito esclarecedoras.

---

* A simulação de escalas ocorre, normalmente, pagando-se pessoas para simular suas respostas, deliberadamente, em uma direção específica ("para o bem" ou "para o mal"). As respostas às perguntas são analisadas a seguir, visando a identificar os itens que diferenciam simuladores intencionais de outras pessoas pagas para responder honestamente.

** Essa tendência de interpretação de estímulos ambíguos de um modo único e personalizado foi observada pela primeira vez por Leonardo Da Vinci. De acordo com a história, um dia, durante um momento de alegria, Da Vinci atirou uma esponja encharcada de tinta em um aprendiz. O aprendiz esquivou-se e a esponja atingiu uma parede, deixando uma mancha. Da Vinci observou que a mancha, em várias ocasiões, lembrava-lhe objetos diferentes. Mais interessante foi sua observação de que, quando os visitantes de seu estúdio foram indagados a respeito do que viam na mancha, declaravam estar vendo coisas que faziam sentido face às suas profissões ou experiências passadas.[10]

Aspectos importantes da personalidade

Existe um grande número de traços humanos. Estima-se que possam existir cerca de 5 mil adjetivos para descrever traços de personalidade. Em termos de relevância para o comportamento organizacional, no entanto, o número de traços importantes é muito menor. Conseqüentemente, limitamos, no momento, nossa discussão aos quatro principais aspectos da personalidade: centro de controle, ética do trabalho, estilo cognitivo e maturidade moral. Esses quatro aspectos, nas pesquisas sobre comportamento organizacional, receberam muito mais atenção do que outros. Ao longo deste livro, entretanto, examinaremos outros aspectos da personalidade, caso tenham relação com o comportamento no ambiente de trabalho.

Centro de Controle

O psicólogo Julian Rotter propôs que a possibilidade de um indivíduo realizar um determinado ato é função de: (1) haver expectativa de que o ato trará retribuições e (2) valor pessoal dessas retribuições.[12] A proposta de Rotter reside, em essência, na noção de centro de controle. **Centro de controle** é o grau em que as pessoas acreditam que o controle de suas vidas está sob seu próprio domínio, e não nas forças ambientais. Alguém que creia firmemente que domina os acontecimentos possui um *centro de controle interno*, ao passo que uma pessoa que julga estar à mercê do destino possui um *centro de controle externo*.

Rotter desenvolveu uma escala para medir se um indivíduo é orientado interna ou externamente. A Escala de Controle Interno/Externo solicita ao respondente que escolha uma entre duas interpretações como causa de um evento. As alternativas refletem o controle interno *versus* o externo. Exemplos de itens da escala[13]:

1. a) As pessoas conseguem, a longo prazo, o respeito que merecem neste mundo.
   b) Infelizmente, o valor de um indivíduo, muitas vezes, não é reconhecido, não importando o quanto ele tente.
2. a) Em meu caso, obter o que desejo tem pouca ou nenhuma relação com a sorte.
   b) Muitas vezes, podemos muito bem decidir o que fazer simplesmente jogando uma moeda.
3. a) As pessoas podem controlar os acontecimentos no mundo assumindo uma participação ativa nas áreas social e política.
   b) Sinto, muitas vezes, que exerço pouca influência sobre aquilo que me acontece.

Conforme você pode observar nesses itens, a escolha "a" nos exemplos indica uma reação interna, ao passo que a "b" exemplifica uma externa.

Foi constatado, por exemplo, que as pessoas orientadas internamente apresentam menor probabilidade de reagir às pressões do grupo ou à comunicação persuasiva.[14] Além disso, alguns estudos observaram que a orientação interna encontra-se associada ao sucesso na escola. O centro de controle, para os estudantes afro-americanos em particular, foi um melhor previsor de sucesso acadêmico do que qualquer outra variável analisada, incluindo o local e a qualidade da escola.[15]

Também se constataram diferenças raciais e de classe social no centro de controle. Indivíduos de classe superior e brancos tendem a ser mais orientados internamente do que negros e indivíduos de classe inferior.[16] Em virtude de classe social possuir correlação com raça, torna-se difícil afirmar se pobreza ou discriminação é causa mais importante de um centro de controle externo. Na verdade, a experiência de ausência de poder e a falta de convicção pessoal de que o trabalho árduo leva ao sucesso contribuem para a orientação externa que se observa em certos segmentos da sociedade.[17]

Talvez não cause surpresa o fato de que, em comparação com indivíduos orientados externamente, os orientados internamente possuem rendimento maior, ocupem cargos de *status* superior e progridem mais rapidamente na carreira.[18] O que, no entanto, surpreende é que os resultados na escala de Rotter têm se alterado ao longo dos anos, revelando que os americanos parecem estar se tornando mais orientados externamente.[19]

Observe-se, finalmente, que os indivíduos orientados internamente e os orientados externamente diferem quanto ao tipo de retribuição que preferem. As pessoas orientadas externamente, que acreditam que forças além de seu controle são responsáveis por seu sucesso, tendem a preferir compensações extrínsecas, do tipo aumento salarial e segurança no emprego. Em contraste, os indivíduos orientados internamente preferem, em geral, compensações intrínsecas (obtidas por si mesmos), tais como sensações de gratificação ou de conquista.[20] Eles, entretanto, não se encontram completamente livres de dificuldades. Foi constatado que em casos extremos podem se tornar controladores mal-ajustados, que se empenham para ter domínio total sobre seus próprios resultados e os de terceiros, sendo agressivos, importunos e dominadores. Frustração e ansiedade podem ocorrer para tais indivíduos quando ocupam um papel subserviente ou em um cenário em que a conquista de metas encontram-se além de seu controle.[21] A implicação é razoavelmente clara: os gerentes que compreendem o centro de controle de seus subordinados podem elaborar melhor seus sistemas de retribuição, a fim de refletir necessidades individuais.

Ética do trabalho

A **ética do trabalho** engloba um conjunto de crenças, incluindo a da dignidade de todo trabalho, do desprezo pela indolência e pela auto-indulgência e a de que a dedicação ao trabalho será recompensada. As pesquisas da personalidade parecem indicar que pode ser identificada uma predisposição estável em relação à ética do trabalho. A medida dessa predisposição normalmente é feita por meio de análises da personalidade, em que se solicita aos respondentes que descrevam suas próprias crenças e comportamentos. Constatou-se que as pessoas que adotam a ética do trabalho aceitam melhor a liderança autoritária.[22] Elas também tendem a demonstrar interesse por funções que podem ser caracterizadas como concretas em oposição às abstratas – podem preferir, por exemplo, carpintaria a jornalismo. Aqueles que adotam a ética do trabalho, quando solicitados a executar funções simples, enfadonhas e repetitivas, sem incentivo financeiro, são mais persistentes e produtivos.[23] Quando lhes é comunicado que não estão realizando bem uma tarefa entediante em comparação a outras pessoas que executam as mesmas tarefas, eles reagem empenhando-se mais, enquanto outros diminuem seus esforços.[24] Ambas as categorias, em resposta a um *feedback* positivo, passam a ter maior empenho.

Descobertas recentes indicam que a ética do trabalho pode estar se extinguindo nos Estados Unidos. Trabalhadores com mais idade, por exemplo, são mais propensos a aderir à ética do trabalho do que os jovens.[25] Se supusermos que o sistema de crença da ética do trabalho é adquirido cedo na vida, concluiremos que ela pode estar diminuindo. Em um estudo do desejo de continuar trabalhando mesmo sem necessidade financeira, descobriu-se que o número de pessoas que optaria por aposentar-se cedo aumentou nas últimas décadas.[26] Podemos concluir, de tal constatação, que a adesão à ética do trabalho pode estar diminuindo e sendo substituída gradualmente por uma ética do lazer. A atual afluência imprecedente dos Estados Unidos, em comparação com outros países e outras épocas, é um provável fator que contribui para essas mudanças. Deve-se observar, no entanto, que tais mudanças de valores culturais não são novas e que a atual pode refletir um processo mais fundamental de maturidade cultural gradativa.[27]

Um outro tópico relacionado é a questão de a ética do trabalho de uma nação poder ser aumentada deliberadamente. A força de trabalho na antiga União Soviética e nos países aliados, por exemplo, não teve um histórico de ênfase na iniciativa individual ou na competitividade enquanto existia o controle comunista. Os mecanismos específicos para elevar efetivamente a ética do trabalho de uma cultura não são claros.*

Estilo cognitivo

Carl Gustav Jung, famoso psicanalista europeu, propôs um modelo de **estilos cognitivos**, ou maneiras para solucionar problemas. Ele indicou quatro dimensões do funcionamento psicológico: Introversão *versus* Extroversão, Pensamento *versus* Sentimento, Sensação *versus* Intuição e Julgamento *versus* Percepção. Os introvertidos são orientados para o mundo interior, de idéias e sentimentos, ao passo que os extrovertidos são orientados ao mundo exterior, de pessoas e objetos. Aqueles que pensam desejam tomar decisões logicamente, enquanto os que demonstram sentimentos baseiam as decisões em razões subjetivas. Os indivíduos voltados às sensações preferem focalizar os detalhes, ao passo que os intuitivos preferem se concentrar em temas amplos. Os tipos orientados ao julgamento desejam resolver assuntos, enquanto os voltados à percepção são comparativamente flexíveis e buscam informações adicionais. Podem ser identificados 16 tipos distintos de personalidade ao se combinarem os vários tipos.

A avaliação desses tipos tem se apoiado, consideravelmente, em um teste escrito, conhecido como Indicador de Tipos Myers-Briggs, elaborado pela equipe de mãe e filha chamadas Katherine Briggs e Isabel Briggs-Myers. A Tabela 2.1 resume algumas das características que se constatou serem associadas a esses estilos cognitivos diferentes. O Indicador de Tipos Myers-Briggs tornou-se um dos testes de personalidade mais amplamente utilizado na América do Norte no âmbito da população nominalmente normal. O teste é aplicado, via de regra, como parte de programas de desenvolvimento de dirigentes, para ajudar os executivos a compreenderem como as pessoas os consideram. Entre as companhias que adotaram o Indicador de Tipos Myers-Briggs destacam-se: Apple, AT&T, Exxon, General Electric, Honeywell e 3M.

As pesquisas que se valem do Indicador de Tipos Myers-Briggs geralmente confirmaram a tipologia e mostraram que pessoas com estilos cognitivos diferentes preferem ocupações distintas. O indivíduo ENTP, por exemplo, é designado "conceitualizador". Essa pessoa adora novas possibilidades, odeia a rotina e apresenta maior probabilidade de ser um empreendedor do que um executivo corporativo. A pessoa ISTJ é considerada "tradicionalista" e pode ser encontrada freqüentemente ocupando posições contábeis e financeiras. A pessoa INTJ é denominada "visionária". Tais indivíduos, embora sejam somente uma pequena parcela da população, possuem uma representação desproporcional entre CEOs. O ESTJ, chamado "organizador", é um dos tipos mais comuns na população como um todo, bem como entre os gerentes.[28]

O teste é usado, algumas vezes, como ajuda para melhorar o funcionamento da equipe de trabalho. Após *feedback* e discussão, os membros da equipe conseguem perceber orientação de colegas de trabalho e de si mesmos, bem como o modo pelo qual suas orientações diferentes podem ajudar ou prejudicar a dinâmica da equipe. Os céticos poderiam argumentar que maior comunicação e discussão é que geram resultados positivos, em vez de o *feedback* proporcionado pelo teste de Myers-Briggs.

---

* Um outro tema fascinante é se toda noção de ética do trabalho possui alguma relevância para determinadas culturas. Um amigo, que estava trabalhando como missionário para a Igreja Católica em uma pequena ilha da Polinésia, observou em uma ocasião que a inexistência de uma base industrial, juntamente com a falta de recursos comercializáveis, pode tornar o conceito de ética do trabalho irrelevante para algumas culturas.

TABELA 2.1 | **ESTILOS COGNITIVOS DA TIPOLOGIA MYERS-BRIGGS**

		Tipos Sensoriais (S)		Tipos Intuitivos (N)	
		Pensamento (T)	Sentimento (F)	Sentimento (F)	Pensamento (T)
Introvertido (I)	Julgamento (J)	ISFJ: Sério, tranqüilo, prático, lógico, confiável	ISTJ: Tranqüilo, simpático, minucioso, cortês	INFJ: Discretamente convincente, triunfa pela perseverança, consciencioso	INTJ: Cético, crítico, independente, determinado, original
	Percepção (P)	ISTP: Observador frio, tranqüilo, reservado e analítico, tiradas pouco humorísticas originais	ISFP: Isolado, sensível, bondoso, modesto, tranqüilo quanto à execução das tarefas	INFP: Interessa-se por idéias e projetos independentes; assume muitas responsabilidades mas desempenha as funções	INTP: Tranqüilo, reservado, impessoal, aprecia temas científicos, gosta de festas ou de conversa fiada
Extrovertido (E)	Percepção (P)	ESTP: Sem emoção, não se preocupa, pode ser rude ou insensível	ESFP: Despreocupado, simpático, gosta de esportes e de criar objetivos	ENFP: Sinceramente entusiasmado, fogoso, imaginativo, apresenta soluções rapidamente e ajuda na resolução de problemas	ENTP: Rápido, engenhoso, questiona ambos os lados para divertir-se, pode descuidar de tarefas rotineiras
	Julgamento (J)	ESTJ: Prático, realista, possui inclinação natural para negócios ou mecânica, gosta de organizar e dirigir atividades	ESFJ: Afetuoso, falador, popular, cooperador nato, deseja harmonia, tem pouco interesse em temas abstratos	ENFJ: Receptivo e responsável, preocupa-se realmente com aquilo que os outros pensam ou desejam, sociável sensível ao elogio e à crítica	ENTJ: Caloroso, franco, decisivo, pode ser mais positivo do que justificável pela própria experiência na área

Fonte: Alterado e reproduzido mediante autorização especial do editor Consulting Psychologists, Inc., Palo Alto, CA 94303 do Indicador de Tipos Myers-Briggs, de Katherine Briggs e Isabel Briggs-Myers. Copyright 1983 Consulting Psychologists Press, Inc. Todos os direitos reservados.

Maturidade moral

O tópico de tomada de decisões éticas nas organizações tem recebido, ultimamente, atenção crescente. Gerentes que ocupam posição inferior na estrutura de uma organização relatam estar sujeitos a maior pressão para fazer concessão de seus valores pessoais a fim de cumprir as metas da companhia.[29] Uma pesquisa do *Wall Street Journal* revelou que 20% dos executivos declararam ter sido solicitados a se comportar sem ética.[30]

Um modelo muito difundido de julgamento moral foi elaborado e testado pelo psicólogo Lawrence Kohlberg.[31] Seu modelo de **maturidade moral** enfatiza os processos cognitivos ou racionais que podem ser usados para caracterizar as pessoas quando tomam decisões de ordem ética. As pesquisas de Kohlberg identificaram seis estágios de desenvolvimento moral, os quais se refletem na passagem de um estágio para o próximo em uma seqüência fixa ou invariável e irreversível.

Pode-se afirmar que o raciocínio de todo indivíduo opera da maneira característica de um desses estágios. A Tabela 2.2 apresenta os seis estágios do modelo de Kohlberg. Nos estágios um e dois (pertencentes ao nível pré-convencional), uma pessoa focaliza resultados concretos, do tipo retribuição e punição, e interesse pessoal. Nos estágios três e quatro (nível convencional), o comportamento correto e o julgamento são definidos pelas expectativas de bom comportamento por parte da família de uma pessoa e da sociedade. Nos estágios cinco e seis (nível de princípios), o comportamento ou o julgamento correto é definido em termos de valores e princípios universais.

Kohlberg e seus auxiliares de pesquisa elaboraram diversos testes para avaliar o estágio de maturidade moral da pessoa. Estudos de comportamento e de tomada de decisões revelam que pessoas com maior maturidade moral apresentam menor probabilidade de falsear experimentos de laboratório e são menos propensas a obedecer a ordens de uma autoridade, caso as instruções possam prejudicar um outro indivíduo. Pessoas com grande senso moral apresentam maior probabilidade de ajudar uma outra que esteja precisando.[32] Indivíduos maduros com grande senso moral também têm menos probabilidade de manipular a seu favor as despesas com representação e gastos relacionados.[33] O modelo de Kohlberg dos estágios de desenvolvimento moral foi igualmente considerado uma representação razoável das pessoas que não fazem parte da cultura ocidental.[34]

Modelo das Cinco Grandes da personalidade

Além dos quatro principais aspectos da personalidade, foram identificadas cinco dimensões adicionais que possuem relevância especial para o local de trabalho: simpatia, conscientização, ajuste emocional, extroversão e curiosidade. Em virtude de elas terem sido observadas em estu-

TABELA 2.2 — OS SEIS ESTÁGIOS DO DESENVOLVIMENTO MORAL

Estágio	O que é considerado correto
Nível Pré-convencional	
Estágio Um: Orientação à obediência e à punição	Seguir as regras para evitar punição. Obediência como princípio básico.
Estágio Dois: Trocas Instrumentais	Seguir regras somente quando atenderem ao interesse imediato. O certo é uma troca igual, um acordo justo
Nível Convencional	
Estágio Três: Entendimento interpessoal, conformidade, expectativas mútuas	"Bom" comportamento estereotipado. Fazer jus às expectativas das pessoas que estão próximas.
Estágio Quatro: Entendimento social e manutenção do sistema	Cumprir deveres e obrigações com os quais a empresa se comprometeu. Obedecer à lei, exceto nos casos extremos em que se encontram em conflitos sociais estabelecidos. Contribuição à sociedade e ao grupo.
Nível de Princípios	
Estágio Cinco: Contrato social e direitos individuais	Estar consciente de que as pessoas possuem diversos valores e que as regras se relacionam ao grupo. Acatar regras porque representam o contrato social. Manter valores e direitos não-relacionados independentemente da maioria das opiniões
Estágio Seis: Princípios	Adotar princípios éticos de escolhas universais próprias. Quando as leis estiverem em desacordo com esses princípios, agir em concordância com os princípios.

Fonte: Adaptado de Kohlberg, L. "Moral Stages and Moralizations: The Cognitive-Developmental Approach", in: Lickona T. (org.). *Moral Development and Behavior: Theory, Research, and Social Issues*. Nova York: Holt, Rinehart and Winston, 1969. p. 34–35.

dos que buscavam identificar as dimensões mais básicas de personalidade, são denominadas popularmente as **Cinco Grandes dimensões** da personalidade.[35]

As dimensões do Modelo podem ser definidas como:

1. Simpatia – considera os demais, busca harmonia, coopera e confia.
2. Conscientização – confiável e orientado ao sucesso, aceita responsabilidade.
3. Ajuste Emocional – tranqüilo e positivo na orientação.
4. Extroversão – sociável e amigável.
5. Curiosidade – aberto a novas experiências, imaginativo, com senso artístico e curiosidade intelectual.

A importância das Cinco Grandes para o comportamento dos colaboradores deriva de seu relacionamento com outras tendências vinculadas à capacidade para aprender, ao passo que conscientização e ajuste emocional possuem relação com a motivação no trabalho, e simpatia e extroversão podem estar relacionadas ao domínio das tarefas. Evidentemente, aprendizado, motivação para o trabalho e domínio das tarefas são, em última instância, todos os componentes do desempenho das funções pelos colaboradores. Portanto, as Cinco Grandes dimensões da personalidade podem ser importantes por estarem associadas a antecedentes da eficácia dos colaboradores.

Percepção das demais pessoas

Até aqui, neste capítulo, examinamos as diferenças individuais entre os colaboradores. Vamos agora focalizar nossa atenção nas dificuldades em perceber outras pessoas de modo preciso. Embora a experiência com aqueles em torno de nós pareça muito direta e imediata, a análise cuidadosa do que se encontra envolvido na percepção de outros revela que o processo de reconhecimento e compreensão dos demais (isto é, a **percepção da pessoa**) é muito complexo. Imagine, por exemplo, estar olhando para uma pessoa sentada em uma outra mesa (em um ambiente de trabalho ou escolar). Você provavelmente observará que o indivíduo possui determinado sexo ou idade, uma certa cor de cabelo, e assim por diante. Esses atributos parecem ser todos muito óbvios e representar uma parte da pessoa sendo vista. Muito mais se encontra realmente envolvido, porém. As células no fundo de seus olhos foram ativadas por ondas de luz refletidas pela pessoa. Essas células provocaram impulsos neurais que se deslocaram através dos nervos para várias partes do cérebro. Os impulsos alcançaram os centros superiores do cérebro e foram, então, transformados na experiência de ver a pessoa à mesa. Ao analisar o conjunto de eventos envolvidos na percepção, reconhecemos que não possuímos experiência direta e imediata do objeto; em vez disso, dependemos de transmissões neurais e de transformações eletroquímicas dos estímulos. Na verdade, estamos lidando apenas com nossas próprias atividades mentais e não com a pessoa real.

A maioria das pessoas também supõe, erroneamente, que o processo perceptivo é, em grande parte, passivo ou receptivo, sendo ditado por atributos do objeto observado. O processo de ver uma pessoa, no entanto, envolve um foco ativo da parte de quem percebe. Quando você vê uma outra pessoa, por exemplo, está sendo atingido simultaneamente por outros estímulos. Os sons na sala, a sensação de suas roupas e a pressão da poltrona em que você pode estar sentado encontram-se todos competindo por sua atenção. Você, entretanto, seleciona e processa ativamente informações específicas de seu ambiente. Portanto, torna-se claro que a pessoa que percebe se encontra envolvida ativamente na elaboração de suas experiências. Referindo-se a esse envolvimento ativo na seleção, estruturação e interpretação das experiências, os pesquisadores apreciam afirmar que "o tema da percepção vai além daquilo que realmente a vista alcança".

Precisão na percepção das demais pessoas

Existe grande valor em ser capaz de avaliar precisamente as emoções e as características da personalidade de outras pessoas. Ser capaz de afirmar que os outros estão tendo uma determinada emoção permite avaliar os efeitos de nossas palavras e ações. Conhecer algo sobre os traços de personalidade de um indivíduo pode ser extremamente útil nas relações interpessoais. Todos nós, em certo grau, nos empenhamos para ler os estilos emocionais e os traços de personalidade de outras pessoas. Quando nos aproximamos de um novo colega, temos probabilidade de tentar avaliar de modo preciso seus sentimentos e seus traços. O sucesso de vendedores, entre outros, depende, em grande parte, de sua capacidade de avaliação correta das demais pessoas.

Expressões faciais

Descobertas de pesquisas indicam que a maioria de nós é capaz de identificar certos estados emocionais básicos a partir de expressões faciais. Diversas dessas expressões são reconhecidas universalmente. Sorrir e franzir as sobrancelhas, por exemplo, transmitem o mesmo significado, independentemente da cultura da pessoa.[36]*

Embora, geralmente, possamos interpretar as expressões faciais em ambientes de laboratório, onde os participantes têm probabilidade de ser razoavelmente honestos em seu comportamento, o mundo real apresenta um número muito maior de problemas. Como sabe qualquer pessoa que já negociou com um vendedor de carros usados ou um político, as expressões faciais podem ser muito enganosas. Alguns indivíduos são mestres em iludir, experientes não somente em ocultar seus sentimentos, mas também em falsear suas expressões faciais.

Tal comportamento, porém, não é infalível. Foram identificados diversos indícios, com base em pesquisas, que podem auxiliar um observador a determinar a sinceridade das expressões faciais de uma pessoa.[38] Os pesquisadores descobriram que, se o tempo entre um evento que provoca uma emoção e a reação facial de uma pessoa for muito grande, a reação, provavelmente, será desonesta. Igualmente, se todos os aspectos da expressão facial não estiverem concordes, poderá estar ocorrendo falsidade. Considere, por exemplo, uma reação facial em que as sobrancelhas se movem para cima em sinal de espanto, mas a boca está fechada. Um observador atento poderia duvidar da sinceridade da expressão, porque, em uma reação verdadeiramente de espanto, a boca provavelmente se abre. Um terceiro indício é proporcionado por expressões que aparecem durante uma fração de segundo. Essas microexpressões podem transmitir emoções genuínas, que surgem imediatamente antes de a pessoa exercer controle facial.

Uma outra indicação de falsidade é a mudança sutil do tom ou da altura da voz.[39] Quando alguém está mentindo, ocorre, freqüentemente, um aumento observável da altura da voz. **Comunicações não-verbais** como mudança de postura, coçar-se e lamber os lábios com freqüência podem proporcionar indicações sutis de nervosismo e, por dedução, de falsidade possível.[40] Igualmente, piscar mais vezes está associado ao estresse psicológico – as pessoas piscam com maior freqüência quando ficam excitadas ou bravas.

---

* Charles Darwin foi um dos primeiros pesquisadores a estudar o entendimento dos estados emocionais.[37] Ele afirmou que as expressões faciais associadas a emoções eram remanescentes de movimentos musculares que tiveram valor funcional na história de nossa espécie. Como exemplo, considere que a postura facial de repugnância é muito similar à expressão facial que ocorre durante o vômito. Darwin argumentou também que certas expressões faciais são correlacionadas invariavelmente a reações emocionais específicas. Um sorriso, por exemplo, indicaria que uma pessoa está experimentando uma sensação agradável ou feliz.

"Qual é o seu QE?" – Reconhecimento de inteligências múltiplas

"Qual é o seu QE?" Como toda pessoa a quem foi formulada essa pergunta sabe, oferecer uma resposta pode ser uma fonte de ansiedade e temor. Surge o pensamento: O que essa pessoa pensará de mim se meu valor intelectual não se comparar ao de Stephen Hawkings?

Para o bem ou para o mal, todos temos de conviver com testes de QI – aqueles testes escritos padronizados, criados para distinguir os bem-dotados dos medíocres mentais do mundo. Felizmente, para o restante de nós, os pesquisadores que se encontravam descontentes com uma perspectiva unidimensional da inteligência descobriram que as pessoas têm, na realidade, diversas inteligências. Na verdade, essas inteligências menos conhecidas podem ser mais importantes para prever o sucesso no mundo real. Expressando de forma diferente para os simples dentre nós, existem diferentes tipos de "esperto".

Um pesquisador da Harvard University transmitiu ondas de choque para todo o mundo acadêmico quando rejeitou uma visão de capacidade única da inteligência e propôs um entendimento alternativo. Em seu livro *Frames of Mind: The Theory of Multiple Intelligences*, o professor Howard Gardner desafiou a *intelligentsia* afirmando que existem oito inteligências: lingüística, lógico-matemática, musical, espacial ou visual, corporal-cinética, interpessoal, intrapessoal e naturalista. Sob a perspectiva de Gardner, inteligência é a capacidade para solucionar, problemas, ou, dificuldades verdadeiras ou para criar produtos que possuam valor em um ou mais contextos culturais. A boa-nova introduzida por Gardner é que praticamente todas as pessoas podem desenvolver em alto grau essas inteligências e que situações e ambientes diferentes exigem inteligências diferentes. Uma pessoa que encontra dificuldade em tarefas matemáticas ou lingüísticas, por exemplo, pode realizar com facilidade funções artísticas. Uma pessoa fraca em ciência ou medicina pode exibir genialidade legítima em áreas relacionadas a *design*, música, negócios, esportes ou arquitetura.

Talvez até mais alentador para os tipos não-acadêmicos seja o reconhecimento crescente da inteligência emocional – também conhecida como "quociente emocional" de uma pessoa, ou "QE". Em termos gerais, inteligência emocional é a capacidade para lidar eficazmente com as próprias emoções, bem como com as dos outros. Inteligência emocional pode ser uma medida da capacidade para gerenciar conflitos, exibir confiança ou contribuir para uma equipe. Muitos especialistas acreditam que, embora a inteligência cognitiva padrão desempenhe um papel importante para ajudar uma pessoa a conseguir um emprego, a inteligência emocional é que determina, em última instância, o sucesso no cargo.

Para os tipos não-acadêmicos, não dotados de talentos especiais desenvolvidos na escola, a importância crescente atribuída às inteligências múltiplas surge como um avanço positivo. Explica o fenômeno das formas não-acadêmicas de importância e realização que vemos em todos os lados ao redor de nós. O mais importante, talvez, é que isso proporciona um paliativo para situações sociais de ansiedade em que uma pessoa convive com tipos mais cerebrais. Simplesmente anteceda a "pergunta de QI" com uma que seja sua: "Qual é o seu QE?"

Fonte: Maher, K. "The Jungle/Focus on Recruitment, Pay and Getting Ahead", *The Wall Street Journal*, 16 mar. 2004; Hamburg, G. V. " Intelligence: It's not only what you think", *The Chicago Tribune*, 11 jan. 1998.

Outras comunicações não-verbais

Comunicações não-verbais são importantes nas situações em que as pessoas são avaliadas formalmente. Entrevistas de emprego, por exemplo, representam um campo importante, pois as pessoas tentam controlar as impressões que transmitem aos demais. Em um estudo do impacto das comunicações não-verbais, foram contratados universitários para conduzir entrevistas de emprego com um estranho.[41] O entrevistado, na realidade, era uma pessoa de confiança dos pesquisadores que se comportava de acordo com um ou dois estilos não-verbais possíveis. Em uma situação, essa pessoa adotava um estilo de comportamento cuja intenção era provocar uma avaliação positiva. Especificamente, o entrevistado mantinha contato visual com o entrevistador, sentava-se corretamente, sorria muito e se inclinava com freqüência na direção do entrevistador. Em outra situação, o comportamento da pessoa de confiança era recostar-se na poltrona, ter pouco contato visual, não sorrir e manter-se afastado do entrevistador. As avaliações dos entrevistados diferiram significativamente em função das comunicações não-verbais da pessoa de confiança. Eles atribuíram, em particular, melhor avaliação nos quesitos competência, motivação e recomendação para contratação quando presenciaram as comunicações não-verbais manifestadas deliberadamente para criar uma reação positiva.

Uma implicação importante desses resultados é que as comunicações não-verbais exercem efeitos poderosos em nossas avaliações recíprocas. Os entrevistadores têm possibilidade de ser influenciados por tais comunicações quando outras facetas dos concorrentes, como qualificação educacional e experiência, são iguais. O índice de sucesso real dos entrevistadores para previsão do desempenho tem sido razoavelmente inadequado, em parte porque as comunicações não-verbais podem causar confusão.[42]

O contato visual situa-se entre as comunicações não-verbais mais importantes para percepção e julgamento de outras pessoas. Geralmente, quanto maior o contato visual entre duas pessoas, maior a chance de o relacionamento ser julgado pelos outros.[43] As pessoas, normalmente, concluem que, quando outros evitam contato visual, é devido a um estado negativo, como culpa ou depressão.[44] O contato visual levado ao extremo, tal como olhar fixamente, no entanto, é estimulante sob o ponto de vista social, porém prejudicial. Nos casos em que uma pessoa olha fixamente, a mensagem não-verbal é considerada, via de regra, como de ódio e agressão potencial.[45] Olhar fixamente, com mais freqüência, produz o efeito de afastar as outras pessoas (isto é, as pessoas, normalmente, evitam uma situação quando ocorre de outras pessoas lhes olharem fixamente). Em ambientes organizacionais, olhar fixamente é usado, algumas vezes, como maneira de obter a concordância de um colega. Se este, por exemplo, estiver encontrando dificuldade para descarregar um volume pesado, ele pode olhar para você fixamente, a fim de induzir uma sensação de culpa, o que, por sua vez, pode motivá-lo a oferecer ajuda. Em virtude de a agressão manifesta não ser aceita socialmente nas organizações, olhar fixamente representa um dos instrumentos sociais mais poderosos para comunicar hostilidade.

Aparência e atração física também contribuem para os julgamentos baseados na percepção. Uma análise das pesquisas nesse domínio mostra que pessoas atraentes fisicamente são consideradas mais sociáveis, mentalmente sadias, inteligentes e socialmente aptas do que pessoas menos atraentes. Essa tendência existe apesar da ausência de provas concretas associadas a medidas de personalidade e capacidade mental. Outros indícios mostram, efetivamente, que as pessoas mais atraentes são mais populares, menos solitárias e mais experientes sexualmente do que pessoas menos atraentes. A beleza física também é benéfica para gerar ofertas de salário inicial mais alto e, de modo surpreendente, exerce uma influência mais poderosa nos salários dos homens do que no das mulheres.[*] As implicações práticas dessas descobertas são óbvias:

---

[*] Além disso, ambos os sexos parecem beneficiar-se da maior altura. Um estudo recente de Tim Judge e Dan Cable, por exemplo, demonstrou que colaboradores mais altos ganham mais. Estimaram que cada 25 cm adicionais de altura valem US$ 789 a mais em termos salariais por ano. Considerando uma carreira de 30 anos, uma pessoa com 1,80 m poderia ganhar US$ 166 mil a mais do que uma outra de 1,65 m. Eles também descobriram que altura era mais importante que gênero na determinação da renda. Os pesquisadores especulam que ser alto pode aumentar a autoconfiança de um colaborador e também estimular o respeito de outras pessoas, o que pode ajudar a progredir na carreira.

uma pessoa deve estar arrumada e vestida apropriadamente, a fim de maximizar a atração que desperta e beneficiar-se dessa tendência comum de quem as percebe.[46]

Percepção dos traços de personalidade

Embora muitas pesquisas fossem conduzidas para determinar se alguns indivíduos se destacam ao julgar outros, as iniciativas têm sido prejudicadas por diversos problemas. O mais notável tem sido a dificuldade para determinar um critério específico e inquestionável em relação ao qual ocorra a comparação do julgamento de um avaliador. Foram propostos muitos critérios (como resultados de testes, auto-avaliação e avaliação pelos colegas), porém, todos podem ser criticados por apresentar possíveis falhas. Os resultados de testes, por exemplo, não captam o comportamento real, ao passo que auto-avaliações dos traços de personalidade podem ter um viés em uma direção favorável.[47]

Apesar desses obstáculos, é possível, no entanto, tirar diversas conclusões cautelosas a respeito das características dos indivíduos que julgam outros. Normalmente, possuem inteligência elevada, interesses estéticos e por teatro, bom ajuste emocional e maior especialização em ciências físicas do que em ciências sociais.[48] Essas descobertas, em geral, fazem sentido, exceto quando, provavelmente, esperaríamos que os especialistas em ciências sociais fossem bons julgadores da personalidade. Uma explicação razoável para a descoberta oposta é a tendência possível de as pessoas interessadas em relações sociais serem excessivamente sensíveis às pequenas diferenças entre as pessoas. A sensibilidade pode conduzir a uma diferenciação marcante em uma tarefa de julgamento (isto é, a tendência para estimar de modo exagerado a importância das pequenas diferenças). Tendo em vista que a maioria dos atributos pessoais (por exemplo, altura, peso etc., bem como traços de personalidade) segue uma distribuição normal em forma de sino, pode-se ter precisão ao julgar outras pessoas simplesmente mantendo-se próximo do centro (ou da média) da distribuição. Usar avaliações extremadas para fazer julgamentos pode resultar em um número maior de erros.

Quando as pessoas tentam prever o comportamento de outras baseando-se em avaliações subjetivas da personalidade, freqüentemente não são bem-sucedidas.[49] Isso possui implicações de grande alcance no ambiente de trabalho, porque tais previsões são feitas, muitas vezes por dia, por pessoas responsáveis pela contratação de colaboradores.* Quando outras qualificações mais objetivas, como experiência e educação, são iguais, os avaliadores utilizam, muitas vezes, esses julgamentos subjetivos da personalidade para prever o desempenho.

Alguns obstáculos para a percepção precisa

Existem muitas barreiras à percepção precisa do comportamento dos outros. Cada barreira é uma fonte possível de engano ou de informação distorcida.

---

* William Poundstone identificou alguns estudos que mostram o poder da primeira impressão. Em um estudo, observadores avaliaram professores somente com base em videoclipes de cada instrutor. Essas avaliações, baseadas somente em imagens superficiais, provaram ter grande correlação com avaliações dos mesmos instrutores feitas por alunos após todo um semestre de contato com eles. Uma outra pesquisa sobre ambientes de entrevista também aponta para o papel dos julgamentos apressados. Muitos entrevistadores, em essência, parecem decidir-se quando o entrevistado se senta em uma poltrona (isto é, sendo influenciados pela aparência, linguagem corporal, cumprimento inicial e o "jeito" da pessoa).

Estereótipos

Estereótipos são julgamentos baseados na participação em um grupo. Atributos como sexo, raça, grupo étnico e idade formam a base comumente existente dos estereótipos. As crenças de que colaboradores com mais idade não são capazes de ser treinados para novas tarefas e de que os mais jovens não conseguem assumir responsabilidades, por exemplo, constituem estereótipos encontrados freqüentemente. Grupos profissionais também são considerados, com freqüência, como base para estereótipos. Considere sua própria visão dos policiais, dos executivos do alto escalão de corporações e dos dirigentes sindicais. Mesmo atributos relativamente superficiais podem se tornar base para estereótipos, conforme provado por lugares-comuns do tipo "os ruivos têm pavio curto".

Isso não significa afirmar que estereótipos são totalmente inúteis e imprecisos. Em alguns casos, eles podem oferecer um atalho útil para uma avaliação rápida. Os custos potenciais de avaliações errôneas, entretanto, devem ser sempre considerados.

Em termos gerais, os estereótipos podem, realmente, ser baseados nas características do grupo; essa é a noção de estereótipos como "núcleo da verdade".[50] A proposta argumenta que algumas crenças estereotipadas baseiam-se em um elemento de verdade, no sentido de que elas se originam de observações válidas para o grupo como um todo, porém, não se aplicam com muita precisão para determinados indivíduos. Embora o estereótipo difundido dos policiais possa ter alguma precisão, a variabilidade de traços dos diversos elementos da corporação é grande a ponto de ser extremamente difícil classificar precisamente um determinado policial a partir de informações estereotipadas.

Efeito halo

O **efeito halo** ocorre quando o observador usa uma impressão geral favorável ou desfavorável como base para o julgamento de traços mais específicos. A avaliação dessa pessoa é influenciada, em essência, por uma visão geral. O efeito halo explica por que um subordinado estimado por um superior não pode gerar ações errôneas segundo a visão desse superior, ao passo que outro que não seja apreciado pode encontrar dificuldade para obter uma avaliação favorável do mesmo superior.

A maioria dos alunos vivenciou o fenômeno no ambiente da sala de aula. Um instrutor pode atribuir boa nota a um aluno por sua participação, por causa de uma impressão anterior favorável deste, quando uma avaliação real poderia revelar que o aluno favorecido não falou com mais freqüência do que outros com notas menores. Um estudo revelou que oficiais do Exército dos Estados Unidos, que eram estimados, foram julgados mais inteligentes que os outros, enquanto uma análise dos resultados de testes de inteligência revelou não existirem diferenças entre os dois grupos.[51]

Também foi observado que juízes tendem a relacionar certos traços.[52] Quando uma pessoa for considerada agressiva, por exemplo, provavelmente também será vista como muito dinâmica. O traço de grande empenho tende a ser vinculado ao de honestidade. Alguém que freqüenta a igreja, possivelmente, será visto como limpo ou bem-arrumado. Esse fenômeno foi denominado **teoria da personalidade implícita**. Em termos simples, representa a tendência de perceber o traço X em um indivíduo, desde que exista o traço Y. Em virtude de a coerência da junção dos traços não ser muito substancial, as avaliações de pessoas com base em um método de personalidade implícita têm probabilidade de estar em erradas.

Projeção

Demonstramos uma tendência de atribuir nossos próprios sentimentos a outras pessoas. Isso é conhecido como **projeção** – um mecanismo de defesa que ajuda a nos proteger de verdades desagradáveis ou inaceitáveis. Foi provado que o estado emocional de uma pessoa influencia sua percepção do estado emocional de outras. Em um estudo, provocou-se o medo de um grupo de participantes ao dizer que receberiam posteriormente um choque elétrico.[53] Antes de qualquer choque ser aplicado, os membros do grupo foram solicitados a avaliar a sensação de medo dos outros participantes. Em comparação com um grupo de controle que não havia sido ameaçado, os participantes amedrontados tenderam a descrever os demais como mais receosos e agressivos.

Em outro estudo, indivíduos que foram muito bem avaliados quanto a traços indesejáveis do tipo teimosia, mesquinharia e desordem tendiam a avaliar outras pessoas como tendo esses traços em maior grau.[54] Esses resultados indicam a possibilidade de projetar em outros os próprios traços. Conseqüentemente, é fácil imaginar uma situação em que um gerente que receia mudanças organizacionais e desconfia de outras pessoas projete esses atributos em seus subordinados, acreditando que receiam mudanças e não podem merecer confiança.

Distorção perceptiva

Além de defender nossos egos projetando em outros os nossos sentimentos e atributos, simplesmente podemos negar que ocorreu ou que testemunhamos algo. De modo similar, podemos alterar ou distorcer o que relatamos, na tentativa de evitar uma realidade desagradável. Ou podemos prestar atenção, propositadamente, somente naquilo que desejamos ver. Esses atos são formas de **distorção perceptiva**.*

Ilusões constituem uma outra forma de distorção perceptiva. Todos temos familiaridade com a noção de ilusão, em que nossa percepção de algo não reflete a realidade. Considere, por exemplo, a ilusão bem conhecida de contraste perceptivo mostrada na Figura 2.1. O anel cinza é de cor uniforme, entretanto, quando avaliado no âmbito de um contexto, parece ter tons diferentes. O contexto influencia nossa percepção e cria uma ilusão de diferença que não existe. De modo idêntico, nas relações sociais, um indivíduo pode transmitir determinada impressão por causa do contexto em que está sendo julgado. Uma pessoa de inteligência mediana, por exemplo, poderia ser julgada como detentora de uma inteligência substancialmente maior, por causa de uma crença anterior de que os colaboradores, em sua classificação de cargo, normalmente não são muito inteligentes. Essa percepção social errônea baseia-se em uma ilusão influenciada pelo contexto.

Percepção seletiva

Um outro obstáculo à percepção correta surge ainda da tendência a sermos influenciados por nossos próprios interesses. Em virtude de não ser possível acolher todos os estímulos que recebemos, tendemos a selecionar certos elementos. Como exemplo, considere a experiência que segue a compra de um carro. Repentinamente, você começa a notar esse tipo de carro na rua com mais freqüência. A **seleção perceptiva** ocorre em organizações quando os gerentes tendem a interpretar situações problemáticas à luz de sua própria formação e de seus interesses. Dada uma situação problemática ambígua, por exemplo, um gerente de vendas será inclinado a considerar o tema de vendas como causa subjacente, ao passo que um gerente de produção tenderá a levar em conta temas relacionados à fabricação.

---

* Um exemplo interessante de distorção perceptiva é dado pela centralização ocupacional, tendência de uma pessoa considerar a própria profissão ou trabalho como mais importante que o dos outros. O conceito é exemplificado por uma história atribuída ao técnico de futebol americano Knute Rockne, do time de Notre Dame. Após um campeonato particularmente bem-sucedido, perguntou-se quem era responsável pelas vitórias, a linha de ataque ou de defesa. Após uma votação, a linha de ataque ganhou por 7 a 4, sem causar surpresa.[55]

FIGURA 2.1 — ILUSÃO DE CONTRASTE PERCEPTIVO

Observe que o círculo ou anel cinza apresenta tonalidade uniforme. Coloque, então, um lápis sobre a linha vertical que indica o limite entre as áreas clara e escura do quadrado. A claridade visível de cada metade do círculo se alterou-se?

Compreensão das atribuições

No âmbito da área de percepção, um dos tópicos mais amplamente estudados é o processo de atribuição. O termo *atribuição* é usado para descrever o processo que as pessoas utilizam para explicar as causas do comportamento das outras. Difundida inicialmente por Fritz Heider, a **teoria da atribuição** examina o processo de inferência empregado para deduzir características ou traços de outras pessoas a partir de observações de seu comportamento.[56] No núcleo da teoria, reside a proposta de que as pessoas percebem o comportamento como sendo causado pelo indivíduo em questão ou pelo ambiente. Essa é uma distinção entre causalidade interna e externa, isto é, se as pessoas principiam ações ou meramente reagem a seu ambiente. Heider propôs, adicionalmente, que a conseqüência de uma determinada ação é percebida como resultado de forças ambientais e pessoais, bem como das influências do poder pessoal (capacidade) e do empenho (tentativa).

Considere a demolição de um prédio. Um terremoto ou uma pessoa com equipamento apropriado poderia obter o mesmo resultado. A força ambiental (terremoto) poderia ajudar a força pessoal (pessoa com equipamento) ou qualquer das duas poderia produzir o mesmo resultado na ausência da outra. Forças pessoais e ambientais, possivelmente, também podem se opor e, portanto, cancelar-se mutuamente.

Os componentes da teoria do poder e da iniciativa pessoal também são importantes. Se qualquer um deles estiver ausente, a intensidade da força pessoal será reduzida a zero. O observador de um conjunto de ações precisa ser capaz de levar em consideração esses vários fatores, a fim de fazer uma atribuição correta sobre uma pessoa.

O *status* social é encarado, muitas vezes, como determinante do grau em que um indivíduo age livremente, em vez de ser controlado pelo ambiente. Em uma experiência, estudantes receberam a tarefa de convencer uma pessoa de *status* elevado ou inferior de que uma escolha de materiais para um projeto era boa.[57] Tanto as pessoas de *status* elevado como as de inferior eram indivíduos de confiança dos pesquisadores, que aceitavam as tentativas de influencia dos participantes e reconheciam o acerto da escolha dos materiais. Quando os participantes foram solicitados, posteriormente, a avaliar a extensão em que a concordância de seus ouvintes foi expressa livremente, observaram-se diferenças que favoreciam a pessoa de *status* elevado (isto é, a concordância dessa pessoa foi vista como causada mais internamente ou dada livremente, em relação à de *status* inferior). Os participantes também relatam maior atração pela pessoa de *status* elevado. Essas pessoas, portanto, são vistas como indivíduos que agem com mais liberdade e, talvez como conseqüência, estão mais sujeitas a elogios e críticas.

As pesquisas de atribuição também examinaram as tendências para distorcer a visão que uma pessoa tem do comportamento. Um exemplo é denominado **erro de atribuição fundamental**, em que atribuímos os comportamentos de outras pessoas a fatores internos. Poderia, chegar, por exemplo, à conclusão de que um colaborador está tendo dificuldade para cumprir a cota de vendas por falta de ambição, quando seu território de vendas talvez não oferecesse muitas oportunidades. O erro de atribuição fundamental leva as pessoas a culparem as vítimas do infortúnio. Trabalhadores desempregados, por exemplo, são vistos como preguiçosos ou os sem-teto considerados irresponsáveis. Mulheres vítimas de assédio sexual no trabalho podem ser acusadas de empregar sedução. As atribuições que as pessoas fazem relacionadas às causas de seu próprio comportamento tendem a ser influenciadas pela possibilidade de a conseqüência ser positiva ou negativa. Essa tendência de assumir crédito pelo sucesso, atribuindo-o a traços ou iniciativas pessoais, e culpar pelo fracasso causas externas e ambientais é denominada **viés em proveito próprio**. Os alunos manifestam, algumas vezes, esse viés quando atribuem o sucesso nas provas à sua maestria intelectual ou a ter estudado muito, e seu desempenho ruim à elaboração falha do teste pelo professor. O viés em proveito próprio também existe quando as pessoas se comparam a outras em aspectos subjetivos e socialmente desejáveis. A maioria dos gerentes de empresas, por exemplo, se considera mais ética que o gerente médio e superior quanto ao desempenho.[58] Igualmente, eles consideram-se mais abertos à inovação do que seus subordinados ou observadores externos.*

A **teoria da atribuição causal de Kelley** constitui um método difundido para a compreensão do processo de atribuição. Na visão de H. H. Kelley, os julgamentos do comportamento de uma outra pessoa são influenciados por três fontes de informação: conformidade, coerência e diferenciação. *Conformidade* refere-se ao grau em que o comportamento é similar ao da pessoa observada. *Coerência* define o grau em que esta se comporta da mesma maneira em ocasiões similares. *Diferenciação* refere-se ao grau em que se comporta de modo similar em contextos comparativamente diferentes. Para exemplificar como essas fontes de informação influenciam nossos julgamentos, considere uma situação em que seu colega está se queixando do supervisor. Se ele se queixa, porém, ninguém mais reclama, diremos que a conformidade é baixa. Além disso, se esse colega sempre se queixa do supervisor, a coerência é elevada. Finalmente, se ele se queixa de todos os supervisores anteriores, a diferenciação é baixa. A combinação entre baixa conformidade, coerência elevada e diferenciação baixa o levaria a uma atribuição interna de que o seu colega é antagônico ao supervisor por causa de uma característica pessoal que envolve, geralmente, ser hostil a figuras de autoridade. Imagine, como exemplo oposto, que seu colega não fosse o único a se queixar do supervisor,

---

* Conforme a maioria dos dirigentes universitários conhece, os membros do corpo docente não se encontram isentos do viés em proveito próprio. Um estudo demonstrou que 94% dos professores de uma instituição, e 90% dos que participaram de uma pesquisa em 24 instituições, julgaram-se superiores ao colega médio.[59]

uma vez que outros também reclamam, isto é, a conformidade agora é elevada. Além disso, o colega queixa-se freqüentemente do supervisor, isto é, a coerência novamente é elevada. Finalmente, ele não reclama dos supervisores anteriores, isto é, a diferenciação agora é muito elevada. Essa segunda combinação das três fontes de informação conduziria, agora, a uma atribuição externa do comportamento queixoso de seu colega e concluiríamos, então, que o supervisor é, na realidade, uma pessoa difícil.

Resumo

1. **Discutir o conceito de personalidade e os fatores que afetam seu desenvolvimento.**
   Personalidade é o padrão relativamente permanente dos traços e características individuais que distinguem uma pessoa de todas as demais. A origem da personalidade é tema de debate considerável, originário de um ponto de vista que afirma ser a personalidade determinada, em grande parte, pela hereditariedade, e outro defendendo que é, principalmente, produto do ambiente. Na realidade, ambas as visões são determinantes básicos da personalidade. A hereditariedade pode predispor um indivíduo a certos padrões de comportamento, enquanto as forças ambientais podem levar a padrões mais específicos.

2. **Descrever as técnicas mais comumente utilizadas para avaliar os atributos da personalidade.**
   Embora existam muitas técnicas diferentes para medir os atributos da personalidade, as adotadas mais freqüentemente são: avaliação, testes situacionais, análises e técnicas projetivas. A avaliação assume, usualmente, a forma de escalas de 5 a 7 pontos, com adjetivos descrevendo traços de personalidade como pontos extremos ou âncoras. Algumas avaliações incluem definições específicas para cada ponto da escala. Nos testes situacionais, o comportamento de uma pessoa é observado de modo direto em um ambiente criado especificamente para revelar sua personalidade. Embora sejam onerosos para elaborar e aplicar, os testes situacionais são menos subjetivos e, portanto, seus resultados são mais válidos do que os de avaliação. Na análise da personalidade, amplamente empregada, solicita-se às pessoas que respondam a uma série de afirmações, indicando se elas se descrevem. As técnicas projetivas são elaboradas para sondar os aspectos mais sutis da personalidade, incitando a pessoa a responder a estímulos propositalmente ambíguos. A narração de histórias e a finalização de sentenças estão incluídas nessa categoria.

3. **Especificar e definir diversos aspectos da personalidade, especialmente relevantes para o comportamento organizacional.**
   Diversos aspectos da personalidade receberam atenção considerável nas pesquisas de comportamento organizacional: centro de controle, ética do trabalho, estilo cognitivo e maturidade moral. O centro de controle identifica onde os indivíduos consideram que reside o controle sobre suas vidas: neles próprios ou em forças ambientais. Pessoas com orientação interna diferem das de orientação externa em termos de reação às pressões do grupo, de sucesso na escola, renda, *status* profissional, velocidade de ascensão na carreira e preferência por tipos específicos de retribuição. A ética do trabalho engloba um conjunto de crenças, incluindo respeito pela dignidade de todo trabalho, desprezo pela ociosidade, auto-indulgência e a crença de que o trabalho árduo será recompensado. Constatações recentes indicam que a ética do trabalho pode estar se extinguindo nos Estados Unidos.

Estilo cognitivo refere-se a quatro maneiras de colher e avaliar informações: introversão/extroversão, pensamento/sentimento, sensação/intuição e julgamento/percepção. Maturidade moral diz respeito ao estágio de julgamento ético em que se encontra a pessoa. Muito recentemente, a atenção tem se concentrado nas Cinco Grandes dimensões da personalidade: simpatia, conscientização, ajuste emocional, extroversão e curiosidade.

4. Defender a noção de que percepção é um processo complexo e ativo.

Percepção é o processo pelo qual um indivíduo seleciona, organiza e interpreta informações sobre o ambiente e, portanto, lhe atribui significado pessoal. Em virtude de o ambiente e os sistemas fisiológico e psicológico do indivíduo serem tão complicados, a percepção é um processo extremamente complexo. A pessoa assume um papel ativo na eliminação dos estímulos irrelevantes e na estruturação cuidadosa dos relevantes, em mensagens significativas que se aplicam à situação imediata. Isso é realizado de acordo com uma configuração mental elaborada com base em experiências anteriores. Desse modo, a pessoa elabora efetivamente sua própria versão do ambiente.

5. Explicar como as expressões faciais e outras comunicações não-verbais afetam a precisão de nossas percepções.

As expressões faciais e outras comunicações não-verbais ajudam a avaliar os efeitos de nossas palavras e ações. Quando as palavras, a expressão facial e as comunicações não-verbais estão todas concordes, elas reforçam nossas percepções. Em virtude de as pessoas possuírem maestria para disfarçar suas verdadeiras intenções e sentimentos, é importante observar discrepâncias entre comunicações verbais e não-verbais. As comunicações não-verbais, como contato visual, freqüência de sorriso e postura, podem influenciar nossa percepção das outras pessoas.

6. Identificar os obstáculos mais comuns para a percepção precisa.

Existem muitos obstáculos para a percepção precisa, cada um representando uma fonte possível de informação enganosa ou distorcida. Entre os mais comuns, destacam-se os estereótipos, o efeito halo, a projeção, a distorção perceptiva e a percepção seletiva. Estereótipo é o julgamento de um indivíduo com base em certas categorias atribuídas a um grupo específico. Espera-se que uma pessoa classificada desse modo comporte-se de modo fixo e predeterminado, sem considerar diferenças individuais. O efeito halo ocorre quando a avaliação dos traços específicos pela pessoa que percebe é influenciada por uma impressão geral, favorável ou desfavorável. Projeção é a tendência para atribuir a outras pessoas nossos próprios sentimentos e traços, a fim de nos proteger de verdades desagradáveis ou inaceitáveis. Distorção perceptiva é um mecanismo de defesa relacionado à alteração de uma percepção, a fim de evitar uma realidade desagradável. Um outro obstáculo surge da percepção seletiva: a tendência a sermos influenciados por nossos próprios interesses.

7. Descrever os princípios básicos da teoria da atribuição.

De acordo com a teoria da atribuição, quando observamos um evento, tentamos compreender sua causa, medir o grau de responsabilidade por suas conseqüências e avaliar as qualidades das pessoas envolvidas. Um fator fundamental na atribuição é o observador acreditar que o evento é causado por uma pessoa (causalidade interna) ou pelo ambiente (causalidade externa). Um supervisor, por exemplo, pode atribuir o mau desempenho de um colaborador à preguiça ou às condições de trabalho inferiores ao padrão. A causa que o supervisor inferir influenciará consideravelmente sua percepção da pessoa, os traços que lhe atribuirá e os meios para lidar com a situação.

Episódio crítico

Um "ajuste" questionável

Irene Long foi promovida recentemente à posição de gerente do departamento de contabilidade da Companhia Industrial Badger. A empresa produz caixas metálicas de ferramentas e produtos relacionados com sua própria marca e com as de terceiros. Irene trabalhou nas áreas financeira e contábil da Badger durante 12 anos. Pediram-lhe que ocupasse o cargo quando o gerente anterior se aposentou.

Ao longo dos últimos 12 meses, surgiram diversos problemas entre Irene e seu supervisor, Wayne, vice-presidente de finanças e contabilidade. Wayne deseja que Irene "administre" o departamento de contabilidade. Isso envolve cuidar de todos os assuntos do dia-a-dia, permanecendo a par do que precisa ser feito, e assim por diante. Quando você, o consultor, reuniu-se com Wayne, ele descreveu Irene como sendo muito tranqüila e não suficientemente assertiva para assumir suas novas responsabilidades. Wayne deu-lhe alguns exemplos da incapacidade de Irene para executar as tarefas pontualmente, para supervisionar as outras pessoas que têm responsabilidade de suprir-lhe informações e sempre esperar que lhe digam o que deve ser feito, em vez de tomar a iniciativa.

Ao se reunir com Irene, você constata que ela tem a impressão de que Wayne não aprecia a pessoa dela e sua capacitação. Ela afirma estar disposta a fazer tudo o que precisa ser executado, porém, Wayne não oferece um bom gerenciamento. Irene declara querer fazer um bom trabalho, mas não ser uma ditadora. Quando você pergunta se ela gosta de suas novas funções, ela responde que aprecia, porém, não tem certeza.

Você decide que seria de grande ajuda avaliar o tipo de personalidade de Irene e aplica o Indicador de Tipos Myers-Briggs. O resultado obtido indica que ela se enquadra mais no tipo Sensação/Pensamento (ST). Aplicando o mesmo teste em Wayne, você constata que ele é um tipo Intuição/Pensamento (NT).

Usando as informações sobre os tipos e o que você conhece sobre a relação de trabalho entre Wayne e Irene, responda cada uma das seguintes perguntas:

1. Quais as principais dificuldades que Irene e Wayne encontram para tentar desenvolver um relacionamento produtivo?
2. Que temas cada um precisa levar em conta ao tentarem trabalhar juntos?
3. Utilizando as informações do teste Myers-Briggs, que estratégia você proporia para eliminar as dificuldades entre Irene e Wayne?

Exercício experimental I

Sherlock Homes visita a sala do Dr. Watson

Todos conhecem Sherlock Holmes, o famoso detetive criado por Sir Arthur Conan Doyle, e sua capacidade para realizar inferências precisas a respeito das pessoas simplesmte valendo-se dos poderes de observação e dedução. Determinamos, neste exercício, o grau de facilidade ou dificuldade para fazer julgamentos corretos de outras pessoas a partir da simples observação.

Fase I. Os alunos da classe visitarão a sala do instrutor por alguns minutos no horário convencional durante as primeiras semanas do curso e tomarão nota do que observam (por exemplo, a decoração da parede, a localização da mesa e das poltronas, diversos avisos, livros, e assim por diante). Cada visitante não deve formular perguntas ao instrutor dessa vez, porém, depender inteiramente de sua observação e inferência, a fim de desenvolver uma lista de traços de personalidade prováveis, com base naquilo que for observado na sala. Os visitantes não devem compartilhar suas notas ou idéias durante esta fase do exercício, mas elaborar o perfil da personalidade separadamente.

Fase II. Os alunos, em uma reunião usual da classe, relatarão o que acreditam haver aprendido sobre seu instrutor durante a visita à sala. O instrutor apresentará, em seguida, duas listas: a inferência sobre traços de personalidade e o item físico (ou indício) que serviu como base para a inferência, isto é, o que realmente conduziu a ela. Após todos os principais traços e itens terem sido listados, o instrutor comentará os casos em que os itens observados foram empregados corretamente para deduzir aspectos da personalidade, bem como em que houve incorreção.

Fase III. A classe discutirá se constitui uma tarefa fácil ou difícil fazer inferências, conforme o estilo Sherlock Holmes, sobre a personalidade de outra pessoa. Além da interpretação errônea e da exagerada, a classe deverá tentar identificar estereótipos usuais que serviram de base para as diversas suspeitas e palpites.

Uma Variação deste Exercício. Juntamente com uma visita à sala do instrutor, ele pode mostrar fotografias para a classe ou ler descrições orais de salas (sem revelar a identidade de seu ocupante). Em seguida, os participantes são solicitados a externar suas percepções a respeito do ocupante da sala: trata-se de homem ou mulher? De *status* relativamente elevado ou inferior? Simpático ou anti-social? Do *campus* ou de fora? E assim por diante. Igualmente importante: quais são as bases para cada suposição? Todos na classe concordaram com esses julgamentos? Em caso negativo, quais são os motivos para a discordância? O que mais esses julgamentos nos podem revelar a respeito do alvo de nossa observação? O que esses julgamentos revelam a nosso respeito (isto é, nossas suposições iniciais que não foram expressas)?

Exercício experimental II

Insights da personalidade pela Internet
A Internet dispõe de alguns *sites* fascinantes, que proporcionam testes de personalidade juntamente com resultados e interpretações imediatos. Este exercício propõe localizar um ou mais *sites* que ofereçam esse serviço e informar à classe o que se encontra disponível. Seu instrutor direcionará, em seguida, a classe a diversos *sites* identificados pelos alunos. Dois que vale a pena visitar são: *http://www.emode.com* (oferece um

grande número de testes de auto-avaliação) e *http://www.keirsey.com* (disponibiliza um teste de avaliação geral da personalidade comparável, em muitos aspectos, ao Indicador de Tipos Myers-Briggs). Após os alunos terem visitado os vários *sites*, parte de uma aula deverá ser dedicada à discussão das seguintes perguntas: (1) Os resultados do teste de personalidade pareceram ser válidos? Por quê? (2) Os resultados pareceram plausíveis como descrições de sua própria personalidade ou de colegas de classe que você conhece bem?

Experiência é aquilo que lhe permite reconhecer um erro quando você o comete novamente.
— Earl Wilson

Aqui o pessoal usa o método de "reconhecimento e punição" — você sabe qual é a "punição"; o "reconhecimento" significa que não haverá "punição".
— Um Colaborador

Você deve pagar por seus erros. Se já pagou, desconsidere este aviso.
— Sam Levenson

Objetivos de aprendizagem

Após estudar este capítulo, você deverá ser capaz de:

1. Explicar o que é aprendizagem e por que os gerentes precisam entender seu processo.
2. Descrever o processo de condicionamento clássico e citar diversos exemplos dessa forma de aprendizagem no local de trabalho.
3. Dizer o que significa aprendizagem observacional e como ocorre no local de trabalho.
4. Discutir a natureza do condicionamento operante e enunciar quatro regras para aplicar seus princípios, visando melhorar o desempenho dos colaboradores.
5. Resumir as vantagens e desvantagens da Modificação do Comportamento Organizacional – Mod CO.
6. Analisar o papel da punição para modelar o comportamento dos colaboradores.

Capítulo 3

Mudança do comportamento dos colaboradores por meio das conseqüências

Tornar os programas de retribuição dos colaboradores mais interessantes

As empresas têm usado há décadas programas de retribuição e outras formas de reconhecimento público para motivar os colaboradores – com graus variáveis de sucesso. Os departamentos de recursos humanos começaram a introduzir diversas iniciativas, nos anos 1970 e 1980, para recompensar, com distintivos, placas, presentes diferenciados, títulos de colaborador do mês e outras premiações emocionais, as pessoas que demonstravam grande empenho no trabalho. O movimento de retribuição dos empregados ampliou ainda mais seu alcance durante a fase de euforia dos ponto.com, no fim da década de 1990, quando os membros da geração X foram seduzidos por incentivos do tipo quadras de futebol de salão, intervalos para jogar *videogame* e pistas de bocha. Os líderes do atual movimento de retribuição estão igualmente entusiasmados pela identificação de novas e criativas maneiras para reconhecer os colaboradores do século XXI.

A maior parte dos programas de retribuição opera de acordo com uma premissa simples: os colaboradores que recebem elogio verbal e recompensas significativas por desempenho serão motivados a alcançar maiores níveis de produção e resultados. Valendo-se de um grande número de conceitos da psicologia behaviorista, particularmente da teoria do condicionamento operante de B. F. Skinner, esses programas utilizam reforços positivos e negativos para estimular comportamentos desejáveis e eliminar os indesejáveis. O reforço positivo é visto, no contexto organizacional, como uma ferramenta de gerenciamento essencial para incentivar a produtividade e a aprendizagem dos colaboradores.

Os programas de retribuição, quando executados de modo bem-sucedido, aumentam o moral dos empregados e a produtividade de uma organização. Caso sejam mal gerenciados, no entanto, esses programas podem produzir o efeito contrário, fazendo com que os colaboradores se sintam insultados, irritados ou não-apreciados. De acordo com um relatório da Organização Gallup, uma parte considerável dos programas de reconhecimento "faz mais mal do que bem". Além disso, são numerosos os relatos sobre colaboradores desgostosos por receberem retribuições inadequadas ou por tentativas pouco convincentes de reconhecimento. A falta de um encorajamento sincero da parte dos dirigentes pode causar desânimo e prejudicar a empresa. Alguns colaboradores, em casos extremos, podem vir a considerar os programas de retribuição como substitutos furtivos de aumentos salariais, meras fraudes concebidas pelos gerentes para manter o pessoal satisfeito.

Nem todos os programas de retribuição são ineficazes. Uma pesquisa recente, conduzida pela Associação Nacional de Reconhecimento dos Empregados, constatou que a retribuição continua a ser importante para as organizações como parte integrante de sua estratégia. 87% das companhias pesquisadas usam programas de retribuição. Dessas, 97% acreditam que o programa tem relação direta com suas metas globais. Quatro de cada dez afirmaram que estão empregando mais o reconhecimento do que há um ano. Os tipos de retribuição oferecidos aos colaboradores também estão melhorando. Os atuais detentores de desempenho elevado conseguem se beneficiar usualmente de um plano de aquisição de ações, recebem ingressos de cinema, pacotes de viagem, jóias e certificados de compra. Alguns recebem pontos que podem ser trocados por produtos conhecidos, como câmeras, iPods ou malas. Equipes completas que apresentam desempenho excepcional podem fazer jus a viagens de navio, churrasco, jogos de boliche, jogos de *softball* e competições de dança.

O reconhecimento aos colaboradores pode aumentar o desempenho, a produtividade e os lucros da corporação. Para que os programas de retribuição sejam bem-sucedidos, os dirigentes precisam demonstrar sinceridade, cientes de que mesmo as premiações bem-intencionadas podem resultar em gestos vazios, caso sejam mal planejadas ou transmitidas sem formalidade. Reconhecimentos específicos devem refletir o valor que a organização atribui ao empenho no trabalho e precisam comunicar a mensagem de que os colaboradores terão seu valor apreciado. Finalmente, a opção por momentos alegres ou retribuições recreacionais pode ser eficaz para muitos tipos de companhia. Conforme indicado pela máxima conhecida, "a empresa que se diverte unida permanece unida".

Fonte: Sandburg, J. "Been Here 25 Years and All I Got Was This Lousy T-Shirt", *The Wall Street Journal*, 28 jan. 2004; "Incentives: Is employee recognition key to corporate goals?", *Occupational Hazards*, nov. 2003.

Colaboradores novos trazem consigo um conjunto de modos de comportamento previamente adquirido. Tem-se, então, a expectativa de que absorvam informações adicionais aplicáveis às suas funções. Os colaboradores antigos devem continuar a aperfeiçoar suas aptidões e capacitações relacionadas ao cargo. Portanto, aprendizagem é um processo contínuo para todos. O processo também é muito complexo. Um colaborador que já aprendeu a desempenhar uma função de certa maneira, por exemplo, pode apresentar dificuldade para aprender uma segunda maneira, embora melhor.

A motivação de um colaborador para seu desempenho encontra-se relacionada de perto com a aprendizagem, porque depende de ele saber que pode executar bem o trabalho. Portanto, um gerente que entende o processo de aprendizagem pode usar seus princípios a fim de orientar o comportamento e o desempenho dos colaboradores. Os programas de treinamento e desenvolvimento, para serem bem-sucedidos, precisam ser baseados em princípios de aprendizagem bem fundamentados.

Aprendizado, um dos processos mais básicos, envolve o desenvolvimento e a modificação de idéias e procedimentos. Outros conceitos de comportamento organizacional (por exemplo, motivação e supervisão), que serão discutidos em capítulos posteriores, podem ser explicados mais plenamente utilizando-se os princípios de aprendizagem.

A natureza da aprendizagem

Aprendizagem é a mudança de comportamento relativamente permanente, que ocorre como resultado da experiência.[1] Uma característica distintiva dessa definição é o termo *mudança*. Para afirmar que ocorreu uma aprendizagem, uma mudança ou modificação do comportamento precisa ser evidente. Também precisa ser mais que temporária. Deve ser possível atribuir essa mudança à ocorrência de um evento. Portanto, embora aprendizagem seja um processo que não conseguimos observar diretamente, podemos inferir que ela ocorreu quando observamos uma mudança de comportamento um tanto quanto permanente.

Somente durante o último século as pessoas iniciaram o estudo sistemático do processo de aprendizagem. Suas iniciativas produziram três métodos: condicionamento clássico, aprendizagem observacional ou substitutiva e condicionamento operante ou instrumental.

Condicionamento clássico

No início do século XX, Ivan Pavlov, fisiologista russo, conduziu pesquisas sobre glândulas salivares. Ele descobriu, no curso de seu trabalho, que as secreções de um cão no laboratório eram controladas por processos de aprendizagem e por estimulação fisiológica direta. Observou ainda que o som de passos que se aproximavam, bem como a simples visão do alimento, faziam com que um cão salivasse.

Pavlov, nas pesquisas posteriores, focalizou, bem mais de perto, a maneira como vários estímulos poderiam ser empregados para produzir uma resposta desejada. Especificamente, ele combinou o soar de uma campainha com a apresentação de alimentos para um cão. Após algumas combinações, o som da campainha isoladamente (isto é, sem o alimento) foi suficiente para produzir salivação. Pavlov, com base nesses experimentos, desenvolveu a noção de condicionamento clássico.

No **condicionamento clássico**, um **estímulo não-condicionado (ENC)** – ou estímulo que tem a capacidade de produzir confiavelmente uma **resposta não-condicionada (RNC)** ou resposta reflexiva que ocorra naturalmente – é combinado com a ocorrência de um estímulo neutro, que não possui uma capacidade inicial para criar a resposta de interesse. Após algumas apresentações simultâneas do estímulo não-condicionado e do estímulo neutro, a mera presença do estímulo neutro produzirá uma resposta reflexiva. Essa resposta semelhante a um reflexo é denominada **resposta condicionada (RC)**. Quando um estímulo atinge essa capacidade, é denominado **estímulo condicionado (EC)**. Nas experiências de Pavlov, a visão do alimento era o estímulo não-condicionado que originava a resposta não-condicionada da salivação. O som da campainha era o estímulo neutro que atingia o poder de um estímulo condicionado, isto é, a campainha adquiria poder para dar origem à resposta da salivação condicionada ou aprendida. No condicionamento clássico, o relacionamento ENC → RNC é substituído por EC → RC (Quadro 3.1).*

Muitas funções requerem respostas condicionadas. Operar uma carreta motorizada ou uma empilhadeira, por exemplo, exige comportamentos reflexivos. A capacidade do operador para frear de modo rápido e firme ou para reagir adequadamente depende de respostas condicionadas a estímulos previamente neutros, como luzes de alerta.** A meta de um gerente de treinamento de pessoal até o ponto em que os colaboradores não precisam mais de monitoramento e retornos (*feedback*) contínuos também requer condicionamento clássico.

---

* Em uma primeira demonstração do poder do condicionamento clássico, John Watson usou técnicas pavlovianas em um menino de 11 meses de idade para condicionar uma reação fóbica (amedrontada) a objetos brancos e felpudos.[2] A seqüência de condicionamento consistiu em combinar a presença de um rato de laboratório branco com um som alto. Após um número de combinações, a mera presença de objetos brancos e felpudos (como, por exemplo, a barba branca de um homem) foi suficiente para provocar no menino uma reação amedrontada. Em certo sentido, o menino havia desenvolvido um receio aparentemente irracional de objetos brancos e felpudos. Antes que Watson pudesse dessensibilizá-lo (por exemplo, combinando a presença de objetos brancos e felpudos com a presença de alimento), a mãe deixou a cidade levando-o junto. É discutível se o menino pode ter superado sozinho a reação fóbica. Esse caso representa um dos primeiros usos questionáveis das técnicas de condicionamento. Watson, após essa experiência, desistiu das pesquisas baseadas nessa linha experimental e dedicou-se à propaganda.

** Se você, normalmente, dirige um carro com transmissão manual, mas muda, posteriormente, para um com transmissão automática, poderá observar seu pé esquerdo pressionando forte e reflexivamente um pedal de embreagem inexistente. Esse é um exemplo de resposta condicionada encontrado na vida diária.

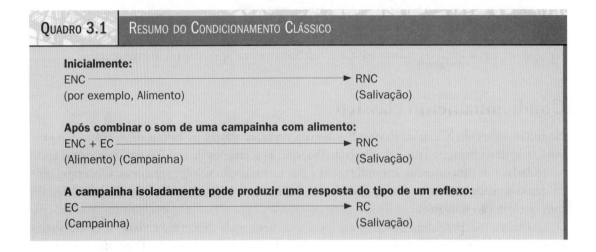

Aprendizagem observacional

Grande parte do aprendizado que ocorre nas organizações baseia-se na observação. Colaboradores novos, por exemplo, podem observar um experiente executar uma tarefa. Após simplesmente atentar para as atividades, eles serão capazes de modelar seu comportamento com base nas observações. A **aprendizagem observacional** ocorre quando uma pessoa presencia o comportamento de uma outra e vivencia, por meio de substituição, as conseqüências das ações da outra pessoa.[3] Quando as funções são razoavelmente simples, a aprendizagem observacional pode ser imediata e completa; são desnecessários numerosos ensaios e tentativas. Além disso, nenhum reconhecimento visível é demonstrado. O domínio rápido do comportamento e a falta de um reconhecimento visível pelas respostas corretas são exclusivos da aprendizagem observacional.

Algumas pessoas argumentam que o reconhecimento na aprendizagem observacional é puramente psicológico. O indivíduo participa, em essência, de um auto-reconhecimento, talvez se congratulando cada vez que acontece uma ação correta. Se aceitarmos essa suposição, precisaremos concordar com a noção de uma crença em suficiência, isto é, o desejo de sentir-se no controle de seu meio circundante e, portanto, ser auto-suficiente.[4] Sensações de suficiência, ou auto-eficácia, podem ser atribuídas ao senso de ser capaz de dominar uma tarefa. Em contraponto ao condicionamento clássico, no qual a pessoa que aprende depende de outra para organizar o plano para o aprendizado, a aprendizagem observacional é, em grande parte, auto-regulada. A escolha daquilo a que se dedicar, bem como o modo, quando e onde responder é uma questão de opção pessoal. Conforme citado anteriormente, grande parte da aprendizagem que ocorre em um ambiente de empresa é do tipo observacional. Além da aprendizagem informal, os colaboradores participam, algumas vezes, de programas de treinamento formais que dependem do mesmo processo. O uso de vídeos de treinamento, por exemplo, supõe que os observadores imitarão as formas de conduta desejáveis mostradas na tela. Os manuais e as preleções de treinamento baseiam-se na premissa de que os *trainees*[*] aceitarão, reterão e imitarão as formas de conduta preferidas em suas funções. Na Xerox, por exemplo, os seminários de treinamento gerencial envolvem, freqüentemente, aprendizagem por meio da exibição de filmes ou videoteipes das atividades desejadas, bem como pelo desempenho de papéis.

---

[*] *Trainee*: cargo referente a futuros gerentes, analistas ou consultores em fase de treinamento (NRT).

Esses seminários cobrem tópicos como entrevistar, vender, escutar e ler eficazmente.[5] Tais experiências de treinamento podem aumentar, no mínimo, a conscientização do colaborador da existência de meios alternativos de reação a situações problemáticas.

Muitos defensores da aprendizagem observacional afirmam que ela se torna mais bemsucedida quando há reconhecimento externo.[6] Portanto, eles combinam princípios de aprendizagem observacional e de condicionamento, reconhecendo a importância da cognição individual (isto é, eventos mentais) e de premiação externa.

Condicionamento instrumental ou operante

Grande parte do comportamento humano nas organizações é instrumental no sentido de que as pessoas agem em seu ambiente circundante, bem como tomam parte ou se afastam de situações diferentes. Em outras palavras, o comportamento dos colaboradores, freqüentemente, é instrumental, para acarretar um resultado desejado. Quanto este é obtido, aumenta a possibilidade de esse comportamento se repetir. Esses princípios encontram-se resumidos na **Lei do Efeito**: as respostas que geram em seguida uma experiência desejável terão maior probabilidade de ocorrer no futuro, ao passo que as respostas seguidas por experiências indesejáveis terão menor possibilidade de ocorrência.[7] Em termos menos estritos, a lei propõe que o comportamento indutor de resultados prazerosos tem mais possibilidade de se repetir.

No **condicionamento operante** o reforço é empregado em conjunto com uma resposta. Existem dois tipos de reforço: positivo e negativo. **Reforço positivo** é todo evento usado para aumentar a freqüência de uma resposta (por exemplo, elogio de um supervisor pelo término bem-sucedido de uma tarefa). **Reforço negativo** é todo evento que, quando descontinuado, aumenta a freqüência de uma resposta (por exemplo, uma campainha com som estridente que soa quando um trabalhador deixa de monitorar a operação de uma máquina e desliga somente quando ele reage apropriadamente, ou a crítica de um supervisor, que o colaborador pode aprender a evitar, realizando corretamente uma tarefa).

Os reforços positivo e negativo podem aumentar a força e a freqüência dos comportamentos que se seguem.[8] Esses dois tipos de reforço, no entanto, criarão ambientes de trabalho com características e dinâmica comportamental muito diferentes. O reforço positivo fará com que as pessoas desempenhem suas funções a fim de obter resultados positivos, enquanto o negativo as levará a responder por medo ou ansiedade.

Uso de princípios operantes em contexto organizacional

B. F. Skinner e seus associados criaram os princípios do condicionamento operante até o ponto em que foi desenvolvida uma abordagem sistemática da alteração do comportamento humano.[9] Embora Skinner não tivesse lidado, em suas pesquisas, com o tópico de comportamento organizacional, alguns pesquisadores adaptaram seus princípios ao campo. Essa aplicação dos princípios de Skinner a contextos organizacionais é denominada **Modificação do Comportamento Organizacional**.

Aquisição de comportamentos complexos: modelagem

Uma técnica particularmente eficaz para modificar o comportamento é denominada modelagem. A **modelagem** envolve reforços graduais até se alcançar o comportamento final desejado.

À medida que a modelagem progride, o reconhecimento é contido gradualmente, até que sejam finalizadas partes maiores da tarefa. Muitas vezes, o comportamento esperado do colaborador envolve um conjunto de respostas muito complexo, a ponto de o padrão integral de comportamento correto não ter possibilidade de ocorrer todo de uma só vez. Quando a modelagem é usada, o indivíduo recebe reforço pelas pequenas e sucessivas aproximações do comportamento desejado. Aprender a operar uma máquina complexa, por exemplo, pode levar um longo período de tempo. Um instrutor, ao aplicar o princípio da modelagem, não elogiaria o trabalhador a cada melhoria gradual na operação da máquina. O elogio seria, então, adiado, até que padrões de comportamento mais complexos ocorressem de modo bem-sucedido.

Continuidade do comportamento desejado

Em virtude de um gerente não poder estar sempre disponível para aplicar o reforço, é consideravelmente desejável que os subordinados aprendam a desempenhar sua função em um nível elevado sem o reconhecimento contínuo. Para alcançar isso, o gerente precisa aumentar a intensidade da resposta desejada até o ponto em que não desaparecerá sem o reforço. A eliminação de uma resposta pela suspensão do reforço denomina-se **extinção**. A extinção deve ser evitada para os comportamentos desejados, enquanto, para os inapropriados, como atrasos e insubordinação, pode ser almejada ativamente.

Um gerente deseja aumentar a **resistência à extinção** de um comportamento desejado, isto é, assegurar a persistência da resposta na ausência de reforço. Uma maior resistência à extinção pode ser alcançada pelo **reforço parcial**. Quando o reforço parcial, ou intermitente, é usado, uma resposta é reconhecida de maneira descontínua ou variável. Uma abordagem alternativa seria elogiar um subordinado em toda resposta correta, método denominado **reforço contínuo**. O comportamento adquirido em função de um esquema de reforço parcial é mais resistente à extinção do que um aprendido de acordo com um esquema de reforço contínuo.

Programações de reforço

A programação de reforço constitui um aspecto particularmente importante da Modificação do Comportamento Organizacional. Existem quatro tipos principais de programação de reforço parcial: (1) intervalo fixo, (2) intervalo variável, (3) índice fixo e (4) índice variável. As **programações por intervalo** reforçam o comportamento com base no tempo decorrido, ao passo que as **programações por índice** baseiam-se no número de vezes em que o comportamento ocorre. Em uma **programação fixa**, a quantidade de tempo – ou o número de comportamentos – é especificada antecipadamente, ao contrário de uma **programação variável**.

Programação de Intervalo Fixo: Uma **programação de intervalo fixo** reforça as pessoas em função de suas respostas após haver decorrido um período de tempo predeterminado. O desempenho nos termos dessa programação tende a ser inadequado. Como se poderia esperar, a ausência de uma relação direta entre reconhecimento e nível de desempenho conduz somente ao mínimo de empenho necessário para atender ao padrão. Uma programação de intervalo fixo oferece aos colaboradores, em essência, pouco incentivo. Apesar disso, muitas organizações a utilizam quando remuneram os colaboradores em base semanal ou horária e não levam em conta o desempenho, desde que o trabalho resultante atenda aos padrões mínimos. Igualmente, as respostas obtidas com essas programações diminuem ou extinguem-se muito rapidamente quando o reconhecimento deixa de ser manifestado.

Programação de Intervalo Variável: Em uma **programação de intervalo variável** o reforço é aplicado após haverem decorrido intervalos de tempo variáveis. Embora o período médio de tempo possa ser calculado, uma pessoa não consegue prever antecipadamente quanto tempo decorrerá entre os reforços. (Lembre-se de que, em uma programação de intervalo fixo, o período de tempo pode ser previsto com precisão.)

Como exemplo, considere as visitas quinzenais não-anunciadas de um gerente de alto escalão a uma plataforma de carregamento. Embora os colaboradores não possam afirmar, de modo preciso, quando o gerente fará a visita, conseguem supor que, em média, ele realizará uma inspeção aproximadamente a cada duas semanas. Por causa da influência de controle da experiência de avaliação, é possível que o desempenho tenha uma certa queda após a aplicação do reforço.

Programação de Índice Fixo: Em uma **programação de índice fixo** o reforço é aplicado após a ocorrência de um número de respostas predeterminado. O uso empresarial mais comum dessa programação é o esquema de pagamento por unidade de produção. Sob tal esquema, os colhedores de frutas poderiam receber uma quantia previamente determinada para cada 5 kg que colhessem. O desempenho tende a ser maior nas programações de índice fixo do que nas programações por intervalo, porém, o desempenho tem possibilidade de diminuir temporariamente logo após o reforço. Portanto, na média, o desempenho é elevado, porém, tende a ser variável. Nesse esquema, os colaboradores possivelmente se empenham quando atingem momentos de pico para alcançar um nível especificado de produção.

Programação de Índice Variável: Em uma **programação de índice variável** o reforço é aplicado após um indivíduo ter produzido algumas respostas desejadas. Esse número, ou padrão, não é indicado precisamente, mas varia em torno de um valor médio. Um indivíduo, para receber reforço, precisaria demonstrar corretamente um comportamento 18 vezes em uma ocasião, 8 na próxima, 15 em seguida, e assim por diante, o valor médio sendo talvez 12.

Embora pouquíssimas empresas, talvez nenhuma, empreguem a programação de índice variável como seu principal método de remuneração, muitas adotam o esquema de acordo com outra modalidade. Os gerentes, por exemplo, usualmente elogiam os colaboradores por meio de uma programação de índice variável. Portanto, os colaboradores raramente podem ter certeza, com antecipação, de que suas ações serão reconhecidas. Outros exemplos incluem o uso intermitente de gratificações em dinheiro, reconhecimento público e outras compensações por bom desempenho.

Comparações entre Programações de Reforço: Quando esses métodos de reforço são comparados, a programação de índice variável é, sem margem de dúvida, a mais eficaz para gerar um nível de desempenho continuadamente elevado. Os comportamentos reconhecidos nos termos de uma programação de índice variável também são os mais resistentes à extinção. Considere, como dois exemplos, o comportamento de um jogador e o de uma pessoa que intimida. No jogo (por exemplo, máquinas caça-níqueis ou corridas de cavalo) a pessoa é premiada de acordo com uma programação de índice variável, o que significa ganhar ocasionalmente. Apesar do fato de que, a longo prazo, o jogo não compensa, a atividade induz à repetição do comportamento, pois sempre é possível que o próximo jogo traga sorte e compense.

Um exemplo de comportamento negativo reconhecido de acordo com a programação de índice variável é a ameaça e a atitude ameaçadora de um funcionário mais antigo da empresa. Conforme a maioria dos gerentes jovens descobre, é difícil ignorar tal postura. Ao ceder ocasionalmente a esse funcionário que demonstra irritação, no entanto, um gerente está reconhecendo o colaborador com base em uma programação de índice variável. Uma conseqüência provável de tal reconhecimento intermitente é o colaborador persistir em seu comportamento de intimidação, pois ele não pode ter certeza antecipadamente de que um caso específico será o "preferido" que compensa (de um modo análogo ao jogo). Em geral, um esquema de reconhecimento de índice variável aumentará a resistência à extinção da resposta.

Por outro lado, a programação de intervalo fixo representa o esquema menos eficaz quando julgada pelos critérios de aumento do desempenho e de resistência à extinção. Talvez por causa de sua facilidade de gerenciamento, esse tipo de programação de reforço é o mais comumente usado nas organizações. Em relação às programações de intervalo fixo e de índice variável, as de índice fixo e de intervalo variável podem ser consideradas de eficácia intermediária.

Regras para aplicação dos princípios operativos

Existem algumas regras úteis para aplicação dos princípios de condicionamento operativo.[10] As regras, com algumas alterações, podem ser resumidas do seguinte modo:

1. *Usar retribuição diferenciada*. Muitos gerentes tentam tratar todos os subordinados de maneira idêntica. Embora isso pareça nobre, incentiva a mediocridade. Quando todos recebem retribuição igual, os de desempenho excepcional começam a sentir que sua dedicação não é valorizada, enquanto os colaboradores com desempenho inapropriado reconhecem que não serão penalizados por um esforço mínimo. Alguns colaboradores excepcionais podem, evidentemente, persistir, porém, a maioria reduzirá seu empenho ao nível que julgue igualar o reconhecimento que lhes é concedido. Quando as retribuições são proporcionais ao desempenho, contudo, os subordinados recebem uma mensagem bem diferente. Os colaboradores excepcionais percebem que sua dedicação é valorizada e os de potencial para desempenho excelente são incentivados a se esforçar mais.
2. *Identificar retribuições valorizadas pelas pessoas*. Se um gerente tem a expectativa de influenciar o comportamento de um colaborador por meio de retribuição, esta precisa ser valorizada pelo empregado. Uma das melhores maneiras para obter tal informação consiste em simplesmente perguntar aos colaboradores que retribuição gostariam de receber. Os mais jovens podem preferir um número maior de dias de férias pagas ou um maior envolvimento na tomada de decisões, ao passo que os de mais idade podem optar por um melhor plano de saúde ou maior contribuição ao seu fundo de pensão.
3. *Informar aos subordinados como a retribuição encontra-se relacionada ao desempenho*. Para que os princípios do condicionamento operante tenham eficácia máxima, os colaboradores precisam entender com clareza o elo entre retribuição e desempenho. Quando não existem informações específicas, os subordinados podem tentar prever as intenções de seu gerente, imaginando seu próprio sistema de retribuição. Portanto, muita confusão e falta de produtividade podem ser evitadas se um gerente indicar claramente as metas de desempenho e explicar como a retribuição será relacionada ao desempenho.
4. *Proporcionar retorno com informações sobre o desempenho*. Os colaboradores, para atingir os padrões de desempenho adotados pelo gerente, precisam receber um *feedback* instrutivo. O gerente precisa avaliar e interpretar o desempenho que apresentam, indicando o que é bom ou mau e sugerindo maneiras específicas para melhorar. Além de oferecer orientação, o *feedback* também pode agir como forma adicional de reforço.[11]

A Modificação do Comportamento Organizacional dá certo?

Os programas de Modificação do Comportamento Organizacional representam uma abordagem útil para melhorar o desempenho dos colaboradores. Em uma análise desses programas,

Visão Interior

O dilema da Costco: maiores lucros por meio de maiores salários?

A Costco Wholesale Corp. opera uma rede internacional de armazéns associados, que estocam produtos de marcas de boa qualidade a preços substancialmente menores do que os praticados por canais atacadistas ou varejistas convencionais. Os armazéns da companhia ajudam empresas de pequeno e médio porte a reduzirem custos comprando para revenda ou para uso diário nas atividades correntes; pessoas físicas que se registram como membros do clube de compras também podem adquirir mercadorias. Os clientes descobrem na Costco uma variedade de categorias de produtos, incluindo utilidades domésticas, eletrônicos, suprimentos automotivos, equipamentos, artigos esportivos, produtos para o lar, medicamentos e cosméticos, artigos de luxo, *lingeries* etc, todos debaixo do mesmo teto. Os clientes também estão preferindo produtos Kirkland, a marca da Costco.

A Costco, sendo o maior clube de compras dos Estados Unidos, concorre com empresas com modelos similares de armazéns de varejo, como Sam's Club, BJ's Wholesale e Wal-Mart. Essas companhias têm muito em comum, mantendo, entretanto, diferenças operacionais que as distinguem entre si e permitem algumas comparações interessantes. Quando os resultados de 2003 são detalhados para fins de comparação do lucro líquido, a Costco obteve, nos Estados Unidos, US$ 13.647 de lucro operacional por colaborador horista, em comparação a US$ 11.039 do Sam's Club. Esse número é notadamente surpreendente, tendo em vista que o salário médio por hora para colaboradores em período integral na Costco é de US$ 15,97, contra US$ 11,52 para o colaborador médio do Sam's, e US$ 9,64 do Wal-Mart. Para os analistas de Wall Street que estudam a lucratividade dessas empresas a fim de identificar um líder de mercado, a Costco representa um dilema interessante: Como pode uma companhia que paga a seu colaborador médio até 40% mais que a concorrência – incluindo melhores planos de saúde e de aposentadoria – gerar lucros maiores? Os dirigentes da Costco acreditam que a resposta se encontra em um princípio empresarial simples: trate bem seus colaboradores e eles retribuirão a gentileza. De que modo, porém, isso realmente acontece?

Primeiro, existe o tema da rotatividade dos colaboradores. A generosidade da Costco angariou para si uma das equipes de trabalho mais leais de todo o varejo. Somente 6% dos colaboradores da Costco saem após o primeiro ano *versus* 21% do Sam's Club. Levando em conta o Wal-Mart estimar que o custo para admitir e treinar um novo colaborador seja de aproximadamente US$ 2.500, a política de salários maiores da Costco poupa dinheiro retendo empregados. Em seguida, os colaboradores da Costco vendem mais em relação à concorrência. Usando a medida de vendas por metro quadrado, os colaboradores vendem US$ 8.277 na Costco *versus* US$ 5.733 no Sam's e US$ 4 566 no BJ's Wholesale Club Inc. Além disso, um modelo baseado em mão-de-obra barata pode ser oneroso sob outras considerações. Pode incentivar a pobreza e os males sociais que atingem continuadamente empresas e contribuintes e reduzem o gasto dos consumidores e o crescimento econômico. Os números não mentem: a atitude favorável aos colaboradores da Costco rende dividendos importantes, ao passo que uma política de salários baixos não gera o retorno prometido.

Muitas companhias optarão por seguir a trajetória do Wal-Mart, tentando aumentar os lucros corporativos à custa dos empregados. O modelo da Costco, no entanto, demonstra que as empresas podem aumentar a lucratividade pagando salários maiores e oferecendo maiores benefícios. Todos esses varejistas concorrentes obtiveram igualmente sucesso eliminando o supérfluo e os custos fixos associados a atacadistas e varejistas convencionais. Permanece, porém, uma diferença flagrante: quando a Costco elimina o intermediário, transfere a economia a seus clientes e colaboradores.

Fonte: Holmes, S. ; Zellner, W. "The Costco Way: Higher wages mean higher profits. But try telling Wall Street", *Business Week*, 12 abr. 2004.

foram identificadas dez organizações que os haviam experimentado.[12] A introdução da Modificação do Comportamento Organizacional foi julgada em nove dos dez casos como tendo um efeito positivo. Diversos outros exemplos recentes (alguns envolvendo grupos de controle ou de comparação) também apontam para o sucesso da Modificação do Comportamento Organizacional. A maioria dos casos em que foi aplicada apresentava diversas características comuns. O programa típico de Modificação do Comportamento Organizacional tenta melhorar o desempenho ou o comparecimento dos trabalhadores da área de produção, oferecendo *feedback* imediato sobre o comportamento ou valendo-se de elogios ou reconhecimento dos superiores como reforço. Os programas, de modo interessante, comumente não usam dinheiro como reforço do desempenho excepcional. São adotadas, mais geralmente, retribuições sociais do tipo elogios e reconhecimento. O uso dessas retribuições menos custosas pode ser parcialmente responsável para a preferência que muitos gerentes manifestam pela Modificação do Comportamento Organizacional.

Controvérsias em torno da Modificação do Comportamento Organizacional

Embora grande parte das provas disponíveis indiquem que muitos programas da Mod CO tenham obtido sucesso, existe muita controvérsia em torno da aplicação dos princípios operantes nas organizações.[13]

Os oponentes da Mod CO a acusam de ser manipuladora, imputando aos programas um empenho deliberado e calculado para controlar o comportamento das demais pessoas, algumas vezes, em detrimento daqueles que estão sendo controlados. Os oponentes argumentam que a Mod CO possui laivos de uma abordagem "Big Brother" da administração, na qual um supervisor conhecedor de tudo e todo-poderoso tenta manter controle e dependência forçada, ao definir unilateralmente as regras do jogo. Além disso, existem questões éticas que podem ser levadas em consideração.

Os defensores da Mod CO reconhecem que existe o potencial de aplicação errada, porém, argumentam que há possibilidade de prevalecer um bom julgamento, porque a descrença e a exploração podem se deparar com a resistência dos colaboradores. Os defensores do condicionamento operante ressaltam que, embora o termo *manipulação* possa ter conotações negativas, no final, constitui responsabilidade de um gerente assegurar que o comportamento dos colaboradores contribua para a missão mais ampla de um empreendimento. Portanto, os gerentes precisam conhecer os fatores que influenciam o comportamento dos colaboradores e utilizá-los para cumprir suas responsabilidades com a companhia.

Outra crítica à Mod CO é não se tratar de uma técnica original para gerenciar colaboradores. Em alguns aspectos, ela tem muito em comum com as visões tradicionais da administração científica. Seus programas, por exemplo, requerem uma supervisão mais próxima dos colaboradores, definições mais específicas das atividades do cargo, avaliação e retornos freqüentes e a premiação com base nos resultados. A dependência da Mod CO de retribuições do tipo elogio e reconhecimento também pode ser vista como meramente um modo de se valer de uma parte do método de relações humanas aplicado à administração. É razoável afirmar que, no mínimo, a abordagem pela Mod CO faz uso de outros conceitos e diretrizes no campo do comportamento organizacional.

Uma crítica adicional à Mod CO envolve a fidelidade dos programas aos princípios operantes. Muitos deles empregam somente uma versão mais simples dos princípios de condicionamento operante. Nos programas que se apóiam consideravelmente em auto-retorno (no qual os colaboradores mantêm seus próprios registros de desempenho), por exemplo, pode ser oferecida uma explicação alternativa dos resultados de desempenho positivo – baseada na noção de auto-reforço.[14]

Inversamente, nos programas que estão em maior conformidade com os princípios operantes, surgem perguntas desagradáveis sobre a possibilidade de uma organização tolerar tais programas. O exemplo descrito a seguir, por exemplo, foi criado para reduzir o grande número de faltas em uma indústria.[15] Todo dia que um empregado comparecia ao trabalho, tirava uma carta de um baralho. Após uma semana, cada colaborador teria tirado cinco cartas, uma mão de pôquer. O empregado com a melhor mão recebia, por exemplo, um bônus de US$ 100. O programa emprega o princípio da retribuição intermitente, usando uma programação de índice variável. A retribuição é gerenciada externamente, dependendo, ao mesmo tempo, do comportamento. Na realidade, tais programas reduzem efetivamente a proporção de faltas. Infelizmente, geram também duas dúvidas: Uma organização deveria endossar uma forma de jogo cuja finalidade seria desenvolver nos colaboradores um comportamento de adesão ao vício? Os colaboradores deveriam ser atraídos para o trabalho em funções presumivelmente desagradáveis que, com grande probabilidade, seriam responsáveis pelo absenteísmo elevado? Em resumo, poderia ser mais apropriado e mais humano investigar, inicialmente, as causas desse absenteísmo e, em seguida, eliminá-las, alterando as funções, em vez de concentrar-se na manifestação aparente de um problema subjacente.

O condicionamento operante também tem sido criticado por desprezar a importância do reconhecimento mediado internamente (por exemplo, a motivação resultante da satisfação inerente ao desempenho de certas tarefas interessantes). Alguns gerentes propuseram que a ênfase da Mod CO na retribuição gerenciada externa, e a premiação contingente concentra a atenção em somente uma das características importantes da motivação.[16] Além disso, o uso de tal retribuição pela execução de tarefas intrinsecamente gratificantes pode diminuir a motivação que uma tarefa consegue oferecer.

Uma crítica final à Mod CO é sua falta de interesse pelos processos mentais. Em virtude de o condicionamento operante ter se originado das primeiras pesquisas com animais e, em parte, por causa de uma reação contra tentativas iniciais de estudo de eventos mentais, os defensores da Mod CO minimizaram a importância de lidar com os processos de pensamento. Sem dúvida, tais experiências constituem um aspecto importante da existência humana que não pode ser totalmente desprezado por nenhuma explicação completa do comportamento dos colaboradores.

Papel da punição

Até agora nos concentramos principalmente no emprego da retribuição como um meio para modificar o comportamento, porém, o uso da punição também deve ser considerado (Tabela 3.1). Para fins de discussão, definimos **punição** como um evento indesejável que ocorre após um comportamento que se pretende eliminar. O papel da punição para modelar o comportamento dos colaboradores é muito complexo. Muitas vezes, em resposta à sua aplicação, um colaborador não descontinuará o comportamento indesejável, porém, como alternativa, buscará outros meios para exibi-lo, bem como para vingar-se de quem o pune. A punição, na maior parte dos casos, conduz somente a uma interrupção temporária do comportamento. Conseqüentemente, qualquer proposta para seu uso deve ser analisada cuidadosamente.

Tabela 3.1	**Retribuições e Punições Adotadas Freqüentemente**
Retribuições	**Punições**
Gratificação	Repreensões
Promoções	Advertências orais
Aumentos salariais	Provação
Férias	Críticas dos superiores
Tempo livre	Suspensão
Uso de carro da empresa	Citações
Prêmios	Reunião disciplinar
Elogio e reconhecimento	Advertência por escrito
Aumento do orçamento departamental	Corte salarial
Senso de realização	Rebaixamento de função
Auto-reconhecimento	Diminuição da autoridade
	Transferência indesejada
	Demissão

Alternativas à punição

Antes de empregar a punição para eliminar o comportamento indesejado, os gerentes deveriam considerar diversas outras estratégias. Uma alternativa consiste em reformular o cenário de trabalho de modo que a resposta indesejada não possa ocorrer. Se pessoas não-autorizadas estiverem usando uma copiadora, por exemplo, a instalação de um fecho e de um medidor evitarão a continuidade do uso proibido. Um outro exemplo consiste em instalar um programa de filtragem em terminais de computadores, para evitar que os colaboradores usem equipamentos e tempo da empresa a fim de acessar *sites* pornográficos.

A extinção é uma segunda estratégia. Conforme observado anteriormente, uma resposta pode ser extinta caso seja eliminada a retribuição com a qual usualmente é combinada. Freqüentemente, não é muito difícil identificar a retribuição que um comportamento indesejado do colaborador gera. Em alguns casos, a retribuição pode ser efetivamente a satisfação de saber que um colega ou supervisor foi prejudicado. A extinção, em tais casos, poderia consistir em ignorar o comportamento perturbador, reduzindo, desse modo, a probabilidade de sua repetição.

Desprezar comportamentos indesejáveis é, na verdade, uma forma de inação. Muitos gerentes, no entanto, confirmarão que não fazer nada a respeito de certas situações que envolvem problemas de menor importância pode ser, algumas vezes, a melhor maneira de lidar com eles. Pode surgir, por exemplo, um problema que parece exigir alguma forma de ação gerencial elaborada e detalhada (um colaborador pode se queixar freqüentemente de que uma política da companhia é injusta). Algumas vezes, simplesmente adiar a discussão do problema coincidirá com a eliminação de sua origem (por exemplo, um colaborador problemático pode se demitir) ou a diminuição de sua importância ao longo do tempo.

Punição eficaz

Em alguns casos, nenhuma dessas alternativas consegue ser viável. Pode ser muito oneroso ou impossível fisicamente mudar uma situação para impedir o comportamento indesejado. Possivelmente, esse comportamento pode gerar sua própria retribuição e, desse modo, resistir à extinção. Ou o comportamento indesejado pode ser sério a ponto de justificar alguma forma de punição. Os defensores do uso racional da punição argumentam que ela pode dar certo em condições muito específicas.[17] As características da punição eficaz no local de trabalho são similares àquelas que todos já encontramos na vida diária. Todos aprendemos, por exemplo, a ser cuidadosos ao lidar com eletricidade e com fogo, sem ficar ressentidos. Aceitamos os aspectos punitivos das forças naturais por causa de certas características comuns: a punição é impessoal, razoavelmente imediata e forte, existente ao longo do tempo, uniforme de pessoa para pessoa e gerada especificamente em resposta às próprias ações de um indivíduo.

A punição eficaz em um cenário organizacional deveria conter os mesmos atributos. A pessoa que a recebe deveria reconhecer que não é direcionada a seu caráter ou senso de autovalorização. A punição deveria ser aplicada o mais breve possível após o comportamento indesejado. Deve ser suficientemente severa, a ponto de não poder ser ignorada. Precisa ser aplicada coerentemente a todas as circunstâncias e a todas as pessoas. Finalmente, deve ficar perfeitamente claro que foi conseqüência das ações específicas do transgressor. Como resultado, ela é informativa, pois, a pessoa que a recebe pode perceber o elo entre comportamento e punição.

Nas organizações, muitos fatores solapam esses princípios e, portanto, diminuem a eficácia da punição. Alguns gerentes, por exemplo, podem desprezar freqüentemente uma transgressão, na expectativa de a extinguir. Como resultado, eles podem parecer incoerentes ao lidar com o comportamento indesejado, e a atenção ocasional que realmente demonstram pode parecer inconstante. Alguns podem retardar o emprego da punição por ficarem indecisos. Outros podem se sentir culpados após punir um colaborador. Se um gerente reage, em seguida à sua sensação de culpa, cumulando o colaborador com atenção construtiva, os efeitos pretendidos da punição podem ficar grandemente diminuídos.

Diretrizes para manter a disciplina

Em virtude de algumas situações exigirem o uso da disciplina, a questão é como aplicá-la e de que forma. A resposta depende de várias considerações importantes. Uma delas é o estilo pessoal de liderança de um supervisor. O estilo de liderança (veja o Capítulo 7) influencia o método de disciplina preferido e a praticidade de outros métodos. Um gerente que adota o método de relações humanas, por exemplo, pode preferir evitar a punição e, na realidade, ser incapaz de impor um método rígido.

A formação dos colaboradores também determina que métodos de punição serão mais eficazes. Colaboradores ou profissionais liberais altamente preparados podem objetar um método rigoroso, ao passo que trabalhadores da fábrica poderiam aceitar de imediato a mesma abordagem. Organizações maiores mantêm sistemas de disciplina mais formais. Em função das dificuldades inerentes à coordenação de empreendimentos de maior porte, os colaboradores, muitas vezes, encontram-se dispostos a aceitar esse tipo de disciplina.

Disciplina progressiva

A disciplina deve ser, em termos definitivos, uma ferramenta para melhorar o desempenho. Sua meta mais importante deve ser mudar o comportamento, em vez de simplesmente puni-lo. Uma abordagem muito difundida é a **disciplina progressiva**, sistema no qual as penalidades são aumentadas em função da freqüência e da severidade das infrações. As regras são conhecidas antecipadamente e impostas de modo objetivo. Transgressões repetidas conduzem, em última instância, à demissão do colaborador. Um aspecto positivo da disciplina progressiva é permitir que as pessoas tenham a oportunidade de alterar seu comportamento, isto é, concede uma outra chance, caso a infração não seja severa. A punição tem por finalidade uma modificação do comportamento indesejado.

Os programas de disciplina progressiva consistem em uma série de passos que impõem gradualmente punições de maior severidade. Considere, por exemplo, um colaborador que se atrasa constantemente uma ou duas horas. Em um esquema de disciplina progressiva, ele receberia do supervisor uma advertência verbal de caráter informal pela primeira transgressão. Uma segunda, em um período de tempo especificado, acarretaria uma reunião com a presença do colaborador, do supervisor imediato e de um supervisor de turno, durante a qual o empregado receberia uma advertência oral formal. Se ele desobedecesse novamente à mesma regra receberia uma advertência formal por escrito, que se tornaria parte de seu registro permanente. Uma quarta infração resultaria em suspensão, sem pagamento de salário para o restante do dia de trabalho. O quarto passo poderia ocorrer simultaneamente ao envio de uma carta ao cônjuge do colaborador. A carta descreveria a seriedade da situação, isto é, o perigo de ele acabar sendo despedido, e procuraria obter cooperação para "corrigir" o colaborador. Se, após todos esses passos, ele se atrasasse em uma quinta ocasião, seria demitido.

Observa-se que, em cada passo desse processo, o colaborador tem conhecimento de que uma política da companhia está sendo colocada em vigor e que as ações do superior não se baseiam em rancor pessoal. Um outro benefício desse programa é oferecer orientação aos supervisores a respeito de como lidar com a desobediência às regras da empresa. Um supervisor não precisa discutir a possibilidade ou a maneira de disciplinar os colaboradores, porque o curso de ação encontra-se especificado claramente. Os sindicatos também estão mais propensos a aceitar o resultado da punição progressiva, porque seus representantes, muitas vezes, presenciam as reuniões disciplinares e são mantidos informados a respeito das ações que envolvem disciplina.

A maior parte dos programas de disciplina progressiva pode ser ajustada à severidade da transgressão. Para violações sérias do tipo jogar no vestiário ou brigar, a disciplina poderia iniciar pelo passo quatro (suspensão). Para uma transgressão inescrupulosa, como o roubo de uma quantia de dinheiro elevada de uma organização, a disciplina seria a aplicação direta do passo cinco (demissão).

Muitas companhias divulgam uma lista do modo como as várias infrações serão tratadas no âmbito de um esquema de disciplina progressiva (Tabela 3.2). As transgressões da categoria A, por exemplo, poderiam ser as infrações de menor importância, como atrasos; as da categoria B poderiam cobrir comportamentos como dormir durante o turno de trabalho, e as transgressões da categoria C poderiam incluir violações sérias. Todos os colaboradores compreenderiam que cada categoria está associada a um passo distinto no programa de disciplina progressiva.

Condução de uma reunião disciplinar

Uma das tarefas mais desagradáveis que um supervisor pode enfrentar é conduzir uma reunião para disciplinar um subordinado. Em virtude das emoções envolvidas e das implicações de ganhos e perdas para ambas as partes, é fácil compreender por que alguns relutam em aplicar punição.

A partir de relatos de experiências reais de supervisores, existem certas regras básicas que podem tornar mais eficazes as reuniões disciplinares.[18]

1. *Ter uma reunião privada com o transgressor*. Existe um velho ditado que os gerentes acatam: "Elogie em público, puna privadamente". É necessário que a crítica e a punição sejam aplicadas com a porta da sala fechada, tendo em vista proteger a dignidade da pessoa.

TABELA 3.2	PASSOS SUGERIDOS PARA A AÇÃO DISCIPLINAR

A. *Primeira transgressão, advertência oral; segunda, advertência por escrito; terceira, demissão imediata*
 1. Conduta descortês
 2. Atrasos
 3. Linguagem sórdida
 4. Ausência não-autorizada

B. *Primeira transgressão, advertência por escrito; outra em seguida, demissão imediata*
 1. Dormir durante o horário de trabalho
 2. Jogar
 3. Uso inadequado de bens da empresa
 4. Deixar de comparecer ao trabalho sem ter avisado

C. *Transgressões que resultam em dispensa automática*
 1. Roubo ou destruição de bens da empresa
 2. Briga
 3. Uso de drogas
 4. Insubordinação grave
 5. Ações que coloquem em risco a segurança ou o bem-estar de outras pessoas

2. *Não perder a calma.* Evidentemente, isso é mais fácil de dizer do que de fazer. Caso se torne impossível o supervisor controlar a raiva durante uma reunião, talvez seja melhor interrompê-la e programar uma outra ocasião para finalizá-la. Palavras proferidas de modo irritado, invariavelmente, serão lamentadas no futuro. Se um subordinado demonstrar ira, é importante não responder do mesmo modo, mas permanecer calmo.

3. *Ter certeza dos fatos.* Alguns superiores agem prematuramente ao disciplinar subordinados, pois estão preparados para disciplinar (por diversas razões), porém, não conhecem os fatos em que se baseiam as acusações. Imagine, por exemplo, o supervisor que inicia uma ação disciplinar de uma empregada que retorna atrasada do almoço. Uma investigação subseqüente poderia revelar que ela se atrasou porque teve de levar o filho doente ao hospital.

4. *Escolher uma punição adequada.* A severidade da punição deve ser compatível com a da transgressão. Talvez seja melhor que um sistema de disciplina progressiva tenha sido elaborado previamente. Tal sistema pode, então, ser consultado para se decidir qual a ação mais apropriada.

5. *Cumprir os seguintes objetivos: (1) expor o que está errado, (2) expor o que se espera e (3) expor o que acontecerá caso não ocorra a atitude esperada.* Ao expor o problema, as expectativas e as conseqüências possíveis, é importante ser muito claro e específico. Provavelmente, seria um erro minimizar a seriedade de um problema com a mera esperança de harmonia social. Deve-se solicitar ao colaborador, no decorrer da reunião, que indique compreender as expectativas do supervisor e as conseqüências possíveis de transgressões adicionais.

6. *Manter registros.* É quase um clichê afirmar que os empregados estão se valendo mais de litígio. Em virtude de o supervisor ser solicitado a apresentar provas no tribunal ou em uma audiência, é essencial que sejam mantidos registros sobre a natureza e o conteúdo de todas as reuniões disciplinares. Uma vantagem de possuir registros é que agregará consistência ao processo, caso as ações cheguem a ser contestadas. Ao manter registros, é melhor seguir as regras do jornalismo: responder às perguntas relativas a quem, o quê, quando, onde e como, atinentes a um incidente comportamental.

Resumo

1. **Explicar o que é aprendizagem e por que os gerentes precisam entender seu processo.**

   Aprendizagem é uma mudança de comportamento razoavelmente permanente, que ocorre como resultado da experiência. Trata-se de um processo complexo e infindável para todos os colaboradores, podendo afetar consideravelmente o desempenho e a motivação. Portanto, um gerente que compreende o processo de aprendizagem pode usar seus princípios para orientar o comportamento dos colaboradores e cumprir as metas organizacionais.

2. **Descrever o processo de condicionamento clássico e citar diversos exemplos dessa forma de aprendizagem no local de trabalho.**

   No condicionamento clássico, um estímulo não-condicionado é combinado repetidamente com um neutro, até que este, sozinho, provoque a mesma resposta gerada pelo estímulo não-condicionado. Quando isso ocorre, o estímulo neutro é denominado estímulo condicionado, e a resposta é uma resposta condicionada. Muitas funções requerem respostas condicionadas. A capacidade de um motorista de caminhão aplicar os freios rápida e firmemente depende de uma resposta condicionada a um estímulo condicionado, como um sinal de alerta. A tentativa de um gerente para treinar o pessoal até o ponto em que deixe de precisar de monitoramento contínuo também pode envolver o condicionamento clássico.

3. **Dizer o que significa aprendizagem observacional e como ocorre no local de trabalho.**

   A aprendizagem observacional ocorre quando uma pessoa atenta para o comportamento de uma outra e experimenta as conseqüências desse comportamento. Essa forma de aprendizagem é muito comum em organizações. Um colaborador novo, por exemplo, pode observar um experiente desempenhando uma tarefa e, então, modelar seu próprio comportamento. Os colaboradores que participam dos programas de treinamento também aprendem com a observação assistindo a vídeos, lendo manuais, estudando *sites* e freqüentando preleções.

4. **Discutir a natureza do condicionamento operante e enunciar quatro regras para aplicar seus princípios, visando melhorar o desempenho dos colaboradores.**

   O condicionamento operante se baseia na noção de que o comportamento é função de seus resultados. Portanto, o comportamento que produz um resultado prazeroso tem maior probabilidade de se repetir, ao contrário do que gera um resultado desagradável. Para usar os princípios de condicionamento operante a fim de incentivar o comportamento desejado no local de trabalho, os gerentes devem seguir quatro regras básicas: (1) compatibilizar a retribuição com o desempenho, para que os colaboradores com desempenho superior recebam maior reconhecimento, (2) compatibilizar o reconhecimento com as preferências da pessoa, (3) ter certeza de que os subordinados compreendem como o reconhecimento encontra-se relacionado ao desempenho e (4) proporcionar aos empregados *feedback* informativo sobre seu desempenho.

5. **Resumir as vantagens e desvantagens da Modificação do Comportamento Organizacional – Mod CO.**

   A Modificação do Comportamento Organizacional consiste na aplicação dos princípios de condicionamento operante a cenários organizacionais, na tentativa de alterar o comportamento dos colaboradores. A intervenção típica da Mod CO almeja melhorar o desempenho dos empregados da fábrica, proporcionando *feedback* imediato sobre seu comportamento e oferecendo elogios ou reconhecimento como reforçadores. Estudos indicaram que tais programas, geralmente, são muito eficazes. A Modificação do Comportamento Organizacional, no entanto, possui muitos críticos, que a consideram manipuladora, sem originalidade e de fidelidade questionável aos verdadeiros princípios de condicionamento operante, além, de desprezar o papel dos processos mentais no comportamento.

6. **Analisar o papel da punição para moldar o comportamento dos colaboradores.**
   A punição é um evento indesejável que ocorre após um comportamento que se pretende eliminar. Seu papel na moldagem do comportamento dos colaboradores é muito complexo e sua aplicação, muitas vezes, não elimina o comportamento indesejado. Conseqüentemente, qualquer proposta para o uso da punição deve ser avaliada cuidadosamente, face às alternativas disponíveis. Para que ela seja eficaz, (1) a pessoa que a recebe precisa reconhecer que não é dirigida a seu caráter ou à sua autovalorização, (2) deve ser aplicada o mais breve possível após o comportamento indesejável, (3) deve ser suficientemente severa, a ponto de não ser desprezada, (4) deve ser aplicada coerentemente para todos os casos e pessoas e (5) deve ficar rigorosamente claro que a punição foi causada pelas ações específicas do transgressor. Em última instância, a punição deve ser usada como instrumento para mudar o comportamento e melhorar o desempenho, em vez de um fim em si mesma. Uma disciplina progressiva bem-planejada, consistindo em uma série de passos que imponham penalidades cada vez mais severas, pode concretizar freqüentemente esse propósito.

Episódio crítico

Reforço errado?
A Royal Coach Corporation é uma grande indústria de ônibus escolares e de pequenos veículos relacionados usados por grupos de turismo, serviços de transporte entre aeroportos, e assim por diante. Uma operação em grande escala de um depósito industrial é decisiva para o sucesso do processo de produção, pois muitas peças diferentes são armazenadas e transportadas em seguida à linha de montagem, conforme seja necessário.
Charles Hodges trabalha para a Royal há quase quatro anos. Ele tem 26 anos, é solteiro e mora com os pais. Suas funções no depósito envolvem levar matérias-primas às várias linhas de montagem, à medida que se tornem necessárias. Seu trabalho é fixo e ele usa uma empilhadeira e uma pequena carreta motorizada para transportar peças.
Charles teve um histórico de ausências esporádicas no trabalho ao longo dos últimos anos. Essas ausências, usualmente, duram dois a três dias cada vez. Ele também tem se atrasado muitas vezes.
Já passou das 7 horas e Charles não compareceu ao trabalho. A equipe do depósito está com falta de mão-de-obra mais uma vez. O supervisor de Charles pega a pasta de registro do empregado, enquanto tenta decidir o que fazer. Esse é o quarto supervisor para quem Charles trabalha na Royal. Cada um dos anteriores havia feito, na pasta, comentários por escrito sobre Charles. Eles haviam observado que, após diversos períodos de ausência, o funcionário era chamado para uma reunião, na qual prometia melhorar sua freqüência. Em seguida, ele usualmente cumpria a promessa.

Charles, geralmente, era um bom trabalhador. Ele desempenhava sua tarefa, mas não era excepcional. Ganhava um bom salário e sempre parecia ter muito dinheiro para as despesas correntes. Dois de seus supervisores anteriores eram razoavelmente tranqüilos e permitiam que os colaboradores desempenhassem suas funções com um mínimo de supervisão. Um terceiro era mais autocrático e supervisionava de perto. Era do tipo que oferecia ajuda, fazia crítica e controlava todos. De acordo com o registro de comparecimento ao trabalho, Charles havia faltado mais dias sob esse supervisor do que sob os demais. O supervisor atual julgou que Charles poderia estar iniciando um outro período de ausências. Ele já havia faltado um dia aquela semana. Então, decidiu que algo deveria ser feito.

1. Que princípios de reforço os supervisores anteriores de Charles empregaram? Por que esse reforço não foi eficaz?
2. Que tipo de programa de modificação do comportamento o atual supervisor poderia adotar?
3. Se uma abordagem de modificação do comportamento aparenta não dar certo, o que o supervisor deve fazer?

Exercício experimental

Manter disciplina – desempenho de um papel

Introdução

A discussão no texto concentrou-se na importância do reforço do comportamento apropriado e no reconhecimento da necessidade de enfrentar ações inadequadas ao ambiente de trabalho. Muitas vezes, é mais fácil, para um gerente, reforçar ou reconhecer ações positivas do que disciplinar ou punir as negativas. Esta atividade lhe proporciona uma oportunidade para aplicar alguns desses conceitos em uma situação que não envolve risco. Aquilo que você aprender com a experiência lhe permitirá estar mais preparado quando precisar lidar com uma situação real.

Procedimentos

1. Seu instrutor pode designar pessoas ou solicitar voluntários para desempenhar três papéis nessa situação. Todos os demais na classe podem atuar como observadores.
2. Todos devem ler o seguinte relato da situação:
   Jim Turner e Bill Evans, mecânicos no departamento de serviços, haviam sido orientados para limpar alguns equipamentos de grande porte no fundo da garagem. Quando o supervisor foi verificar, estavam jogando moedas em uma linha que haviam traçado no chão, visivelmente apostando. Esse é o segundo problema nessa semana com Turner, um colaborador que trabalha na empresa há somente oito meses. Na outra ocasião, ele foi flagrado sentado no banheiro vendo uma revista em quadrinhos, quando deveria estar guardando suas ferramentas e lendo um manual que lhe foi solicitado estudar. Bill trabalha para a companhia há sete anos, sendo considerado um dos empregados mais confiáveis e dedicados. Nunca criou problemas para os gerentes.
3. As duas pessoas que desempenham os papéis de Jim e Bill podem começar a representar seus papéis (jogar moeda em uma linha, e assim por diante). A pessoa que estiver desempenhando o papel do supervisor deverá pensar nas respostas às perguntas a seguir. O supervisor deve iniciar, então, a desempenhar o papel, a ponto de entrar e

flagrar o jogo. O papel desempenhado pelo supervisor deve demonstrar como ele opta por responder a essas perguntas.
   a. Como você lidaria com essa situação?
   b. Que penalidades você imporia?
   c. Você imporia a mesma penalidade a cada colaborador?
4. Continue a desempenhar o papel, até que todos compreendam o que acontecerá em termos de sanções. Ao chegar a esse ponto, a atividade pode terminar.

Discussão
1. Como os observadores consideram a maneira pela qual o supervisor lidou com a situação?
2. Os observadores consideram que se chegou a uma conclusão razoável?
3. Analise todos os comportamentos notados para salvar as aparências.
4. Como o supervisor se sentiu ao lidar com a situação? Como Jim e Bill se sentiram?
5. O supervisor tentou aplicar os conceitos de disciplina progressiva nessa situação? Quais foram eles?
6. Justifica-se uma reunião disciplinar? Com quem e por quê? Como deveria ser conduzida?

Fonte: Bruce Kemelgor da University of Louisville. Reproduzido mediante autorização.

*Um Exército de Um.
Seja tudo que você pode ser.*
– Slogans *de recrutamento do Exército dos Estados Unidos*

O trabalho é o preço que você paga pelo salário.
– Anônimo

Se o trabalho com afinco fosse algo tão maravilhoso, seguramente os ricos o teriam conservado todo para si mesmos.
– Lane Kirkland,
ex-presidente da central sindical AFL-CIO

Objetivos de aprendizagem

Após estudar este capítulo, você deverá ser capaz de:

1. Descrever uma técnica para conhecer as principais necessidades de uma pessoa.
2. Descrever a hierarquia das necessidades de Maslow.
3. Comparar o modo pelo qual os fatores motivadores e os de higiene podem influenciar os colaboradores.
4. Descrever como as expectativas conseguem influenciar a dedicação de um colaborador.
5. Explicar como a modificação do comportamento afeta o comportamento nas organizações.
6. Explicar como o senso de eqüidade dos colaboradores afeta sua motivação.
7. Descrever como a aprendizagem social influencia o comportamento.
8. Identificar os passos que os gerentes podem dar para motivar os colaboradores.

Capítulo 4

Motivação

Seguir o fluxo

Sucesso direcionado e de grandes resultados representa algo que todos desejamos, mas que poucos conquistam de modo contínuo. Em vez disso, para muitas pessoas, a vida decorre monotonamente, sem atividades animadoras ou um trabalho pleno de significado. Pelo menos é nisso em que o psicólogo e autor de *best-sellers* Mihaly Csikszentmihalyi acredita, a respeito da condição humana no mundo atual. De acordo com o criador da teoria do "fluxo" de sucesso e do potencial para realizações, a sociedade moderna encontra-se assolada por um estado de tédio e sub-realização. As pessoas estão muito estressadas com a vida ou muito aprisionadas e sem esperança de desfrutar de um lazer frívolo, para poder usufruir do "fluxo" – estado de grande concentração que ocorre quando as pessoas se dedicam a tarefas desafiadoras e orientadas a metas adequadas a suas aptidões e talentos.

Mihaly Csikszentmihalyi, autor muito conhecido e professor do Centro de Pesquisas sobre Qualidade de Vida da Drucker School of Management, dedicou sua carreira a descobrir o que torna a vida plena de sentido e gratificação. Rejeitando a noção difundida de que uma vida interessante resulta do acúmulo de riqueza material ou de objetos, Csikszentmihalyi afirma que o envolvimento ativo de uma pessoa com o trabalho, a família e a comunidade constitui o modo pelo qual encontra satisfação duradoura. A descoberta da experiência do "fluxo", em particular, é fundamental para trazer à tona o potencial criativo latente no interior de todo indivíduo. Sempre que uma pessoa opta por realizar uma tarefa bem definida que seja desafiadora e esteja ao alcance de sua capacidade conhecida, ela provavelmente obterá uma experiência otimizada – isso é o "fluxo". As experiências de fluxo proporcionam momentos intensos, memoráveis, engrandecedores de atividade, e trazem domínio das situações. Tornar essas experiências uma parte constante da vida consegue melhorar os relacionamentos, o trabalho e o lazer.

De que modo uma pessoa sabe que está experimentando o fluxo? Csikszentmihalyi identifica oito sinais distintos: as metas da pessoa são claras; o retorno é imediato; o presente é mais importante; existe um equilíbrio entre oportunidade e capacidade; a concentração torna-se mais intensa; a pessoa se sente controlando a situação; o sentido de tempo é alterado; e ocorre uma diminuição do ego à medida que a pessoa se concentra em dar.

Csikszentmihalyi, desde que publicou *Flow: The Psychology of Optimal Experience*, testemunhou seu conceito difundir-se em uma série de livros que versavam sobre o potencial para realizações, aplicando o fluxo à liderança na empresa, à criatividade e à vida diária. Diversos públicos interessaram-se por suas idéias; líderes mundiais, como Bill Clinton e Tony Blair, recomendaram suas obras. No lançamento, em 2003, de *Good Business: Leadership, Flow, and the Making of Meaning*, Csikszentmihalyi analisou diversas companhias que demonstram o fluxo. Ele cita Patagonia e seu fundador, Yves Chouinard, como um bom exemplo de fluxo operante em uma empresa. A Patagonia, fabricante de roupas em estilo esportivo, nasceu por causa do gosto de seu fundador pelo ar livre; os artigos duráveis e as vestimentas orgânicas para uso externo refletem as preocupações e ideais ambientalistas de Chouinard. Os colaboradores da companhia partilham da paixão do fundador pela natureza e o movimento ambiental. Nesse caso, Csikszentmihalyi define fluxo como a integração natural de práticas empresariais bem fundamentadas com o comportamento inteligente, sensível e sensato.

De acordo com Csikszentmihalyi, o fluxo possui muitas aplicações organizacionais, e os líderes que capacitam seus empregados a unir trabalho a entusiasmo sincero, atendendo ao mesmo tempo às necessidades sociais, obterão maior produtividade e lucratividade.

Fonte: Chamberlin, J. "Reaching 'flow' to optimize work and play", em *American Psychological Association's Monitor on Psychology*, jul. 1998; Pachter, R. Coluna de Crítica Literária do *The Miami Herald*, 17 maio 2004.

Recentemente, visitei uma grande indústria da Costa Leste. Meu guia, um supervisor de primeiro nível, ressaltou o tamanho e a capacidade das instalações. Em virtude de ter ficado impressionado pelo grande número de pessoas que trabalhavam na fábrica, perguntei-lhe: "Quantas pessoas trabalham aqui?" Sem conhecer a intenção de minha pergunta, ele respondeu: "Cerca de metade!"

Essa experiência destaca uma das principais preocupações de todos os gerentes: como motivar as pessoas para que alcancem níveis mais elevados de desempenho. Em uma pesquisa com mais de 4 mil adultos, 57% declararam que facilmente poderiam ser mais produtivos em suas funções, caso assim o desejassem.[1] Conforme essa evidência sugere, existe um potencial inexplorado para a obtenção de maior produtividade. A chave para a motivação das pessoas reside em despertar e canalizar, de algum modo, seu desejo de produzir.

Natureza da motivação

É difícil determinar exatamente como incentivar as pessoas, porque a motivação em si é um fenômeno muito complexo. Um comportamento específico, por exemplo, pode ser resultado de diversos fatores, em vez de um único. Além disso, as pessoas que expressam essencialmente o mesmo motivo podem optar por comportamentos muito diferentes, enquanto as que expressam outros muito díspares podem exibir um comportamento muito similar.

Os motivos não podem ser observados de modo direto; somente conseguem ser inferidos com base no comportamento de outras pessoas. Essa dificuldade pode conduzir facilmente a erros de interpretação. Adicionalmente, os motivos são dinâmicos ou sofrem mudança constante. As mudanças resultam do aumento e da diminuição da importância de um motivo, conforme seja satisfeito ou insatisfeito de várias maneiras. O tema torna-se ainda mais complicado porque alguns motivos não diminuem de importância quando uma meta desejada é cumprida. Talvez o melhor exemplo disso seja a reação que pode acompanhar um aumento salarial. Freqüentemente, o aumento eleva, em vez de diminuir, o desejo de um colaborador por mais dinheiro.

A complexidade dos processos motivacionais talvez seja igualada à complexidade e variedade de abordagens propostas para explicar a motivação. Analisaremos neste capítulo os principais métodos de explicação do comportamento dos trabalhadores e examinaremos uma integração proveitosa desses métodos.

Teoria da motivação para o sucesso

Teste da percepção temática – TAT

Um método pioneiro para o entendimento da motivação envolveu o uso de técnicas de narração de histórias para revelar as principais necessidades, isto é, as preocupações recorrentes com o cumprimento das metas. Henry A. Murray criou um teste para estabelecer a presença e a intensidade das diversas necessidades.[2] Ele compilou, especialmente, um conjunto de desenhos obtidos de histórias em revistas. Os desenhos, mesmo sem suas histórias correspondentes, eram instigantes e provocadores. Um deles, por exemplo, mostrava um homem visivelmente encolerizado e preparando-se para sair de uma sala, enquanto uma mulher tentava impedi-lo de praticar o que poderia ser um ato irrefletido.

Murray usou um conjunto de 20 desenhos como instrumento projetivo de narração de histórias. (Veja o Capítulo 2 para uma discussão da técnica de narração de histórias.) Ao aplicar seu teste, denominado Teste da Apercepção Temática, ou TAT, Murray solicitava ao respondente que olhasse em cada desenho e contasse uma história para explicá-lo. Cada história deveria incluir uma descrição das principais personagens, bem como de sumários daquilo que havia conduzido à situação, o que estava ocorrendo presentemente e qual seria um resultado provável. Murray observou que as histórias das pessoas tendiam a refletir suas necessidades preponderantes. As histórias que criam, por exemplo, quando inseridas em situações de aumento de necessidades (como no caso de não poderem se alimentar, dormir ou ter contato social) normalmente contêm temas voltados à necessidade não-atendida. Desse modo, em um estudo de carência alimentar, as histórias podem envolver pessoas dirigindo-se a um banquete ou voltando de uma lanchonete que serve hambúrgueres.

Os estudos McClelland

David McClelland, um sucessor de Murray, continuou a usar a narração de histórias para compreender as necessidades predominantes.[3] Ele se concentrou, no entanto, em um conjunto de necessidades específico: a **necessidade de realização**, a **de associação** e a **de poder**.

Os estudos de McClelland versando sobre a necessidade de realização receberam muito destaque na literatura sobre comportamento organizacional. Ele buscou identificar, inicialmente, pessoas com grande necessidade de realização, focalizando os temas recorrentes de grande dedicação ao trabalho e sucesso. Em seguida, estudou esses indivíduos em diversos cenários reais e de laboratório.

McClelland e seus colegas, por meio desses estudos, foram capazes de identificar alguns fatores nas pessoas que demonstravam predisposição para empenhar-se pelo sucesso.[4] Em geral, os níveis de desempenho elevado e de sucesso dos executivos parecem estar correlacionados com uma grande necessidade de realização. As pessoas com essa necessidade relativamente elevada tendem a preferir situações que envolvem risco moderado e responsabilidade pessoal pelo sucesso, em vez de sorte, e desejam *feedback* específico sobre seu desempenho.

A necessidade de realização determina como os colaboradores reagirão a funções desafiadoras do cargo, porque a persistência na execução das tarefas e a aceitação do desafio estão relacionadas intimamente com aquela necessidade. Os que conseguem ótimos resultados são impulsionados pela perspectiva de satisfação baseada no desempenho, em vez de no ganho monetário. Para essas pessoas, o dinheiro é principalmente uma fonte de retorno relacionado ao desempenho pessoal, e não um fim em si mesmo. Outros indícios sugerem que as pessoas com desempenho elevado preferem adiantar o relógio dez ou mais minutos, para evitar que cheguem atrasadas a um compromisso, e fazem rabiscos com um estilo muito particular (desenhando símbolos claros e preenchendo a parte de baixo da página, dificilmente traçando uma linha mais de uma vez).

Essa necessidade oferece uma explicação importante para o sucesso e o fracasso de uma pessoa, porém, pode ser excessivamente enfatizada. Embora a vontade de obter sucesso seja desejável em muitas situações, nem sempre é apropriada a todo cargo em uma organização. Adicionalmente, as pessoas dominadas pela necessidade de realização podem apresentar dificuldade para se relacionar bem com os subordinados.

Na realidade, a eficácia de um gerente depende não somente de um único aspecto, mas de uma configuração de necessidade e da adequação dessa configuração a um determinado ambiente de trabalho (por exemplo, produção *versus* serviço social). Os gerentes precisam ter uma necessidade de poder razoavelmente elevada, a fim de atuar de modo eficaz como líderes.[5] Um nível moderado de necessidade de associação também pode ser útil em muitos contextos. Em um estudo do histórico de promoções de 237 gerentes na AT&T, McClelland constatou que uma necessidade de poder moderada a elevada e uma necessidade de associação baixa estavam relacionadas ao sucesso de atuação de gerentes não-técnicos (ou seja, que não eram engenheiros).[6] Igualmente, uma grande necessidade de realização estava associada ao avanço da carreira, porém, somente em posições de nível inferior, em que as contribuições pessoais podem ser mais importantes do que a capacidade para influenciar outros. O sucesso na carreira dos gerentes-técnicos com responsabilidades de engenharia, entretanto, não pôde ser previsto a partir das mesmas avaliações.

As pessoas dotadas de grande necessidade de associação tendem a ser acolhedoras e simpáticas em seus relacionamentos. A não ser que suas necessidades de associação sejam compensadas pelas necessidades de realização e de poder, porém, existe a possibilidade de serem vistas como relativamente ineficazes em muitos cenários.[7] Sua ineficiência pode-se originar do receio de ruptura das relações sociais ao atuar de modo direto e agressivo, muito embora uma abordagem franca possa ser a mais apropriada.

As pesquisas de McClelland sobre a necessidade de realização direcionaram-se duas outras vertentes: as origens e as conseqüências econômicas da motivação para o sucesso. Essa origem parece estar na socialização de uma pessoa durante a infância. Pais que incentivam os filhos a demonstrar auto-suficiência desde a infância (por exemplo, ensinando a atravessar a rua sozinhos) educam crianças mais orientadas ao sucesso posteriormente na vida. Essa aquisição de independência desde cedo, no entanto, também precisa ser combinada com apoio. Carinho, ou apoio, é fundamental para que a criança autoconfiante não tenha a sensação de ter sido abandonada.

McClelland propôs que o crescimento de uma cultura deve-se ao nível da necessidade de realização inerente à população.[8] Suas pesquisas indicam que aumentos nesse nível precedem o desenvolvimento da atividade econômica. Uma análise da literatura de várias culturas (incluindo temas populares nos livros infantis e o folclore de tribos pré-letradas) sugere que a maior exploração de temas de sucesso pode preceder um aumento de crescimento econômico.

McClelland também propôs que a motivação para o sucesso pode ser aumentada nos adultos carentes de nível elevado.[9] Programas de treinamento foram elaborados visando melhorar a motivação para o sucesso, fazendo com que os participantes se concentrassem na fixação de metas, e pensassem e agissem de maneira voltada para o grande sucesso. Os resultados, aparentemente, foram positivos; eles conseguiram maior êxito subseqüente na carreira, conforme avaliado pela freqüência de promoções, aumentos salariais e expansão dos negócios. Um programa administrado pela Associação de Desenvolvimento Econômico Metropolitano em Minneapolis – St. Paul, para proprietários de pequenas empresas e empreendedores potenciais, exigiu que os participantes completassem e interpretassem suas respostas ao Teste de Percepção Temática, bem como, tomassem parte na fixação de metas. Dados de acompanhamento revelaram que eles tiveram aumentos significativos no rendimento pessoal e ampliaram suas atividades empresariais.[10] Em virtude de muitos participantes serem selecionados por sua vocação empreendedora, no entanto, é difícil afirmar com certeza que o programa de treinamento em si tenha sido o responsável pelo sucesso posterior. É inteiramente possível que um efeito placebo, ou experimental, influencie relatos de desempenho pessoal. São necessários estudos controlados mais cuidadosamente nessa área, antes de podermos concluir com convicção que a necessidade de realização de um indivíduo pode ser modificada de modo substancial por programas de treinamento.

Hierarquia das necessidades de Maslow

Abraham Maslow, a partir de sua atuação como psicólogo clínico, elaborou um modelo a fim de explicar as necessidades essenciais para um desenvolvimento psicológico sadio.[11] Ele incorporou a ênfase de McClelland na importância da aceitação social, do controle pessoal, do reconhecimento e da realização, mas avançou vários passos ao propor conjuntos de necessidades adicionais e sugerindo classificá-los segundo uma ordem racional.

De acordo com Maslow, as necessidades podem ser classificadas no âmbito de uma hierarquia, sendo as de posição inferior mais essenciais à sobrevivência. A **hierarquia de necessidades** de Maslow encontra-se ilustrada na Figura 4.1. As de ordem inferior, denominadas **necessidades de sobrevivência**, precisam ser satisfeitas para assegurar a própria existência e segurança de um indivíduo. As de ordem superior, ou **necessidades de crescimento**, relacionam-se ao desenvolvimento pessoal e à realização do potencial de cada um. As necessidades específicas de cada categoria são, então, dispostas em uma hierarquia de cinco passos, refletindo a natureza crescentemente psicológica de cada conjunto.

Necessidades de sobrevivência

1. *Necessidades fisiológicas.* Esse nível mais básico da hierarquia de Maslow inclui as necessidades de alimento, água, sono, oxigênio, calor e ausência de dor. Se elas não forem satisfeitas, as ações de uma pessoa serão dominadas por tentativas para satisfazê-las. Caso não sejam atendidas suficientemente, surgirá um segundo conjunto de necessidades.

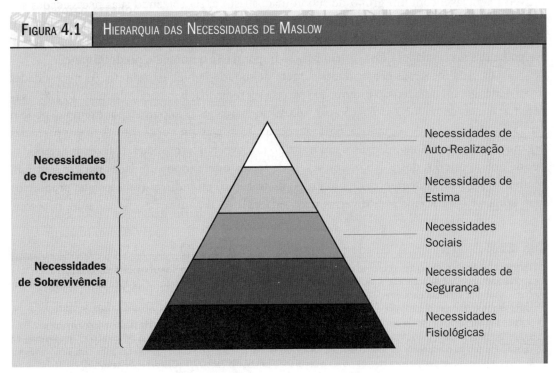

FIGURA 4.1 — HIERARQUIA DAS NECESSIDADES DE MASLOW

2. *Necessidades de segurança.* Relacionam-se à obtenção de um ambiente seguro, no qual uma pessoa se encontre livre de ameaças. A sociedade proporciona muitos instrumentos para atender essas necessidades: apólices de seguro, dispositivos que garantam a permanência no emprego, contas de poupança, delegacias de polícia e corpo de bombeiros.
3. *Necessidades sociais.* Se uma pessoa se sentir razoavelmente segura e protegida, provavelmente surgirá um terceiro conjunto de necessidades, que inclui afeto, amor e expressão sexual. A ausência de amizades ou de entes queridos pode conduzir a um desajuste psicológico sério.

Necessidades de crescimento

4. *Necessidade de estima.* Se as necessidades de sobrevivência forem satisfeitas razoavelmente, poderá surgir uma preocupação pelo auto-respeito e pela estima das demais pessoas. As necessidades de estima incluem o desejo de realização, prestígio e reconhecimento, bem como de apreço e atenção.
5. *Necessidades de auto-realização.* Incluem o desejo de auto-satisfação. O desenvolvimento pessoal pode ser expresso de muitas maneiras – de modo maternal, por atividade esportiva, artística ou profissional, por exemplo. Algumas pessoas podem nunca manifestar o desejo de desenvolver seu próprio potencial. Um indivíduo que conseguir se auto-realizar terá ocasionalmente experiências culminantes. Uma **experiência culminante** pode ser mais bem descrita como uma sensação de euforia não induzida quimicamente.* Pode-se percebê-la como um sentimento de completude ou de integração com o universo.

Uma das premissas básicas de Maslow era que as cinco categorias de necessidades seguiam um ordenamento hierárquico em termos de potência. Ao se expressar desse modo, ele deu a entender que, caso surja uma carência, uma necessidade de ordem inferior pode suplantar uma de ordem superior para exigir sua satisfação. Imagine, por exemplo, que esteja participando de uma conversa agradável com um grupo de subordinados (isto é, satisfazendo suas necessidades sociais), quando repentinamente seu oxigênio é cortado. É óbvio que seria muito difícil pensar em algo mais no momento senão no ressuprimento do oxigênio, uma necessidade de nível inferior. Ao poder das necessidades dessa ordem para se impor dá-se o nome de **predominância**.**

Mais usualmente, as necessidades surgem de modo gradual, não súbito. As necessidades insatisfeitas geram uma tensão interna que precisa ser reduzida. Em geral, elas não são 100% satisfeitas; o mais comum é a satisfação parcial. As necessidades fisiológicas, por exemplo, podem ser 95% satisfeitas; as de segurança, 65%; as sociais, 45%, e assim por diante. A maior parte das organizações, provavelmente, realiza um trabalho razoável em termos de satisfazer as necessidades de ordem inferior dos colaboradores, seja de forma direta (oportunidades para se sentirem acolhidos, seguros e integrantes de um grupo de trabalho) ou indireta (salários que proporcionem adquirir bens e satisfazer diversas necessidades). As organizações, no entanto, não con-

---

* As drogas, entretanto, parecem ser usadas por alguns alunos de faculdade efetivamente para provocar experiências culminantes. Em uma pesquisa, o uso de drogas classificou-se em quarto lugar em termos de ocorrência, atrás de "observar as maravilhas da natureza", "momentos tranqüilos de reflexão" e "ouvir música", e à frente de "exercícios físicos", "observar crianças pequenas", "ler um romance" e "prece".[12]

** Um exemplo da natureza dinâmica e hierárquica dos motivos é dado pelo seguinte relato: Indo ao trabalho, vi um homem triste e desalinhado segurando um cartaz: "Trabalharei por comida". O homem foi recolhido por um outro motorista. Posteriormente, vi o mesmo homem, parecendo agora saudável e bem-disposto, segurando um novo cartaz: "Trabalharei por roupa". Ele entrou novamente em outro carro e foi levado embora. No fim do dia, dirigindo-me para casa, vi, novamente, o mesmo homem, vestindo agora roupas novas e segurando um outro cartaz: "Trabalharei por sexo".

seguem ser tão bem-sucedidas na oferta de oportunidades para satisfazer as necessidades de ordem superior, de estima e do potencial para realizações.

Maslow acreditava que os gerentes deveriam se empenhar a fim de criar o clima necessário para desenvolver em grau máximo o potencial de seus colaboradores. Os climas organizacionais ideais ofereceriam oportunidades de independência, reconhecimento e responsabilidade. Ele argumentou que ambientes de trabalho inadequados conduzem a níveis elevados de frustração, pouca satisfação com o desempenho das funções e índices de rotatividade elevados. A teoria de Maslow, portanto, é da maior importância para estabelecer políticas organizacionais.

As constatações sobre a validade da hierarquia das necessidades de Maslow nem sempre foram de apoio. A noção de predominância, por exemplo, tem sido difícil de verificar em ambientes de trabalho. A avaliação das diversas características do modelo também tem sido problemática.[13] Em virtude de certos conceitos propostos por Maslow (como o do potencial para realização) terem se originado de seu trabalho com pacientes neuróticos em sua atuação como psicólogo clínico, não podemos ter segurança quanto ao grau em que os vários princípios podem ser generalizados para a força de trabalho adulta. Embora a noção de potencial para realização possa ser importante para uma pessoa que esteja em confronto com sua própria identidade, ela pode ter pouco significado ou importância para um trabalhador sem especialização que fez um ajuste pessoal aos limites de sua posição atual. Assim, como é geralmente verdadeiro na perspectiva humanista, grande parte das idéias de Maslow também padece de um grau de imprecisão e indefinição sob o aspecto de terminologia e conceitualização. Apesar desses problemas, ele ainda merece crédito por ser um dos primeiros a adotar um método humanista para o relacionamento com os colaboradores.[14]

Mais recentemente, Mihaly Csikszentmihalyi, professor de administração e psicologia na Claremont Graduate University, propôs a noção de **fluxo**.[15] Esse conceito refere-se às excelentes experiências de alegria e criatividade, em que um indivíduo se encontra totalmente absorto em uma atividade, a ponto de nada mais parecer importar. A idéia de fluxo é similar à noção de experiência culminante de Maslow, na qual existe uma perda da própria consciência. As experiências de fluxo, para serem vivenciadas plenamente, requer grande disciplina, como a exigida de um virtuose do piano, de um alpinista experiente ou de um artesão. Csikszentmihalyi argumenta que, para melhorar a qualidade de vida por meio do trabalho, os cargos deveriam ser reestruturados para se assemelhar a atividades geradoras de fluxo, compatibilizando os desafios do cargo com o nível de aptidão individual. Maslow e Csikszentmihalyi concordam que certas experiências na infância e a vida familiar são necessárias para que uma pessoa obtenha posteriormente satisfação pessoal. Eles argumentam, de modo específico, que os pais devem proporcionar um ambiente seguro, livre de ameaças e comunicativo, que incentivem, porém, não pressionem, as crianças a tentarem atividades novas e desafiadoras. Além disso, os pais deveriam lhes demonstrar confiança e incentivar o crescimento pessoal, de preferência a impor-lhes as próprias idéias de sucesso.

Teoria dos dois fatores

A **teoria dos dois fatores**,[16] de Fred Herzberg, constitui uma das visões mais amplamente difundidas e influentes da motivação do trabalho. Como parte de um estudo de satisfação no trabalho, Herzberg e seus colegas conduziram entrevistas detalhadas com 203 engenheiros e contadores. Os pesquisadores solicitaram aos respondentes que se lembrassem de dois eventos distintos relacionados às funções em que sua satisfação no trabalho havia aumentado ou diminuído. As respostas indicaram que os fatores relacionados à sensação de satisfação eram diferentes dos que resultavam em insatisfação. Os fatores que geravam satisfação pertenciam usualmente ao conteúdo das funções e incluíam parâmetros do tipo avanço na carreira, reconhecimento, senso de responsabilidade e de realização. Herzberg denominou-os **fatores motivadores**. Os causadores de insatisfação originavam-se, com mais freqüência, do contexto no qual as funções eram desempenhadas. Relacionavam-se a segurança no emprego, políticas da companhia, relações interpessoais e condições de trabalho, denominados **fatores de higiene**.

Herzberg concluiu que os fatores motivadores possuíam potencial para motivar os colaboradores a atingir níveis mais elevados de desempenho, pois, proporcionavam oportunidades para satisfação pessoal. Embora a ausência desses fatores não tornasse os colaboradores descontentes, fazia com que se sentissem um tanto neutros em relação aos cargos que ocupavam.

Os fatores de higiene, apesar de não poderem induzir um colaborador a alcançar níveis de desempenho mais elevados, poderiam criar grande insatisfação, caso não recebessem atenção. Eles poderiam tornar um trabalhador muito infeliz, porém não conseguiriam originar mais que um senso de neutralidade em relação às funções, mesmo que estas fossem modificadas idealmente.

O argumento de Herzberg é único, pelo fato de diferenciar os fatores que motivam os empregados daqueles que conduzem à insatisfação. Além disso, segundo a teoria dos dois fatores (ou teoria motivador-higiene, como é denominada algumas vezes), melhorar as condições físicas do trabalho pode ajudar a reduzir a insatisfação dos colaboradores, porém, não oferecerá incentivo suficiente para que a maior parte deles se empenhe por um desenvolvimento excelente. Como exemplo hipotético, considere a coleta de lixo da frente de sua casa toda semana. Esse tema constitui um fator de higiene, por ter a capacidade de tornar uma pessoa muito descontente caso não ocorra (imagine seu descontentamento se os resíduos não forem coletados durante um período de diversas semanas). Por outro lado, se o lixo é recolhido com total regularidade, não existirá a possibilidade de você comemorar efusivamente ao observar que a coleta ocorreu em algum momento específico. Coleta de lixo, de modo idêntico a condições de trabalho inadequadas, é algo que temos a expectativa de que ocorra, porém, demonstramos pouco interesse após tudo ter sido acertado. Os aspectos motivadores (ou psicológicos) de muitos cargos tendem, por sua vez, a ser negligenciados.

Os críticos da teoria dos dois fatores argumentam que os respondentes, em um ambiente de entrevistas, podem estar oferecendo respostas de modo a defender o ego. De acordo com esse argumento, os respondentes são propensos a declarar que tudo de bom que lhes acontece no ambiente de trabalho se relaciona a seus próprios esforços, ao passo que aquilo de ruim se deve a forças externas ou ambientais. É mais fácil culpar os subordinados e a política da companhia, quando as coisas vão mal, do que culpar a si mesmo. Os críticos ressaltam, além disso, que muitos dos fatores de um cargo claramente compartimentalizados como motivadores ou de higiene no âmbito da teoria não fazem parte de modo exclusivo de um conjunto ou do outro. O salário, por exemplo, constitui, sem dúvida, uma fonte potencial de insatisfação, já que é administrado externamente – um fator de higiene. Ele pode, no entanto, ser uma fonte de orgulho pessoal e, portanto, atuar como fonte de satisfação psicológica – fator motivador.

Apesar dessas deficiências, a teoria dos dois fatores exerceu influência substancial no campo da administração. Talvez seja seguro afirmar que é uma das teorias de motivação mais amplamente conhecidas (de modo certo ou errado) nos círculos administrativos. Sua influência tem continuidade nas diretrizes para redefinição de cargos.

Teoria da expectativa

A **teoria da expectativa** representa uma tentativa de explicação da motivação do colaborador em termos da retribuição prevista. O modelo supõe que as pessoas tomam decisões racionais com base na realidade econômica. Muitos pesquisadores ficam atraídos por essa teoria por ela agrupar influências pessoais e situacionais. Os estudos de seus princípios geralmente têm recebido apoio.

Embora tenham sido propostas muitas variações para a teoria da expectativa, a versão mais amplamente citada foi proposta por Victor Vroom, da Yale University.[17] De acordo com o modelo de Vroom, a força psicológica que atua em um colaborador para que ele se empenhe é função das expectativas que alimenta sobre o futuro e a atratividade de resultados específicos esperados. Dois tipos de expectativa são importantes no modelo: a dedicação conduzirá ao desempenho; o desempenho resultará em reconhecimento.

Expectativa de Empenho-Desempenho (E → D)

Os colaboradores, ao decidirem-se por um rumo de ação, considerarão se seu empenho resultará no sucesso desejado. Se os obstáculos forem de tal natureza, que não lhes permitam ter a expectativa razoável de que seu empenho conduzirá a um nível aceitável de desempenho, sua motivação ficará diminuída.

Expectativa de Desempenho-Resultado (D → R)

Uma outra consideração é se um determinado nível de desempenho resultará na obtenção de um resultado particular. Quanto mais firmemente um colaborador acreditar que o desempenho conduzirá a um resultado positivo (ou evitará um negativo), mais provável será que ele se motive a alcançar maiores níveis de desempenho.

Valorização (V)

A retribuição que um colaborador consegue pode ser considerada em termos de valor ou atratividade. Os teóricos da expectativa, entretanto, preferem usar o termo **valorização** para denotar essa atratividade. A valorização que um indivíduo associa a um resultado é um assunto pessoal, que não pode ser previsto de modo preciso por outras pessoas. Torna-se essencial, portanto, indagar a um colaborador que valorização ele relaciona a resultados previstos. A valorização de um determinado resultado também pode variar em relação a quão recentemente a pessoa teve reconhecimento.

Os elos entre a expectativa de empenho-desempenho e a expectativa de desempenho-resultado podem ser avaliados questionando as pessoas sobre as probabilidades subjetivas que elas acreditam caracterizá-las. **Probabilidades subjetivas** são estimativas da possibilidade de um evento ocorrer em seguida a um outro. Nesse caso, os respondentes seriam solicitados a indicar suas estimativas pessoais sobre a probabilidade de o empenho conduzir ao desempenho e de este produzir determinado resultado. Essas probabilidades podem variar de 0 (opinião de que um evento definitivamente não ocorrerá após um outro) a 1 (confiança integral de que o evento ocorrerá). O resultado é estimado solicitando-se aos respondentes que indiquem um valor associado, que pode variar de -1 (consideravelmente sem atração) a +1 (grandemente atrativo).

As estimativas de probabilidade podem ser multiplicadas para originar um valor de expectativa geral. Esse valor pode ser, então, multiplicado pela valorização associada, a fim de produzir um índice compacto da força psicológica que um indivíduo possui para se dedicar. Em resumo, a matemática envolvida é a seguinte:

$$(E \rightarrow D) \times (D \rightarrow R) \times (V) = \text{Força Motivacional}$$

Visão Interior

A opção pelo riso é a mais certa para agilizar as operações?

O local de trabalho deveria ser alegre? O humor pode facilitar sua carreira? Existe valor na frivolidade durante o horário de trabalho? Você diz "Não"? Bem, você pode mudar de idéia após ler este artigo.

Uma nova linha de pensamento nas salas das corporações indica que alegria e jogos desempenham efetivamente um papel. O humor pode motivar e aliviar o estresse, bem como criar laços mais fortes entre os colaboradores. Quanto a tornar as operações mais ágeis, isso somente dará certo se puder ajudar a produzir resultados excepcionais. O humor pode ser seu aliado em diversas situações do dia-a-dia – para cativar e tranqüilizar chefes, clientes e subordinados. Não fique, porém, apressado para adotar essa rotina de celebração contínua de modo exagerado. "A vida não se torna menos séria por haver mais alegria", afirma Matt Weinstein, autor de *Managing to Have Fun* e consultor de empresas que tentam tornar alegre o local de trabalho. Principie com o básico. Alegria faz bem, mas somente quando ocorre do modo certo, na ocasião adequada.

Jeff Haines, presidente do Royce Medical em Camarillo, Califórnia, afirma: "Quanto melhor os gerentes proporcionarem esse tipo de liderança, melhores resultados obterão, e é em função destes que conseguem reconhecimento. Isso não significa que aquele não seja um lugar sério. É preciso assumir a responsabilidade quando não estamos atingindo as metas."

Nos McGuffey's Restaurants, no sudeste dos Estados Unidos, os colaboradores avaliam os gerentes de acordo com a quantidade de alegria que ele proporciona no trabalho, e isso pode afetar 20% do aumento salarial do gerente. Diz Keith Dunn, presidente do McGuffey: "Os resultados ainda são o principal objetivo, porém, também é levado em consideração o modo como os gerentes cumprem suas metas. Atuamos em um setor de serviços com rotatividade elevada; faz parte das funções de um gerente trazer alegria ao local de trabalho."

Eis algumas diretrizes que podem ser seguidas para proporcionar alegria no local de trabalho:

Comece aos poucos. Tente afixar piadas no quadro de avisos e observar as reações, porém, não prejudique sua carreira para obter riso fácil.

Torne-a significativa. "É preciso relacionar alegria com produtividade", afirma Weinstein. "Eis uma brincadeira de que gosto, porque remove barreiras: um executivo de alto escalão executa suas funções durante um dia sob sua supervisão".

Renove o humor. Nada como o mesmo velho humor, repetidamente, para fazer a alegria desaparecer.

Mantenha-a inofensiva. O problema com o humor é que alguém ou algo representa seu alvo. "Nunca aja de modo ofensivo ou faça alguma coisa que atinja os valores pessoais de alguém", afirma Diane Decker, consultora de gerenciamento especializada em ambientes de trabalho alegres.

Fonte: Lancaster, H. "Your career may be a laugh track away from the fast track", *Wall Street Journal*, 26 mar. 1996.

Considere, por exemplo, um vendedor que está decidindo se faz mais visitas comerciais. Ele acredita que as visitas adicionais (empenho) conduzirão a vendas adicionais (desempenho) e que estas gerarão uma gratificação (resultado). O tamanho, ou a magnitude, da gratificação (valorização) também precisa ser considerado. Para ilustrar, imagine que a estimativa da probabilidade feita pelo vendedor do E → D seja 0,8 e a de D → R seja 0,7. A gratificação tem uma valorização de 0,6. A força motivacional exercida no vendedor é calculada por $0,8 \times 0,7 \times 0,6 = 0,34$. Se o vendedor houvesse considerado uma gratificação mais elevada, para que sua valorização fosse 0,9, a força motivacional teria sido $0,8 \times 0,7 \times 0,9 = 0,5$. Caso ele julgasse insuficiente a gratificação, a parte de valorização da equação reduziria substancialmente a força motivacional.

Diversas implicações óbvias para a motivação de pessoas podem ter origem na teoria da expectativa. Primeiro, é importante que os colaboradores reconheçam que empenho e desempenho mantêm relação próxima. As funções de um gerente devem incluir o estabelecimento de condições que ajudem a transformar um em outro. Isso pode envolver a remoção de obstáculos e a criação de sistemas de produção que auxiliem os colaboradores a perceberem o elo entre empenho e desempenho.

Os gerentes também precisam criar vínculos entre reconhecimento e desempenho. Para efetivar essa conexão torna-se necessária a criação e manutenção de sistemas de retribuição. Além disso, as retribuições devem ser compatíveis com os valores de cada colaborador. Isso pode requerer uma pesquisa para determinar as preferências individuais pelas opções de reconhecimento. Finalmente, as expectativas e retribuições antagônicas precisam ser eliminadas. Influências conflitantes podem surgir quando subordinados tentam restringir o desempenho de uma pessoa ou quando supervisores distintos fazem exigências colidentes.

Teoria do reforço

Os princípios de condicionamento operante, apresentados no Capítulo 3, também podem ser adotados para explicar a motivação no trabalho. A atribuição de reconhecimento em troca de comportamentos específicos pode exercer um impacto poderoso no comportamento subseqüente. (A elaboração de sistemas de retribuição específicos será examinada mais detalhadamente no Capítulo 5.)

Condicionamento operante, ou **modificação do comportamento**, conforme se denomina a versão aplicada, influi sobremaneira na orientação do comportamento se a retribuição for (1) substancial e muito desejada, (2) demonstrada de forma descontinuada e (3) atribuída de modo diferencial, para que níveis mais elevados de desempenho resultem em retribuição proporcionalmente mais elevada.[18]

Os proponentes da modificação do comportamento organizacional preferem analisar as situações em termos de uma estrutura "antecedente-comportamento-conseqüência", ou A-C-C. Antecedentes são estímulos que precedem os comportamentos. Conseqüências são os resultados, ou reconhecimentos e punições, dos comportamentos. Essas conseqüências, por sua vez, agem como antecedentes do comportamento subseqüente. Os especialistas em Modificação do Comportamento Organizacional, ao gerenciá-las, procuram alterar o comportamento posterior.

A teoria do reforço e a teoria da expectativa contêm um fundamento conceitual similar. Ambas derivam de uma base hedonística simples. A **teoria do reforço**, no entanto, concentra-se na influência das retribuições passadas sobre o comportamento presente. Ela tem sido caracterizada como hedonismo do passado; a teoria da expectativa, do futuro.[19] A origem da ênfase histórica na teoria do reforço está, em parte, no foco inicial da abordagem: estudo de animais que não emitem sons e com capacidade mental limitada (como ratos e pombos). A teoria da expectativa, em contraste, tem se dedicado ao estudo do comportamento nos seres humanos. Apesar disso, as duas geram previsões essencialmente idênticas em uma variedade de cenários.

Teoria da eqüidade

A sensação de tratamento justo, ou eqüidade, pode atuar como estímulo poderoso para aumentar ou diminuir o empenho. J. Stacy Adams propôs uma teoria que tenta explicar a influência de tais impressões no comportamento dos colaboradores.[20] A **teoria da eqüidade** de Adams supõe que as pessoas se esforçarão para restaurar a eqüidade, caso percebam a existência de um desequilíbrio.

Essa teoria tem como premissa básica a crença de que os colaboradores controlam o grau de eqüidade ou desigualdade em suas relações de trabalho, comparando seus próprios resultados com os de uma pessoa muito similar. No contexto da teoria da eqüidade, os resultados são tudo o que os colaboradores consideram como proporcionado por suas funções ou pela organização. As vantagens incluem salário, sala com janela, acesso ao lavatório executivo, uso de carro da empresa, e assim por diante. A parte dos colaboradores inclui todas as contribuições que uma pessoa traz para a relação de emprego. Exemplos: empenho pessoal, número de anos e tipo de educação formal, experiência de trabalho, treinamento etc. Em termos gerais, contribuição é tudo o que uma pessoa acredita que deva estar relacionado à retribuição (veja a Tabela 4.1).

As contribuições e as retribuições que uma pessoa considera relevantes constituem escolhas muito pessoais. De acordo com a teoria da eqüidade, é essencial indagar aos indivíduos suas reações às retribuições e contribuições possíveis quando tentam estimar o grau de eqüidade ou desigualdade que percebem existir.

Adams argumenta que uma pessoa estimará a proporção entre retribuições e contribuições, porém, a importância desse índice é somente parcial. Cada pessoa também calcula um índice similar para alguém que ela julga estar em posição similar. Essa segunda pessoa é denominada *padrão de comparação*. Adams prevê que um colaborador ficará relativamente satisfeito se sua própria proporção entre retribuições e contribuições for equivalente ao índice para o padrão de comparação. Essa situação pode ser resumida conforme se segue:

$$\frac{\text{Retribuições para A}}{\text{Contribuições de A}} = \frac{\text{Retribuições para B}}{\text{Contribuições de B}} \quad (1)$$

Se a pessoa *A* julga que seu índice é maior ou menor que o de *B*, ela deve perceber uma desigualdade. A magnitude dessa percepção será proporcional ao valor do hiato entre os índices. A sensação de desigualdade produz uma tensão psicológica que requer diminuição.

$$\frac{\text{Retribuições para A}}{\text{Contribuições de A}} < \frac{\text{Retribuições para B}}{\text{Contribuições de B}} \quad (2)$$

TABELA 4.1 | EXEMPLOS DE CONTRIBUIÇÕES E RETRIBUIÇÕES NA TEORIA DA EQÜIDADE DE ADAMS

Contribuições	**Retribuições**
Empenho	Salário
Educação formal	Benefícios
Treinamento	Verba para viagens
Experiência	Número de subordinados
Lealdade	Autonomia
Reputação	Símbolos de *status*
Aparência	Tempo livre
Idade	Oportunidades de hora extra

Se o índice da pessoa *A* for menor que o de *B* (equação 2), ela poderá tentar restaurar a eqüidade, alterando uma das quatro variáveis nos dois índices:

1. Pode aumentar a própria retribuição, solicitando um aumento salarial.
2. Pode diminuir sua própria contribuição, sendo menos produtiva.
3. Pode diminuir a retribuição para a pessoa *B*, persuadindo o chefe a alterar seu salário.
4. Pode aumentar a contribuição de *B*, pressionando-a a se empenhar mais no trabalho.

Para o caso de a pessoa *B* ter um índice menor que o de *A* (equação 3), a teoria da eqüidade prevê que a pessoa *A* vai se sentir culpada e tentará recompor a eqüidade, alterando uma ou mais das quatro variáveis nos dois índices. Ela pode tentar, por exemplo, diminuir a própria retribuição ou aumentar a de *B*, solicitando um ajuste a seu chefe. Ela também pode aumentar sua contribuição, por meio de maior dedicação às funções. Por último, pode ajudar a pessoa *B* a diminuir sua contribuição, indicando-lhe, talvez, maneiras para executar suas funções mais eficientemente.

$$\frac{\text{Retribuições para A}}{\text{Contribuições de A}} > \frac{\text{Retribuições para B}}{\text{Contribuições de B}} \qquad (3)$$

Se as quatro variáveis dos índices não puderem ser alteradas e a magnitude da desigualdade for substancial, a pessoa *A* será forçada a optar por um outro curso de ação. Ela poderia:

1. Alterar sua percepção da situação, para que a desigualdade deixasse de parecer injustificada, dizendo, por exemplo: "Mereço um salário maior porque me dedico mais do que a maioria das pessoas".
2. Afastar-se do cenário, saindo da empresa ou conseguindo uma transferência.
3. Optar por um outro padrão de comparação – alguém cujo índice oferecesse um contraste menos constrangedor.

Estudos sobre a condição de salário maior em um esquema de pagamento por unidade produzida constataram que os colaboradores, de fato, diminuirão a quantidade do que produzem e aumentarão a qualidade de sua contribuição em relação aos trabalhadores remunerados de modo mais eqüitativo. Esse fenômeno, entretanto, é algo transitório e diminui ao longo de alguns dias.[21] A incapacidade da teoria da expectativa ou da teoria do reforço para prever rapidamente esse resultado origina-se, em grande parte, da inexistência de processos de comparação entre os colaboradores, nos termos em que foram formuladas originalmente. Não há dúvida de que levar em conta esses processos agrega algo à nossa capacidade de prever o comportamento dos empregados.

É difícil aceitar, intuitivamente, a noção de que pessoas com remuneração excelente não tentarão maximizar a quantidade. Em um estudo que buscou identificar diferenças individuais no desejo de restaurar a eqüidade *versus* maximização da retribuição, o desempenho das pessoas muito bem-remuneradas e o dos indivíduos com salário justo foram comparados no âmbito de um esquema de produção por unidade.[22] Os resultados indicaram que as ações dos indivíduos avaliados como mais altruístas (isto é, mais maduros moralmente) apresentavam maior probabilidade de seguir as previsões da teoria da eqüidade (diminuir a quantidade da produção e aumentar a qualidade) do que as das pessoas avaliadas como menos altruístas. Portanto, a teoria da eqüidade pode proporcionar uma melhor descrição do comportamento das pessoas de mais princípios.

Embora essa teoria tenha sido criticada por não prever explicitamente que método um colaborador escolherá para restaurar a eqüidade,[23] ela oferece uma perspectiva única para a principal faceta da motivação no trabalho. A percepção de imparcialidade é um aspecto importante de qualquer sistema de reconhecimento.[24]

Teoria da aprendizagem social

A **teoria da aprendizagem social** oferece uma outra abordagem para a compreensão da motivação.[25] O desejo de imitar modelos pode ser poderoso. A adoção de modelos manifesta-se na infância, quando as crianças imitam os adultos e os irmãos mais velhos. Nas organizações, o desejo de imitar colaboradores ou supervisores de desempenho excepcional pode ser intenso em alguns indivíduos. Certamente, assumir papéis e imitar um comportamento observado anteriormente ilustram as influências sutis da aprendizagem social.

Segundo a teoria da aprendizagem social, as pessoas desenvolvem expectativas quanto à sua capacidade para se comportar de determinada maneira e à probabilidade de que tal comportamento resulte em retribuição. A primeira dessas expectativas relaciona-se a como percebem sua própria competência; a segunda tem relação com as retribuições e é análoga aos conceitos da teoria da expectativa. Portanto, os programas de treinamento organizacional que se apóiam em vídeos, preleções e técnicas de desempenho de papéis (isto é, a imensa maioria dos programas de treinamento patrocinados pela organizações) estão empregando um método baseado nos princípios da teoria da aprendizagem social. O autogerenciamento das retribuições também é parte importante dessa teoria. Seguir um modelo, ou imitar, atua como um padrão para incutir auto-reforço, sob a forma de maior satisfação pessoal e de melhor auto-imagem. A instrução direta dos colaboradores por colegas, supervisores ou orientadores a respeito de como fixar padrões pessoais de desempenho também pode ser adotada, porém, a aceitação, pelos colaboradores, dessa instrução depende, provavelmente, do poder e da atração exercida pelos instrutores. A adoção dos princípios da teoria da aprendizagem social em conjunto com retribuições extrínsecas por desempenho pode proporcionar a combinação mais eficaz dos métodos motivacionais.

Um modelo de motivação abrangente

Examinamos, até esta parte, algumas perspectivas diferentes sobre motivação do trabalho. Embora cada uma adote uma abordagem um tanto desigual, é possível indicar similaridades entre elas e integrá-las em um arcabouço conceitual mais amplo.

Cada método se classifica-se em uma entre duas categorias: teorias de conteúdo ou teorias de processo. As **teorias de conteúdo** focalizam aquilo que motiva as pessoas a desempenhar funções. Preocupam-se com a identificação das retribuições distintas que todos buscam em seu trabalho. As teorias de Maslow, Herzberg e McClelland são essencialmente de conteúdo. As demais que examinamos têm maior preocupação com o modo pelo qual as retribuições controlam o comportamento. Essas teorias focalizam a dinâmica, ou aspectos do processo, da motivação do trabalho. As teorias de expectativa, eqüidade, reforço e aprendizagem social são exemplos de **teorias de processo**.

As teorias de conteúdo e de processo podem ser integradas em uma estrutura conceitual ainda mais ampla. A Figura 4.2 apresenta uma estrutura bem conhecida e aceita, proposta por Lyman Porter e Edward E. Lawler.[26] Eles elaboraram, em essência, um modelo dinâmico de motivação – o **modelo de Porter-Lawler** –, que inclui, como componentes de um processo mais amplo, muitas das teorias mencionadas.

FIGURA 4.2 — MODELO DE MOTIVAÇÃO DE PORTER-LAWLER

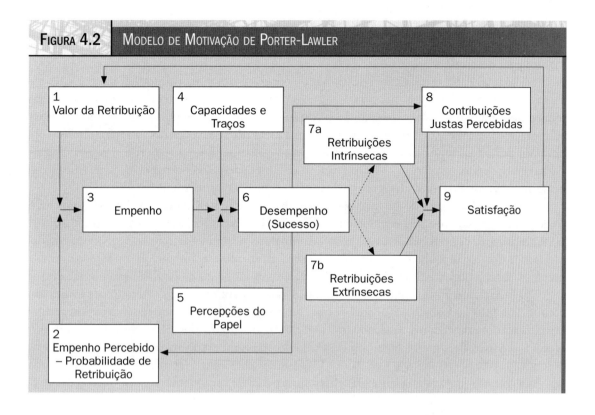

Iniciando pelo lado esquerdo do modelo, o valor esperado de uma retribuição combina com a expectativa de que o empenho resultará em reconhecimento. Essas duas influências determinam o nível de empenho exercido por um colaborador. Empenho, no entanto, não se converte simplesmente em desempenho ou sucesso. A capacidade e a percepção do papel pelo colaborador interagem na determinação do nível de sucesso. A não ser que uma pessoa tenha um nível mínimo de capacidade e a compreensão correta de como simplesmente desempenhar em um cargo, seu empenho não produzirá um nível de desempenho aceitável.

O desempenho pode estar vinculado ou não à retribuição em uma determinada situação; portanto, eis a razão das linhas onduladas entre retribuição e desempenho. A expectativa do colaborador sobre aquilo que é justo em termos de retribuição é influenciada pela percepção de seu próprio desempenho. As percepções de eqüidade ou desigualdade interagem com as retribuições efetivamente recebidas, para determinar o nível de satisfação.

O modelo inclui dois circuitos de retorno. O primeiro une satisfação a estimativas posteriores do valor das retribuições. Se um colaborador perceber que as retribuições recebidas pelo desempenho passado não foram particularmente satisfatórias, ele diminuirá o empenho futuro. O segundo circuito de retorno estende-se dos elos entre desempenho e retribuição à expectativa de que a dedicação futura resultará em reconhecimento. Novamente, nesse caso, o futuro do colaborador será influenciado por suas experiências.

Se levarmos em consideração as diversas teorias da motivação à luz do modelo de Porter-Lawler, constataremos que cada uma pode ser incorporada a esse arcabouço mais amplo. A distinção feita por Maslow entre necessidades de ordem superior e de ordem inferior, bem como a de Herzberg entre fatores motivadores (fatores intrínsecos) e fatores de higiene (fatores extrínsecos), é representada no modelo pelos retângulos 7a e 7b. Os princípios de McClelland relativos à necessidade de realização, associação e poder estão contidos no aspecto de retribuição intrínseca do modelo. Os da teoria da expectativa encontram-se incorporados às características de valorização e expectativa, retângulos 1 e 2. Os conceitos da teoria da eqüidade estão no retângulo 8. Sua influência reflete-se na interação das percepções de eqüidade e de reconhecimento, para determinar a satisfação.

A ligação entre retribuição e desempenho constitui um tema primordial na teoria do reforço. A conversão das linhas pontilhadas, que unem as retribuições ao desempenho, em linhas retas é uma meta dos defensores da Modificação do Comportamento Organizacional. O circuito de *feedback* do elo desempenho-retribuição à previsão de expectativa no retângulo 2 incorpora um princípio importante de condicionamento operante (a importância das conseqüências para o comportamento futuro). A imitação e a conduta adequada no papel, características importantes da teoria da aprendizagem social, estão implícitas no retângulo 5.

Diversos retângulos do modelo não foram discutidos neste capítulo. A satisfação no cargo (retângulo 9), no entanto, será examinada no Capítulo 11. As capacidades e os traços (retângulo 4) pertencem à área dos especialistas em recursos humanos, que tentam selecionar indivíduos qualificados para um desempenho bem-sucedido no cargo. Empenho (retângulo 3) é um tópico normalmente analisado por estudiosos da engenharia de fatores humanos ou de definição do trabalho.

O modelo de Porter-Lawler é bastante adequado para resumir os métodos de estudo do comportamento no trabalho. É evidente que, do ponto de vista do modelo, o campo do comportamento organizacional, que poderia parecer fragmentado por causa da diversidade dos tópicos que investiga, não se encontra desalinhado ou segmentado em suas tentativas de compreender o comportamento no trabalho. Cada uma das várias vertentes investigativas pode ser vista como orientada ao exame das diferentes peças de um quebra-cabeça mais abrangente. Embora o modelo de Porter-Lawler possa não ser a palavra final para descrever o comportamento no trabalho, ele resume e integra sutilmente grande parte daquilo que já é conhecido sobre o comportamento individual em cenários de trabalho.

A importância do modelo de Porter-Lawler para os gerentes é substancial. Ele ressalta as diversas facetas do processo motivacional, cada qual devendo ser compreendida e receber atenção, caso um gerente deseje ser bem-sucedido na motivação dos subordinados. A complexidade do modelo também enfatiza o fato de que muitas coisas podem dar errado e, portanto, solapar o empenho de um gerente. A lista de verificação a seguir, derivada do modelo, sugere que os gerentes bem-sucedidos deveriam:

1. Oferecer retribuições valorizadas.
2. Criar a percepção de que o empenho resultará em reconhecimento.
3. Descrever os cargos de tal modo que o empenho conduza a um desempenho elevado.
4. Contratar empregados qualificados.
5. Treinar os colaboradores da maneira correta para executar suas tarefas.
6. Definir tarefas que permitam a avaliação do desempenho.
7. Criar sistemas de retribuição nos quais o reconhecimento seja vinculado ao desempenho.
8. Assegurar que o reconhecimento seja visto como razoável e eqüitativo.

Resumo

1. Descrever uma técnica para conhecer as principais necessidades de uma pessoa.
O Teste de Apercepção Temática - TAT utiliza desenhos para revelar as principais necessidades de um indivíduo. Uma necessidade relevante pode ser detectada quando uma pessoa narra histórias baseada em desenhos.
2. Descrever a hierarquia das necessidades de Maslow.
Maslow classificou as necessidades como sendo de sobrevivência (de ordem inferior)

e de crescimento (de ordem superior). As necessidades de sobrevivência, da menor à maior, são as fisiológicas, de segurança e sociais; as de crescimento são as de estima e de potencial para realização.

3. **Comparar o modo pelo qual os fatores motivadores e os de higiene podem influenciar os colaboradores.**

   Fatores motivadores conduzem à sensação de satisfação. Eles incluem avanço na carreira, reconhecimento, senso de responsabilidade e sensação de gratificação. A ausência dos fatores de higiene resulta em insatisfação. Esses fatores envolvem segurança no emprego, políticas da companhia, relações interpessoais e condições de trabalho. Teoricamente, a ausência dos fatores motivadores não torna os colaboradores insatisfeitos, nem um nível elevado de fatores de higiene atua para aumentar sua satisfação.

4. **Descrever como as expectativas conseguem influenciar a dedicação de um colaborador.**

   Os colaboradores examinam se seu empenho acarretará o sucesso desejado (expectativa de empenho-desempenho) e se um dado nível de desempenho resultará em determinada retribuição (expectativa de desempenho-retribuição). Prevê-se que os colaboradores se empenharão ao máximo quando essas expectativas forem elevadas.

5. **Explicar como a modificação do comportamento afeta o comportamento nas organizações.**

   A modificação do comportamento interpreta ações em termos de antecedentes, comportamentos e conseqüências. Antecedentes são estímulos que precedem os comportamentos. Conseqüências são as retribuições ou punições resultantes de comportamentos; elas tornam-se antecedentes dos atos subseqüentes. A modificação do comportamento envolve gerenciar suas conseqüências, o que pode influenciar o comportamento futuro.

6. **Explicar como o senso de eqüidade dos colaboradores afeta sua motivação.**

   Os colaboradores monitoram continuamente o grau de eqüidade em suas relações de trabalho. Um empregado ficará relativamente satisfeito, caso sua própria proporção entre retribuições e contribuições seja equivalente à de um colaborador escolhido para comparação. Os colaboradores se esforçarão para restaurar a eqüidade, caso percebam que exista um desequilíbrio.

7. **Descrever como a aprendizagem social influencia o comportamento.**

   As pessoas desenvolvem expectativas a respeito de uma capacidade para se comportarem de certo modo e da probabilidade de que seu comportamento trará reconhecimento. Quando uma pessoa acata um padrão de comportamento, ela atribui a si mesma maior satisfação pessoal e melhor auto-imagem.

8. **Identificar os passos que os gerentes podem dar para motivar os colaboradores.**

   Os gerentes, visando motivar os colaboradores, devem oferecer retribuições valorizadas; criar a percepção de que o empenho resultará em retribuição; criar cargos de modo que o empenho acarrete desempenho elevado; admitir colaboradores qualificados; treiná-los para executar corretamente suas funções; estabelecer tarefas de modo a permitir avaliação do desempenho; criar sistemas de retribuição que os vinculem ao desempenho; e assegurar que as retribuições sejam consideradas justas e eqüitativas.

Episódio crítico

Salário *versus* comissão

Jerry Palmer não foi um aluno excepcional de *marketing* na faculdade e julgou-se muito afortunado por ter conseguido um emprego na área de vendas de uma empresa farmacêutica.

O salário parecia ser competitivo e, como aspecto mais atrativo, receberia um salário fixo, em vez de comissões.

Durante o primeiro ano, Jerry encontrou muitas dificuldades para realizar as vendas. À medida que continuava se esforçando para aperfeiçoar suas técnicas de vendas, porém, os resultados começaram a aparecer. No final de seu terceiro ano de trabalho e com base em conversas com outros vendedores, Jerry acreditou ter se tornado um dos melhores representantes de vendas da companhia. Como a empresa nunca revelava como seu pessoal de vendas desempenhava (não havia estatísticas de vendas etc.), no entanto, Jerry nunca soube se era ou não um vendedor de primeira linha.

O ano passado foi excelente para Jerry. Seu gerente o convocou, em outubro, para uma reunião rápida e o elogiou pelo empenho. Ele até escutou que, caso a companhia tivesse mais dez pessoas como ele, provavelmente se classificaria em primeiro lugar no setor. Jerry interpretou esses comentários como indicação de que era um excelente representante de vendas. Ele havia superado em mais de 20% suas metas e tinha a expectativa de mais um ano bom.

Este ano, Jerry iniciou bem e parece estar atuando para suplantar uma vez mais a meta. Ele, no entanto, começou a ter alguns problemas emocionais. Ouviu que os concorrentes promovem anualmente certames de vendas e reconhecem o melhor profissional como vendedor do mês. Também sabe que as outras empresas oferecem prêmios e banquetes. Ele começou a ficar magoado com sua companhia. Solicitou a seu gerente que pensasse em introduzir tais benefícios ou mesmo oferecer um programa de salários mais comissões. Obteve como resposta que "esse não é o modo de operar da companhia" e que "não deveria se preocupar com isso".

Jerry está começando a procurar um outro cargo na concorrência. Ele está convencido de que a remuneração deve estar relacionada ao desempenho.

1. Por que você acredita que Jerry acabou ficando insatisfeito com a política de remuneração baseada em salário fixo de sua companhia?
2. Como você caracterizaria Jerry em relação à noção de necessidade de realização de McClelland?
3. O que motiva Jerry hoje? Que tipo de programa de incentivo provavelmente o atrairia?

Exercício experimental

O que os colaboradores esperam de suas posições?

Esta atividade foi criada para ajudá-lo a pensar sobre a pergunta acima e a compreender os fatores que influenciam o desempenho de um colaborador. Em virtude de poder ser difícil motivar, é primordial reconhecer e compreender os fatores que os colaboradores buscam em seus cargos. Ao oferecer oportunidades para satisfação de diversas necessidades, é possível proporcionar um ambiente motivador.

1. Classifique a lista de fatores a seguir em termos daquilo que você mais deseja de sua posição. Em seguida, em função daquilo que você pensa que seus colegas de classe diriam esperar de um cargo. Finalmente, como a maioria dos colaboradores (isto é, pessoas com as quais você trabalhou ou que supervisionou) os classificariam. Lembre-se de que, para o segundo e terceiro conjuntos, você está observando essa lista sob a perspectiva de outras pessoas. Essas classificações devem refletir aquilo que você julga que elas afirmariam esperar de seus cargos. Indique "1" após o fator que você acredita que os colegas mais desejariam em suas posições, "2" após o próximo fator mais esperado, e assim por diante.

	Sua classificação	Classificação dos colegas	Classificação média dos colegas	Classificação dos colaboradores (opcional)*

Fatores

a. Trabalho interessante e desafiador
b. Sensação de "estar por dentro" dos eventos
c. Segurança no emprego
d. Supervisor competente
e. Boas condições de trabalho
f. Disciplina diplomática
g. Promoções e avanço na organização
h. Reconhecimento de trabalho bem-feito
i. Compreensão dos problemas pessoais
j. Boa remuneração
k. Participação em planos ou decisões
l. Lealdade e apoio dos dirigentes
m. Retorno relevante e na ocasião certa do desempenho
n. Metas ou objetivos claros

* Pode ser indicado por seu instrutor.

2. Após você ter finalizado a classificação desses fatores, seu instrutor solicitará à classe que calcule as classificações médias. Indique-as na coluna apropriada.
3. Examinando as classificações feitas pela classe e comparando-as às suas:
   a. Você e seus colegas de classe estão fazendo suposições idênticas a respeito daquilo que esperam dos cargos?
   b. Você observa quaisquer áreas ou conjuntos de fatores de trabalho para os quais existem classificações similares?
   c. (Caso seu instrutor peça para responder.) A classificação média da classe para fatores selecionados foi similar à sua? Como você explica eventuais diferenças?
4. Seu instrutor também pode lhe dizer quais são as classificações obtidas a partir de uma amostra de colaboradores. De posse dessas informações, as seguintes perguntas despertam interesse:
   a. Existe, em geral, uma boa concordância entre as classificações dos colaboradores e as da classe? E, entre as suas?
   b. Em relação a que fatores ou conjuntos de fatores existe concordância ou discordância geral?
   c. Caso existam algumas diferenças significativas, a que motivo você as atribui? Que papel a percepção poderia desempenhar?
5. Seu instrutor pedirá que formem grupos de quatro a seis pessoas. Discuta, com um grupo, as seguintes questões:
   a. Por que você julga que a classe, você mesmo e os colaboradores classificaram os fatores do modo pelo qual optaram?
   b. Quais seriam algumas implicações desses dados para os gerentes?
   c. O que os gerentes deveriam fazer para criar ambientes motivadores?

Fonte: Redigido por Bruce Kemelgor, da University of Louisville. Reproduzido mediante autorização.

Escolha um trabalho que você aprecia e nunca terá de trabalhar um dia em sua vida.
– Confúcio

As pessoas pensam que ganhamos US$ 3 milhões e US$ 4 milhões por ano. Elas não entendem que a maioria de nós ganha somente US$ 500 mil.
– Pete Incaviglia, jogador de beisebol

O trabalho consiste naquilo que uma pessoa é obrigada a fazer e a diversão naquilo que não é obrigada a fazer.
– Mark Twain

Objetivos de aprendizagem

Após estudar este capítulo, você deverá ser capaz de:

1. Distinguir entre retribuição extrínseca e intrínseca.
2. Explicar por que os planos de incentivo não são adotados mais amplamente.
3. Descrever três atributos das metas que são importantes para melhorar o desempenho.
4. Descrever a administração por objetivos e algumas de suas vantagens e problemas possíveis.
5. Dar alguns exemplos do poder das profecias de autodesempenho.
6. Descrever algumas maneiras de gerenciar construtivamente as profecias de autodesempenho.
7. Descrever métodos de redefinição das funções utilizados para reduzir a insatisfação dos colaboradores.
8. Relacionar as características do cargo que aumentam o senso de importância do trabalho de uma pessoa, o senso de responsabilidade e o conhecimento dos resultados do próprio trabalho.
9. Descrever os elementos essenciais dos círculos de qualidade.
10. Explicar como operam as equipes de trabalho autodirigidas e identificar os principais problemas e conseqüências de tal estratégia.

Capítulo 5

Aumento da motivação dos colaboradores usando reconhecimento, metas, expectativas e empoderamento

Onde você deseja trabalhar hoje?

Instalar um escritório em casa, no aeroporto e mesmo na praia não representa mais para um colaborador sonhar de olhos abertos – é uma tendência crescente nas empresas. As fronteiras do escritório tradicional estão se expandindo externamente, à medida que tecnologias sem fio e de banda larga criam novas possibilidades para a revolução do teletrabalho.

Um relatório recente da Fundação de Políticas de Emprego indicou que cerca de 19,8 milhões de pessoas, ou 15% da força de trabalho, atuam em casa pelo menos uma vez por semana e que esse número tem a expectativa de aumentar à medida que mais pessoas obtêm acesso à Internet de alta velocidade e às aplicações sem fio. Conexões sem fio de computador logo tornarão possível o trabalho a partir de locais anteriormente inimagináveis, como um Starbucks local, um barco ou um vilarejo remoto.

Não causa surpresa o fato de as empresas de alta tecnologia serem as arquitetas desses ambientes virtuais e de escritórios em casa, e de pioneiras como AT&T e IBM estarem liderando o modo de transformar cubículos tradicionais e salas de canto em espaços amplos e abertos. Cerca de um terço da equipe de colaboradores da IBM exerce o teletrabalho; aproximadamente dois quintos dos gerentes da AT&T trabalham em casa em período integral. Esses trabalhadores à distância conectam-se com os escritórios locais usando *laptops*, BlackBerry portátil e sem fio e equipamento para videoconferências. Além disso, à medida que essas e outras companhias de tecnologia continuam a desenvolver redes de VoIP (Voz sobre Protocolo da Internet) e aplicações sem fio, um número cada vez maior de colaboradores será capaz de transmitir arquivos eletrônicos e efetuar chamadas telefônicas de praticamente qualquer localidade.

A popularidade em crescimento acelerado do teletrabalho é alimentada pelos diversos benefícios que oferece às organizações e aos colaboradores. As empresas o consideram atraente por causa das reduções de custo geradas pela maior produtividade, diminuição da área dos espaços físicos de trabalho e maior retenção de colaboradores. Estes o apreciam por causa de sua flexibilidade. Para eles, escritórios virtuais e em sua residência eliminam distrações tradicionais no local de trabalho, como conversas pessoais, fofocas ou política da empresa. A programação flexível associada ao teletrabalho torna mais fácil atingir o equilíbrio entre as responsabilidades do trabalho e da vida. Os colaboradores com família podem dedicar mais tempo às crianças e reduzir os custos associados a creches, transporte e estacionamento. Finalmente, os teletrabalhadores sentem-se, em geral, mais motivados do que seus colegas do escritório tradicional e têm maior probabilidade de empenhar-se mais para ajudar a companhia.

Embora o teletrabalho permita redução de custos e novos níveis de eficiência para as empresas e para os colaboradores, ele não se destina a todos. Alguns colaboradores preferem o ambiente do escritório tradicional, por causa das vantagens de estrutura e de socialização que oferece. O teletrabalho, em contraste, tende a manter os trabalhadores "fora do circuito" nos casos em que o distanciamento da política e dos dirigentes de alto escalão pode resultar em menos aumentos ou mesmo fazer com que um colaborador seja preterido nas promoções.

Apesar desses empecilhos, os benefícios do teletrabalho ainda se mantêm. Conforme declara Joe Roitz, diretor de teletrabalho na AT&T: "Você vê claramente aumentar a satisfação no trabalho com este esquema de teletrabalho. Nossos colaboradores estão muito mais contentes. As desvantagens são mínimas, se é que existem".

Fonte: Carlson, L. "Overcoming telework's tech challenges", *Employee Benefit News*, 1º jun. 2004; "Telework is on the rise, but it isn't just done from home anymore", *The Wall Street Journal*, 23 fev. 2002.

Examinamos, no Capítulo 4, diversas perspectivas relacionadas ao tópico da motivação do trabalho. Conforme demonstrado pelo modelo de Porter-Lawler na conclusão do capítulo, cada uma dessas perspectivas oferece detalhes do processo pelo qual os colaboradores são motivados a desempenhar sua função. Examinaremos, neste capítulo, quatro métodos para aplicar nosso conhecimento do processo motivacional, a fim de aumentar o desempenho dos colaboradores: sistemas de reconhecimento, fixação de metas, gerenciamento das expectativas e empoderamento[*].

Sistemas de reconhecimento

Os especialistas em motivação distinguem, muitas vezes, entre reconhecimento extrínseco e intrínseco. Os **reconhecimentos extrínsecos** se originam de fontes externas ao indivíduo, ao passo que os **reconhecimentos intrínsecos** podem ser caracterizados mais precisamente como auto-administrados, isto é, surgindo da própria pessoa. Exemplos de reconhecimentos extrínsecos incluem salário, benefícios, promoções e gratificações. Exemplos de reconhecimentos intrínsecos são sensação de competência, sucesso, responsabilidade e crescimento pessoal.

Embora normalmente consideremos os reconhecimentos extrínsecos como sendo o principal meio pelo qual os gerentes tentam influenciar os subordinados para que desempenhem bem, os intrínsecos também podem ser adotados. A definição de um cargo, em particular, desempenha um papel importante na criação de oportunidades para reconhecimentos intrínsecos. Examinaremos posteriormente, neste capítulo, a redefinição do trabalho; por enquanto, vamos nos concentrar nos sistemas de retribuição extrínseca.

O papel da remuneração

Edward E. Lawler III estudou atentamente o uso de alguns tipos distintos de reconhecimento e o uso da remuneração como meio para motivar os colaboradores.[1] Embora as organizações possam utilizar diversas retribuições, Lawler constatou que tendem a se apoiar em apenas algumas. A remuneração é de uso mais freqüente do que outras retribuições por possuir certas características úteis.

Primeiro, um bom reconhecimento deve ser valorizado por quem o recebe, e não há dúvida de que a remuneração é altamente importante para a maioria das pessoas. Segundo, a abrangência do reconhecimento deve ser flexível. Algumas retribuições, como as promoções, não podem ser divididas em partes de dimensões diferentes, porém, o valor de um aumento da remuneração pode ser determinado com facilidade. Terceiro, o valor de uma retribuição deve permanecer relativamente constante. Alguns reconhecimentos, como o elogio verbal, podem perder o valor, caso empregados repetidamente, porém, a remuneração pode ser adotada de modo freqüente, sem ter diminuída sua importância. Por fim, para um reconhecimento ser eficaz (conforme observado em nossa

---

[*] *Empowerment* em inglês.

discussão da teoria da expectativa no Capítulo 4), a relação entre retribuição e desempenho precisa ser óbvia. Em virtude de a remuneração ser tão visível, os colaboradores conseguem perceber facilmente sua relação com o desempenho. Desse modo, se compararmos a remuneração com outras retribuições organizacionais sob o aspecto de importância, flexibilidade, freqüência e visibilidade, ela é um dos recursos mais eficazes disponíveis para melhorar o desempenho.

Conforme observado diversas vezes neste texto, é importante vincular as retribuições ao desempenho. Muitos gerentes consideram que desempenho e remuneração mantêm relação próxima nas unidades que administram. Em uma pesquisa, no entanto, Lawler constatou que 22% dos empregados nos Estados Unidos acreditam na existência de um elo direto entre a intensidade de seu esforço e o valor da remuneração que recebem.[2] Existem algumas razões para essa percepção incômoda. É evidente que o empenho de uma pessoa pode não estar relacionado ao nível de sucesso que alcança. Forças intervenientes, como subordinados que não cooperam, interrupções imprevistas e equipamento defeituoso podem influenciar as melhores intenções de um colaborador. Determinar o nível de sucesso de um empregado também constitui um procedimento impreciso. Os sistemas de avaliação do desempenho precisam ser elaborados para incentivar a percepção de que sua avaliação é, ao mesmo tempo, justa e objetiva.

As tentativas para relacionar remuneração e desempenho variam amplamente entre as organizações. Esses esquemas de remuneração em função do desempenho diferem sob três aspectos principais: a unidade organizacional, o método de avaliação do desempenho e a forma de retribuição monetária. Uma das três unidades organizacionais – o indivíduo, o grupo de trabalho ou a organização como um todo – atua, habitualmente, como base para a comparação do desempenho. Os métodos de avaliação existem em maior número e variam em termos de subjetividade. As elaboradas pelos supervisores são, sem dúvida, as mais amplamente usadas, porém, constituem o método mais subjetivo. Dados precisos sobre produtividade, como volume de vendas e o número de unidades que uma pessoa produz, são muito objetivos. Outros índices de eficácia de custo e de lucratividade (por exemplo, número de erros e desperdício) também são utilizados algumas vezes. As duas formas mais comuns de reconhecimento monetário são gratificação, que é uma retribuição única e por um valor total, e aumento salarial, que é uma retribuição cumulativa. Algumas organizações (por exemplo, Lincoln Electric) remuneram os empregados de acordo com um sistema de produção unitária, incluindo uma gratificação anual baseada na qualidade dos itens produzidos.[3]

Lawler examinou as combinações entre os três aspectos de unidade, desempenho e remuneração e ofereceu uma avaliação para eficácia de cada uma. A percepção de que a remuneração está relacionada ao desempenho aumenta quando as retribuições são efetivadas com base no desempenho pessoal. Esquemas de gratificação recebem maior avaliação nesse aspecto do que esquemas salariais. Medidas objetivas de desempenho (produtividade e eficácia dos custos) também produzem melhores avaliações. Os esquemas de remuneração mais bem-sucedidos têm, portanto, probabilidade de ser planos baseados em gratificações que utilizam avaliações objetivas de desempenho. Tais esquemas, no entanto, apresentam efetivamente alguns efeitos colaterais negativos. O ostracismo social das pessoas com desempenho excelente e a falsificação de relatórios de desempenho, por exemplo, têm mais possibilidade de ocorrer nos esquemas de gratificação em base individual.

A cooperação entre membros do grupo tende a ser maior quando existem planos direcionados a ele e os que abarcam toda a organização. Esses esquemas incentivam o desejo de ajudar os subordinados, por causa da percepção de que o sucesso é mutuamente benéfico. Esquemas individuais, por outro lado, incentivam um maior senso de competitividade.

Sob o aspecto da aceitação dos colaboradores, a maior parte dos planos de remuneração foi julgada moderadamente boa. Os planos de gratificação em base individual, entretanto, receberam avaliação um tanto inferior, possivelmente porque a maior concorrência e o potencial para falsificação dos relatórios de desempenho geram a crença de que o esquema é injusto.

A análise de Lawler indica que, em geral, não existe um só plano ótimo de incentivo à remuneração. Em vez disso, cada situação precisa ser examinada quanto a suas peculiaridades. Também é importante observar que esses planos não são mutuamente exclusivos. É possível criá-los múltiplos ou sobrepostos.

Qual o grau de eficácia dos planos de incentivo?

Embora as pesquisas disponíveis indiquem que os planos de remuneração, baseados em incentivos, possam aumentar a produtividade de 15% a 35%, sua aceitação não tem sido grande nas últimas décadas.[4] Os esquemas ancorados em produção unitária perderam sua atratividade. Os planos de incentivo defrontaram-se com problemas por diversos fatores, incluindo relações adversas, consciência de classe e mudanças na sociedade.

Relações adversas: Os colaboradores, com a existência de esquemas de remuneração, podem usar algumas manobras para diminuir o volume de produção. Quando observados, eles podem produzir em ritmo muito lento, a fim de iludir os consultores de estudo de tempo. Podem também ser mais relutantes em sugerir métodos que aperfeiçoem a execução de uma tarefa. Além disso, normas informais, algumas vezes, sobrepõem-se à iniciativa individual. Como tática adicional para lidar com o estabelecimento de esquemas de incentivo, os colaboradores podem se valer de dissídios coletivos, optando por um sindicato que os represente.

Consciência de classe: Em virtude de as tarefas envolvidas nas funções de nível superior (como as posições administrativas e de supervisão) não serem passíveis de quantificação fácil, os esquemas de incentivo são usados, com mais freqüência, para colaboradores do que para gerentes. Essa distinção pode resultar em uma sensação de "nós *versus* eles" no âmbito da equipe de trabalho de uma organização. A impressão de estar sendo discriminado pode, por sua vez, dar força a hostilidades que estavam latentes. A consciência de diferenças de classe, juntamente com a tática de relações adversas, podem produzir protecionismo, pouca divulgação de informações, uma definição limitada de lealdade e desconfiança. Pode-se esperar, em geral, que se crie uma cultura organizacional viciada.

Mudanças na sociedade: A natureza do trabalho mudou significativamente ao longo dos últimos 50 anos. Atualmente, muitas funções envolvem prestação de serviços ou de informações. A tecnologia avançada ganhou importância crescente para muitas funções que, anteriormente, eram simples. As funções de execução independente que envolviam fabricação simples estão sendo substituídas por funções interdependentes, que requerem o uso de equipamento mais complexo em operações mais contínuas.

Também tem ocorrido um movimento, em alguns contextos, para redefinir o trabalho, visando torná-lo menos simples e repetitivo e, desse modo, aumentar a satisfação dos trabalhadores, diminuir a rotatividade e melhorar a qualidade do produto. Essas tentativas para dar mais brilho à natureza da experiência do trabalho por meio de tarefas mais significativas, complexas e interdependentes, muitas vezes, criam situações nas quais é extremamente difícil avaliar o desempenho de um modo simples, preciso e justo.

O futuro

Lawler sugere, como estratégia para o futuro, alguma combinação entre participação nos lucros, nos resultados da unidade e plano de compra de ações. Hoje, o uso dos três tipos de plano parece estar aumentando. Participação nos lucros e aquisição de ações são usadas mais comumente do que participação nos resultados da unidade. O elo entre retribuição e desempenho, como motivador, pode ser muito fraco para ter eficácia, pois o empenho de um colaborador ao exercer as funções não está vinculado imediata e visivelmente ao desempenho da organização. A participação nos lucros e a aquisição de ações enfatizam, no entanto, os benefícios a longo prazo dos esforços conjuntos e, portanto, podem ser ideais para direcionar o comportamento dos colaboradores do alto escalão, beneficiando toda a organização. Esses dois esquemas de incentivo também podem apresentar valor simbólico significativo para os colaboradores, desenvolvendo maior senso de identificação com a organização.

Os primeiros planos de participação nos resultados da unidade foram criados pelo líder sindical Joseph Scanlon. **Participação nos resultados da unidade** relaciona, essencialmente, a gratificação de um indivíduo ao desempenho de uma unidade de negócios. Em tese, tal plano poderia proporcionar gratificações mensais a todos os membros de um departamento ou de uma fábrica, caso uma fórmula predeterminada indicasse que ocorreu um decréscimo mensurável no custo de materiais, suprimentos, operações ou mão-de-obra. Herman Miller, por exemplo, fabricante de mobília com envolvimento de longa data em participação nos resultados da unidade, oferece um sistema de gratificação e oportunidades para os colaboradores participarem da tomada de decisões.[5] De modo similar, organizações tão distintas como Cummins Engine Company, Magna-Donnelly Mirrors e Beth Israel Hospital of Boston mantêm esse tipo de plano.

A popularidade crescente da participação nos resultados da unidade parece se dever a diversos fatores. Ela é introduzida, muitas vezes, de modo participativo, com os colaboradores tendo direito a opinar sobre a estrutura do plano. Igualmente, é provável que todos os empregados, gerentes e trabalhadores serão cobertos pelo plano. Além disso, por causa da determinação dos padrões de trabalho individuais e do cálculo da remuneração individual não fazerem parte, necessariamente, de um plano de participação nos resultados da unidade, os colaboradores consideram o sistema mais justo.

Uma das inovações mais recentes na área de gerenciamento salarial é um plano de remuneração variável por desempenho que, normalmente, principia com um salário básico reduzido, mas, oferece gratificações atrativas pelo cumprimento de metas específicas de desempenho ou outras. Embora planos de gratificação não sejam um conceito novo, os atuais tentam aproximar risco e remuneração. Como resultado, os vencimentos dos colaboradores podem ser diminuídos em épocas difíceis. A experiência (em empresas como Corning, DuPont, Monsanto e Valvoline) demonstra que os empregados podem vir a ganhar 120% do salário médio de cargos comparáveis – ou apenas 90%. Uma pesquisa revelou que 35% das companhias listadas na *Fortune 500* estão experimentando alguma forma de plano de remuneração por desempenho. Geralmente, tais planos parecem ter mais sucesso nos setores de serviço, onde os colaboradores estão acostumados a receber comissão ou outras formas de remuneração variável.[6]

Fixação de metas

Gerentes e empregados precisam entender as metas recíprocas. Além disso, os gerentes são responsáveis por auxiliar os colaboradores a fixar metas ou objetivos. Os gerentes e colaboradores, com uma compreensão clara de metas ou objetivos explícitos, podem operar juntos para obter resultados específicos. Diversos atributos das metas são especialmente importantes para melhorar o desempenho: especificidade, dificuldade e aceitação.[7]

Especificidade

Especificidade da meta refere-se à precisão com a qual uma meta ou objetivo é definido. Aumentos quantificáveis da especificidade reduzem a ambigüidade e, assim, ajudam os colaboradores a concentrar seus esforços.[8] Portanto, geralmente, é uma boa idéia evitar estabelecer ou definir metas em termos amplos ou ambíguos.

Dificuldade

Aumentar a **dificuldade da meta** também pode resultar em maior desempenho. Quanto mais difícil, indicam os resultados das pesquisas, mais desafiadora. O maior desafio, por sua vez, resulta em maior empenho da parte de um colaborador. Uma limitação importante desse argumento, no entanto, é que as metas precisam ser viáveis. Fixar metas distantes da realidade ou inquestionavelmente fora do alcance do colaborador poderá provocar frustração e rejeição.

Aceitação

Os colaboradores também precisam concordar com as metas fixadas. A **aceitação da meta** é possível quando ela corresponde às aspirações pessoais. Portanto, metas difíceis e específicas, aceitas por um colaborador, resultarão em maior desempenho. Essa linha de raciocínio indica que os gerentes precisam incentivar os empregados a se concentrarem em metas mensuráveis e desafiadoras, enquanto tentam obter o compromisso de cumprimento.

Administração por objetivos

Administração por objetivos (APO) constitui uma aplicação prática do raciocínio existente na teoria de fixação de metas. APO é o processo no qual os colaboradores participam com os dirigentes na fixação de metas ou objetivos.[9] Uma característica essencial do programa de APO envolve uma sessão de negociação individual entre o supervisor e um subordinado, a fim de fixar metas concretas e objetivas. Durante a sessão, discutem-se a fixação de um limite de tempo para a avaliação dos resultados, a trajetória para cumprir as metas e a remoção de possíveis obstáculos. Após determinado período de tempo (normalmente seis meses ou um ano), promove-se nova reunião, para analisar o desempenho do colaborador, considerando as metas aprovadas previamente como base para avaliação. O Quadro 5.1 resume os passos essenciais do processo de APO.

Uma característica positiva desse sistema reside em sua ênfase no estabelecimento de metas específicas e mensuráveis. Na realidade, uma meta é inaceitável ou inadmissível em um sistema APO se não for mensurável. Você pode pensar que isso é impossível para todas as metas, especialmente as dos executivos do alto escalão. Embora seja difícil fixar metas mensuráveis nos níveis mais elevados de uma organização, ainda assim é possível. Uma delas poderia ser que a instituição deverá estar entre as dez principais classificadas por um painel de executivos do mesmo setor, que se reúne anualmente. Ou, que o técnico principal do time de futebol americano de uma faculdade possa fixar a meta de permanecer entre os 20 mais importantes, no painel formado pelos jornalistas esportivos da Associated Press, durante os próximos cinco anos. Algumas metas mais usuais seriam aumentar a participação de mercado de 45% para 55%, no fim do próximo exercício anual, ou aumentar em 3% o lucro líquido. Algumas metas podem ser avaliadas por meio do simples sim ou não. A meta de criar um plano de treinamento para o pessoal de vendas ou de finalizar um estudo de viabilidade até certa data, por exemplo, pode ser julgada de modo simples (sucesso ou fracasso), quando chegar a época da avaliação. Tal projeto foi completado ou não.

Os defensores da APO acreditam que todos, em uma organização, podem e devem se envolver na fixação de metas. Isso inclui todo o pessoal, do CEO (que pode fixar metas solicitando a opinião do Conselho de Administração), ao participante mais novo da equipe de limpeza. Na

QUADRO 5.1 ESBOÇO DOS PASSOS NO PROCESSO APO

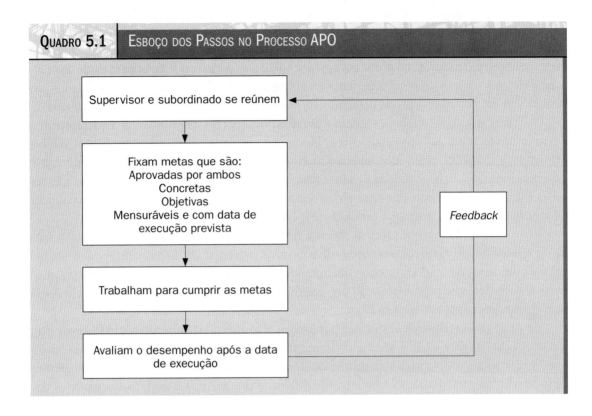

prática, entretanto, os gerentes de nível médio e os supervisores de primeira linha envolvem-se mais comumente em tais sistemas.

Os proponentes de sistema APO também acreditam que os supervisores precisam assumir um papel especial no processo de fixação de metas. Eles devem se considerar como técnicos ou conselheiros cujo papel consiste em auxiliar seus subordinados a cumprir as metas. Esse papel estende-se para além de meramente ajudar na identificação e remoção de obstáculos (por exemplo, usando influência pessoal para acelerar as entregas de um outro departamento). Ele também implica que o supervisor atuará como mentor – alguém a quem os subordinados podem expor seus problemas relacionados ao trabalho e supor que serão tratados com respeito e apoio.

O sistema APO produz resultados?

Pesquisas em organizações como Black and Decker, Wells Fargo e General Electric demonstraram que, no conjunto, os programas APO podem ter sucesso.[10] Em virtude do APO se valer dos princípios estabelecidos para fixação de metas, ele tem grande potencial para melhorar o desempenho. As limitações do mundo real, no entanto, reduzem, algumas vezes, o impacto positivo do sistema.

Um obstáculo importante para o sucesso de um programa APO pode ser a falta de apoio dos executivos do alto escalão. Se pessoas importantes da organização, especialmente o presidente e os vice-presidentes, não endossarem efetivamente a APO, sua falta de apoio, provavelmente, será percebida e terá uma resposta correspondente dos níveis inferiores. O resultado final será uma falta de entusiasmo clara pelo programa.

Também podem surgir problemas se os gerentes não estiverem interessados na participação de seus subordinados no processo de fixação de metas. Alguns preferem manter uma postura superior e de avaliação, não se sentindo à vontade com a posição de orientador ou conselheiro.

Conflitos de personalidade entre superiores e subordinados representam um outro problema potencial para os sistemas de fixação de metas, de modo idêntico à competitividade. Um superior que se julga ameaçado por subordinados talentosos pouco pode fazer para ajudá-los a alcançar maior sucesso e, conseqüentemente, maior visibilidade. Além disso, os subordinados podem hesitar em estabelecer metas desafiadoras, por medo do fracasso e de suas conseqüências.

Os sistemas APO também tendem a enfatizar os aspectos quantificáveis do desempenho e não levar em conta os mais qualitativos. Isso é compreensível, pois, os participantes são incentivados a se concentrarem nos aspectos mensuráveis do desempenho. Aspectos qualitativos, que, muitas vezes, são mais difíceis de identificar e medir, poderão ser negligenciados ou não receber ênfase. De que modo, por exemplo, a qualidade do serviço que uma organização oferece ou a imagem de que desfruta na comunidade local consegue ser definida e medida?

Em virtude de o sucesso de um sistema APO depender, consideravelmente, da qualidade do relacionamento entre superiores e subordinados, o grau de confiança e de apoio existente em uma unidade de trabalho constitui uma preocupação básica. Para um sistema APO ser muito bem-sucedido, esses elementos são pré-requisitos críticos. A ausência de confiança e apoio restringe severamente sua eficácia.*

Apesar desses diversos obstáculos potenciais, o histórico da aplicação da APO tem sido razoavelmente bom. Em uma análise da literatura referente ao assunto, foram examinados 70 estudos que incluíam avaliações quantitativas dos programas APO. Foram constatados ganhos de produtividade em 68 deles. O aumento da produtividade média foi de 47%, enquanto os dados de custos mostraram uma economia média de 26%. Foi indicado também que o comparecimento dos empregados ao trabalho melhorou 24%. Pesquisas de acompanhamento do nível de apoio do primeiro escalão revelaram que a produtividade aumentou 57% quando ele era elevado, 33% no caso de ser médio e somente 6% quando reduzido.[11]

A APO passou por diversas fases desde sua introdução. Inicialmente, foi saudada com muito entusiasmo por gerentes e estudiosos de administração. Hoje, é vista de modo mais objetivo pelos estudiosos e adeptos, como uma ferramenta que, como qualquer outra, consegue ser mais eficaz sob condições favoráveis específicas. Tornou-se um tanto desatualizado sequer mencionar o acrônimo APO. Na verdade, os princípios e as filosofias da APO tornaram-se tão carregados de emoção, na cabeça dos gerentes, que uma organização, não raro, introduz o sistema sob designação diferente. Uma organização pode, por exemplo, estabelecer um programa denominado *Set Targets and Reach Them* (Start) (Fixe Alvos e os Atinja) ou *Goal Acceptance Program* (GAP) (Programa de Aceitação de Metas). A mecânica de tais programas apresenta possibilidade de apoiar-se considerável, ou mesmo integralmente, na abordagem da APO. Em resumo, a tendência é dar nova configuração a um esquema anterior, conhecendo que a fixação mútua de metas não constitui uma panacéia para todos os problemas organizacionais em todas as circunstâncias possíveis.

Expectativas

Uma das maneiras mais sutis de influenciar o desempenho dos colaboradores é a expectativa.[12] As pessoas informam suas expectativas de desempenho de modo verbal e não-verbal. Freqüentemente, deixamos transparecer que aprovamos ou desaprovamos a conduta de outra pessoa.

---

* Esse aspecto permite a observação paradoxal de que os sistemas APO dão melhor resultado nas situações em que são menos necessários, isto é, onde já existem boas relações entre supervisor e subordinados, e dão menos resultado naquelas em que são necessários mais desesperadamente (onde existem divisão e conflito)!

Esse método para influenciar o desempenho dos colaboradores, muitas vezes, é empregado sem intenção, pois poucos entre nós tentam influenciar conscientemente outras pessoas utilizando nossas expectativas reveladas. O uso de expectativas, entretanto, está recebendo reconhecimento crescente no campo do comportamento organizacional, como uma força positiva para influenciar os esforços e o desempenho dos colaboradores.

O poder das profecias de autodesempenho (PAD)

Talvez os exemplos mais claros do poder das expectativas possam ser observados na receptividade das crianças com relação a pais e professores. Todos nós vimos crianças conhecidas como "diabinhos" ou "alunos brilhantes" se comportarem exatamente conforme o esperado. Pode-se afirmar, de modo mais geral, que um indivíduo, muitas vezes, responde às expectativas de uma maneira que apóia as crenças da pessoa que transmite as indicações.

Robert Rosenthal, da Harvard University, é o principal pesquisador do poder das expectativas. Em uma pesquisa, Rosenthal e Jacobson estudaram a influência das expectativas que os professores tinham sobre os alunos.[13] No início do ano letivo, os alunos eram submetidos a um teste de aptidão acadêmica. Os pesquisadores proporcionavam aos professores, em seguida, um *feedback* falso, identificando 20% das crianças como passíveis de excelente desempenho durante o ano. Na verdade, esses prováveis "alunos brilhantes" haviam sido selecionados por um processo aleatório. No encerramento do ano letivo, todos foram testados novamente. Os resultados mostravam que os considerados brilhantes realmente se destacaram, conforme provado por uma elevação significativa do QI, em comparação com os colegas de classe. Como as expectativas dos professores foram o único aspecto manipulado deliberadamente nesse estudo, os pesquisadores concluíram que as variações do desempenho dos alunos se deveram, em grande parte, a diferenças qualitativas na maneira como os professores se relacionavam com cada um deles.

No relatório desse estudo, intitulado "Pigmalião na Sala de Aula", Rosenthal e Jacobson argumentaram que os professores transmitiram a cada aluno mensagens do sucesso e do fracasso esperados.* Os alunos, por sua vez, responderam fazendo jus às expectativas. O professor, em essência, externava uma profecia, ou expectativa, para o aluno, e cada um deles passava a comportar-se para torná-la realidade. Esse processo é denominado **profecia de autodesempenho (PAD)**.

A relevância do fenômeno PAD para as organizações é imediata. Colaboradores, como todas as pessoas, desejam receber aprovação dos superiores. Os supervisores transmitem, em certo grau, indicações ou expectativas de que um indivíduo possui potencial para ter sucesso ou, alternativamente, nunca o alcançará. Os colaboradores, normalmente, respondem em seguida, adaptando-se à expectativa comunicada. Um empregado que recebe comunicações positivas aparentemente não consegue errar, enquanto um que recebe comunicações negativas quase nunca consegue fazer algo certo. Um empregado, quando defrontado com expectativas negativas, pode fracassar por causa do receio de ser avaliado de modo severo por um supervisor. Essa obsessão distancia o indivíduo de um bom desempenho e o incentiva a interpretar situações ambíguas sob uma perspectiva mais negativa.

Em um estudo similar ao de Rosenthal e Jacobson, King investigou o desempenho de um grupo de homens desempregados resistentes a mudanças, inscritos em um curso de solda.[14] Ele aplicou, inicialmente, um teste de aptidão mecânica. Os supervisores da sala de aula receberam

---

* Pigmalião é um personagem da mitologia grega a quem se atribui haver esculpido a estátua de pedra de uma donzela encantadora. Em virtude de ter se apaixonado pela estátua e desejado ardentemente que fosse um ser vivo, os deuses tiveram piedade dele e deram vida à estátua, realizando suas aspirações.

em seguida *feedbacks* falsos sobre o desempenho dos alunos no teste, sendo que alguns foram considerados arbitrariamente como de "grande aptidão". De modo idêntico ao estudo Pigmalião, a única diferença real residia na mente dos observadores. No final do curso, os homens foram submetidos a um teste abrangente de conhecimentos sobre solda. Os que foram considerados muito aptos realmente obtiveram melhor resultado. Além disso, essas mesmas pessoas faltaram menos durante o curso e completaram muitos dos exercícios antes de seus pares. Uma pesquisa confidencial feita com os homens a respeito da popularidade dos colegas de classe revelou que os de "grande aptidão" eram os mais populares (isto é, foram considerados "os preferidos como companhia").

Um estudo mais controlado do fenômeno PAD foi divulgado por Eden e Shani, em um estudo intitulado "Pigmalião vai ao Campo de Treinamento Militar".[15] No estudo, Eden e Shani designaram aleatoriamente soldados do Exército israelense como tendo "grande potencial para comando". Eles foram colocados, então, sob a responsabilidade de vários instrutores, familiarizados com seu suposto potencial. Embora os soldados tivessem instrutores diferentes, os resultados foram muito parecidos: os que haviam sido considerados, aleatoriamente, como possuidores de grande potencial apresentaram desempenho superior durante o treinamento, em comparação com os outros.

Com base nesses exemplos, torna-se claro que o fenômeno PAD não é limitado a crianças pequenas ou a animais.* Outros exemplos também podem ser citados. A corrida a um banco, ao qual os depositantes dirigem-se e exigem seu dinheiro, constitui uma ilustração clássica de expectativa de autodesempenho. Os depositantes reagem coletivamente quando ouvem um rumor de insolvência e, portanto, convertem o rumor em realidade. A taxa de inflação nacional é, em certa extensão, devida parcialmente a uma PAD. Considere uma situação em que os negociadores salariais de um sindicato preveem que a inflação, no próximo ano, será de aproximadamente 2%. Com essa expectativa, eles vão se sentir obrigados a requerer um aumento de, pelo menos, 2%, a fim de repor a inflação. As indústrias, por sua vez, constatam que o custo de mão-de-obra se eleva, pelo menos 2%, por causa da exigência dos trabalhadores, e aumentam os preços de modo correspondente. Portanto, a expectativa de que o custo de tudo subirá, pelo menos, 2% no próximo ano ajuda a criar uma situação em que a profecia se concretiza.

Gerenciamento construtivo das PAD

Com frequência, somos participantes involuntários das profecias de autodesempenho, seja na condição de agente (emissor de comunicações) ou beneficiário/vítima (receptor de comunicações). Os efeitos desse processo de influência podem ser substanciais nas organizações. Em vez de lamentar as armadilhas das PADs, talvez seja melhor pensar a respeito de como podemos controlar esse processo para obter resultados positivos. Em virtude de não podermos evitar a influência recíproca das ações, é importante considerar como podemos usar a PAD para incentivar o desempenho de todos os membros da organização.

---

* A título de exemplo o modo pelo qual seres humanos e animais comunicam expectativas, considere como um cachorro, em geral, reage quando transmitimos indicações de receio *versus* confiança: o receio provoca tipicamente uma resposta agressiva, ao passo que confiança e tranquilidade criam aceitação. Em uma ilustração marcante do potencial para comunicação sutil entre humanos e animais, Rosenthal e Fode disseram aos alunos da faculdade que determinados ratos de laboratório, solicitados a treinar em labirintos, eram "inteligentes" (alegadamente com base no desempenho passado no labirinto) ou "estúpidos".[16] Os ratos "inteligentes", na realidade, desempenharam melhor que os ratos "estúpidos", quando os alunos realmente os treinaram para percorrer um labirinto. Os alunos, sem saber, lidaram com os ratos de um modo que transmitiu expectativas de desempenho positivas ou negativas. Os ratos foram capazes de perceber e reagir às orientações.

Uma consideração importante ao adotar a PAD para fins construtivos consiste em sermos mais sensíveis ao modo como as outras pessoas nos percebem. Isso significa afirmar que devemos nos empenhar para ter mais consciência de como aspectos sutis do comportamento e do discurso comunicam nossos pensamentos a outras pessoas. Fatores de pequena monta, como quantidade de contato visual, tom de voz, modo de se expressar, podem fazer revelações consideráveis sobre como realmente somos. Portanto, precisamos prestar maior atenção ao controle de nossas ações, a fim de comunicar expectativas positivas a todos.

Muitas vezes, os gerentes acreditam honestamente que tratam todos os subordinados da mesma forma, no entanto transmitem vieses pessoais. Os colaboradores raramente consideram que seus supervisores tratam todos os subordinados do mesmo modo. Alegam, mais comumente, que alguns pertencem ao círculo íntimo do chefe, enquanto outros são vistos como estranhos.

Os gerentes também podem usar a PAD para promover a motivação. Uma técnica para agir desse modo consiste em demonstrar entusiasmo pela missão da unidade de trabalho. Tal entusiasmo, geralmente, será contagioso e se disseminará entre os subordinados. Um ânimo contagiante que focalize a realização de uma tarefa também desvia a atenção das preocupações interpessoais em relação ao que agrada ou desagrada.

As PADs também podem desempenhar um papel quando os esquemas de avaliação do desempenho apóiam-se excessivamente em apreciações subjetivas. Em tais casos, pode ser introduzido o viés pessoal. Uma salvaguarda comum contra esse problema potencial consiste no uso de índices de desempenho mais objetivos. Valor das vendas ou de dispositivos mecânicos produzidos por dia oferecem medidas de desempenho com menor viés. Mesmo a percepção de tais índices objetivos aparentemente simples, entretanto, pode ser influenciada, algumas vezes, por expectativas anteriores consideráveis.

Em resumo, nossas expectativas influenciam a percepção e o comportamento das outras pessoas. É essencial, para maximizar o desempenho de todo subordinado, que os gerentes dediquem mais atenção às expectativas anteriores do colaborador e à transmissão delas. Isso não significa defender a manipulação de outros transmitindo indicações enganosas. Consiste, antes, em incentivar as pessoas a revelar o que possuem de melhor, oferecendo-lhes apoio e otimismo. O princípio de usar expectativas visando maximizar o desempenho pode ser resumido da seguinte forma: "Não trate os demais do modo como você julga que eles são – trate-os como se já fossem aquilo que você espera que se tornarão".

Empoderamento dos colaboradores

Além dos sistemas de reconhecimento, da fixação de metas e do gerenciamento das expectativas, a motivação dos colaboradores pode ser intensificada com o aumento do senso de autocontrole no trabalho. Essa noção denomina-se, algumas vezes, *envolvimento do colaborador* ou *participação do colaborador*. Uma expressão mais ampla, no entanto, que abrange algumas técnicas específicas, é o **empoderamento do colaborador**. Consiste em um conjunto de técnicas motivacionais, criadas para melhorar o desempenho do empregado, por meio de maiores níveis de participação e autodeterminação. Uma característica importante do empoderamento do colaborador é a junção deliberada das metas organizacionais e individuais. Examinamos, nesta seção, três técnicas específicas: redefinição das funções, círculos de qualidade e equipes de trabalho autodirigidas. A redefinição das funções concentra-se tradicionalmente na maior produtividade individual, ao passo que os círculos de qualidade e as equipes de trabalho autodirigidas focalizam mais o grupo.

Redefinição das funções

Parte da riqueza material de nossa cultura se origina da aplicação do princípio da divisão do trabalho. A divisão foi reconhecida como um fator importante para o aumento da produtividade durante a Revolução Industrial, quando a mecanização e o desmembramento das funções começaram a surgir mais marcadamente. Embora Adam Smith, em seu livro *Uma Investigação sobre a Natureza e as Causas da Riqueza das Nações*, identificasse a divisão do trabalho como um fator importante para aumentar a produtividade, ele também indicou que essa divisão tinha potencial para "corromper" o trabalhador por meio da repetição e do tédio.[17] Karl Marx também observou que a tendência para a industrialização no Ocidente estava criando um conjunto de circunstâncias abaixo do ideal para os trabalhadores. Como solução, defendeu a derrubada do sistema capitalista e a criação de um Estado no qual as fábricas e os produtos fossem de propriedade coletiva dos trabalhadores.*

Apesar dessas preocupações, a especialização das funções e uma maior divisão do trabalho tiveram continuidade. Os ganhos de produtividade resultaram do menor tempo despendido na alteração de tarefas, da diminuição do tempo de treinamento dos empregados e do aumento da destreza graças à repetição. Os trabalhadores também foram menos capazes de alegar que as tarefas envolviam aptidões importantes e, portanto, com menos condições para exigir salários maiores. As primeiras décadas do século XX testemunharam um impulso contínuo para simplificar as funções, ajudando a incentivar a tendência.**

Mais recentemente, os estudiosos de administração reconheceram que a simplificação das funções pode melhorar a produtividade até certo ponto. A partir daí, no entanto, pode surgir a insatisfação dos trabalhadores. Eles podem se tornar hostis à tarefa e ao empregador e, conseqüentemente, reduzir os esforços ou aumentar os custos de mão-de-obra, por meio de absenteísmo ou rotatividade. O desafio, da maneira como muitos gerentes o encaram, consiste em determinar o nível ideal de simplificação, que maximize a produtividade sem provocar descontentamento. Na prática, a maioria dos gerentes tem demonstrado maior propensão para concentrar-se no aumento da produtividade, embora isso tenha um custo para a satisfação dos colaboradores. Na verdade, deve-se evitar um nível de descontentamento dos empregados que arrisque causar uma greve sem a aprovação do sindicato ou uma insubordinação séria. Podem ocorrer, porém, níveis abaixo desse extremo, a fim de aumentar a produção a curto prazo.

As condições de trabalho, por numerosas razões, continuam a melhorar. Desde o surgimento de um movimento trabalhista organizado, os dirigentes raramente se valeram da aceleração do trabalho – tática pela qual a duração do tempo em uma linha de montagem é aumentado drasticamente durante um período de tempo reduzido. Os trabalhadores (especialmente os mais jovens e com melhor nível educacional) também encontram maior probabilidade de expressar um desejo por funções mais desafiadoras. Devido a tendências mais amplas da sociedade, relativas ao respeito aos direitos e liberdades individuais, um movimento visando ao enriquecimen-

---

* Uma outra solução foi oferecida por um excêntrico, Ned Lud, que receava que a Revolução Industrial eliminasse os meios de subsistência para muitos camponeses. Lud e seus adeptos posteriores, denominados ludistas, destruíam propositalmente máquinas agrícolas e de fiação, no início do século XIX, sem compreender que, na realidade, a Revolução Industrial ajudou a criar um grande número de empregos.

** Uma das funções mais monótonas e repetitivas com a qual estou familiarizado é a de fechar frascos em uma fábrica de perfumes. O trabalho consiste em colocar pequenas tampas nos frascos de perfume durante oito horas por dia. Essas trabalhadoras não podem sair de seu local de trabalho, a não ser que uma outra a substitua. Igualmente, se uma colaboradora estiver ficando sem as tampas, constitui responsabilidade única de uma outra pessoa assegurar que o depósito seja ressuprido. Para fins de registro, a carreira industrial mais longa documentada em uma única função foi a de Polly Gadsby, que começou a trabalhar com 9 anos e embalou tecidos elásticos para a mesma empresa até sua morte, aos 95 anos.

Visão Interior

A programação flexível ajuda os trabalhadores com falta de tempo

Um estudo recente do Families and Work Institute (FWI) mostrou que 67% dos pais empregados afirmam não ter tempo suficiente para passar com o cônjuge (em comparação a 50% em 1992) e 55% revelam não ter tempo sequer para si mesmos. Os resultados dessa instituição sem fins lucrativos, sediada em Nova York, descrevem uma tendência prevalecente no local de trabalho e danosa para a moral dos empregados, a ponto de uma nova expressão ter sido inventada para expressá-la: "fome de tempo".

Dificilmente causa surpresa que existiria uma correlação acentuada entre mais horas no trabalho e impacto negativo na vida familiar. Quanto maior o número de horas trabalhadas, menor o tempo disponível para atividades com as crianças ou outras iniciativas importantes. Felizmente, o estudo do FWI também revela que os empregadores reconhecem o problema e estão criando diversas políticas para conceder alívio aos colaboradores premidos pelo tempo. Dos 3.500 trabalhadores pesquisados, 43% afirmam que agora podem fixar seu horário de entrada e de saída (em comparação a 29% em 1992). O maior número de políticas de programação flexível reflete um desejo, por parte das empresas, de tentar diversos métodos de redefinição dos cargos e aumentar a satisfação dos empregados no trabalho.

A programação flexível pode assumir diversas formas: turnos diferentes, uma semana de trabalho de quatro dias, duas pessoas partilhando o mesmo cargo, e outras configurações da programação. O horário flexível é considerado um dos benefícios mais comuns voltados à família que as organizações oferecem aos empregados e está se tornando uma prioridade para pais, trabalhadores da nova geração e pessoas que cuidam de parentes idosos. A opção flexível é muito apreciada entre os benefícios considerados mais importantes para a satisfação integral no trabalho, e por um bom motivo: ela permite aos trabalhadores manter um equilíbrio saudável entre as responsabilidades do trabalho e da vida.

Os empregadores consideram a programação flexível uma boa ferramenta para o recrutamento e uma maneira econômica para melhorar o moral e a retenção dos colaboradores. Esses programas, entretanto, precisam ser bem gerenciados para que beneficiem todas as partes. Conceder autorização para mudanças na programação em base arbitrária poderia tornar ressentidos alguns empregados. Além disso, o benefício para o empregador torna-se sem clareza se a política for orientada meramente em um sentido, ajudando somente o colaborador. Sue Shellenbarger, que escreve a coluna "Trabalho e Família" do *The Wall Street Journal*, afirma que, se os empregados seguirem algumas diretrizes básicas, poderão elaborar uma política bem estruturada, que seja justa para todos e apropriada às necessidades da organização:

Vincular a flexibilidade às necessidades da empresa. Em virtude de as programações flexíveis terem de beneficiar os colaboradores e a empresa, os empregados devem apresentar opções de flexibilidade como um meio para atingir as metas organizacionais.

Tornar a programação flexível mais amplamente disponível. Franquear a política ao maior número de interessados protege a companhia de acusações de favoritismo, diminuindo, dessa forma, o ciúme e o ressentimento.

Criar um sistema para examinar as solicitações. Um processo formal de solicitações que adote critérios padronizados de aprovação facilita o trabalho de cada gerente.

Tornar os empregados responsáveis pelo sucesso do programa. Os colaboradores que devem prever conflitos de programação e encontrar soluções para as mudanças de programação propostas têm maior probabilidade de fazer com que o programa beneficie a todos.

Fonte: Kleiman, C. "Flextime loses some muscle, but consulting gains", *Chicago Tribune*, 29 jun. 2004; Shellenbarger, S. "Flexible Scheduling Works Best if it Serves Both Boss and Worker", *The Wall Street Journal*, 17 jan. 2001.

to ou à humanização do trabalho está ganhando força. Ele representa algo similar à oscilação do retorno de um pêndulo.[18] Durante muitos séculos, prevaleceu o trabalho dos artesões (que realizam tarefas pouco simplificadas). Então, a tendência voltou-se para o trabalho mais simplificado e, atualmente, parece estar retornando a isso (embora a era do artesão possa não voltar plenamente). O mundo do trabalho, em certo sentido, tem passado por um período de desumanização. A tendência, mais recentemente, é no sentido da *reumanização* do trabalho.

Métodos de redefinição das funções

A primeira tentativa séria para o afastamento dos princípios da simplificação das funções teve lugar na década de 1950. Esse método, denominado **ampliação do cargo**, envolve uma maior variedade das atividades do colaborador. Um cargo é ampliado, em essência, para incluir elementos adicionais, sem realmente alterar seu conteúdo. Um trabalhador, por exemplo, pode soldar os cabos vermelhos e os pretos. A ampliação do cargo, como um todo, tende a aumentar a satisfação do empregado e a qualidade da produção. A quantidade da produção, no entanto, não aparenta ser clara ou diretamente afetada.

Rotatividade de cargos é uma noção relacionada à área de redefinição das funções. A tarefa permanece a mesma, porém, o pessoal que a executa é mudado sistematicamente. Muitas organizações usam a rotatividade de cargos como dispositivo de treinamento, para melhorar a flexibilidade dos trabalhadores. Além disso, ela pode ser o único meio disponível para introduzir variação nas funções que não podem ser redefinidas, para torná-las mais significativas ou desafiadoras.

Fred Herzberg foi uma das primeiras pessoas a fazer uma observação importante sobre as iniciativas de redefinição das funções.[19] Ele notou que muitos esforços nesse sentido tinham como foco alterar a variedade das atividades, sem mudar seu conteúdo. As novas configurações também não permitiam aos trabalhadores exercer controle sobre seus cargos. Muitas vezes, o empenho seguia o ritmo do processo na linha de montagem, em vez de seguir o próprio. Herzberg afirmou que autonomia e auto-regulação são causas importantes de mudanças positivas no comportamento do trabalhador. Ele também julgou que as iniciativas de redefinição do cargo devem ter como foco atribuir aos colaboradores maior responsabilidade pela tomada de decisões, em vez de meramente aumentar o número de tarefas executadas. Portanto, pode ser feita uma distinção entre ampliação vertical e horizontal de um cargo. A ampliação vertical representa **enriquecimento do cargo**; a horizontal, ampliação do cargo. Os fatores específicos do cargo que têm potencial para enriquecer o trabalho se originam da lista de motivadores que Herzberg propôs em sua teoria de dois fatores da motivação do trabalho (veja o Capítulo 4).

Os estudos dos processos de enriquecimento do cargo tenderam a ser histórias de sucesso. Um dos exemplos mais difundidos ocorreu na Volvo, nas fábricas de Kalmar e Uddevalla, na Suécia. O programa substituiu o método de produção convencional baseado em linha de montagem por um sistema de controle do processo mais centrado nos empregados. O sistema de montagem se baseou em troles controlados por computador, que transportavam automóveis parcialmente montados pela fábrica. Relatos dessa experiência e de outros programas (como os adotados por Texas Instruments, General Foods e Polaroid), entretanto, tenderam a ser informais e pouco rigorosos; portanto, é difícil fazer uma avaliação conclusiva das iniciativas relacionadas ao valor do enriquecimento do cargo.[20] Igualmente, as fábricas da Volvo em Kalmar e Uddevalla foram, no final, fechadas, por causa do grande número de faltas e da baixa produtividade (apesar da grande satisfação dos trabalhadores e da qualidade elevada do produto). A Volvo, ainda mais recentemente, vendeu para a Ford sua divisão de carros de passageiros.

Naquilo que pode ser considerado como ataque ao movimento de enriquecimento do cargo, argumentou-se que nem todos estão interessados em uma função enriquecida.[21] Essa posição foi expressa com diversas variações.[22] A mais moderada afirma que somente certas pessoas desejam um trabalho enriquecido, enquanto outras preferem, na realidade, estar livres dos problemas resultantes de um cargo sem desafios. De modo similar, alguns alegam que os obstáculos elevados criados pelo trabalho rotineiro oferecem um certo grau de isolamento e segurança em relação a ambientes próximos potencialmente ameaçadores.

Embora a consideração das diferenças individuais pareça ser razoável intuitivamente e se consiga imaginar com facilidade situações nas quais indivíduos específicos possam preferir um trabalho sem desafios, os resultados de uma amostra nacional indicam que a magnitude das diferenças entre os trabalhadores não é considerável.[23] Esses dados indicam que a grande maioria das pessoas reage positivamente a funções de qualidade crescente – isto é, maior desafio, autonomia e responsabilidade –, mas que a intensidade desse desejo é maior em alguns segmentos da população. Portanto, parece que os trabalhadores raramente expressam reações negativas aos aumentos da qualidade das funções.[24]

Teoria das características do cargo: J. Richard Hackman e Greg Oldham propuseram uma teoria abrangente, que tenta explicar como as várias dimensões do cargo afetam o comportamento do colaborador.[25] A **teoria das características do cargo** desses pesquisadores também explica a possível influência das diferenças individuais na busca por um trabalho enriquecido. Hackman e Oldham detêm o crédito de estabelecer empiricamente a precisão de seu modelo e criar medidas dos principais conceitos.

Os principais componentes do modelo que propuseram e os elos entre eles encontram-se indicados no Quadro 5.2. Segundo ele, alguns resultados do trabalho, como a intenção de desempenhar bem (isto é, motivação interna elevada) e a satisfação, são influenciadas pela experiência de três estados psicológicos cruciais: valor significativo do trabalho, responsabilidade assumida e conhecimento dos resultados das funções. Eles são todos "críticos", no sentido de

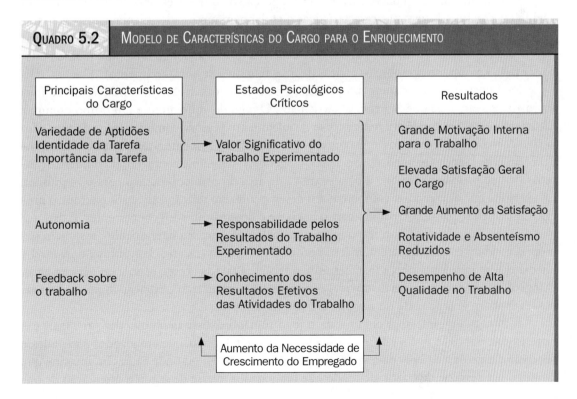

QUADRO 5.2 — MODELO DE CARACTERÍSTICAS DO CARGO PARA O ENRIQUECIMENTO

que a ausência de qualquer um deles não promoverá os resultados desejados. Especificamente, um senso de valor significativo do trabalho é ressaltado pela presença dos seguintes elementos:

1. *variedade de aptidões* ou extensão em que um cargo exige que deveres diferentes sejam cumpridos, envolvendo algumas aptidões distintas;
2. *identidade das tarefas* ou grau em que se permite a uma pessoa completar uma parte identificável do trabalho ou um "todo", do início ao fim;
3. *importância das tarefas* ou extensão em que um cargo afeta a vida de outras pessoas, isto é, o cargo representa algum valor para outras pessoas na organização ou no mundo?

A responsabilidade aumenta pela presença dos seguintes elementos:

4. *autonomia* ou extensão em que um cargo oferece independência e autodeterminação para a programação de trabalho e o desempenho de tarefas relacionadas;
5. *feedback do cargo* ou grau em que a conduta proporciona informações claras e diretas sobre a eficácia do desempenho do trabalhador.

Hackman e Oldham, para avaliar o grau de enriquecimento, elaboraram uma série de perguntas que determinam a extensão em que um trabalhador encara seu cargo como possuidor de cada uma das cinco características do quadro. As respostas à **pesquisa do conteúdo do cargo** podem, então, ser combinadas de acordo com uma fórmula para avaliar seu potencial total para motivar uma pessoa. O Índice de Motivação Potencial (IMP) é dado por:

$$\text{Índice de Motivação Potencial (IMP)} = \left(\frac{\text{Variedade de Aptidões} + \text{Identidade das Tarefas} + \text{Importância das Tarefas}}{3} \right) \times \text{Autonomia} \times \textit{Feedback}$$

Em virtude de a fórmula envolver a multiplicação de termos, ela indica que um valor reduzido ou próximo de zero das características que definem um estado psicológico crítico também conduzirá a um valor próximo de zero do IMP. A fórmula IMP é particularmente útil na comparação de cargos distintos e para avaliar a mesma função ao longo do tempo (como poderia ser feito em um estudo sobre os efeitos de uma tentativa de enriquecimento).

Para ilustrar a importância das principais características do cargo, considere quase toda atividade recreativa de que as pessoas participam. O jogo de golfe oferece um ótimo exemplo. Ele envolve diversas aptidões e requer o uso de julgamento pessoal, como a escolha do taco. Um jogador percorre toda a extensão do terreno em oposição a somente uma parte. O jogo também tem uma espécie de importância, pois os jogadores mantêm a contagem do número de tacadas de que precisam para que a bola se mova da área do primeiro buraco para os seguintes. Isso permite que os jogadores comparem seu desempenho em relação a diversos padrões: o próprio desempenho passado, o padrão para o buraco e o desempenho dos concorrentes. Existe autonomia, pois os jogadores são responsáveis pessoalmente por seu desempenho; assumem sua própria conduta e, conseqüentemente, seu próprio sucesso ou fracasso. Por último, o *feedback* é imediato. Um jogador conhece instantaneamente se sua tacada acerta, resvala ou pára na areia. O jogo de golfe, sem margem de dúvida, é fortemente "enriquecido", explicando por que tantas pessoas passam grande parte de suas horas livres no campo.

É interessante imaginar como seria o jogo se não existisse nenhuma das principais características. Suponha que o retorno fosse eliminado de tal modo, que um jogador não pudesse observar a trajetória da bola para ver a distância que percorreu ou onde caiu. Ou, imagine que a autonomia deixasse de existir, de modo que um jogador tivesse de seguir a orientação de outra pessoa sobre como dar cada tacada. Em ambos os casos, desapareceria grande parte do interesse pelo jogo. Se deixássemos de fazer a contagem do número de tacadas (ou de avaliação do desempenho) e simplesmente lançássemos a bola em torno do campo, também tornaríamos o jogo menos significativo. Em resumo, a eliminação de qualquer dos estados psicológicos críticos diminuiria a experiência de enriquecimento e tenderia a fazer com que as atividades se assemelhassem mais a "trabalho" (no sentido mais negativo do termo).*

Para completar nossa discussão do modelo das características do cargo, precisamos levar em conta um componente adicional: a intensidade do desejo de um empregado pela experiência de crescimento pessoal no contexto do trabalho. Evidentemente, nem todos respondem de modo positivo ao trabalho desafiador. Algumas pessoas preferem receber tarefas muito bem definidas e que ofereçam pouco desafio. Uma tentativa para enriquecer as funções de tais pessoas pode ser inútil. Hackman e Oldham, reconhecendo esse fato, incorporam em seu modelo a noção de diferenças individuais. O **grau de necessidade de crescimento manifestado por um colaborador** faz parte da experiência de enriquecimento sob dois aspectos: (1) influencia a experiência de estados psicológicos em reação às características do cargo (isto é, os indivíduos com maior grau de necessidade de crescimento tendem a vivenciar os estados mais plenamente) e (2) influencia o relacionamento entre estados psicológicos e resultados obtidos pelo trabalhador (isto é, as pessoas com maior grau de necessidade de crescimento tendem a apresentar resultados mais positivos em resposta aos estados psicológicos). Em resumo, segundo o modelo de características do cargo, o processo de enriquecimento somente terá sucesso com pessoas predispostas a se beneficiar da experiência de enriquecimento.

Provas da validade de modelo das características do cargo: O modelo foi testado extensivamente em diversos cenários. De modo geral, os resultados confirmam suas previsões.[26] O modelo prevê muito bem a motivação interior do trabalho e a satisfação no cargo e não tão bem o absenteísmo. Prever o desempenho provou ser mais problemático. O aumento da qualidade é um tanto mais certo, ao passo que o da quantidade não é muito confiável. Parece que, quanto mais uma pessoa se move das variáveis psicológicas para o comportamento no cargo, o modelo apresenta menos sucesso como previsor.

Outros métodos de redefinição das funções: Além do enriquecimento, três outras técnicas de redefinição do trabalho também estão crescendo em aceitação: horário flexível, semana de trabalho alterada e teletrabalho.

Horário flexível refere-se a uma programação das tarefas que permite aos colaboradores alguma liberdade para determinar o horário de trabalho. O empregador especifica, com maior freqüência, um período de tempo, durante o dia, quando todos os empregados precisam estar presentes – o horário básico. Os colaboradores podem programar, então, o restante de suas horas de trabalho de acordo com suas preferências. Na maioria dos casos, o primeiro horário de entrada e o último horário de saída são fixados, do mesmo modo que o número total de horas que um empregado precisa trabalhar toda semana. Muitos planos de horário flexível também limitam o horário de almoço a um máximo de duas horas. Levando em conta essas limitações, porém, os colaboradores são livres para selecionar os horários de entrada e saída a cada dia. Na verdade, o horário flexível não redefine as tarefas efetivas dos colaboradores, mas oferece uma maneira para equilibrar trabalho e vida familiar.

As pesquisas sobre essa opção, geralmente, tiveram resultados positivos. Mostram, por exemplo, que o absenteísmo e a rotatividade diminuem, ao passo que o desempenho aumenta

---

* Uma outra boa ilustração é oferecida pelos *videogames*. Em termos objetivos, a atividade envolvida nesses jogos, muitas vezes, é grandemente repetitiva. O senso de *feedback*, de autonomia pessoal e de valor significativo produzido por uma forma de avaliação, no entanto, proporcionam um forte apelo intrínseco, que pode levar a um envolvimento próximo do vício.

após a introdução desse horário.[27] Também foram indicados, em um estudo, aumentos significativos de produtividade.[28] Outros experimentos também acusaram a tendência para obtenção de efeitos positivos, especialmente redução do absenteísmo e da rotatividade.[29] Além disso, a margem para alguma flexibilidade programada tem crescido nos Estados Unidos ao longo da última década, resultando que 25 milhões de empregados (27,6% dos trabalhadores em período integral) mantinham programações que permitiam variação dos horários de entrada e saída.

Os planos da **semana de trabalho alterada** tentam criar alternativas para as oito horas de trabalho por dia durante cinco dias, que prevalecem atualmente. O esquema mais comumente adotado é a semana de quatro dias de trabalho, dez horas por dia, ou esquema 4-40. Em virtude de o restante do mundo de negócios continuar adotando a semana de cinco dias (e, portanto, esperar se comunicar e despachar mercadorias nesse período), muitas organizações que estavam ensaiando nessa área tiveram de escalonar seus planos de quatro dias, de modo que parte da companhia esteja operando em qualquer dia útil.

O impacto da programação 4-40 tem sido variado. Embora os empregados possam beneficiar-se de períodos mais longos de lazer ininterrupto e menos idas e vindas ao trabalho, apresentam maior probabilidade de se cansar, por trabalhar em turnos mais longos. O absenteísmo, entretanto, reduz-se, muitas vezes, por causa do custo potencialmente mais alto que um dia de trabalho perdido representa para cada colaborador. Provas informais dos ganhos de produtividade dos programas 4-40, segundo pesquisas baseadas em opiniões dos gerentes, tenderam a ser positivas.[30] Outras constatações, porém, indicam que, embora desempenho e satisfação tivessem aumentado após a introdução de um esquema 4-40, ambos os parâmetros retornaram aos níveis iniciais após cerca de dois anos.[31] Uma outra pesquisa mostrou que algumas companhias que tentaram o esquema estão retornando à semana de trabalho tradicional.[32] Apesar dessas diversas descobertas, muitos previsores sociais ainda estimam que uma semana de trabalho 4-40 resida em nosso futuro. O pensamento corrente é de que haveria redução de custos de início do turno, de aquecimento e de ar-condicionado nas instalações industriais e nos escritórios, bem como de despesas de locomoção para os colaboradores, com a ampla adoção desse esquema.

O **teletrabalho** refere-se ao uso de *links*, ligações virtuais e digitais de computador com o empregador, que permitem completar todas ou parte das funções na residência. Muitos milhões de colaboradores nas nações industrializadas participam atualmente do teletrabalho, e as projeções indicam que esse número aumentará nos próximos anos. O teletrabalho tende a ser usado, principalmente, nos setores intensivos de informações e de processamento de informações, como seguros, operações bancárias, serviços financeiros e pesquisa de mercado. Empresas com experiências bem-sucedidas com esse esquema incluem American Express, Mountain Bell, Hanover Trust, J. C. Penney, Beneficial Finance Corporation, Apple Computer e Travelers Insurance.

O teletrabalho proporciona algumas vantagens evidentes para o empregador e para o empregado. Diminui, por exemplo, a necessidade de espaço físico e o tempo gasto para ir e vir do trabalho. Além de livres das distrações no local de trabalho, os empregados são capazes de dedicar mais tempo à família. Isso pode ser de grande importância para quem precisa cuidar de crianças ou idosos. Pesquisas sobre o impacto do teletrabalho na produtividade indicam que não são incomuns ganhos de 15% a 30%, provavelmente como resultado de os colaboradores ficarem livres de interrupções no local de trabalho.[33] Os teletrabalhadores também expressam maiores níveis de satisfação, talvez por causa de menos frustrações relacionadas ao trabalho.

Como aspectos negativos, os teletrabalhadores estão "fora do circuito" em termos de pertencer à rede política do local de trabalho. Por causa desse isolamento, podem ser preteridos nas promoções ou receber aumentos menores. Essas desvantagens potenciais indicam que os empregadores devem selecionar as pessoas interessadas no teletrabalho. Tal seleção identificaria os que conseguem lidar com os aspectos negativos desse sistema e ser produtivos sem supervisão imediata. Pode-se exigir também que venham periodicamente ao escritório, para conversar com os supervisores e determinadas pessoas, bem como para socializar-se com outros empregados. Muitas vezes, os teletrabalhadores não dedicam 100% de seu tempo ao trabalho externo. Em geral, dão expediente duas ou três vezes por semana.

Círculos de controle de qualidade

Círculos de controle de qualidade são comitês formados por seis a dez trabalhadores, que se reúnem uma ou duas vezes por semana (usualmente no horário de trabalho) para discutir problemas de produção e de qualidade. Embora essa noção tenha se originado nos Estados Unidos, fincou raízes no Japão depois da Segunda Guerra Mundial (após sua introdução por consultores norte-americanos). Os círculos de qualidade foram reintroduzidos nos Estados Unidos, por causa, em parte, da admiração pelo sucesso japonês em fabricação.

Em um programa desse tipo, (1) a participação é voluntária (os empregados não podem ser forçados a participar); (2) os membros do círculo são treinados em técnicas de resolução de problemas; (3) desenvolvem soluções para problemas, submetidas aos gerentes em apresentações formais; (4) os participantes monitoram os resultados de suas soluções.

Estima-se que 12% a 25% da força de trabalho japonesa participe de círculos de qualidade. Embora a proporção do número de empregados, em outros países industrializados, que participam desses círculos seja relativamente modesta, tem aumentado rapidamente. Grande parte desse crescimento tem ocorrido no setor produtivo, e as empresas que implementaram círculos de qualidade tiveram um sucesso marcante. Na Honeywell, por exemplo, empresa de eletrônica de alta tecnologia, existem centenas deles; além de melhorar a produtividade, reduziram o absenteísmo. Outras companhias de grande porte dos Estados Unidos que obtiveram sucesso incluem American Airlines, General Motors, Ford Motor Company, Hughes Aircraft, International Harvester, Texas Instruments, Westinghouse e Northrop Grumman. Diversas empresas menores também experimentaram os círculos de qualidade, bem como instituições orientadas à prestação de serviços (por exemplo, hospitais e a ACM).

Embora todos os círculos de qualidade apresentem certos elementos comuns, os programas podem variar em função de um número de características. Apesar de existirem poucas provas concretas que indiquem exatamente os detalhes críticos para sua eficácia, certos traços são característicos dos programas bem-sucedidos.[34] O principal entre eles é o compromisso dos dirigentes graduados com o programa. Se esses executivos não o endossarem e apoiarem plenamente, a falta de entusiasmo será percebida e imitada por outros. Como resultado, o programa do círculo, provavelmente, não receberá dos supervisores de nível inferior a atenção séria de que necessita. Em segundo lugar, os programas bem-sucedidos apresentam maior probabilidade de ter facilitadores no grupo – em geral, colaboradores mais antigos, em vez de supervisores –, que receberam treinamento especial em estratégias voltadas às relações de grupos e à resolução de problemas. Terceiro, os participantes precisam receber garantia de que não perderão o emprego ou terão suas responsabilidades reduzidas como resultado de suas sugestões. Quarto, o reconhecimento precisa ser manifestado às pessoas e aos círculos, por apresentarem soluções factíveis para os problemas operacionais. Em uma organização, o círculo de qualidade é premiado, por exemplo, com 10% de toda economia em dólares resultante de suas sugestões. Tais retribuições monetárias, no entanto, são incomuns, pois a maior parte das organizações prefere se valer do reconhecimento psicológico para motivar a participação.

O conceito tem seus críticos. Alguns questionam a eficácia real do custo dos círculos de qualidade. Eles argumentam que, em virtude de os empregados não estarem executando suas funções normais enquanto se reúnem (a maioria se reúne durante o expediente) e tendo em vista que a maior parte das sugestões gera somente economias de pouca expressão, torna-se difícil provar que se justifica o tempo não trabalhado. Os representantes sindicais, em particular, tiveram reações variadas ao conceito. Os dirigentes do United Auto Workers, por exemplo, inclinam-se favoravelmente para os círculos de qualidade, desde que não resultem em dispensas ou aumentem o ritmo de trabalho. Têm uma visão menos favorável a respeito de a maioria não ser retribuída por gerar soluções econômicas.

Além disso, as razões pelas quais as pessoas se apresentam como voluntárias aos círculos de qualidade não são plenamente compreendidas. Algumas podem participar a fim de afastar-se da linha de montagem e obter um intervalo de trabalho sancionado. Outras podem juntar-se meramente para externar suas frustrações e se queixar em relação a suas funções, em vez de oferecer sugestões construtivas. As pesquisas que se concentram nos atributos dos voluntários indicam a probabilidade de terem melhor formação educacional, serem mais jovens, ocuparem cargos de maior responsabilidade e estarem mais satisfeitos com suas funções do que os empregados que não demonstram interesse em participar.[35] Um estudo do nível de satisfação no trabalho dos participantes de círculos de qualidade demonstrou um aumento ao longo de vários anos. Esse nível, entretanto, retornou ao anterior após três anos.[36]

Em virtude de serem voluntários por definição, não é possível estudar os círculos de modo científico rigoroso. Algumas melhorias introduzidas pelo círculo de qualidade podem ser devidas a nada mais que um efeito Hawthorne (veja o Capítulo 1). Uma preocupação adicional relaciona-se à longevidade desses programas. Um estudo revelou que quase 75% deles, inicialmente bem-sucedidos nos Estados Unidos, não estavam mais em operação após alguns anos.[37] O interesse contínuo e o apoio aos círculos podem ser difíceis de se manter em muitas organizações. Também é possível que parte da atração exercida por eles esteja se esgotando à medida que as empresas reconhecem as limitações dos programas.

Equipes de trabalho autodirigidas

Talvez um dos acontecimentos mais interessantes na área de motivação dos empregados, em anos recentes, tenha sido o aparecimento das equipes de trabalho autodirigidas. Uma **equipe de trabalho autodirigida (ETA)** constitui, em essência, um grupo altamente treinado de seis a 18 empregados, plenamente responsável por criar um produto especificado.[38] Ao contrário da visão tradicional de um colaborador que abarca um conjunto de responsabilidades muito bem definidas, cada participante de uma equipe divide a responsabilidade pelo desempenho de todos. Os membros da equipe são treinados para executar tarefas relativas a diversas funções, visando a ser intercambiáveis no âmbito da unidade e proporcionar ajuda aos demais. Além disso, os envolvidos partilham informações abertamente e participam da tomada de decisões. Essas decisões cobrem, normalmente, domínios anteriormente reservados aos supervisores, como fixação de prioridades, planejamento da produção e atribuição do trabalho. Até mesmo problemas interpessoais, como absenteísmo excessivo e desempenho abaixo do padrão por um participante, são assuntos admissíveis para discussão nas reuniões da equipe. Deve-se enfatizar que as ETAs são verdadeiramente revolucionárias em sua abordagem e que vão muito além dos grupos de trabalho convencionais, considerando seu papel no interior de uma organização.

A atração das ETAs origina-se das histórias de sucesso que relatam maior produtividade associada a custos reduzidos. Há a estimativa de que um sistema de bom funcionamento baseado em ETA, comparado a uma organização dirigida do modo tradicional, consegue produzir o dobro do produto em um quarto do espaço de trabalho, com um terço da equipe. As fábricas da Xerox Corporation que usam ETAs alcançam produtividade 30% maior, em comparação às gerenciadas tradicionalmente; ganhos de produtividade de 20% a 40% foram obtidos nas fábricas da General Motors; e a Shenandoah Life informa ter realizado um aumento de 50% no processamento de serviços ao cliente, valendo-se de 10% a menos no número de colaboradores. A Federal Express Corporation também diminuiu em 13% os erros na prestação de serviços – por exemplo, encomendas perdidas.[39]

Embora a noção de grupos de trabalho certamente não seja nova, o início das ETAs pode remontar ao princípio da década de 1970, quando foram efetivadas diversas experiências organizacionais. Uma das primeiras ocorreu na fábrica da Gaines Pet Foods, em Topeka, no Kansas. Para combater a melancolia dos empregados da fábrica (noção de alheamento dos colaboradores nas empresas industriais), a General Foods projetou a fábrica com base na atuação de equipes. Nas instalações de Topeka, os empregados procediam à rotatividade das funções e se reuniam freqüentemente, para tomar decisões conjuntas relacionadas ao trabalho. A unidade alcançou enorme sucesso e se tornou uma fábrica modelo, visitada por gerentes de toda parte do mundo.

A Procter & Gamble (P&G), aproximadamente na mesma época, iniciou uma série de estudos sobre novas técnicas industriais em suas fábricas de Lima (Ohio) e Augusta (Georgia), onde eram produzidos fraldas e sabonetes. Embora os estudos baseados em equipes tenham sido cercados, propositalmente, por um grau elevado de confidencialidade corporativa, no final se divulgou que níveis altos e significativos de produção estavam sendo atingidos, ao passo que os custos industriais haviam diminuído. Finalmente, as ETAs foram implantadas em 18 fábricas da P&G. Mais tarde, outras empresas de grande porte (como Boeing, Caterpillar e General Electric) adotaram a abordagem. Os anos 1990 testemunharam a disseminação do conceito de ETA em empresas não-industriais. Em virtude da natureza da participação acionária corporativa em escala global e da partilha de informações, as ETAs tornaram-se um fenômeno de âmbito mundial, sendo relatados casos de implantação na Rússia, Europa Oriental e Arábia Saudita.

Os principais elementos definidores das ETAs são as reuniões em equipe, a rotatividade obrigatória de cargos, o salário baseado nas qualificações e maiores oportunidades de treinamento. Nas reuniões, os participantes tomam decisões sobre temas relacionados ao desempenho, bem como à autodisciplina (por exemplo, lidar com um trabalhador com menor desempenho ou um membro que chega freqüentemente atrasado ao trabalho). A liderança, nessas reuniões, algumas vezes é partilhada ou exercida sucessivamente pelos membros. Em alguns casos, alguém é eleito líder por um período de tempo fixo. O líder não toma decisões unilaterais, mas, de preferência, torna mais fáceis a discussão e o consenso.

A rotatividade obrigatória de cargos constitui um elemento fundamental das ETAs. Esse sistema permite que os participantes obtenham conhecimento de um conjunto mais amplo de tarefas e sejam capazes de ajudar outros membros que possam necessitar. Desse modo, a equipe ganha versatilidade e flexibilidade. Em virtude de os membros tornarem-se, em certo sentido, intercambiáveis como resultado do conhecimento partilhado, ocorrem menos interrupções no trabalho pelo fato de determinado participante não possuir *know-how* para solucionar problemas. A rotatividade, que ocorre, usualmente, em intervalos de seis a 12 meses, apresenta a vantagem adicional de eliminar as disputas por posições que surgem, algumas vezes, nas unidades de trabalho, isto é, ninguém é "proprietário" de um cargo particularmente agradável ou pouco interessante, e todos, no final, dedicam algum tempo executando as funções menos agradáveis. Com a rotatividade, nenhum empregado pode conseguir uma posição permanente que seja eliminada do fluxo de trabalho ou que permita uma forma de "aposentadoria precoce remunerada".

O sistema de remuneração para as ETAs também difere do tradicional: ele é baseada nas qualificações. Os empregados avançam na escala salarial em base horária ou mensal, demonstrando proficiência em uma determinada tarefa. Portanto, os colaboradores dispõem de um incentivo para aprender maior variedade de tarefas ou desenvolver aptidões em suas unidades de trabalho. O empregado beneficia-se adquirindo mais qualificações válidas no mercado de trabalho e um senso de competência, enquanto a organização ganha por ter uma força de trabalho mais flexível e talentosa. Por causa da natureza baseada em qualificações do sistema de remuneração, os colaboradores apreciam as oportunidades oferecidas pela rotatividade dos cargos. Em alguns sistemas ETA, um programa de participação nos resultados da unidade também proporciona gratificações aos membros de um departamento ou de uma fábrica que aumente a produtividade.

Os empregados, a fim de adquirir novas qualificações, precisam dedicar mais tempo ao treinamento durante o desempenho das funções. Quando uma pessoa assume um novo cargo, ela precisa dedicar algum tempo aprendendo as tarefas (muitas vezes, observando o trabalho de outra, fazendo perguntas e experimentando o equipamento). Esse treinamento adicional exige que algum período de inatividade faça parte da programação da unidade, a fim de permitir o tempo necessário para a aprendizagem. Normalmente, no entanto, os ganhos advindos de maior produção e menores custos mais do que compensam o tempo despendido pelos colaboradores em fase de treinamento. Além disso, a oportunidade para desenvolver novas aptidões tende a resultar em um efeito motivacional positivo, que também ajuda a compensar o tempo gasto no treinamento.

As ETAs, muitas vezes, são implantadas como parte de uma mudança mais ampla da filosofia organizacional, visando aumentar a qualidade do produto ou dos serviços. Em virtude da concorrência global e de uma percepção de que os níveis de qualidade não são suficientes, algumas organizações adotaram o método de **Gerenciamento da Qualidade Total (GQT)**, que é um conjunto de princípios que incorpora grande ênfase no estabelecimento e na manutenção de um nível elevado de qualidade. Os princípios básicos associados ao GQT envolvem: (1) fazer certo da primeira vez – reduzir erros por meio de técnicas e processos aprimorados; (2) concentrar-se no cliente – estar próximo e compreender as necessidades de seu público; (3) enfatizar a melhoria contínua – dar ênfase à parte de qualidade do "modo como fazemos as coisas aqui"; (4) incentivar o respeito mútuo entre os subordinados – eliminar o medo baseado em estruturas organizacionais hierárquicas, substituindo-o por autonomia e participação baseada em poder partilhado.[40] As ETAs são consideradas como veículo para introduzir uma filosofia de GQT em uma organização. Conforme isso sugere, elas são relevantes para o GQT como instrumento para instilar respeito mútuo, por meio do poder partilhado.

Conseqüências das ETAs

Embora a vantagem potencial para a implementação bem-sucedida das ETAs seja muito atraente, existem também algumas características desfavoráveis; esses problemas potenciais podem ser resolvidos algumas vezes. Também deve ser igualmente compreendido que, para toda história de sucesso envolvendo ETAs, pode ocorrer uma tentativa falha de implementação. Por vezes, a adoção bem-sucedida não ocorre na primeira tentativa, e a noção de aprender com os próprios erros se aplica especialmente à introdução de ETAs.

Uma conseqüência necessária da implementação de ETAs é a eliminação da necessidade de algumas posições de supervisão. Conforme mencionado anteriormente, na discussão sobre redefinição de cargos, se requer um número menor de supervisores à medida que os empregados assumem maior responsabilidade. Os supervisores percebem essa possibilidade e, muitas vezes, oferecem resistência à proposta de introdução de ETAs. Geralmente, após essa introdução, os supervisores assumem responsabilidades diferentes. Podem se tornar, por exemplo, mais envolvidos na coordenação e integração de comunicações.[41] Igualmente, antigos supervisores que passam a ocupar o cargo de gerentes de área mais graduados, cujas funções englobam agora iniciativas de coordenação de equipes, precisam adquirir as novas aptidões exigidas para ser facilitadores e pessoas qualificadas, em vez de atuar como supervisores que distribuem trabalho, controlam a produção e aplicam disciplina. Para alguns antigos supervisores, a transição pode ser difícil, por envolver se desfazer de um conjunto de valores hierárquicos e adotar um conjunto de valores mais igualitário. Deve-se enfatizar que as ETAs muito poucas vezes são totalmente autônomas, isto é, ainda permanece a necessidade de um nível de supervisão. O gerente que supervisiona um conjunto de equipes e interage com seus líderes, no entanto, tem efetivamente a tarefa desafiadora de encontrar um equilíbrio entre a necessidade de proporcionar autonomia suficiente aos membros da equipe e o preparo, ao mesmo tempo, para intervir se uma equipe não aceitar suas responsabilidades ou não incorporar as metas da organização.

Uma outra conseqüência das ETAs é que a organização emergente e transformada tem probabilidade de ser muito menos hierarquizada, com menos níveis de administração e um número muito menor de títulos de cargos. Em algumas fábricas, o termo *técnico* é usado no lugar de títulos. O termo reflete a orientação técnica de muitos cargos e o aspecto de aprendizagem contínua de aptidões nessas posições. Exceto pela cor do capacete ou por outras características de menor importância, as diferenças entre os colaboradores tendem a ser minimizadas. Muitas vezes, por exemplo, existe uma entrada e um pátio de estacionamento comuns, bem como uma cafeteria comum, em vez de instalações distintas para supervisores ou gerentes.

Uma conseqüência adicional necessária da introdução de ETAs é a exigência de um investimento elevado em treinamento. Pessoal e instalações adicionais, provavelmente, serão necessários. Igualmente, pode ser justificável maior atenção às limitações individuais relativas à capacidade de aprendizagem. Alguns indivíduos desprovidos de determinadas aptidões (por exemplo, técnicas para resolução de problemas e aptidões interpessoais) podem precisar de orientação da empresa, a fim de que as equipes trabalhem eficientemente. Como resultado, os encarregados do desenvolvimento de recursos humanos assumem um papel mais importante nas empresas que mantêm compromisso com ETAs.

Possíveis problemas e críticas das ETAs

Um dos problemas mais preocupantes para os membros das ETAs ocorre quando aprenderam todas as tarefas em suas unidades de trabalho. Um colaborador que tenha permanecido na unidade por um período relativamente longo (de seis a dez anos) pode ter aprendido, por meio da rotatividade de cargos, todas as funções na unidade e atingido o nível máximo de remuneração possível (denominado, algumas vezes, *índice salarial na fábrica*). Para os colaboradores que atingiram esse índice, não existem novas possibilidades de ascensão, e o estímulo psicológico originado dos aumentos salariais relativamente freqüentes não aparece mais no horizonte. Para tais pessoas, as empresas podem sugerir mudar para uma unidade de trabalho bastante diferente ou dedicar-se a uma formação educacional que conduziria a uma trajetória profissional diversa. Outras empresas se oferecerão para financiar parte das mensalidades escolares dos colaboradores que desejam adquirir treinamento formal, para que essa iniciativa possa conduzir a um novo cargo. A preferência consiste, entretanto, em apoiar a continuidade da formação educacional que possa resultar em uma aptidão desejada pelo empregador (por exemplo, conhecimentos de informática ou qualificação relativa ao escritório). Conforme observado anteriormente, a introdução de um programa de participação nos resultados da unidade também pode ajudar a manter um senso de incentivo financeiro.[42]

Um outro problema potencial envolve a força de trabalho sindicalizada. As ETAs foram introduzidas no contexto da supervisão sindical (com a concordância dos empregados, evidentemente). Embora não se encontrem disponíveis fatos conclusivos, parece que elas, em contextos sindicais, são muito menos produtivas do que as de cenários em que ocorre sindicalização. Essa pode, entretanto, não ser uma comparação justa; as ETAs, provavelmente, deveriam ser comparadas com outros cenários sindicalizados. Apesar dos obstáculos criados pela existência de sindicalização, as empresas continuam a **renovar**, isto é, introduzir ETAs às forças de trabalho existentes. A prática preferida, no entanto, tem sido começar do ponto zero, estabelecendo uma nova unidade em um novo local, com uma nova equipe de trabalho. Em tal contexto, a introdução bem-sucedida de ETAs foi anunciada como sendo muito mais provável (a fábrica da Gaines Pet Food, em Topeka, é um exemplo). Essa técnica é denominada **início verdejante** – iniciar em um campo aberto, para construir uma fábrica nova baseada nos princípios das ETAs.

Deve-se mencionar que mesmo as organizações que estabeleceram com sucesso ETAs não estão imunes de ser alijadas do mercado. Uma empresa, embora operando de modo bem-sucedido com ETAs, foi à falência por causa de uma mudança no preço das matérias-primas e da incapacidade para pagar um empréstimo bancário. Em outro caso, tomou-se uma decisão estratégica, em nível elevado, de mudança para um mercado diferente, e uma ETA modelar e extremamente bem-sucedida foi desfeita. Em resumo, a implementação com muito sucesso da ETA, mesmo quando lucrativa, não oferece garantia de continuidade no emprego (embora empresas que as adotem se empenhem efetivamente para reduzir o número de dispensas, visando aumentar a lealdade e o compromisso dos colaboradores).

A mão-de-obra organizada, compreensivelmente, criticou o conceito de ETA, sob a alegação de que elimina princípios de ocupação de cargos baseados em tempo de serviço e em vigor desde longa data; atribui aos empregados a responsabilidade pela supervisão, sem remunerá-los como supervisores; torna os colaboradores dispensáveis, por serem intercambiáveis; reduz o tamanho das equipes de trabalho necessárias. Michael Parker e Jane Slaughter fizeram comparações entre ETAs e supervisão industrial tradicional.[43] Na avaliação desses estudiosos, as designações podem ter se alterado, porém, a realidade ainda é hierárquica e manipuladora. Na terminologia industrial tradicional, por exemplo:

> O supervisor convoca uma reunião de seu grupo e informa a produtividade da semana e o volume de refugos ou discute a norma de segurança mais recente. O "faz-tudo" que auxilia o supervisor encarrega-se da programação de férias e das luvas de proteção.

Enquanto, na terminologia mais moderna:

> Os horistas são agrupados em equipes, que se reúnem com seu conselheiro para discutir procedimentos de qualidade e de trabalho. Um líder da equipe encarrega-se da programação de férias e dos suprimentos.

Os críticos do método de ETA também questionariam se é ético tentar desenvolver o compromisso dos colaboradores de maneira calculada e deliberada.

Os proponentes das ETAs se oporiam a esses argumentos, ressaltando que existe uma diferença fundamental na partilha do poder no sistema. A visão industrial tradicional se baseia em um relacionamento simples, do alto para baixo e de pai para filho, ao passo que a visão da ETA se baseia em um relacionamento cooperativo e de adulto para adulto, orientados à resolução de problemas em cooperação. Além disso, as ETAs combinam um esquema de remuneração do tipo pagamento por conhecimento, com oportunidades contínuas para retreinamento. Além disso, o ambiente no qual as organizações precisam operar, atualmente, exige a criação de novas formas de gerenciamento e relações trabalhistas, pois a forma tradicional de gestão, baseada em relações de confrontação entre gerentes e empregados, deixou de oferecer uma base suficiente para a concorrência global.

O tema ético em torno das iniciativas deliberadas para desenvolver o compromisso dos colaboradores é muito aberto ao debate. Organizações que utilizam equipes de trabalho com grau elevado de compromisso e lealdade levam vantagem em cenários competitivos. Talvez o ponto-chave resida em determinar se um dado gerenciamento procura explorar os empregados ou atingir um nível de eficácia organizacional mutuamente benéfico.

O futuro das ETAs

No futuro, existe a possibilidade de as ETAs se disseminarem em uma grande variedade de organizações (por exemplo, entidades sem fins lucrativos e pequenas empresas). Muitos de seus princípios são facilmente transferíveis para cenários não-industriais. Existe também a possibilidade de elas darem um salto de trabalhadores de nível hierárquico inferior para colaboradores de escritório. Na fábrica da Pet Food em Topeka, por exemplo, os cargos administrativos de nível inferior estiveram sujeitos à rotatividade desde a criação da unidade. As posições de nível mais elevado, que requerem treinamento altamente especializado (por exemplo, contabilidade e programação de computadores) estão isentas de rotatividade.

Muitos observadores do movimento prevêem que tais programas continuarão a ganhar aceitação e que as ETAs, provavelmente, substituirão os círculos de qualidade em muitas empresas. Os círculos, vistos sob uma perspectiva de evolução, podem ser considerados uma forma transitória de participação dos colaboradores, que está sendo suplantada pela forma mais eficaz de empoderamento, representada pelas ETAs.* As estimativas atuais, decorrentes de pesquisas realizadas nas maiores empresas da América do Norte e da Europa, mostram que 66% adotam círculos de qualidade e 67% mantêm ETAs. É interessante especular qual pode ser a próxima fase na evolução das relações entre trabalhadores e dirigentes ou o próximo modismo de motivação dos empregados. Certamente, a tendência durante o século XXI tem sido de um maior empoderamento dos empregados. Ainda não é previsível se o futuro nos conduzirá na direção de uma forma de democracia organizacional ainda maior (isto é, maior partilha do poder e maior autonomia) ou ao retorno a uma forma mais hierárquica.

Resumo

1. **Distinguir entre retribuição extrínseca e intrínseca.**
    A retribuição extrínseca origina-se de fonte externa ao indivíduo; a intrínseca é auto-aplicada.
2. **Explicar por que os planos de incentivo não são mais adotados amplamente.**
    Os planos de incentivo apresentaram problemas porque podem originar uma atitude adversa dos colaboradores, conduzir a um senso de distinção de classe entre trabalhadores

---

* As equipes de trabalho nas nações industrializadas do Ocidente têm demonstrado tendência para partilhar o poder e para uma participação ativa na tomada de decisões, ao passo que as do Sudeste da Ásia (por exemplo, Japão) têm mantido uma postura diferente ou obediente em relação aos níveis administrativos. Alguns observadores sugeriram que essa diferença tem o potencial de produzir maior inovação, soluções mais criativas e um maior compromisso nas equipes ocidentais – onde as melhores idéias precisam se justificar pelos seus próprios méritos, independentemente de sua fonte. Até o presente, existem poucos indícios fortes que demonstrem claramente a superioridade de qualquer das abordagens.

e gerentes, e por causa do impacto das mudanças na sociedade, como a natureza cada vez mais interdependente das funções e dos anseios dos colaboradores por um trabalho mais desafiador e significativo.

3. **Descrever três atributos das metas que são importantes para melhorar o desempenho.**

   Três atributos das metas especialmente importantes para melhorar o desempenho são: (1) a especificidade ou a precisão com que uma meta ou um objetivo é definido; (2) a dificuldade; e (3) a aceitação pelos colaboradores.

4. **Descever a administração por objetivos e algumas de suas vantagens e problemas possíveis.**

   APO é um processo no qual os empregados participam com os gerentes na fixação de metas para o desempenho. Após um determinado período de tempo, empregado e supervisor se reúnem novamente para examinar o desempenho, com base nas metas. As vantagens relacionam-se ao fato de as metas serem específicas e mensuráveis e de os programas APO terem o potencial de melhorar o desempenho; no entanto, podem surgir problemas por causa da falta de apoio do alto escalão, do desconforto dos gerentes com a participação dos colaboradores, dos conflitos de personalidade entre empregado e gerente, e do potencial de desatenção aos aspectos qualitativos do desempenho.

5. **Dar alguns exemplos do poder das profecias de autodesempenho.**

   As crianças desenvolvem-se em resposta às expectativas dos pais e professores. Em um estudo, elas tiveram seu desempenho na escola de acordo com a expectativa dos professores com relação às aptidões que possuíam. De modo similar, homens em um curso de solda de acordo com as expectativas do professor. Soldadores considerados detentores de potencial elevado apresentaram desempenho superior. Em todos esses estudos, os atributos foram designados aleatoriamente. Uma corrida a um banco constitui um outro exemplo do poder das expectativas.

6. **Descrever algumas maneiras de gerenciar construtivamente as profecias de autodesempenho.**

   As pessoas conseguem gerenciar as profecias de autodesempenho sendo mais sensíveis ao modo como os outros percebem seu comportamento. Também podem prestar mais atenção ao controle de seu comportamento e de sua expressão verbal, a fim de comunicar expectativas positivas a todos. Demonstrar entusiasmo pelas metas do grupo constitui uma outra maneira de gerenciar construtivamente, de modo análogo a tentar ajudar aqueles de desempenho fraco.

7. **Descrever métodos de redefinição das funções utilizados para reduzir a insatisfação dos colaboradores.**

   Alguns métodos de redefinição das funções são a ampliação do cargo, que aumenta a variedade das atividades de um empregado; a rotatividade das funções, que obriga o pessoal a executar várias tarefas; o enriquecimento do cargo, que é um aumento da autonomia do empregado e da auto-regulação em uma função. Outros métodos incluem o horário flexível, semanas de trabalho alteradas e teletrabalho.

8. **Relacionar as características do cargo que aumentam o senso de importância do trabalho de uma pessoa, o senso de responsabilidade e o conhecimento dos resultados do próprio trabalho.**

   As características do cargo que ressaltam um sentido de valor significativo são a variedade de aptidões, a identidade das tarefas e o significado das tarefas. Um senso de responsabilidade é aumentado por autonomia, ao passo que o conhecimento dos resultados é ressaltado pelo *feedback* do cargo.

9. **Descrever os elementos essenciais dos círculos de qualidade.**
   Círculos de qualidade são comitês de empregados, que se reúnem regularmente para discutir problemas de produção e os relacionados a serviços. Os participantes, que se apresentam como voluntários, recebem treinamento em técnicas de resolução de problemas e são incentivados a propor soluções e monitorar suas conseqüências. Para que os círculos de qualidade sejam eficazes é preciso: (1) apoio do escalão superior; (2) apoio do facilitador do grupo; (3) garantia de estabilidade no cargo; e (4) reconhecimento das contribuições do círculo.
10. **Explicar como operam as equipes de trabalho autodirigidas e identificar os principais problemas e conseqüências de tais equipes.**
    As equipes de trabalho autodirigidas (ETAs) são grupos de seis a 18 empregados, que têm grande responsabilidade pela fabricação de produtos ou pela prestação de serviços. Além de reuniões freqüentes para discutir diversos temas relacionados ao trabalho, as equipes participam da rotatividade obrigatória dos cargos e de retreinamento freqüente. A remuneração de tais equipes baseia-se no conhecimento. As ETAs requerem menos supervisores e produzem estruturas organizacionais com menos níveis hierárquicos. Torna-se necessário maior investimento no treinamento de recursos humanos, a fim de criar uma equipe de trabalho com diversas aptidões. Problemas potenciais incluem atingir o valor máximo da escala salarial e resistência dos colaboradores e supervisores da linha de frente já em atividade, principalmente os sindicalizados.

Episódio crítico

A redefinição do cargo é necessária?

A Healthcare America, Inc., é uma grande empresa de seguro-saúde que opera em 46 estados americanos. Existe, em sua sede corporativa, muita dependência do departamento de processamento de dados. 22 pessoas trabalham nesse departamento, com um supervisor e um assistente. Elas digitam grande variedade de documentos encaminhados pelos diversos setores. Uma parte do trabalho envolve formulários e cartas, enquanto outras atividades se centralizam em manuscritos extensos. Grande parte do trabalho é executada com data de entrega prevista.

O trabalho é entregue pelo supervisor a cada digitador. O supervisor tenta distribuir igualmente o trabalho e controlar o andamento. Ele também presta atenção para assegurar que tudo esteja em ordem antes da digitação. Caso contrário, o trabalho retorna ao ponto de origem.

Em função da importância que assume a exatidão do trabalho, os documentos completados são entregues a revisores de texto para análise. Essas pessoas os encaminham, em seguida, ou os devolvem para correção. Muitas queixas, no entanto, ainda são formuladas a respeito de um número excessivo de erros e quanto à inobservância das datas-limite. Também, o departamento tem se confrontado com absenteísmo e rotatividade elevados.

Você, na qualidade de consultor, foi solicitado a analisar essa situação e propor algumas recomendações.

1. Em sua opinião, o que está causando os problemas nesse departamento? Por quê?
2. Considere redefinir o cargo de digitador, de acordo com os princípios de ampliação do cargo e de enriquecimento do cargo.
3. Quais são as vantagens e desvantagens de cada abordagem?

Fonte: Escrito por Bruce Kemelgor, da University of Louisville. Reproduzido mediante autorização.

Exercício experimental

Fixação de metas e desempenho

Esta atividade foi elaborada para ajudá-lo a compreender e examinar a relação entre o processo de fixação de metas e o desempenho resultante de um indivíduo em uma organização. Na extensão em que o processo de fixação de metas contribui para o comportamento organizacional, esta atividade procura fazer com que você analise os métodos de seu gerente no uso de objetivos em relação às suas funções.

1. Pense em seu cargo atual ou em um cargo que você tenha ocupado recentemente. Caso você não tenha trabalhado como empregado, use seu "cargo" como aluno e considere um de seus instrutores como gerente. As afirmativas a seguir referem-se a esse cargo e aos objetivos a ele associados. Leia cuidadosamente cada afirmativa e, então, coloque um círculo em torno do número apropriado, indicando o grau de verdade ou falsidade de cada uma.

	Definitivamente Falso	Geralmente Falso	Ligeiramente Falso	Incerto	Ligeiramente Verdadeiro	Geralmente Verdadeiro	Definitivamente Verdadeiro
1. Os gerentes incentivam os empregados a definir objetos para o cargo.	-3	-2	-1	0	1	2	3
2. Caso cumpra meus objetivos, recebo reconhecimento adequado de meus supervisores.	-3	-2	-1	0	1	2	3
3. Meus objetivos estão expostos claramente com base nos resultados esperados.	-3	-2	-1	0	1	2	3
4. Tenho o apoio de que preciso para cumprir meus objetivos.	-3	-2	-1	0	1	2	3
5. Cumprir meus objetivos aumenta minhas chances de promoção.	-3	-2	-1	0	1	2	3
6. Meu supervisor me impõe os objetivos.	-3	-2	-1	0	1	2	3
7. Preciso de mais *feedback* para saber se estou cumprindo meus objetivos.	-3	-2	-1	0	1	2	3
8. Meu supervisor me perseguirá se eu não cumprir meus objetivos.	-3	-2	-1	0	1	2	3
9. Os objetivos de meu cargo são muito desafiadores.	-3	-2	-1	0	1	2	3
10. O gerente deseja saber se determino objetivos para minhas funções.	-3	-2	-1	0	1	2	3
11. Meu supervisor me elogiará se eu cumprir os objetivos do meu cargo.	-3	-2	-1	0	1	2	3
12. Meus objetivos são muito ambíguos e carecem de clareza.	-3	-2	-1	0	1	2	3
13. Não disponho de autoridade para cumprir meus objetivos.	-3	-2	-1	0	1	2	3
14. O cumprimento de objetivos é retribuído por maior remuneração.	-3	-2	-1	0	1	2	3

Capítulo 5 • Aumento da motivação dos colaboradores usando reconhecimento, metas... 119

	Definitivamente Falso	Geralmente Falso	Ligeiramente Falso	Incerto	Ligeiramente Verdadeiro	Geralmente Verdadeiro	Definitivamente Verdadeiro
15. Meu supervisor me incentiva a estabelecer meus próprios objetivos.	-3	-2	-1	0	1	2	3
16. Sempre tenho conhecimento do progresso relacionado ao cumprimento de meus objetivos.	-3	-2	-1	0	1	2	3
17. Meu supervisor me repreenderá se eu não estiver avançando em direção aos objetivos.	-3	-2	-1	0	1	2	3
18. Meus objetivos raramente exigem meu interesse e empenho totais.	-3	-2	-1	0	1	2	3
19. Os dirigentes tornam claro que definir objetivos para o cargo é bem-visto.	-3	-2	-1	0	1	2	3
20. Meu supervisor demonstra maior reconhecimento quando cumpro os objetivos.	-3	-2	-1	0	1	2	3
21. Meus objetivos são muito concretos.	-3	-2	-1	0	1	2	3
22. Tenho condições suficientes para cumprir meus objetivos.	-3	-2	-1	0	1	2	3
23. Minha remuneração tem maior probabilidade de ser aumentada se eu cumprir os objetivos.	-3	-2	-1	0	1	2	3
24. Meu supervisor exerce mais influência do que eu na determinação dos objetivos.	-3	-2	-1	0	1	2	3
25. Gostaria de ter maior conhecimento a respeito de estar cumprindo meus objetivos.	-3	-2	-1	0	1	2	3
26. Meu supervisor me repreenderá caso eu não cumpra os objetivos.	-3	-2	-1	0	1	2	3
27. Cumprir meus objetivos requer todas as minhas aptidões e todo meu conhecimento especializado sobre como fazer.	-3	-2	-1	0	1	2	3

2. Calcule, para cada uma das nove subescalas, um resultado total, somando as respostas às questões apropriadas. Assegure-se de subtrair os valores negativos.

A. Questão
1. + ( )
10. + ( )
19. + ( )
Total

B. Questão
3. + ( )
12. + ( )
21. + ( )
Total

C. Questão
6. + ( )
15. + ( )
24. + ( )
Total

D. Questão
4. + ( )
13. + ( )
22. + ( )
Total

E. Questão
7. + ( )
16. + ( )
25. + ( )
Total

F. Questão
9. + ( )
18. + ( )
27. + ( )
Total

G. Questão
5. + ( )
14. + ( )
23. + ( )
Total

H. Questão
2. + ( )
11. + ( )
20. + ( )
Total

I. Questão
8. + ( )
17. + ( )
26. + ( )
Total

3. Indique o resultado de cada uma das subescalas no gráfico abaixo. Use um *X* para indicar o valor apropriado da escala. Una, em seguida, os valores das nove subescalas, traçando uma linha entre os valores A e I. Isso lhe indicará um perfil de suas respostas.

Subescala										
A	-9	-7	-5	-3	-1	+1	+3	+5	+7	+9
B	-9	-7	-5	-3	-1	+1	+3	+5	+7	+9
C	-9	-7	-5	-3	-1	+1	+3	+5	+7	+9
D	-9	-7	-5	-3	-1	+1	+3	+5	+7	+9
E	-9	-7	-5	-3	-1	+1	+3	+5	+7	+9
F	-9	-7	-5	-3	-1	+1	+3	+5	+7	+9
G	-9	-7	-5	-3	-1	+1	+3	+5	+7	+9
H	-9	-7	-5	-3	-1	+1	+3	+5	+7	+9
I	-9	-7	-5	-3	-1	+1	+3	+5	+7	+9

4. Responda à seguinte pergunta: Qual o seu grau de satisfação com esse cargo?
   a. Muito satisfeito
   b. Satisfeito
   c. Está bom
   d. Um tanto insatisfeito
   e. Muito insatisfeito

5. Forme grupos pequenos, com base em sua resposta (honesta) à pergunta anterior. Como grupo, responda as seguintes perguntas:
   a. Existe um padrão comum em suas respostas ao questionário?
   b. Determinados valores das subescalas (A a I) indicam o uso gerencial apropriado dos objetivos? Qual (quais) dele(s)?
   c. Certas subescalas são representativas das características dos objetivos? Qual (quais) dela(s)?
6. Permaneça em seu pequeno grupo. Seu instrutor solicitará a cada um a indicação de um representante para descrever o perfil predominante do grupo. Procure similaridades e diferenças entre suas respostas.
7. Em sua opinião, o que explica essas diferenças? Que características dos objetivos e de seu gerencial contribuem para a satisfação no interior das organizações?

Fonte: Baseado parcialmente em Lorenzi, P. *et al.* "Goal setting, performance and satisfaction: a behavioral demonstration", *Exchange: The Organizational Behavior Teaching Journal* 7, n 1, p. 38-42, 1982.

Parte Dois

Processos interpessoais

Capítulo 6 Poder e política

Capítulo 7 Liderança

Capítulo 8 Tomada de decisão

Capítulo 9 Dinâmica de grupo

Capítulo 10 Gerenciamento de conflito

Capítulo 11 Gerenciamento do estresse e da satisfação do colaborador no desempenho das funções

A sinceridade é o segredo do sucesso. Se você conseguir simulá-la, triunfará.
– Jean Giraudoux

Você pode conseguir mais com uma palavra gentil e um revólver do que somente com uma palavra gentil.
– Al Capone

Existem duas regras para o sucesso político: a primeira é nunca dizer tudo o que você sabe.
– Anônimo

Receio que temos confundido poder com grandeza.
– Stewart Udall

Objetivos de aprendizagem

Após estudar este capítulo, você deverá ser capaz de:

1. Definir e diferenciar poder, autoridade, influência e política.
2. Identificar e descrever três processos de influência fundamentais.
3. Relacionar e definir cinco bases do poder.
4. Descrever algumas diferenças entre poder formal e poder informal.
5. Identificar diversas táticas políticas, incluindo as escusas e as disparatadas.
6. Explicar diversas técnicas para lidar com a política organizacional.
7. Mencionar evidências que a predisposição para obedecer à autoridade é elevada.

Capítulo 6

Poder e política

Você realmente é muito gentil

Se você pensa ter observado certas palavras se tornarem vãs e menos significativas, provavelmente não está apenas imaginando coisas. A adulação exagerada dirigida, em nossa sociedade, a celebridades, astros e estrelas do cinema se transferiu para outros segmentos da vida, resultando em elogios desproporcionais e indevidos a respeito de quase tudo. Termos como "visionário" e "carismático" são aplicados de modo rotineiro e indiscriminado a figuras públicas, sem levar em conta se a pessoa é Donald Trump e Mike Ovitz ou Martin Luther King e Gandhi. Essas personalidades merecem, igualmente, o mesmo reconhecimento?

Richard Stengel, autor do livro *You're Too Kind: A Brief History of Flattery*, analisa o significado da adulação e examina seu histórico ridículo e pleno de caprichos — a partir de chimpanzés, de Satã e dos egípcios antigos aos puritanos, Dale Carnegie e Bill Clinton. Eis alguns aspectos importantes do elogio exagerado: o personagem Diabo, criado pelo poeta Milton, era um Grande Adulador, enquanto Dante colocava os bajuladores no oitavo círculo do inferno. A raiz da palavra *flattery* (adulação) vem do termo francês que significa afagar ou acariciar, do modo frívolo como os chimpanzés fazem entre si durante todo o dia. Os egípcios se lisonjeavam na expectativa de agradar o próprio Colhedor Cruel; os gregos e os romanos antigos tinham opiniões severas sobre a adulação. Exagerar não é apenas uma fascinação do passado. Stengel considera *Como Fazer Amigos e Influenciar Pessoas*, de Dale Carnegie, uma mudança profunda para o americano moderno — que indica uma mudança de rumo do enorme avanço que fez que "a significância do 'caráter' para a importância da 'personalidade'" e estabeleceu um protocolo de atuação para o setor de serviços americanos.

Nós nos tornamos uma sociedade de sicofantas néscios ou existe um propósito em todo esse "lamber botas". Uma familiaridade com o conceito de insinuação oferece uma possível resposta. Insinuação é uma tática bem conhecida no ambiente de trabalho, que envolve obter favores de outros por meio de adulação ou atitudes gentis. A crença é de que tais ações tornarão as demais pessoas agradecidas a ponto de retribuir as ações positivas com gestos similares. Em virtude dessa reciprocidade esperada, deixar de retribuir a lisonja de modo correspondente seria grosseiro. Assim, a adulação pode ser uma tática política muito eficaz em um cenário organizacional.

Ainda que a bajulação represente uma boa política, Stengel argumenta que o excesso de elogio público imerecido se tornou muito difícil de controlar. Ele lamenta "a proliferação de programas de televisão de péssima qualidade que distribuem prêmios" e a "onipresença de relatos venerando celebridades", afirmando que atuam para desprestigiar o elogio autêntico. Qual a solução proposta por Stengel? Elogio merecido externado sinceramente. Ele acredita que nossa sinceridade superficial pode se tornar mais verdadeira. Precisamos somente seguir suas sugestões para evitar a lábia:

Seja específico. Deixe de fazer afirmações "padronizadas" com elogios e adapte os comentários positivos às ações específicas de um indivíduo.

Elogie o que existe de excelente, motivado pela inteligência, e vice-versa. Essa regra requer que o elogio se baseie em algo que não seja óbvio e exige maior demonstração de autenticidade.

Encontre algo de que você realmente goste. O ápice do elogio autêntico consiste em louvar algo verdadeiramente cativante.

Elogie as pessoas sem elas estarem presentes. Qual é a melhor maneira para assegurar o elogio verdadeiro a não ser afastar-se de um contexto de reciprocidade implícita?

Mescle um pouco de crítica ao elogio. Agregar um pouco de crítica faz com que uma lisonja pareça mais autêntica.

Saiba conhecer o limite. Exagerar o elogio torna as pessoas instantaneamente céticas.

Nunca faça um elogio e peça um favor ao mesmo tempo. Cobrar alguém por um elogio é um grande disparate social.

Fonte: "In Praise of Flattery", trecho de *You're Too Kind: A Brief History of Flattery*, de R. Stengel, em *Time*, 5 jun. 2000.

Todos nós, em alguma ocasião, resistimos às tentativas de ser controlados ou influenciados por pessoas. De modo análogo, cada um de nós tentou controlar ou influenciar alguém ao nosso redor. O controle de outros e por outros reside no próprio núcleo dos relacionamentos organizacionais. O dar e receber entre as pessoas é responsável por grande parte do que realmente se concretiza em uma unidade de trabalho, bem como por um número razoável de conflitos sociais.

Diferença entre poder e influência

O poder é uma característica essencial do papel de um gerente. Sem isso, ele encontraria dificuldade para direcionar os esforços dos subordinados. Portanto, poder é o fundamento para a eficácia de um gerente. Os subordinados também detêm forma e graus de poder. Eles podem, por exemplo, controlar o fluxo de trabalho ou recusar o apoio do gerente. Logo, até certo ponto, cada participante de uma organização é dotado de poder.

Pelo fato de o poder ser intangível, é muito difícil defini-lo de modo claro e preciso. Nossa língua também contém diversos termos similares, que tendemos a confundir com poder, como *autoridade* e *influência*. Para fins de clareza, definimos **poder** como a capacidade de mudar o comportamento de outras pessoas. É a habilidade de fazer com que outros realizem ações que, de outro modo, poderiam não executar.[1]

O poder nem sempre é legítimo. Portanto, aqui nos referimos à **autoridade** como o direito de tentar mudar ou dirigir outros. Ela inclui a noção de legitimidade. Consiste no direito de influenciar os demais, visando a cumprir metas comuns acertadas pelas diversas partes envolvidas. O poder, em oposição, nem sempre visa a atingir metas comuns e pode, às vezes, ser direcionado claramente para a concretização das metas de um único indivíduo.

Um outro termo, **influência**, também é empregado, freqüentemente, ao se discutir a noção de poder. Ela tende a ser mais sutil, mais ampla e geral que o poder. Embora influência e poder possam ser definidos como a capacidade para mudar o comportamento das pessoas, o poder incorpora a capacidade para efetivar essa ação com regularidade e facilidade. A influência é mais fraca, e menos confiável. O poder também se apóia em alguns fundamentos ou fontes específicos, que serão examinados em uma seção subseqüente deste capítulo. A influência depende da tática particular e emprega, com freqüência, interações face a face. Portanto, exercer influência tende a ser mais sutil do que o exercício do poder.

Processos de influência interpessoal

Em um artigo importante, Kelman distinguiu três principais razões para um indivíduo aceitar a tentativa de orientação de uma outra pessoa.[2] Se um empregado aceita a tentativa de exercer influência de um gerente por acreditar que será retribuído ou evitará ser punido, essa reação corresponde a **concordância**. Um colaborador pode, por exemplo, deixar de almoçar, a fim de terminar de digitar um relatório para o supervisor. Na realidade, ele pode esperar obter do supervisor uma manifestação de apreço ou, simplesmente, deseja evitar o ressentimento que resultará se o relatório não estiver finalizado a tempo. O comportamento do colaborador é motivado, estritamente, pela preocupação com retribuição ou punição. Os supervisores que se empenham em obter concordância contínua devem (1) ter certeza de que podem, realmente, expressar reconhecimento ou punir e (2) estar em posição para monitorar com freqüência o comportamento dos subordinados.

Um outro processo de influência, a **identificação**, ocorre quando uma pessoa segue as ordens de uma outra, por causa de uma vontade de estabelecer ou manter um relacionamento pessoalmente satisfatório. Quando um subordinado admira o gerente, busca sua aprovação e, talvez, tenta imitá-lo, deduzimos que ele sente um forte desejo de identificação com o gerente. Um exemplo desse processo ocorre quando um executivo não-graduado, que admire grandemente o CEO de sua organização, adota a filosofia e as crenças desse CEO quando se dirige aos membros de sua própria unidade de trabalho.

Na concordância e na identificação, o desempenho de uma ação, em si, não acarreta necessariamente a satisfação pessoal. Como alternativa, a ação pode se dever a uma expectativa por resultados positivos (concordância) ou a uma atração pela fonte de influência (identificação).

Um terceiro processo de influência é a crença de que o comportamento é compatível com o sistema de valores da pessoa. A **internalização** ocorre quando um colaborador aceita uma tentativa de influência, por acreditar que o comportamento resultante é correto e apropriado. Suponha, por exemplo, que um executivo de nível elevado divulgue que a organização está participando de uma campanha de arrecadação de fundos para uma instituição beneficente. Alguns dos gerentes divisionais podem incentivar com vigor os subordinados a contribuirem, por acreditar firmemente nas metas que ela propôs. Esses gerentes não são motivados por ameaças, retribuições ou admiração de seu superior, mas por um compromisso pessoal com um conjunto de valores.

As cinco bases do poder

Quem recebe o quê, quando e como são preocupações importantes para todo membro de uma organização. As pessoas, em todos os níveis, estão interessadas e são afetadas pela obtenção e distribuição de retribuições e recursos. Evidentemente, o poder desempenha um papel central em tais processos de alocação. Para explicar como o poder opera, examinamos, em primeiro lugar, as cinco diferentes fontes propostas por John French e Bertram Raven: poder de reconhecimento, poder coercitivo, poder legítimo, poder referente e poder baseado em especialização.[3]

Poder de reconhecimento

Poder de reconhecimento é a capacidade para determinar quem receberá retribuições específicas. Enquanto elas forem valorizadas, uma pessoa capaz de concedê-las ou de retê-las poderá exercer um forte poder sobre o comportamento dos demais. Efetuar promoções, dar aumentos salariais e designar um colaborador para funções preferidas são algumas retribuições típicas que a maioria dos gerentes pode controlar. Infelizmente, esse nem sempre é o caso. Quando uma equipe de trabalho é sindicalizada, por exemplo, os aumentos salariais e a atribuição de cargos baseiam-se mais em tempo de serviço e nos detalhes de um contrato de trabalho do que no julgamento de um gerente ou supervisor. Conforme observado em nossa discussão sobre motivação (Capítulo 4), a relação entre desempenho e reconhecimento sempre deve ser clara. Quando um gerente não tem capacidade para administrar os reconhecimentos extrínsecos e intrínsecos, torna-se extremamente difícil influenciar o comportamento de um subordinado. O poder de reconhecimento proporciona a um gerente uma vantagem diferenciada para a obtenção dos fins desejados de seu grupo de trabalho.

Poder coercitivo

Se poder de reconhecimento pode ser considerado "prêmio", poder coercitivo é "imposição". **Poder coercitivo** origina-se da capacidade para provocar medo nas pessoas. A ameaça de punição pode ser uma maneira eficaz para obter concordância. Os exemplos mais óbvios de punição são rebaixamento de cargo; diminuição do salário; suspensão; eliminação de regalias, como carro da empresa ou verba de representação; demissão. O poder coercitivo, no entanto, também pode ser mais sutil. Críticas e a negativa de apoio emocional ou amizade, por exemplo, também podem ser formas eficazes de coerção.

A aplicação do poder coercitivo requer bom julgamento social. Em alguns casos, espera-se, realmente, que um gerente seja coercitivo – como na situação em que um subordinado é extremamente ineficiente ou interfere na produtividade de outros. Em tal situação, outros empregados e gerentes esperarão, certamente, que o supervisor exerça uma ação firme.

Por outro lado, um gerente precisa ser cuidadoso ao aplicar o poder coercitivo. Se ele for muito grosseiro e aplicar punição indiscriminadamente a todos os empregados, o moral e a produtividade poderão ser afetados. Um gerente desse tipo pode constatar que o índice de rotatividade da unidade é muito elevado, pois, as pessoas buscam emprego em outras companhias. Além disso, os empregados atingidos podem retaliar sabotando as operações da unidade ou deixando de fazer sugestões úteis para melhorar o desempenho da unidade.

Apesar desses efeitos potencialmente negativos, o poder coercitivo encontra-se na base de toda concordância rotineira das organizações. Decisões do tipo chegar pontualmente ao trabalho, cumprir os prazos estabelecidos, e assim por diante, freqüentemente se devem, em grande parte, ao receio de ser despedido, ridicularizado ou repreendido. O poder coercitivo, de modo certo ou errado, é bastante usado na maior parte das organizações.

Poder legítimo

O **poder legítimo** origina-se da disposição de algumas pessoas para aceitar ordens de uma outra. Elas sentem a obrigação de seguir a liderança do indivíduo e de submeter-se à sua autoridade. Existem duas fontes de poder legítimo. A primeira é o condicionamento social. As pessoas são condicionadas, desde a primeira infância, a aceitar as opiniões dos indivíduos de autoridade. Elas aprendem que professores e guardas de trânsito têm o direito de conduzir ou dar ordens aos demais. A segunda fonte de poder legítimo é a nomeação. Uma pessoa pode conquistar poder sendo nomeada uma figura de autoridade por alguém que já tem autoridade legítima. O presidente de uma companhia, por exemplo, pode outorgar a um vice-presidente a autoridade para tomar decisões importantes em nome da companhia. O presidente atribui, assim, poder legítimo para o vice-presidente agir como representante direto e exercer autoridade de modo correspondente.

O poder legítimo somente pode ser eficaz se for aceito pelas pessoas que pretende controlar. Se as pessoas retiram seu apoio do sistema que constitui a base de poder, este deixa de existir. Tais retiradas de apoio ocorrem em revoluções, quando as classes dominantes e seus sistemas sociais deixam de existir, e nos tumultos, quando uma rebelião espontânea, porém limitada, eclode contra a autoridade.

Poder referente

Pessoas com personalidades interessantes ou outras qualidades especiais detêm uma forma de poder. Sua aparência, postura, estilo interpessoal ou valores podem inspirar admiração e fazer com que outros se identifiquem com elas. A capacidade resultante para influenciar o comportamento é denominada **poder referente**. Com freqüência, é fácil identificar um indivíduo dotado desse poder. A maioria das pessoas concordaria, por exemplo, que atletas e artistas populares – como Tiger Woods, Tom Hanks, Arnold Schwarzenegger e Oprah Winfrey – possuem esse atributo. É extremamente difícil, no entanto, definir com exatidão o que gera o carisma dessas pessoas. Vigor e aparência de sucesso, usualmente, desempenham papéis importantes. Outras características que contribuem para o poder referente, entretanto, podem ser muito difíceis de apontar (considere, por exemplo, que Adolf Hitler foi julgado carismático por seus seguidores).

O poder referente origina-se da vontade das pessoas de se identificar com as qualidades de um indivíduo que exerce atração. A propaganda que utiliza uma celebridade para endossar um produto baseia-se no poder referente, pois, o patrocinador espera que o público o adquira, na tentativa de imitar o comportamento e as atitudes da pessoa.

Poder baseado em especialização

Indivíduos com **poder baseado em especialização** têm capacidade para dirigir outros, pois são reconhecidos como especialistas ou talentosos em determinada área. A maioria de nós procura e acata prontamente a opinião de especialistas, como o médico da família ou um técnico de atletismo. De maneira idêntica, temos possibilidade de seguir a orientação de um colega considerado especialista em nossa área de atuação. Essa forma de poder, entretanto, quase sempre é limitada a um campo razoavelmente restrito e específico e não se difunde a outras áreas de interação social.

A maioria dos subordinados assume que seus superiores detêm poder baseado em especialização, sob a forma de conhecer todas as funções da unidade de trabalho. Em geral, níveis maiores de experiência e conhecimento relevante para o cargo proporcionam efetivamente a um gerente uma margem de especialização. Em cenários de funções altamente técnicas, no entanto, alguns subordinados podem ter conhecimento mais especializado que os gerentes. Na realidade, alguns gerentes podem depender grandemente da especialização técnica de seus subordinados, a fim de comandar com sucesso suas unidades de trabalho. Em uma situação desse tipo, o poder baseado em especialização pode conduzir a uma reversão atípica do relacionamento usual entre gerente e subordinado.

Inter-relação entre as bases do poder

Um gerente pode dispor, em graus variados, de cada um dos cinco tipos de poder, e a adoção de um deles como base pode afetar a força de um outro. Uma pessoa pode, por exemplo, conquistar maior legitimidade sendo promovida a uma posição de nível mais graduado. Evidentemente, isso proporciona, via de regra, mais oportunidades para demonstrar reconhecimento e usar coerção. A aplicação de coerção, no entanto, poderia reduzir seu poder referente, porque ela tende a produzir concordância imediata, porém, pode gerar efeitos colaterais negativos.

Tabela 6.1	Comparação Entre as duas Principais Visões de Poder e Influência

Processos de Influência Interpessoal de Kelman		Bases de Poder de French e Raven
Concordância (baseada em reconhecimento)	está relacionada a	Poder de Reconhecimento
Concordância (baseada em punição)	está relacionada a	Poder Coercitivo
Identificação	está relacionada a	Poder Referente
Internalização	está relacionada a	Poder Legítimo e Poder Referente

O gerente deve ter em mente, acima de tudo, que a tendência para usar poder encerra a possibilidade de resultar em maior eficácia, ao passo que deixar de aplicá-lo pode produzir o efeito contrário. Pode-se esperar que os gerentes que exercem poder com alguma freqüência continuem com esse comportamento em cenários futuros e, portanto, consigam maior deferência dos subordinados. Gerentes mais passivos podem encontrar dificuldade caso decidam usar o poder repentinamente, porque os subordinados estarão acostumados com sua falta de firmeza.

Há possíveis distinções entre as cinco bases de poder. O poder baseado em especialização e o referente são de natureza mais informal; o poder de reconhecimento, o legítimo e o coercitivo apresentam maior capacidade para afetar, em termos gerais, a satisfação e o desempenho do colaborador. As bases do poder formal, em contraste, exercem, potencialmente, maior impacto no comportamento imediato. Embora o poder formal possa originar uma resposta rápida de um empregado, não será necessário obter concordância e compromisso. Um trabalhador pode, por exemplo, acatar uma ordem do gerente e ainda assim se ressentir com a coerção.

Há muitos séculos, o filósofo italiano Maquiavel afirmou que as pessoas que detêm poder formal tendem a permanecer em suas posições de autoridade por mais tempo do que as que se apóiam no poder informal. Essa observação faz algum sentido, porque as bases informais do poder são passíveis de se corroer mais facilmente, por depender da percepção das pessoas. Um gerente pode, por exemplo, deixar de ser especializado diante de alterações na tecnologia, ou ter a consideração por sua pessoa diminuída após uma série de ações impopulares ou mudanças pessoais. Enquanto o poder com base em especialização recupera-se por meio de treinamento técnico, não existem maneiras seguras para aumentar o poder referente.

O poder referente reside, em geral, nas características pessoais do gerente, ao passo que o poder formal existe na própria posição. É possível argumentar com segurança, entretanto, que todas as fontes de poder podem ser reduzidas a uma única categoria: controle sobre os reforçadores. Conforme mostrado no Capítulo 3, o modo mais eficaz de controlar o comportamento das demais pessoas é controlar quando e de que modo recebem reforço.

Política: os fatores da vida organizacional

Os termos *política* e *poder* são empregados, algumas vezes, de forma intercambiável. Embora sejam relacionados, ainda assim, constituem noções distintas. **Política organizacional** pode ser definida como "aquelas atividades exercidas no âmbito das organizações para adquirir, desenvolver e usar o poder e outros recursos para conseguir a retribuição preferida em uma situação na qual existe incerteza [ou desacordo] quanto às opções".[4] O estudo da política organizacional constitui, em certo sentido, o estudo do poder em ação. Também pode ser afirmado que política envolve a demonstração de poder e influência.

A palavra *política* contém uma conotação um tanto negativa. Sugere que alguém está tentando usar recursos ou atingir finalidades desaprovados pela organização. Na realidade, o comportamento político como o definimos é bem neutro. De modo similar, o poder não é inerentemente negativo. O fato de uma pessoa considerar o poder e a política como algo pernicioso depende de algumas considerações, talvez a mais importante seja como o indivíduo se posiciona relativamente a um tema específico e uma determinada situação. A maioria dos gerentes, no entanto, reluta em admitir o caráter político de seus próprios cenários de trabalho.

Um aspecto adicional é que todos os membros de uma organização podem demonstrar um comportamento político. Em nossa discussão anterior sobre poder, adotamos uma abordagem razoavelmente formal e tradicional do tópico da influência. Portanto, examinamos o poder da perspectiva de um supervisor ou gerente que dirige outras pessoas. Na área da política, entretanto, todos desempenham um papel. Subordinados, bem como seus gerentes, podem tomar parte no toma-lá-dá-cá da política organizacional.

Táticas políticas

Diversos autores identificaram uma variedade de táticas políticas usadas por trabalhadores de todos os níveis.[5] Nesta seção, examinaremos algumas delas.

Insinuação

Essa tática envolve fazer elogios ou favores para superiores ou subordinados. A maioria das pessoas encontra dificuldade para rejeitar as ações positivas das demais. A insinuação opera, usualmente, como tática na medida em que o alvo se sente positivo em relação à fonte, mesmo se a tentativa de se insinuar for razoavelmente ruidosa e transparente (veja a Tabela 6.2).

A noção de *reciprocidade social*, nas ciências comportamentais, foi introduzida para ajudar a explicar o processo de insinuação. Existe nela um senso de obrigação social para retribuir as ações positivas de outras pessoas, mediante ações similares. Se alguém o cumprimenta, por exemplo,

---

TABELA 6.2 | QUAL SEU GRAU DE INSINUAÇÃO?

Indique com que freqüência você demonstra cada um dos comportamentos a seguir:

Sim   Não

___   ___   1. Expressar admiração por seu chefe pelas suas realizações, não importando quão pouco você se preocupa com elas.
___   ___   2. Empenhar-se em fazer favores (por exemplo, resolver assuntos) para o chefe.
___   ___   3. Rir entusiasticamente com as piadas do chefe, apesar de considerá-las sem graça.
___   ___   4. Elogiar o chefe pela aparência.
___   ___   5. Sorrir freqüentemente e demonstrar entusiasmo pelas idéias do chefe.
___   ___   6. Elogiar o chefe para outras pessoas quando ele está presente.
___   ___   7. Discordar do chefe somente em assuntos triviais e sempre concordar no caso de temas importantes.

Quanto maior sua concordância com os itens acima (e quanto mais seus colegas concordarem que os itens o descrevem), maior a probabilidade de você estar praticando a tática política de insinuação.

Fonte: Baseado em itens desenvolvidos por Kumar, K.; Beyerlein, M. "Construction and Validation of an Instrument for Measuring Ingratiatory Behaviors in Organizational Settings", *Journal of Applied Psychology* 76, p. 619-627, 1991.

existe uma grande expectativa de que você corresponda. Caso você não proceda dessa maneira, poderá ser julgado mal-educado. Insinuação envolve, de modo similar, fazer comentários positivos para uma pessoa na expectativa de que ela se sinta obrigada a retorná-los de alguma forma.

Formar alianças e redes

Uma outra tática política consiste em fazer amizade com pessoas importantes. Elas podem não estar ocupando posições de algum valor político real, entretanto, seus cargos podem proporcionar informações que poderiam ser úteis para quem as recebe. Algumas pessoas descobrem que cultivar a amizade de executivos do alto escalão pode ajudá-las a ter acesso a informações importantes. Elas também podem constatar que, ao manter um bom relacionamento com o assistente administrativo do chefe, também poderão conseguir informações privilegiadas e acesso mais fácil a ele.

Gerenciamento da impressão transmitida

Uma tática simples, que praticamente todos utilizam de tempos em tempos, é o gerenciamento de sua aparência exterior e de seu estilo. Em geral, a maior parte das organizações prefere uma determinada imagem, que consiste em ser leal, solícito, bem-vestido, sociável etc. Ao tentar projetar deliberadamente essa imagem, uma pessoa consegue transmitir uma impressão positiva aos membros influentes da organização.

Gerenciamento das informações

Uma outra tática consiste em gerenciar as informações partilhadas com outros. A natureza, bem como a ocasião, das informações veiculadas consegue exercer um efeito considerável sobre a conduta dos demais. Transmitir boas ou más novidades, quando for provável que exerçam maior impacto, pode favorecer, consideravelmente, os interesses de uma pessoa ou prejudicar as esperanças de outras. De modo similar, um indivíduo pode solicitar informações (como dados de vendas ou um relatório de produção) quando for mais provável que faça as coisas parecerem particularmente boas ou más. As pessoas que participam do jogo de gerenciamento, no entanto, não mentem nem divulgam informações errôneas, porque sua credibilidade futura ficaria comprometida. Como alternativa, apóiam-se na transmissão cuidadosamente planejada de informações válidas, para obter aquilo que almejam.

Promover a oposição

Pode parecer estranho, porém, uma das maneiras para eliminar oposição consiste em auxiliar os rivais políticos. É possível, por exemplo, eliminar um deles ajudando-o a se tornar bem-sucedido, a ponto de ser transferido para um cargo desejável em outra área da organização. Recomendar um rival para uma nova posição ou mesmo para uma promoção em outra divisão pode tornar mais fácil a vida de uma pessoa no trabalho.

Almejar um cargo de linha

Algumas posições, praticamente em todas as organizações, são relacionadas mais de perto à principal missão da empresa; esses cargos são denominados *posições de linha*. Situam-se no núcleo da organização. As pessoas que ocupam *posições de apoio* envolvem engenharia, produção e suporte à tecnologia, no âmbito de uma empresa orientada ao cliente. Pessoas em departamentos como relações públicas, pesquisa de mercado e recursos humanos ocupam, usualmente, *posições staff*. Embora esses indivíduos possam deter grande poder em seus setores, são as pessoas de linha que, em geral, decidem o que deve ser feito em relação aos principais assuntos. Elas não somente tomam as decisões mais importantes no interior da organização, como também encontram maior probabilidade de serem promovidas a posições executivas no escalão superior. Existe, em muitas organizações, um departamento preferido para início e trajetória de carreira para os gerentes graduados – essas são, comumente, posições de linha. Portanto, uma maneira de ganhar influência em uma organização é assumir inicialmente ou ser transferido para uma posição de linha. Muitas vezes, proporcionará mais visibilidade, influência e mobilidade vertical.

Táticas políticas escusas

Algumas táticas políticas são dotadas de natureza bem honesta. Acumular tempo de serviço, entregar cópias de suas realizações ao chefe e ter grandes aspirações, por exemplo, são meios respeitáveis para conquistar influência.[*] Algumas outras táticas, no entanto, são difíceis de justificar em termos morais. Para proporcionar elementos de autodefesa, vale a pena examinar diversas dessas táticas políticas escusas.[6]

Não faça prisioneiros

Algumas vezes, torna-se necessário fazer algo impopular ou desagradável, como rebaixar hierarquicamente, transferir alguém ou anunciar reduções salariais. Muitas ações impopulares podem ser necessárias durante a aquisição do controle acionário de uma empresa por outra. Como resultado, existe a possibilidade de criar inimigos políticos. Uma tática implacável para lidar com esse problema potencial é eliminar todos os indivíduos que possam estar ressentidos, demitindo-os ou transferindo-os.

Divida e conquiste

Essa tática envolve criar desavenças entre duas ou mais pessoas, para que permaneçam continuamente desestabilizadas e, portanto, incapazes de engendrar um ataque contra você. Essa é uma idéia muito antiga e ainda adotada em alguns contextos de trabalho. Um indivíduo inescrupuloso, que empregue essa técnica habitualmente, incentiva discussões entre possíveis rivais, espalhando rumores ou promovendo competição entre subordinados ou grupos. Essa tática, no entanto, é arriscada, pois os oponentes podem, no final, comparar anotações e concluir que uma terceira pessoa é, realmente, responsável por criar e manter uma má impressão.

Exclua a oposição

Uma outra tática escusa envolve manter os rivais distantes de reuniões e ocasiões sociais importantes. Isso pode ser feito, simplesmente, programando eventos consideráveis quando os opositores estiverem ausentes (em férias ou em viagem de negócios) ou participando de outra

---

[*] O desempenho puro e simples permanece um elemento essencial para uma carreira bem-sucedida em praticamente todos os campos de atuação.

reunião. Com a oposição ausente, é possível influenciar a tomada de decisão ou assumir o crédito pelo empenho de um rival.

Disparates políticos

Embora certas táticas possam promover os fins desejados, outras podem configurar disparates ou erros políticos custosos. Entre as mais comuns, encontram-se desrespeitar a cadeia de comando, perder a frieza, dizer não ao alto escalão, passar por cima do supervisor e desafiar crenças enraizadas.

Desrespeitar a cadeia de comando

Ocasionalmente, uma pessoa julgará ser seu dever procurar o chefe de seu chefe, seja para queixar-se do tratamento que recebe ou para atuar como informante. Uma pessoa pode, até mesmo, sentir que tal ação é justificada, por ela estar firmemente convencida da legitimidade de sua posição. Passar por cima do chefe, no entanto, representa, muitas vezes, um grande tabu organizacional. Espera-se, geralmente, que um empregado peça autorização ao chefe, antes de procurar seu superior a respeito de qualquer assunto.

Perder a calma

Ter acessos de raiva e agir de modo agressivo com outras pessoas são encarados, freqüentemente, como táticas aceitáveis e, algumas vezes, eficazes em contextos como eventos esportivos. No ambiente de escritório, porém, elas não produzem resultados. Bater na mesa e fazer comentários derrogatórios levam uma pessoa a adquirir, com freqüência, uma reputação de convivência difícil, marca que pode ser extremamente difícil de eliminar. Uma variação também escusa dessa tática é incitar uma pessoa que tende a ser antipática e agressiva a demonstrar essas tendências nas ocasiões erradas. Desse modo, os colegas a ajudarão a cometer suicídio político.

Dizer não ao alto escalão

Uma das maneiras mais seguras para impedir o avanço de sua carreira é rejeitar um pedido do alto escalão. Em vez de se sentir afortunados por serem solicitados para um projeto, alguns indivíduos acreditam estar sobrecarregados e sendo sobrecarregados, ou se permitem desafiar o alto escalão, por se sentirem indispensáveis. Isso representa um mau julgamento sob dois aspectos: primeiro, as pessoas das camadas inferiores de uma organização raramente são indispensáveis; segundo, se os colaboradores se encontram sobrecarregados, deveriam explicar a situação ao gerente e tentar obter ajuda.

Passar por cima do supervisor

Em termos gerais, uma pessoa deve evitar criticar publicamente as demais. Não se considera apropriado, por exemplo, um supervisor criticar um subordinado em público. O oposto, no entanto, também é verdadeiro – um subordinado deve se abster de fazer críticas implícitas ao chefe, passando por cima dele. Freqüentemente, isso assume a forma de vangloriar-se a respeito das próprias conquistas ou de assumir o crédito pelo sucesso de uma unidade.

Visão Interior

Como se relacionar bem com o bobo do escritório

Não existe um local de trabalho que não tenha um. Você sabe, o colega cronicamente difícil, que exibe um comportamento grosseiro e perturbador, com freqüência aparentemente diária? Essas pessoas usam a crítica aos demais para engrandecer seus egos gigantescos e paparicar dirigentes para avançar na carreira. Elas se consideram superiores e expressam desprezo e repugnância pela incompetência e inadequação das demais. São mestres na arte de irritar e quase impossíveis de evitar.

Todos encontramos esses tontos em alguma ocasião. O bobo do escritório, porém, é meramente um bobo projetando maldosamente a raiva reprimida, ou existe algo mais calculado e sagaz acontecendo? Os bobos do local de trabalho, os narcisistas e manipuladores, podem ser extremamente orientados a metas e hábeis na política do escritório. Eles sabem como obter favores, bajulando os superiores e intimidando os colegas. Chegaram à conclusão de que traição e manobras no local de trabalho, muitas vezes, compensam e que não há muito que alguém possa fazer a respeito disso. Em uma palavra, o bobo do escritório pode ser uma pessoa maquiavélica autêntica – um pragmático frio e calculista.

É uma realidade desanimadora do local de trabalho que, enquanto pessoas capacitadas se aborrecem com colegas difíceis, os bobos são promovidos. Ao ceder às exigências e não levar em conta comportamentos questionáveis, as empresas reconhecem, desavisadamente, os empregados difíceis. Os bobos sobrevivem, porque conseguem suportar a solidão profissional durante mais tempo que a maioria das pessoas e por não se importarem com a opinião dos demais. Podem ser grandemente ambiciosos e solícitos, entretanto dependentes de seu lado obscuro. Irritar os outros parece ser seu modo de manipular o poder e competir.

De que maneira os colaboradores honestos e de boa índole devem reagir aos bobos do escritório? John Hoover, consultor de liderança organizacional e autor de *How to Work for an Idiot*, comenta que as pessoas precisam admitir que "não têm poder" sobre os bobos que aparecem em suas vidas. Se esse conselho for semelhante ao primeiro passo de um grupo de auto-ajuda, bem, realmente é – bons colaboradores precisam se refazer da experiência humilhante de lidar com colegas difíceis. Tentar mudar um colega implacável representa tempo desperdiçado, de acordo com alguns analistas do local de trabalho. Gloria Elliott, consultora organizacional e moderadora em seminários sobre "Treinamento para Lidar com Bobos", acredita que se afastar é a melhor atitude a tomar. Os empregados devem diminuir o envolvimento com trabalhadores difíceis e sempre permanecer alerta. "O agradável não é contagioso", afirma Elliot. "Não sorria para essas pessoas."

Reclamar para os dirigentes solucionará o problema? Logicamente não, dizem os especialistas. Bobos são notoriamente hábeis em paparicar chefes, que permanecem desconhecendo o comportamento cruel desses colaboradores. Os subordinados podem queixar-se a um gerente, porém, é improvável que ele tenha presenciado, alguma vez, o comportamento abusivo do bobo. "Testemunhei departamentos inteiros sendo eliminados", afirma Hoover, e os únicos que permaneceram foram o chefe e seu bobo.

O conselho dos "especialistas em bobos" é bem claro: após alguém, no local de trabalho, ter sido identificado como um bobo sem remorso, os demais devem se afastar. Evitar contatos pode ser a melhor atitude. Não é sensato admitir que respostas gentis e normais produzirão efeitos nesses colegas enigmáticos – os bobos não são normais, possuem muita sede de poder.

Fonte: Zaslow, J. "Why Jerks Get Ahead", *The Wall Street Journal*, 29 mar. 2004.

Desafiar crenças enraizadas

Existem, em muitas empresas, algumas crenças enraizadas, relativas à natureza da organização; geralmente, considera-se "má conduta" criticar ou desafiar tais tradições, pois existe a possibilidade de se ser ouvido por colaboradores leais à empresa. Exemplos de tais crenças incluem: "Esta organização é a melhor em seu campo de atuação"; "Nosso fundador foi (ou é) uma pessoa excepcional"; "As pessoas que deixam nossa organização são aquelas de quem não precisamos". Sem dúvida, todas as pessoas podem ter sua própria opinião, porém, seria insensatez política participar de um debate aberto sobre a verdade de certas crenças amplamente aceitas.

Lidar com a política organizacional

A participação no jogo político, quando levada ao extremo, gera muitos efeitos disfuncionais. O moral se abate, passam a existir vitoriosos e vítimas, e se despende tempo e energia no planejamento de ataques e contra-ataques, negligenciando a produtividade. Portanto, combater a política deve fazer parte das funções de um gerente.

Dar o exemplo

Quando um gerente participa de jogos políticos, transmite aos subordinados uma mensagem de que tal conduta é aceitável. Ele pode criar um clima tolerante, ou intolerante, a hábitos escusos. Não há dúvida de que um departamento é mais bem administrado por um gerente que proporciona um modelo de comportamento positivo, ao incentivar a veracidade e o tratamento imparcial aos demais.

Distribua as tarefas claramente

A política parece ser mais prevalecente quando os objetivos, como um todo, não são claros e se torna difícil avaliar o desempenho dos diversos colaboradores.* Uma maneira de se opor às atividades políticas é atribuir tarefas bem definidas e distintas. Quando as expectativas são claras e os subordinados entendem como serão avaliados, participar de um jogo se torna menos necessário como caminho para conquistar reconhecimento pessoal.

Elimine alianças e grupos fechados

Alianças e grupos fechados, prejudiciais ao desempenho da unidade, quase sempre podem ter sua influência diminuída ou eliminada. Embora demissão e transferência sejam duas soluções possíveis, as pessoas também podem ficar sujeitas à rotatividade dos cargos, o que incentiva a percepção que o colaborador tem da empresa em termos mais amplos e ajuda a combater uma visão "nós–eles" dos outros departamentos.

Enfrente os que participam do jogo

Mesmo em um clima de confiança e abertura, as pessoas podem dar sugestões ou informações, por um motivo inconfesso. Uma boa resposta a tal situação seria simplesmente pergun-

---

* Os atributos das metas sem parâmetros estabelecidos e a dificuldade para avaliar o desempenho individual são especialmente relevantes para os departamentos acadêmicos.

tar: "Por que você está me contando isso sobre o Sam?" ou "Por que você e eu não conversamos com o chefe de Sam, imediatamente, a respeito disso? Creio que você deveria informar-lhe o que acabou de me contar". Outra resposta útil seria propor um fórum público para discutir uma informação questionável. Um gerente pode dizer, por exemplo: "Creio que compreendo sua preocupação a respeito desse assunto. Vamos colocá-lo em discussão em nossa próxima reunião do departamento". Valer-se de um fórum público para discutir e optar por um curso de ação representa uma excelente defesa contra a maior parte das sugestões dúbias. Um gerente, via de regra, não deve se envolver em nenhum esquema que não esteja disposto a levar para discussão pública. Saber que todas as sugestões estão sujeitas a discussão aberta desencoraja, invariavelmente, as pessoas que esperam envolver um gerente em jogos políticos.

Maquiavelismo

Nicolau Maquiavel, filósofo e homem público da Itália renascentista, foi um dos primeiros a abordar o tópico de comportamento político. Ele examinou, em seus trabalhos, a eficácia da política, sem preocupação com ética ou moral. Maquiavel, simplesmente, não levou em conta considerações morais ao analisar como as pessoas realmente se comportam, e não o modo como deveriam se comportar. Em virtude dessa visão descompromissada da realidade política, ele tem sido considerado, algumas vezes, o pragmático fundamental. Em anos recentes, seu nome acabou sendo sinônimo de uso da traição e de manobras políticas. Portanto, dizer que alguém é maquiavélico representa um insulto grave.*

Christie e Geis tentaram avaliar a extensão em que o estilo pessoal de um indivíduo possa ser de natureza maquiavélica.[7] Com isso em mente, converteram certos princípios básicos das idéias de Maquiavel em uma escala de atitudes, que pode ser usada para medir o grau de maquiavelismo de uma pessoa. As afirmativas da escala de Maquiavel (ou **Escala M**, abreviadamente) concentram-se em diversos fatores. Os principais, entre eles, são: (1) o uso de táticas manipuladoras interpessoais ("É aconselhável adular pessoas importantes" e "Nunca diga a alguém a verdadeira razão por que você fez algo, a não ser que seja proveitoso dizê-lo") e (2) uma visão desfavorável da natureza humana ("Em termos gerais, as pessoas não trabalharão com afinco, a não ser que sejam forçadas a tanto" e "Qualquer pessoa que confie plenamente em outra está em busca de problema").

É sabido que muitas pessoas concordam em alto grau com a visão de Maquiavel.[8] Geralmente, são capazes de controlar as interações sociais e manipular eficazmente as demais. Também demonstram eficácia especial no uso de suas aptidões nas situações face a face. Uma série de estudos com alunos de faculdades revelou que estudantes muito maquiavélicos tinham maior probabilidade de seguir a carreira de medicina e que eram mais críticos que seus colegas de curso.[9] Também admitiram ser dominados por forte sensação de hostilidade. Em um estudo planejado, em que os alunos eram induzidos a enganar e ser acusados, em seguida, por sua atitude, indivíduos muito maquiavélicos fitaram bem nos olhos de seu acusador e negaram o engano por mais tempo que os menos maquiavélicos.

Uma outra pesquisa indica que o maquiavelismo mantém correlação positiva com sucesso profissional (isto é, prestígio e remuneração do cargo) para pessoas com formação educacional acima da média, ao passo que, no caso de pessoas com nível educacional inferior, sua relação

---

* Outras culturas no mundo também tiveram sua própria versão de Maquiavel. Aproximadamente em 300 a.C., Lord Shang, na China, e Koutilya, primeiro-ministro do sul da Índia, escreveram a respeito de uma filosofia parecida com a de Maquiavel. Os três escritores abordaram diversos temas comuns: a humanidade é basicamente fraca, falível e facilmente ludibriada; portanto, uma pessoa racional se aproveita das situações e busca a proteção da falta de confiabilidade implícita nas demais.

se apresenta inversa ao sucesso profissional. Esses resultados fazem sentido, pois, indivíduos muito maquiavélicos requerem situações que oferecem muita flexibilidade para improvisação e manipulação interpessoal (conforme é característico dos cargos gerenciais e executivos). As pessoas que trabalham em fábrica, onde os padrões de desempenho são mais objetivos e as medidas disciplinares relativamente coercitivas, podem ser penalizadas em proporção a seu grau de maquiavelismo.[10]

Em geral, os indivíduos maquiavélicos são considerados dominadores e manipuladores socialmente, e supõe-se que demonstram comportamento político com mais freqüência do que outros participantes da organização. Não manifestam emotividade nas relações interpessoais (isto é, permanecem frios e distantes, e tratam os demais como objetos a ser manipulados), preocupação pela moralidade tradicional (isto é, consideram a fraude útil e não-repreensível) e com compromissos ideológicos (isto é, preferem manter o poder pessoal nas diversas situações a seguir idéias relativamente inflexíveis).

Conseqüências da adoção da tática de influência

O estudo das tentativas para influenciar outros começou a focalizar as técnicas específicas que as pessoas utilizam no trabalho. David Kipnis e Stuart Schmidt, após diálogos com empregados, criaram um questionário, a fim de avaliar seis táticas.[11] Elas incluem:

1. Razão: apóia-se no uso de dados, lógica e discussão;
2. Atitude amigável: usa interesse, boa vontade e estima, para transmitir uma impressão favorável;
3. Formação de alianças: mobiliza outras pessoas na organização para apoiar em demandas;
4. Discussão: apóia-se em negociação e troca de favores;
5. Assertividade: apóia-se na franqueza e na eficácia das comunicações;
6. Apelo à autoridade superior: invoca a influência dos que ocupam posição mais elevada na organização, para apoiar uma solicitação.

Kipnis e Schmidt, baseados nas respostas ao questionário, classificaram os colaboradores segundo quatro estilos de influência:

1. Coercitivos: recusam-se a aceitar um "não" como resposta e utilizam todas as táticas precedentes para atingir suas metas;
2. Táticos: tentam influenciar os demais por meio da razão e da lógica;
3. Insinuadores: valem-se da insinuação e da adulação;
4. Observadores: atentam para a ação, em vez de tentar influenciar.[12]

As comparações das avaliações de desempenho para os quatro tipos de empregado revelaram que as pessoas que tentaram influenciar afirmativamente seus supervisores (Coercitivas) eram vistas de modo menos favorável. Homens e mulheres Coercitivos receberam dos superiores avaliações igualmente baixas. Supervisores tendiam a conceder melhor avaliação aos Táticos, que se apoiavam na razão e na lógica. As mulheres que obtiveram a melhor avaliação aparentavam ser Insinuadoras e Observadoras. Ao responder a essas constatações, os Táticos e as Insinuadoras eram considerados deferentes e ponderados.

Descobriu-se, também, que o salário está associado ao estilo de influência. Em uma comparação de renda entre 108 gerentes homens, os Táticos ganhavam o maior salário anual (US$ 73.240), seguidos pelos Observadores (US$ 60.270), Coercitivos (US$ 56.480) e Insinuadores (US$ 52.700). Com base nas avaliações e na renda, parece que os Táticos são mais valorizados que os pares que adotam outros estilos. Os indivíduos Coercitivos expressaram maior tensão no trabalho e estresse pessoal.

A partir dessa e de outras descobertas, Kipnis e Schmidt argumentam que livros e programas de treinamento criados para dar responsabilidade às pessoas (ensinar, em essência, um estilo Coercitivo) são questionáveis. Eles afirmam que as pessoas não deveriam ser ensinadas a ser exageradamente assertivas como a melhor tática para concretizar suas aspirações. Os programas de treinamento deveriam, em vez disso, enfatizar estilos de influência menos vigorosos e que se apóiem na razão e na lógica.[13] Também é interessante contrastar os estilos preferidos pelos gerentes ao tentar influenciar superiores e subordinados. Kipnis e Schmidt relatam que razão é a preferida para isso. A assertividade, no entanto, tem probabilidade muito maior de ser usada com subordinados do que com superiores, enquanto formação de alianças seria preferida para influenciar superiores do que subordinados.

Outras técnicas de influência

Além das táticas discutidas até agora, existem diversos outros mecanismos, mais sutis, por meio dos quais as pessoas podem ser influenciadas. Uma técnica eficaz consiste em criar a aparência de *status* superior. As pesquisas demonstraram que pessoas que simplesmente aparentam *status* mais elevado, em função de seu modo de vestir ou do uso de títulos, podem exercer maior influência. Em um estudo, por exemplo, um homem desobedeceu ao farol de trânsito ao atravessar a rua. Em metade dos casos, ele trajava terno social impecável, enquanto nos outros vestia camisa e calça de trabalho. Era de interesse observar o número de pedestres que atravessariam a rua com o homem.[14] Uma outra maneira de criar aparência de *status* superior é usar humor. Geralmente, os indivíduos de *status* superior contam piadas para subordinados de *status* inferior. Esses indivíduos também são mais comumente alvo do ridículo expresso pelas piadas.[15]

Uma segunda forma sutil de influência reside em criar a aparência de que um comportamento é normativo. *Barmen*, por exemplo, colocam, com freqüência, alguns dólares em um copo de gorjeta para criar a aparência de que dar gorjetas é uma ação apropriada, e que cédulas de dólares, e não centavos, são dadas usualmente. Pessoas escolhidas com antecedência também são posicionadas, algumas vezes, entre o público de pastores, com instruções para se dirigir à frente e fazer doações ou relatar "curas". A popularidade visível de uma ação, em geral, tende a induzir concordância. Em um estudo, por exemplo, diversas pessoas olharam o céu da cidade de Nova York durante um período de tempo prolongado. Após um breve intervalo, a maioria dos transeuntes também estava olhando o céu vazio.[16]

Finalmente, as pessoas podem ser influenciadas, algumas vezes, a concordar com a solicitação de um grande favor, com o qual, de outro modo, não concordariam, caso lhes seja pedido inicialmente que façam um pequeno favor. Esse **princípio do primeiro passo** foi demonstrado na ocasião em que pesquisadores pediram às pessoas que instalassem um cartaz grande com os dizeres "Dirija com Cuidado" na área de entrada de suas casas. Somente 17% concordaram em colocar um cartaz de grande dimensão. As pessoas, no entanto, que foram solicitadas, de início, a exibir um pequeno cartaz de 7,5 cm em suas janelas (o que teve a concordância de praticamente todos) estiveram de acordo 76% das vezes quando procuradas após duas semanas da solicitação de colocarem o cartaz grande.[17]

Ética da política organizacional

Os especialistas em ética dos negócios Gerald Cavanagh, Dennis Moberg e Manuel Velásquez propuseram diretrizes a respeito de como um comportamento político ou um curso de ação deveria ser seguido em determinada situação.[18] Um comportamento político, segundo esses autores, é ético e apropriado somente se (1) respeitar os direitos de todas as partes afetadas e (2) respeitar os princípios da justiça – um julgamento claramente correto daquilo que é justo e razoável. O modelo incentiva, em essência, a adoção de comportamentos não-políticos (onde tais alternativas existem) e a rejeição dos comportamentos que interferem nos princípios de justiça.

Cavanagh e seus associados, para ilustrar sua lógica, sugerem um caso em que dois cientistas pesquisadores, Sam e Bill, competem em um laboratório de desenvolvimento de novos produtos. Cada um deles preparou uma proposta, a fim de obter uma gratificação elevada em dinheiro, para a melhor idéia de um produto novo. Análises conduzidas por outros cientistas, sem que conhecessem o nome dos proponentes, revelaram que ambas eram igualmente meritórias. Sam pergunta periodicamente a respeito do resultado da competição, enquanto Bill participa de uma campanha aberta em apoio à sua proposta. Bill, especialmente, aproveita toda oportunidade para ressaltar as vantagens relativas de sua proposta às pessoas que podem exercer alguma influência sobre a decisão final. Ele procede desse modo após admitir abertamente sua intenção para Sam e outros. Sua campanha de pressão informal é eficaz e sua proposta recebe recursos, o que não ocorre com a de Sam.

Usando a lógica desses pesquisadores, perguntamos, de início, se o resultado, em termos dos interesses maiores da sociedade e da companhia, será ótimo. Em virtude de ambas as propostas terem sido julgadas equivalentes nas análises em que os nomes não foram revelados, precisamos responder afirmativamente. A segunda pergunta focaliza se o comportamento de Bill respeitou os direitos de Sam. Devido ao fato de Bill ter comunicado a Sam que pretendia promover ativamente sua proposta, Bill não pode ser acusado de fraude. Igualmente, a falta de ação de Sam pode ser considerada um consentimento implícito. Uma outra questão ressalta a natureza suspeita das ações de Bill, ao apontar diferenças irrelevantes entre as duas propostas. Tendo em vista o mérito equivalente de que desfrutam, outras considerações (por exemplo, que cientista era mais qualificado para implementar a proposta ou outras provas de desempenho passado) deveriam fazer parte da decisão sobre financiamento.

Acatar a autoridade: obediência

Para que os gerentes cumpram as metas, eles precisam contar com os subordinados, que devem obedecer às orientações. Obediência à autoridade é uma predisposição fortemente enraizada na maioria das pessoas. Sem essa predisposição, a sociedade não seria capaz de funcionar. Em geral, o grau de nossa predisposição para obedecer ordens somente pode ser intuído. Às vezes, ouvimos relatos de obediência cega à autoridade, como nos julgamentos por crimes de guerra de Adolf Eichmann e do tenente William Calley, porém, tendemos a desconsiderar tais casos, por serem extremos e incomuns.

No início dos anos 1960, Stanley Milgram, da Yale University, conduziu uma série de estudos, para examinar a extensão em que as pessoas obedeceriam, mesmo que as exigências de quem impunha autoridade violassem suas responsabilidades morais.[19] Como parte dessa pesquisa, 40 homens de uma grande variedade de cargos foram pagos para participar de uma experiência de aprendizagem. Cada um deles foi informado de que estava contribuindo para um estudo dos efeitos da punição sobre o aprendizado. O participante era solicitado, em seguida, a ajudar um outro adulto (na realidade, um assistente do pesquisador) a conhecer uma lista extensa de pares de palavras, usando o choque elétrico como penalidade a cada resposta incorreta.

O "professor" reuniu-se com o suposto aprendiz e, então, observou enquanto este era atado a um dispositivo parecido com uma cadeira elétrica. O experimentador acompanhava, então, o participante à sala ao lado e lhe mostrava como se comunicar com o aprendiz por meio de um sistema de interfone. Ele também explicava como lidar com a punição por qualquer erro que o aprendiz cometesse ao responder às palavras que atuavam como estímulo na lista. O gerador de choques continha 30 chaves, uma para cada 30 valores de voltagem, variando de 15 V a 450 V. As chaves também continham informações sobre a intensidade crescente da voltagem: choque ligeiro, moderado, intenso, muito intenso, de extrema intensidade, perigo: choque severo, e XXX.

Após ler a lista dos pares de palavras para o aprendiz, o professor deveria começar a lhe fazer perguntas. Para cada resposta incorreta, deveria aplicar um choque elétrico e, para cada resposta incorreta adicional, aplicaria a próxima voltagem do gerador.

As tentativas sucederam-se sem novidade, até o aprendiz começar a incorrer em numerosos erros. Então, em caráter imediato, o "professor" viu-se aplicando níveis relativamente elevados de voltagem. Nesse ponto, o aprendiz começaria a se queixar, dizendo que desejava desistir do experimento, porque seu coração estava incomodando e a dor dos choques era excessiva. Caso o professor hesitasse, o experimentador o incentivaria dizendo, por exemplo: "Queira prosseguir" ou "É importante que você continue". Se o professor se recusasse a prosseguir após quatro incentivos verbais, o experimento era interrompido.

À medida que os níveis de voltagem aumentavam, o assistente do pesquisador (em concordância com o protocolo do experimentador) externaria até objeções mais fortes. Ele bateria na parede e, em um ponto, gritaria. O aprendiz, após um determinado nível de voltagem, deixava de responder às perguntas, transmitindo a impressão de que estava ferido ou morto. Quando ocorria esse silêncio, o experimentador dizia ao professor para considerar a falha do aprendiz em responder com resposta incorreta, aplicar a punição e continuar com o próximo par de palavras.

Dadas essas condições, você, provavelmente, suporia que muito poucos participantes obedeceriam ao experimentador. Os resultados obtidos, porém, revelaram que a maioria dos participantes aplicou a voltagem máxima do gerador de choques e continuava a participar do experimento apesar das objeções do aprendiz.

Os resultados indicaram que 26 dos 40 participantes (ou 65%) aplicaram a voltagem máxima. Devemos observar, no entanto, que, embora a maioria aplicasse o choque máximo, não gostava de proceder desse modo. Os participantes, normalmente, exibiam sinais fortes de tensão nervosa, como roer unhas, tremer e gemer. Muitos deles também riam nervosamente sempre que o aprendiz protestava ou suplicava. As limitações da situação, no entanto, obrigavam-nos a continuar no experimento.*

O nível elevado de obediência apresentado pelos participantes de Milgram sugere que a predisposição para acatar a autoridade é muito forte. Nesse caso, o experimentador apoiou-se em seu conhecimento especializado e na legitimidade para dar ordens. Apesar de todos eles terem recebido o pagamento adiantado e participado voluntariamente, a maioria manifestou um forte desejo de evitar desobedecer à autoridade, mesmo levando em consideração o sofrimento infligido a outra pessoa.

Esses resultados indicam que a sociedade pode ter muito sucesso ao incutir, em seus membros, a obediência à autoridade. Quando as pessoas assumem papéis que requerem submissão (como participante de pesquisa, aluno, soldado ou empregado) o senso de responsabilidade pelas conseqüências de sua própria conduta apresenta possibilidade de diminuir. As provas, obtidas no trabalho de Milgram, implicam que a consciência humana não é confiável em termos de agir e impedir atividades prejudiciais às pessoas. Pode-se inferir que os participantes da organização, em geral, obedecerão às ordens transmitidas pelos que detêm autoridade, independentemente do conteúdo ou das conseqüências das ações. Isso indica que podem estar faltando, em nossa sociedade, formas de socialização que enfatizem a responsabilidade pessoal em relação aos outros.

As descobertas de Milgram levantaram uma série de dúvidas. Uma das mais interessantes é se existem diferenças culturais na predisposição para obedecer. Considerando o Holocausto, por exemplo, poderia se aceitar a hipótese de que o nível de obediência seria maior na Alemanha do que em outros países. Para testar essa afirmativa, as condições do estudo original de

---

* Quando cada participante finalizou o experimento, ele se reuniu com o aprendiz e descobriu que, na realidade, nenhum choque havia sido aplicado. A verdadeira finalidade do estudo foi, então, explicada a cada um.

Milgram foram recriadas em diversos países: Canadá, Inglaterra, Jordânia e na antiga Alemanha Ocidental. Os resultados indicam constatações similares, sugerindo que o nível de obediência à autoridade, na condição proposta por Milgram, é razoavelmente constante nas diferentes sociedades.[20] Por inferência, as atrocidades que ocorreram na Alemanha nazista poderiam acontecer em qualquer lugar do mundo.*

Além disso, o nível de obediência, no estudo de Milgram, pode ter estado próximo da base de comparação para o comportamento prejudicial. A vítima (aprendiz), no estudo original de Milgram, era um homem inocente de 47 anos. Se a vítima tivesse sido alguém que o participante não apreciasse por algumas razões possíveis (raça, religião ou política), ou se o participante tivesse um grande compromisso com a finalidade do estudo em que estava envolvido, ou se esperasse estar se relacionando continuamente com pessoas no estudo, o nível de obediência poderia muito bem ter sido mais elevado.

Desde a época dos estudos de Milgram tem surgido maior preocupação com a ética das pesquisas e, especificamente, com a necessidade de proteger os participantes contra experiências traumáticas. Em virtude dessas preocupações a respeito dos direitos dos participantes, tem se tornado extremamente difícil obter aprovação dos avaliadores para conduzir e publicar pesquisas similares. Portanto, existe uma certa moratória para a realização de estudos, como o de Milgram, que possam envolver experiências desagradáveis para o participante. Como resultado, não se pode determinar se o atual nível de obediência é menor hoje do que no passado. Algumas experiências nacionais, como os protestos contra a Guerra do Vietnã e duas tentativas de *impeachment* presidencial, sem dúvida, tornaram mais socialmente aceitável a oposição à autoridade. Talvez seja seguro afirmar que, hoje, é um tanto mais difícil conseguir concordância em uma variedade de contextos (incluindo trabalho, escola e governo) do que no passado.

Em resumo, as pesquisas de Milgram indicam que pessoas sujeitas a uma situação de conflito que confronte valores morais e autoridade tenderão a seguir os ditames desta última. Talvez o aspecto mais sério dessa descoberta resida no pouco poder real de que uma pessoa com autoridade precisa para ter sucesso na supervisão de outras. Evidentemente, também ocorrem, nas organizações empresariais, oportunidades para abuso de autoridade. Em função disso, é essencial que os gerentes reconheçam a magnitude de seu poder sobre outros e ajam de acordo com a responsabilidade que tal poder gera.

Resumo

1. Definir e diferenciar poder, autoridade, influência e política.

Poder é a capacidade para mudar o comportamento de outras pessoas; pode ser legítimo ou ilegítimo, usado para atingir metas comuns ou obter ganho pessoal. Autoridade é o uso legítimo do poder, visando a cumprir metas comuns. Influência é a capacidade para alterar o comportamento dos demais, porém, de modo mais sutil, mais específico e menos dependente. A política abrange as ações empreendidas para obter, desenvolver e usar o poder.

---

* Tais atrocidades com grande número de vítimas, realmente, aconteceram de novo, conforme testemunham os casos de Camboja, Sérvia, Uganda, China de Mao, Ruanda e Rússia de Stalin. Em uma entrevista com Morley Safer para o noticiário *Sixty Minutes*, Milgram afirmou que, "se um sistema de campos de extermínio fosse organizado nos Estados Unidos, do tipo que ocorreu na Alemanha nazista, seria possível encontrar pessoal suficiente para eles" em qualquer cidade norte-americana de tamanho médio.[21] Outros indícios revelados por estudos em diversos países, no entanto, indicam existir, em certo grau, diferenças culturais. Em uma condição que envolva uma decisão muito menos difundida (na qual o professor podia escolher a intensidade do choque em cada tentativa), diversos estudos detectaram níveis extremamente baixos de choque total aplicados em todas as amostras nacionais. Os níveis aplicados para as amostras alemã e jordaniana, entretanto, foram um tanto maiores do que os observados para as amostras australiana e norte-americana.[22]

2. **Identificar e descrever três processos de influência fundamentais.**
   Kelman identificou três razões por que uma pessoa aceita a influência de outra: concordância, identificação e internalização. Concordância implica aceitar a influência, na expectativa de receber uma retribuição ou evitar uma punição. A identificação surge da vontade de estabelecer ou manter um relacionamento satisfatório com a pessoa que exerce influência. Existindo a internalização, a pessoa influenciada acredita que o comportamento é correto e apropriado.
3. **Relacionar e definir cinco bases de poder.**
   De acordo com French e Raven, as cinco bases de poder são: poder de reconhecimento, poder coercitivo, poder legítimo, poder referente e poder baseado em especialização. Poder de reconhecimento é a capacidade para determinar quem receberá retribuições específicas. Poder coercitivo é a capacidade para punir ou amedrontar outros. Poder legítimo surge da predisposição para aceitar a orientação de um indivíduo por causa de seu condicionamento social ou nomeação. Poder referente é a capacidade para influenciar os demais por causa da atração ou da capacidade que uma pessoa consegue demonstrar. Poder baseado em especialização é o que surge por se ser percebido como possuidor de conhecimento ou talento em alguma área.
4. **Descrever algumas diferenças entre poder formal e poder informal.**
   Gerentes com poder informal – poder com base em especialização e poder referente – apresentam maior capacidade para afetar a satisfação e o desempenho dos colaboradores, ao passo que os de poder formal – poder legítimo, poder de reconhecimento e poder coercitivo – exercem potencialmente maior impacto no comportamento imediato. O poder formal não produzirá, necessariamente, acordo e compromisso. As bases do poder informal se corroem de maneira mais fácil e podem ser mais difíceis de controlar. Ele reside, em geral, nas características pessoais do gerente, enquanto o poder formal encontra-se na posição em si.
5. **Identificar diversas táticas políticas, incluindo as escusas e as disparatadas.**
   As táticas políticas incluem: insinuação, formação de alianças e redes, gerenciamento da impressão transmitida, gerenciamento das informações, promoção de oposição e busca por responsabilidade de linha. As táticas políticas consideradas escusas incluem: eliminar todos os inimigos, criar conflitos entre rivais potenciais e excluir a oposição. Disparates políticos são: desrespeitar a cadeia de comando da organização, perder a calma, rejeitar uma solicitação do alto escalão, passar por cima do chefe e desafiar crenças arraigadas da organização.
6. **Explicar diversas técnicas para lidar com a política organizacional.**
   Um gerente pode criar um clima positivo para os subordinados, dando um exemplo de veracidade e tratamento imparcial. Um gerente pode tornar claras as expectativas de desempenho, atribuindo tarefas bem definidas e distintas. Alianças e grupos fechados que interferem no desempenho da equipe podem ser eliminados por meio de demissão, transferência ou rotatividade dos cargos. Os gerentes podem jogar abertamente, confrontando os participantes ou oferecendo-se para discutir a situação em um fórum público.
7. **Citar provas de que a predisposição para obedecer à autoridade é elevada.**
   Nas pesquisas conduzidas por Stanley Milgram e outros, os participantes obedeceram à autoridade do pesquisador, embora ela fosse limitada e eles estivessem cientes de que estavam prejudicando seriamente uma pessoa inocente. Esses estudos indicam que a predisposição para acatar a autoridade é muito forte e que, quando as pessoas assumem papéis que prescrevem obediência, diminui seu senso de responsabilidade pelas conseqüências de sua conduta.

Episódio crítico

Warner Memorial Hospital

O Warner Memorial Hospital localiza-se em uma comunidade de tamanho médio, a aproximadamente 68 km de uma importante área metropolitana. Possui instalações com capacidade para 240 leitos e emprega cerca de 300 pessoas. Durante o último ano, houve grande variação do número de pacientes internados. Betty Gordon, a principal negociadora do Allied Health Workers Union, o sindicato da classe, estava visivelmente preocupada com as negociações do novo acordo de trabalho, que começaria, em dois dias. Ela receava que o sindicato fosse solicitado a concordar com concessões que envolvessem salários e benefícios. A memória da última negociação contratual, que resultou em uma greve de 41 dias, pouco contribuiu para diminuir sua preocupação. Nas negociações realizadas havia três anos, poucos dos temas mais críticos que opunham colaboradores e dirigentes foram realmente solucionados.

Bill Lenox, gerente de recursos humanos do hospital, também estava pensando a respeito das próximas negociações. Ele lembrou-se da última e de algumas das exigências fora da realidade apresentadas pelo sindicato. Tendo em vista que o hospital era uma organização de prestação de serviços de saúde, Bill estava convencido de que os colaboradores, especialmente as enfermeiras e os técnicos, estariam em melhor posição sem o sindicato.

O sindicato mantém uma posição muito forte no Warner Memorial. A maioria dos associados aceitáveis como membros é sindicalizada, afetando todos os aspectos das operações do hospital, que não conseguia substituir facilmente esses empregados durante uma greve. Betty está bastante convicta de que os associados do sindicato buscam melhorias salariais e de benefícios. Ela não está convencida de que os dirigentes do hospital desejem chegar a um acordo justo. Os membros do sindicato também acreditam que, se os dirigentes realmente desejassem atrair mais pacientes, investiriam em equipamentos mais recentes e dariam início a um programa de *marketing*.

Bill e seus auxiliares passaram várias semanas aprontando-se para as negociações. Dispõem de diversas páginas com dados que apóiam a necessidade de concessões ou, pelo menos, de um congelamento salarial. Bill está convencido de que o sindicato se oporá inflexivelmente a qualquer solicitação de concessões e de que argumentos fugazes e emocionais serão inevitáveis. O hospital não está preparado para concordar com aumentos salariais e outros benefícios significativos, e uma greve poderá prejudicá-lo seriamente. Talvez alguns pacientes, assim como colaboradores, fossem perdidos irremediavelmente para os concorrentes com grande participação de mercado na cidade vizinha, 68 km ao norte.

1. Que bases de poder são evidentes, nesse caso, para Betty? E para Bill?
2. Que táticas ou jogos políticos podem ser identificados nesse caso?
3. Qual sua previsão do que provavelmente ocorrerá? O que você propõe como possível solução?

Fonte: Bruce Kemelgor, da University of Louisville. Reproduzido mediante autorização.

Exercício experimental

Quem tem poder?

Existem, habitualmente, cinco tipos de poder em contextos organizacionais: legítimo, de reconhecimento, coercitivo, referente e baseado em especialização. Um indivíduo pode ter um ou mais deles; da mesma forma, a pessoa que tem poder não é considerada, necessariamente, um gerente ou um líder.

Este exercício examina o poder em diferentes conjuntos de indivíduos ou ocupações. O Conjunto 1, por exemplo, considera o poder que seu professor, sendo a pessoa focalizada, exerce sobre um aluno, o outro significante. Portanto, você deve verificar que tipo de poder o professor exerce sobre os alunos. Também no Conjunto 1, porém, você deve levar em conta uma outra possibilidade: em sentido oposto, que poder o aluno, sendo a pessoa focalizada, exerce sobre o professor com o outro significante? Complete a tabela para os oito conjuntos, indicando, na primeira linha, o poder da pessoa focalizada sobre o outro significante; na segunda, o poder do outro significante sobre a pessoa focalizada.

1. Em termos gerais, que pessoa – a pessoa focalizada ou o outro significante – detém maior poder? Faça esse julgamento para cada conjunto.
2. Indique, para cada conjunto, qual dos cinco tipos de poder é mais importante.
3. Você consegue identificar casos em que uma base de poder encontra-se dividida igualmente entre a pessoa focalizada e o outro significante? Em caso afirmativo, você pode explicar por que isso ocorre?

Conjunto	Pessoa Focalizada	Outro Significante	Poder				
			Legítimo	Reconhecimento	Coercitivo	Referente	Baseado em Especialização
1	Professor / Aluno	Aluno / Professor					
2	Gerente de mercearia / Caixa/inspetor	Caixa/inspetor / Gerente de mercearia					
3	Presidente dos Estados Unidos / Cidadãos dos Estados Unidos	Cidadãos dos Estados Unidos / Presidente dos Estados Unidos					
4	Secretária / Executivo	Executivo / Secretária					
5	Supervisor de auditoria (Receita Federal) / Agentes da Receita Federal	Agentes da Receita Federal / Supervisor de auditoria (Receita Federal)					
6	Mentor / Pessoa orientada	Pessoas orientada / Mentor					
7	Reitor da universidade / Diretores de faculdade	Diretores de faculdades / Reitor da universidade					
8	Vendedor de carros / Cliente	Cliente / Vendedor de carros					

Fonte: Griffin, Ricky W.; Head, Thomas C. *Practicing Management*. 2. ed. Boston: Houghton Mifflin, 1987. Reproduzido mediante autorização.

Trabalhando com dedicação oito horas por dia, você finalmente consegue ser chefe e trabalhar 12 horas por dia.
– Robert Frost

Quase todos podem suportar a adversidade, porém, se você quiser testar o caráter de alguém, dê-lhe poder.
– Abraham Lincoln

Charlatanismo é, em certo grau, indispensável para a liderança eficaz.
– Eric Hoffer

A avaliação final de um líder consiste no tratamento dispensado a alguém que não pode fazer-lhe nenhum bem.
– Ann Landers

Objetivos de aprendizagem

Após estudar este capítulo, você deverá ser capaz de:

1. Definir liderança.
2. Descrever a maneira pela qual o comportamento de um líder se relaciona às atitudes e ao desempenho do empregado.
3. Explicar a importância da liderança.
4. Identificar os fatores básicos da vantagem situacional e explicar como influenciam a eficácia de um líder.
5. Explicar como os líderes podem clarificar as trajetórias que conduzem às metas, a fim de motivar colaboradores.
6. Descrever os componentes da maturidade do subordinado e sua relevância para o estilo de liderança.
7. Descrever os estilos de tomada de decisões do modelo de Vroom–Yetton e explicar como você optaria por um deles.
8. Descrever uma maneira para avaliar o estilo de liderança, levando em conta a opinião dos gerentes em relação aos colaboradores.
9. Definir substituto de liderança e neutralizador de liderança e dar exemplos de cada um.
10. Indicar algumas das principais razões por que os gerentes falham.

Capítulo 7

Liderança

Senhoras no comando: mulheres assumem papéis de destaque nas empresas

O papel das mulheres no local de trabalho é distorcido quando manchetes sensacionalistas, do tipo "Garotas do Home Depot Progridem" e "As Mulheres do Playboy no Wal-Mart", ocupam as primeiras páginas das publicações de negócios e de entretenimento. Tais descrições manipuladoras e oportunistas de mulheres que atualmente trabalham enganam o público quanto aos verdadeiros avanços que elas estão conquistando nas empresas. As mulheres estão obtendo não somente sucesso em carreiras de grande visibilidade mais do que em qualquer ocasião no passado, mas também números recentes mostram que empreendedoras estão criando novos negócios e fazendo-os crescer mais do que os equivalentes empreendidos por homens.

De acordo com o Centro de Pesquisas sobre Empresas de Mulheres (Center for Women's Business Research – CWBR, em inglês), as empresas de propriedade feminina estão se aproximando com rapidez de constituir uma maioria. As mulheres detêm, atualmente, uma participação superior a 50% em 48% das companhias de capital fechado dos Estados Unidos, em comparação a 44% em 1997. Além disso, elas criam 424 novos empreendimentos todos os dias – o dobro dos iniciados por homens. Essas empresas também estão crescendo rapidamente: as receitas de companhias dirigidas por mulheres aumentaram a uma taxa anual de 5,6% *versus* 4,8% de todas as empresas durante o mesmo período.

Muitas razões são indicadas para a presença emergente de mulheres como empreendedoras e líderes no mundo dos negócios. Atualmente, elas apresentam melhor formação educacional – detêm 45% de todos os diplomas de profissões liberais, em comparação com apenas 4% em 1965. O CWBR divulga que 65% das empreendedoras da última década aperfeiçoaram suas aptidões de liderança como gerentes em grandes corporações. Além disso, o maior rigor das políticas de trabalho, que levam em consideração a vida familiar ao longo dos últimos anos, fez com que algumas abandonassem corporações, o que resultou no surgimento de "mães empreendedoras" – mulheres profissionais liberais que decidem criar negócios bem-sucedidos na residência, valendo-se dos avanços tecnológicos ou mesmo usando eBay.

Nas corporações, as mulheres têm avançado com uma velocidade impressionante. Certos transtornos, entretanto, tornam um desafio seus esforços pioneiros. A realidade é que mulheres e homens estão sob enorme pressão para gerar lucros. Em virtude de existirem poucas CEOs mulheres, em comparação a seus pares masculinos, elas atraem maior atenção e vigilância – em épocas boas e ruins. Conforme uma executiva observou a respeito da CEO Carly Fiorina, da Hewlett-Packard, "Carly não passou um trimestre sem que começassem a surgir comentários sobre sua demissão". Igualmente, muitas mulheres conseguiram chegar ao topo, assumindo responsabilidades muito difíceis. Debby Hopkins, ex-vice-presidente executiva e diretora financeira da Lucent Technologies, foi contratada na primavera de 2000 para auxiliar a empresa de comunicações, enfrentando dificuldades para sobreviver a um ciclo recessivo severo no setor. Conhecida como "Furacão Debby", por sua capacidade para substituir gerentes de desempenho fraco, a própria Srta. Hopkins tornou-se vítima quando foi demitida da Lucent, em maio de 2001, mesmo após ter sido classificada em segundo lugar na lista das Mulheres Mais Poderosas nas Empresas, publicadas pela *Fortune*. Observadores comentaram que ela era muito ambiciosa e não desenvolveu uma equipe de apoio suficiente para manter seu cargo na difícil situação financeira da Lucent.

As tendências sugerem que, apesar dos desafios pesados, as mulheres continuarão a demonstrar sua capacidade de liderança nas empresas do século XXI. Suas aptidões são muito adequadas para desenvolver e ampliar alianças empresariais. Thomas J. Stanley, autor de *Millionaire Women Next Door*, afirma, a respeito dessas líderes determinadas: "A perseverança é sua característica definidora. As mulheres tiveram de se empenhar mais que os homens". Helen Hodges, proprietária da empresa de consultoria ambiental Separations Systems Consultants, agrega: "Os negócios, hoje, são muito mais globais, e a Internet abriu as fronteiras em tal grau, que realmente não é mais preciso pertencer ao clube dos velhos amigos para triunfar".

Fonte: Fischer, A. "Why Women Rule", *FSB*, 1º jul. 2004; Hymowitz, C. "In the Lead: In Turbulent Climate, Pioneering Women Face Special Scrutiny", *The Wall Street Journal*, 13 mar. 2001; Conlin, M. "The Rise of Mompreneurs: eBay has given corporate dropouts a new way to balance work and family", *Business Week*, 7 jun. 2004; Sellers, P. "Hurricane Debby: The Not-So-Perfect Storm", *Fortune*, 28 maio 2001.

O que torna o gerente um líder eficaz? Que atributos pessoais diferenciam os líderes eficazes dos ineficazes? Que fatores situacionais podem ajudar uma pessoa a ser mais eficaz como líder? Essas são perguntas formuladas por gerentes e pessoas que estudam o comportamento organizacional. Em uma tentativa de respondê-las, os gerentes atuaram, algumas vezes, como participantes de estudos de liderança. Os resultados dessas investigações produziram um grande volume de conhecimentos.

Em uma edição do *Handbook of Leadership*, uma análise razoavelmente completa das pesquisas relacionadas ao tópico identificou mais de cinco mil estudos e tratados que abordavam os aspectos comportamentais da liderança.[1] Tentar entender tal massa de informações não constitui tarefa fácil. Podem ser identificados, entretanto, certos temas e contribuições que se repetem. Neste capítulo, iniciamos examinando a natureza da liderança e suas características definidoras. Consideramos, em seguida, diversas abordagens para o entendimento do processo, ao examinar o papel das diferenças individuais e dos temas comportamentais, bem como o das influências situacionais na determinação da eficácia do líder.

A natureza da liderança

Embora tenham sido propostas muitas definições de liderança, a maioria contém certos elementos comuns. Uma análise detalhada desses elementos indica que **liderança** pode ser definida como um processo pelo qual uma pessoa tenta levar os membros de uma organização a fazer algo que ela deseja. Essa definição coincide, em alto grau, com o modo pelo qual definimos influência no capítulo anterior. Portanto, a liderança precisa ser encarada como um processo de influência.

Normalmente, consideramos a liderança como associada ao papel de gerente. *Líder* e *gerente*, no entanto, não são termos equivalentes. Uma pessoa pode ser um gerente excepcional sem, na realidade, ser líder de um grupo de trabalho. Embora o gerente do grupo execute atividades de planejamento, organização e controle, um dos subordinados pode ser, na verdade, o líder verdadeiro. Então, o chefe nominal de um grupo de trabalho também pode ser um grande líder, embora isso exija que outros se encarreguem dos deveres funcionais de planejamento, organização e controle na unidade.

Liderança implica, portanto, algo mais do que mera responsabilidade por supervisão ou autoridade formal. Estende-se além da influência usual que acompanha a legitimidade como supervisor. Conseqüentemente, pode-se afirmar que liderança é a influência incremental, ou adicional, que uma pessoa detém além de sua autoridade formal. Influência incremental pode existir, em graus variados, em todo participante de um grupo de trabalho. Como resultado, não é incomum deparar com situações nas quais um subordinado que não goze de autoridade formal detenha realmente influência incremental substancial. Denominaríamos tal indivíduo como um **líder informal**, muitas vezes valioso para seu grupo, porque consegue ajudar os colegas de diferentes maneiras. Um líder informal pode ter, por exemplo, maior especialização técnica do que o líder formal. Ou ter determinadas aptidões sociais especiais (como capacidade para fazer com que as pessoas se sintam bem em relação a si mesmas ou a suas realizações) capazes de manter ou melhorar o moral do grupo.

A presença de um ou mais líderes informais pode parecer um fator positivo diferenciador para um gerente. Esse, entretanto, nem sempre é o caso. Pode acontecer de os valores de um líder informal não coincidirem com os do formal. Algumas vezes, ele pode incentivar os colegas a ser, menos produtivos ou mais exigentes, a fim de obter maiores retribuições do líder formal. Ao agir desse modo, ele pode se tornar um oponente político. É óbvio que a presença de um líder informal não é, de modo inerente, algo bom ou ruim. Seu valor definitivo depende de ele apoiar ou se opor às metas da organização.

Portanto, as diferenças entre liderança e chefia podem ser muito distintas, e a liderança pode existir em níveis formais e informais. Embora possa não ser tecnicamente correto usar os termos *líder* e *gerente* de modo intercambiável, procedemos dessa forma ao longo deste capítulo, pois, a maior parte das visões relativas ao tópico refere-se, sobretudo, a líderes formais, ou gerentes, e não mantém essa distinção.

A liderança faz diferença?

Uma pessoa pode se valer do bom argumento de que a liderança deve exercer apenas um pequeno impacto no desenvolvimento do grupo, porque os sucessos da unidade de trabalho resultam mais dos esforços de seus membros do que de um indivíduo. Os atletas de uma equipe esportiva, por exemplo, pareceriam mais importantes do que o técnico, em termos de um resultado final no placar. As organizações também mantêm regras e políticas que disciplinam o comportamento dos membros. Também existe, entretanto, o senso de que um líder, sob condições adequadas, pode exercer um enorme impacto no desempenho da unidade.

Uma maneira interessante de saber se os líderes podem causar um impacto consiste em estudar as conseqüências de sua sucessão, isto, é, quais são os resultados da substituição de líderes em unidades de trabalho que estão desempenhando bem ou mal? Na maioria dos casos, a alteração da liderança é desencadeada pelo mau desempenho do grupo. Em certas ocasiões, a liderança é a verdadeira culpada, porém, em outras, o líder é um bode expiatório para outros problemas. De modo geral, as questões financeiras prevêem efetivamente mudanças na liderança organizacional.[2] Além disso, os percentuais de substituição de executivos tendem a ser maiores nas organizações de grande porte.[3] As pesquisas sobre as conseqüências da sucessão de líderes indicam que o desempenho do grupo pode ser melhorado ou prejudicado com isso. Para os grupos um com um bom desempenho a substituição pode ser problemática e conduzir a uma maior rotatividade de pessoal. Para grupos com desempenho ruim, no entanto, ela oferece uma oportunidade de melhora. Em estudos que examinaram posições distintas, como técnicos de beisebol, prefeitos e presidentes de conselhos de administração, os indícios sugerem que a sucessão (e, portanto, a liderança) pode exercer efeitos consideráveis sobre os resultados mensuráveis do desempenho.[4] Uma mudança freqüente de líderes, isto é, um nível elevado de sucessões, encontra-se, porém, associada à diminuição do desempenho.

O que os gerentes realmente fazem?

Antes de examinar os principais estudos de liderança, é instrutivo conhecer o que os gerentes fazem em um dia típico. Ao proceder desse modo, podemos fazer uma apreciação de como são essas funções.

Estudos do comportamento real no cargo revelam que a maioria dos gerentes realiza um grande número de atividades rápidas, muito variadas e fragmentadas. Os resultados desses estudos, que, em geral, são obtidos por meio de observação direta ou fazendo com que um gerente mantenha um diário relacionando as atividades, indicam que a noção difundida do executivo pressionado é razoavelmente precisa. Um desses estudos constatou que somente em nove ocasiões, durante um período de quatro semanas, um gerente não foi interrompido durante, pelo menos, 30 minutos.[5] Em um outro, os CEOs tinham, em média, mais de 50 contatos verbais ou por escrito ao dia, sendo que metade levava menos de nove minutos e somente um décimo exigia mais de uma hora.[6] Outros pesquisadores argumentaram que a maior parte do tempo de um gerente é dedicada a contatos face a face ou telefônicos. A natureza recorrente dos problemas equacionados por um gerente, ao longo de um período de tempo, é difícil de descrever sucintamente. Um resumo diferenciado, no entanto, é que "o cargo de gerente pode ser proveitosamente visualizado como uma corda estendida, composta por fibras de comprimento diferente – onde o comprimento representa o tempo –, cada fibra aparecendo na superfície uma ou mais vezes, em 'episódios' observáveis, e representando um único tema".[7]

Em virtude da natureza não-rotineira da função gerencial, é razoável indagar onde os gerentes encontram tempo para se comunicar com seus colaboradores, em nível pessoal ou para tentar motivá-los. Com freqüência, existe verdadeiramente pouco tempo para tais atividades. Os gerentes, de modo típico, estão mais envolvidos em "apagar incêndios" e gerenciar problemas, do que em desenvolver os recursos humanos em suas próprias unidades de trabalho.

Teoria dos traços

Durante a primeira metade do século XX, os pesquisadores procuraram entender a liderança comparando líderes com seguidores e líderes eficientes com ineficientes. Essa pesquisa, orientada às características, ou traços, dos líderes, foi incentivada pela crença de que eles apresentavam, de alguma forma, traços distintos, que os diferenciavam de outras pessoas. A lógica dessa abordagem é simples. Para entender o que torna alguns indivíduos mais eficazes como líderes é suficiente avaliá-los em função de um grande número de atributos psicológicos, sociais e físicos, e observar como diferem da maioria das pessoas.

O número de traços que poderiam ter importância começou a aumentar à medida que as pesquisas avançavam.[8] Além disso, os resultados tornaram-se cada vez mais mesclados e não seguiam um padrão claro.[9] Em geral, esses estudos não indicam nenhum padrão simples que se relacione de modo marcante e contínuo à liderança.[10] Isso parece surpreendente à primeira vista; com base em experiência e observação pessoal, poderíamos esperar encontrar diferenças constantes entre líderes eficazes e ineficazes. Se considerarmos um grande número de líderes eficazes, no entanto, chegaremos a uma conclusão diferente. Observações e experiência podem, por exemplo, fazer com que uma pessoa acredite que líderes eficazes são simpáticos e socialmente assertivos. Houve líderes excepcionais, no entanto, que eram tímidos e recatados, como Abraham Lincoln e Mahatma Gandhi.

A busca por traços nos líderes não foi, entretanto, um fracasso total. Diversos traços aparentam ser, de fato, muito modesta ou descontinuamente associados à liderança – o principal, entre eles, a inteligência. Parece que as pessoas detentoras de posições de liderança tendem a ser um tanto mais perspicazes. Por outro lado, há uma boa razão para acreditar que as pessoas muito inteligentes não têm probabilidade de conseguir atingir ou manter liderança em muitos cenários.[11] De acordo com essa linha de raciocínio, pessoas muito mais brilhantes do que seus seguidores potenciais encontram dificuldade para se comunicar e se relacionar com eles.* Em essência, pode existir um nível ótimo de inteligência para um líder em uma dada situação.

Embora tenha sido demonstrado que inteligência se correlaciona muito pouco com liderança, a inteligência do líder e outros atributos cognitivos podem ter grande ligação com eficácia, em circunstâncias especiais.[12] Descobriu-se, em particular, que, nas situações que combinam a capacidade de um líder para dar ordens com um ambiente livre de estresse, a inteligência pode ser usada para prever o desempenho da unidade de trabalho, com um grau de precisão relativamente elevado. Segundo essa visão, denominada **teoria do recurso cognitivo**, os líderes diretivos inteligentes e com experiência relevante nas funções serão mais eficazes se estiverem em ambientes livres de estresse, com subordinados que os apóiem.[13] Essa perspectiva direta do que contribui para a liderança eficaz constitui, na realidade, a lógica que se encontra na base de grande parte das contratações de gerentes. Isso significa dizer que, ao selecionar supervisores, é comum procurar pessoas experientes, que detenham um grau de inteligência razoável e aptidões sociais que possam ser usadas para conseguir apoio e reduzir o estresse interpessoal. As pesquisas sobre a validade da teoria do recurso cognitivo tenderam a ser conduzidas, principalmente, pelo criador da teoria. Um teste independente dos processos propostos, no entanto, confirmou adicionalmente a noção crítica de que a inteligência do líder se encontra relacionada ao desempenho do grupo, à medida que diminui o estresse no ambiente de trabalho.[14]

Pesquisas recentes, realizadas por Robert Sternberg, da Yale University, indicaram que a inteligência pode ser mais bem conceitualizada como constituída por diversos componentes importantes (em vez de um simples fator unitário). No **modelo tridimensional de inteligência**, de Sternberg, o funcionamento intelectual é considerado como dotado de capacidade de raciocínio analítico, inteligência social e criatividade.[15] *Raciocínio analítico* refere-se à capacidade de resolver problemas que apresentam um elemento abstrato, como a procura para identificar uma resposta única e correta. Um indivíduo que resolve facilmente problemas de matemática pode ser considerado com capacidade elevada de raciocínio analítico, que também inclui a aptidão para empregar pensamento dedutivo. *Inteligência social* refere-se à competência para entender os motivos e as ações de outras pessoas e para interagir eficazmente com os demais. Espera-se que os indivíduos com inteligência social relativamente maior sejam capazes de compreender e influenciar outras pessoas. Ela é semelhante àquilo a que a maioria de nós se refere como "aptidão para sobreviver em meio à hostilidade". *Criatividade* refere-se à competência para identificar as diversas soluções possíveis para um determinado problema. O que existe de particularmente novo, no modelo de Sternberg, é a indicação de que os indivíduos especialmente capazes em

---

* Esse argumento surge, algumas vezes, em comentários políticos, para explicar por que os candidatos à presidência dos Estados Unidos, via de regra, não são excessivamente intelectualizados, isto é, a maioria dos eleitores teria dificuldade para identificar-se com um presidente assim.

uma dimensão podem não ser considerados eficazes, caso o contexto em que operam não requeira uma capacidade cognitiva específica. Portanto, as pessoas muito competentes no uso do raciocínio analítico podem ter muitos fracassos, caso não sejam dotadas de inteligência social, em um cenário que exige competência nessa dimensão. Segundo o modelo de Sternberg, além disso, cargos gerenciais podem ser analisados em termos daquilo que exigem das dimensões de raciocínio analítico, inteligência social e criatividade, e as pessoas podem ser avaliadas com base nessas dimensões e compatibilizadas com os requisitos do cargo. Algumas funções, por exemplo, poderiam exigir níveis elevados de criatividade e de inteligência social e pouca capacidade analítica (como P&D e pesquisa de *marketing*), ao passo que outras poderiam exigir níveis elevados de raciocínio analítico (como análise financeira). Os gerentes poderiam, então, ser selecionados e desenvolvidos com base em sua capacidade nas três dimensões. Até o momento, Sternberg desenvolveu algumas medidas razoáveis dos três componentes, as quais se encontram disponíveis para o setor. Conforme indicado por muitos observadores, o trabalho de Sternberg oferece uma orientação promissora para o entendimento do papel da inteligência gerencial.[16]

Diversos outros traços também foram vinculados aos líderes bem-sucedidos. Eles podem, por exemplo, ser caracterizados por persistência na execução de tarefas, autoconfiança, tolerância do estresse interpessoal e capacidade para influenciar o comportamento dos demais.[17] Uma descoberta um tanto surpreendente é a correlação pequena, porém positiva, entre *status* de liderança e altura, indicando que indivíduos mais altos encontram uma certa vantagem para conquistar posições de liderança. Isso pode refletir um desejo, da parte de muitas pessoas, de "admirar" seus líderes.

Questões de gênero

A maior parte das teorias de liderança não levou em conta a possibilidade de homens e mulheres poderem apresentar diferentes traços, valores ou comportamentos. À medida que mais mulheres assumem posições de liderança, tem crescido o interesse a respeito de elas estarem em desvantagem com relação aos homens. Uma análise abrangente da literatura disponível sobre diferenças de gênero revelou que ambos podem diferir no estilo de liderança.[18] Mulheres são um tanto mais democráticas nas ordens que emitem, ao passo que os homens são um pouco mais exigentes. A coincidência entre os dois grupos, no entanto, é substancial, tornando pequena a magnitude dessas diferenças. Comparações entre homens e mulheres, com base em outras dimensões de liderança, não comprovaram igualmente haver diferenças confiáveis e significativas. Em duas análises, concluiu-se que existe pouca razão para acreditar que mulheres ou homens serão superiores no papel de gerentes ou que cada grupo pratique um tipo distinto de gerenciamento.[19] Em resumo, ambos podem produzir profissionais excelentes, medíocres ou sofríveis, e os modelos que determinam o sucesso e o fracasso de todo gerente são os mesmos para ambos os gêneros.*

É importante observar, no entanto, que, por causa da entrada relativamente recente, em número considerável, de mulheres nos níveis gerenciais e em virtude de certa dinâmica social, as gerentes, muitas vezes, não encontram a mesma facilidade de admissão e avanço na carrei-

---

* Apesar de indícios limitados das diferenças entre os dois gêneros nas dimensões de liderança, evidentemente não se deve inferir a inexistência de qualquer prova de diferença entre eles no comportamento. Constatou-se, durante um período, que os homens, em termos agregados, eram mais agressivos, auto-afirmativos e rudes em seus modos e em sua linguagem, em comparação com as mulheres, que foram consideradas pessoas que expressam mais humanidade e emoção, porém, um tanto mais ansiosas e com menor auto-estima do que eles.[20] É mínima, no entanto, a relevância dessas diferenças para o comportamento no cargo.

ra que os homens. Observou-se, por exemplo, que a atuação como mentor (prática na qual um gerente sênior orienta um mais jovem, oferecendo conselhos e outras formas de apoio) pode representar uma ajuda significativa para o avanço na carreira de um gerente. Pelo fato de muitos gerentes seniores serem homens e as gerentes tenderem a ser mais jovens, existe pouca chance de elas encontrarem mentoras. Cruzar a "barreira dos gêneros" para identificar um mentor pode ser um problema para as gerentes mais jovens, pois existe muita sensibilidade em torno da situação (gerentes homens e mulheres receiam aparentar ter um relacionamento íntimo, o que comprometeria sua credibilidade).[21] Como alternativa para se valer do concurso de um(a) mentor(a), foi sugerido que gerentes jovens do sexo feminino usem as relações com seus pares como base para avançar na carreira.[22]

Teoria comportamental

À medida que a abordagem inicial da liderança com base nos traços começou a declinar, os pesquisadores concentraram sua atenção nas ações dos líderes, de preferência a seus atributos. Os estudos tentaram identificar estilos específicos de conduta e descobrir se o comportamento do líder estava relacionado às atitudes e ao desempenho dos colaboradores.

Estudos de liderança da University of Iowa

Alguns dos primeiros estudos de comportamento dos líderes, conduzidos na University of Iowa, preocuparam-se com a questão de um estilo de liderança democrático ser mais eficaz do que um autoritário ou de não-interferência. Os pesquisadores, visando comparar esses estilos em uma situação controlada, designaram aleatoriamente meninos com dez anos de idade para um dos três grupos envolvidos em atividades de *hobby* após a escola.[23] Eles participavam de tarefas como fazer barcos de brinquedo e máscaras em papel machê. Cada grupo estava sob a orientação de um adulto, que se comportava segundo um estilo democrático ou autoritário ou de não-interferência.

O líder adulto, na condição autoritária, distribuía tarefas específicas individuais, decidia o que deveria ser feito, sem consultar os meninos, designava os colegas de trabalho, fazia um julgamento subjetivo e permanecia afastado das atividades do grupo. O líder democrático, em contraste, permitia que o grupo decidisse quem realizaria cada tarefa, permitia que escolhessem os companheiros de trabalho, proporcionava *feedback* específico sobre como melhorar a execução das peças e tentava ser um membro participativo do grupo. O líder adepto da não-interferência era muito distante das atividades do grupo. Ele concedeu aos membros liberdade total para fazer o que desejassem e dava informações somente quando especificamente solicitado.

As reações dos meninos foram bastante influenciadas pelo estilo de liderança a que estavam sujeitos. No grupo liderado democraticamente, estavam mais satisfeitos e demonstraram menor agressão entre eles do que os do grupo liderado autocraticamente. Embora existisse uma pequena tendência dos meninos, no contexto autoritário, para produzir mais itens, os juízes avaliaram como mais elevada a qualidade das peças do grupo liderado democraticamente. Uma outra descoberta interessante desse estudo foi de que os meninos do grupo liderado autocraticamente tenderam a parar de trabalhar e a brincar de forma agressiva, sempre que o líder saía da sala.

É possível argumentar, entretanto, que um estilo de liderança autocrático pode nem sempre ser inapropriado. Algumas vezes, uma situação pode exigir ação urgente e, nesse caso, esse estilo ser o melhor.[24] Além disso, a maioria das pessoas está familiarizada com a liderança autocrática e, portanto, tem menos dificuldade para adotá-la. Também, em algumas situações, os subordinados podem preferir, na realidade, um estilo autocrático. Um grupo de motoristas de caminhão, por exemplo, pode apresentar dificuldade para respeitar um coordenador de saídas que tenta ser participativo, em vez de autoritário, na tomada de decisões.[25]

Sistema de análise do processo de interação

Durante a década de 1950, a atenção voltou-se para os comportamentos que os membros exibem nos grupos. Pesquisadores desenvolveram um sistema para codificar essa interação social. Ele é formado por 12 categorias de conteúdo, no âmbito das quais os comportamentos são codificados[26] (veja a Tabela 7.1). Dois ou mais codificadores, ao usar o sistema, escutam um grupo de discussão e classificam as observações de cada indivíduo em uma das categorias. O membro *A*, por exemplo, poderia formular uma pergunta ("O que você pensa que acontecerá se não completarmos essa tarefa no tempo estabelecido?"), o membro *B* poderia emitir uma opinião ("Isso provavelmente não importa.") e o membro *C* poderia soltar uma piada (que seria codificada como "alívio de tensão"). Embora isso possa parecer extraordinário, toda discussão do grupo pode ser classificada nessas 12 categorias.

O uso desse sistema para grupos que não tinham um líder designado revelou algumas descobertas interessantes. Alguns membros, por exemplo, tendiam a adotar papéis específicos e identificáveis, isto é, fazer comentários e exibir comportamentos que se enquadravam, principalmente, nas primeiras seis categorias relacionadas na Tabela 7.1, enquanto um outro membro tendia a fazer comentários e ter comportamentos que se enquadravam, sobretudo, nas últimas seis categorias. Ainda existiam outros membros, que podem ser classificados como relativamente não-participativos – contribuíram pouco para a discussão do grupo. As primeiras seis categorias referem-se aos temas socioemocionais; as outras seis se preocupam, em grande parte, com a realização da tarefa específica do grupo. Concluiu-se, com base nesses resultados, que os grupos possuem dois papéis que precisam ser desempenhados para um funcionamento eficaz: um orientado à tarefa e um socioemocional. Em outras palavras, os grupos precisam cuidar de temas de preservação de relações sociais e de realização de tarefas. De especial interesse é a descoberta de que membros diferentes tendem a emergir como líderes socioemocionais e voltados às tarefas. Isso significa que um único indivíduo raramente chega a desempenhar ambos os papéis. Tais descobertas indicam que, pa-

TABELA 7.1	AS 12 CATEGORIAS DO SISTEMA DE ANÁLISE DO PROCESSO DE INTERAÇÃO

1. Mostra solidariedade; eleva o *status* dos demais; ajuda e concede retribuição
2. Demonstra diminuição da tensão; faz piadas; ri; mostra satisfação
3. Concorda; demonstra aceitação passiva; é compreensivo; preocupa-se; acata
4. Discorda; exibe rejeição passiva; demonstra formalidade; não ajuda
5. Exibe tensão; solicita ajuda; sai de cena
6. Mostra antagonismo; reduz o *status* dos demais; defende ou impõe seu modo de agir
7. Faz sugestões ou orienta, resultando em autonomia para outros
8. Emite opiniões, avaliações, análises; expressa sentimentos e anseios
9. Proporciona informações e orientação; repete; clarifica; confirma
10. Solicita informação, orientação, repetição e confirmação
11. Solicita opiniões, avaliação, análise, expressão de sentimentos
12. Solicita sugestões, orientação, possíveis modos de ação

ra que os grupos sejam eficazes precisam dedicar alguma atenção à finalização da tarefa, ajudar a orientar o grupo para o cumprimento das metas, bem como dirigir alguma atenção aos sentimentos e ao bem-estar dos membros e da atmosfera social no interior do grupo. Temos expectativa de encontrar, nos grupos de trabalho, líderes que expressam preocupação com temas relacionados à **orientação à tarefa** e **dedicação aos colaboradores**.*

Estudos de liderança da Ohio State University

Embora muitos pesquisadores tenham estudado essas dimensões da liderança, um grupo da Ohio State University ficou conhecido por seu empenho. Eles propuseram que considerações e estrutura inicial constituem duas dimensões importantes da liderança, ocorrendo paralelamente aos estilos de orientação ao colaborador e à tarefa. **Consideração** é definida como a extensão em que o líder mantém um relacionamento profissional que se apóia em confiança mútua, respeito pelos subordinados e sensibilidade por seus sentimentos. **Estrutura inicial** é a extensão em que um líder define e estrutura o trabalho que os subordinados executam, concentrando-se na realização bem-sucedida da tarefa.

Supõe-se que essas duas dimensões sejam independentes entre si, de modo que um líder pode apresentar grande ou pequena predisposição para cada uma. A combinação das duas em um mesmo indivíduo sugere que diversos tipos diferentes de gerente podem ser identificados (veja a Figura 7.1). O gerente *A*, na Figura 7.1, seria descrito como muito respeitoso em relação aos colaboradores, embora não se preocupe com a produção que executem. O gerente *B*, por outro lado, não se importa com os sentimentos dos empregados, porém, preocupa-se moderadamente com a produção da unidade. O gerente *C* está visivelmente concentrado na maximização da produção e no bem-estar dos colaboradores. Este terceiro caso exemplifica o que alguns consideram um estilo ideal, pois, combina o que há de melhor nas duas dimensões.

As pesquisas da Ohio State University, relativas às dimensões de consideração e estrutura inicial, geraram algumas descobertas interessantes. Questionários respondidos por subordinados e líderes mostram que uma grande consideração estava relacionada a proporções menores de apresentação de queixas e a uma menor rotatividade. Além de certo ponto, no entanto, aumentos de consideração da parte dos supervisores não aparentaram reduzir ainda mais a rotatividade e as queixas. Além disso, o estudo indicou que líderes com grande consideração podem estruturar mais o trabalho, sem risco de aumento no número de queixas, e que os supervisores podem, em certa extensão, compensar, demonstrando um grau elevado de estruturação, caso aumentem sua consideração. Em contraste, os supervisores que revelam pouca consideração não conseguem eliminar o impacto negativo preocupando-se menos com a criação de estrutura. Uma consideração reduzida exerce, visivelmente, um efeito negativo forte e persistente nas relações com os subordinados.[27] Além disso, outras pesquisas descobriram, continuamente, que uma consideração reduzida está associada à insatisfação dos colaboradores com os supervisores.[28]

Embora os primeiros estudos sugerissem que a combinação entre consideração elevada e estrutura inicial elevada constitui o estilo gerencial mais bem-sucedido, outros não corroboraram essa descoberta.[29]** Alguns pesquisadores tentaram indicar as condições sob as quais consideração

---

* A existência dessa necessidade de que grupos exerçam a função dupla de temas sociais e relacionados às tarefas foi indicada nas pesquisas interculturais. Também foi proposto que um dos grupos sociais mais básicos – a família – incorpora essas duas funções na definição dos papéis tradicionais de mãe (líder socioemocional) e de pai (líder orientado à tarefa).

** Na realidade, a suposição inicial de que a combinação entre consideração e estrutura inicial elevadas era excelente passou a ser conhecida como o "mito elevado–elevado".

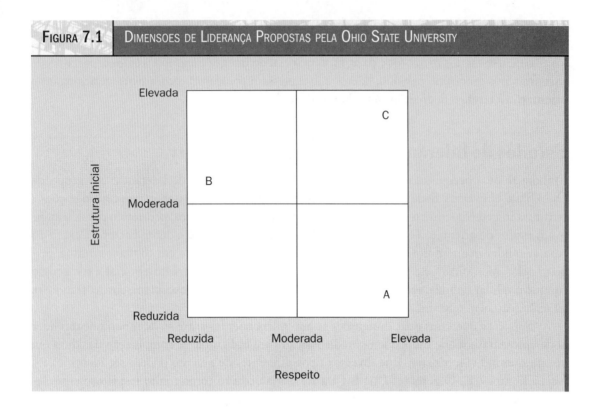

FIGURA 7.1 — DIMENSÕES DE LIDERANÇA PROPOSTAS PELA OHIO STATE UNIVERSITY

e estrutura inicial estão relacionadas à satisfação e ao desempenho dos empregados.[30] Suas análises sugerem que muitas variáveis podem afetar o relacionamento entre o estilo do líder e as reações dos subordinados. A Tabela 7.2 relaciona algumas variáveis importantes relacionadas ao subordinado, ao supervisor e à tarefa que podem exercer uma influência nesse relacionamento.

TABELA 7.2 — VARIÁVEIS QUE SE OBSERVOU INFLUENCIAREM O RELACIONAMENTO ENTRE COMPORTAMENTO DO LÍDER E RESULTADOS

Características do Subordinado	Características do Supervisor	Características da Tarefa
Especialização	Influência com os superiores	Urgência de tempo
Experiência	Similaridade de atitude com o supervisor	Perigo físico
Capacidade	Similaridade de comportamento com os dirigentes graduados	Estresse externo
Conhecimento das funções		Autonomia
Nível do cargo		Ambigüidade
Expectativas do líder		Significação da tarefa

Fonte: Adaptado de Landy, F.; Trumbo, D. *Psychology of Work Behavior*. Pacific Grove: Brooks – Cole, 1985.

Gráfico gerencial

Gerentes em atividade consideraram as dimensões de liderança propostas pela Ohio State University um conceito interessante. Na realidade, Robert Blake e Jane Mouton adaptaram essa abordagem a um programa de treinamento gerencial, que explica os estilos de liderança no contexto de um gráfico[31] (Figura 7.2), em que as várias combinações entre uma preocupação com pessoas e uma com a produção definem os cinco principais estilos de liderança, conforme a seguir.

1. *Gerenciamento por autoridade/obediência*, ou estilo 9.1, ressalta a eficiência nas operações, resultante da especificação das condições de trabalho, de tal modo que o elemento humano consegue interferir somente em pequeno grau.
2. *Gerenciamento "clube de campo"*, ou estilo 1.9, envolve atenção cuidadosa às necessidades das pessoas, porque tais relacionamentos satisfatórios têm a expectativa de conduzir a uma atmosfera organizacional tranqüila e amigável.
3. *Gerenciamento empobrecido*, ou estilo 1.1, caracteriza-se por um empenho mínimo para que o trabalho requerido seja executado e sejam mantidos os membros da organização.
4. *Gerenciamento pelo homem de organização*, ou estilo 5.5, preocupa-se em compatibilizar a necessidade de finalizar o trabalho com a de manter, simultaneamente, o moral em um nível satisfatório. A meta é o desempenho adequado.
5. *Gerenciamento em equipe*, ou estilo 9.9, apóia-se na interdependência, por meio de um interesse comum na finalidade da organização. Essa interdependência conduz a relacionamentos baseados em confiança e respeito, bem como na realização do trabalho por colaboradores empenhados.

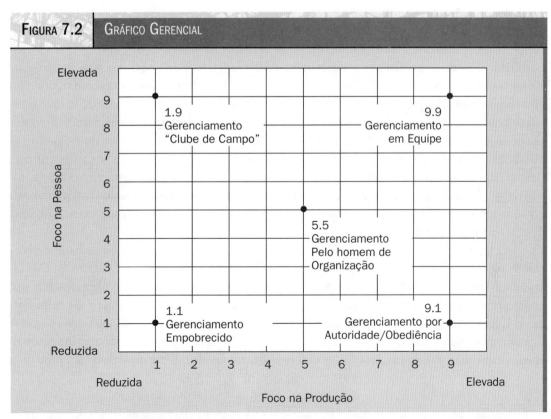

FIGURA 7.2 GRÁFICO GERENCIAL

Fonte: Blake, R.; Mouton, J. *Managerial Grid III*. Houston: Gulf, 1985.

De acordo com o modelo do Gráfico Gerencial, existe um determinado estilo de gerenciamento ótimo ou mais eficaz – o gerenciamento em equipe, ou estilo 9.9. Supõe-se que os gerentes que enfatizam, simultaneamente, a preocupação com pessoas e a produtividade sejam mais bem-sucedidos. Conforme mencionado anteriormente, no entanto, não existe uma prova conclusiva da existência de um melhor estilo de liderança.*

Liderança carismática

Algumas das pesquisas comportamentais mais fascinantes estão sendo realizadas a respeito da qualidade do carisma. *Carisma* é uma palavra de origem grega, que se refere a uma dádiva inspirada pelos deuses (por exemplo, ser capaz de realizar milagres ou prever o futuro). Na área de liderança, reporta-se a um tipo de influência social baseada na percepção, pelos seguidores, da pessoa do líder, e não em sua autoridade formal. A **liderança carismática** aproxima-se, em significado, da noção de poder referente (veja o Capítulo 6).

Existe um consenso geral de que líderes carismáticos são plenos de autoconfiança, têm um senso de finalidade e podem articular uma visão que os subordinados já se encontram propensos a aceitar. Estudos de pessoas carismáticas identificáveis indicam que elas, muitas vezes, rejeitam a autoridade formal e estão dispostas a assumir riscos pessoais, por causa de suas fortes convicções.[33] Daí resulta que líderes carismáticos, em contextos organizacionais formais, precisam estar dispostos a aceitar as principais normas da empresa ou sujeitar-se à expulsão.

Embora muitos pesquisadores tenham assumido que a liderança carismática é extremamente rara e não-suscetível de análise, estudos recentes revelam que ela pode ser encontrada em todos os tipos de organização (sem fins lucrativos, grandes, pequenas, voluntárias, empreendedoras etc.) e em todos os níveis de função.[34]

Foi introduzida, mais recentemente, uma distinção entre liderança transacional e transformacional.[35] **Liderança transacional** refere-se às trocas diárias que ocorrem entre líderes e subordinados, ao desempenharem rotineiramente suas funções. Tais trocas baseiam-se na oferta de retribuições associadas a um desempenho específico. **Liderança transformacional**, um conceito mais amplo do que carismático, implica em remodelar estratégias inteiras de uma organização (embora o termo *carisma* e a expressão *liderança transformacional* coincidam, em grande parte, ao ressaltar a influência dos atributos pessoais de um líder e a confiança dos seguidores). A liderança transformacional ressalta as metas dos subordinados e aumenta sua autoconfiança para se empenhar por metas mais elevadas. Ela é potencialmente mais forte nos níveis administrativos mais elevados. Essa posição frisa a importância da visão, do estímulo intelectual e da consideração pelo indivíduo na liderança, e o papel fundamental que ela pode exercer durante épocas de mudança e de crise.

O fenômeno da liderança carismática também apresenta seu lado perverso. Embora possamos identificar casos de função positiva (como Franklin Roosevelt, John F. Kennedy, Lee Iacocca e Mahatma Ghandi), também podemos mencionar outros claramente negativos em suas conseqüências (como Adolf Hitler, Charles Manson, Marshall "Bo" Applewhite – do culto Porta do Céu, e David Koresh – dos *Branch Davidians*). Uma medida sugerida para determinar se é positiva ou negativa consiste em examinar se os líderes carismáticos tentam criar intencionalmente, entre seus seguidores, devoção às suas pessoas, em vez de um compromisso com princípios

---

* Em resposta a tal prova, no entanto, Blake e Mouton oferecem argumentos conceituais, em vez de empíricos, para explicar por que o estilo 9.9 deve produzir resultados quando as condições são favoráveis.[32]

Visão Interior

As atuais empresas exigem chefes mais generosos e gentis

Em março de 2004, ocorreu um voto histórico, que assinalou uma alteração de grande magnitude na maneira de o público relacionado às empresas encarar o equilíbrio de poder entre CEOs e os grupos de interesse sob sua responsabilidade. Em uma reunião na Filadélfia, acionistas da The Walt Disney Company optaram por não apoiar a reeleição do CEO Michael Eisner para presidente do Conselho de Administração, privando-o efetivamente do título. Embora o CEO controvertido da Disney fosse permanecer como principal executivo da companhia até 2006, os investidores que rejeitaram sua liderança patrocinaram uma revolta bem-sucedida contra seu mau emprego do poder.

Os analistas que observaram o golpe dos acionistas afirmam que o voto histórico marcou o fim de uma era em que chefes dominam as companhias com mão-de-ferro, como se fossem dirigentes inatingíveis. "Membros do Conselho e acionistas estão assumindo posições enérgicas e diminuindo o poder dos dirigentes", afirma Richard Koppes, membro do escritório de advocacia Jones, Day, Reavis & Pogue, em Sacramento, Califórnia. O voto assinalou "a mudança de geração que está ocorrendo – do executivo imperial, todo-poderoso, comandante da nave, para um novo tipo de CEO, que esteja disposto a partilhar autoridade e ser mais responsável", acrescenta Koppes.

O desafio ao poder corporativo, de iniciativa de conselheiros, acionistas e outros grupos importantes, constitui uma tendência surgida na esteira de escândalos corporativos e de CEOs fracassados. A corrupção recente nos níveis mais elevados gerou elementos abomináveis no *hall* da vergonha corporativa: Jeffrey Skilling, da Enron; Sam Waksal, da ImClone; John Rigas, da Adelphia; Frank Dunn, da Nortel – e a lista continua a aumentar. Os dias do líder imperial e todo-poderoso parecem estar chegando ao fim, pois os subordinados se manifestam a favor de chefes mais compreensivos e participativos. Conforme escreve a colunista Carol Hymowitz, do *Wall Street Journal*, "Arrogância está fora de moda na sala do CEO e dos executivos graduados. O mesmo se aplica aos executivos autocratas que dirigem por meio de intimidação, pensam que têm todas as respostas e não acreditam que precisam dar satisfação para alguém".

Uma mudança sísmica do poder corporativo poderia gerar implicações interessantes para os chefes do futuro. Em particular, os executivos que não contam com aprovação de conselheiros, comitês diretivos e outros podem ter poucas possibilidades de chegar ao topo da organização. Quando o CEO da Coca-Cola Douglas Daft anunciou, recentemente, que deixaria o cargo, os membros do conselho da empresa deram a entender que o executivo número dois, Steven J. Heyer, poderia não ser a pessoa preferida para liderar a empresa: eles iniciaram, imediatamente, a campanha para que o primeiro CEO da Coke não pertencesse aos quadros da empresa. Parece que a reputação do Sr. Heyer, de manter um estilo de direção brusco e agressivo, poderia impedi-lo de tornar-se líder da Coca-Cola.

De acordo com Hymowitz, os atuais executivos precisarão demonstrar duas capacidades de liderança principais, caso queiram manter suas posições. Primeiro, os CEOs precisam exibir um "forte senso de que estão trabalhando para outros". Os líderes das empresas precisam incluir participantes na tomada de decisões e submeter-se aos anseios do conselho. Segundo, os CEOs precisam "oferecer aos investidores uma transparência muito maior, informando detalhes sobre resultados financeiros, que não divulgariam no passado, e mostrando que estão abertos à comunicação e a sugestões". CEOs sem essas qualidades poderiam ter o mesmo destino de Michael Eisner, da Disney. Conforme afirma o professor Jay Lorsch, da Harvard Business School, "ao conduzir campanhas por Vote Não, os investidores têm descoberto um modo muito poderoso e menos custoso... para se afirmar. Os CEOs, a não ser que desejem ficar constrangidos perante o público, devem permanecer atentos ao que os investidores desejam".

Fonte: Hymowitz, C. "Business Leaders Face a Grassroots Demand for a Lot Less Hubris", *The Wall Street Journal*, 9 mar. 2004.

ideológicos.[36] O lado perverso do carisma, normalmente, é revelado por iniciativas que incentivam a devoção ao ego. Em tais casos, os princípios ideológicos tornam-se, no final, veículos para ressaltar a devoção e o poder pessoais. Os carismáticos positivos concentram-se em aumentar o compromisso dos seguidores com os princípios ideológicos e evitam, algumas vezes de modo proposital, a exposição excessiva. Em virtude das diferenças nesses objetivos básicos, os dois tipos geram conseqüências diversos: apreço pelos seguidores *versus* aniquilamento dos seguidores. Além disso, é possível que alguns carismáticos negativos comecem como positivos (posicionando, inicialmente, a ideologia à frente das metas pessoais), mas sejam finalmente seduzidos pela oportunidade de se autoglorificar.

Há motivos para acreditar que as experiências do início da infância podem predispor as pessoas a serem carismáticas negativas.[37] Especificamente, aquelas cujos pais demonstraram rejeição e distanciamento emocional podem desenvolver a crença de não poder depender de outros para conseguir apoio. Como conseqüência de tal privação emocional, esses indivíduos desenvolvem preocupações narcisísticas a respeito da obtenção de prestígio e sucesso, juntamente com um sentido exagerado do próprio valor. Os relacionamentos humanos são simplificados em dicotomias bom/ruim ou amigo/inimigo, e falhas reais ou imaginadas são interpretadas como prova de grande deslealdade. A personalidade narcisista atua como fundamento para empreender projetos de autoglorificação, nos quais é acumulado crédito pessoal por qualquer realização positiva, sendo a culpa por qualquer defeito atribuída a outros.

Método situacional

Liderança não pode ser explicada somente em termos de comportamento do líder. Na realidade, características do contexto no qual ela ocorre (por exemplo, atributos do subordinado e da tarefa) também precisam ser analisadas para se obter uma compreensão mais completa e precisa. Examinamos, nesta seção, alguns modelos diferentes de liderança, que levam em conta explicitamente os atributos situacionais.

Modelo de contingência de Fiedler

Fred Fiedler foi um dos primeiros proponentes de um modelo de liderança que incorporou explicitamente características situacionais. A suposição fundamental de seu **modelo contingente de eficácia da liderança** é de que o desempenho do grupo constitui função da combinação entre o estilo de um líder e as diversas características relevantes da situação.[38]

O estilo de liderança e a situação são definidos, no âmbito do modelo, com alto grau de precisão. O estilo é avaliado por meio de uma escala de pontuação que mede a estima pelo **colaborador menos preferido (CMP)**. Ela determina que uma pessoa descreva o colaborador, passado ou presente, com quem teve mais dificuldade para trabalhar. Eis alguns exemplos de parâmetros:

Agradável : __:__:__:__:__:__:__:__ : Desagradável
               8   7   6   5   4   3   2   1

Compreensivo : __:__:__:__:__:__:__:__ : Frustrante
               8   7   6   5   4   3   2   1

Simpático : __:__:__:__:__:__:__:__ : Frio
               8   7   6   5   4   3   2   1

Uma pessoa que completa a escala CMP com respostas mais ou menos indulgentes obtém uma pontuação total razoavelmente elevada, ao contrário da que atribui valores rígidos. Fiedler infere que as pessoas que atingem pontuações CMP elevadas são motivadas pela obtenção de relações sociais positivas em seus grupos de trabalho. Pessoas com pontuação CMP baixa são consideradas menos orientadas a relacionamentos e mais satisfeitas com a realização de tarefas. Em resumo, indivíduos com CMP elevado são mais motivados a manter relacionamentos, ao passo que tipos com CMP baixo são mais motivados pelas tarefas. A noção de CMP proposta por Fiedler se apóia, evidentemente, na abordagem comportamental da liderança.

As situações reais de trabalho são multifacetadas. Fiedler propôs, para descrevê-las, uma definição única e ampla de uma dimensão situacional importante (vantagem) e diversos atributos subjacentes específicos que a determinam. De acordo com esse modelo, as situações diferem em termos de quanto são favoráveis para o líder. A **vantagem situacional**, portanto, constitui uma noção abrangente da facilidade ou dificuldade que um cenário poderia aparentar para um gerente.

Acredita-se que três fatores se situam na base da vantagem situacional. Eles são, em ordem de importância relativa, (1) relação entre líder e membros, (2) estrutura das tarefas e (3) poder da posição.

A **relação entre líder e membros** reflete o grau em que um líder é aceito e gera reações emocionais positivas de seus subordinados. Uma situação em que as relações são relativamente boas é potencialmente mais fácil de gerenciar do que aquela em que são tensas.

A **estrutura das tarefas** é o grau em que as tarefas a ser executadas podem ser especificadas com clareza. Tal estrutura se torna evidente em regras, descrições de cargo e políticas. Quando as tarefas são relativamente estruturadas, ocorre pouca ambigüidade a respeito de como devem ser consideradas. Além disso, as metas são claras, as medidas de desempenho são compreendidas e as soluções ou abordagens múltiplas de um problema têm pouca possibilidade de existir. O oposto é verdadeiro para tarefas pouco estruturadas.

Poder da posição é a extensão em que um líder pode se valer de sanções formais, isto é, ele pode controlar o destino dos subordinados, oferecendo retribuições ou ameaçando com punição? Na igualdade das demais condições, as situações em que um líder detêm poder da posição são consideradas mais fáceis de gerenciar do que as opostas.

Se combinarmos esses três atributos situacionais, obteremos oito combinações possíveis, ou oitavas partes, representando uma faixa de situações (veja a Figura 7.3). As indicadas no lado esquerdo dessa configuração são enormemente favoráveis, isto é, apresentam atributos que devem facilitar a liderança, ao passo que, as situações no lado direito são muito desfavoráveis (com atributos que tornam difícil o ato de liderar).

Para ilustrar, considere a oitava parte 1. Essa é uma situação em que todos os sinais estão verdes. Os subordinados e o líder relacionam-se bem, a tarefa encontra-se estruturada de modo claro, para que todos saibam o que devem fazer, e o líder pode se valer do poder da posição, caso haja necessidade. Tal situação poderia ser desfrutada por um supervisor admirado por seus subordinados, em um ambiente industrial não-sindicalizado. A oitava parte 8, em contraste, apresenta muitos obstáculos para o desempenho do grupo. Nesse caso, o líder e os participantes mantêm más relações interpessoais, a tarefa a executar é ambígua, e o líder não tem base de poder real para retribuir ou coagir. Tal situação poderia ocorrer quando um indivíduo impopular fosse solicitado a dirigir um comitê *ad hoc*, a fim de preparar um relatório a respeito de como assegurar a qualidade de vida no trabalho no século XXI. Nessa situação, todos os sinais estão vermelhos.

Fiedler aplicou esse modelo de contingência a uma variedade de equipes de trabalho (pessoal de postos de serviço, times de basquete, grupos em laboratórios, equipes que pilotam bombardeiros etc.). Os resultados dessa coleta de dados indicaram que líderes com CMP elevado (com orientação interpessoal) eram mais eficazes do que os de CMP reduzido (orientados às

FIGURA 7.3 — MODELO DE CONTINGÊNCIA DE FIEDLER

	Mais Favorável							Menos Favorável
Relação entre Líder e Membros	Boas	Boas	Boas	Boas	Empobrecidas	Empobrecidas	Empobrecidas	Empobrecidas
Estrutura da Tarefa	Estruturada	Estruturada	Não-estruturada	Não-estruturada	Estruturada	Estruturada	Não-estruturada	Não-estruturada
Poder de Posição	Forte	Fraco	Forte	Fraco	Forte	Fraco	Forte	Fraco
Oitava Parte	1	2	3	4	5	6	7	8

tarefas) somente em certas oitavas partes. Os de CMP reduzido foram considerados mais eficazes nas oitavas partes remanescentes. Em geral, foram julgados mais eficazes que os líderes com CMP elevado em situações extremamente favoráveis ou desfavoráveis; os de CMP elevado eram relativamente mais eficazes em oitavas partes de vantagem moderada. A Figura 7.4 resume as descobertas originais de Fiedler.*

Resta formular uma pergunta importante: Por que líderes com CMP elevado devem ser mais eficazes em situações moderadamente favoráveis, enquanto os de CMP reduzido são mais eficazes nas demais situações? Presentemente, não existe uma resposta satisfatória para essa pergunta. Mesmo Fiedler admite que o modelo ainda permanece, em alto grau, uma "caixa-preta", porque ninguém tem uma explicação plenamente satisfatória do motivo pelo qual os relacionamentos observados deveriam ser do modo como foram apresentados.[39] Talvez a explicação mais difundida ainda permaneça a original, oferecida por Fiedler quando propôs, inicialmente, o modelo. Ele argumentou, na ocasião, que os líderes orientados às tarefas terão sucesso nas situações que requerem persistência meramente. Portanto, como em situações extremamente difíceis (oitavas partes 7 e 8), necessita-se de liderança firme e orientada às tarefas. Nessas situações desfavoráveis, se algo tiver de ser realizado, o líder precisará demonstrar um grande empenho para ver resultados. Líderes com orientação interpessoal, no entanto, podem obter vantagem em cenários que emitem sinais variados, pois, podem aplicar suas aptidões sociais para suplantar os obstáculos ao desempenho mais gerenciáveis.

Em virtude de o modelo ter sido induzido a partir de descobertas sobre desempenho de grupos, outras aplicações podem ser oferecidas para o relacionamento com forma matricial mostrada na Figura 7.4. Uma interpretação alternativa é que as descobertas refletem uma *adaptação* entre a complexidade do líder e a situacional. Segundo essa linha de raciocínio, indivíduos com CMP elevado são complexos na esfera cognitiva: são capazes de perceber nuances em pessoas e eventos, em vez de somente o que existe de evidente. Isso se reflete em sua tendência para atribuir algumas avaliações positivas – além de negativas – a seu colaborador menos preferido. Líderes com CMP reduzido, por outro lado, podem ser mais simples sob o ponto de vista cognitivo, pois julgam pessoas e objetos de um modo razoavelmente simplista (bom/ruim, branco/preto), sem ver ou aceitar complexidades e nuances. Situações simples seriam aquelas em que os princi-

---

* Embora a Figura 7.4 ilustre os aspectos essenciais do modelo de contingência, em termos estritos não é preciso, pois níveis de desempenho, normalmente, não são comparados entre oitavas partes, somente no âmbito das oitavas partes.

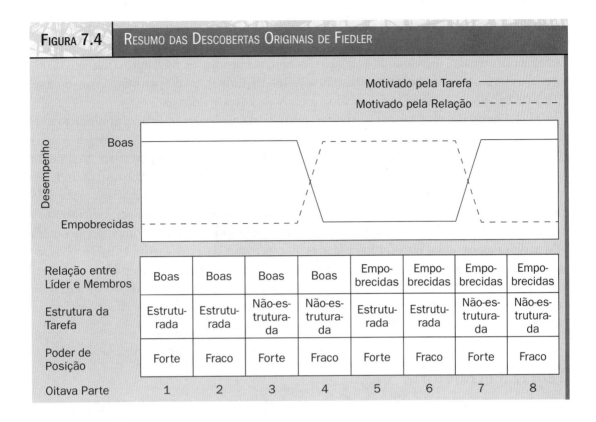

FIGURA 7.4 RESUMO DAS DESCOBERTAS ORIGINAIS DE FIEDLER

pais atributos são, em grande parte, correspondentes, isto é, todos bons ou todos ruins. Exemplos seriam as oitavas partes altamente favoráveis e as muito desfavoráveis do modelo de contingência. Situações complexas são aquelas em que existem diversos sinais, como nas oitavas partes médias. De acordo com essa interpretação, pessoas complexas na esfera cognitiva são melhores como líderes em contextos relativamente complexos, ao passo que as simples atuam melhor em cenários relativamente simples. Até o presente, ninguém apresentou alguma prova que refute de modo claro uma interpretação baseada no modelo de complexidade-adaptação das descobertas originais de Fiedler.

Os críticos ressaltam que a falta de uma explicação convincente para a dinâmica do modelo significa que ele ainda permanece pouco mais que uma "caixa-preta". Os resultados iniciais de Fiedler também foram coletados por meio de uma grande sondagem, que envolveu diversos grupos de trabalho. Em virtude de existir a possibilidade de esses primeiros estudos poderem refletir o acaso, torna-se necessário que outros pesquisadores reproduzam as descobertas de Fiedler, valendo-se de um conjunto diferente de grupos. Tais iniciativas geraram resultados muito díspares, de modo que ainda existe grande controvérsia em torno da validade do modelo de contingência.[40]

Implicações do modelo de contingência

Talvez a conclusão mais básica a ser obtida do modelo de Fiedler é de que o líder eficaz em uma situação pode ser ineficaz em outra. Os gerentes precisam reconhecer esse fato e compreender as limitações que uma dada situação pode lhes impor.

Fiedler propõe que os líderes tentem administrar as características dos ambientes de trabalho, a fim de aumentar a eficácia pessoal, em vez de tentar alterar seu estilo de liderança.[41] Ele argumenta que o estilo pessoal é relativamente difícil de mudar, mesmo para um indivíduo muito determinado. Portanto, pode ser mais fácil, algumas vezes, enquadrar os atributos situacionais no próprio estilo de uma pessoa. Isso pode significar tentar mudar deliberadamente a vantagem situacional, melhorando as relações com os subordinados, mudando o número de fatores estruturais em uma tarefa ou obtendo mais poder formal, tendo por meta criar um ambiente de trabalho mais favorável, baseado no estilo de liderança pessoal.

Finalmente, há motivos para acreditar que o desempenho, na realidade, diminui ao longo das oitavas partes, à medida que nos deslocamos em direção à ponta desfavorável da vantagem situacional.[42] Podemos esperar encontrar, no âmbito de cada oitava parte, o ordenamento previsto do desempenho do grupo com base no CMP do líder. Os grupos da oitava parte 1, dirigidos por líderes de CMP reduzido, no entanto, possivelmente desempenhariam melhor do que grupos com outros líderes em todas as demais oitavas partes. Com base nesse raciocínio, a noção de administrar situações para obter um ótimo desempenho conduz à previsão incomum de que deveríamos tentar transformar todas as oitavas partes em oitava parte 1 (isto é, boas relações entre líderes e membros, tarefa estruturada e poder da posição forte), tendo como líderes indivíduos com CMP reduzido. Alterações em quaisquer dos parâmetros das oitavas partes ou no estilo de liderança devem acarretar um desempenho relativamente menos eficaz. Até agora, essa noção ainda não passou por um teste formal.

Teoria da trajetória–meta

A teoria da **trajetória–meta** indica que os líderes podem influenciar, de diversas maneiras, a satisfação, a motivação e o desempenho dos membros do grupo.[43] Uma primeira maneira é tornando as retribuições dependentes do cumprimento das metas de desempenho. (Essa noção é similar à da liderança transacional, discutida anteriormente.) Um líder, além disso, pode ajudar os participantes do grupo a obter retribuições valorizadas, esclarecendo as trajetórias para atingir as metas de desempenho e suplantando obstáculos.

Um líder, a fim de atingir tais metas, pode ter de adotar diferentes estilos de liderança, em função do que a situação exigir. Foram identificados quatro tipos distintos de comportamento do líder:[44]

1. **Liderança diretiva**: envolve proporcionar orientação específica aos subordinados e solicitar-lhes que acatem as regras estabelecidas. É similar ao estilo estrutura elevada/consideração elevada do esquema da Ohio State University.
2. **Liderança de apoio**: envolve ser cordial com os subordinados e sensível às suas necessidades. É muito parecida com o estilo estrutura reduzida/consideração elevada.
3. **Liderança participativa**: envolve partilhar informações com subordinados e consultá-los antes de tomar decisões. É muito parecida com o estilo estrutura elevada/consideração elevada.
4. **Liderança orientada a resultados**: acarreta fixar metas desafiadoras e enfatizar a excelência, demonstrando, simultaneamente, a confiança de que os subordinados terão bom desempenho. Não apresenta equivalência efetiva com nenhum dos estilos de gerenciamento indicados pela Ohio State University.

Os quatro estilos podem ser, e freqüentemente são, usados por um determinado líder em situações distintas.

Surgiram algumas propostas, baseadas na teoria trajetória–meta, relacionadas ao impacto de certos comportamentos do líder no desempenho e na satisfação dos subordinados. As principais são as seguintes:

- Em situações ambíguas, os subordinados encontrarão maior satisfação com líderes que exibem comportamento diretivo. Essa satisfação resulta do apreço, por parte dos subordinados, da contribuição do supervisor para aumentar a probabilidade de obterem o reconhecimento desejado. Nas situações em que existe maior clareza da tarefa, ou da meta, o comportamento diretivo terá menor valor para os subordinados.
- Em ambientes estressantes, a liderança de apoio atenuará a insatisfação dos subordinados.
- Líderes com influência sobre seus próprios superiores conseguem melhorar o desempenho e a satisfação da unidade. Com essa influência ascendente, um líder é mais capaz de ajudar os subordinados a ter sucesso e a receber o reconhecimento apropriado.

Até o presente, foram realizadas poucas pesquisas sobre a teoria trajetória-meta. As provas disponíveis sugerem que, quando os subordinados se encontram envolvidos com tarefas ambíguas, a liderança diretiva pode aumentar a satisfação e a motivação. Com tarefas razoavelmente desprovidas de ambigüidade, entretanto, esse tipo de liderança pode diminuí-las.[45] O comportamento do líder que oferece apoio também é associado normalmente à maior satisfação dos subordinados. Quando estes recebem o encargo de executar tarefas inerentemente desagradáveis ou frustrantes, podem ter aumentada a satisfação.[46] Embora a teoria da trajetória-meta ainda permaneça, em grande parte, sem ter sido testada, sua maior força parece residir na integração entre o comportamento do líder e as noções da teoria da expectativa (veja o Capítulo 4), para oferecer retribuições valorizadas e dependentes do desempenho.

Teoria da liderança situacional

Das diversas visões baseadas em contextos de liderança, a **teoria da liderança situacional** tem sido a menos pesquisada.[47] Ela é, no entanto, amplamente adotada em programas de treinamento gerencial. A teoria baseia-se, de perto, nos estilos de liderança propostos pelo modelo da Ohio State University. Sua contribuição diferenciada reside na ênfase em compatibilizar um determinado estilo de liderança com a "maturidade" dos seguidores.

Maturidade do subordinado é definida como a capacidade para fixar metas elevadas, porém, alcançáveis; disposição para assumir responsabilidade; e educação e/ou experiência relevante. Ela é julgada em relação a uma dada tarefa. Portanto, um determinado colaborador pode ser muito maduro em relação a uma tarefa, mas imaturo em relação a outra. A maturidade do subordinado contém dois componentes: **maturidade do cargo**, ou conhecimento técnico e aptidões relevantes para a execução das tarefas, e **maturidade psicológica**, ou senso de autoconfiança e disposição, e capacidade para aceitar responsabilidade. Um subordinado muito maduro dispõe, ao mesmo tempo, de competência técnica e de autoconfiança para uma determinada tarefa. O de pouca maturidade não apresenta capacidade nem confiança. Embora a teoria reconheça outras variáveis como potencialmente importantes (como a pressão do tempo), concentra-se, principalmente, na maturidade dos seguidores como principal atributo situacional.

A tese central do modelo é que, à medida que aumenta a maturidade do seguidor, um líder deve adotar mais o comportamento orientado ao relacionamento e menos o orientado à tarefa. Além de um certo ponto dessa dimensão da maturidade, no entanto, o líder precisa depender menos desses dois comportamentos. Esse padrão encontra-se na Figura 7.5. Com subordinados grandemente imaturos (situação M1), o líder deve priorizar o comportamento orientado à tarefa e ser muito direto e autocrático. Em essência, esse é um estilo de liderança que envolve dizer aos subordinados o que devem fazer. Para a situação M2, subordinados que

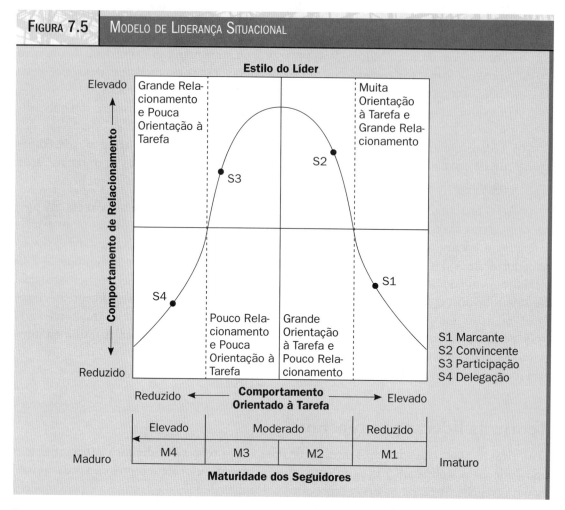

Fonte: Hersey, P. et al. *Management of Organizational Behavior*. Upper Saddle River: Prentice-Hall, 2001.

ainda permanecem em um nível um tanto inferior da maturidade, o líder deve ter como foco ser mais orientado aos relacionamentos. Ele opera "vendendo" suas idéias aos subordinados. Os de maturidade um tanto elevada (M3) também precisarão de um grau razoável de apoio e tratamento atencioso. O estilo apropriado, nesse caso, é de participação com os subordinados. Por último, os muito maduros (M4) dispõem de automotivação e pode-se confiar em sua autodireção. Na verdade, estes podem, na realidade, ter a expectativa de trabalhar com muita autonomia. O principal estilo de liderança com tais subordinados é o de delegação.

A teoria foi apresentada originalmente com poucos indícios empíricos de sua validade. As pesquisas disponíveis indicam que o modelo pode ser apenas parcialmente correto, pois os subordinados menos experientes (isto é, menos maduros) conseguem responder um tanto mais a uma maior direção. Também, os aspectos teóricos do modelo foram criticados, por não apresentarem um fundamento coerente, ou preciso, para os relacionamentos propostos.[48] Apesar disso, ele contém um apelo intuitivo, que o torna uma ferramenta de instrução atrativa para os gerentes em atividade. Ele também enfatiza a necessidade de comportamentos flexíveis e adaptáveis da parte do líder. Até que um número maior de provas esteja disponível, entretanto, não é possível afirmar que a teoria da liderança situacional seja superior a outras visões.

Modelo de liderança de Vroom–Yetton

Victor Vroom e Philip Yetton desenvolveram um modelo muito promissor, que lida com uma faceta específica da liderança: como selecionar um estilo para tomar uma decisão.[49] O **modelo de Vroom–Yetton** indica que existem cinco estilos de tomada de decisões, variando do grandemente autocrático ao imensamente participativo. Os cinco estilos, em ordem de participação crescente, são os seguintes:

- Autocrático I (AI): um gerente soluciona um problema usando as informações já disponíveis.
- Autocrático II (AII): um gerente obtém informações adicionais dos subordinados e resolve o problema em seguida.
- Consultivo I (CI): um gerente compartilha o problema com os subordinados, individualmente, e obtém idéias e sugestões. O gerente escolhe de novo uma solução para o problema.
- Consultivo II (CII): um gerente compartilha o problema com os subordinados em grupo. A decisão final pode ou não refletir sua contribuição.
- Grupo (G): um gerente reúne-se com os subordinados em grupo. Ele age como um dirigente que focaliza e direciona a discussão, porém, não impõe sua vontade ao grupo. Almeja, em um sentido democrático, uma verdadeira participação dos subordinados.

Que estilo é mais apropriado para uma dada situação depende de algumas considerações importantes. Vroom e Yetton identificam sete perguntas que precisam ser respondidas para determinar o estilo apropriado. Essas contingências subjacentes (ou regras de decisão) concentram-se em temas como disponibilidade de informações suficientes para tomar uma boa decisão e possibilidade de confiar que os subordinados abordarão o problema de uma perspectiva compatível com as metas organizacionais. As sete perguntas podem ser apresentadas seqüencialmente, permitindo seguir um estilo específico e preferido para uma determinada situação.

A Figura 7.6 mostra a árvore de decisão que Vroom e Yetton criaram para selecionar o melhor ou mais apropriado estilo. As sete regras de decisão estão selecionadas na parte superior do modelo. O gerente deve dar uma resposta (sim ou não) a cada pergunta. No final de cada ramo da árvore, está designado um estilo, indicado por AI, AII, CI, CII ou G.

Para saber como um gerente usaria a árvore de decisão, imagine um caso em que ele precisasse lidar com um processador de pedidos que não está emitindo ordens de compra em número suficiente a cada dia (a resposta à pergunta A é sim). Se o gerente tiver um entendimento claro do motivo pelo qual o empregado desempenha mal (B = sim); se o subordinado precisa aceitar a decisão do gerente para que a solução dê certo (D = sim); se o gerente também está seguro de que a decisão será aceita pelo subordinado (E = sim), o gerente deve seguir uma abordagem não-participativa para lidar com o problema (AI).

Como outro exemplo, considere um gerente que está pensando em introduzir horários de trabalho flexíveis (veja o Capítulo 5). Para que tal decisão seja implementada de modo bem-sucedido, é válido considerar o que o modelo de Vroom–Yetton sugere. Nessa situação, uma solução parece ser mais racional do que uma outra (A = sim), porém, o gerente não conhece a extensão das preferências individuais e os obstáculos relacionados às funções (B = não). O problema é relativamente não-estruturado (C = não), ao passo que a aceitação pelos subordinados é importante para a implementação (D = sim). Em virtude de o gerente não poder estar razoavelmente seguro de que uma solução imposta será aceita pelos subordinados (E = não), a escolha

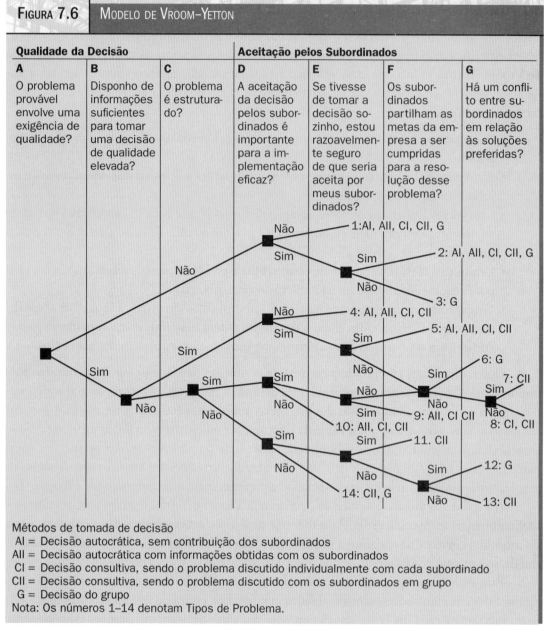

FIGURA 7.6 MODELO DE VROOM–YETTON

Métodos de tomada de decisão
AI = Decisão autocrática, sem contribuição dos subordinados
AII = Decisão autocrática com informações obtidas com os subordinados
CI = Decisão consultiva, sendo o problema discutido individualmente com cada subordinado
CII = Decisão consultiva, sendo o problema discutido com os subordinados em grupo
G = Decisão do grupo
Nota: Os números 1–14 denotam Tipos de Problema.

Fonte: Adaptado e reproduzido de *Leadership and Decision-Making*, de Victor H. Vroom e Philip W. Yetton. Reproduzido mediante autorização da University of Pittsburgh Press.

final do estilo depende de os subordinados estarem dispostos a aceitar as metas da organização. Se o gerente acreditar que eles partilham essas metas, será necessária uma abordagem fortemente participativa (G). Caso contrário, será apropriada uma estratégia menos participativa (CII).

O modelo de Vroom–Yetton é útil para diagnosticar uma situação. Ele indica o tipo de comportamento específico para um líder que se defronta com determinado problema. Nessa condição, é muito mais preciso, e um tanto mais prático, do que os outros modelos que examinamos.

Estudos adicionais tenderam a apoiar a validade do modelo de Vroom–Yetton. Trabalhos realizados pelos pesquisadores originais, bem como por pesquisadores independentes, indicam que ele descreve de perto o processo de decisão real da maioria dos gerentes.[50] O modelo também é usado amplamente por organizações especializadas em treinamento gerencial (como Kepner-Tregoe).[51]

Mais recentemente, Victor Vroom e Art Jago tentaram retificar diversas falhas do modelo.[52] Pode ser muito difícil, por exemplo, responder todas as vezes às sete regras de discussão mediante um simples sim ou não. Com freqüência, um gerente tem apenas uma idéia do que tem possibilidade de ocorrer. Em tais casos, ele pode ser capaz de fazer estimativas de probabilidade, porém, não de respostas firmes e simples. Para resolver esse e outros problemas, Vroom e Jago fizeram algumas alterações, como permitir respostas probabilísticas. Como resultado, o modelo está se transformando em um conjunto de equações matemáticas complexas e de difícil resolução. Gerentes que não estão particularmente interessados em soluções matemáticas precisas, talvez por falta de tempo ou de um programa de computador para resolver as equações, provavelmente continuarão a usar a árvore de decisão apresentada na Figura 7.6 como um guia rápido para a seleção de um estilo de liderança.

Modelo de intercâmbio entre líder e membro

O **modelo de intercâmbio entre líder e membro** proporciona uma outra visão do processo de liderança. Esse modelo, sob alguns aspectos, é similar às outras abordagens que examinamos, pois focaliza a influência dos subordinados no comportamento do líder e sua participação na tomada de decisões. Em todos os demais aspectos, no entanto, ele é único.[53]

Segundo o modelo, grande parte das teorias anteriores sobre o processo de liderança supõe a existência de um estilo médio, que um gerente demonstra em relação a todos os membros de um grupo de trabalho. Uma análise cuidadosa, entretanto, revela que os líderes, normalmente, não exibem um estilo de liderança, ou um conjunto de comportamentos, uniforme para todos os membros do grupo. Em vez disso, comportam-se de modo um tanto diferente em relação a cada subordinado. O modelo propõe que cada relacionamento existente entre o líder e um subordinado tem possibilidade de diferir em qualidade. Desse modo, o mesmo supervisor pode manter más relações interpessoais com alguns subordinados, e relações razoavelmente abertas e de confiança com outros. Em cada unidade de trabalho, esses pares de relações, ou *díades*, podem ser julgados em termos de um indivíduo ser relativamente "próximo" ou "distante" do supervisor. Membros do grupo próximo (ou, mais corretamente, do subgrupo próximo) são convidados a participar da tomada de decisões e adquir responsabilidade adicional. Membros do grupo distante, no entanto, são supervisionados de acordo com os termos estritos de seu contrato formal de emprego. Em essência, um membro do grupo próximo é elevado ao papel não-oficial de "assistente confiável", enquanto a um membro do grupo distante é atribuído o papel de "pessoa contratada". Membros do grupo próximo se valem, sob muitos aspectos, dos benefícios de cargos enriquecidos com muitas oportunidades, para participar da tomada de decisões. Os do grupo distante não têm essas oportunidades. Além disso, espera-se que os membros do grupo próximo demonstrem maior satisfação, desempenho superior, maior compromisso e menor rotatividade.

A situação *a*, na Figura 7.7, retrata a visão tradicional de líderes e subordinados. Todos os subordinados são vistos como merecedores do mesmo tratamento por parte de um supervisor, isto é, têm o mesmo acesso ao líder, mesma influência na tomada de decisões, mesma troca de informações e mesma distância social. A situação *b* reflete a perspectiva de intercâmbio entre

168 Comportamento Organizacional

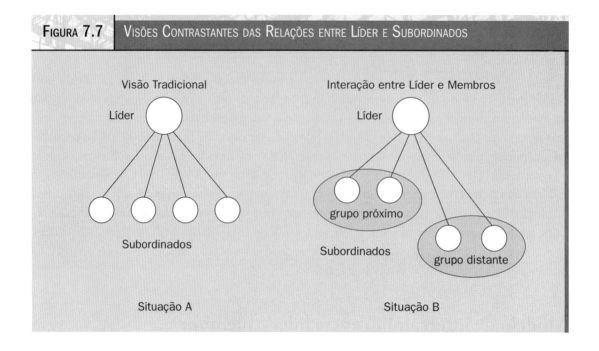

FIGURA 7.7 VISÕES CONTRASTANTES DAS RELAÇÕES ENTRE LÍDER E SUBORDINADOS

líder e membros, em que um subconjunto de subordinados (o grupo próximo) goza de melhores condições de trabalho com o líder do que um outro subconjunto (o grupo distante). As diferentes distâncias entre os subordinados individuais e o líder refletem diferenças nas relações de trabalho e, portanto, diferenças de influência, autoridade e acesso à informação.

O modo como as pessoas se tornam parte de cada um dos grupos ainda não é compreendido integralmente. Os indícios preliminares indicam, no entanto, que a impressão inicial de um líder a respeito da capacidade de um empregado desempenha um papel importante. Certamente, líderes e membros do grupo próximo acreditam, com firmeza, que capacidade é a característica que distingue os membros dos dois grupos. Os membros do grupo distante, entretanto, estão do mesmo modo convencidos de que insinuação, favoritismo e política são mais importantes do que capacidade, na seleção dos membros do grupo próximo. Na verdade, a atração interpessoal desempenha, efetivamente, algum papel no processo de seleção. É provável, no entanto, que a capacidade percebida desempenhe um papel muito maior e complementar, na maior parte dos casos.

A existência desses dois grupos é fácil demonstrar. Nos estudos originais do modelo de intercâmbio entre líder e membros, os empregados e seus superiores foram solicitados a identificar quem, em cada unidade, usufruía maior ou menor confiança do supervisor. Geralmente, as pessoas tiveram pouca dificuldade para apontar tal hierarquia. O *status* de um determinado indivíduo (próximo *versus* distante) é compreendido por todos os membros do grupo, especialmente pela pessoa em questão.

Os estudos originais e os que conferiram validade ao modelo, geralmente, confirmaram suas principais previsões, indicando que os membros do grupo têm maior satisfação e são julgados como excelentes executores. A idéia, no entanto, de que o *status* de cada um dos grupos pode estar relacionado à rotatividade dos colaboradores teve apoio muito menos constante.[54] Uma descoberta adicional é que os membros do grupo próximo tendem a considerar os problemas relacionados às funções de um modo muito parecido com o de seus superiores. Os relatos dos membros do grupo próximo, relativos aos problemas dos cargos, por exemplo, correlacionam-se mais de perto com as percepções de seu superior do que os relatos dos membros do grupo distante.[55]

Em resumo, parece que os líderes, realmente, diferenciam entre seus subordinados, convidando alguns para fazer parte de um núcleo privilegiado, excluindo, ao mesmo tempo, os demais. As impressões iniciais da capacidade dos subordinados podem conduzir a uma classificação como membros do grupo próximo ou do distante, o que pode afetar seu desempenho e rotatividade subseqüentes.

Substitutos da liderança

Foi sugerido, de forma um tanto controversa, que o comportamento do líder pode ser, algumas vezes, desnecessário e supérfluo, porque fatores presentes na situação proporcionam ajuda suficiente aos subordinados.[56] Eles poderiam incluir capacidade, experiência ou treinamento dos colaboradores. A noção de que líderes podem não desempenhar um papel crucial em todos os contextos permite ajudar a explicar por que alguns grupos de trabalho operam muito bem, apesar da presença de um líder medíocre. Tais fatores outras palavras, é possível que existam situações em que a liderança não tem importância ou é redundante.

Assim, dois tipos de variáveis podem atuar nesses casos: substitutos de liderança e neutralizadores. A presença de um **substituto de liderança** a tornará redundante ou desnecessária, ao passo que a existência de um **neutralizador de liderança** impedirá, de algum modo, um líder de empreender ações. A Tabela 7.3 relaciona alguns possíveis substitutos e neutralizadores para dois estilos de comportamento do líder.

TABELA 7.3 | SUBSTITUTOS E NEUTRALIZADORES DA LIDERANÇA DE APOIO E INSTRUMENTAL

Fator	Liderança de Apoio	Liderança Instrumental
Características do Subordinado		
1. Experiência, capacidade, treinamento		Substituto
2. Orientação "profissional"	Substituto	Substituto
3. Indiferença pelas retribuições organizacionais	Neutralizador	Neutralizador
Características da Tarefa		
1. Tarefa estruturada e rotineira		Substituto
2. *Feedback* da tarefa		
3. Tarefa intrinsecamente gratificante	Substituto	Substituto
Características Organizacionais		
1. Grupo de trabalho coeso	Substituto	Substituto
2. Líder não detém poder da posição	Neutralizador	Neutralizador
3. Formalização de metas e planos		Substituto
4. Regras e procedimentos rígidos		Neutralizador
5. Distância física entre líder e subordinados	Neutralizador	Neutralizador

Nota: Lideranças de apoio e instrumental correspondem a consideração do líder e estruturação do líder.
Fonte: Yukl, G. *Leadership in Organizations.* Upper Saddle River: Prentice-Hall, 2002.

A essência da proposta de "substitutos da liderança" é que esta represente apenas um fator no desempenho bem-sucedido do grupo. As noções de substitutos e de neutralizadores ajudam a manter uma perspectiva adequada a respeito do papel da liderança em grupos de trabalho. Embora ela possa ser importante para o desempenho da unidade, são necessárias certas precondições. Além disso, a idéia de substitutos e de neutralizadores ajuda a explicar os resultados grandemente variados dos estudos sobre liderança. Estudos que não levam em conta o efeito de neutralizadores e de substitutos podem deixar de revelar relacionamentos esperados porque o processo de relacionamento específico é irrelevante, e não pelo fato de a teoria não apresentar validade.

Obstáculos à eficácia pessoal nas posições gerencial e de liderança

Conforme observado anteriormente, a liderança pode ser, algumas vezes, irrelevante em uma dada situação, por causa de características do subordinado, da tarefa ou da organização. Líderes, em tais contextos, podem considerar suas obrigações particularmente difíceis. Eles também podem se defrontar com obstáculos, por razões além de seu controle, ou deixar de acatar alguns critérios administrativos amplamente aceitos. J. K. Van Fleet compilou uma relação dos maiores erros cometidos pelos gerentes.[57] Cada um deles pode ser fatal para a carreira, e muitos não são prontamente dedutíveis de qualquer teoria. Eis dez dos principais erros:

1. Ficar alheio a eventos no campo de atuação e limitar-se à própria área de especialização.
2. Recusar-se a assumir maior responsabilidade ou a ser responsável pelas próprias ações.
3. Deixar de se assegurar de que as tarefas sejam entendidas, supervisionadas e finalizadas.
4. Recusar-se a avaliar, de modo realista, o próprio desempenho e capacidade.
5. Usar a posição para ganho pessoal ou faltar com a verdade.
6. Não dar um exemplo positivo e pessoal aos subordinados.
7. Tentar ser apreciado, em vez de respeitado.
8. Enfatizar regras, no lugar de aptidões.
9. Falhar em manter construtivas as críticas.
10. Não dar atenção aos aborrecimentos e queixas dos empregados.

O Center for Creative Leadership sediado em Colorado Springs, Colorado, realizou pesquisas adicionais sobre o motivo pelo qual os gerentes fracassam.[58] A partir de entrevistas detalhadas com gerentes que, inicialmente, tiveram sucesso na carreira, porém, fracassaram no final, isto é, chegaram a um nível estável, aposentaram-se cedo ou foram demitidos, percebeu-se que o fracasso foi influenciado, algumas vezes, por fatores externos, como recessões econômicas ou eventos incontroláveis. Quatro conjuntos de fatores individuais, no entanto, também foram associados ao fracasso:

1. Posição defensiva: tentar ocultar os erros ou atribuir a culpa a outros, em vez de assumir responsabilidade e tentar corrigi-los.
2. Instabilidade emocional: exibir rompantes ou demonstrar humor variável, em vez de refletir confiança e conduta calma.
3. Habilidades interpessoais inadequadas: não apresentar sensibilidade e tato, e ser arrogante ou ríspido.

4. Poucas aptidões técnicas e cognitivas: não ter especialização técnica para cargos de nível superior, alimentando uma perspectiva limitada, com base em uma única especialidade, ou tentar microgerenciar o trabalho de subordinados dotados de capacitação técnica substancial.

É difícil afirmar, de modo preciso, o nível de liderança falha nas posições organizacionais. Estimou-se, no entanto, que a proporção básica de liderança seriamente ineficaz é superior a 50%.[59] Isso indica que a maioria dos adultos empregados trabalha para alguém incapaz de demonstrar aptidões de liderança adequadas. O lado negativo dessa situação consiste em os empregados sempre retaliarem os supervisores de maneira sutil – sendo desleais, diminuindo a produção ou o atendimento aos clientes e participando de furto, sabotagem ou vandalismo.

Resumo

1. **Definir liderança.**
   Liderança é o processo pelo qual uma pessoa tenta fazer com que os membros da organização realizem algo que ela deseja. A influência do líder estende-se além da responsabilidade por supervisão e da autoridade formal.

2. **Descrever a maneira pela qual o comportamento de um líder se relaciona às atitudes e ao desempenho do empregado.**
   Um estilo de liderança democrático pode resultar em maior satisfação dos colaboradores e em produtos de melhor qualidade. A liderança autocrática pode conduzir a uma produção maior, acompanhada por qualidade inferior e menos satisfação dos colaboradores. Uma grande consideração pelo empregado pode estar relacionada, até certo ponto, à sua satisfação; uma menor consideração pode resultar em insatisfação. Os modelos da Ohio State University e do Gráfico Gerencial presumem que os gerentes mais bem-sucedidos enfatizam, ao mesmo tempo, a preocupação com as pessoas e com a produtividade.

3. **Explicar a importância da liderança.**
   Provou-se que a liderança faz uma diferença no desempenho de grupos e organizações. Estudos do impacto da mudança de líderes revelam que o desempenho de grupos com atuação medíocre pode ser aumentado. Uma rotatividade excessiva de líderes, entretanto, pode ser prejudicial ao desempenho da unidade.

4. **Identificar os fatores básicos da vantagem situacional e explicar como influenciam a eficácia de um líder.**
   Existe uma situação favorável quando as relações entre líder e membros são boas, a estrutura das tarefas (grau em que as funções podem ser especificadas com clareza) é boa, e o poder da posição do líder é elevado (extensão em que ele pode se valer de sanções formais). Líderes orientados a relações interpessoais são mais eficazes em situações moderadamente favoráveis, ao passo que os orientados às tarefas são mais eficazes em situações extremamente favoráveis ou desfavoráveis.

5. **Explicar como os líderes podem clarificar as trajetórias que conduzem às metas, a fim de motivar colaboradores.**
   A teoria da trajetória–meta sugere que os líderes conseguem influenciar a satisfação, a motivação e o desempenho, baseando a retribuição no cumprimento das metas, tornando claras as trajetórias para atingi-las e removendo obstáculos. O líder, dependendo

da situação, consegue isso optando por um dos quatro tipos de comportamento: liderança diretiva, liderança de apoio, liderança participativa ou liderança orientada a resultados.

6. **Descrever os componentes da maturidade dos subordinados e sua relevância para o estilo de liderança.**

   A maturidade dos subordinados é formada por maturidade no exercício das funções (conhecimento técnico e aptidões relevantes para as tarefas) e maturidade psicológica (senso de autoconfiança e auto-respeito). A teoria da liderança situacional propõe que o líder deve mudar seu estilo, para se adequar ao nível de maturidade do empregado.

7. **Descrever os estilos de tomada de decisões do modelo de Vroom–Yetton e explicar como você optaria por um deles.**

   Um gerente pode solucionar um problema (1) usando informações já disponíveis; (2) obtendo informações adicionais de subordinados e tomando, em seguida, uma decisão individual; (3) partilhando o problema com cada subordinado individualmente, obtendo idéias e tomando uma decisão individual; (4) partilhando o problema com os subordinados em grupo e, possivelmente, aproveitando as idéias propostas para chegar a uma solução; (5) reunindo-se com os subordinados como um grupo, focalizando e direcionando a discussão, porém, sem impor sua vontade. Para usar a árvore de decisão de Vroom–Yetton em uma situação específica, o gerente responde às perguntas da esquerda para a direita, deslocando-se ao longo de um ramo da árvore. Na ponta de cada ramo, encontra-se o estilo considerado apropriado para a ocasião.

8. **Descrever uma maneira para avaliar o estilo de liderança, levando em conta a opinião dos gerentes em relação a colaboradores distintos.**

   No modelo de intercâmbio entre líder e membros, estes pertencem a um grupo próximo ou a um grupo distante, na visão do gerente. Os membros do grupo próximo são convidados a tomar parte no processo de decisão e recebem responsabilidade adicional, ao passo que os do grupo distante são supervisionados no âmbito dos termos estritos de seu contrato de trabalho.

9. **Definir substituto de liderança e neutralizador de liderança, e dar exemplos de cada um.**

   O *substituto de liderança* é um fator que torna a liderança redundante ou desnecessária; um exemplo seria um grupo de trabalho extremamente coeso. O *neutralizador de liderança* é um fator que impede um líder de ser eficaz; poderia ser a existência de subordinados indiferentes às retribuições organizacionais. Outros exemplos de cada fator se encontram na Tabela 7.3.

10. **Indicar algumas das principais razões por que os gerentes falham.**

    Os gerentes falham por diversas razões. O fracasso, juntamente com influências externas, pode surgir de fatores pessoais, do tipo posição defensiva, instabilidade emocional, habilidades interpessoais inadequadas e poucas aptidões técnicas e cognitivas.

Episódio crítico

O halo de Hal

Hal Baines trabalha há mais de dez anos para a IFP Financial Services Corporation. Ele foi promovido a supervisor de unidade dois anos atrás. Hal sempre foi um empregado muito leal e trabalhou com afinco para seguir e apoiar as políticas e os procedimentos da companhia. Ao conversar com qualquer um dos superiores de Hal, tem-se a impressão de que ele é muito apreciado e visto como um elemento útil para a organização.

Em virtude de a insatisfação dos colaboradores haver se tornado mais pronunciada na unidade dele, você foi solicitado a avaliar a situação. Em conversas reservadas com os subordinados, descobre que eles consideram Hal obcecado pelo desejo de agradar aos dirigentes graduados. Não julgam que ele se empenha pela unidade. Em cada uma das últimas duas sessões de discussão do orçamento, por exemplo, seu departamento recebeu pouco ou nenhum aumento. Igualmente, quando novas idéias ou sugestões partem de um dos empregados, para Hal passar adiante, elas nunca produzem algo. Isso resultou em frustração e em uma sensação geral de não serem apreciados. Por último, sempre que algo é requisitado do departamento de Hal, independentemente do que esteja sendo executado, ele sempre promete realizar em caráter imediato. Isso tem significado trabalho adicional e horas extras, sem pagamento ou reconhecimento para muitos empregados.

Na qualidade de consultor, como você lidaria com as questões a seguir?

1. Em termos das teorias de liderança discutidas neste capítulo, como você descreveria o estilo de liderança de Hal?
2. Caso você se reunisse com Hal imediatamente, que conselhos ou sugestões lhe ofereceria para alterar o estilo de liderança?
3. Em sua opinião, um programa de treinamento em aptidões de liderança seria proveitoso para Hal? Em caso afirmativo, o que deveria conter?

Fonte: Bruce Kemelgor, da University of Louisville. Reproduzido mediante autorização.

Exercício experimental I

Perfil do estilo de liderança[*]

De acordo com a teoria da liderança situacional, não existe um ótimo modo para influenciar pessoas. A maior parte das pesquisas sobre liderança indica que o comportamento do líder é uma combinação entre orientação à tarefa e aos relacionamentos. Comportamento associado à tarefa é a extensão em que um líder oferece orientação. Dizer às pessoas o que fazer e/ou fixar-lhes metas e definir seus papéis é indicativo de uma orientação à tarefa. Proporcionar apoio, ser aberto e bom comunicador são alguns dos comportamentos de um líder orientado ao relacionamento.

Portanto, o estilo de liderança é uma combinação entre comportamentos voltados à tarefa e ao relacionamento. Este exercício tem por finalidade lhe oferecer um perfil de seu estilo. Suponha que você esteja envolvido em cada uma das 12 situações a seguir. Leia cada item e, então, faça um círculo em torno da letra, indicando a alternativa que descreveria com maior proximidade seu comportamento.

Situação 1

Os empregados de seu programa parecem estar vivenciando problemas sérios para executar as funções. O desempenho apresentado tem diminuído rapidamente. Eles não

---

[*] Este exercício foi adaptado de Managerial Skills, Federal Government Publication p. 79-141. Baseia-se, em parte, no trabalho de Hersey e Blanchard, "Leader Effectiveness and Adoptability Description", da University Associates, San Diego.

reagiram às suas iniciativas de aproximação ou às suas manifestações de preocupação pelo bem-estar de todos.
a. Restabelecer a necessidade de seguir os procedimentos do programa e atender às expectativas de execução de tarefas.
b. Estar seguro de que os membros da equipe estão cientes de sua disponibilidade para discussões, porém, sem pressioná-los.
c. Conversar com os empregados e, em seguida, fixar metas de desempenho.
d. Esperar e ver o que acontece.

Situação 2
Durante os últimos meses, tem aumentado a qualidade do trabalho realizado pelos membros da equipe. O registro das operações é correto e está atualizado. Você deixou claro, a todos os subordinados, quais são suas expectativas de desempenho.
a. Permanecer sem envolvimento.
b. Continuar a enfatizar a importância de completar tarefas e cumprir prazos.
c. Dar apoio e proporcionar um *feedback* claro. Continuar a assegurar-se de que os membros da equipe estão cientes das expectativas de desempenho.
d. Empenhar-se para que os membros da equipe se sintam importantes e envolvidos com o processo de tomada de decisões.

Situação 3
O desempenho e as relações interpessoais entre os membros de sua equipe têm sido bons. Normalmente, você os tem deixado sozinhos. Surgiu, no entanto, uma nova situação e parece que os membros são incapazes de resolver o problema sozinhos.
a. Unir o grupo e trabalhar como equipe, para solucionar o problema.
b. Continuar, deixando que resolvam o problema no âmbito do grupo.
c. Agir de modo rápido e firme, para identificar o problema e estabelecer procedimentos, a fim de corrigi-lo.
d. Incentivar a equipe a se dedicar ao problema, comunicando-lhe que você se encontra disponível para ajudar e para discutir, caso precisem de você.

Situação 4
Você está considerando uma grande mudança em seu programa. Sua equipe apresenta um bom histórico de sucessos e de compromisso com a excelência. Apóia a necessidade de mudança e participou do planejamento.
a. Continuar envolvendo a equipe no planejamento, mas você dirige a mudança.
b. Anunciar as mudanças e, em seguida, implementá-las, supervisionando de perto.
c. Permitir que o grupo se envolva na elaboração da mudança, porém, sem forçar o processo.
d. Permitir que os membros da equipe gerenciem o processo.

Situação 5
Você está ciente de que o desempenho da equipe tem diminuído durante os últimos meses. Os membros precisam ser lembrados, continuamente, do prazo previsto para execução das tarefas e parecem não estar preocupados em cumprir os objetivos. A redefinição dos procedimentos e das expectativas do papel ajudou no passado.
a. Permitir que sua equipe trace o próprio rumo.

b. Obter sugestões dos membros, mas certificar-se de que os objetivos sejam cumpridos.
c. Redefinir metas e expectativas, e supervisionar cuidadosamente.
d. Permitir que os membros participem da fixação de metas, porém sem pressioná-los.

Situação 6
Você acaba de ser nomeado diretor de um programa que tem operado sem problemas sob a diretoria anterior, que tinha a reputação de administrar com pulso firme. Você deseja manter a qualidade do programa e a prestação de serviços, mas apreciaria iniciar a humanização do ambiente.
a. Não fazer nada no momento.
b. Continuar com o padrão administrativo seguido pela diretoria anterior, controlando a equipe e enfatizando a importância da execução das tarefas.
c. Envolver os membros da equipe na tomada de decisões e no planejamento, mas continuar atento para que os objetivos sejam cumpridos e a qualidade, mantida.
d. Estender a mão aos membros da equipe, para que se sintam importantes e envolvidos.

Situação 7
Você está considerando a possibilidade de aumentar as responsabilidades de seu setor. Os membros de sua equipe fizeram sugestões relativas à mudança proposta e estão entusiasmados. Operam eficazmente no dia-a-dia e estão dispostos a assumir responsabilidades.
a. Descrever as mudanças e monitorar cuidadosamente.
b. Chegar a um consenso com a equipe sobre as mudanças propostas e permitir que os membros organizem a implementação.
c. Solicitar contribuições da equipe a respeito das mudanças propostas, porém, mantendo controle da implementação.
d. Deixar que a equipe se encarregue.

Situação 8
Os membros da equipe têm trabalhado bem. As relações interpessoais e o moral são bons. A qualidade dos serviços prestados é excelente. Você se sente até desconfortável com sua visível falha na direção do grupo.
a. Tomar cuidado para não prejudicar seu relacionamento com a equipe, tornando-se muito diretivo.
b. Seguir passos para assegurar que os membros da equipe estão trabalhando de maneira bem definida.
c. Deixar que a equipe trabalhe sozinha, conforme tem ocorrido até agora.
d. Discutir a situação com a equipe e dar início, em seguida, às mudanças necessárias.

Situação 9
Você foi indicado para substituir o líder de uma força-tarefa que está muito atrasada na apresentação das recomendações solicitadas para obtenção de certificado. O grupo está incerto quanto à meta. O comparecimento às reuniões tem sido decepcionante. Freqüentemente, estas são mais de cunho social do que orientadas à tarefa. Os membros da força-tarefa detêm, potencialmente, o conhecimento e a experiência para completar a tarefa.
a. Permitir que os membros do grupo resolvam seus problemas.
b. Solicitar recomendações do grupo, mas atentar para o cumprimento dos objetivos.

c. Redefinir e clarificar metas, tarefas e expectativas, supervisionando cuidadosamente o avanço em direção ao término das tarefas.
d. Permitir o envolvimento do grupo na fixação de metas, porém, sem pressionar.

Situação 10
Seus empregados, usualmente, são capazes de assumir responsabilidades. Não estão respondendo bem, no entanto, à sua redefinição recente dos padrões de desempenho.
a. Supervisionar cuidadosamente, visando assegurar conformidade aos padrões.
b. Solicitar contribuições da equipe a respeito dos padrões de desempenho. Incorporar as sugestões apresentadas e monitorar seu avanço em direção ao atendimento dos padrões.
c. Permitir o envolvimento da equipe na redefinição dos padrões de desempenho, porém, sem insistir.
d. Evitar confrontação. Não aplicar pressão, e ver o que acontece.

Situação 11
Você foi promovido ao cargo de gerente. O anterior parecia não ter envolvimento com as atividades da equipe. Eles têm lidado com as tarefas e responsabilidades de modo adequado. O moral é elevado.
a. Tornar-se ativo no direcionamento da equipe para a execução de trabalhos definidos de modo claro.
b. Envolver a equipe na tomada de decisões, e reforçar continuamente as boas contribuições.
c. Discutir com a equipe o desempenho passado e examinar, em seguida, a necessidade de novos procedimentos.
d. Continuar não interferindo.

Situação 12
Você tomou conhecimento, recentemente, de algumas dificuldades internas de sua equipe. Os membros haviam trabalhado bem em conjunto durante o último ano. O grupo apresenta um excelente histórico de realizações, e os membros têm cumprido continuamente as metas de desempenho. Todos são dotados de boa qualificação para suas funções no programa.
a. Permitir que os membros da equipe lidem sozinhos com o novo problema.
b. Dizer aos membros como você propõe lidar com a situação, e discutir a necessidade desses procedimentos.
c. Estar disponível para discussão, porém, sem comprometer seus relacionamentos com os membros forçando a situação.
d. Agir rápida e firmemente, para eliminar o problema pela raiz.

Pontuação
1. Faça um círculo em torno da letra que você escolher para cada situação, nos dois quadros a seguir, denominados *Flexibilidade* e *Eficácia*. Se você optou, por exemplo, pela alternativa *c* da situação 1, faça um círculo em torno dela na linha 1 do quadro de Flexibilidade e na linha 1 do quadro de Eficácia.
2. Some o número total de letras em que você colocou um círculo, em cada coluna do quadro de Flexibilidade, e indique esses totais nos espaços S1, S2, S3 e S4.

3. Permanecendo ainda no quadro de Flexibilidade, indique o total de cada coluna no quadrante correspondente da matriz de estilo seguinte, isto é, a pontuação S1 é indicada no espaço Estilo 1 (muita orientação à tarefa, relacionamento reduzido); a pontuação S2, no espaço Estilo 2 (muita orientação à tarefa, relacionamento elevado); a pontuação S3, no espaço Estilo 3; o S4, no espaço Estilo 4.
4. Some o número total de letras em que você colocou um círculo, em cada coluna do quadro de Eficácia, e indique esses totais nos espaços abaixo de cada coluna.
5. Multiplique cada número dos espaços pelo número logo abaixo (assegure-se de indicar + ou −, conforme apropriado). Coloque a resposta no espaço seguinte.

Flexibilidade					Eficácia				
Nº Situação	S1	S2	S3	S4	−2	−1	+1	+2	Nº Situação
1	A	C	B	D	D	B	C	A	1
2	B	C	D	A	A	B	D	C	2
3	C	A	D	B	C	B	A	D	3
4	B	A	C	D	B	A	C	D	4
5	C	B	D	A	A	D	B	C	5
6	B	C	D	A	A	D	B	C	6
7	A	C	B	D	A	C	D	B	7
8	B	D	A	C	B	D	A	C	8
9	C	B	D	A	A	D	B	C	9
10	A	B	C	D	A	D	C	B	10
11	A	C	B	D	A	C	D	B	11
12	D	B	C	A	D	B	C	A	12

☐ ☐ ☐ ☐   ☐ ☐ ☐ ☐
S1 S2 S3 S4   × × × ×
                   −2 −1 +1 +2
                   = = = =
                   ☐ ☐ ☐ ☐ = ☐
                                Total

Estilo 3 ☐ Relacionamento Elevado Pouca Orientação à Tarefa	**Estilo 2** ☐ Muita Orientação à Tarefa Relacionamento Elevado
Estilo 4 ☐ Relacionamento Reduzido Pouca Orientação à Tarefa	**Estilo 1** ☐ Muita Orientação à Tarefa Relacionamento Reduzido

6. Some os quatro números e preencha o espaço denominado *Total*. Assegure-se, novamente, de indicar o sinal + ou –.
7. Na Escala de Eficácia, determine o número no espaço Total, e indique-o com uma seta.

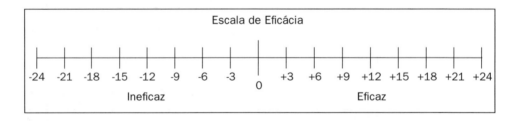

8. O que sua matriz de estilo revela? Você possui um quadrante que se destaca (isso não é incomum)? Você tem flexibilidade potencial para usar os quatro comportamentos de liderança?
9. Em termos de Eficácia, que resultado você obteve? O comportamento mais apropriado, em cada situação, é indicado na coluna +2 do quadro de Eficácia. Você poderia rever cada situação e tentar descobrir por que foi o melhor comportamento de liderança.
10. Seu instrutor pode optar por discutir os resultados e as implicações deste exercício para a eficácia da liderança.

Exercício experimental II

Liderança no cinema

A finalidade deste exercício é identificar e partilhar *insights* sobre liderança eficaz, conforme mostrada em filmes.

Parte I: Durante esta parte, o instrutor solicitará aos alunos que indiquem títulos de filmes aos quais assistiram (ou de que ouviram falar) e que mostram aspectos de liderança. Ele fará uma relação completa dos filmes e acrescentará, em seguida, quaisquer outros que sejam especialmente relevantes, mas que tenham sido omitidos na lista apresentada pelos alunos (como *Coragem sob fogo*, *Gandhi*, *Norma Rae*, *Mestre dos Mares*, *Michael Collins – O Preço da Liberdade*, *Patton – Herói ou Rebelde?*).

Parte II: O instrutor formará, em seguida, grupos de quatro a seis alunos, para alugar e assistir a um dvd/filme, selecionado aleatoriamente na relação, e cada grupo preparará um relatório resumido sobre o que percebeu no filme que diga respeito ao tópico de liderança eficaz (ou ineficaz).

Parte III: Durante uma reunião posterior, cada grupo apresentará seu relatório para toda a classe, e mostrará cenas relevantes do dvd que ilustram os aspectos ressaltados no relatório.

Se você encontrar um garfo na estrada, pegue-o.
– Yogi Berra

Quando é necessário tomar uma decisão, algumas vezes é necessário não tomar uma decisão.
– Lord Falkland

Originalidade é a arte de lembrar-se do que você ouve, mas de esquecer-se onde você ouviu.
– Laurence J. Peter

Não é o que você sabe que importa, mas o que você lembra na hora certa.
– Anônimo

Objetivos de aprendizagem

Após estudar este capítulo, você deverá ser capaz de:

1. Descrever os tipos de decisão tomados pelos gerentes.
2. Relacionar os passos de um processo de tomada de decisões importante.
3. Descrever algumas restrições ao processo de tomada de decisões.
4. Identificar obstáculos à tomada eficaz de decisões.
5. Definir pensamento único do grupo e relacionar seus sintomas.
6. Descrever técnicas para melhorar a tomada de decisões.
7. Identificar as características dos membros criativos da organização.
8. Descrever os passos do processo criativo.
9. Identificar as maneiras pelas quais grupos e pessoas podem aumentar a criatividade.
10. Explicar como o treinamento para a conduta ética está sendo adotado nas corporações de grande porte.

Capítulo 8

Tomada de decisão

Por que os dirigentes fazem escolhas erradas metade das vezes?

Os gurus da administração, convencidos de que os processos empresariais precisam ser consideravelmente aperfeiçoados, apresentam novas provas para apoiar suas afirmações. De acordo com Paul Nutt, professor de ciências administrativas do Fisher College of Business da Ohio State University, cerca de metade das decisões empresariais acaba falhando. Os estudos de Nutt, empreendidos durante muitas décadas, e relativos às decisões organizacionais da vida real, cristalizaram-se em *Why Decisions Fail: Avoiding the Blunders and Traps that Lead to Debacles* (Berrett-Koehler, 2002), em que afirma que os gerentes cometem os mesmos erros repetidamente, desperdiçando grandes somas de dinheiro em soluções que, no final, geram pouco lucro para a organização. Ao observar e analisar sistematicamente uma grande variedade de decisões tomadas pelo alto escalão de empresas de destaque, da Toyota e General Motors ao McDonald's e Marshall Fields, Nutt constatou que cerca de metade das decisões não era mais plenamente seguida após dois anos – um de seus principais indicadores da falha.

As pesquisas do professor da Ohio State University, conduzidas em 400 organizações de médio e grande porte dos Estados Unidos, mostraram que decisões falhas apresentam três erros crassos comuns. Os gerentes julgam apressadamente, empregam os recursos de forma errada e utilizam de maneira repetida táticas sujeitas ao fracasso para tomar decisões. A tendência para utilização dessas táticas manifesta-se em, aproximadamente, dois terços das decisões, sendo causada pela não-adoção de métodos testados com sucesso, opção por decisões apressadas, por limitações de tempo, ou formulação incorreta do problema no início. As pesquisas de Nutt mostram que o sucesso das decisões pode aumentar até 50%, quando usadas táticas melhores.

Em vez de se apressar para encontrar soluções de uso imediato ou se valer de uma resolução exageradamente simplificada, Nutt sugere duas maneiras para tomar decisões. A primeira é "determinar objetivos". A identificação metódica dos resultados desejados libera as equipes para buscarem um leque de soluções e diminui a probabilidade de fracasso. Essa descoberta resultou em uma adoção contínua 70% das vezes ao longo de dois anos. A segunda maneira é por "intervenção", ou comparar o atual desempenho com normas, a fim de expor as falhas. Esse tipo de avaliação força o desenvolvimento de soluções baseadas em níveis de desempenho de organizações respeitadas. As decisões tomadas por meio do processo de intervenção resultaram em um uso contínuo ao longo de dois anos. Tais níveis são significativamente melhores, em comparação às táticas mal conduzidas comumente adotadas pelos gerentes.

As pesquisas realizadas pelo professor Nutt indicam que os gerentes devem resistir à pressão por um arranjo rápido e prestar atenção naquilo que dá certo. Ele finaliza seu estudo com as seguintes diretrizes:

Gerencie pessoalmente sua tomada de decisões. Transferir seus problemas a outros torna menos provável o sucesso.

Procure entendimento. O tempo gasto no início, refletindo sobre o que está em jogo, economiza tempo a longo prazo.

Estabeleça a direção a seguir para atingir um objetivo. Fixar objetivos permite o início da busca de novas idéias.

Gerencie as forças sociais e políticas que podem bloqueá-lo. Use uma intervenção que estabeleça uma justificativa clara para a ação.

Fonte: Nutt, P. C. "Half of the decisions we make are wrong. Why?", *Across the Board*, mar. abr. 2001.

Pode-se argumentar, com razão, que a tomada de decisões é a atividade mais importante dos dirigentes e que significa a própria essência das funções de um gerente. É óbvio que a natureza de suas decisões é bem diversificada. Elas podem variar de temas importantes, do tipo decidir a respeito da criação de uma nova linha de produtos, a outros aparentemente corriqueiros, como decidir a qual restaurante levar um cliente para almoçar. Em um determinado dia, um gerente tomará um grande número de decisões. A qualidade delas pode exercer um forte impacto no desempenho da unidade e, talvez, por fim, no de toda a organização.

Tipos de decisão organizacional

Antes de analisar os principais modelos de tomada de decisões, vamos examinar a variedade de decisões que um gerente pode tomar. Duas classificações úteis focalizam se a decisão é (1) pessoal *versus* organizacional e (2) programada *versus* não-programada.

Decisões pessoais *versus* decisões organizacionais

Participamos, todos os dias, da **tomada de decisões pessoais**. Elas afetam diretamente, nós mesmos, não outros. Cada um de nós, por exemplo, decide o que vestir em determinado dia e se vamos ao trabalho de bicicleta, de ônibus ou de carro. Embora decisões pessoais sejam razoavelmente triviais, algumas vezes podem ser muito importantes. Escolher uma faculdade ou um curso com determinada concentração de matérias, assim como se candidatar a um emprego, é uma decisão pessoal que pode gerar efeitos consideráveis na vida de uma pessoa.

A **tomada de decisões organizacionais**, em contraste, envolve atitudes relacionadas aos problemas e às práticas de uma dada organização. Algumas delas, de modo análogo às decisões pessoais, podem ser razoavelmente triviais, como decidir que marca de clipe comprar. Outras, entretanto, podem exercer um impacto importante na organização, como escolher uma campanha de propaganda ou decidir sobre a aquisição de uma empresa concorrente. A distinção básica entre decisão pessoal e decisão organizacional reside na finalidade do processo. A tomada de decisões pessoais concentra-se nas ações e na vida de um indivíduo, ao passo que a tomada de decisões organizacionais focaliza as práticas e o desempenho de uma organização.

Decisão programada *versus* decisão não-programada

Uma outra maneira proveitosa para distinguir entre decisões foi proposta por Herbert Simon, que afirma que as decisões podem ser caracterizadas em termos de razoavelmente rotineiras e bem-estruturadas ou novas e mal-estruturadas.[1] As bem-estruturadas são denominadas **decisões programadas**; as mal-estruturadas, **decisões não-programadas**.

Um bom exemplo de decisão programada ocorre quando um auxiliar compara o estoque disponível a um padrão mínimo preestabelecido. Se o estoque disponível está baixo, o auxiliar sabe que é tempo de fazer novo pedido. Usar uma abordagem pré-programada torna-se difícil quando as decisões são únicas e não-rotineiras. Os líderes de uma nação, por exemplo, podem enfrentar problemas para decidir quanto gastar em armamentos para a defesa nacional, por causa do caráter diferenciado das relações políticas com países vizinhos e da dificuldade para prever as intenções de outros líderes mundiais. Não surpreende que essa tomada de decisão não-programada dependa mais da intuição e da experiência de um indivíduo em situações similares.

Ao combinar esses dois tipos de decisão, podemos criar quatro classes ou variedades deles (Quadro 8.1):

As *decisões pessoais programadas* envolvem assuntos pessoais simples e repetitivos. A maioria das pessoas dedica muito pouco tempo a tais decisões, inclina-se a confiar nas soluções de praxe ou em regras simples. Uma funcionária, por exemplo, costuma estacionar o carro sempre no mesmo lugar, mas, em um dia de chuva, ela escolhe outro.

As *decisões pessoais não-programadas* surgem durante eventos raros, porém, significativos, na vida de um indivíduo. Escolher em que empresa trabalhar ou com quem se casar, por exemplo, são decisões pessoais tomadas apenas raramente. Enquanto algumas podem estar relacionadas diretamente às funções, como decidir sair de uma empresa na esperança de encontrar melhor posição em outra, outras também podem afetar o comportamento no local de trabalho. A escolha de um cônjuge, por exemplo, pode significar ter de se mudar para viverem juntos.

As *decisões organizacionais programadas*, normalmente, são concretizadas em conformidade com diretrizes, regras ou procedimentos estabelecidos. Muitas situações problemáticas simples podem ser enfrentadas com mera consulta a um manual ou regulamento que as descreva. Na maior parte das organizações, o pessoal de nível inferior é responsável pelas decisões pré-programadas. Um operário pode ser responsável, por exemplo, por monitorar um painel de controle que indica a temperatura e a pressão em uma cuba. Se as leituras indicarem que esses valores não se enquadram em uma faixa predeterminada, o operário é instruído a ajustar os mecanismos necessários para manter o processo sob controle.

As *decisões organizacionais não-programadas* relacionam-se a situações raras e únicas, que exercem um impacto potencialmente considerável na organização. Temas e problemas importantes de planejamento constituem, muitas vezes, o tópico de tal tomada de decisões – como obter capital, analisar a possibilidade de vender divisões corporativas que não geram lucro ou considerar o lançamento de uma nova linha de produtos. Em virtude da natureza crítica de tais decisões para a própria tranqüilidade da organização, elas, normalmente, são tomadas pelo pessoal de nível graduado e geram maiores fontes de criatividade.

QUADRO 8.1 TIPOS DE DECISÃO

	Pessoal	Organizacional
Programada	Rotinas Diárias Hábitos	Procedimentos Operacionais Padronizados Regulamentos e Manuais
Não-programada	Escolha do Cargo Escolha da Carreira	Temas de Planejamento Estratégico Gerenciamento da Crise

Teoria clássica da decisão

A abordagem tradicional para compreender a tomada de decisões, denominada, freqüentemente, **teoria clássica da decisão**, supõe que ela é, e deve ser, um processo altamente racional. Essa teoria, mais conhecida como **modelo racional-econômico**, por causa da suposição de que os decisores são racionais e mantêm laços estreitos com a visão econômica clássica do comportamento. O processo pode ser descrito por meio de uma seqüência de passos que um decisor deve seguir, a fim de aumentar a probabilidade de atingir uma meta almejada, conforme ilustra o Quadro 8.2.[2]

Conforme o quadro mostra, é preciso existir uma situação que dê início ao processo de tomada de decisões. Um conjunto de circunstâncias conduz o decisor a reconhecer a existência do problema ou da oportunidade que requer ação. Reconhecimento é o primeiro passo essencial para a tomada de decisões, porque, a não ser que uma pessoa acredite na existência ou na oportunidade de um problema, o processo não ocorrerá. O decisor, após o reconhecimento, define a natureza da situação, que resultará na geração de possíveis soluções. A maneira pela qual a situação for definida imporá a natureza e a variedade das alternativas. Os próximos passos acarretam a coleta de informações a respeito de cada alternativa (como seu custo relativo e a possibilidade de sucesso), e a avaliação de sua conveniência, analisando e combinando as informações obtidas. A partir dessa avaliação, surgirá um melhor curso de ação, que será implementado e, subseqüentemente, avaliado em termos de eficácia, para eliminar o problema ou aproveitar a oportunidade. O decisor, ao controlar a eficácia da solução, pode julgar a extensão em que foi apropriada e determinar se uma ação futura pode, ou deve, ser empreendida. Pode ocorrer de o problema ou a oportunidade terem de ser redefinidos à luz dos resultados. Esse passo, no modelo, proporciona, em essência, um *feedback* a respeito de como foi realizado o processo de tomada de decisões.

A visão clássica é, na realidade, aceita por muitos estudiosos. Ela descreve razoavelmente bem como uma decisão deve ser tomada; essa visão, em particular, indica as características que os gerentes devem focalizar quando tentam melhorar a qualidade do processo de tomada de de-

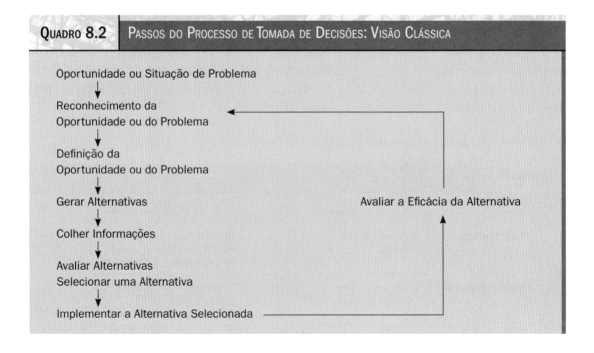

QUADRO 8.2 PASSOS DO PROCESSO DE TOMADA DE DECISÕES: VISÃO CLÁSSICA

cisões. No entanto, a visão clássica é, em grande parte, imprecisa como descrição do modo de agir dos gerentes. Além disso, seus preceitos, muitas vezes, estão errados.

Um conjunto importante de deficiências da abordagem clássica reside em suas premissas de que todas as alternativas e as respectivas conseqüências serão consideradas; de que informações precisas se encontram disponíveis sem custo; e de que os decisores são seres totalmente racionais.

Na realidade, é raro um gerente considerar todas as alternativas possíveis, pois, muitas vezes, existe um número excessivo para relacionar. Além disso, muitas delas sequer podem ocorrer para o decisor. Assumir que as conseqüências de cada uma são ponderadas é também impraticável. Em muitas circunstâncias, pode ser impossível prever todas as conseqüências, porém, mesmo quando possível, uma análise integral, um exame de todas as alternativas, pode requerer muito tempo e dedicação.

Raramente, ou nunca, as informações de um gerente são de todo precisas. Em geral, as disponíveis estão superadas (porque leva tempo colhê-las, analisar e organizar) e são apenas parcialmente relevantes para o problema (com freqüência, são colhidas para finalidades distintas das necessidades específicas). As informações, de modo análogo, não são bens livres – o custo para gerar ou adquirir os dados necessários agrega uma outra limitação ao processo de tomada de decisões. Como conseqüência, um gerente, muitas vezes, é forçado a tomá-las baseado em informações incompletas ou insuficientes.

Além disso, estudos mostram que os decisores não são dotados da capacidade mental necessária para armazenar e processar todos os dados exigidos para a seleção da melhor alternativa. As provas existentes sugerem que as pessoas simplesmente não são capazes de fazer os cálculos mentais que a visão clássica requer.[3]

Finalmente, existem algumas limitações no mundo real para a tomada de decisões por um gerente. Ele pode, por exemplo, não ter tempo suficiente para isso. Apesar da importância da decisão, a necessidade de ação imediata pode impedir uma análise formal da situação.

Teoria comportamental da tomada de decisões

Diante das deficiências do modelo racional-econômico, surgiu uma alternativa que proporciona uma visão mais descritiva do comportamento gerencial, denominada **teoria comportamental da tomada de decisões**, conhecida, algumas vezes, como **modelo administrativo**.[4] O Quadro 8.3 ilustra seus passos essenciais.

O modelo administrativo reconhece, explicitamente, as limitações do mundo real que afetam a tomada de decisões pelos gerentes. De acordo com ele, de modo específico, os decisores precisam agir no âmbito de condições que proporcionem uma **racionalidade limitada**, isto é, os gerentes encontram restrições em seus processos de tomada de decisões e, portanto, precisam aceitar algo inferior a um ideal ou a uma solução ótima. A racionalidade limitada reconhece que (1) não é possível gerar todas as alternativas e suas conseqüências relacionadas; (2) as informações disponíveis e a definição da situação apresentam a possibilidade de ser incompletas ou inadequadas em certo grau; (3) a decisão final pode ser baseada em critérios distintos de simples otimização ou maximização do resultado.[*]

---

[*] É interessante considerar como seria uma organização, caso fosse formada por pessoas totalmente racionais. Na verdade, em virtude de não serem formadas por grupos de indivíduos como Mr. Spock ou Tenente-comandante DataLt.. Commander Data (cientistas não-humanos do *Star Trek*), as organizações geram muitos problemas intrigantes para o campo do comportamento organizacional (além de tornar a vida organizacional muito mais interessante).

QUADRO 8.3 — PASSOS NO PROCESSO DE TOMADA DE DECISÕES: VISÃO ADMINISTRATIVA

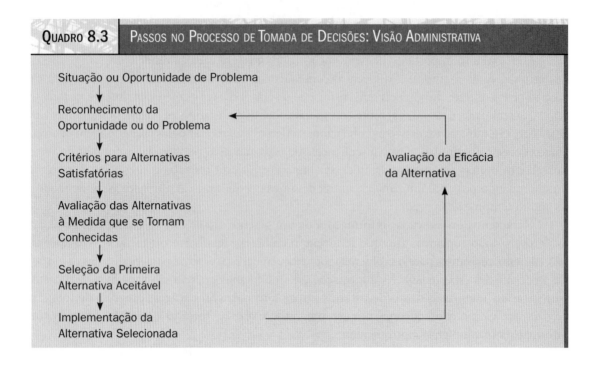

Devido às limitações pessoais e situacionais, os gerentes tendem a tomar decisões suficientemente boas para a situação atual. Quando buscam essas soluções, em vez das ideais, eles adotam a **satisfação mínima**, em vez da **maximização**. Um gerente, ao maximizar, tenta encontrar a solução melhor ou ótima. Em contraste, ao adotar a satisfação mínima, um decisor considera cada alternativa, até surgir uma razoavelmente aceitável. Tal alternativa atende a todos os requisitos necessários para uma solução, porém, pode não ser a melhor escolha. A maximização (ou otimização) é análoga à busca da melhor agulha em um palheiro, ao passo que a satisfação mínima é muito parecida com procurar em um palheiro, até encontrar uma agulha suficientemente boa para ser usada em costura.[5]

A noção de **discrição limitada** também faz parte do modelo administrativo, indicando que as ótimas soluções não representam, algumas vezes, cursos de ações factíveis, por serem impróprias eticamente. Em algumas circunstâncias, a solução melhor ou ótima pode envolver, na realidade, um comportamento moralmente questionável. Um varejista, por exemplo, pode pensar que uma maneira de se livrar de uma situação financeira difícil consiste em incendiar sua loja, a fim de receber o seguro. Ou uma indústria de alimentos pode ter a opção de reduzir significativamente a qualidade do produto (talvez diminuindo a quantidade de carne e aumentando a proporção de recheio em um hambúrguer), como meio para cortar custos e, assim, aumentar o lucro. A maioria dos gerentes (porém, evidentemente, nem todos) prefere evitar tal comportamento antiético. Portanto, a discrição limitada representa mais uma limitação do processo de tomada de decisões.

Os gerentes, além disso, muitas vezes seguem regras práticas, ou a **heurística**, ao tomar decisões.[6] Por causa do volume, da variedade e da complexidade das decisões empresariais, eles usam, freqüentemente, regras de decisão simplificadas para obter soluções satisfatórias. Para alguns investidores, por exemplo, a heurística significa que, se o valor de uma ação cair 10%, ou mais, abaixo de seu preço de compra, decidirão pela venda. Eles usam essa heurística com permanência, para evitar a posse de uma ação potencialmente sujeita a grandes perdas, embora antes fosse atraente.

O modelo administrativo permite uma comparação interessante com o racional-econômico. Os dois diferem, mais fundamentalmente, nas abordagens relativas a como as decisões deveriam ser e são tomadas. Cada um é bem-sucedido em seu próprio domínio. O modelo racional-econômico oferece um resumo útil de como as decisões deveriam ser tomadas, enquanto o administrativo oferece uma boa descrição do modo como elas normalmente são tomadas.

A influência das estratégias de julgamento

Reconhece-se, atualmente, que os tomadores de decisões vão além das informações que recebem ao fazer inferências. Daniel Kahneman e Amos Tversky identificaram duas estratégias de julgamento (denominadas, algumas vezes, *heurísticas de julgamento*) que as pessoas adotam com freqüência[7] e, infelizmente, muitas vezes, são levadas a fazer inferências erradas.

A primeira estratégia de julgamento, denominada **disponibilidade heurística**, reflete a influência da disponibilidade relativa de objetivos ou eventos, isto é, sua acessibilidade por meio de memória, percepção ou imaginação. A disponibilidade heurística pode ser enganadora ocasionalmente. Considere um pesquisador que solicita a adultos que estimem o nível atual de desemprego em âmbito nacional. É provável que essas estimativas terão um viés, pois, indivíduos desempregados tenderão a superestimar o índice de desemprego, ao passo que os empregados o subestimarão. Muitas pessoas não se lembrariam de relatos, nos jornais ou na televisão, das estimativas de desemprego ou tentariam compensar seu possível viés considerando o impacto de suas próprias experiências no que acreditam.

A segunda estratégia de julgamento proposta por Kahneman e Tversky, denominada **heurística de representatividade**, envolve a aplicação do senso de similitude entre objetivos e eventos de um indivíduo. Uma pessoa, ao aplicar essa heurística, avalia a extensão em que um objetivo ou evento apresenta características que lhe permitiriam classificá-lo de modo apropriado. Como ilustração dessa tendência, considere o seguinte: tenho um amigo professor. Ele gosta de escrever poesia, é um tanto tímido e de estatura pequena. Qual é seu campo de especialização: estudos chineses ou psicologia?

Se você tende a responder "estudos chineses", foi seduzido pela heurística de representatividade. Isso significa dizer que julgou o perfil da personalidade mais ajustado ao estereótipo de um sinólogo do que de um psicólogo. Existe a probabilidade, no entanto, de qualquer pessoa conhecer psicólogos, que são muito mais numerosos do que os sinólogos. À luz dessas informações básicas mais críticas, a melhor resposta (de um ponto de vista estatístico) seria "psicologia". Em outras palavras, a heurística de representatividade envolve estimar a possibilidade de algo, considerando o quanto é parecido com nosso estereótipo.

Evidentemente, diversas tarefas que envolvem a tomada de decisões dependem de estimativa e classificação precisas. Portanto, a heurística de disponibilidade e a de representatividade são ferramentas importantes para fazer inferências. Embora, muitas vezes, possam nos conduzir a inferências corretas, também têm o potencial de levar a julgamentos errôneos. Deve ser igualmente entendido que as noções de disponibilidade e de representatividade de Kahneman e Tversky não são, em termos estritos, heurísticas no sentido de ser instrumentos explícitos e fixos ou fórmulas para a tomada de decisões. Representam, de preferência, processos automáticos e não-conscientes, que se encontram envolvidos freqüentemente nos processos de julgamento e de tomada de decisões.

Obstáculos à tomada de decisões eficazes

Alguns obstáculos potenciais para a tomada de decisões eficazes foram identificados. Examinamos, nesta seção, quatro dos mais comuns: filtros de julgamento, aumento do compromisso, pensamento único do grupo e aceitação de riscos por grupos.

Filtros de julgamento

Quando a heurística de disponibilidade e a de representatividade conduzem a decisões errôneas, elas podem ser designadas *filtros*. Existem, juntamente com o filtro de disponibilidade e o de representatividade, alguns outros comuns, que se constatou influenciarem a tomada de decisões. São eles:

1. **Filtros da opção implícita**: tendência de um decisor a ter uma alternativa preferida e, embora sem estar plenamente consciente dessa preferência, participar de um processo levando em conta as alternativas que meramente confirmam o preconceito inicial.[8]
2. **Filtros de aversão a perdas**: tendência de um decisor a considerar as perdas potenciais como mais importantes do que os ganhos, apesar de os valores efetivos das perdas e dos ganhos serem, na realidade, iguais.[9]
3. **Filtros de seleção perceptiva**: tendência de um decisor a ser influenciado por expectativas prévias, para interpretar somente certas informações selecionadas (como um supervisor que nutre um alto conceito por um subordinado interpretar informações relativas a seu desempenho somente em termos favoráveis).
4. **Filtros da experiência pessoal**: tendência de um decisor a ser influenciado por experiências pessoais marcantes, a ponto de desprezar outras informações (por exemplo, um gerente que teve uma experiência ruim em um ambiente sindicalizado poderia acreditar que todos os colaboradores são hostis a seus empregadores).

Aumento do compromisso

Barry Staw, da University of California at Berkeley, propôs que as pessoas, algumas vezes, não se encontram dispostas a alterar um curso de ação, apesar de provas inequívocas indicando que suas decisões estavam incorretas.[10] Em essência, uma pessoa pode decidir "persistir na decisão", por já ter investido muito tempo, energia e/ou dinheiro na situação. Mais digna de nota é a tendência das pessoas para investir ainda mais recursos em uma ação que aparenta estar destinada ao fracasso. Staw cita os seguintes exemplos de aumento de compromisso:

> Imagine uma pessoa que comprou uma determinada ação ao preço unitário de US$ 50. Quando o preço cai para US$ 20, entretanto, ele adquire mais ações. Quando o preço cai ainda mais, o indivíduo precisa decidir se compra mais, vende todo o lote ou mantém em seu poder aquilo que adquiriu.
>
> Considere uma pessoa que dedica diversos anos à obtenção de um diploma universitário, em um campo que oferece muito oportunidades de trabalho (como a área de humanidades). Ela, no entanto, investe ainda mais tempo e dinheiro para conquistar o diploma (em vez de trocar de área). No final, depara-se com a opção de permanecer desempregada, subempregada (isto é, exercer funções abaixo de sua qualificação), começar de novo em outro campo ou adotar uma trajetória de carreira diferente.
>
> Durante a fase inicial da participação dos Estados Unidos na Guerra do Vietnã, o subsecretário de Estado (George Ball) escreveu ao presidente Johnson: "A decisão com a qual o senhor se defronta atualmente é crucial. Após um grande número de combatentes dos Estados Unidos ficarem envolvidos em luta direta, começará a ocorrer um grande número de baixas, em uma guerra para a qual estão mal preparados para lutar, em uma região rural que não oferece cooperação ou é de todo hostil. Após sofrermos numerosas baixas, te-

remos iniciado um processo quase irreversível. Nosso envolvimento será tão grande, que não poderemos – sem humilhação nacional – deixar de cumprir integralmente todos os objetivos. Das duas possibilidades, creio que a humilhação é mais provável do que cumprir nossos objetivos". (Memorando datado de 1º de julho de 1965.)[11]

Todos presenciamos situações nas quais as pessoas se comprometem com um curso de ação específico, apesar do retorno negativo. Ao investir recursos adicionais em uma estratégia perdedora, elas, em essência, estão pondo mais dinheiro a perder. Existem diversas explicações para esse fenômeno. Uma é que as pessoas seguem esse determinado rumo *por causa*, em grande parte, do retorno negativo. Esse argumento sugere que elas valorizam a tenacidade ou a persistência na realização de tarefas. Elas consideram que um posicionamento do tipo "não importam os torpedos, vamos em frente a toda velocidade" possui um certo valor social. Em virtude de certas pessoas, geralmente, admirarem aquelas que se apegam a seus princípios, quem toma uma decisão pode adotar uma abordagem persistente em resposta à pressão social sentida. Uma segunda explicação sugere que as pessoas não adotarão uma abordagem mais racional das situações que exigem decisões difíceis, por ter preocupação com o estabelecimento de coerência.

Para testar a noção de que as normas sociais explicam a coerência gerencial, Staw utilizou, como participantes em um estudo, gerentes em atividade, alunos que optaram por concentração em disciplinas de administração e outros estudantes universitários.[12] Cada um recebeu o resumo do caso de comportamento de um gerente. O caso o descrevia como sendo coerente ou experimentador (menos coerente) na adoção de um curso de ação. Além disso, o comportamento foi descrito como responsável, em última instância, pelo sucesso ou o fracasso. Na condição de coerência, o gerente se atinha a um único curso de ação, apesar de uma série de resultados negativos. Na condição de experiência, ele tentava, inicialmente, um curso de ação, mudava em seguida para um segundo e um terceiro, quando se obtinham resultados negativos.

Os participantes respondiam mais favoravelmente aos gerentes que adotavam um curso de ação coerente e obtinham sucesso no final. Também, o gerente hipotético, que persistia em obter um resultado final bem-sucedido, era julgado de modo superior ao que poderia ser previsto com base nos efeitos distintos das variáveis de coerência e de resultados bem-sucedidos. Staw descobriu, em essência, uma forma de "efeito herói", pelo qual um gerente que permanecia comprometido após dois reveses e triunfava no final era considerado muito positivamente. Além disso, as reações dos participantes à coerência variavam em função dos grupos de avaliadores. Os gerentes em atuação demonstraram o maior apreço, seguidos por formados em administração e, então, por outros profissionais que concluíram faculdade. Isso indica que a coerência é vista como importante para o gerenciamento eficaz e que essa percepção pode ser adquirida por meio da participação em papéis nas empresas.*

O aumento do compromisso tem maior probabilidade de ocorrer em determinados contextos previsíveis. Entre eles, encontram-se situações em que uma pessoa manifesta grande senso de responsabilidade pessoal, como ocorre ao se escolher uma carreira ou fixar uma política à qual será associada publicamente. Para contrapor-se à intensificação dessa tendência, Staw sugere contratar assessores externos que não sintam responsabilidade pessoal por perdas ou ganhos anteriores.[14] Também pode ser aconselhável alternar entre gerentes a responsabilidade pela tomada de decisões, caso exista um histórico de prejuízos devidos à tendência de aumento do compromisso.

---

* Pesquisas sobre o fenômeno do aumento do compromisso foram criticadas por não empregarem situações de tomadas de decisões nas quais a alocação contínua de recursos é explicitamente desaconselhável com base em razões econômicas.[13]

Pensamento único do grupo

Irving Janis identificou um fenômeno muito interessante, que pode levar os grupos a cometer sérios equívocos na tomada de decisões. Ao descrever essa situação, que denominou **pensamento único do grupo**, Janis propôs que grupos de trabalho imensamente coesos (isto é, cujos membros possuem um grau elevado de atração interpessoal) estão sujeitos ao perigo de ter uma visão distorcida da situação com a qual se defrontam.[15*] Como resultado, os processos de tomada de decisões do grupo podem se inclinar a uma busca de consenso, em vez de a uma análise de cursos de ação alternativos. Em virtude de a divergência e a análise crítica não serem incentivadas durante as sessões de discussão, o grupo pode selecionar um curso de ação que despreze os perigos e armadilhas potenciais.

Janis apresentou alguns exemplos de pensamento único do grupo, incluindo a tragédia da nave espacial *Challenger*, a ocultação do caso Watergate pelo governo Nixon, o aumento do envolvimento militar dos Estados Unidos no Vietnã, o fracasso do governo Roosevelt para conter o ataque japonês a Pearl Harbour, a decisão da Alemanha nazista de invadir a União Soviética, a decisão da Ford Motor Company de comercializar o Edsel e – talvez o exemplo mais claro e óbvio – o incidente da baía dos Porcos durante a presidência de John Kennedy (em que o presidente e seus assessores graduados decidiram, unanimemente, adotar a proposta da CIA de invadir Cuba e depor Fidel Castro).[16] Nenhum dos assessores de Kennedy expressou oposição à proposta. A operação foi liderada por 1.400 exilados cubanos, que receberam apoio militar aéreo e naval, e ajuda da CIA. A invasão, que ocorreu na baía dos Porcos, na costa sul de Cuba, revelou-se, em poucos dias, um fracasso total, com a maioria dos invasores sendo feitos prisioneiros pelo exército cubano.[**]

Em termos retrospectivos, Kennedy e seus assessores parecem ter sido vítimas do pensamento único do grupo. A decisão de levar adiante a invasão baseou-se em certas ilusões que iam contra a realidade, pois o plano dependia consideravelmente de uma revolta do povo cubano em apoio aos invasores. Eles supuseram que a invasão seria uma simples operação, que não poderia fracassar e resultaria rapidamente na deposição de Castro. Eles também não analisaram antecipadamente as possíveis conseqüências adversas de uma invasão fracassada, sendo a mais significativa a irritação de países latino-americanos e europeus normalmente amigos e o aumento de uma cooperação militar mais próxima entre União Soviética e Cuba. Posteriormente, a preocupação de Castro com a defesa da ilha conduziu à instalação de mísseis nucleares produzidos pelos soviéticos, localizados a uma distância de 135 km dos Estados Unidos.

Após a invasão da baía dos Porcos, a confiança de Kennedy e seus principais assessores (como Robert McNamara, Robert Kennedy, Dean Rusk e Arthur Schlesinger Jr.) foi muito abalada, pois, acabaram compreendendo suas próprias tendências para cometer erros. Ao escrever sobre o processo de decisão, Schlesinger observou que:

> Caso um assessor se tivesse oposto à aventura, creio que Kennedy a teria desautorizado. Ninguém se manifestou contra ela... Nossa reunião realizou-se em uma atmosfera curiosa de consenso assumido... Nos meses seguintes à invasão, culpei-me amargamente por ter ficado tão silencioso... embora meu sentimento de culpa fosse aplacado pela certeza de que objeções teriam dado pouco resultado, a não ser ganhar a fama de discordante. Somente posso explicar que o impulso de cada um para manifestar oposição a uma idéia sem sentido simplesmente foi abafado pelas circunstâncias da decisão (Janis, 1972, p. 39-70).

---

* Janis optou pela expressão *pensamento único do grupo* para designar esse fenômeno por ele apresentar implicações orwellianas (conforme a linguagem ambígua e contraditória criada por George Orwell, em sua obra *1984*).

** Deve-se dar crédito a Kennedy e seus assessores por terem reconhecido os erros cometidos durante a invasão da baía dos Porcos e por haver tentado uma compensação, por meio da adoção de discussões abertas e francas, ao lidar com uma crise cubana subseqüente.

Janis propôs oito sintomas ou sinais principais de pensamento único do grupo:

1. *Ilusão de invulnerabilidade.* Os membros do grupo podem desenvolver um senso de poderio que os leve a desprezar sinais marcantes de perigo. Eles podem assumir riscos extremos como resultado de ser exageradamente otimistas.
2. *Racionalização.* Os membros podem não acreditar nas provas que contradizem o consenso do grupo ou desprezá-las. Fontes de informação contrárias podem ser criticadas ou uma racionalização elaborada pode ser apresentada para explicar satisfatoriamente as informações.
3. *Suposição de moralidade.* Os membros do grupo podem se considerar muito éticos e acima de suspeita. As opiniões de pessoas de fora da organização são, então, definidas como intrinsecamente imorais ou prejudiciais. Adotar uma posição moralista torna mais fácil, para o grupo, seguir um curso de ação moralmente questionável, porque os membros consideram estar adotando uma moralidade mais elevada.
4. *Estereótipos negativos.* Grupos que demonstram pensamento único podem vir a considerar os opositores e as pessoas de fora do grupo em simples termos de estereótipos negativos. Desse modo, o grupo as torna mais fácil de não ser levadas em conta, porque a oposição por parte delas é esperada.
5. *Pressão para concordar.* A expressão de dissensão é suprimida pelos membros do grupo. As pessoas que manifestam objeções ou expressam dúvidas podem ser condenadas ao ostracismo ou demitidas.
6. *Autocensura.* Cada membro do grupo pode monitorar cuidadosamente seus próprios pensamentos e suprimir objetivos pessoais, deixando de manifestar, em essência, dissensão.
7. *Ilusão de unanimidade.* Não se expressa nenhuma restrição como resultado da autocensura. A conseqüência dessa falta de dissensão é o aparente endosso unânime das propostas.
8. *Guardiões do pensamento.* Certos indivíduos, no grupo, podem assumir a posição de guardiões do pensamento, protegendo as idéias de um gerente, do mesmo modo que um guarda-costas protege a segurança pessoal de um líder. Esses guardiões agirão contra as fontes de informação ou contra os opositores, fazendo-os abandonar suas objeções.

Conforme esta discussão sobre pensamento único do grupo sugere, a existência de uma condição visivelmente admirável – coesão do grupo – pode exercer efeitos prejudiciais sobre a qualidade da tomada de decisões. Janis sugere a adoção de diversos passos, no caso de um conjunto de pessoas muito coeso ser propenso ao pensamento único. Os membros do grupo devem, especificamente, ser encorajados a externar críticas, dúvidas e objeções. Os gerentes, para promover o debate aberto, devem evitar divulgar suas posições preferidas durante os estágios iniciais da discussão. Também pode ser valioso convidar pessoas de fora para participarem, ocasionalmente, das sessões e oferecer sugestões.

Uma outra tática para se opor ao pensamento único consiste em juntar, em equipes, diversos membros do grupo, para investigar a conveniência de cursos de ação alternativos. Após a coleta de provas que apóiem uma posição assumida, as equipes podem apresentar seus argumentos e participar de um debate direcionado. Tal confrontação entre pontos de vista alternativos pode resultar em novas idéias a respeito de temas subjacentes a uma situação de tomada de decisões.

Uma técnica relatada consiste em indicar um membro do grupo para atuar como advogado do Diabo em cada reunião.* As responsabilidades dessa pessoa incluiriam a crítica ativa das propostas expostas por todos.

---

* O procedimento de nomear um advogado do Diabo originou-se de uma prática da Igreja Católica, que indicava um sacerdote para argumentar contra a canonização de um candidato à condição de santo.

Uma outra técnica sugerida é o agendamento de uma **reunião de última oportunidade**, na qual todos os membros do grupo são incentivados a expor quaisquer dúvidas ou hesitações.

Por último, e talvez mais importante, um gerente pode ajudar a suplantar o pensamento único do grupo por meio da disposição para aceitar críticas. Dar o exemplo de estar aberto a críticas, em oposição a ressentimento ou medo de objeções dos subordinados, pode ajudar a promover uma discussão séria sobre os prós e os contras dos cursos de ação alternativos.[17]

Aceitação de riscos por grupos

Imagine um gerente que precisa tomar uma decisão que acarreta um grau razoável de risco – como decidir a respeito da expansão de suas instalações produtivas em um país da América Latina politicamente instável. Os riscos são grandes – todo seu investimento poderia ser perdido se o país fosse dominado por extremistas que pretendessem nacionalizar todo o setor industrial. Os lucros potenciais, no entanto, serão substanciais, se o país não tiver uma revolução. Você tomaria sozinho a decisão final sobre tal investimento ou a transferiria a um comitê?

A maioria das pessoas argumentaria que decisões de um comitê tendem a ser conservadoras e que as pessoas, em comparação, não se encontram limitadas pela dinâmica do debate ou pelas dúvidas que poderiam surgir nas reuniões. Ousadia e iniciativa são associadas, mais normalmente, a indivíduos do que a comitês.*

James Stoner, quando era aluno do curso de pós-graduação no Massachusetts Institute of Technology, foi uma das primeiras pessoas a investigar se os grupos são mais cautelosos que os indivíduos na tomada de decisões que envolvam propostas arriscadas.[18] Ele criou, no âmbito de suas pesquisas, uma série de casos que envolviam a propensão (ou vontade) das pessoas para assumir riscos. Os casos relacionavam-se a tópicos distintos, como (1) escolher entre um emprego seguro, em uma empresa porém, modestamente remunerado, *versus* um emprego bem-remunerado em uma empresa fundada há pouco tempo, porém, menos sólida financeiramente, em um campo de grande competitividade; (2) escolher entre participar de uma partida de futebol que resultaria, provavelmente, em um empate *versus* jogar uma partida mais arriscada, mas que poderia resultar em vitória.

Stoner descobriu, em suas pesquisas, que as pessoas tendem a optar pelo caminho menos arriscado, ao contrário dos grupos. Quando as pessoas fizeram parte de um contexto grupal, mudaram seu apoio para uma posição mais arriscada. Esse fenômeno é denominado **opção pelo risco**.

Foram oferecidas algumas explicações para justificar a opção pelo risco. Uma das mais aceitas é o conceito de **difusão da responsabilidade**. Essa linha de raciocínio afirma que, quando as pessoas fazem parte de um grupo, podem sentir menos responsabilidade pessoal pelas conseqüências de suas ações. Esse conceito também tem sido usado para explicar a falha de um indivíduo ao vir em auxílio de uma pessoa ferida se um grande número de pessoas estiver perto. Desse modo, uma vítima de assalto estendida no chão de uma estação de metrô tem menos probabilidade de receber ajuda à medida que aumenta o número de pessoas. De modo similar, a tomada de decisões em grupo pode refletir, algumas vezes, esse senso de unanimidade pessoal no endosso de um curso de ação. Com base em estudos de incidentes similares ao assalto na estação de metrô, parece que opções pelo risco podem ocorrer mesmo na ausência da discussão em grupo.[19]

---

* Como ilustração da crença de que comitês tendem a ser conservadores, considere o antigo provérbio: "O camelo é um cavalo que foi inventado por um comitê".

Embora a mudança em direção à aceitação do risco no contexto de grupos tenha sido constatada em diversos cenários,[20] houve ocasiões em que grupos optaram pela ação alternativa mais cautelosa. Em um estudo, por exemplo, perguntou-se a grupos de donas de casa e de alunos se marido e mulher deveriam pensar em aborto quando complicações futuras na gravidez pudessem colocar em risco a vida da mãe. Nesse cenário de decisão, os grupos optaram por uma ação mais cautelosa (aborto), comparativamente às pessoas que opinavam sozinhas.[21] Em um outro estudo, os grupos ficaram novamente mais cautelosos que os indivíduos, ao recomendar que um casal não levasse adiante seus planos de casamento quando expressasse discordância em alguns temas.[22] A tendência dos grupos para optar por uma linha mais conservadora do que seria adotada por indivíduos é denominada **opção cautelosa**.

Não há dúvida de que a opção pelo risco e a opção cautelosa são contraditórias em suas previsões de como os grupos se comportarão quando defrontados com uma decisão que envolva um elemento de risco. Um exame detalhado dos estudos que identificaram a opção pelo risco e a opção cautelosa sugere que a inclinação anterior dos membros do grupo (isto é, quando fazem o julgamento de suas preferências antes de participar da reunião) constitui um fator importante para determinar que tipo de opção ocorrerá. Se a inclinação, antes da reunião, for de cautela, a decisão tenderá a se deslocar ao extremo da direção cautelosa. Se for em direção ao risco, no entanto, terá possibilidade de se orientar à posição extrema do risco. Um grupo que se reúne para determinar o nível de punição que um aluno deve receber por colar, por exemplo, apresenta probabilidade de optar por uma penalidade mais severa do que se os membros optassem isoladamente. Um grupo que está apostando em cavalos, entretanto, tende a ser mais conservador do que seus participantes agindo sozinhos.[23]

A tendência para adotar atitudes extremas foi denominada **polarização do grupo**.[24] Esse fenômeno, provavelmente, é resultado de diversos fatores. Primeiro, as inclinações anteriores à reunião encorajam um certo viés durante as discussões, fazendo com que o grupo debata e endosse argumentos e informações que apóiem as posições iniciais dos membros. No decorrer das discussões, eles externarão e, portanto, incentivarão razões fundamentais distintas, por ter posição conservadora ou propensa a risco, dependendo de seu viés original.

Técnicas para melhorar a tomada de decisões

Tomada de decisão individual *versus* grupal

Na discussão anterior sobre tomada de decisão individual *versus* grupal, foi observado que os grupos tendem a endossar posições extremas quando confrontados com decisões que envolvam um elemento de risco. Em situações nas quais o risco não seja grande ou em que obter uma solução de alta qualidade constitua a meta principal, pode-se levantar a questão das vantagens relativas da tomada de decisão grupal *versus* individual. Tem sido dedicada muita atenção ao tema de as soluções geradas por grupos serem superiores, inferiores ou iguais às geradas por indivíduos que analisam sozinhos o mesmo problema.

Os estudos sobre tomada de decisão individual *versus* grupal, normalmente, apoiaram-se em uma de duas abordagens: (1) os indivíduos examinam, a princípio sozinhos, um problema e, em seguida, analisam outros similares em grupo (e vice-versa); (2) alguns indivíduos examinam sozinhos diversos problemas, enquanto outros os analisam em grupo. Os problemas estudados variaram de simples quebra-cabeças a tarefas que exigiam raciocínio complexo. O desempenho foi medido, freqüentemente, em termos de qualidade da solução, tempo requerido para alcançá-la, e o simples número de problemas resolvidos.

Esses estudos, apesar das variações de conteúdo e de amostragem, em geral, produziram resultados muito similares. Na maioria das vezes, os grupos desempenharão melhor que pessoas trabalhando isoladas, isto é, as soluções propostas pelo grupo apresentam, normalmente, melhor qualidade do que a média das soluções individuais. Uma descoberta adicional interessante é que o melhor participante solitário, muitas vezes, consegue suplantar o grupo em termos de desempenho. Em geral, porém, e para uma variedade de tarefas, pode-se esperar que grupos apresentem melhor desempenho que a imensa maioria de pessoas que atuam sozinhas.

O motivo preciso pelo qual grupos apresentam vantagem em relação às pessoas também tem sido tema de muitas análises. Uma explicação evidente, por si, é que grupos conseguem juntar informações e capacitações. Com isso, ganham acesso a um conjunto de conhecimentos maior do que o de qualquer indivíduo isoladamente. Esse conhecimento permite ao grupo rejeitar abordagens obviamente incorretas e cria um obstáculo à possibilidade de ocorrência de erros. Pertencer a um grupo também tende a motivar e a inspirar os membros. O estímulo para atuar em um contexto social pode aumentar o nível de contribuição de um indivíduo. Além disso, existem as retribuições, como elogio, a admiração e o senso de ser valioso para o grupo, que podem ser incentivos consideráveis para uma pessoa se dedicar mais. Finalmente, dependendo da situação, há possibilidade de a atribuição geral do grupo ser dividida em tarefas menores e mais gerenciáveis, que poderiam ser delegadas, em seguida, aos membros individuais. Portanto, os grupos têm potencial para adotar a divisão do trabalho.

Apesar dessas vantagens, podem surgir problemas. Conforme observamos anteriormente, grupos muito coesos incentivam, algumas vezes, uma visão restrita das alternativas (pensamento único). O grupo também pode se polarizar em pontos de vista extremos, caso um elemento de risco apreciável esteja envolvido (opção por risco e opção cautelosa). Embora ainda não estudado formalmente, é possível que grupos possam ser bem-sucedidos ao exercer pressão social sobre um gerente, para que aumente o compromisso com um curso de ação destinado ao fracasso, por parecer coerente aos membros do grupo.

A tomada de decisões em grupo, além das desvantagens potenciais, apresenta outras prováveis inconveniências. Ela tende, por exemplo, a ser muito mais onerosa do que a individual. Em virtude do tempo e da dedicação que as reuniões podem exigir, é melhor se valer da ação em grupo, para aquelas mais importantes e que requerem soluções de alta qualidade. As discussões também podem gerar hostilidade e conflito. Isso é especialmente possível quando membros do grupo têm opiniões divergentes e bem fundamentadas sobre cursos de ação alternativos. Além disso, pode haver influência do *status* de membros do grupo – um de *status* mais ou menos baixo pode ter rejeitada uma sugestão objetivamente boa, enquanto a feita por um de *status* elevado será consideravelmente aceita.[25]

Conforme a Tabela 8.1, existem muitas vantagens e desvantagens ao se confiar a tomada de decisões a grupos ou a indivíduos. Antes de optar por um ou por outro, um gerente deveria examinar os parâmetros indicados na tabela, para determinar se algumas condições específicas aconselham, com convicção, a participação de grupos.

Visão Interior

Aprender a tomar decisões na linha de fogo

Os gerentes são pagos para tomar decisões, porém, a grande maioria delas não está relacionada a fusões, aquisições e meganegócios que aparecem nas manchetes da mídia. As decisões típicas dos gerentes dizem respeito, via de regra, à rotina, a temas do dia-a-dia que requerem um julgamento bem fundamentado, baseado em boa experiência empresarial. Embora o estilo de tomada de decisões possa variar entre gerentes, os temas com os quais se defrontam, freqüentemente, são universais e suas decisões afetam a situação e o decisor.

Considere o caso de Alan Robbins, que fundou a Plastic Lumber Company em Akron, Ohio, para converter recipientes plásticos reciclados de refrigerantes e de leite em madeira artificial. Os problemas mais sérios que Robbins enfrentou não se relacionavam ao desenvolvimento do produto, ao aperfeiçoamento da tecnologia ou a atrair investidores, mas aos empregados. Sua lista de problemas incluía absenteísmo, abuso de substâncias, processos judiciais, pedidos de indenização por acidentes de trabalho, alegações de discriminação, auxílio salarial por desemprego, excesso de ligações telefônicas insultosas por parte da esposa de um empregado, além da legislação tributária e os impostos. O bem-intencionado Robbins costumava ter muitas expectativas favoráveis de seu pessoal e tentou criar um ambiente de trabalho liberal, em que as pessoas pudessem desempenhar com dedicação e encontrar satisfação nas funções. Ele preferia beber cerveja gelada e confraternizar com os colaboradores ao término de um turno, em vez de criar o ambiente rígido normalmente encontrado no chão-de-fábrica.

Seu ideal de chefe – ser amigo, confidente e alguém a quem os empregados poderiam recorrer para expor problemas pessoais – prejudicou sua capacidade de tomar decisões empresariais eficazes. Robbins acreditava ser responsável por grande parte do problema, especificamente por decisões erradas no ambiente de trabalho. Antes, solicitava a opinião dos empregados em relação às decisões; agora, ele as toma sozinho. Ele implementou uma política de tolerância zero para o consumo de álcool no local de trabalho, não trabalha mais com os empregados na fábrica e voltou-se "estritamente às atividades". Seu foco está no desenvolvimento de produtos e na consolidação da empresa, não em aumentar o moral dos colaboradores oferecendo uma festa.

Muitas vezes, uma crise provocará uma mudança no estilo de tomada de decisões de uma pessoa. Isso foi o que aconteceu com Alan Robbins. Uma luta na fábrica entre dois empregados o forçou a demiti-los, o que resultou em um processo trabalhista que envolvia indenizações e uma acusação de discriminação racial. A alegação de discriminação foi descartada após uma investigação, porém, um empregado conseguiu um auxílio-desemprego. Foi nesse ponto que Robbins decidiu ser "o chefe" e alterar seu estilo de decisão. Ele afastou-se dos colaboradores e lidou com os problemas criando sistemas gerenciais para assuntos relacionados ao pessoal. Passou a encarar a tomada de decisões com base em um estilo superior, dando ordens a subordinados. Ele também tomou a decisão de mudar a administração de sua empresa, passando da posição de preferências pessoais e hábitos tranqüilos para uma abordagem organizacional, com a introdução de políticas e procedimentos formais. Ele redigiu, com auxílio de seu advogado e para sua própria proteção, um manual de políticas formais da companhia.

O que era melhor para Robbins, pessoalmente, não era o mais adequado para a empresa e, portanto, ele decidiu introduzir muitas mudanças. Igualmente, por necessidade, alterou seu estilo de tomada de decisões.

Fonte: Aeppel, T. "Losing Faith – Personnel Disorders Sap a Factory Owner of His Early Idealism", *The Wall Street Journal*, 14 jan. 1998.

TABELA 8.1	VANTAGENS E DESVANTAGENS DA TOMADA DE DECISÕES EM GRUPO
Vantagens	**Desvantagens**
Junção de informações	Pensamento único do grupo
Estímulo para interesse social nos participantes	Endosso de posições extremas
Retribuição social pela participação	Aumento do compromisso
Divisão do trabalho	Custo maior em termos de tempo e dedicação
Solução de qualidade superior	Posições discordantes que geram conflitos
Recursos compartilhados	Viés do *status* no envolvimento do membro

Técnica nominal do grupo

Uma abordagem que tenta aproveitar a característica positiva da decisão em grupo, evitando, ao mesmo tempo, muitas das armadilhas potenciais, é a **técnica nominal do grupo (TNG)**. Nela, sete a dez pessoas são reunidas para participarem de um exercício estruturado que inclui os seguintes passos:

1. Os membros indicam, silenciosa e independentemente, suas idéias a respeito de como enfrentar um problema.
2. Cada membro apresenta, por sua vez, uma de suas idéias; à medida que cada uma delas é oferecida, é resumida e anotada em um quadro ou mural, sem discussão de seus méritos.
3. Ocorre uma discussão, durante a qual são esclarecidas e avaliadas todas as idéias.
4. As pessoas votam, de modo silencioso e independente, em cada idéia. Essa votação pode envolver uma avaliação ou classificação das propostas. A decisão do grupo é tomada levando em conta o número de votos ou a classificação para chegar à alternativa preferida.[26]

A técnica nominal do grupo representa um meio bastante difundido para se chegar a uma decisão, porque evita muitos dos problemas potenciais indicados na Tabela 8.1. Pode-se, por exemplo, chegar a uma decisão, em um intervalo de tempo razoável, sem ser muito influenciado pela preferência do líder. De modo análogo, a técnica pode ser empregada eficazmente em diversas organizações (como General Electric, ARA Services, agências do governo e universidades, que adotaram essa técnica). Talvez o principal inconveniente da TNG seja seu alto grau de estruturação. Como resultado, os grupos podem limitar sua discussão a um único tema, muitas vezes, abordado com grande objetividade.

Técnica Delphi

Uma outra técnica foi desenvolvida pela Rand Corporation, para aproveitar os recursos de um grupo e evitar, ao mesmo tempo, as diversas possíveis desvantagens dos processos de tomada de decisões em grupo.[27] Essa abordagem, denominada **técnica Delphi**, é similar, sob muitos aspectos, à TNG, mas difere significativamente pelo fato de os decisores nunca se reunirem. Os passos da técnica Delphi são:

1. Selecionar um grupo de indivíduos dotados de conhecimento especializado em determinada área problemática (por exemplo, previsão de tendências sociais ou avanços tecnológicos).
2. Solicitar opinião de especialistas, por *e-mail* ou questionário enviado pelo correio.
3. Analisar e esclarecer as respostas dos especialistas.

4. Enviar um sumário dos resultados aos especialistas e pedir-lhes que respondam novamente a um questionário; se a opinião de um deles diferir consideravelmente da opinião dos demais, poderá se solicitar que ele ofereça uma justificativa, a qual será, então, encaminhada aos demais participantes.
5. Após esse processo ser repetido diversas vezes, os especialistas, usualmente, chegarão a um consenso. Caso contrário, as respostas poderão ser agrupadas, para determinar a opção preferida.

A técnica Delphi apresenta algumas vantagens e desvantagens. Sua maior vantagem consiste em evitar muitos dos vieses e obstáculos associados a grupos que interagem, isto é, grupos nos quais os membros se reúnem pessoalmente. Também foi demonstrado que a técnica gera informações razoavelmente úteis e soluções de ótima qualidade.[28] Uma grande desvantagem surge da quantidade de tempo necessária para completar integralmente o processo Delphi – poucas vezes menos do que algumas semanas e, freqüentemente, cinco meses. É evidente que problemas urgentes não podem ser resolvidos dessa maneira. Finalmente, essa técnica, de modo análogo à TNG, segue um formato grandemente estruturado. Como resultado, não oferece muita flexibilidade, caso as condições se alterem. Obviamente, em virtude de os respondentes nunca se reunirem, a interação social e o diálogo livre ficam prejudicados.

Em uma comparação interessante das três abordagens da tomada de decisões em grupo – que interagem, TNG e técnica Delphi –, foi apresentado um problema idêntico em 60 grupos de sete pessoas.[29] Vinte enfrentaram o problema de modo interativo, enquanto os remanescentes empregaram a TNG ou a técnica Delphi. Em termos de eficácia, os grupos TNG foram um pouco mais produtivos, seguidos pelos Delphi e pelos interativos. Os membros dos grupos TNG também demonstraram maior satisfação do que os outros. Esses resultados indicam que a presença e o envolvimento crescente de outras pessoas consegue diminuir, algumas vezes, a qualidade da tomada de decisões. Após uma discussão das técnicas de tomada de decisões, é preciso observar que *tomada* de decisões eficaz não equivale a *implementação* eficaz de decisões. Simplesmente ser capaz de decidir o melhor curso de ação não assegura um determinado resultado. A implementação de decisões é, na realidade, grande parte do campo de estudo do comportamento organizacional, pois envolve influenciar outras pessoas, gerenciar reuniões de grupos, e chegar a um consenso.

Descaso social e técnica dos degraus da escada

Em um conjunto de estudos muito conhecidos, o desempenho de indivíduos que trabalham sozinhos foi comparado a seu desempenho no trabalho em grupo.[30] Observou-se que alguns deles produziam abaixo de sua capacidade ao trabalhar em grupo. Esse fenômeno, em que um membro se esforça menos por fazer parte de um grupo, é denominado **descaso social**. Existem alguns indícios de que o descaso social seja mais marcante em grupos maiores.[31] Isso, provavelmente, ocorre porque os membros de grupos maiores acreditam ser menos notados, ter menor probabilidade de reconhecimento e são menos propensos a dividir qualquer gratificação.

Uma estrutura de resolução de problemas proposta recentemente para o descaso social é denominada **técnica dos degraus da escada**. Ela pretende melhorar a tomada de decisões ao estruturar a admissão dos membros do grupo por meio de um núcleo de pessoas. Inicialmente, por exemplo, dois membros trabalham juntos em um problema. Em seguida, um terceiro membro se une ao núcleo de pessoas e apresenta suas sugestões preliminares. Como próximo passo, a apresentação do membro é seguida por uma discussão entre as três pessoas. Cada participante adicional – quarto, quinto, e assim por diante – passa a fazer parte do núcleo em expansão, e apresenta suas soluções preliminares. A técnica tem quatro exigências. Primeira, cada membro pode se valer de tempo suficiente para pensar a respeito da tarefa, antes se unir ao núcleo. Segunda, o novo membro deve apresentar uma solução preliminar, antes de ouvir as idéias do grupo. Terceira, destinar-se tempo suficiente para discutir o problema, sempre que mais um membro for incorporado ao núcleo. Quarta, a decisão final ocorre somente após todo o grupo ter sido formado. Esses passos tornam difícil um membro manifestar descaso ou ocultar-se no grupo. Pesquisas sobre a eficácia da técnica dos degraus da escada mostraram que os grupos formados conforme o descrito produzem decisões de melhor qualidade que os convencionais.[32]

Criatividade e tomada de decisões

Muitos problemas, especialmente decisões não-programadas de ampla abrangência e que geram conseqüências, requerem soluções criativas. Em virtude da natureza competitiva dos negócios, pode-se dizer que as empresas capazes de criar estratégias originais para tomar decisões se valem de uma vantagem competitiva importante. A criatividade pode entrar em qualquer passo no processo de tomada de decisões. O modo pelo qual uma situação diplomática é definida, a geração de alternativas, a percepção de oportunidades e a implementação efetiva de uma solução podem, todas, ser ressaltadas pelas perspectivas criativas.

Discutimos, nesta seção, diversos aspectos da criatividade. Inicialmente, consideramos as características de individualidade criativa, e como a criatividade individual pode ser avaliada. Analisaremos, em seguida, os passos do processo criativo e alguns métodos para desenvolver esse dom.

Características dos indivíduos criativos

As pessoas variam no grau de criatividade. Embora exista uma crença amplamente aceita de que indivíduos muito criativos sejam produto de infâncias excepcionais, as provas disponíveis não apóiam tal visão.

O impacto da idade na criatividade também foi consideravelmente pesquisado, com resultados mais conclusivos em termos comparativos. Um estudo de profissionais liberais em diversos campos de atuação, incluindo artes e ciências, constatou que a maioria dos indivíduos tende a ser mais criativa entre 30 e 40 anos de idade.[33] O ápice do período de produtividade criativa, no entanto, parece variar em função do campo de interesse. No campo da música e das demais artes, a realização criativa atinge seu grau máximo entre 35 e 39 anos, ao passo que, nas ciências, esse período ocorre entre 30 e 34 anos. Evidentemente, deve-se ressaltar que as pessoas ainda conseguem criar com idade mais avançada, isto é, obter patentes ou compor sinfonias. A freqüência, no entanto, tende a diminuir para a maioria das pessoas, à medida que envelhecem.

Os indivíduos criativos, em termos de personalidade, normalmente demonstram uma ampla gama de interesses, apreciam a estética e valorizam a independência.[34] Ao analisar executivos criativos, descobriu-se que algumas de suas características mais notáveis incluem:

- predisposição para abrir mão do ganho imediato, a fim de cumprir metas de longo prazo;
- grande quantidade de energia;
- irritação com o *status quo*;
- perseverança;
- prática de *hobbies* e interesses diferenciados;
- crença de que fantasiar e sonhar com olhos abertos não representam perda de tempo.[35]

Outros estudos sobre indivíduos criativos proporcionaram maiores informações. Um deles constatou que engenheiros altamente criativos não se identificam muito com sua organização empregadora de modo igual aos menos criativos.[36] Além disso, pessoas grandemente criativas apresentam maior probabilidade de mudar de emprego freqüentemente, embora as razões precisas dessa maior rotatividade ainda não sejam conhecidas.[37]

Avaliação da criatividade individual

A criatividade constitui um recurso importante, especialmente para as ocupações relacionadas a desenvolvimento, propaganda e mídia de massa. Os gerentes, para otimizar os recursos criativos dos colaboradores, precisam compreender como avaliar essa criatividade.

Uma maneira simples para avaliar o potencial criativo dos empregados consiste em observar suas ações em situações que requerem originalidade. Um gerente pode, por exemplo, encarregar um empregado da execução de uma tarefa desafiadora, como criar a capa de um boletim de notícias, e monitorar cuidadosamente, em seguida, o processo de resolução de problemas e o produto final do colaborador. Um método mais direto é aplicar um teste de criatividade, usando papel e lápis. Organizações interessadas em criatividade têm maior chance de adotar testes de criatividade padronizados ou de elaborar seus próprios testes. A Divisão AC Spark Plug da General Motors, por exemplo, desenvolveu seu próprio teste de criatividade para engenheiros e supervisores.[38]

Numerosos testes de criatividade encontram-se disponíveis. Embora pareçam identificar a capacidade geral para ser criativo, podem não ser particularmente relevantes para uma determinada ocupação. Para ilustrar, considere os seguintes exemplos, extraídos de alguns testes de criatividade típicos.

- Escreva uma sentença com quatro palavras em que cada palavra comece com as letras K... U... Y... I...
- Nos próximos 30 segundos, cite líquidos inflamáveis.
- Durante os próximos 60 segundos, escreva palavras que iniciem com a letra *J*.
- Vislumbre as conseqüências de diversas situações. Exemplo: em um intervalo de dois minutos, escreva o maior número de respostas que você daria à pergunta "O que aconteceria se as pessoas não precisassem ou não quisessem mais dormir?"

Etapas do processo criativo

A maioria dos estudiosos do processo criativo o divide em cinco estágios.[39]

1. *Reconhecimento de oportunidades ou de um problema.* Nessa fase, um indivíduo torna-se consciente da existência de um problema ou de uma oportunidade que merece atenção. Um colaborador pode observar, por exemplo: "Deve haver uma maneira melhor para realizar isto".
2. *Imersão.* Nesse estágio, o indivíduo agrupa e relembra informações relevantes para a situação. Ele também gera hipóteses sem considerar seu valor, como: "Lembro de ter lido, em algum lugar, que algumas empresas adotam um conjunto diferente de procedimentos".
3. *Incubação.* Nesse ponto, as informações são processadas no subconsciente da pessoa. O indivíduo não aparenta estar concentrado ativamente no problema, no entanto, encontra-se reagrupando as informações disponíveis em novas configurações.
4. *Insight.* Embora uma pessoa esteja realizando uma atividade não-relacionada, uma idéia integradora virá à mente – como "Um novo sistema de informações que mantenha ambos os departamentos simultaneamente cientes de nossas necessidades deve resolver o pro-

blema!" Muitas pessoas declaram que, nesse estágio, usualmente é uma boa idéia anotar o *insight* criativo, pois poderá ser esquecido facilmente.
5. *Verificação*. Em uma etapa final, o indivíduo testa a solução por meio da lógica ou de experimentação real. Nesse ponto, a tenacidade pode ser crítica, porque outras pessoas, muitas vezes, resistem às idéias inovadoras ou as rejeitam rapidamente, considerando-as impraticáveis.

Embora essa lista indique que o processo criativo segue uma determinada ordem, o *insight* criativo não ocorre de modo tão ordenado ou claro. A incubação pode, por exemplo, ocorrer durante a verificação. Além disso, o processo, muitas vezes, é repetitivo, porque as idéias iniciais podem ser insatisfatórias e exigir revisão adicional.

Aumento da criatividade

Diversos métodos são sugeridos para aumentar ou liberar a criatividade. Estudos revelam que as tentativas para aumentar essa capacidade por meio de técnicas de treinamento são, freqüentemente, bem-sucedidas. Na verdade, uma análise de 40 estudos revelou que 90% de tais esforços tiveram sucesso.[40] Já examinamos duas das maneiras mais difundidas para maximização da produção do grupo: a técnica nominal do grupo e a técnica Delphi, ambas com aplicação na área de aumento da criatividade.

O *brainstorming** também pode ser usado para treinar as pessoas para serem mais criativas e resolverem problemas complexos. Em uma sessão, um grupo é incentivado a trocar idéias livremente, em uma atmosfera desprovida de crítica e de julgamento. Os membros do grupo, quando se defrontam com um problema, arriscam o maior número de idéias ou soluções possíveis. Nesse ponto, a qualidade das idéias não é importante, mas a simples quantidade. Idéias estranhas são especialmente incentivadas, porque podem atuar como trampolim para soluções mais úteis. Posteriormente, as propostas anotadas são refinadas e avaliadas.

Um estudo da eficácia do *brainstorming* em indivíduos isolados *versus* grupos revelou que as pessoas isoladas produzem mais idéias e de melhor qualidade do que um número equivalente de pessoas em grupo.[41] Esses resultados indicam que a presença de outras pessoas, apesar de qualquer possível instrução em contrário dos líderes dos grupos, inibe a criatividade pessoal e reduz a variedade de idéias geradas.

Uma outra técnica, no arsenal da criatividade, é denominada **análise da grade**. Nela, as idéias ou conteúdos de possível relevância para um problema são listados nos lados de uma grade bidimensional. Em seguida, cada combinação possível de idéias é criada e examinada, de acordo com sua utilidade como solução. Uma empresa comercial pode, por exemplo, estar interessada em promover usos alternativos para seus atuais produtos. Para isso, pode agrupá-los em um eixo horizontal, considerando-os públicos-alvo. Os outros produtos que não fabricam podem ser agrupados no eixo vertical. A combinação resultante pode sugerir novos mercados para seus produtos ou a possível conversão de seu equipamento ou de seus produtos para a fabricação de outros.

Andrew DuBrin sugeriu algumas técnicas que as pessoas podem empregar para aumentar a criatividade.[42] Embora elas não ofereçam orientação formal para a resolução de problemas específicos, podem ser muito valiosas para auxiliar no desenvolvimento pessoal.

Não tenha receio de tentar e falhar

Muitas pessoas se intimidam diante da possibilidade de falhar em suas tentativas para demonstrar criatividade. Na verdade, é o número absoluto de novas idéias bem-sucedidas que importa,

---

* Denominado literalmente "tempestade de idéias".

não a porcentagem. Roger Von Oech resume esse aspecto afirmando: "Aprendemos por tentativa e erro, não por tentativa e acerto".[43]

Deixe que seu lado divertido aflore

Uma maneira de alcançar um estado mental criativo consiste em pensar humoristicamente. Abordar um problema com humor pode gerar novas perspectivas e *insights*.

Identifique seu período de tempo criativo

Algumas pessoas, durante um período de tempo específico do dia, ficam mais abertas à criatividade. Ao reconhecer esta realidade e programar de modo correspondente as sessões de trabalho, podem aproveitar tais períodos de pico. Algumas pessoas julgam-se mais criativas quando estão praticando exercícios ou viajando. Outras se sentem mais criativas logo após descansar. A maioria das pessoas, entretanto, relata que um de seus períodos mais criativos ocorre um pouco antes de adormecer.

Tome idéias emprestadas

Analisar idéias já sendo aplicadas em campos relacionados pode sugerir novas abordagens dos próprios problemas de trabalho. Ler livros, revistas e jornais, e contatar pessoas com interesses relacionados pode dar origem a idéias que, caso modificadas apropriadamente, se convertam em soluções factíveis.

Manter um caderno de anotações para as idéias

Em virtude de muitas idéias novas serem geradas e perdidas ao longo das atividades diárias, um caderno de anotações pode ser um meio prático para registrar *insights* que sirvam para referência futura. Alguns executivos mantêm um "arquivo de idéias" separado, para armazenar pequenas informações úteis em si ou que poderão servir de base para outras.

Ética na tomada de decisões

Em anos recentes, tem ocorrido um reconhecimento crescente da necessidade de se considerarem, explicitamente, os temas éticos ao tomar decisões. Estimou-se que mais de dois terços das empresas de grande porte possuem um código de ética e que 44% delas proporcionam algum tipo de treinamento sobre ética para seus gerentes.* Esse interesse em agir eticamente origina-se, em parte, de uma disposição para evitar processos legais e a reação pública adversa resultante, bem como um desejo para satisfazer preocupações.[44] Acredita-se, além disso, que a conduta ética oferece uma vantagem estratégica sobre os concorrentes. O treinamento ético pretende auxiliar a tomada de decisões, ajudando as pessoas a reconhecer os aspectos éticos das decisões, ao esclarecer regras e normas, ao diminuir a confusão relativa aos temas de responsabilidade, e proporcionando um pano de fundo para a tomada de decisões, com a finalidade de analisar as opções éticas.[45]

A maior parte dos programas de treinamento ético inclui posicionamentos do principal executivo, enfatizando a importância da tomada de decisões éticas, a discussão do código de ética da corporação e a explicação de procedimentos específicos para informar conduta anti-ética. Muitos

---

* O interesse e o apoio ao treinamento ético parecem ser característicos da maioria das grandes empresas. As de pequeno porte, que possuem menos recursos excedentes para investir no treinamento gerencial, envolvem-se menos no treinamento ético. Infelizmente, existe uma crença generalizada de que organizações menores são responsáveis por uma proporção considerável da conduta desprovida de ética.

programas, como aqueles em uso por Chase Manhattan, General Electric e Honeywell, incorporam discussão de casos, exercícios para o desenvolvimento de níveis mais elevados de maturidade ética e apresentação de parâmetros éticos para a análise das decisões. Os casos discutidos originam-se, muitas vezes, de episódios específicos da atuação das corporações em que ocorre uma tomada de decisões. As iniciativas para elevar o nível de maturidade ética dos gerentes basearam-se, muitas vezes, na teoria de desenvolvimento moral de Kohlberg (veja o Capítulo 2). Embora as provas sejam limitadas, existem algumas indicações de que as pessoas expostas ao treinamento ético (especificamente quando se apóia na terminologia de Kohlberg) podem apresentar evidências de considerações morais mais elevadas, conforme avaliado no contexto da teoria de Kohlberg.[46]

Resumo

1. **Descrever os tipos de decisão tomados pelos gerentes.**
    As decisões pessoais programadas envolvem assuntos pessoais simples e repetitivos. As decisões pessoais não-programadas surgem durante eventos raros, porém, significativos, na vida pessoal de um indivíduo. As decisões organizacionais programadas relacionam-se a situações que envolvem problemas simples em uma organização e que são tomadas de acordo com diretrizes ou procedimentos estabelecidos. As decisões organizacionais não-programadas relacionam-se a situações raras ou únicas, que exercem um impacto potencial expressivo sobre a organização.
2. **Relacionar os passos de um processo de tomada de decisões muito racional.**
    Quando uma situação dá início a um processo de tomada de decisões, reconhecer a existência de um problema ou de uma oportunidade exige ação. Definir, em seguida, a natureza da situação, gerar maneiras alternativas para lidar com ela e juntar informações a respeito de cada alternativa e avaliar sua conveniência. Obter, a partir dessa avaliação, o melhor curso de ação, implementar essa alternativa e avaliar a eficácia da decisão.
3. **Descrever algumas restrições ao processo de tomada de decisões.**
    Restrições ao processo de tomada de decisões incluem a incapacidade de gerar todas as alternativas possíveis e suas respectivas conseqüências, indisponibilidade de informações precisas e a tendência dos gerentes para usar heurística e ter auto-satisfação (considerar ações alternativas somente até que uma, razoavelmente aceitável, seja identificada).
4. **Identificar obstáculos à tomada eficaz de decisões.**
    Obstáculos à tomada eficaz de decisões incluem filtros de julgamento, aumento do compromisso, pensamento único do grupo e a tendência a endossar posições extremas quando confrontados com decisões que envolvem um elemento de risco.
5. **Definir pensamento único do grupo e relacionar seus sintomas.**
    Pensamento único do grupo é a tendência de grupos altamente coesos adotarem uma visão distorcida das situações. Seus sinais incluem uma ilusão de invulnerabilidade, racionalização, suposição de moralidade, estereótipos negativos contra pessoas de fora, pressão para aceitação, autocensura, ilusão de unanimidade e presença de uma aceitação mínima (que afaste críticos e opiniões contrárias).
6. **Descrever técnicas para melhorar a tomada de decisões.**
    Ponderar as vantagens e desvantagens da tomada de decisões individual *versus* em grupo ao escolher um parâmetro para tomar uma decisão. Aproveitar as características positivas da tomada de decisões em grupo, usar a técnica nominal do grupo e a técnica Delphi.

7. **Identificar as características dos membros criativos da organização.**
   As características das pessoas criativas incluem: predisposição para abrir mão do ganho imediato visando a metas de longo prazo, grande empenho, irritação com o *status quo*, perseverança, ter *hobbies* e interesse específico, crença de que fantasiar e sonhar de olhos abertos não são desperdício de tempo, identificação relativamente fraca com a organização empregadora e maior probabilidade de mudança de emprego.

8. **Descrever os passos do processo criativo.**
   O primeiro passo é o reconhecimento de uma oportunidade ou de um problema, durante o qual um indivíduo torna-se ciente de que um deles requer atenção. A imersão ocorre em seguida, quando ele agrupa e se relembra de informações relevantes e gera hipóteses. O estágio de incubação é o próximo, quando ele reconfigura, de modo subconsciente, as informações disponíveis. No estágio de *insight*, enquanto a pessoa participa de uma atividade não-relacionada, uma idéia integradora surgirá em seu subconsciente. Finalmente, no estágio de verificação, o indivíduo testa a solução por meio de lógica ou experimentação.

9. **Identificar as maneiras pelas quais grupos e pessoas podem aumentar a criatividade.**
   Os grupos podem aumentar a criatividade valendo-se da "tempestade de idéias" e da análise da grade. As pessoas conseguem aumentar a criatividade não receando o fracasso, permitindo-se diversão, identificando os períodos de tempo criativos em cada dia, emprestando idéias e mantendo um caderno de anotações para elas.

10. **Explicar como o treinamento para a conduta ética está sendo adotado nas corporações de grande porte.**
    É considerada boa prática empresarial adotar diretrizes éticas ao tomar decisões. A maioria das corporações mantém códigos de ética e pode exigir treinamento na tomada de decisões. Os programas de treinamento, normalmente, consistem em discussão de casos, exercícios voltados para o aumento da consciência ética e discussão a respeito de um plano de fundo ético para a análise das discussões.

Episódio crítico

A raiz de todo mal

A Cia. de Brinquedos Ajax é uma empresa de porte médio localizada no sul de Michigan. A empresa cria e fabrica brinquedos e jogos. O esquema de remuneração da companhia opera em base confidencial, isto é, os empregados não conhecem detalhes sobre faixas salariais relacionadas à classificação por pontos das funções, e não recebem salários de acordo com uma pontuação correspondente a seus atuais cargos. Quando os colaboradores são avaliados formalmente a cada ano, há um aumento por mérito, caso concedido, que usualmente representa um pequeno aumento porcentual, sendo que os gerentes não divulgam nada a respeito de que valor monetário se encontra disponível para aumentos por mérito. Quando os empregados indagavam aos gerentes o motivo pelo qual os aumentos por mérito e os salários eram administrados desse modo, a resposta usual era: "É política da companhia não divulgar essas informações. É assunto do pessoal da área de assessoria".

Os colaboradores do Departamento de Pesquisa e Desenvolvimento de novos produtos estão para ser submetidos a uma avaliação de desempenho. Seus atuais níveis salariais mínimo e máximo são US$ 50 mil e US$ 88 mil anuais. Esses salários representam a média para o setor. Ano passado, a política salarial conservadora da companhia teve como resultado a saída de duas das pessoas mais competentes do departamento, que foram atraídas pelo maior concorrente, prejudicando o desempenho do departamento. O fato de outras empresas atraírem empregados de outros departamentos também tem sido um problema nos últimos dois anos.

Foi contratada, recentemente, uma nova diretora de Pesquisa e Desenvolvimento, e os dirigentes a encarregaram de propor recomendações para reduzir a saída de outras pessoas de seu departamento, conduzindo, ao mesmo tempo, as avaliações de desempenho e os aumentos por mérito em base individual. O gerente de Recursos Humanos reexaminará posteriormente suas idéias, comparando-as ao sistema atual, visando a determinar que alterações, caso pertinentes, o departamento poderá fazer.

Encontram-se, a seguir, informações adicionais sobre o Departamento de Pesquisa e Desenvolvimento e seus colaboradores.

Roger Ballard. Sessenta anos de idade; 20 anos de experiência na Ajax; não criou novos produtos ano passado, mas trabalha bem com outros colaboradores para o desenvolvimento das idéias que apresentam. Salário atual: US$ 88 mil anuais (valor máximo em sua faixa salarial).

John Connelly. Quarenta e cinco anos de idade; há dez na empresa; raramente se atrasa para o trabalho, porém, não se relaciona bem com outros no departamento; era um grande amigo do gerente anterior e criou somente um produto novo este ano. Salário atual: US$ 78 mil anuais.

David Browing. Trinta e dois anos de idade; quatro na companhia; criou dois novos produtos este ano, um dos quais entrou em produção; avaliações passadas o descreveram como um profissional de desempenho médio, porém, neste ano, seu trabalho foi muito bom. Salário atual: US$ 62 mil anuais.

Karen Harding. Vinte e quatro anos de idade; foi contratada há dez meses para substituir um dos colaboradores atraídos por outra companhia. Criou dois novos produtos, que foram lançados e estão vendendo bem; tem idéias para três novos produtos e, atualmente, os desenvolve com ajuda de Roger. Não recebeu aumento desde que entrou na Ajax. Salário atual: US$ 50 mil anuais.

A diretora de Pesquisa e Desenvolvimento foi informada, confidencialmente, de que dispõe de US$ 24 mil para conceder a título de aumento por mérito. Sua recomendação para a distribuição desse valor requer aprovação. Ocupando a posição de gerente de Recursos Humanos, você acaba de receber da diretora da área as seguintes recomendações para aumento por mérito:

Roger Ballard. . . . US$ 4 mil
John Connelly . . . US$ 2 mil
David Browing. . . US$ 9. 500
Karen Harding. . . US$ 8. 500

1. Na condição de gerente de Recursos Humanos, você concordaria com a distribuição do valor citado entre os quatro colaboradores?
2. Explique e justifique sua posição.

Fonte: Simonetti, Jack L. *Experiential Exercises and Cases for Human Resource Management*. Nova York: Allyn and Vacon, 1987.

Exercício experimental

Qual o seu grau de criatividade?

Diversos testes foram desenvolvidos, em anos recentes, para medir a capacidade e o comportamento criativo. Embora certamente úteis, não cobrem adequadamente a rede complexa de comportamentos — traços de personalidade, atitudes, motivações, valores, interesses e outras variáveis específicas — que predispõem uma pessoa a pensar criativamente.

Uma organização desenvolveu um teste do tipo inventário para obter medidas de avaliação que cobririam uma ampla gama de atributos criativos. Parte desse instrumento é mostrado a seguir.

Indique com uma letra, após cada afirmação, o grau ou a extensão em que você concorda ou discorda:

A = Concordo enfaticamente
B = Concordo
C = Meio-termo ou não sei
D = Discordo
E = Discordo integralmente

1. Sempre trabalho certo de que estou adotando os procedimentos corretos para resolver um problema específico. _____
2. Seria perda de tempo formular perguntas, caso eu não tivesse a expectativa de obter respostas. _____
3. Creio que um método lógico passo-a-passo é o melhor para solucionar problemas. _____
4. Ocasionalmente, emito opiniões em grupos que parecem desestimular as pessoas. _____
5. Dedico muito tempo pensando a respeito de como os outros me consideram. _____
6. Julgo que posso ter uma contribuição especial para dar ao mundo. _____
7. Para mim, é mais importante fazer aquilo que acredito estar correto do que tentar obter a aprovação de outros. _____
8. As pessoas que parecem inseguras e incertas a respeito dos assuntos perdem meu respeito. _____
9. Sou capaz de enfrentar problemas difíceis ao longo de períodos de tempo extensos. _____
10. Às vezes, me entusiasmo exageradamente sobre os assuntos. _____
11. Freqüentemente, as melhores idéias me vêm quando não estou fazendo algo específico. _____
12. Uso a intuição e conceitos de "certo" e "errado" quando me empenho para a solução de um problema. _____
13. Ao resolver um problema, trabalho com mais rapidez quando o analiso com mais lentidão e sintetizo as informações colhidas. _____
14. Aprecio *hobbies* que envolvem colecionar objetos. _____
15. Sonhar de olhos abertos proporcionou o estímulo para muitos de meus projetos mais importantes. _____
16. Se eu tivesse de escolher entre duas funções distintas da que ocupo atualmente, preferiria ser um médico, em vez de um explorador. _____
17. Consigo me relacionar mais facilmente com pessoas próximas de minha classe social ou profissional. _____

18. Possuo um alto grau de sensibilidade estética.
19. Dicas intuitivas não são guias confiáveis para a resolução de problemas.
20. Estou muito mais interessado em propor novas idéias do que tentar vendê-las para outros.
21. Tendo a evitar situações em que posso me sentir inferior.
22. Quando avalio informações, a fonte dos dados é mais importante do que o conteúdo.
23. Aprecio as pessoas que adotam a regra "negócios antes do prazer".
24. O auto-respeito é mais importante do que o respeito de outros.
25. Julgo que as pessoas que se empenham pela perfeição não são sábias.
26. Gosto do trabalho em que posso influenciar outras pessoas.
27. Para mim, é importante possuir um lugar para tudo e ter tudo em seu devido lugar.
28. Pessoas dispostas a ter idéias excêntricas não são práticas.
29. Aprecio muito refletir novas idéias, mesmo que não exista um retorno prático.
30. Quando uma certa abordagem de um problema não dá certo, consigo reorientar rapidamente meu pensamento.
31. Não gosto de fazer perguntas que revelem desconhecimento.
32. Sou mais capaz de mudar meu interesse em conquistar um cargo ou seguir uma carreira do que mudar de função ou empenhar-me por meus interesses.
33. A incapacidade para resolver um problema deve-se, freqüentemente, à formulação da pergunta errada.
34. Consigo prever, freqüentemente, a solução para meus problemas.
35. É perda de tempo analisar os próprios fracassos.
36. Somente pensadores confusos apelam para metáforas e analogias.
37. Em certas ocasiões, apreciei tanto a engenhosidade de uma pessoa desonesta, que esperei que escapasse da punição.
38. Inicio, freqüentemente, a solução de um problema em que vejo pouco sentido e, no entanto, não o expresso.
39. Tendo a esquecer das coisas com freqüência, como nome de pessoas, ruas, rodovias ou cidades pequenas.
40. Penso que o trabalho árduo é o fator básico do sucesso.
41. Para mim, é importante ser considerado um bom membro da equipe.
42. Sei como controlar meus impulsos.
43. Sou uma pessoa totalmente digna de confiança e responsável.
44. Não aprecio coisas incertas e imprevisíveis.
45. Prefiro trabalhar com outras pessoas, em uma equipe, do que isoladamente.
46. O problema de muitas pessoas é levar as coisas muito a sério.
47. Sou perseguido, com freqüência, por meus problemas, e não consigo me livrar deles.
48. Consigo abrir mão facilmente do ganho ou da tranqüilidade imediata para atingir as minhas metas.
49. Se eu fosse um professor universitário, preferiria ministrar cursos práticos, em vez dos que envolvem teoria.
50. O mistério da vida me atrai.

Instruções para a pontuação

Para calcular sua pontuação, faça um círculo em torno do valor atribuído à sua resposta a cada pergunta, conforme indicado abaixo, e some todos os valores.

	Concordo Enfaticamente A	Concordo B	Meio ou Não Sei C	Discordo D	Discordo Integralmente E
1.	-2	-1	0	+1	+2
2.	-2	-1	0	+1	+2
3.	-2	-1	0	+2	+2
4.	+2	+1	0	-1	-2
5.	-2	-1	0	+1	+2
6.	+2	+1	0	-1	-2
7.	+2	+1	0	-1	-2
8.	-2	-1	0	+1	+2
9.	+2	+1	0	-1	-2
10.	+2	+1	0	-1	-2
11.	+2	+1	0	-1	-2
12.	+2	+1	0	-1	-2
13.	-2	-1	0	+1	+2
14.	-2	-1	0	+1	+2
15.	+2	+1	0	-1	-2
16.	-2	-1	0	+1	+2
17.	-2	-1	0	+1	+2
18.	+2	+1	0	-1	-2
19.	-2	-1	0	+1	+2
20.	+2	+1	0	-1	-2
21.	-2	-1	0	+1	+2
22.	-2	-1	0	+1	+2
23.	-2	-1	0	+1	+2
24.	+2	+1	0	-1	-2
25.	-2	-1	0	+1	+2
26.	-2	-1	0	+1	+2
27.	-2	-1	0	+1	+2
28.	-2	-1	0	+1	+2
29.	+2	+1	0	-1	-2
30.	+2	+1	0	-1	-2
31.	-2	-1	0	+1	+2
32.	-2	-1	0	+1	+2
33.	+2	+1	0	-1	-2
34.	+2	+1	0	-1	-2
35.	-2	-1	0	+1	+2
36.	-2	-1	0	+1	+2
37.	+2	+1	0	-1	-2
38.	+2	+1	0	-1	-2
39.	+2	+1	0	-1	-2
40.	+2	+1	0	-1	-2
41.	-2	-1	0	+1	+2
42.	-2	-1	0	+1	+2
43.	-2	-1	0	+1	+2
44.	-2	-1	0	+1	+2
45.	-2	-1	0	+1	+2
46.	+2	+1	0	-1	-2
47.	+2	+1	0	-1	-2
48.	+2	+1	0	-1	-2
49.	-2	-1	0	+1	+2
50.	+2	+1	0	-1	-2

Muito criativo   80 a 100   Abaixo da média   20 a 39
Acima da média   60 a 79   Sem criatividade   -100 a 19
Médio   40 a 59

Fonte: Raudsepp, E. *Personnel Journal*, abr. 1979. Informações adicionais sobre esse teste encontram-se disponíveis na Princeton Creative Research, Inc. P. O. Box 122, Princeton, NJ08542.

Comitê é um grupo que se preocupa com minutos, mas desperdiça horas.
– Anônimo

Para relacionar-se bem, concorde.
– Sam Rayburn

Não existe nenhum monumento dedicado à memória de um comitê.
– Lester J. Pourciau

Objetivos de aprendizagem

Após estudar este capítulo, você deverá ser capaz de:

1. Contrastar grupos formais e informais e grupos abertos e fechados.
2. Relacionar alguns motivos por que as pessoas formam grupos.
3. Descrever as influências no grau em que os membros do grupo exercem atração mútua.
4. Descrever os estágios de formação e desenvolvimento dos grupos de trabalho.
5. Relacionar alguns aspectos importantes do grupo que afetam o desempenho.
6. Relacionar os fatores que induzem e apóiam a coesão em um grupo de trabalho.

Capítulo 9

Dinâmica de grupo

A sala do canto ou relegado a um canto?

No mundo empresarial, em que os espaços e as divisórias definem a área física que as organizações estão dispostas a atribuir a colaboradores individuais, a localização da mesa tornou-se a medida do grau de valorização de uma pessoa para um empregador. Quem consegue esquecer a grande humilhação que Milton Waddams suportou no filme cômico *Office Space*, quando o personagem resmungão e obcecado por grampeadores sofreu a indignidade de ter sua mesa transferida para a área de armazenagem no subsolo? Milton, com seus copos de Coca-Cola e suas múltiplas neuroses, causadas por anos de maus-tratos de colegas grosseiros, constitui um exemplo hilariante – e mesmo extremo – de como o espaço da sala de um colaborador reflete seu *status* na corporação.

Relatos de empregados de vários ambientes administrativos revelam que existem até mais Miltons no mundo do que o sugerido por comédias populares ambientadas em escritórios ou cartuns de Dilbert. Uma colaboradora da área burocrática da Faculdade de Administração da University of North Carolina foi colocada bem ao lado do toalete masculino, somente com divisórias delgadas para amortecer o ruído do fluxo constante ao longo do dia. Sua situação não melhorou muito quando se empregou na GlaxoSmithKline, onde a localização de sua mesa, ao lado da porta principal, a tornou recepcionista de fato. Ela percebeu a situação quando um fragmentador de papéis apareceu misteriosamente em seu espaço e ficou lá em caráter permanente.

Para toda pessoa prejudicada durante um rearranjo do escritório, surge a suspeita furtiva de que a importância do cargo é diretamente proporcional à distância que a separa da agitação do escritório. Toda companhia parece ter um empregado cujo cubículo fica relegado a um espaço perto da copiadora, da sala de café ou da gráfica. Esses empregados se tornam administradores, de fato, de tais áreas coletivas – especialmente quando o equipamento ruidoso pára de funcionar.

O arranjo físico de um escritório não constitui um tema casual. Os relacionamentos entre colegas no trabalho são encorajados, em grau elevado, pelas distâncias físicas e psicológicas criadas pela disposição das mesas, pela mobília do escritório e salas de equipamentos. As salas podem estar dispostas para facilitar a interação social ou desincentivá-la. Em geral, a proximidade física incentiva relacionamentos mais diretos. Entradas e vias de circulação comuns também aproximam empregados que diferem em termos de posição hierárquica na empresa.

Ocorreram minirrevoluções com relação ao arranjo físico de escritórios. O movimento "escritório aberto", da era ponto.com, empenhou-se para criar um ideal igualitário, em que o CEO e empregados de nível inferior convivessem em um espaço aberto, agradável, sem paredes. Poucos permaneceram comprometidos com esse ideal, pois o caos, o ruído e a falta de privacidade tornaram o trabalho até mais difícil – na realidade, a experiência resultou, em grande parte, no retorno de paredes, portas e cubículos tradicionais.

O que os empregados mais desejam de um espaço físico no escritório? De acordo com a Bosti Associates, empresa de pesquisas que desenvolve ótimas estratégias para o ambiente de trabalho, as pessoas precisam de um espaço que lhes permita se concentrar no trabalho sem distração" e que proporcione também "interações freqüentes e informais entre os colaboradores". Embora os respondentes jovens, em geral, tenham demonstrado preferência por ambientes abertos, profissionais mais experientes preferem a privacidade e o reforço do ego obtidos com uma sala separada e espaço adequado.

Se uma pessoa, porém, ocupa a sala do canto prestigiada ou se simplesmente fica relegada a um canto, a área designada permanece uma das medidas mais confiáveis do conceito de um colaborador por parte da organização.

Fonte: Sandberg, J. "Cubicle Culture: As Far as Desks Go, It's Location, Location That Tells Your Status", *The Wall Street Journal*, 26 fev. 2003; Russo, F. "My Kingdom for a Door", *Time*, 23 out. 2000.

Os gerentes dedicam uma parte considerável do dia trabalhando em grupos e relacionando-se com eles. Como membro de um grupo de trabalho e representante de uma empresa que interage com vários grupos internos e externos, um gerente precisa compreender sua dinâmica.

Grupos constituem uma parte essencial das organizações, e conseguem influenciar consideravelmente o nível total de realização de tarefas. Também conseguem satisfazer as necessidades sociais de seus membros. Portanto, é razoável afirmar que eles têm potencial para atender às necessidades de indivíduos e organizações. A extensão em que elas são atendidas e os processos pelos quais isso ocorre constituem o tema deste capítulo. Examinamos a natureza dos grupos, as razões para fazer parte deles, sua formação e o desenvolvimento, e as principais variáveis que afetam seu desempenho. Os gerentes que compreendem os princípios básicos da dinâmica de grupo, muitas vezes, encontram mais facilidade para orientar os esforços na direção pretendida.

Natureza dos grupos

Pessoas são seres sociais – buscam a companhia de outras para satisfazer necessidades sociais e aumentar suas chances de sucesso. Assim, participam de grupos. Podemos definir um **grupo** como uma reunião de duas ou mais pessoas que interagem em base contínua. Antes disso, partilham certas crenças e se consideram membros desse grupo. Para constituir um grupo, duas pessoas, no mínimo, precisam abraçar as mesmas idéias e ter convicção disso para se juntarem. Outros valores compartilhados podem surgir e ser cristalizados ao longo do tempo. Como conseqüência, elas passarão a se considerar como pertencentes a uma entidade distinta – o grupo.*

Grupos formais *versus* informais

Nas organizações, as pessoas são direcionadas, com freqüência, a trabalhar em grupo. Essas equipes, essencialmente orientadas às tarefas, são classificadas como **grupos formais**. Empregados, por exemplo, são normalmente direcionados a departamentos ou equipes de trabalho. Um comitê representa um outro exemplo de grupo formal. Pode-se afirmar que todo membro da organização precisa fazer parte de, pelo menos, um grupo formal. Alguns podem pertencer

---

* Observe que nossa definição de grupo também inclui "grupos virtuais", em que os membros podem, na realidade, nunca se reunir face a face, mas somente interagir por meio de tecnologia (como videoconferência, salas de bate-papo na Internet, *e-mail*, comunicação sem fio etc.). É amplamente aceito que a freqüência de grupos virtuais aumentará até que todas as pessoas possam esperar razoavelmente participar de um em alguma ocasião durante sua vida profissional.

a dois ou mais grupos (por exemplo, fazendo parte de diversos comitês). Eles podem atuar como intermediários no interior da organização e conseguir aumentar a integração, partilhando informações, e comunicando diretrizes aos níveis inferiores.[1]

Os **grupos informais** surgem da interação entre os membros da organização. A participação é voluntária e baseia-se com mais ênfase na atração interpessoal. Algumas vezes, as atividades ou as metas desses grupos exercem atração nos membros potenciais. As equipes de *softball* e de boliche formadas por membros de um departamento, por exemplo, constituem grupos informais cujas atividades atraem indivíduos interessados. Nem todos, entretanto, têm um conjunto específico de atividades. São formados, com freqüência, por colegas que alimentam interesses comuns. Um gerente de departamento, por exemplo, pode se reunir informalmente com outros, para partilhar informações (ou rumores) sobre uma fusão iminente.

Grupos informais não são inerentemente bons ou maus para uma organização. Quando as metas de um deles são idênticas às da organização – como no caso de ambos se empenharem para maximizar a satisfação do cliente e fabricar um produto de alta qualidade –, tudo decorre muito bem. Em outros casos, no entanto, um grupo informal pode se opor às metas da organização, como na situação em que os empregados decidem diminuir a produção diária. Na verdade, esses grupos são, freqüentemente, fonte de resistência à mudança organizacional. Opõem-se, algumas vezes, a iniciativas que visam à redefinição de cargos e à reestruturação organizacional. Em virtude do *status* e da satisfação pessoal de que desfrutam por associar-se, seus membros, provavelmente, resistirão às tentativas para abalar ou desfazer sua configuração social.

Grupos abertos *versus* fechados

Os grupos, em ambientes organizacionais, também podem ser classificados em termos de abertos ou fechados. Um **grupo aberto** altera seus membros, pois as pessoas entram e saem constantemente do grupo. Em contraste, um **grupo fechado** mantém membros relativamente estáveis. Além disso, a maioria dos grupos fechados possui relacionamentos de *status* bem cristalizados entre os membros, ao passo que os abertos tendem a variar em relação ao poder e ao *status* individual. Os grupos abertos também estão mais sujeitos a se desfazer, por causa da mudança constante de membros, e são menos capazes de se concentrar em temas a longo prazo, por causa de sua relativa instabilidade. Apresentam, entretanto, certas vantagens. Seu índice de rotatividade elevado, por exemplo, permite a infusão de "sangue novo" e, portanto, de novos talentos e idéias. Também são mais adaptáveis às mudanças no ambiente circundante.

Certos tipos de atividade são mais bem realizadas por tipo de grupo. Para o planejamento a longo prazo, por exemplo, um grupo fechado tem possibilidade de ser mais eficaz, por possuir um compromisso mais sério com o exame de situações futuras. Para o desenvolvimento de novas idéias ou produtos, um grupo aberto pode ser mais eficaz, por causa de sua atmosfera mais fluida e orientada à mudança. Os grupos fechados apresentam um panorama histórico mais sedimentado, ao passo que os abertos são mais tolerantes no que concerne ao desenvolvimento e à implementação de novas perspetivas.

Motivos para a formação de grupos

De modo geral, as pessoas tomam parte de grupos por dois motivos: realizar uma tarefa ou meta e satisfazer suas necessidades sociais. Estas duas razões não são, entretanto, perfeitamente distintas, porque muitas atividades satisfazem, simultaneamente, os anseios sociais e de execução de tarefas. Na realidade, um exame das várias necessidades analisadas no Capítulo 4, como as da hierarquia de Maslow, revelariam que, em certo grau, praticamente todas as necessidades podem ser atendidas ao se fazer parte de um grupo.

Segurança e proteção

A participação em um grupo pode proporcionar ao indivíduo um sentimento de segurança e um grau elevado de proteção. Pertencer a uma grande organização pode gerar insegurança e ansiedade, porém, fazer parte de um grupo pequeno pode diminuir tais receios, oferecendo uma sensação de unidade com outras pessoas. Durante períodos de estresse, como no caso de uma organização estar mudando de orientação ou liderança, pertencer a uma unidade de trabalho estável e que proporcione apoio pode reduzir as tensões individuais.

Em função dos números em si, os grupos oferecem um grau de proteção que não se conseguiria de outra forma. Esse princípio está incorporado ao movimento sindicalista, que tenta dar aos associados uma sensação de apoio, por meio da atuação coletiva muito organizada.

Associação

A necessidade de associação e de apoio emocional pode ser atendida diretamente ao fazer parte de um grupo. A aceitação por outras pessoas representa uma necessidade social importante. Sentir-se aceito pelos demais no ambiente de trabalho pode contribuir para aumentar a auto-estima de alguém.

Estima e identidade

Os grupos também oferecem oportunidades para que um indivíduo se sinta significante. Eles podem proporcionar *status* e criar ensejos para elogio e reconhecimento. Muitos sucessos relacionados ao trabalho podem não ser percebidos ou compreendidos por pessoas sem familiaridade com a natureza das funções. Participando de um grupo que realmente conheça as funções (seja no âmbito das organizações ou por meio de entidades profissionais), as pessoas encontram ocasião para obter reconhecimento e estima por suas realizações.

Fazer parte de um grupo também ajuda as pessoas a definir quem são no âmbito social. Ver-se na posição de vendedor, economista ou motorista de caminhão ajuda a criar uma sensação mais ampla de identificação. Por meio da participação em um grupo, cada um conquista um título formal e um senso de finalidade.

Realização de tarefas

Uma razão importante pela qual os grupos são criados é facilitar a realização de tarefas. Um grupo consegue, muitas vezes, maior sucesso, por um esforço conjunto, do que um número igual de pessoas trabalhando separadamente. Na realidade, muitas metas são atingíveis somente por meio da cooperação entre os membros do grupo. Ao partilhar idéias, juntar recursos, e proporcionar retorno aos membros, um grupo consegue ser um mecanismo eficaz para cumprir metas que, de outro modo, poderiam dificilmente ser alcançadas.*

---

* Foi indicado que, nos primórdios de sua história, os seres humanos reconheceram que se beneficiavam do empenho conjunto. Os membros de uma tribo primitiva, por exemplo, trabalhariam juntos, revezando-se, para exaurir as forças de um animal que, após ser caçado, serviria de refeição para todos. Nenhum indivíduo sozinho conseguiria matar o animal, porém, juntos, era fácil (e até parecido com um esporte).

Atração interpessoal

As pessoas, algumas vezes, participam, e permanecem nos grupos, por causa da atração interpessoal. Os três principais determinantes para isso são: distância física, distância psicológica e similaridade.

Distância física e distância psicológica

Ter oportunidade para interagir constitui um fator importante de atração, especialmente em grupos informais. De modo geral, as pessoas fisicamente próximas desenvolvem relacionamentos mais estreitos do que as mais afastadas. Constatou-se que o princípio da proximidade é válido não somente em ambientes de trabalho, mas, também, em relacionamentos entre vizinhos.[2]

Além da distância física real, a distância psicológica também é importante. A Figura 9.1 mostra como dois conjuntos de salas podem ser dispostos para facilitar a interação ou desincentivá-la. A disposição na parte superior (*A*) encoraja a interação social, ao proporcionar acesso

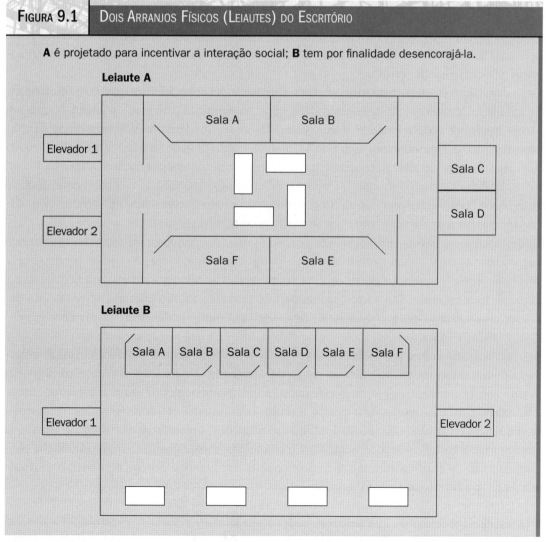

FIGURA 9.1 DOIS ARRANJOS FÍSICOS (LEIAUTES) DO ESCRITÓRIO

A é projetado para incentivar a interação social; **B** tem por finalidade desencorajá-la.

Fonte: Reitz, H. J. *Behavior in Organizations*. Nova York: Irwin, 1981.

comum aos elevadores e uma área compartilhada de secretárias e recepcionistas. O arranjo físico na parte inferior (B) desincentiva a interação, oferecendo duas vias de entrada e saída, que diminuem os padrões de circulação que se sobrepõem. As pessoas, em cada lado do arranjo físico, tenderiam a usar somente o elevador mais próximo. Adicionalmente, a localização das portas das salas não incentiva o contato visual quando as pessoas entram e saem de seus espaços de trabalho. Embora a distância física que separa os empregados do escritório, em ambos os arranjos, não seja grande, a distância psicológica aumenta consideravelmente no arranjo físico B, por causa do impacto que este exerce nas relações sociais. Como resultado, os empregados no leiaute B sentiriam-se mais afastados do que os do A. Portanto, os gerentes conseguem estruturar de modo consciente os ambientes de trabalho, dependendo de o objetivo ser propiciar camaradagem e espírito de grupo ou reduzir os contatos informais.

Similaridade

Tem ocorrido um número razoável de debates a respeito do tema "os opostos se atraem" *versus* "pessoas com mentalidade comum se agregam", isto é, as pessoas diferentes em termos de gênero, raça, renda, idade, religião etc. consideram a companhia de outras mais satisfatória do que as muito similares em termos desses parâmetros? Embora grande parte das pesquisas indique o potencial de ambos os processos, a atração entre pessoas similares parece ser um tanto mais comum e mais facilmente criada.

Uma descoberta particularmente relevante e confiável nessa área diz respeito à similaridade de atitudes. A proporção de atitudes similares entre duas pessoas (isto é, se partilham de uma pequena, moderada ou grande porcentagem delas) parece ser um determinante muito forte da atração interpessoal. Quanto maior a proporção, mais elevado o grau de atração.[3] Essa descoberta, na realidade, foi considerada tão confiável, que é denominada, algumas vezes, **lei da atração**.*

Embora as noções de que "os opostos se atraem" e "pessoas com mentalidade comum se agregam" possam parecer contraditórias, uma não exclui necessariamente a outra. A maioria dos cientistas sociais concorda que indivíduos com atitudes similares, e necessidades e aptidões complementares sentirão grande atração mútua. As pessoas, muitas vezes, consideram suas carências e habilidades muito atrativas, porque, ao juntar esforços, podem alcançar uma forma de complementação ou de realização pessoal. Em uma sociedade empresarial bemsucedida, por exemplo, dois sócios podem partilhar metas e valores comuns, apesar de um deles ser especializado em gerenciamento financeiro e o outro se destacar em marketing, relações públicas e inovação.

De acordo com **a teoria das trocas sociais**, reconhecimento é qualquer satisfação originada de um relacionamento.[4] Dedicação (como de tempo e de esforços) e problemas sociais (como constrangimento e conflito) associados a um relacionamento são considerados custos. De acordo com essa teoria, uma pessoa monitora continuamente as retribuições, os custos e as diferenças entre eles – ou resultados. Se as retribuições suplantarem os custos, de modo que uma pessoa se beneficie grandemente de um relacionamento, esperaremos que este tenha continuidade. Se os custos forem muito maiores que as retribuições, porém, esperaremos, intuitivamente, que o relacionamento termine.

---

* A maior parte dos cientistas sociais acredita que essas e outras descobertas na área da atração podem ser explicadas em termos de princípios de reforço ou de reconhecimento, isto é, apreciamos aqueles que reafirmam nossas crenças e têm probabilidade de retribuir, por mantermos um determinado ponto de vista.

Estágios do desenvolvimento de grupos

Grupos não são estáticos, mas se alteram e se desenvolvem ao longo do tempo. No primeiro estágio do desenvolvimento, os membros se preocupam em testar a reação de cada um, para determinar as ações aceitáveis e as inaceitáveis.[5] Além disso, eles dependem um do outro para indicações das expectativas em termos de contribuição e conduta pessoais. Os problemas associados ao início das atividades de um grupo (como programar, identificar um local de reuniões e obter recursos) também constituem uma parte importante desse estágio, denominado **definição de princípios**.

O segundo estágio, **negociação**, envolve os conflitos no interior do grupo. Surgem hostilidade e desacordo, à medida que os membros se confrontam em torno da divisão do poder e do *status*. Eles podem resistir à formação de uma estrutura de grupo e desprezar as intenções do líder.

Durante o terceiro estágio, o de **consolidação**, aparecem traços de coesão. São adotados novos padrões e papéis, e as opiniões a respeito da execução das tarefas são externadas livremente. A atração dos membros pelo grupo é reforçada e a satisfação no trabalho se eleva simultaneamente com o aumento do nível de coesão. Cooperação e um senso de responsabilidade compartilhada são os principais temas desse estágio.

No estágio final, o de **desempenho**, o grupo estabeleceu uma rede flexível de relacionamentos, que auxilia na execução das tarefas. A hostilidade interna encontra-se em um nível baixo, pois, o grupo direciona suas energias para o desempenho bem-sucedido das tarefas valorizadas.

Evidentemente, nem todo grupo passa por esses quatro estágios em uma seqüência fixa. Para grupos mais formais, por exemplo, em que a divisão da autoridade pode estar menos sujeita ao debate, a negociação pode ser virtualmente eliminada. De modo análogo, à medida que as experiências do grupo se alteram, pode ocorrer um retorno ao estágio anterior. Se um grupo estabelecido recebe um novo líder, por exemplo, pode desistir temporariamente do desempenho e retornar à negociação ou à consolidação. O Quadro 9.2 indica a seqüência do desenvolvimento do grupo.

QUADRO 9.2 ESTÁGIOS DA FORMAÇÃO E DO DESENVOLVIMENTO DO GRUPO

Estágios	Preocupações
Definição de Princípios	Teste e Subordinação
Negociação	Divisão do Poder
Consolidação	Criação de Regras
Desempenho	Realização de Metas

Impacto dos atributos do grupo sobre o desempenho

A mera presença de outras pessoas

Talvez a característica mais fundamental dos grupos seja a presença de outras pessoas. Algumas pesquisas interessantes focalizaram os efeitos da mera presença de outros sobre o desempenho das tarefas realizadas por um indivíduo. Nesses estudos, uma pessoa é solicitada a realizar um trabalho, sem interagir com outras presentes. Os resultados indicam que a proximidade de outros tende a facilitar o desempenho de tarefas relativamente simples e bem treinadas.[6] Para as mais complexas, no entanto, essa presença pode ser prejudicial. O resultado positivo gerado pela presença é denominado **efeito de facilitação social**; o prejudicial, **efeito de inibição social**.

Você deve ter notado que tais efeitos são ampliados consideravelmente se, em alguma ocasião, foi solicitado a se apresentar em público. Se a tarefa que lhe foi atribuída era relativamente simples, como dizer seu nome ou expor informações bem ensaiadas, você provavelmente teve pouca dificuldade. Caso lhe tenham solicitado solucionar um problema com o qual você nunca se tenha defrontado anteriormente, porém, é possível que tenha tido má atuação.* São duas as razões para esses efeitos. Primeiro, quando temos a expectativa de que outros irão nos avaliar, sentimo-nos apreensivos (independente de realmente estarmos sendo julgados). Segundo, a presença de outros pode aumentar o estado de alerta, por causa de uma maior auto-avaliação do desempenho, que pode ajudar na execução de uma tarefa simples, mas prejudicar na de uma difícil.[7] As implicações dessa linha de pesquisa são razoavelmente diretas. Para tarefas simples e repetitivas, a presença de colegas pode gerar efeitos positivos; para as complexas e novas, é preferível trabalhar isoladamente.

Tamanho

O tamanho do grupo exerce efeitos palpáveis sobre seu desempenho. Nos maiores, o impacto e a contribuição potenciais de cada indivíduo diminuem em certo grau, porém, aumentam os recursos totais do grupo. Supervisionar um grupo maior também cria problemas peculiares para os gerentes.

Embora a maioria das organizações adote grupos de cinco a sete pessoas para incumbir-se do maior número de tarefas relacionadas à solução de problemas, algumas utilizam uma "amplitude de controle" muito maior para tarefas simples. Existem poucas provas de um tamanho ideal, no entanto diversas parecem factíveis.

Primeiro, os membros parecem se tornar mais tolerantes com liderança autoritária e diretiva, à medida que aumenta o tamanho do grupo. Evidentemente, reconhecem e admitem as dificuldades administrativas que podem surgir em uma unidade de trabalho maior. Além disso, à medida que aumenta o tamanho da unidade, torna-se mais difícil, para alguns poucos subordinados, exercer influência, e os membros podem se sentir inibidos ao participar das atividades do grupo.

Segundo, grupos mais extensos apresentam maior probabilidade de manter regras formalizadas e procedimentos estabelecidos para lidar com problemas. Apesar disso, eles requerem mais tempo que os menores para tomar decisões. Além disso, os subgrupos não têm compromisso com as metas formais de todo o grupo e preferem, como alternativa, concretizar interesses mais egoístas de alguns membros.

Terceiro, uma análise das pesquisas sobre tamanho indica que a satisfação no trabalho é menor em grupos maiores.[8] Isso, provavelmente, ocorre porque as pessoas recebem menos atenção e um número menor de oportunidades para participar. Também é possível que os colaboradores, em unidades de trabalho menores, sintam que sua presença é mais importante para o

---

* Um exemplo do efeito da facilitação é apresentado por pessoas que praticam o exercício de corrida. A maioria delas declara sentir-se energizada quando corre com outra pessoa, muito embora não exista uma competição real entre elas. Talvez, um dos aspectos mais instigantes desse efeito seja a repetição do fenômeno em várias espécies animais. Parece que formigas, baratas e galinhas demonstram um efeito de facilitação social com comportamentos bem ensaiados quando estão em presença de outros membros de sua espécie!

Visão Interior

Estarei junto a você: o impacto de amigos no local de trabalho

A capacidade para criar e manter amizades no local de trabalho representa, para os empregados, uma parte importante da satisfação. Os amigos ajudam a satisfazer diversas necessidades pessoais e sociais, e a mera presença de outros suplanta a sensação de insegurança e vulnerabilidade relacionada a estar sozinho em uma grande organização. Na verdade, os pesquisadores estão descobrindo, hoje, que manter boas amizades no trabalho consegue até mesmo aumentar a produtividade de um colaborador.

Um estudo da Gallup, abrangendo 400 companhias, revelou que a capacidade para criar as "melhores" amizades no trabalho situa-se entre os 12 previsores mais confiáveis de um local produtivo. O estudo também observou que as organizações nas quais os empregados declararam ter o melhor amigo apresentavam o menor índice de rotatividade. De acordo com a pesquisa, esse fator "amigo" é importante para incentivar a produtividade e a satisfação do colaborador, assim como outros indicadores, do tipo dispor de oportunidades para aprender e progredir ou ter um chefe simpático.

Para os analistas empresariais que estudam o efeito dos grupos sobre o comportamento e a satisfação no ambiente de trabalho, essas descobertas fazem sentido perfeito. Muitas companhias utilizam, presentemente, grupos para tarefas especiais ou, estruturam, departamentos, inteiros em equipes, para aproveitar os aspectos positivos das amizades no local de trabalho. Estar próximo de outras pessoas tende a aumentar o desempenho nas tarefas rotineiras, fenômeno conhecido pelos teóricos como *efeito de facilitação social*. As companhias que incentivam as pessoas com interesses ou funções similares a trabalharem juntas estão simplesmente se valendo da conhecida lei de atração. Ao encorajar as "pessoas com mesma mentalidade a integrar-se" as empresas criam um ambiente que promove, naturalmente, maior produtividade.

Infelizmente, algumas políticas corporativas acabam desencorajando amizades. Muitos empregadores acreditam, intuitivamente, que, se os colaboradores são grandes amigos, é provável que se encontrem mais propensos a desperdiçar tempo com conversa fiada, sem relação com o trabalho, ou que comecem a manifestar descaso. Ironicamente, a pesquisa Gallup parece indicar o oposto. Além disso, muitas empresas deixam de reconhecer o efeito prejudicial que dispensas, reorganizações e transferências podem exercer sobre a produtividade, quando são rompidos laços importantes entre os empregados. Os gerentes que se defrontam com decisões difíceis envolvendo a reorganização devem levar em conta a perda de produtividade que pode ocorrer, caso a empresa provoque abruptamente o término de muitas amizades entre os colaboradores.

Os benefícios das boas amizades estão se tornando mais bem compreendidos na comunidade de pesquisas, e algumas companhias parecem estar prestando atenção, e mesmo ajustando políticas para honrar esses laços. Quando um colaborador da consultoria em investimentos Neuberger Berman, de Nova York, pediu para se ausentar do trabalho, a fim de visitar um amigo íntimo hospitalizado por ter uma doença grave, os gerentes interpretaram de modo amplo a política da empresa relacionada à família e concederam-lhe uma licença. Um número maior de companhias tem possibilidade de seguir o exemplo, considerando as políticas que apóiam os laços de amizade como um meio para incentivar maior produtividade e satisfação do trabalhador. Barbara Katersky, vice-presidente sênior de recursos humanos da Neuberger Berman, afirma que devem ser apoiadas mesmo as amizades fora do trabalho. Se um amigo importante precisar de ajuda, os empregados "não terão um bom desempenho no trabalho".

Fonte: Shellenbarger, S. "An Overlooked Toll of Job Upheavals: Valuable Friendships", *The Wall Street Journal*, 12 jan. 2000.

grupo e, portanto, encontram-se inclinados a se envolver mais. Para os trabalhadores de fábrica, o absenteísmo e a rotatividade aumentam em unidades maiores. Coesão e comunicação diminuem em grupo maior, tornando um cargo inerentemente menos atrativo e diminuindo a predisposição do empregado para comparecer ao trabalho. Nos cargos burocráticos, por outro lado, os colaboradores conseguem fazer uso de outras fontes de satisfação.

Quarto, à medida que aumenta o tamanho do grupo, a produtividade diminui, por causa das dificuldades crescentes de coordenação e de envolvimento dos membros. Essa pode ser a principal razão para grupos de cinco membros serem tão difundidos, pois apresentam diversas vantagens. O tamanho do grupo não é intimidante, de modo que um membro que discorde da maioria não fique mais propenso a permanecer calado. Ter um número ímpar de membros significa que uma decisão que leve a um empate ou a uma divisão pode ser evitada na votação. Os membros de tal grupo também apresentam menor dificuldade para a alteração de papéis em seu âmbito.

Um problema interessante, que tende a acontecer em grupos maiores, é o descaso social. Em um famoso estudo desse fenômeno, Ringelmann, psicólogo alemão, solicitou que trabalhadores puxassem uma corda com a maior força que pudessem. Cada participante desempenhou sua parte inicialmente sozinho e, em seguida, em grupos de tamanho variado, enquanto um medidor registrava a intensidade de cada esforço. Embora a intensidade total da força tendesse a aumentar à medida que o tamanho do grupo se ampliava, o esforço exercido por pessoa, na realidade, diminuía. Em outras palavras, a produtividade média por membro diminuía em função do aumento do tamanho do grupo. Os pesquisadores que reproduziram posteriormente a experiência de Ringelmann argumentaram que tal descaso social ocorre porque cada indivíduo julga que o esforço necessário será compartilhado pelos membros do grupo e que ele pode contar com outras pessoas, permitindo-se reduzir o esforço.[9] Esse fenômeno sugere que, sob determinadas circunstâncias, o empenho de um grupo pode ser, na realidade, menor do que a soma esperada das contribuições individuais.*

Composição

O nível de desempenho de uma tarefa por um grupo depende, em grande parte, dos recursos disponíveis a ela. A diversidade *versus* a redundância dos traços e a capacitação dos membros são, portanto, um fator importante para explicar o desempenho. Grupos formados por indivíduos com grande similaridade, com crenças comuns e mesma capacidade, apresentam possibilidade de considerar uma tarefa sob uma única perspectiva. Tal solidariedade pode ser produtiva, mas também pode significar que os membros se privarão de um componente importante para solucionar certos tipos de problema. Conforme vimos em nossa discussão sobre resolução de problemas em base individual ou grupal (Capítulo 8), uma das maiores vantagens de um grupo, em comparação com indivíduos que atuam sozinhos, é a possibilidade de obter soluções de alta qualidade. Avançando com essa lógica um passo adiante, podemos esperar, razoavelmente, que os grupos diversificados tendam a desempenhar melhor em muitas tarefas de resolução de problemas do que grupos homogêneos de indivíduos muito similares.

As capacitações e experiências diversificadas dos membros de um grupo heterogêneo oferecem uma vantagem na geração de soluções inovadoras, desde que as aptidões e as experiências sejam relevantes para a tarefa. Desse modo, simplesmente agregar mais pessoas a um grupo que

---

* De modo interessante, o oposto do descaso social, em que o desempenho individual realmente é superior para pessoas que trabalham em grupo, foi constatado, em uma comparação de dois países relativamente coletivizados (Israel e República Popular da China) com os Estados Unidos.

resolve problemas, para ampliar o conjunto de aptidões e experiências, não garantirá um melhor trabalho. Torna-se obrigatório prestar atenção à relevância dos atributos dos membros e à distribuição que apresentam no interior do grupo. Além disso, os mais competentes também precisam ser os mais influentes. Se as pessoas menos preparadas forem as mais influentes do grupo, diminuirá a qualidade da decisão.[10]

Uma descoberta interessante sobre composição de grupos é que os membros possuem mais conformidade social em grupos com pessoas de ambos os sexos.[11] Isso indica que dão maior ênfase às relações interpessoais e, portanto, apresentam mais conformidade que os membros de grupos com pessoas do mesmo sexo, que tendem a demonstrar maior preocupação com a finalização da tarefa presente. Embora essa descoberta sugira que os gerentes deveriam separar os gêneros ou combiná-los, dependendo de a meta mais importante ser a execução das tarefas ou a conformidade social, é difícil defender qualquer argumento que apóie a segregação nos ambientes de trabalho.

Papéis

Todo membro de um grupo tem uma série diferenciada de atividades para executar. O conjunto de comportamentos esperados, relativos à posição de um indivíduo no âmbito de um grupo, é denominado **papel**. Embora o termo *papel* pareça suficientemente familiar (cada um de nós consegue definir com facilidade os papéis de professores, gerentes, alunos etc.), ele pode ser visto sob diferentes ângulos.

O **papel esperado** de uma pessoa é o formal, que se encontra definido em uma descrição ou manual de cargo. Ele pode ser indicado por escrito e pelos sinais emitidos por outros membros de uma unidade de trabalho, à medida que ensinam aos novos membros o modo de desempenhar suas funções. O papel esperado de um indivíduo, entretanto, pode diferir de seu papel percebido. Um **papel percebido** é o conjunto de atividades que uma pessoa acredita que deve desempenhar. Ele pode ou não coincidir, em grau elevado, com o papel esperado, que é originado por outros membros da organização. Finalmente, um **papel representado** é a conduta real de uma pessoa em sua posição. Tem maior possibilidade de refletir o papel percebido do que o papel esperado de um indivíduo.

O Quadro 9.3 ilustra como os indivíduos recebem informações a respeito de seu papel e ajustam seu comportamento de modo correspondente. O processo, geralmente, inicia com os padrões usados pelos avaliadores, como gerentes, supervisores, colegas e subordinados. Esses padrões – ou expectativas – são comunicados, em seguida, ao indivíduo. Em virtude de a comunicação ser, muitas vezes, imprecisa, o papel esperado (ou enviado) pode não ser idêntico ao

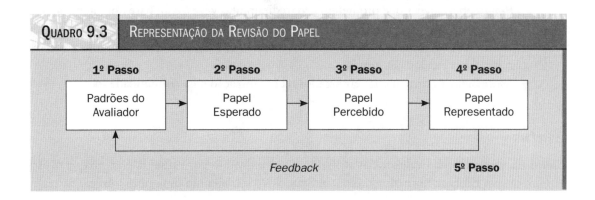

QUADRO 9.3 REPRESENTAÇÃO DA REVISÃO DO PAPEL

percebido (ou recebido). Além disso, devido a limitações do comportamento real, o papel representado é observado pelos avaliadores, que, então, o comparam com os padrões estabelecidos. Esse *feedback* completa, então, uma única **revisão do papel**. Se o comportamento do indivíduo não se situar suficientemente próximo dos padrões, pode ter início uma outra revisão.

O quadro também sugere que muitas coisas podem não dar certo em uma revisão do papel. Os avaliadores não emitem, algumas vezes, sinais coerentes. Seu superior pode, por exemplo, atribuir-lhe uma tarefa, ao passo que o supervisor dele, por sua vez, pode lhe dizer posteriormente que você não deveria executá-la, talvez por não ser de sua responsabilidade ou por não estar incluída em sua descrição de cargo. Grupos diferentes transmitem, algumas vezes, sinais distintos, como no caso de os subordinados indicarem que gostariam de ser menos pressionados para o término da produção, enquanto os superiores insistem, simultaneamente, em níveis mais elevados de produção. Os sinais distintos emitidos por grupos e indivíduos avaliadores resultam no **conflito do papel**. Ocasionalmente, as mensagens não estão claras ou eles fornecem informações incompletas, conduzindo à **ambigüidade do papel**. Uma má comunicação e outros obstáculos podem interferir no processo, em cada passo da revisão do papel ilustrada no Quadro 9.3.

Embora o conflito e a ambigüidade pareçam ser indesejáveis, representam algumas indicações de que, ocorrendo de forma moderada e nas condições certas, realmente conseguem gerar efeitos positivos. Na verdade, um ambiente totalmente livre de conflito e ambigüidade pode ser monótono e não provocar inspiração. Desse modo, a fim de evitar estagnação e incentivar a inovação, talvez os gerentes devessem criar um nível produtivo de conflito e ambigüidade.

Existe uma variedade de papéis que os empregados podem assumir em um grupo de trabalho.[12] Embora essas categorias não se enquadrem em um modelo viável de revisão de papel, proporcionam efetivamente uma visão perceptiva do modo pelo qual cada um dos membros do grupo tende a se comportar:

- *Colaboradores orientados às tarefas*: aqueles com os quais se pode contar para realizar a tarefa em sua totalidade.
- *Colaboradores orientados às pessoas*: aqueles que são bons samaritanos e líderes sociais.
- *Negativistas*: aqueles que se opõem à maior parte das propostas, são insensíveis a críticas e apontam defeitos em quase tudo.
- *Adeptos do sim*: aqueles que se opõem aos negativistas e auxiliam a frustrar a oposição.
- *Normais*: aqueles que se inserem facilmente, aceitam os valores do grupo e são bem-aceitos.
- *Opositores*: aqueles que não aceitam os valores do grupo; são os rebeldes.
- *Isolados*: os lobos solitários, que se afastam ainda mais do grupo do que os opositores.
- *Novatos*: aqueles que conhecem pouco e precisam ser orientados por outros; pessoa que se espera ver, mas sem que emitam opiniões.
- *Veteranos*: aqueles que estão na empresa há muito tempo e possuem conhecimento.
- *Promissores*: aqueles que prometem progredir, muitas vezes, com base no potencial, não na capacidade.
- *Cosmopolitas*: aqueles que se consideram membros de uma comunidade profissional ou cultural em escala mais ampla.
- *Locais*: aqueles firmemente enraizados na organização e na comunidade local.

Status

Status é a categoria ou o valor social atribuído a um indivíduo por causa da posição que ocupa em um grupo. Embora normalmente nos refiramos ao *status* como uma noção única, na realidade é formado por numerosos fatores, incluindo salário, título, tempo de serviço e poder. Uma diferença em somente um desses aspectos, porém, muitas vezes é suficiente para conferir *status*. Em um grupo de ferramenteiros, por exemplo, todos podem ter cargos com título equivalente, mas o membro mais antigo do departamento, devido a seus anos de casa, pode ter um *status* mais elevado e, como resultado, valer-se de maior deferência por parte dos demais. O *status*, evidentemente, precisa existir na mente de quem o confere. Se os ferramenteiros da unidade de trabalho não respeitarem a posição do colaborador antigo, ele não desfrutará, na realidade, de sua posição (muito embora possa se julgar merecedor).

Embora, muitas vezes, o *status* seja conferido com base nas realizações, as características pessoais e a capacidade para administrar as retribuições talvez estejam associadas, freqüentemente, à autoridade formal. Símbolos de *status*, como títulos e benefícios, são criados para comunicar diferença e distinção, e atendem a diferentes finalidades. Os símbolos proporcionam estabilidade à ordem social, o que ajuda a reduzir a incerteza sobre a adequação das expectativas relacionadas à conduta e ao papel. Além disso, podem proporcionar incentivo para que as pessoas se esforcem por um desempenho elevado. Finalmente, os símbolos de *status* oferecem um senso de identificação, ao fornecer às pessoas informações a respeito de sua participação no grupo e lembrando-as dos valores do grupo.

Se todos os atributos de um indivíduo de *status* elevado forem maiores do que os das pessoas de posição inferior, ele será considerado *congruente* em todos os aspectos do *status*. Se o principal executivo for também o membro mais antigo, mais especializado e mais experiente da organização, por exemplo, ele apresentará similaridade – ou congruência – em todos os aspectos. Se, no entanto, detém o maior nível em todos os atributos, com exceção da remuneração, isto é, se um outro membro da organização recebe um salário maior, porém, não ocupa posição igual quanto aos demais aspectos, o executivo estará sujeito à **incongruência do *status***.

A incongruência pode exercer um efeito perturbador nas relações do grupo. Nas organizações progressistas, as pessoas têm maior probabilidade de ser promovidas por mérito pessoal do que por tempo de serviço. Em tais organizações, a incongruência pode ser prevalecente quando gerentes mais jovens e talentosos são promovidos, em detrimento de colegas mais antigos. Uma situação em que um subordinado tem muito mais idade do que seus superiores pode trazer desconforto para ele e para o gerente promovido com rapidez. Como conseqüência, um certo ciúme e hostilidade pode ser esperado nas situações de grupo que envolvem incongruência.*

As diferenças de *status* também podem exercer uma influência indevida na tomada de decisões pelo grupo. Em um estudo muito conhecido, tripulações de bombardeiros foram designados para uma tarefa que não poderia ser realizada facilmente.[13] Após discutir a tarefa durante algum tempo, os homens fizeram um intervalo, durante o qual um membro de cada tripulação (o piloto ou o artilheiro) recebeu uma indicação para a solução do problema. Nas tripulações em que a indicação foi dada ao piloto, a sugestão foi freqüentemente adotada. Naquelas em que o artilheiro indicava a nova abordagem, porém, a sugestão era adotada muito mais raramente. Pilotos e artilheiros diferem consideravelmente em alguns aspectos relacionados ao *status*: piloto têm mais idade, maior nível educacional, patente militar mais elevada, maior responsabilidade e mais tempo de vôo. Portanto, há segurança em concluir que as tripulações demonstraram um viés que favoreceu os membros de *status* elevado, em vez de avaliar objetivamente a qualidade da proposta.

---

* A fim de apreciar o grau de desconforto que uma pessoa pode sentir em situações que envolvem incongruência do *status*, imagine tomar parte em um curso de matemática avançada ministrado por um professor de 17 anos de idade.

Normas

Normas são regras de conduta estabelecidas para manter a coerência comportamental dos membros do grupo. Podem ser escritas (como ocorre em um código de ética profissional) ou não-escritas. A desobediência às normas é punida, freqüentemente, com ostracismo e agressões verbais. Também são adotadas outras sanções mais formais, conforme ocorre quando um advogado aético é impedido de atuar nos tribunais. As normas aplicáveis ao grupo de trabalho podem ser um determinante fundamental para a produção.[14]

São duas as principais finalidades das normas: (1) oferecem aos membros uma moldura para explicar e entender seu grupo, e (2) identificam condutas apropriadas e inapropriadas. Também, elas asseguram que os membros do grupo concentrarão seus esforços em uma direção comum. Essa uniformidade de propósitos aumenta as possibilidades de uma equipe atingir as metas. J. R. Hackman identificou cinco características principais das normas:[15]

1. Representam as características estruturais do grupo. Elas são análogas às personalidades individuais, por revelar os processos subjacentes que regulam o comportamento.
2. Aplicam-se estritamente ao comportamento, não às convicções e sentimentos das pessoas. A aceitação das normas do grupo por um indivíduo não é necessária; o que realmente importa é a adesão de todos.
3. São elaboradas somente visando a comportamentos considerados importantes pela maioria dos membros do grupo.
4. Embora surjam, inicialmente, de modo lento, podem ser elaboradas rapidamente, em caso de necessidade.
5. Nem todas as normas se aplicam a todos os membros. Os indivíduos de *status* elevado podem ficar isentos de algumas, porém, espera-se que os membros recém-admitidos as sigam rigorosamente.

As normas do grupo não são boas ou más, conforme é válido para muitos fenômenos sociais isoladamente. O valor que representam para uma organização depende de estar direcionadas para aumentar a produtividade, em vez de restringir. Se elas fazem com que um grupo de trabalho fabrique um produto de alta qualidade, ou seja, o melhor do setor, são imensamente desejáveis. Se incentivam os trabalhadores a diminuirem a produtividade, são nitidamente indesejáveis, por prejudicar as metas dos dirigentes.

Você, como gerente, pode estar na posição de ter de exigir o cumprimento das normas do grupo, quando congruentes com suas metas, ou se opor, quando forem incongruentes. A seguir, um conjunto de diretrizes para atender a ambas as situações, caso deseje o atendimento às normas do grupo:[16]

1. Mostre a um membro que a diferença entre as expectativas do grupo e as dele não é grande, e que existe pouca necessidade de resistir às pressões do grupo.
2. Desenvolva métodos para reconhecer os colaboradores que aderem aos padrões do grupo. As retribuições podem ser gratificações, lista de honra, reconhecimento público e troféus.
3. Ajude os membros a compreender como suas contribuições ajudam o grupo a efetivar seus propósitos.
4. Solicite a opinião dos participantes sobre a elaboração dos padrões, pois estes são acatados com maior ênfase por aqueles que os estabelecem.
5. Torne público que os membros que não seguirem as normas serão afastados da equipe (auxiliando, ao mesmo tempo, qualquer pessoa que seja afastada a suplantar a culpa e a perda de auto-estima resultantes).

Se os padrões do grupo de trabalho se opõem aos seus, as seguintes diretrizes devem ser adotadas:

1. Reconhecer membros com pensamento idêntico ao seu, e aliar-se a eles.
2. Tentar estabelecer uma oposição conjunta com os membros de pensamento igual ao seu, discutindo com eles a visão e os planos que você adota.
3. Não abrir mão de preferências legítimas profissionais para evitar desarmonia.
4. Não ceder às pressões sociais ocultando dos demais aquilo que você faz ou pensa.
5. Tentar divulgar o valor da cooperação e o reconhecimento resultante.

Coesão

Coesão é a extensão em que os membros são atraídos a um grupo e desejam permanecer nele. Ela é descrita, algumas vezes, como a somatória de todas as forças que agem nos indivíduos para que permaneçam no grupo. Como a própria palavra diz, coesão se relaciona ao modo como os membros do grupo "permanecem unidos". Encontram-se relacionados, a seguir, os fatores que induzem e mantêm a coesão nos grupos, e os efeitos que ela exerce sobre os membros e a organização.

Fatores que induzem e mantêm a coesão do grupo

1. *Similaridade de atitudes e metas*. Conforme mencionado na discussão sobre atração interpessoal, quando os membros do grupo demonstram atitudes similares, consideram agradável a covivência entre eles. Desse modo, os membros individuais também serão atraídos por um grupo cujas metas e ambições sejam similares às deles.
2. *Ameaças*. A presença de ameaças externas pode ajudar a aumentar a coesão do grupo, pois, compartilhar um destino mútuo pode conduzir a maior conscientização da interdependência. A concorrência de elementos externos ao grupo também consegue aumentar a coerência, ao passo que a concorrência entre membros do grupo tenderá a diminuir a coesão.
3. *Tamanho da unidade*. Grupos menores tendem a ser mais coesos que os maiores, porque os primeiros oferecem mais oportunidades de interação para todos os membros. Em virtude de a diversidade (e, portanto, a dissimilaridade de atitudes e valores) tender a aumentar com o tamanho do grupo, os maiores têm possibilidade de ser menos coesos. Além disso, nas unidades maiores, a necessidade de regras e procedimentos de trabalho mais rígidos reduz a natureza informal das relações e da comunicação entre os membros do grupo.
4. *Sistemas de reconhecimento*. A coesão também pode ser aumentada oferecendo-se retribuição a um grupo, em vez de a cada indivíduo. Incentivos para o grupo, como gratificações baseadas no desempenho, encorajam a percepção de uma meta comum e aumentam a cooperação. Em contraste, esquemas de reconhecimento que incentivam a competição – como um sistema de gratificação em que uma pessoa com grande desempenho em uma unidade é premiada sozinha – tendem a diminuir a coesão.
5. *Participação nas unidades de trabalho*. A composição deliberada das unidades de trabalho com base em atração interpessoal, similaridade de valores e metas comuns pode facilitar a coesão. Em um estudo clássico, carpinteiros e pedreiros foram designados a equipes, por meio de uma votação secreta anterior, visando a indicar os colegas de trabalho preferidos.[17] As equipes formadas com base nas preferências pessoais tiveram níveis de satisfação no trabalho superiores aos das unidades formadas aleatoriamente que atuaram como grupo de controle.

6. *Isolamento.* Geralmente, os grupos isolados de outros têm maior possibilidade de ser coesos. Eles se consideram únicos e diferenciados. O isolamento também ajuda a encorajar um sentido de destino comum e a necessidade de defesa contra ameaças externas.

Os efeitos da coesão

1. *Satisfação.* Membros de grupos altamente coesos, geralmente, sentem mais satisfação que os menos coesos. É óbvio que isso deve ser esperado, pois a própria definição de coesão implica uma forte atração entre os membros.
2. *Comunicação.* A comunicação entre os membros é muito maior em grupos altamente coesos. Em virtude de os integrantes desses grupos terem probabilidade de partilhar valores e metas comuns e considerar a própria interação satisfatória, são propensos a uma maior comunicabilidade. Essa comunicação, por sua vez, tende a incentivar maior transparência pessoal e profundidade de compreensão, o que consolida relações sociais positivas.
3. *Hostilidade.* Atos hostis e agressivos são mais comuns em grupos altamente coesos, entretanto, tal hostilidade, via de regra, é direcionada a pessoas não pertencentes ao grupo.[18] A coesão cria, visivelmente, um senso de superioridade entre os membros do grupo, o que pode resultar em hostilidade e rejeição de pessoas de fora.
4. *Produtividade.* Alguns pesquisadores constataram que grupos coesos podem ser muito produtivos, ao passo que outros descobriram que grupos altamente coesos não são tão produtivos como os menos coesos. Um terceiro grupo de pesquisadores não observou nenhuma relação entre produtividade e coesão.[19] Parece que um determinante fundamental do efeito da coesão sobre a produtividade se relaciona à congruência entre as metas do grupo e as da organização. Se as metas de um grupo coeso incluem desempenho elevado, é razoável esperar que isso aconteça. No caso inverso, se os valores de um grupo altamente coeso reduzem a produtividade, pode-se esperar um nível relativamente menor de produtividade. Em resumo, os grupos coesos apresentam maior probabilidade de alcançar suas metas do que os menos coesos. Em um estudo de mais de 200 pequenos grupos de trabalho em ambiente industrial, constatou-se que os grupos coesos tinham um desempenho menos variável, independentemente de seu nível de produção em termos absolutos.[20] Isso ocorreu porque grupos coesos tendem a enfatizar a conformidade às normas de trabalho. É provável que essas normas, dependendo de endossarem uma produtividade elevada ou reduzida, façam com que um grupo produza na faixa relativamente limitada, porém, prescrita, do volume de produção. Apesar das provas de uma variância menor em grupos altamente coesos, uma análise recente da relação entre coesão e desempenho constatou, efetivamente, que grupos altamente coesos apresentaram maior desempenho do que os menos coesos.[21]
5. *Resistência à mudança.* Embora seja menos documentado, acredita-se que grupos altamente coesos sejam mais resistentes à mudança do que os menos coesos. Mudanças que alteram drasticamente o *status quo* ameaçam as redes e o apoio social de um grupo e, portanto, apresentam probabilidade de enfrentar resistências. Tentativas de redefinição do cargo que desprezem as relações sociais existentes entre os empregados correm um risco maior de fracassar.[22]

Resumo

1. Contrastar grupos formais e informais e grupos abertos e fechados.

Grupos formais são orientados às tarefas atribuídas às pessoas; grupos informais originam-se da interação social voluntária entre membros da organização. Grupos abertos mudam freqüentemente sua composição; grupos fechados mantêm membros relativamente estáveis.

2. **Relacionar alguns motivos por que as pessoas formam grupos.**

   As pessoas unem-se em grupos para obter segurança e proteção, para associação e apoio emocional, para angariar estima e conseguir um senso de identidade e, finalmente, para executar tarefas.

3. **Descrever as influências no grau em que os membros do grupo exercem atração mútua.**

   Quanto menor a distância entre as pessoas, maior sua atração interpessoal. A distância pode ser física ou psicológica. Pessoas com atitudes similares, ou necessidade e capacitações complementares sentem maior atração recíproca.

4. **Descrever os estágios de formação e desenvolvimento dos grupos de trabalho.**

   Uma visão difundida é a de que os grupos passam por quatro estágios quando se desenvolvem: (1) formação, durante a qual os membros discutem, entre si, que ações são aceitáveis e esperadas; (2) confronto, um estágio de conflito no interior do grupo, durante o qual são atribuídos poder e *status*; (3) consolidação, o desenvolvimento do senso de coesão; (4) desempenho, a finalização das tarefas valorizadas.

5. **Relacionar alguns aspectos importantes do grupo que afetam o desempenho.**

   O desempenho é afetado pela mera presença de outras pessoas, o tamanho e a composição da equipe, os papéis e o *status* dos membros e seu grau de coesão.

6. **Relacionar os fatores que induzem e apóiam a coesão em um grupo de trabalho.**

   Esses fatores incluem similaridade de atividades e metas, presença de ameaças externas, tamanho do grupo, sistemas de reconhecimento baseados no desempenho do grupo, atribuições baseadas em preferências pessoais e distanciamento de outros grupos.

Episódio crítico

A Equipe Pão II

No início de 2005, a equipe de cinco membros da Wilson Appliance, pequena indústria de utilidades domésticas de Youngstown, Ohio, completava mais de 12 meses de trabalho no desenvolvimento do "Pão II", uma nova assadeira de pão. Caso o produto operasse de modo bem-sucedido o conceito de trabalho em equipe se difundiria por toda a empresa. Julia Kendall, líder da equipe Pão II, sabia que muitas coisas dependiam do sucesso da equipe.

Assadeiras de pão elétricas haviam se tornado um produto de consumo muito procurado nos últimos anos, e a máquina Pão I da Wilson, introduzida em 2000, havia sido um modelo muito aceito, porém, as vendas haviam se estabilizado recentemente. Os executivos da Wilson decidiram adotar uma abordagem que envolvia uma equipe para desenvolver uma nova assadeira. A equipe, formada por colaboradores das áreas de marketing, engenharia e finanças recebeu carta-branca e a missão de criar uma nova assadeira de pão, que seria diferente das já disponíveis no mercado.

Embora Julia fosse a líder da equipe, no cargo de gerente da divisão de utilidades domésticas assumia diversas outras responsabilidades, além do projeto Pão II. Seu papel, em relação ao projeto, era manter a equipe trabalhando de acordo com a motivação e intervir quando surgissem problemas.

Os membros da equipe trabalhavam de forma interdependente, tomando decisões importantes de *marketing*, *design* e produto por consenso. A equipe incluía, além de Julia, Linda Killington e Michael Delcamp, da área de *marketing*; Henry Kichner, gênio de engenharia da Wilson; Maggie Dresser, do setor de finanças; e Jim Summers, da área de produção.

Os grupos de discussão com proprietários atuais e clientes potenciais revelaram que estes estavam totalmente insatisfeitos com um dos aspectos das assadeiras atualmente disponíveis. O processo eletrônico, embora requeresse meramente que o usuário dosasse os ingredientes com precisão e ligasse o aparelho, levava aproximadamente três horas para assar um pão. As famílias com crianças constataram que um pão grande era consumido em dois dias. A assadeira, a fim de produzir pão suficiente para uma família de quatro pessoas, teria de ser usada duas ou três vezes por semana. Com base nessa informação, a equipe decidiu introduzir uma assadeira que assaria, simultaneamente, dois pães (daí a designação Pão II), sem prejudicar o sabor e a qualidade.

O grupo havia trabalhado muito bem durante o ano de 2004. Apesar de algumas dificuldades iniciais relacionadas à composição da equipe, a Pão II havia realizado progresso substancial, visando a atingir sua meta de introduzir no mercado a Pão II em setembro de 2005, em tempo suficiente para as vendas de fim de ano.

Henry e Jim, após uma reunião semana passada, iniciaram uma discussão animada sobre acontecimentos mundiais recentes e o resultado das eleições nacionais. Henry foi muito franco a respeito de sua discordância com o fato de mulheres ocuparem posições políticas importantes. Linda, Michael e Maggie juntaram-se à discussão, interessados na opinião de Henry. Em pouco tempo, a conversa ficou fora de controle, e Henry e Linda envolveram-se em uma discussão acalorada. Quatro dias depois, os dois ainda não se falavam. Faltando pouco para a conclusão da Pão II, Julia sabia que teria de intervir para restabelecer a coesão do grupo. Ela não estava segura quanto ao modo de lidar com a situação, particularmente porque também julgava que os comentários de Henry não tinham cabimento. Compreendendo que o conflito se aprofundaria a cada dia, dirigiu-se à sala de conferências, na qual a equipe Pão II se preparava para a reunião.

1. Em que estágio se encontrava o grupo antes de o conflito surgir? E depois?
2. Que fatores mantiveram a coesão do grupo? Que fatores prejudicaram essa coesão?
3. O que Julia deveria fazer?

Fonte: Waite, Melissa; Stites-Doe, Susan. "The Bread II Team". State University of New York, University at Buffalo, College at Brockport.

Exercício experimental

Lista de verificação da eficácia do grupo

A capacidade para trabalhar em grupos constitui uma aptidão cada vez mais requisitada pelas atuais organizações. Trabalhar eficazmente em grupos representa uma aptidão importante para ser desenvolvida na vida pessoal e na profissional. Os 20 itens seguintes compõem uma lista de verificação para você usar na descrição da eficácia de um grupo, ou de grupos, a que pertence. Se você tem feito uso de grupos para assumir papéis, discutir casos ou realizar outros exercícios em seu curso de Comportamento Organizacional, adote um dos seguintes pontos de referência.

	Em Grande Parte, Sim	Em Grande Parte, Não
1. A atmosfera é relaxada e tranqüila.	_____	_____
2. É freqüente a discussão em grupo e, em geral, relacionada à tarefa a ser realizada.	_____	_____
3. Os membros do grupo compreendem o que estão tentando realizar.	_____	_____
4. As pessoas ouvem as sugestões e idéias dos demais.	_____	_____
5. Toleram-se desacordos e tenta-se eliminá-los.	_____	_____
6. Existe concordância geral quanto à maior parte dos cursos de ação escolhidos.	_____	_____
7. O grupo aceita críticas sinceras de fontes internas e externas.	_____	_____
8. Quando o grupo empreende uma ação, atribuições de funções são claramente feitas e aceitas.	_____	_____
9. Existe um relacionamento de trabalho bem consolidado e tranqüilo entre os membros.	_____	_____
10. Existe um alto grau de confiança e apoio entre líder e subordinados.	_____	_____
11. Os membros do grupo empenham-se para auxiliar a equipe a cumprir sua meta.	_____	_____
12. Sugestões e críticas são oferecidas e recebidas com espírito de cooperação.	_____	_____
13. Existe um relacionamento cooperativo, de preferência a competitivo, entre os membros do grupo.	_____	_____
14. As metas do grupo são fixadas em um patamar elevado, porém, não a ponto de criar ansiedade ou medo de fracasso.	_____	_____
15. Os líderes e os membros nutrem grande consideração quanto à capacidade do grupo.	_____	_____
16. A criatividade é estimulada no interior do grupo.	_____	_____
17. Existe muita comunicação no que concerne ao conjunto de tópicos relevantes para a realização do trabalho.	_____	_____
18. Os membros do grupo demonstram confiança ao tomar decisões.	_____	_____
19. As pessoas são mantidas ocupadas, porém, não sobrecarregadas.	_____	_____
20. O líder do grupo é bem adequado para o cargo.	_____	_____

Diretrizes para obtenção do resultado: Esta lista de verificação foi criada para ajudá-lo na avaliação da eficácia de um grupo. Quanto maior o número de afirmativas ("Em Grande Parte, Sim"), maior a probabilidade de o grupo ser produtivo e seus membros estarem satisfeitos. Você também pode usar esta lista como ferramenta para desenvolvimento. Enfatize a efetivação das 20 qualidades descritas nela de verificação, caso deseje melhorar a eficácia do grupo.

Fonte: DuBrin, A. J. "Group Effectiveness Checklist", *Contemporary Applied Management*, p. 169-170, 1985. Reproduzido mediante autorização do editor.

Nunca devemos negociar movidos pelo medo, porém, nunca devemos recear a negociação.
— John F. Kennedy

Se as concessões continuarem, a revolução terminará.
— Lenin

O segredo para gerenciar um clube consiste em manter os cinco sujeitos que o odeiam afastados dos cinco que estão indecisos.
— Casey Stengel

Objetivos de aprendizagem

Após estudar este capítulo, você deverá ser capaz de:

1. Definir conflito.
2. Contrastar competição e conflito.
3. Explicar como mudou a compreensão do conflito.
4. Relacionar algumas fontes de conflito.
5. Descrever estratégias para o gerenciamento de conflitos em uma organização.
6. Relacionar as maneiras pelas quais um gerente pode induzir um conflito desejável.

Capítulo 10

Gerenciamento de conflito

Subordinados irritados: um risco ocupacional sério

O National Institute for Occupational Safety and Health divulgou recentemente a estatística assustadora de que, em média, 17 empregados são assassinados no trabalho a cada semana, nos Estados Unidos, e 33 mil são agredidos. De acordo com esse órgão federal, o homicídio no local de trabalho constitui a terceira causa principal no total de mortes relacionadas à execução das funções, sendo a segunda relacionada ao trabalho das mulheres. O instituto define, em termos amplos, violência no local de trabalho como a ocorrência de homicídios, ataques físicos, estupros, agressões graves e ameaças verbais, e identificou algumas atividades que colocam os empregados em situação de risco: interação com o público, trocas em dinheiro, entrega de bens ou prestação de serviços, trabalho em horário incomum, trabalho solitário e custódia de valores ou pertences.

Alguns grupos, conscientes da ameaça de violência crescente no local de trabalho, estão solicitando aos empregadores que adotem uma abordagem mais pró-ativa do problema, observando que pouco foi feito até agora. Uma pesquisa recente da American Society of Safety Engineers, realizada em 755 organizações, constatou que a maioria das empresas ainda não está fazendo o que deveria para ajudar a reduzir a ameaça de agressão no trabalho. Setenta e quatro por cento das pessoas que responderam à pesquisa não haviam conduzido nenhuma avaliação formal do potencial de atos violentos em suas organizações e 80% não adotavam nenhuma norma escrita para enfrentar tais atos. Felizmente, 50% possuíam, efetivamente, alguma norma básica para notificar os dirigentes quando uma ameaça fosse percebida. A falta de insistência para lidar com conflitos relacionados ao trabalho pode surpreender, porém, outros temas urgentes de segurança podem ser parcialmente responsáveis pela falta de ação por parte de algumas empresas. Robert Cartwright Jr., gerente de segurança da Bridgestone Firestone, indica os diversos temas de segurança com que as empresas se defrontam. "Após o 11 de Setembro, a violência no local de trabalho foi suplantada somente pelo terrorismo", afirma Cartwright.

Os empregados têm muitas razões para se preocupar com a violência no trabalho – sua própria responsabilidade assume papel importante. Leis federais e estaduais obrigam as empresas a proporcionar um local de trabalho livre de riscos; essas leis expõem os empregadores a indenizações por valores que, geralmente, suplantam a remuneração dos trabalhadores. Na realidade, os empregados conseguem ser indenizados por danos que envolvem valores não previstos no sistema de remuneração. Existem casos em que atos violentos foram indenizados pelo seguro mantido pelos empregadores, incluindo perdas de ordem geral, danos causados por práticas de gerenciamento e seguro contra crimes. As organizações que reconhecem os danos legais potenciais associados à violência no local de trabalho devem se empenhar para obter proteção, por meio de melhores programas de prevenção.

Muitos casos de violência no local de trabalho podem ser evitados se as empresas instruírem os empregados a reconhecer os primeiros sinais de alerta e possuírem sistemas disponíveis para intervir eficazmente. A maioria das pessoas considera esse tipo de violência como alguém entrando abruptamente e disparando muitos tiros, porém, pode assumir diversas outras formas, como ameaças verbais, empurrões e gestos ameaçadores. O monitoramento não se aplica somente aos empregados, devendo incluir igualmente fornecedores, clientes, prestadores de serviços e parceiros de colaboradores. Uma revista de Recursos Humanos de grande circulação discute a necessidade de cada empregado de uma organização ser treinado para reconhecer os primeiros sinais de alerta e reagir apropriadamente para acalmar alguém irritado e evitar repercussões.

O treinamento pormenorizado de tais aptidões precisa ser implementado do escalão superior para o inferior. O United States Postal Service (Usps), anteriormente um ambiente propício para a agressão no trabalho, tornou-se um modelo para eliminar a violência nas organizações. O plano de prevenção do Usps treinou 61 mil empregados em conscientização da violência, organizou seminários de controle da irritação, adotou uma política de tolerância zero, e criou equipes permanentes para avaliação de ameaças, para lidar com confrontos que envolvessem vários níveis de risco.

De acordo com especialistas, colaboradores perturbados podem ser ajudados e vidas podem ser salvas, porém, somente se outros ao redor receberem treinamento e adquirirem aptidão para impedir uma situação potencialmente perigosa, antes de tornar-se fatal.

Fonte: Fletcher. M. "Work place violence concerns not bein addressed: NIOSH says U.S. averages 17 murders at work each week", *Business Insurance*, 9 ago. 2004; Joinson. C. "Controlling Hostility", *HR Magazine*, ago. 1998.

O conflito, certamente, pode ser um produto inevitável da vida organizacional. Embora a maioria de nós o considere uma experiência negativa a ser evitada, ele pode, na realidade, gerar resultados organizacionais positivos, caso gerenciado apropriadamente. Para aumentar o entendimento de como o conflito pode afetar o desempenho, examinamos a natureza e as origens desse fenômeno e algumas técnicas para administrá-lo.

Conflito

Conflito é o processo resultante de uma pessoa (ou um grupo de pessoas) perceber que uma outra está impedindo, ou se encontra em vias de impedir, uma ação importante.[1] Ele envolve incompatibilidades entre as partes, que culminam em interferência ou oposição.

É importante distinguir conflito e competição. Conflito tem como alvo uma outra parte, ao passo que competição tem por finalidade cumprir uma meta desejada, sem interferência de ninguém. A competição pode existir, por exemplo, entre dois representantes de vendas que almejam uma retribuição, ou um prêmio, pelo desempenho anual, porém, o conflito pode não existir enquanto os dois não interferirem entre si ou se opuserem mutuamente. Os alunos também competem por notas, no entanto, não estão inseridos usualmente em um sistema competitivo que induza ao conflito. Sem dúvida, a competição exacerbada pode conduzir, algumas vezes, ao conflito, entretanto este pode ocorrer sem que haja competição.

Se duas partes conseguem ganhar adotando postura competitiva, há menor probabilidade de ocorrer o conflito. Se dois membros do corpo docente estão tentando, por exemplo, conseguir uma promoção, o empenho de um não precisa impedir o sucesso do outro. Em tal caso, a promoção de ambos é possível; portanto, não existe probabilidade de surgir o conflito direto. A diferença entre competição e conflito reside, em essência, na possibilidade de as ações serem tomadas para interferir no cumprimento da meta de outra pessoa. Essa diferença indica que eliminar oportunidades de interferência constitui uma tática gerencial útil para evitar a evolução da competição para o conflito.

Mudança das visões do conflito

O modo como consideramos o tópico do conflito mudou ao longo dos anos.[2] A visão anterior baseava-se em considerá-lo como prejudicial e desnecessário. Sua existência era encarada como sinal de que algo estava errado e exigia correção. De acordo com essa *visão tradicional*, o conflito não tem uma finalidade proveitosa, porque afasta a atenção dos gerentes e esgota as energias e os recursos. Conseqüentemente, ele deve ser evitado. Além disso, o conflito era visto como resultado do gerenciamento ruim e das ações de indivíduos causadores de problemas. Ele poderia ser eliminado, alcançando-se um ótimo desempenho, por meio de técnicas de gerenciamento adequadas e do afastamento dos elementos problemáticos.

Em anos recentes, os estudiosos de gerenciamento alteraram seu ponto de vista. Hoje, o conflito é encarado como inevitável em toda organização e, muitas vezes, necessário para assegurar desempenho elevado. Não se nega que ele possa ser prejudicial em alguns casos, porém, a ênfase está no reconhecimento de que certas formas de conflito podem ser úteis para alcançar as metas desejadas. De acordo com essa perspectiva, o conflito pode incentivar uma busca por novas táticas e estratégias, e ajudar a suplantar a estagnação e a complacência. Portanto, o conflito como dispositivo para direcionar os esforços é, algumas vezes, um estado desejável. O foco dessa *visão contemporânea* incide no gerenciamento bem-sucedido do conflito, de preferência à sua eliminação total.

Esse gerenciamento envolve manter um nível almejado de conflito e selecionar, ao mesmo tempo, uma estratégia para reduzi-lo. E mais, os gerentes podem criá-lo propositalmente. Em situações que exigem criatividade e quando discussões francas de alternativas são necessárias (como no caso de resistir a uma tendência para o pensamento único do grupo), o estímulo do conflito torna-se aconselhável.[3]

O conflito, em si, não é desejável ou indesejável. Seu valor pode ser julgado somente em termos de efeitos no desempenho. A Figura 10.1 ilustra essa noção, que propõe existir um nível ótimo de conflito em cada situação específica. Levado ao extremo, ele pode resultar em caos e desordem. Em contraste, um nível extremamente reduzido pode gerar complacência e desempenho ruim, por falta de inovação.

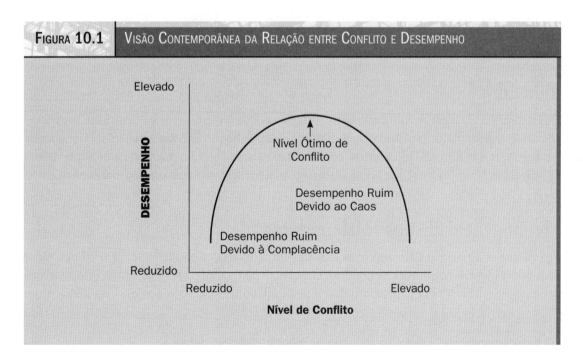

FIGURA 10.1 — VISÃO CONTEMPORÂNEA DA RELAÇÃO ENTRE CONFLITO E DESEMPENHO

Identificar o nível ótimo de conflito para uma situação específica não é uma tarefa simples. Requer um bom entendimento dos indivíduos envolvidos e da natureza de suas funções. O gerente também precisa ter um grau de criatividade para determinar estratégias e táticas, a fim de reduzir ou, se necessário, elevar o nível de conflito. Além disso, aumentá-lo apenas quando aparentar ser necessário não é, em si, suficiente. Ele precisa ser canalizado e direcionado, a fim de incentivar a criatividade. Manter o conflito em um ponto ótimo (ou "botão-de-ouro") também representa um desafio gerencial difícil.* Nas seções subseqüentes deste capítulo, examinamos técnicas para reduzir, bem como para estimular intencionalmente o conflito.

Fontes de conflito

O conflito pode surgir de diversas fontes, agrupadas em três categorias gerais: fatores de comunicação, estruturais e de comportamento pessoal.[4]

Fatores de comunicação

Os gerentes, normalmente, atribuem à má comunicação uma porcentagem considerável dos conflitos que surgem em uma organização. Se definirmos comunicação verdadeira como a criação de uma imagem no cérebro de um receptor com exatamente os mesmos detalhes pretendidos pelo emissor, a comunicação verdadeira ou perfeita, certamente, é rara. Tendo em vista essa imperfeição inerente, existem muitas oportunidades para que surja falta de entendimento no processo de comunicação. Efetivamente, o conflito originário de tal comunicação malsucedida não é o mesmo que o baseado em diferenças substanciais, porém, ainda pode ter efeitos poderosos.

Informações incorretas, distorcidas ou ambíguas podem criar hostilidade. Uma gerente, por exemplo, pode deixar de comunicar com precisão aos subordinados quem será responsável por executar uma tarefa desagradável, enquanto ela estiver de férias. Quando retornar, poderá constatar que eles estão se digladiando e que a tarefa não foi concluída.

Fatores estruturais

Tamanho

Existem provas razoavelmente coerentes que indicam que o conflito maior ocorre em organizações de grande porte. É provável que aumentos de tamanho estejam associados à menor clareza das metas, maior formalidade, especialização em grau mais elevado, mais níveis de supervisão e oportunidades para as informações se distorcerem, à medida que passam por mais níveis.

Heterogeneidade dos colaboradores

Parece que as diferenças entre os colaboradores, em termos de autoridade, idade e valores, também podem representar fontes de conflito. Diferenças no quadro de pessoal, entretanto, também podem gerar efeitos benéficos para o desempenho. Conforme discutimos no Capítulo 8, gru-

---

* O ponto "botão-de-ouro" é aquele, em uma curva, em que as condições são "certas".

pos orientados à resolução de problemas formados por indivíduos relativamente diferentes apresentam vantagem em relação a grupos mais homogêneos. A diversidade existente em grupos heterogêneos pode atuar para atrair múltiplas idéias e, talvez, criar desafios entre os membros, promovendo resultados superiores.

Participação

Poderia se esperar que uma maior participação dos subordinados (por exemplo, na tomada de decisões) reduzisse o conflito. De uma perspectiva de relações humanas, seria possível argumentar que convidar subordinados a participar satisfaria um possível impulso rumo a um envolvimento total. As pesquisas sobre este tópico, no entanto, mostraram justamente que o oposto é verdadeiro. Quando a participação dos subordinados é maior, os níveis de conflito tendem a ser mais elevados. Esse resultado um tanto inesperado pode ocorrer, porque uma maior participação conduz a uma maior percepção das diferenças individuais. Igualmente, apenas participar da tomada de decisões não assegura que o ponto de vista de um indivíduo prevalecerá, pois um subordinado pode se envolver, porém, não ter autoridade para ver suas preferências transformadas em ação. Conforme mencionado anteriormente, contudo, o conflito mais intenso associado a uma maior participação não é necessariamente indesejável. Se os resultados dessa participação e o conflito subseqüente aumentarem o desempenho geral de uma unidade de trabalho, a existência do conflito poderá ser produtiva.

Distinção entre linha e *staff*

Nas pesquisas feitas com gerentes, uma das fontes de conflito mais freqüentemente mencionada é a distinção entre unidades de linha e de *staff*, no âmbito da organização. As unidades de linha executam funções diretamente relacionadas às atividades centrais da organização. Em um contexto industrial, o departamento de produção seria uma unidade de linha, ao passo que, em um ambiente orientado ao cliente, o departamento de marketing ou de vendas poderia sê-lo. As unidades de *staff* executam funções que apóiam as de linha. Exemplos de departamentos de *staff* incluem pesquisa e desenvolvimento, relações públicas, recursos humanos e pesquisa de marketing.

Ocorre conflito entre muitas divisões de linha e de *staff*, por causa das funções que desempenham, de suas metas distintas, dos valores e da formação de seus membros. Divisões de linha, geralmente, são mais orientadas às operações, enquanto as de *staff* se encontram mais distantes das principais atividades operacionais. O pessoal de linha, freqüentemente, é muito leal à empresa, enquanto o de *staff* tende a ser (e considera como sua obrigação) crítico das práticas da companhia. Na verdade, o pessoal de *staff* identifica-se, com mais freqüência, com um grupo profissional ou uma disciplina do que com a organização para a qual trabalham. Os especialistas em recursos humanos e os pesquisadores de marketing, por exemplo, podem pertencer a entidades nacionais que lhes ofereçam um sentido de identificação profissional. Portanto, uma pessoa de *staff* pode se considerar, principalmente, especialista em relações públicas que, no momento, está trabalhando para a Inland Steel, ao passo que a identificação mais forte de uma pessoa de linha, provavelmente, será com seu empregador. Por último, o planejamento dos dois grupos, muitas vezes, difere – o pessoal de *staff* pensa, mais normalmente, em temas de longo prazo, ao passo que o de linha se envolve mais com assuntos de curto prazo ou do dia-a-dia. Em virtude dessas diferenças de orientação, não é de causar muita surpresa que exibam um grau razoável de conflito.

Sistemas de remuneração

Se um grupo obtém retribuições à custa de um outro, o conflito pode ser gerado facilmente. Isso pode ocorrer entre indivíduos e grupos, bem como entre organizações inteiras. Nem sempre é óbvio o modo como operam os sistemas de remuneração mutuamente exclusivos. O pessoal de *staff*, por exemplo, geralmente é reconhecido por ser inovador e identificar a necessidade de mudança. Ao sugerir e tentar induzir a mudança, é capaz de demonstrar sua utilidade para toda a organização. Por outro lado, a maioria das pessoas de linha prefere evitar a mudança, porque para elas é, ao mesmo tempo, perturbadora e inconveniente. Na realidade, geralmente são remuneradas em função da produtividade resultante da atividade ininterrupta.

Interdependência de recursos

Normalmente, os grupos precisam competir pelos recursos da organização. Podem não surgir conflitos, em virtude da disponibilidade crescente de dinheiro e de outros recursos, como espaço, equipamento e materiais. Tal abundância, no entanto, não constitui uma regra nas organizações. Como conseqüência, ocorre o conflito e a falta de coordenação e cooperação entre divisões.

Poder

A distribuição de poder dentro de uma organização também pode ser uma fonte de conflito. Se um grupo julgar que detém muito menos poder do que deveria, ou se acreditar que um outro detém poder excessivo, provavelmente desafiará a ordem existente. Se departamentos forem ostensivamente iguais, mas, na realidade, gozarem de um grau de poder diferente, o pessoal de *staff* precisará justificar continuamente sua necessidade de existir, entender os problemas nos departamentos de linha e dedicar empenho constante para relacionar-se bem com este pessoal. Não existem, no entanto, expectativas similares para o pessoal de linha, porque esta, usualmente, detém maior autoridade que o *staff*. Tal assimetria na distribuição do poder pode agregar tensão adicional a uma situação já difícil.

Fatores do comportamento pessoal

Uma outra fonte de conflito reside nas diferenças entre os indivíduos. Os valores ou as percepções de situação de algumas pessoas são particularmente passíveis de gerar conflito com outros. Um gerente, por exemplo, pode atribuir grande valor à idéia de que os colaboradores precisam "conquistar certos direitos mediante muita dedicação". Ele poderia se valer do argumento de que trabalhou, durante grande parte de seu início de carreira, em uma posição de nível inferior sem atração e que outros se beneficiariam com uma experiência similar. Evidentemente, a imposição desse valor a subordinados jovens e ambiciosos poderia criar sério conflito. Da mesma maneira, se uma gerente tende a perceber as pessoas de um certo modo (por exemplo, se infere rapidamente a existência de preguiça ou incompetência, a partir somente de indícios limitados), suas reações a determinadas situações podem ser uma fonte de conflito. Além disso, algumas pessoas, simplesmente, apreciam usar de argumentos e provocar discussão. Para tais indivíduos, cujo estilo pessoal é especialmente propenso à geração de conflitos, a vida é uma série contínua de hostilidades e batalhas em número crescente.

Estudos demonstram que pessoas predispostas ao conflito podem apresentar certos traços. Indivíduos imensamente autoritários, por exemplo, exibem propensão para antagonizar com colegas, dando maior relevância a diferenças que, de outro modo, seriam triviais. De modo análogo, indivíduos com auto-estima baixa podem se sentir ameaçados, mais prontamente, por outros e, portanto, reagir de maneira exagerada. Autoritarismo e baixa auto-estima podem predispor as pessoas a sentir necessidade de defender seu terreno contra ameaças (objetivamente) triviais.[5]

Conflito interpessoal

Os pesquisadores criaram algumas situações em ambientes de laboratório, a fim de estudar as tendências para competir ou cooperar quando existir conflito. Um desses cenários planejados é denominado Dilema do Prisioneiro:

> Dois criminosos suspeitos são mantidos em custódia separadamente. O promotor está convicto de que são culpados de um determinado crime, porém, não possui prova suficiente para condená-los em um julgamento. Ele ressalta para cada prisioneiro que lhes restam duas alternativas: cada um deve confessar o crime que a polícia tem certeza de que ele cometeu ou não confessar. Se ambos não confessarem, o promotor os acusará por alguma transgressão de pouca importância e forjada...; se ambos confessarem, serão processados, e ele recomendará uma sentença [um tanto severa]; porém, se um confessar e o outro não, aquele que confessar receberá um tratamento mais leniente, por aceitar o parecer da promotoria, ao passo que o outro será condenado à pena máxima.[6]

Essa situação foi elaborada para criar diversos posicionamentos dos prisioneiros. Se cada um optar pelo que lhe for melhor e desprezar as circunstâncias do outro, decidirá não confessar. Se um prisioneiro, no entanto, não confessar e o outro confessar, o primeiro será afetado severamente (recebendo uma sentença mais longa). Portanto, a melhor opção para ambos os prisioneiros é resistir à estratégia de "dividir e conquistar", adotada pelo promotor, e insistir em sua inocência. Evidentemente, a questão se reduz a se cada um pode, realmente, confiar que seu parceiro no crime não confessará. O resultado para cada indivíduo depende das ações do outro participante.*

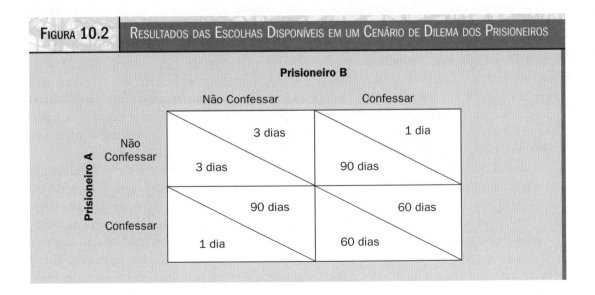

FIGURA 10.2 RESULTADOS DAS ESCOLHAS DISPONÍVEIS EM UM CENÁRIO DE DILEMA DOS PRISIONEIROS

---

* Na realidade, a prática de isolar criminosos suspeitos e oferecer-lhes essas alternativas é eficaz para obter confissões.

Nos estudos que envolvem desempenho de papéis, utilizando alunos de faculdade como participantes e substituindo a retribuição monetária e penalidades por ameaça de sentenças prisionais, descobriu-se que a tendência dos participantes para competir *versus* cooperar mutuamente pode ser influenciada por diversas forças. A principal é a estrutura penalidade–retribuição para cooperar e competir. Ao alterar as retribuições e as penalidades para as várias ações, é possível induzir um número maior ou menor de escolhas de competição.

Como exemplo do mundo real de como a extensão das penalidades e retribuições pode influenciar a escolha de uma estratégia competitiva, considere a matriz de retornos para os Estados Unidos e a ex-União Soviética com relação ao uso de armas nucleares, durante a maior parte da Guerra Fria. Se ambos os países se atacassem, a magnitude da aniquilação total teria sido enorme (isso é análogo aos valores indicados no retângulo inferior do lado direito da Figura 10.2 serem a cadeira elétrica). Se um país tivesse tentado atacar preventivamente o outro, tendo a certeza de que este se empenharia em cooperar, o atacante teria ganho uma vantagem óbvia. A capacidade de retaliação do país atacado, no entanto, não poderia ser desconsiderada. Portanto, cada um julgou ser mais vantajoso evitar a opção competitiva de "apertar o botão", porque os custos seriam muito elevados. Em resumo, penalidades excessivas podem forçar um tipo de cooperação (ou, no mínimo, de menor agressão) entre partes que, de outro modo, seriam conflitantes.

Outras pesquisas envolvendo situações análogas ao Dilema dos Prisioneiros também enfatizam a importância da comunicação entre as partes como meio para induzir a cooperação. Essa prova sugere que a disponibilidade de *hot lines* entre partes potencialmente antagônicas pode ajudar a reduzir a tensão e o conflito.

Estratégias para diminuir os conflitos

Metas de nível superior

Atribuir metas de nível superior a partes antagonistas pode ajudar a reduzir o nível de conflito. Quando as pessoas partilham uma dessas metas, precisam cooperar, para atingir um grau de sucesso ou evitar o desastre. Em uma demonstração do poder de redução do conflito das metas de nível superior, Sherif conduziu uma experiência de campo com grupos de meninos de 12 anos de idade em acampamentos de verão vizinhos[7]. Ele organizou, inicialmente, dois grupos independentes de meninos, que desconheciam a existência do outro grupo. Eles participaram de atividades recreativas e desenvolveram normas de comportamento no âmbito de seus grupos. Sherif criou, em seguida, um grau de conflito, informando a ambos os grupos que o outro campo usaria determinado equipamento, como canoas, e que, como resultado, eles seriam impedidos de participar dessa atividade. (Ele criou, em essência, situações de sucesso ou de fracasso para os grupos.) Como resultado, os dois grupos passaram a demonstrar grande ressentimento mútuo.

Assim que a situação se aproximou de guerra aberta, Sherif tentou várias técnicas para induzir harmonia entre os campos. Ele tentou, inicialmente, dar a cada grupo algumas informações favoráveis sobre o outro. Essa iniciativa fracassou, porque as impressões negativas dos meninos os levaram a rejeitar as informações. Em seguida, o pesquisador reuniu os meninos para tomar refeições e assistir a filmes juntos. Isso também não deu resultado, pois surgia hostilidade (como falar palavrões) quando os membros dos campos ficavam próximos. Sherif solicitou, em seguida, aos líderes dos grupos, que negociassem e partilhassem informações favoráveis referentes a seus grupos, que poderiam ser transmitidas, posteriormente, a seus respectivos campos. A estratégia falhou novamente, porque os líderes recearam ser "destronados" pelos companheiros, caso fossem vistos como muito simpáticos em relação ao outro grupo.

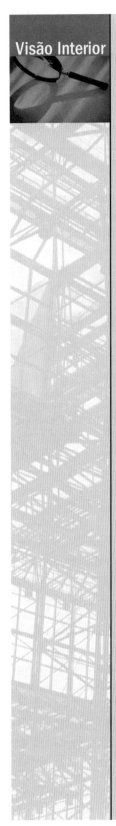

Visão Interior

Uma batalhadora pelo comportamento cortês

Se os seres humanos podem ser treinados para operar computadores, maquinários e outros equipamentos complexos, por que não podem ser treinados para se relacionar melhor com outras pessoas no trabalho? Essa pergunta adquire importância primordial no livro de Giovinella Gonthier, consultora especializada em comportamento cortês. O lançamento, em 2002, de *Rude Awakenings: Overcoming the Civility Crisis in the Workplace* é uma investida substancial contra a desintegração da sociedade que Gonthier julga estar se insinuando em nosso local de trabalho. No livro, afirma que o comportamento descortês cria um círculo vicioso, que prejudica os trabalhadores, propicia processos judiciais contra a empresa e, em última instância, afeta, de alguma forma, os clientes.

A Srta. Gonthier, autora e fundadora da Civility Associates, sediada em Chicago, luta tenazmente contra a grosseria. Ela cita as diversas maneiras de manifestação do tratamento descortês:

- **Salas de refeição e banheiros desleixados.** Os colaboradores espalham pratos sujos, caixas de pizza vazias e lenços de papel usados, deixando esses locais com pior aparência do que os encontraram.
- **Depressão digital.** Excesso de tempo operando o computador ou navegando na Internet causa maior tensão e desgaste no relacionamento interpessoal.
- **Afastamento de outros.** Os colaboradores deixam de retornar chamadas telefônicas, responder cartas ou *e-mails* de modo pontual.

A lista de comportamentos inadequados feita por Gonthier cita problemas até mais graves: gritos, críticas ásperas dirigidas a subordinados em público e violência no local de trabalho resultando em ferimentos ou morte. De acordo com a especialista em comportamento cortês, esses atos nocivos conduzem a menor empenho no trabalho, absenteísmo, investigações e rotatividade onerosa.

Em vez de meramente apontar dilemas e indagar por que ninguém consegue se relacionar bem, no entanto, Gonthier sugere um plano de ação: implementação de programas de comportamento cortês nas empresas. Comportamento cortês, segundo sua definição, é "ter consciência continuamente da dignidade do ser humano em sua esfera de ação". Ela ressalta certos modelos de treinamento no local de trabalho e enaltece o programa de Gerenciamento da Violência no Local de Trabalho, instituído pela Boeing, para proporcionar treinamento e reforçá-lo por meio de brochuras e de equipes de gerenciamento, que investigam ameaças e ações violentas. Gonthier oferece seu próprio curso, que combina suas aptidões diplomáticas com sua formação em pedagogia, para ensinar o comportamento cortês em empresas. O curso de sua consultoria inclui módulos que versam sobre respeito, gerenciamento de conflitos, ética, disposição para ouvir, programação e gerenciamento do acúmulo de papéis na mesa de trabalho. Seu treinamento também cita estudos que demonstram uma correlação direta entre comportamento descortês e redução geral do moral de uma organização.

A batalha de Gonthier angariou muita atenção positiva recentemente, proporcionando-lhe até mesmo uma classificação na lista 50 Inovadores de 2004, premiados na competição promovida pela revista *Fast Company*. Isso, porém, não foi sempre assim. Gonthier afirma que, no final da década de 1990, seus conselhos foram recebidos, por muitas pessoas, com gozações insultuosas, gritos ofensivos e risadas. Ela se recorda da atitude prevalecente naquela época: "A cobiça era considerada boa e a desonestidade representava o modo como as coisas eram feitas!" Felizmente, para Gonthier e para todos que se solidarizam com sua causa, parece que os ventos mudaram de direção.

Fonte: Rosenstein, B. "A civil office is a safe one", *USA Today*, 10 jan. 2002; "Being Laughed Out of HR Offices in the Late 1990s", *Fast Company*, http://www.fastcompany.com acessado em 20 de agosto de 2004.

Sherif tentou, como último passo, criar metas de nível superior para os campos, inventando situações em que ambos os grupos precisassem participar, a fim de beneficiar seus membros. Essas situações planejadas envolveram um problema mecânico no caminhão que trazia alimentos para os campos (meninos de *ambos* os campos tiveram de empurrar o caminhão, para que fosse acionada a partida), uma interrupção do suprimento de água e um esforço cooperativo visando a obter fundos para alugar um filme desejado.

Em virtude da necessidade de enfrentar uma ameaça comum, os meninos dos dois campos, finalmente, adotaram comportamentos amigáveis e de cooperação. Perto do término da permanência nos campos, por exemplo, quando um grupo tinha alguma sobra de dinheiro, empregava-a para comprar refrigerantes para todos, em vez de apenas para seus próprios membros.

A implementação dessa estratégia em contextos organizacionais, no entanto, nem sempre é fácil. A General Motors, por exemplo, tentou, em uma ocasião, usar metas de nível superior para unir dirigentes e colaboradores em uma batalha contra a ameaça da concorrência estrangeira.[8] A resposta pretendida pela GM seria concorrer com os subcompactos importados, fabricando-os em uma nova unidade de produção, em Lordstown, Ohio. Apesar dos esforços dos dirigentes para unir trabalhadores e gerentes, por meio de uma campanha de mudança de atitudes que focalizava a necessidade de se opor à ameaça externa, houve uma greve e grande violência pouco tempo depois da inauguração da fábrica. Essa experiência indica que uma abordagem de nível superior precisa ter muita credibilidade, caso venha a ser eficaz.[9]

Métodos estruturais

Existem algumas opções para os gerentes que desejam reduzir conflitos por meio de mudança estrutural. Uma técnica consiste em transferir para outras unidades indivíduos propensos ao conflito. É evidente que essa abordagem visivelmente simples nem sempre pode ser adotada, pois alguns colaboradores são quase indispensáveis para o desempenho da unidade. Em alguns casos, é o reconhecimento do valor que representam para a unidade que lhes dá a confiança para participar de batalhas que envolvem aquilo que consideram temas importantes.

Um modo de vencer o conflito linha–*staff* é indicar uma pessoa para atuar como moderador (e mediador) nas reuniões. Essa pessoa tenta gerenciar a interação entre os dois grupos, para assegurar que as relações entre eles permaneçam construtivas. Antes do início de uma reunião, por exemplo, um moderador eficaz pode tentar ajudar ambos os grupos a compreender melhor a natureza de seus equivalentes no outro grupo, para que demonstrem maior tolerância mútua. Para assegurar que a reunião decorra sem problemas, ele também pode incentivar ambos os lados a fazer uma "lição de casa" e, encorajar o pessoal de *staff* a ouvir o de linha, à medida que dão andamento às suas propostas.

Espera-se que o moderador atue como um amortecedor entre as unidades e incentive a compreensão de ambos os lados. Em virtude de os dirigentes graduados, no entanto, muitas vezes selecionarem um moderador entre o pessoal de linha, o de *staff* pode questionar a lealdade e os vieses reais dessa pessoa. Portanto, ser o moderador de tal conflito pode representar um sério desafio para qualquer pessoa solicitada a atuar em tal papel. Além disso, muitos membros da organização encaram os moderadores como pessoas que exercem apenas um impacto positivo limitado sobre as relações linha–*staff*.

Os métodos de gerenciamento de conflitos podem ser personalizados para atender a situações específicas. Uma técnica comum consiste em criar um procedimento de apelação (por exemplo, um sistema de exame de queixas ou de arbitragem) que ofereça uma autoridade superior para resolver conflitos, e um conjunto de passos específicos a seguir quando ocorre uma queixa. Uma deficiência importante do procedimento de apelação, no entanto, é que a parte perdedora, muitas vezes, encontra dificuldade para aceitar o veredicto. Embora obrigada, em princípio, a acatar a decisão, ela pode sentir-se compelida a vingar-se, em ocasião futura, por meio de uma ação – ou falta de ação – sutil, porém, vingativa. Desse modo, para que um processo de apelação tenha sucesso, a parte perdedora precisa receber auxílio, a fim de manter a auto-estima, e deve-se dedicar maior empenho para uma aproximação entre as duas partes.

Uma técnica de gerenciamento de conflitos linha–*staff* cada vez mais utilizada consiste em atribuir funções que exijam treinamento no outro grupo. Essa técnica envolve alternar a atuação do pessoal de *staff* em unidades de linha e pessoas de linha em unidades de *staff*. A rotação forçada tem por finalidade ajudar os empregados a compreender panoramas alternativos e desenvolver relações de trabalho com membros de unidades diferentes.

Estilos de gerenciamento de conflitos

Os gerentes diferem no modo de lidar com o conflito. Ken Thomas indicou os cinco principais estilos de gerenciamento de conflitos que os gerentes podem adotar: coação, colaboração, conciliação, evasão e benevolência.[10] O Tabela 10.1 resume as características desses estilos.

Coação

Além de definir os cinco estilos de gerenciamento de conflitos básicos, Thomas sugeriu um modelo bidimensional para compará-los (Figura 10.3). De acordo com esse modelo, o estilo de **coação** tenta dominar um oponente por meio de autoridade formal, ameaças ou uso de poder. Suas características subjacentes são atitudes firmes e ausência de cooperação.

TABELA 10.1 | **CINCO ESTILOS PARA LIDAR COM O CONFLITO**

Estilo de Gerenciamento	Expressão ou Termo Relacionado	Provérbio
Coação	Competição Conflitante Posicionamento contra o outro	Não abandone sua posição.
Colaboração	Resolução de problemas Integração Confrontação	Vamos raciocinar juntos.
Conciliação	Ceder–perder Amigável–colaboradora Posicionamento a favor do outro	É melhor dar do que receber.
Evasão	Afastamento do outro Retirada Perder–retirar-se	Evitar problemas.
Benevolência	Dividir a diferença Partilha Negociação difícil	É dando que se recebe.

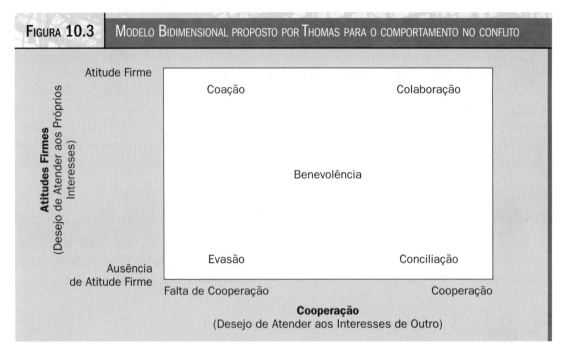

Fonte: Thomas, K. W. "Organizational Conflict", *Organizational Behavior*, organizado por S. Kerr. Columbus: Grid Publ., 1979.

Colaboração

O estilo de **colaboração** representa uma combinação entre atitudes firmes e cooperação. Colaboração envolve uma tentativa de atender aos anseios de ambos os lados, por meio de discussão honesta. Métodos criativos para redução de conflitos – por exemplo, partilhar recursos – podem, na realidade, resultar em uma situação materialmente melhor para ambas as partes. Para que esse estilo tenha sucesso, todos os participantes devem demonstrar confiança e atitude aberta.

Conciliação

Um estilo de **conciliação** combina cooperação e ausência de atitudes firmes. Em seu nível mais simples, envolve apenas concordar com a vontade de outra pessoa. Um comportamento conciliador pode ser motivado pelo desejo de ser altruísta ou pró-social, porém, algumas vezes, nenhuma outra abordagem é viável para alguém em uma posição verdadeiramente fraca.

Evasão

A combinação entre ausência de atitudes firmes e falta de cooperação conduz a um estilo de **evasão**, em que a pessoa dá a entender que melhorará uma situação difícil ou tentará ficar neutra. Em alguns casos, pode não ser possível adotar uma posição verdadeiramente neutra, porém, um gerente pode preferir, assim mesmo, evitar a situação. Embora aquele que evite temas difíceis tenha possibilidade de gerar ressentimento nos subordinados, essa estratégia pode ser eficaz sob certas circunstâncias. Uma gerente pode, por exemplo, inicialmente ficar afastada de uma situação discordante e evitar piorar o conflito, durante uma fase específica de seu desenvolvimento. Posteriormente, quando julgar que a ocasião é adequada, ela pode assumir um papel mais ativo na busca de uma solução produtiva.

Gerentes experientes também reconhecem que a ação nem sempre é necessária, porque alguns problemas desaparecem ao longo do tempo ou são solucionados por outros processos organizacionais. Um conflito exacerbado entre dois subordinados, por exemplo, pode parecer requerer a intervenção do gerente. Se ele, porém, sabe que um deles brevemente será transferido para outro departamento ou promovido para um outro cargo, pode ser aconselhável não se preocupar com a situação e deixar que as mudanças iminentes solucionem a dificuldade.

Benevolência

O quinto estilo, **benevolência**, envolve níveis intermediários de atitudes firmes e cooperação e se empenha pela satisfação parcial da vontade de ambas as partes, ao buscar um meio-termo. Para que ocorra a benevolência, ambas as partes precisam estar dispostas a ceder em algo.

Embora as pessoas possam ficar tentadas a julgar alguns estilos de gerenciamento do conflito mais eficazes do que outros (por exemplo, colaboração *versus* evasão), há bons motivos para acreditar que cada um produz melhor resultado somente em determinadas situações.

TABELA 10.2 | UTILIZAÇÃO DOS CINCO ESTILOS DE GERENCIAMENTO DE CONFLITOS

Estilos de Gerenciamento de Conflitos	Situações Apropriadas
Competição	1. Quando uma ação rápida e decisiva for vital, por exemplo, emergências. 2. Em temas importantes que envolvam a necessidade de implementação de ações impopulares, por exemplo, redução de custos, imposição de regras, disciplina. 3. Em temas vitais para o bem da companhia quando você sabe estar certo. 4. Contra pessoas que se aproveitam do comportamento não-competitivo.
Colaboração	1. Para encontrar uma solução integradora quando as preocupações de ambos os lados são muito importantes para haver concessões. 2. Quando seu objetivo for aprender. 3. Para combinar idéias de pessoas com perspectivas diferentes. 4. Para obter compromisso incorporando temas sensíveis a um consenso.
Conciliação	1. Quando você percebe estar errado – a fim de permitir uma melhor posição para ser ouvido, aprender e demonstrar sua razoabilidade. 2. Quando os assuntos são mais importantes para outros do que para você – para satisfazê-los e manter a cooperação. 3. Para acumular créditos sociais em assuntos futuros, e minimizar a perda quando você estiver em desvantagem e sendo suplantado. 4. Quando harmonia e estabilidade forem especialmente importantes.
Evasão	1. Quando um assunto é trivial ou assuntos mais importantes estiverem pressionando. 2. Quando você perceber que não há possibilidade de equacionar as preocupações. 3. Quando a ruptura potencial suplantar os benefícios da resolução, e para permitir que as pessoas se acalmem e obtenham uma nova perspectiva. 4. Quando outros podem resolver os conflitos mais efetivamente
Benevolência	1. Quando as metas forem importantes, porém, não justificarem o empenho para a ruptura potencial de modelos que envolvam ações mais firmes. 2. Quando oponentes com poder igual estão comprometidos com metas mutuamente exclusivas. 3. Para obter soluções temporárias de temas complexos. 4. Para obter soluções rápidas sob pressão do tempo.

Fonte: Adaptado de Thomas, K. W. "Toward Multi-Dimensional Values in Teaching: The Example of Conflict Behaviors".

Gerenciamento de conflitos entre grupos

O conflito entre grupos pode resultar de diversas causas. Competição por recursos, diferenças nas metas e antagonismo interpessoal podem atuar como base de conflitos entre grupos ou departamentos. O choque entre linha e *staff*, discutido anteriormente neste capítulo, constitui um exemplo importante de **conflito intergrupal**. O gerenciamento do conflito entre grupos e departamentos pode ser realizado por meio de diversas estratégias.[11] O Tabela 10.3 relaciona técnicas específicas para esse caso.

Regras e procedimentos

Uma abordagem razoavelmente direta do gerenciamento do conflito intergrupal é o estabelecimento de regras e procedimentos. Esse método tem possibilidade de produzir melhor resultado se for fixado antes do surgimento do conflito. Como maneira de resolver diferenças mesmo após o aparecimento do conflito, no entanto, ainda permanece uma técnica potencialmente útil. A título de exemplo, considere dois departamentos que precisam usar um equipamento específico que pode ser utilizado por somente um de cada vez. Para gerenciar o conflito potencial nessa situação, certas horas do dia ou certos dias da semana podem ser reservados para que cada departamento faça uso exclusivo do equipamento. Regras e procedimentos, muitas vezes, ajudam a evitar conflito ou aplacar situações tensas, reduzindo o número de contatos entre grupos.

Apelo à autoridade superior

Nas circunstâncias em que regras e procedimentos não são estabelecidos com facilidade, pode-se solicitar o parecer de uma autoridade superior, visando a decidir qual a melhor maneira para gerenciar as necessidades dos grupos. Um superior pode, por exemplo, receber a atribuição de tomar decisões a respeito de como cada grupo terá seus desejos satisfeitos, tendo em mente atender as necessidades mais amplas da organização, em vez de simplesmente as dos grupos conflitantes. Essa técnica também pode ter aspectos negativos. Membros do grupo podem, por exemplo, tentar desenvolver amizade com o supervisor, em uma tentativa de receber consideração injustificada e adicional na programação das decisões. O supervisor também pode constatar que tentar gerenciar continuamente os interesses desses grupos requer muito tempo e diminui o tempo necessário para executar outros deveres de supervisão.

Posições de contato

Quando a coordenação dos esforços e interesses dos departamentos se torna crescente contínua e complexa, algumas vezes é desejável nomear uma pessoa em tempo integral, para gerenciar as

TABELA 10.3	TÉCNICAS PARA GERENCIAR O CONFLITO ENTRE GRUPOS

Regras e Procedimentos
Autoridade Superior
Posições de Contato
Negociação
Equipes

relações entre eles. A função de tal pessoa envolve ampliar as fronteiras ou cruzar as linhas divisionais entre grupos. Uma **posição de contato**, em essência, é aquela que necessita de uma pessoa que aja como elo de comunicação entre grupos. As posições de contato podem aumentar a freqüência de relacionamento entre grupos (por meio de reuniões e comunicados). O maior contato entre grupos pode facilitar a coordenação e, idealmente, incentivar a cooperação. O aspecto negativo é que os empregados que atuam como intermediários no interior das organizações vivenciam um grande número de conflitos relacionados aos cargos e à ambigüidade em relação a seu papel real. Isso pode, em parte, explicar a constatação de que as pessoas de contato encontram satisfação um tanto menor no trabalho.[12]

Negociação

Negociação é um processo interativo, no qual dois ou mais grupos discutem a alocação dos recursos. É uma técnica comumente usada para gerenciar conflitos. Ela, normalmente, aplica um dos seguintes modelos: negociação distributiva ou negociação integradora. *Negociação distributiva* consiste em uma abordagem conflitiva e com vencedor e perdedor, que se concentra em um conjunto de recursos predeterminado. *Negociação integradora* é um método baseado em colaboração, visando à solução de problemas, e que procura criar resultados bons para as partes. Embora o método da negociação integradora seja mais atraente, é difícil de implementar. Essa dificuldade origina-se, parcialmente, da falta de disposição das partes para demonstrar confiança mútua. Para que um método integrador de resolução de problemas seja eficaz, cada parte deve apresentar também um grau elevado de interesse pelos resultados da outra parte. A fim de os grupos passarem a adotar um método de negociação distributivo em substituição a um integrador, uma pessoa deve se empenhar para criar opções que ofereçam ganhos mútuos. Além disso, ele ajuda a despersonalizar a natureza do conflito e focalizar os principais interesses das partes envolvidas.[13]

Equipes

Equipes são conjuntos de colaboradores indicados para gerenciar relações entre os grupos. Elas podem ser criadas para o gerenciamento das relações de longo prazo e contínuas entre os grupos ou ser estabelecidas para analisar um problema específico de curto prazo. A principal finalidade das equipes consiste em equacionar problemas recorrentes que resultam de conflitos intergrupais e desenvolver instrumentos para gerenciá-los. Normalmente, elas são formadas por empregados que fazem parte dos grupos que competem. Os membros da equipe, no entanto, possuem, via de regra, uma especialização funcional que justifica sua atuação como integrante do grupo. Evidentemente, tais equipes trabalham melhor quando os membros adotam um método para solução de problemas associados à tarefa, e deixam de lado posturas concorrenciais ou antagônicas em relação aos membros do grupo oposto.

Estímulo ao conflito

Foi sugerido, no início deste capítulo, que existe um nível ótimo de conflito para qualquer situação. Embora esse nível, algumas vezes, possa ser zero, na maioria dos casos um nível moderado incentiva, na realidade, envolvimento e inovação. Isso indica que certas situações podem se beneficiar efetivamente da criação do conflito. Alguns sinais de que o gerente precisa, para estimular o conflito incluem: índice de rotatividade incomumente reduzido, falta de novas idéias, grande resistência à mudança e crença de que a cooperação (principal traço de um subordinado que sempre concorda) é mais importante do que a capacitação pessoal.[14]

Entre as técnicas específicas indicadas para induzir conflitos, destacam-se:

1. *Nomear gerentes abertos à mudança.* Em algumas unidades, um gerente excessivamente autoritário tenderá a não considerar pontos de vista opostos. A letargia resultante pode ser vencida, em certo grau, por meio de seleção e nomeação apropriadas de gerentes orientados à mudança.
2. *Encorajar a competição.* O uso de incentivos individuais e grupais para melhorar o desempenho, como aumento salarial, gratificações e reconhecimento, tende a aumentar a concorrência, que, caso seja gerenciada apropriadamente, pode resultar em conflito criativo.
3. *Reestruturar a unidade de trabalho.* Alterar a composição das equipes de trabalho, proceder à rotatividade do pessoal e modificar linhas de comunicação podem contribuir muito para a remodelação de uma organização. A reestruturação também pode criar novos cargos, a ser preenchidos por pessoas de fora, cujos valores e estilos contrastem com as normas prevalecentes, porém, letárgicas.

Resumo

1. **Definir conflito.**
   Conflito é o processo resultante de uma pessoa (ou um grupo) perceber que outra está impedindo, ou em vias de impedir, uma ação importante.
2. **Contrastar competição e conflito.**
   O conflito é direcionado a uma outra parte, ao passo que a competição é voltada para a obtenção de uma meta desejada, sem interferência de uma outra parte. A diferença reside na possibilidade de uma das partes empreender ações que interfiram nas iniciativas de uma outra para alcançar uma meta.
3. **Explicar como mudou a compreensão do conflito.**
   A visão tradicional encarava o conflito como prejudicial e desnecessário. Atualmente, ele é considerado inevitável em toda organização e, muitas vezes, necessário para assegurar desempenho elevado. Seu valor depende de como afeta o desempenho.
4. **Relacionar algumas fontes de conflito.**
   O conflito pode surgir de má comunicação, de um acréscimo no tamanho da organização, da heterogeneidade do quadro de pessoal, da maior participação dos subordinados, das diferenças entre pessoal de linha e de *staff*, dos sistemas de remuneração mutuamente exclusivos, da competição por recursos limitados, da distribuição desigual do poder e de diferenças entre indivíduos.
5. **Descrever estratégias para o gerenciamento de conflitos em uma organização.**
   O gerente pode estabelecer metas de nível superior para partes antagônicas, de modo a motivá-las a cooperar para atingir uma meta comum. Ele pode transferir a outras unidades indivíduos com propensão ao conflito ou instituir um procedimento de apelação.
6. **Relacionar as maneiras pelas quais um gerente pode induzir um conflito desejável.**
   Podem-se nomear gerentes abertos à mudança, incentivar a competição e reestruturar a unidade de trabalho, para alterar linhas de comunicação ou criar novos cargos.

Episódio crítico

O pesadelo de um gerente

A empresa Wearever Tire tem operado em Happyville, no estado de Nova York, há 45 anos. Bem conhecida por suas políticas avançadas de recursos humanos e por benefícios competitivos, a Wearever tem se valido das boas relações entre colaboradores e dirigentes, e oferecido o que é, virtualmente, emprego para toda a vida a diversas gerações de famílias locais. A companhia goza da reputação de ter preocupação pelo meio ambiente e oferecer grande apoio à comunidade.

Atualmente, a Wearever defronta-se com uma ameaça séria. Acaba de saber que um cliente importante diminuirá o número de pedidos este ano, por causa da concorrência externa. Bob Stone, gerente da Divisão Industrial, foi notificado de que precisa reduzir em 20% seu pessoal. Um plano completo, esboçado pelo departamento de recursos humanos, detalha suas opções. Algumas reduções de custos necessárias e associadas à mão-de-obra virão da diminuição gradual do quadro, isto é, dos níveis normais de rotatividade e das aposentadorias previstas. O maior número, entretanto, terá de ocorrer a partir de reduções forçadas — antecipação de aposentadorias ou dispensas.

Para aqueles que serão dispensados e têm pouca idade para se aposentar, a Wearever oferecerá um bônus, em dinheiro, previsto para compensar os custos emocionais e financeiros da dispensa, e cada empregado despedido poderá usar os serviços de consultores em recolocação. A amplitude dos serviços de recolocação incluirá aconselhamento de carreira, técnicas de comportamento em entrevistas e treinamento para procura de emprego, como o preparo de currículo, criação de carta para apresentação etc. A consultoria de colocação também disponibiliza escritórios para os clientes, incluindo mesas, telefones e salas de conferência.

Para incentivar a aposentadoria antecipada daqueles que já se aproximam da idade, a Wearever oferecerá um pacote "5-5-4". De acordo com esse esquema, terão oportunidade de se aposentar cinco anos antes da idade prevista em lei; poderão acrescentar cinco anos a seu tempo de serviço com a empresa (aumentando, desse modo, o valor da aposentadoria) e receber quatro semanas de pagamento por ano de trabalho na empresa, sob forma de bônus único, envolvendo uma quantia total.

Bob teme comunicar os cortes a todo o quadro de pessoal. Uma reunião com toda a empresa ocorrerá às 14 horas, para anunciar os detalhes dos planos, porém, ele deseja antecipá-los e, portanto, reunirá todos em sua sala após o almoço. Ele já vislumbrou, em sua mente, quem provavelmente aceitará a opção 5-5-4. Bob sabe que as decisões do pessoal não serão fáceis de tomar. Eles ficarão atraídos pela oferta, porém, ele gostaria de enfatizar que as pessoas devem agir de acordo com um auto-interesse cauteloso, e não porque a oferta é muito boa para ser recusada. Ele também tem idéia de quem selecionará para ser despedido. Alguns dos poucos infelizes são seus melhores colaboradores, entretanto, suas posições não podem mais ser protegidas e não existem vagas disponíveis na organização para transferi-los.

1. Por que os empregados na faixa etária de 50 a 60 poderiam enfrentar um conflito pessoal em sua decisão relativa a uma aposentadoria antecipada?
2. A redução do número de empregados de uma companhia causa um grande conflito entre trabalhadores dispensados e os demais colaboradores que permanecem na empresa.

a. O que a Wearever tem feito para diminuir os conflitos para os empregados que serão dispensados?
b. Relacione algumas formas de conflito que um empregado da Wearever que não foi dispensado pode manifestar.
c. O que a Wearever pode fazer para os colaboradores remanescentes, a fim de reduzir possíveis conflitos?

Fonte: Susan Stites-Doe, State University of New York, College at Brockport.

Exercício experimental

Com que sucesso você gerencia conflitos?
Passo 1
Encontram-se relacionadas, a seguir, 15 pares de afirmativas que as pessoas usam para justificar o modo como se comportam em situações de conflito. Atribua um total de três pontos entre as duas afirmações alternativas em cada par. Baseie a distribuição de pontos na avaliação da importância relativa, para você, de cada alternativa como um meio para lidar com o conflito.
Distribua da seguinte maneira os pontos entre a primeira e a segunda afirmativa.

$$\frac{(a) \quad 3}{(b) \quad 0} \text{ ou } \frac{(a) \quad 2}{(b) \quad 1} \text{ ou } \frac{(a) \quad 1}{(b) \quad 2} \text{ ou } \frac{(a) \quad 0}{(b) \quad 3}$$

Os números atribuídos a cada par precisam totalizar três.
1. Estou disposto a desistir de algo, a fim de obter algo diferente. (a) _____
   Usualmente, sou muito firme para alcançar minhas metas. (b) _____
2. Usualmente, esforço-me para tranqüilizar os pensamentos de outra pessoa, a fim de preservar nosso relacionamento. (c) _____
   Tento comunicar abertamente, em caráter imediato, todas as nossas preocupações. (d) _____
3. Usualmente, tento conseguir ajuda de outra pessoa para chegar a uma solução. (e) _____
   Tento evitar assumir uma posição que tenha possibilidade de criar controvérsia. (f) _____
4. Tento fazer o que for necessário para evitar tensões. (g) _____
   Algumas vezes, abro mão de minhas próprias pretensões, para atender aos desejos de outra pessoa. (h) _____
5. Usualmente, insisto para que minha posição seja aceita. (i) _____
   Usualmente, deixo a outra pessoa ter algumas pretensões, desde que ela me permita ter as minhas próprias. (j) _____
6. Usualmente, sou muito firme ao empenhar-me para atingir minhas metas. (k) _____
   Usualmente, tento obter o auxílio de outra pessoa para obter uma solução. (l) _____
7. Estou disposto a desistir de algo, a fim de conseguir algo diferente. (m) _____

      Tento evitar assumir uma posição que crie controvérsia. (n) _____
8. Usualmente, esforço-me para tranqüilizar o pensamento de outra pessoa, a fim de preservar nosso relacionamento. (o) _____
      Usualmente, deixo a outra pessoa ter algumas pretensões, desde que me permia ter as minhas (p) _____
9. Usualmente, insisto para que minha posição seja aceita. (q) _____
      Algumas vezes, abro mão de minhas próprias pretensões, para atender aos desejos de outra pessoa. (r) _____
10. Estou disposto a desistir de algo, a fim de conseguir algo. (s) _____
      Tento comunicar, em uma única vez, todas as nossas preocupações. (t) _____
11. Tento fazer o que é necessário para evitar tensões. (u) _____
      Usualmente, deixo a outra pessoa ter algumas pretensões, desde que me permita ter as minhas próprias. (v) _____
12. Usualmente, esforço-me para tranqüilizar os pensamentos de outra pessoa, a fim de preservar nosso relacionamento. (w) _____
      Usualmente, sou muito firme ao empenhar-me para atingir minhas metas. (x) _____
13. Tento evitar assumir uma posição que crie controvérsia. (y) _____
      Usualmente, insisto para que minha posição seja aceita. (z) _____
14. Usualmente, tento conseguir ajuda de outra pessoa para chegar a uma solução. (aa) _____
      Algumas vezes, abro mão de minhas próprias pretensões, para atender aos desejos de outra pessoa. (bb) _____
15. Tento comunicar, em caráter imediato, todas as nossas preocupações. (cc) _____
      Tento fazer o que for necessário para evitar tensões. (dd) _____

Passo 2

Obtenha totais, indicando o valor que atribuiu a cada uma das afirmativas, e some os valores de cada coluna.

I	II	III	IV	V
(a) ___	(b) ___	(c) ___	(d) ___	(f) ___
(j) ___	(i) ___	(h) ___	(e) ___	(g) ___
(m) ___	(k) ___	(o) ___	(l) ___	(n) ___
(p) ___	(q) ___	(r) ___	(t) ___	(u) ___
(s) ___	(x) ___	(w) ___	(aa) ___	(y) ___
(v) ___	(z) ___	(bb) ___	(cc) ___	(dd) ___
___	___	___	___	___

    Esses resultados refletem sua percepção de utilização dos diversos estilos de gerenciamento de conflitos. O total maior indica um estilo preferido, entretanto todos temos o potencial para adotar várias abordagens de gerenciamento de conflitos, dependendo da situação. Os diversos estilos são denominados: I. benevolência; II. coesão; III. conciliação; IV. colaboração; V. evasão.

    Os passos a seguir são opcionais, e podem ser adotados segundo os critérios de seu instrutor.

Passo 3

Leia o episódio a seguir e junte-se a colegas, em sua classe, para discutir a situação e propor um plano para solucioná-lo.

A Seville Electronics fabrica componentes de computador para serem usados em aplicações industriais e militares. Todas as peças devem ser produzidas de acordo com padrões rigorosos.

Stuart Van Ault foi contratado recentemente como vice-presidente industrial. Semana passada ele percorreu a fábrica e foi abordado por um dos supervisores de produção. Esse supervisor estava visivelmente perturbado e gritou: "Estou contente por vê-lo aqui. Não conseguimos produzir nada, devido à qualidade dos materiais com os quais temos de trabalhar e com as pessoas que o departamento pessoal nos envia!" Stuart ficou surpreso com esse desabafo. Ele solicitou ao supervisor que o visitasse após o trabalho, para discutir esses problemas.

Quando se reuniram, o supervisor explicou que precisavam devolver aos fornecedores um volume cada vez maior de materiais, por não atenderem aos padrões de qualidade rigorosos da Seville. Ele julgava que esses padrões eram irreais e que o controle de qualidade estava causando problemas. O supervisor também se queixou da falta de colaboradores especializados e confiáveis. O absenteísmo e o índice de rotatividade estavam acima do prevalecente no setor. Ele ressaltou, finalmente, que vários lotes de produção haviam sido suspensos, para que, de acordo com o departamento de vendas, outros fossem fabricados imediatamente.

Passo 4

Cada grupo será solicitado a apresentar um plano de ação. Selecione um membro do seu grupo para atuar como porta-voz. Seja o mais específico possível ao descrever o que você faria e o por quê. Analise a implicação desses planos para o gerenciamento de conflito.

Fonte: Escrito por Bruce Kemelgor, da University of Louisville.

Trabalho é uma palavra com oito letras.
– Abbie Hoffman

Se meu médico dissesse que tenho somente seis meses de vida, eu não me preocuparia – digitaria um pouco mais rápido.
– Isaac Asimov

Satisfação no trabalho? Não sabia que essas duas palavras combinavam!
– Um Empregado da Indústria do Aço

Objetivos de aprendizagem

Após estudar este capítulo, você deverá ser capaz de:

1. Definir estresse.
2. Explicar várias perspectivas do estresse relacionado ao trabalho.
3. Identificar as causas pessoais do estresse.
4. Explicar as causas interpessoais do estresse.
5. Relacionar as causas organizacionais do estresse.
6. Descrever as reações típicas ao estresse.
7. Relacionar maneiras de lidar com o estresse.
8. Afirmar por que os dirigentes precisam ter interesse pela satisfação do empregado no trabalho.
9. Citar as fontes mais freqüentes de satisfação no trabalho.
10. Descrever algumas reações típicas dos empregados à pouca satisfação no trabalho.

Capítulo 11

Gerenciamento do estresse e da satisfação do colaborador no desempenho das funções

Mantendo "Cupido" afastado dos cubículos

Cupido foi atacado, recentemente, em virtude de muitas empresas estarem adotando medidas punitivas para desencorajar ou proibir o namoro no escritório. A fofoca, o assédio sexual e o receio de favoritismo, que acompanham muitas relações no escritório, tornaram o casamenteiro mítico *persona non grata* nas organizações dispostas a maximizar a produtividade, minimizando, ao mesmo tempo, os riscos legais.

Um estudo recente da Society for Human Resource Management constatou que mais da metade das 558 companhias pesquisadas afirmaram que colaboradores mantendo casos amorosos inconvenientes seriam transferidos, e mais de um terço declarou que poderiam ser dispensados. Embora poucas empresas mantenham, atualmente, diretrizes por escrito para relacionamentos no escritório, muitas estão reforçando velhos tabus contra sair com chefes, subordinados ou colegas de equipe, a fim de impedir um romance.

O namoro no escritório não é incomum, porém, pode ser arriscado para a vida amorosa e a carreira de uma pessoa. Embora excitante no início, esses relacionamentos, necessariamente, terminarão de alguma forma, criando circunstâncias muito dolorosas para todas as partes envolvidas. Em muitos casos, os empregados tratarão o tema como adultos e levarão adiante suas respectivas vidas. Em outros, o mal-estar resultante (ou mesmo o casamento) pode exigir a transferência de um ou de ambos os colaboradores para novos cargos. Um empregado pode fazer uma queixa judicial de assédio e, em casos extremos, o estresse emocional do rompimento pode levá-lo à agressão verbal e a cometer um ato de sabotagem ou violência.

Há boas razões para que muitas companhias adotem, atualmente, políticas contra relacionamentos amorosos entre colaboradores. Mesmo que a empresa não tenha diretrizes por escrito, porém, os empregados deveriam pensar com muito cuidado antes de transformar uma relação profissional em caso amoroso. De acordo com um especialista em trabalho e família, responder afirmativamente a qualquer das perguntas a seguir poderia indicar que um relacionamento avançou muito e que uma repreensão potencial da companhia é iminente:

- Você está envolvido com um subordinado ou chefe?
- Seu namorado participa da mesma equipe de trabalho?
- Seu caso está prejudicando o desempenho no trabalho?
- Você está "escapando" do escritório para manter encontros furtivos?
- Você demonstrou afeição em frente de colegas ou clientes?
- Você será capaz de desempenhar o cargo, caso termine o namoro?
- Seu relacionamento poderia provocar acusações de favoritismo?

Os problemas crescentes relacionados a namoro no escritório parecem apoiar o antigo axioma dos dirigentes: "O amor conquista todos os locais de trabalho".

Existindo ou não uma política, um novo relacionamento poderia comprometer a posição de um colaborador no trabalho. Embora eliminar todos os anseios ou impulsos relacionados ao escritório possa não parecer realista, Gabor Garai, sócio-gerente do escritório de advocacia Epstein, Becker & Green, conclama os empregados a estabelecer limites e "ser inacreditavelmente escrupulosos, para tentar manter qualquer relacionamento amoroso totalmente fora do escritório".

Fonte: Shellenbarger, S. "Getting Fired for Dating a Co-Worker: Office Romance Comes Under Attack", *The Wall Street Journal*, 19 fev. 2004.

Todos sabemos, com base em experiências diárias, que as situações plenas de conflito produzem sensações de mal-estar físico e psicológico. Quando uma pessoa se confronta com uma situação que representa ameaça (como no caso em que surge um conflito sério), a forma de excitação fisiológica e emocional que experimenta é denominada **estresse**. Acredita-se que a exposição prolongada a situações estressantes produza influências disfuncionais sérias, que podem afetar o desempenho das funções. Examinamos, neste capítulo, as principais causas, as reações e as técnicas relacionadas ao estresse. Analisamos, em seguida, o tópico relativo à satisfação do empregado no trabalho, uma conseqüência influenciada pelo estresse.

Visões do estresse relacionado às funções

O Dr. Hans Selye identificou três estágios distintos da resposta de uma pessoa ao estresse: alarme, resistência e exaustão. Esses três estágios definem a **Síndrome da Adaptação Geral** associada ao estresse.[1] No estágio de *alarme*, os músculos ficam tensos, o ritmo respiratório se acelera, a pressão sangüínea e o número de batimentos cardíacos aumentam. Em seguida, a pessoa sente ansiedade, raiva e fadiga. Essas respostas indicam que ela está resistindo ao estresse. Durante esse estágio de *resistência*, ela pode tomar decisões inadequadas ou ficar doente. Em virtude de a pessoa não poder manter essa resistência indefinidamente, ocorre a *exaustão* (veja a Figura 11.1). Durante esse estágio, o indivíduo desenvolve doenças induzidas pelo estresse, como dores de cabeça e úlceras. A capacidade para responder a outras exigências relacionadas ao trabalho é igualmente reduzida em grande escala. Embora a pessoa possa ser capaz de responder eficazmente a uma ameaça durante um dos estágios anteriores dessa reação, ser incapaz de lidar com uma ameaça nos estágios posteriores pode acarretar sérios problemas. A visão de Selye indica que todas as pessoas exibem o mesmo padrão de respostas e que todas conseguem tolerar somente um determinado nível de estresse, antes de ocorrer um problema sério e debilitante de exaustão.

A reposta precedente ao estresse em três estágios é denominada, algumas vezes, "luta ou fuga". Trata-se de uma resposta automática à ameaça que, no passado, ajudou a espécie humana, quando a principal preocupação era obter alimento e nos proteger de animais selvagens. Nos tempos antigos, uma reação poderosa ao estresse auxiliava a reagir rapidamente, lutando ou fugindo com agilidade de um predador. No mundo moderno, entretanto, formas persistentes de estresse (por exemplo, problemas sociais não resolvidos) exercem um efeito considerável sobre o bem-estar de um indivíduo. Considere o mal-estar prolongado que resulta quando um empregado é admoestado severamente pelo supervisor. Em tal situação, discutir com o chefe, ou evadir-se da situação, constitui uma resposta apropriada. Apesar disso, a resposta fisiológica do colaborador o prepara para realizar alguma forma de ação quando nenhuma pode ser possível. Nossa resposta fisiológica ao estresse, em essência, deixa de ser adequada em muitas situações que enfrentamos presentemente. Encalacrados em organismos paleolíticos, não somos bem adequados para os estresses nas organizações modernas.

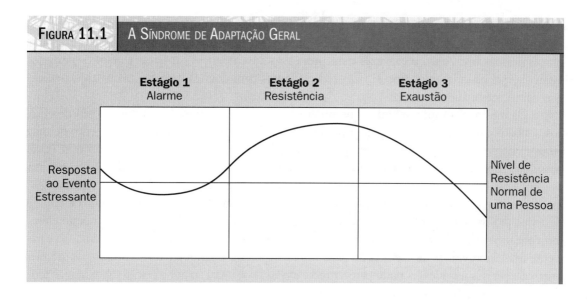

Apesar dos aspectos negativos do estresse, sua ausência total ou próxima pode estar abaixo do ideal para o desempenho. Nas situações em que ele é reduzido ou ausente, os empregados podem não estar suficientemente motivados ou envolvidos em suas tarefas. Para maximizar o desempenho, níveis reduzidos de estresse são, na verdade, preferíveis, porque, em intensidade modesta, eles podem estimular os indivíduos a trabalhar com mais afinco e a produzir mais. Uma certa intensidade de estresse pode ser, portanto, benéfica. O estresse que produz efeitos positivos deve ser denominado *eustresse* (o prefixo grego *eu* significa "bom"). O eustresse ocorre quando a pressão para o desempenho ajuda uma pessoa a alcançar resultados. Quando os níveis se elevam muito, no entanto, o desempenho do colaborador é prejudicado. A relação entre estresse e desempenho segue a curva mostrada na Figura 11.1.

John Ivancevich e Michael Matteson, dois especialistas na área de estresse no trabalho, descreveram suas principais causas, bem como as reações a ele.[2] Nas duas seções a seguir, examinamos o sumário desses autores para as principais causas e conseqüências do estresse. Depois, analisamos técnicas para lidar com ele.

Causas do estresse

Fatores pessoais

Personalidade tipo A *versus* tipo B

Algumas pessoas são mais propensas ao estresse do que outras. Especialmente suscetíveis são os indivíduos que exibem um padrão de comportamento conhecido como **personalidade tipo A**. Eles tendem a ser impacientes e competitivos, e julgam estar constantemente sob pressão do tempo. Também tendem a ser agressivos, tentam realizar várias coisas ao mesmo tempo e apresentam dificuldade para relaxar. Em contraste, os indivíduos com **personalidade tipo B** são relativamente mais tranqüilos, têm menos pressa e são muito menos competitivos.[3]

Em anos recentes, pesquisadores usaram testes de personalidade para avaliar se gerentes possuem personalidade tipo A ou tipo B. Um exemplo simples de um desses testes consta da

Tabela 11.1. Quando gerentes tipo A e tipo B foram estudados em termos de certos transtornos físicos, apareceram alguns resultados interessantes. Os pesquisadores descobriram, por exemplo, que as pessoas tipo A são duas vezes mais propensas a ter doenças cardíacas e ataques cardíacos fatais do que os indivíduos tipo B.[4] De 133 pacientes com doença cardíaca, 94 eram classificáveis como personalidade tipo A.[5]

Os mesmos comportamentos que predispõem indivíduos tipo A a certos transtornos físicos também parecem lhes predispor a certas modalidades de trabalho. Sessenta por cento de uma amostra de gerentes, por exemplo, podia ser identificada claramente como sendo do tipo A, ao passo que somente 12% eram classificáveis precisamente como tipo B.[6] De modo surpreendente, as características que parecem de maior utilidade para os indivíduos tipo A, em sua ascensão como dirigentes (como persistência, observação fanática das datas-limite etc.), não os ajudam em seu desempenho como dirigentes do primeiro escalão. Os indivíduos tipo B parecem possuir, preferentemente, um melhor histórico de desempenho nas posições mais elevadas. A atitude tranqüila e paciente desses indivíduos parece lhes oferecer uma perspectiva melhor da administração de grandes organizações. Essa evidência pode parecer indicar que as pessoas, ao atingirem o topo de suas profissões, deveriam abandonar os comportamentos tipo A e mudar para o tipo B. A tendência para exibir um comportamento tipo A, no entanto, está razoavelmente bem estabelecida em tais indivíduos, que encontram muita dificuldade para adotar o estilo de comportamento tipo B.

TABELA 11.1 | **AVALIAÇÃO PARA DETERMINAÇÃO DE PERSONALIDADE TIPO A OU TIPO B**

Para determinar seu tipo de personalidade, faça um círculo em torno do número que melhor represente seu comportamento.

Não sou rigoroso no cumprimento de horários	1	2	3	4	5	6	7	8	Nunca me atraso
Não sou competitivo	1	2	3	4	5	6	7	8	Sou muito competitivo
Nunca me apresso, mesmo sob pressão	1	2	3	4	5	6	7	8	Estou sempre apressado
Faço uma coisa por vez	1	2	3	4	5	6	7	8	Tento fazer várias coisas ao mesmo tempo; penso no que irei fazer em seguida
Faço as coisas lentamente	1	2	3	4	5	6	7	8	Faço as coisas rapidamente (comer, caminhar etc.)
Expresso meus sentimentos	1	2	3	4	5	6	7	8	Não os manifesto
Possuo muitos interesses	1	2	3	4	5	6	7	8	Possuo poucos interesses fora do trabalho

N° total de pontos _____ multiplicado por 3 = _____ Resultado final

Resultado Final	Tipo de Personalidade
120 ou mais	A+
106 a 199	A
100 a 105	A-
90 a 99	B+
Menos de 90	B

Fonte: Adaptado de Bortner, R. W. "A Short Rating Scale as a Potential Measure of Patterns of Behavior".

Mudanças na vida da pessoa

Um outro fator que pode produzir estresse é a magnitude e a freqüência das mudanças na vida de uma pessoa. Uma grande mudança (como ser despedido ou a morte da esposa), por exemplo, pode exercer um forte impacto sobre a saúde de uma pessoa. A ocorrência freqüente de muitas mudanças menos dramáticas, ao longo de um período de tempo breve, também pode provocar um efeito negativo. Ao estudar esse fenômeno, criou-se um sistema ponderado, que reflete a seriedade relativa das várias mudanças estressantes na vida (Tabela 11.2).[7] Se uma pessoa estiver sujeita, ao equivalente, a mais de 150 pontos de estresse em um ano, existe uma probabilidade superior a 50% de que sofrerá um distúrbio físico sério durante o ano seguinte. A probabilidade de contrair doenças aumenta para 80% nos resultados que excedem 300.

Atributos demográficos

Os níveis de estresse tendem a diminuir à medida que aumenta o nível de renda. Pessoas com maior nível de rendimento declaram ter menos estresse do que as de rendimento menor. Brancos afirmam ter menos estresse do que as minorias raciais, e os homens apresentam níveis de estresse menores que as mulheres. Minorias e mulheres, em termos agregados, entretanto, ocupam posições de nível inferior, que remuneram menos e contêm maiores exigências. Portanto, a existência de simples diferenças demográficas no nível de estresse constitui, provavelmente, um reflexo de diferenças nos atributos das funções.

Fatores interpessoais

Ciúme e inveja

Em anos recentes, tem ocorrido um reconhecimento crescente do papel das emoções negativas no trabalho. Duas emoções negativas intensas e comuns são o ciúme do colaborador e a inveja. **Ciúme do colaborador** pode ser definido como um conjunto de pensamentos, emoções e comportamentos que resultam de uma perda de auto-estima e não-obtenção de resultados concretos associados a um relacionamento de trabalho.[8] **Inveja do colaborador**, freqüentemente confundida com ciúme, pode ser definida como um conjunto de pensamentos, emoções e comportamentos resultantes da perda de auto-estima, em resposta a uma outra pessoa que obtém resultados almejados pessoalmente.* Sentimentos de inveja no trabalho, isto é, ressentimento pelo sucesso de outra pessoa, geralmente são considerados irrelevantes e reflexo de imaturidade, ao passo que os de ciúme, isto é, reação de proteção a uma ameaça a um relacionamento valorizado, são amplamente compreendidos por outras pessoas e socialmente mais aceitos. Igualmente, não é raro (e, provavelmente, tornou-se mais comum em anos recentes) que sentimentos fortes de ciúme e inveja no local de trabalho resultem em violência extrema. Em virtude de a perda de auto-estima desempenhar um papel no ciúme e na inveja, foi proposto que empregados com baixa auto-estima podem ser mais suscetíveis a esses sentimentos.[9] Os supervisores que se empenham em gerenciar o ciúme e a inveja potenciais devem considerar como as decisões afetarão a auto-estima dos empregados, e instituir técnicas que promovam cooperação e partilha de recursos

---

* Um modo simples para distinguir entre ciúme e inveja é se lembrar de que ciúme envolve três pessoas, ao passo que inveja somente requer duas.

TABELA 11.2 — Pesos Relativos das Mudanças Ocorridas na Vida

Evento na Vida	Valor na Escala
Morte do cônjuge	100
Divórcio	73
Separação do casal	65
Condenação cumprida na prisão	63
Morte de um parente próximo	63
Doença ou ferimento pessoal grave	53
Casamento	50
Dispensa do trabalho	47
Reconciliação conjugal	45
Aposentadoria	45
Mudança importante na saúde de um familiar	44
Gravidez	40
Dificuldades de ordem sexual	39
Nascimento de um novo membro da família	39
Alterações na empresa	39
Mudança na condição financeira	38
Morte de um amigo íntimo	37
Mudança para outro tipo de trabalho	36
Alteração do número de discussões com o cônjuge	35
Hipoteca ou empréstimo para uma aquisição importante (residência etc.)	31
Execução de hipoteca ou empréstimo	30
Alteração de responsabilidades no trabalho	29
Filho ou filha saindo de casa	29
Problemas com o(a) sogro(a)	29
Conquista pessoal excepcional	28
Cônjuge começa ou pára de trabalhar	26
Início ou término da escola	26
Mudança das condições de vida	25
Revisão dos hábitos pessoais	24
Problemas com o chefe	23
Alteração no horário ou nas condições de trabalho	20
Mudança de residência	20
Mudança de escola	20
Mudança de recreação	19
Mudança nas atividades da igreja	19
Mudança nas atividades sociais	18
Hipoteca ou empréstimo para aquisição de menor valor (automóvel etc.)	17
Alteração dos hábitos do sono	16
Mudança do número de reuniões da família	15
Mudança dos hábitos alimentares	15
Férias	13
Natal	12
Pequenas inobservâncias da lei	11

Fonte: Holmes T. H.; Rahe, L. O. "Scaling of Life Change: Composition of Direct and Indirect Methods".

(por exemplo, a introdução de equipes de trabalho autodirigidas, conforme discutido no Capítulo 5).[10] Pesquisas preliminares sobre ciúme e inveja dos empregados indicam que os homens expressam mais inveja no local de trabalho do que as mulheres (talvez porque estejam mais atentos à competição), enquanto as mulheres expressam mais ciúme no local de trabalho que os homens (talvez porque sejam mais preocupadas em manter as relações sociais). Além disso, os empregados que manifestam mais ciúme e inveja também expressam maior intenção de se demitir e menor satisfação no trabalho.[11]

Embora consideremos, normalmente, a inveja e o ciúme como emoções, e não estressores, na realidade são indutores do estresse, pois surgem da percepção de ameaças no ambiente de trabalho. Essas causam uma perda de auto-estima ou de posição social. De modo idêntico a outras a que estamos sujeitos, somos impelidos a afastá-la (isto é, eliminar) a ameaça, se possível.

Namoro no local de trabalho

Embora pareça razoavelmente óbvio que tais emoções negativas, como inveja e ciúme, estejam relacionadas a reações de estresse, pode parecer estranho ressaltar o namoro no local de trabalho (uma emoção interpessoal muito positiva) como fonte de estresse. As reações de estresse, no entanto, podem resultar entre os observadores do relacionamento amoroso que receiem o aparecimento de favoritismo ou dos participantes do namoro, quando o relacionamento perde intensidade. À medida que aumenta o número de mulheres em ocupações tradicionalmente masculinas e as pessoas dedicam mais horas ao trabalho e a viagens a ele relacionadas, as oportunidades para envolvimento romântico entre colaboradores apresentam tendência a aumentar. Presentemente, um número considerável de pessoas relaciona-se e acaba se casando com outras que conheceram no trabalho. Quase um terço de todos os relacionamentos amorosos, por exemplo, originam-se com um colega de trabalho. Igualmente, cerca de 75% dos empregados observaram ou participaram de namoros no trabalho. Além disso, pesquisas indicam que os gerentes não estão seguros quanto ao modo de estabelecer políticas nessa área que não seja a transferência do parceiro com menos anos de casa para uma unidade diferente, se um relacionamento amoroso resultar em casamento.[12]

Em função do risco de possíveis acusações de assédio sexual, caso o relacionamento íntimo torne-se conflitante (especialmente entre pessoas de diferente poder ou posição hierárquica), os gerentes não podem deixar de levar em conta um tópico que apresenta o potencial de ser imensamente prejudicial ao desempenho da unidade de trabalho. Os **namoros no trabalho** (definíveis como uma atração mutuamente desejada, duradoura, intensa e erótica entre colaboradores) são conhecidos, no mínimo, por estimular comentários e ter o potencial de uma exploração percebida. Apesar disso, a grande maioria dos gerentes reconhece que existe pouco que os empregadores possam fazer para impedir a atração romântica entre colaboradores.[*]

Pode-se argumentar, entretanto, sob uma perspectiva otimista, que os namoros no local de trabalho também podem ter alguma conseqüência positiva interessante para os empregadores. Empregados com envolvimento amoroso, por exemplo, têm probabilidade menor de sair, são mais abertos em termos de comunicar-se e trabalhar em colaboração, e podem aumentar o moral do grupo (ao contribuir para um sentimento coletivo de que "o amor está presente").[13]

---

[*] Você está convidado, neste ponto, a dar seu exemplo de namoro no local de trabalho, que tenha resultado em estresse significativo para os participantes e todos os observadores.

Fatores organizacionais

Responsabilidade por outros

Ter responsabilidade pode conduzir, em geral, a maior estresse.[14] Além disso, assumir responsabilidade por *outras pessoas*, em vez de responsabilidade pelas outras características de um empreendimento, pode ser muito estressante.[*] Para gerentes que lidam com pessoas, o estresse associado ao reconhecimento do impacto de suas ações sobre a vida dos demais é mais imediato e real do que para os que lidam, principalmente, com objetos e idéias.

Condições de trabalho

O ambiente de trabalho também desempenha um papel na determinação da intensidade de estresse sentido por um empregado. Certas ocupações são conhecidas pelos níveis elevados de estresse que acarretam. Conforme você pode imaginar, é realmente difícil provar que uma ocupação é mais estressante do que outra. Apesar disso, em uma tentativa razoavelmente direta de estudar o possível elo entre ocupação e doença, os registros de saúde de mais de 22 mil empresas foram analisados, para identificar transtornos relacionados ao estresse. Os resultados das comparações, para mais de cem ocupações revelaram a existência de diferenças significativas.[15] Constatou-se que o estresse, geralmente, é maior em funções como operário de construção civil, secretária, inspetor, gerente de escritório, garçom/garçonete, operador de mina, controlador de tráfego aéreo e técnico de laboratório clínico. Em contraste, ele era relativamente pouco intenso para artesãos, controladores de estoque, professores universitários e operadores de equipamento pesado. Além disso, não se constatou que o nível do *status* ocupacional estivesse relacionado a transtornos gerados pelo estresse, isto é, os empregados em cargos burocráticos *e* os da fábrica, e os trabalhadores especializados *e* não-especializados tiveram incidência grande e pequena de transtornos.

O ambiente de trabalho repetitivo e "desumanizador" criado pelas linhas de montagem tem sido vinculado a transtornos relacionados à saúde. Um estudo de trabalhadores da indústria divulgou que os empregados de companhias que usam tecnologia de linha de montagem apresentavam maior probabilidade de mostrar evidências de doença cardíaca coronariana precoce do que os envolvidos em outras tecnologias de trabalho. Sistemas de pagamento por unidade produzida também apresentaram constatações similares. Tais sistemas, geralmente, conduzem a uma produtividade maior do que os outros, porém a conseqüência para o empregado pode ser questionada. O número de acidentes, por exemplo, é maior no caso de sistemas de pagamento por unidade do que nos baseados em salários.[16]

A ausência de trabalho intrinsecamente agradável e gratificante encontra-se associada à sensação de estresse, como no caso de um empregado estar sobrecarregado. Descobriu-se nos contadores, por exemplo, uma correlação ente dia de entrega do formulário de imposto de renda e doença.[17]

---

[*] Em um experimento denominado, algumas vezes, estudo do "macaco executivo", dois rhesus foram imobilizados em cadeiras eletrificadas. Cinco segundos após ser acesa uma luz vermelha de advertência, ambos receberam choques. Depois de perceber que a luz atuava como um alerta para o choque iminente, o braço de um dos macacos foi solto, para que ele pudesse alcançar uma alavanca que impediria o choque em ambos. Após um intervalo de tempo, o macaco que teve a oportunidade de alcançar a alavanca conseguiu controlar, de modo confiável, a ocorrência do choque. O macaco com a responsabilidade (o "macaco executivo") teve de permanecer constantemente em vigilância. Quando o experimento terminou, os pesquisadores examinaram o trato intestinal de ambos os animais. O "macaco executivo" havia começado a desenvolver úlceras, ao passo que o companheiro não manifestou nenhum problema.

Esforço emocional

Um aspecto particularmente estressante de algumas funções envolve a obrigação de demonstrar emoções específicas. Colaboradores de *resorts* de férias, comissários de bordo e pessoal de vendas, por exemplo, são obrigados a exibir uma conduta extremamente positiva quando lidam com clientes, mesmo quando seus verdadeiros sentimentos estão longe de ser positivos. O esforço adicional exigido para manter essas sensações falsas ou "aparência de trabalho" é denominado **esforço emocional**.[18] Aprender a executar bem suas funções, mesmo quando isso exigir esforço emocional, significa demonstrar tom afetuoso, gestos, aparência e expressão verbal apropriados. Todo trabalho requer, em certa extensão, uma máscara ocupacional. Exemplos incluem supervisores que precisam impor regras disciplinares em que verdadeiramente não acreditam e enfermeiras que necessitam exibir calma perante o sofrimento humano.

Para lidar com o estresse causado por esse grau elevado de autocontrole, colaboradores em certas funções, muitas vezes, encontram saídas para seus verdadeiros sentimentos. John Van Maanen, do Massachusetts Institute of Technology, relatou algumas percepções interessantes por trás do modo como os empregados lidam com tal estresse.[19] Trabalhando como operador na área de brinquedos tipo montanha-russa da Disneylândia, Maanen observou que os operadores desses brinquedos aplicavam normas para controlar seus verdadeiros sentimentos. Em virtude de eles serem obrigados a projetar uma imagem positiva, otimista e bem definida, não estão autorizados a demonstrar animosidade em relação aos visitantes, mesmo se um deles for muito grosseiro. Os operadores lidam com tais "patos" (termo depreciativo usado pelos operadores para indicar clientes indisciplinados) colocando bruscamente os cintos de segurança nos usuários do parque, apertando-os excessivamente ou provocando situações em que quase ocorrem colisões dos carrinhos, tendo por finalidade sobressaltar e intimidar os visitantes. Eles também lidam com a exigência do controle contínuo das emoções "agindo como robôs" ou "permanecendo ausentes", isto é, mantendo distanciamento emocional e, simultaneamente, um exterior sorridente.* Na Disneylândia, bem como em outras funções de contato com o público, os empregados trabalham com o esforço emocional, agregando-se sob a forma de unidades coesas e autoprotetoras. Tal coesão ajuda a trabalhar em cooperação, para enfrentar os "patos" e lidar com os supervisores.

Conflito do papel

O **conflito do papel** ocorre quando são feitos, a um empregado, dois ou mais conjuntos de exigências, de tal modo que acatar um deles torna mais difícil observar o outro.[20] Espera-se de um colaborador, em essência, que ele execute funções contraditórias ou conflitantes. Um supervisor pode julgar, por exemplo, que seu superior tenha uma expectativa de maior produtividade de seu departamento, ao passo que seus subordinados esperam por sua ajuda, a fim de identificar maneiras para reduzir sua cota diária. De modo análogo, uma professora de faculdade pode perceber que se espera dela a dedicação a um grande número de horas para a preparação de aulas e, ao mesmo tempo, tem-se a expectativa de que divulgue artigos em publicações especializadas mais competitivas. Se possível, uma pessoa pode resolver o conflito dedicando maior tempo e energia à exigência mais premente em uma dada situação (por exemplo, preparando uma exposição à medida que se aproxima o horário da aula). Há concordância de que a satisfação do empregado

---

* Os supervisores da Disneylândia tentam identificar operadores "descontentes" (o termo usado pelos supervisores para operadores indesejáveis), fazendo-se passar por turistas e participando ocultamente de várias atrações, para ver se tudo está satisfatório.

no trabalho diminui à proporção que aumenta o conflito do papel.[21] Descobriu-se também que esse conflito tem relação com doença cardíaca, pressão sangüínea, colesterol elevado e obesidade.[22] Além disso, a capacidade para tomar decisões de alta qualidade e ser criativo tem possibilidade de diminuir nas situações que apresentam um grau elevado de conflito do papel.

Ambigüidade do papel

A **ambigüidade do papel** refere-se à ausência de clareza em relação ao modo como um colaborador deve executar suas funções. A ambigüidade ou a incerteza pode estar em torno do conhecimento de que metas fixar, da melhor maneira para cumpri-las e determinar o nível em que foram alcançadas pelo colaborador. No início, todos os empregados recém-contratados apresentam algum grau de ambigüidade do papel, quando as funções lhes são atribuídas. Alguns cargos, no entanto, constantemente não apresentam clareza quanto ao modo de desempenho. Cargos gerenciais, por exemplo, comumente não englobam um conjunto específico e bem definido de atividades para ser realizado rotineiramente. Gerentes de equipes de projeto também apresentam possibilidade de ter maiores graus de incerteza, especialmente nas fases iniciais do trabalho.

A ambigüidade do papel encontra-se associada, de perto, a uma variedade de conseqüências negativas. De modo análogo ao conflito do papel, considera-se que a menor satisfação no trabalho seja resultado de uma maior ambigüidade. Além disso, níveis menores de autoconfiança, menos satisfação com a vida em geral e maior expressão da intenção de deixar a empresa foram identificados como correlacionados com a ambigüidade do cargo.[23]

Sobrecarga de funções

Adicionalmente ao conflito e à ambigüidade, os processos relacionados ao papel podem ter participação como fonte de estresse ainda de uma terceira maneira: sobrecarga de funções. A **sobrecarga de funções** ocorre quando é esperado um excesso de atividades por parte de um colaborador, tendo em vista o tempo disponível e sua capacidade. As indicações de sobrecarga incluem trabalhar mais de 60 horas por semana, ter dois empregos e adiar férias. Constatou-se que estar em uma situação na qual a pessoa não tem o tempo necessário para realizar as tarefas exigidas pode ser uma causa possível de colesterol elevado.[24] Descobriu-se ainda que a sobrecarga possui relação com insatisfação no trabalho, menor auto-estima, batimentos cardíacos acelerados e maior consumo de cigarros.[25]

Trabalho em turnos

Aproximadamente 20% da força de trabalho dos Estados Unidos (cerca de 20 milhões de pessoas) participam da alternância de horários de trabalho (tarde e noite), em oposição a horários fixos durante o dia[26]. O trabalho em turnos é inevitável em uma sociedade moderna e tecnológica. Certos serviços precisam estar disponíveis 24 horas por dia e, portanto, requerem turnos. Bombeiros, policiais militares, pessoal médico e militar e operadores de serviços essenciais (água, gás, eletricidade), por exemplo, precisam trabalhar em turnos ininterruptos. Por causa da impopularidade dos turnos vespertinos e noturnos, muitos empregadores consideram necessária a rotatividade dos colaboradores nos turnos.

TABELA 11.3	SINTOMAS DE ESTRESSE ASSOCIADOS AO TRABALHO EM TURNOS

Fadiga

Dificuldade para dormir

Transtornos relacionados ao apetite, à digestão e às funções fisiológicas de eliminação

Maior índice de divórcios

Maior incidência de problemas sexuais

Menos envolvimento em organizações sociais e religiosas

Menos contato com amigos

Menor produtividade

Maior número de acidentes

Menor compromisso com a organização

Essa rotatividade exerce, compreensivelmente, uma influência adversa nos padrões de sono e nas oportunidades para atividades sociais normais. Além disso, é substancial o número de conseqüências negativas do trabalho. A Tabela 11.3 relaciona alguns desses problemas.[27] Embora tenham ocorrido avanços significativos na compreensão dos ritmos biológicos – isto é, as funções fisiológicas que se repetem a intervalos regulares –, não houve progressos equivalentes na aplicação desse conhecimento sob forma de intervenções direcionadas a reduzir os problemas causados pelo trabalho em turnos.

Reações ao estresse

Problemas físicos

Conforme indicado previamente, um nível elevado de estresse tem sido relacionado a um grande número de distúrbios físicos, incluindo doença cardíaca, artrite, úlcera, pressão alta e níveis elevados de colesterol.[28] Também existe alguma suspeita de que o estresse possa estar relacionado ao câncer.[29]

Embora seja impossível quantificar o custo individual dos problemas físicos sérios, é possível estimar o custo das despesas médicas para uma organização. Ivancevich e Matteson, por exemplo, criaram uma folha de trabalho para estimar os custos anuais associados à substituição de empregados que sofrem de doenças cardíacas.[30] Para uma companhia que emprega 4 mil pessoas, as estimativas seriam:

1. Número de empregados — 4.000
2. Empregados na faixa etária de 45 a 65 anos (0,25 × linha 1) — 1.000
3. Número estimado de mortes por doença cardíaca durante o ano (0,006 × linha 2) — 6
4. Número estimado de aposentadorias antecipadas durante o ano por problemas cardíacos (0,003 × linha 2) — 3
5. Perda anual de colaboradores por causa de doenças cardíacas (soma das linhas 3 e 4) — 9
6. Custo de reposição anual: custo médio de contratação e de treinamento dos substitutos de empregados experientes (linha 5 × US$ 10.600) — US$ 95.400

Conforme esses números indicam, a doença cardíaca pode representar um custo significativo para a organização, e o número absoluto de empregados com probabilidade de morrer por doenças cardíacas não é pequeno. Além disso, os custos adicionais de hospitalização, remuneração perdida e desempenho perdido não estão incluídos nessa estimativa. Sem dúvida, uma única organização não pode assumir responsabilidade integral por todas as mortes de empregados decorrentes de doenças cardíacas. Além do estresse relacionado ao trabalho, muitos outros fatores exercem um papel no aparecimento de doenças cardíacas, incluindo hereditariedade, hábitos alimentares e estado geral de bem-estar.

Alcoolismo e abuso de drogas

O National Institute on Alcohol Abuse and Alcoholism estima que entre 6% e 10% de todos os empregados são alcoólatras. Embora o uso de drogas não seja tão disseminado como o abuso de álcool, constitui, assim mesmo, um sério problema. O abuso de álcool e de drogas se encontra relacionado aos maiores níveis de estresse dos empregados. Além de ameaçar o próprio bem-estar, os colaboradores que compareçam ao trabalho sob influência de álcool ou de drogas representam uma ameaça séria ao bem-estar dos colegas, pela maior propensão a acidentes de trabalho.

Absenteísmo, rotatividade e insatisfação

As pesquisas apontaram, geralmente, para uma relação entre estresse e aumento de comportamentos de isolamento, como absenteísmo e rotatividade.[31] Também foi observada uma correlação entre insatisfação e estresse relacionado ao trabalho.[32] Em virtude de esses estudos do estresse como previsor de rotatividade, absenteísmo e insatisfação terem sido todos de natureza correlacional, torna-se difícil afirmar, conclusivamente, quais fatores são responsáveis pela relação.

Violência no ambiente de trabalho

Embora existam disponíveis poucas provas convincentes, acredita-se amplamente que as ações hostis no local de trabalho, como violência e formas de sabotagem direcionadas contra supervisores e trabalhadores, possam resultar, ao menos indiretamente, do estresse. O estresse associado à sensação de insegurança no trabalho, por exemplo – isto é, planos para cortes de pessoal –, tem sido citado como causa que contribuiu para alguns tiros disparados por empregados do correio dos Estados Unidos.[33] Iniciativas recentes para compreender a violência no ambiente de trabalho revelaram que um número relativamente pequeno de pessoas é assassinado no trabalho por colegas enraivecidos que perdem o controle emocional. Embora a maior parte dos homicídios no local de trabalho ocorra durante assaltos e outros crimes (e, normalmente, tenha como vítimas taxistas, policiais militares, atendentes de hotéis e frentistas), colegas antigos e atuais são responsáveis por aproximadamente 5% do total. A violência no ambiente de trabalho tende a envolver, mais comumente, manifestações de comportamento agressivo de pequena expressão. A maior parte das agressões pode ser caracterizada como encoberta (feita anonimamente, para ocultar a identidade do agressor), verbal (como o uso de linguagem ofensiva ou de fofocas) ou envolve demonstrações breves de grande irritação (como ameaças). Os estudos da ocorrência de agressão no **local de trabalho** – isto é, ações visando a prejudicar empregados ou organizações – revelam três formas ou manifestações principais do fenômeno. A Tabela 11.4 relaciona exemplos dessas atividades em ordem decrescente de freqüência. Conforme a relação indica, a maior parte pode ser descrita como de natureza indireta (em vez de direta) e verbal (em vez de física).

TABELA 11.4	UTILIZAÇÃO DOS CINCO ESTILOS DE GERENCIAMENTO DE CONFLITOS

	Classificação
Manifestações de Hostilidade	
Falar pelas costas da pessoa almejada / espalhar rumores	1
Interromper outros enquanto falam / trabalham	2
Ostentar *status* / agir de modo condescendente	3
Não falar com alguém	4
Assédio sexual verbal	5
Encarar, olhar maliciosamente ou outro contato visual negativo	6
Prejudicar intencionalmente com elogio de pouca relevância	7
Sair da área de trabalho quando o alvo entra	8
Deixar de negar rumores falsos sobre o alvo	9
Gestos negativos ou obscenos dirigidos ao alvo	10
Ridicularizar o alvo ou seu trabalho	11
Obstrucionismo	
Deixar de retornar chamadas telefônicas ou de responder memorandos	12
Chegar tarde em reuniões estratégicas	13
Fazer com que outros retardem ações relacionadas a assuntos importantes	14
Consumir desnecessariamente recursos necessários para o alvo	15
Diminuir intencionalmente o ritmo de trabalho	16
Falha em avaliar o alvo sobre problemas iminentes	17
Agressão Patente	
Roubo / destruição da propriedade pessoal do alvo	18
Ameaças de violência física	19
Ataque / agressão física (por exemplo, empurrar, avançar, atingir)	20
Destruir correspondências ou mensagens necessárias para o alvo	21
Atacar com arma	22

Nota: Quanto menor a classificação, maior a freqüência de ocorrência constatada.

Fonte: Adaptado de Neuman, J. H.; Baron, R. A. "Workplace Violence and Workplace Agression: Evidence Concerning Specific Forms, Potential Causes, and Preferred Targets", *Journal of Management* 24, p. 391-419, 1998.

Doença psicogênica do grupo

Talvez uma das respostas intrigantes mais estranhas à experiência do estresse seja a ocorrência da **doença psicogênica do grupo**. Um relatório que cobriu um desses casos afirmou que 30 trabalhadores em uma linha de montagem de produtos eletrônicos se queixaram, durante duas semanas, de dores de cabeça, sonolência, náusea e tontura. Um outro relatório envolveu 27 empregados de uma fábrica de móveis de alumínio. Embora não fossem usados produtos químicos no processo de montagem, esses colaboradores relataram sintomas de tontura, delírios, boca seca e mau hálito, após sentir um odor estranho. À medida que se espalhou o comentário de que outros empregados tinham visto uma névoa azul em uma seção da fábrica, quase ocorreu pânico entre os mais de 300 colaboradores, acarretando o fechamento temporário da unidade. Uma análise de amostras do ar, no entanto, não detectou traços de compostos químicos tóxicos. Em um terceiro incidente, empregados de uma fábrica de peixe congelado queixaram-se de dor de cabeça, tontura e dificuldade para respirar, logo após o início de seu turno. Alguns anos antes, um vazamento de monóxido de carbono na fábrica afetara diversos empregados; no entanto os sintomas recentes não eram os da exposição a esse gás. Além disso, um dispositivo detector–registrador mostrou que o nível de monóxido de carbono no ar, na área onde os empregados se queixaram, encontrava-se bem abaixo do necessário para provocar efeitos nocivos.[34]

Em anos recentes, especialistas em saúde ocupacional iniciaram o exame das causas possíveis da doença psicogênica do grupo; entre as principais causas suspeitas, encontra-se o estresse relacionado ao trabalho. Investigações adicionais indicaram que a incidência real da doença psicogênica do grupo pode ser muito maior do que descrito na literatura médica.[35] Pode-se esperar que o número de tais surtos aumente à medida que o estresse relacionado ao trabalho combine com uma maior conscientização dos empregados em relação aos temas de exposição a produtos químicos tóxicos e de uma ameaça de bioterrorismo.

Um estudo de nove surtos de doença psicogênica do grupo revelou que os cinco sintomas mais comuns incluem dor de cabeça, tontura, náusea, cãibras abdominais e tosse. Os surtos, muitas vezes, seguem-se a um indutor ambiental, como um odor ou um "caso de referência" visível de alguém se sentindo mal, gerando alguma resposta de emergência.

A transmissão tende a ser por meio da "linha de observação visual", em que as pessoas que vêem outras afirmando estar doentes também se tornam doentes[36]. Além disso, os surtos relatados envolveram um número desproporcional de mulheres, em relação aos homens.[37] A melhor resposta a um surto de doença psicogênica do grupo envolve proporcionar um senso de segurança, afastar os indivíduos do ambiente no qual começou o surto e (mais importante) reconhecer que, embora não possa ser identificada uma causa tóxica da doença, os sintomas das pessoas afetadas, assim mesmo, são reais.

Recentemente, tem havido uma aceitação crescente (por exemplo, pela Organização Mundial da Saúde) de um fenômeno, no ambiente de trabalho, relacionado à doença psicogênica do grupo – a síndrome do aparecimento de distúrbios. Em um caso, 94% dos empregados de escritório de um prédio novo queixaram-se de dor de cabeça, irritações da pele e náusea. Ironicamente, 60 empregados que trabalham no prédio da Environmental Protection Agency, em Washington D.C., declararam ter fadiga e ter perdido a voz. Em alguns casos, as doenças podem ter origem em produtos químicos presentes em adesivos de carpetes, lâmpadas fluorescentes que pulsam e brilho da tela do computador. Em outros, uma ventilação inadequada, que provoca a circulação de fungos, micróbios e ácaros, pode ser um fator contribuinte.[38]

Esgotamento – Um problema persistente

O **esgotamento**, como o estresse, é uma reação a dificuldades prolongadas e que exaurem as energias. Seu principal sintoma é a impressão de sentir-se sem forças ou esgotado. Normalmente, afeta as pessoas altamente conscientes e que trabalham auxiliando as demais, como policiais militares, professores, assistentes sociais e enfermeiros. Em alguns pontos, tais empregados podem vir a sentir que não estão tendo o reconhecimento que esperavam por sua dedicação às pessoas. A frustração conduz à sensação de apatia e fracasso, o que pode provocar sintomas físicos, como pressão alta e úlcera, e sintomas mentais, como depressão e irritabilidade. O esgotamento e o estresse são, sob muitos aspectos, reações muito similares. A Tabela 11.5 apresenta uma lista de verificação para avaliar o esgotamento.

Lidando com o estresse

Ajudar uma pessoa a manter o nível de estresse mais adequado para ela constitui a meta de várias técnicas de gerenciamento do estresse. De modo geral, as técnicas que examinamos concentram-se, principalmente, na redução do estresse, em vez da elevação.

| TABELA 11.5 | LISTA DE VERIFICAÇÃO DO ESGOTAMENTO |

	Verdadeiro a Maior Parte das Vezes	Falso a Maior Parte das Vezes
1. Sinto-me cansado com mais freqüência do que anteriormente.	_____	_____
2. Irrito-me com as pessoas muito freqüentemente.	_____	_____
3. Muitas vezes, parece inútil tentar ajudar outras pessoas.	_____	_____
4. Pareço estar trabalhando mais, porém, com menos resultado.	_____	_____
5. Fico deprimido muito facilmente.	_____	_____
6. Meu trabalho está começando a me deprimir.	_____	_____
7. Sinto, com freqüência, não ter uma direção na vida.	_____	_____
8. Cheguei (ou estou chegando rapidamente) a um beco sem saída em meu trabalho.	_____	_____
9. Perdi muito de minha energia ultimamente.	_____	_____
10. Tenho dificuldade para rir de uma piada sobre minha pessoa.	_____	_____
11. Não estou, realmente, com um distúrbio físico, porém sinto muitas dores e mal-estar.	_____	_____
12. Parece que, ultimamente, me afastei dos amigos e da família.	_____	_____
13. Estou perdendo meu entusiasmo pela vida.	_____	_____
14. Não tenho mais o que dizer às pessoas.	_____	_____
15. Tenho muito menos controle emocional agora do que anteriormente.	_____	_____
16. Meu trabalho faz com que eu me sinta triste.	_____	_____

Interpretação: Quanto maior o número dessas afirmativas você indicar como verdadeiras na maior parte das vezes, maior a probabilidade de estar tendo exaustão. Se você indicou 12 ou mais delas, é provável que esteja passando por um esgotamento ou uma outra forma de depressão mental. Nesse caso, discuta as sensações com um médico ou psicólogo.

Fonte: DuBrin, A. J. "The Burnout Checklist", *Contemporary Applied Management*. Plano: Business Publications, 1982. p. 243. Reproduzido mediante autorização. A lista de verificação baseia-se, em parte, em um questionário constante da orelha de *Burn Out*, de autoria de Freudenberger.

Fuga ou luta

Fuga e luta são duas reações que podem atuar como a principal maneira para lidar com uma situação. *Fuga*, ou abandono de uma situação aflitiva, é uma resposta perfeitamente razoável ao estresse, caso seja possível um caminho para ela. Alguns indivíduos, por exemplo, experimentam supervisionar outros e descobrem que, simplesmente, não apreciam essa situação. Isso não significa dizer que não conseguem se desincumbir da tarefa, mas que preferem outros tipos de responsabilidade ou atividade. Para tais indivíduos, o reconhecimento dessa preferência pessoal representa uma percepção importante, que consegue ajudá-los a lidar com o estresse que pode acompanhar as responsabilidades de supervisão.

Luta, ou a confrontação de uma ameaça ou de um estressor, também pode ser uma resposta eficaz. Vontade de confrontar uma ameaça pode ser, na realidade, a melhor maneira de provocar uma mudança que reduzirá o nível de estresse. O impulso por lutar, por exemplo, pode conduzir uma colaboradora a confrontar seu superior, em relação a um tema que a estava perturbando havia algum tempo. A confrontação pode, então, resultar em uma solução factível.

Visão Interior

Chefes irritantes: o que você pode fazer a respeito deles?

Maus chefes são de todos os tipos – alguns são críticos constantes, que insultam, falam palavrões e mantêm contato visual agressivo, para intimidar os subordinados. Existem, também, os tipos com duas caras, que simulam apoio, enquanto planejam sabotar. Maus chefes podem ser controladores fanáticos, perturbados emocionalmente ou muito exigentes quanto a resultados. O atual clima imposto pelos investidores tende a favorecer chefes difíceis, especialmente se cumprem as metas trimestrais.

Estudos indicam que 17% dos trabalhadores declaram ser desrespeitados pelos chefes. De acordo com Workplace Bullying and Trauma Institute, mulheres que irritam mulheres representam 50% de todos os abusos no ambiente de trabalho; os homens irritam as mulheres em 30% dos casos de abuso e, finalmente, a irritação provocada por homens contra homens representa meros 12% das ofensas.

Embora esses temíveis dominadores e dominadoras possam julgar que, simplesmente, estão fazendo com que o trabalho seja realizado de modo correto, os dados indicam que as companhias sofrem com as ações dos tipos ditatoriais. Um estudo realizado pelo Centro de Administração Aplicada da University of New York, em New Paltz, revelou que os maus chefes provocam perdas para as companhias, por causa de sua influência negativa sobre a satisfação, o consequente absenteísmo, a queda na produtividade dos colaboradores e na satisfação dos consumidores. O maior impacto negativo é visto nos maiores índices de rotatividade, especialmente pelo fato de líderes inseguros afastarem os melhores e os mais brilhantes talentos.

O que pode ser feito a respeito dos líderes horríveis no local de trabalho? Diversos gurus oferecem muitos conselhos para ajudar os trabalhadores a enfrentarem a situação. Primeiro, é vantajoso reconhecer que uma pessoa não está sozinha – aqueles que sofrem com chefes embrutecidos existem na maior parte das organizações. Em seguida, juntar-se a outras vítimas pode ajudar a partilhar certas queixas e obter soluções positivas. Se o grupo de apoio tiver o mesmo chefe, é até mesmo possível que todo o grupo possa confrontá-lo, por meio de reuniões apropriadas. Os especialistas, no entanto, geralmente sugerem que uma pessoa nunca aja sozinha, quando lidar com um supervisor grosseiro, e nunca perca o controle. "Atacar como reação e acusar o chefe não dá bom resultado, porque o pega desprevenido", diz Harvey Hornstein, psicólogo e autor de *Brutal Bosses*. "Concentre-se no conteúdo da mensagem que ele transmite, não na imprecação." As seguintes sugestões, oferecidas por uma respeitada rede de notícias financeiras, representam um bom conselho para lidar com superiores difíceis.

Identifique o chefe abusivo. Assegure-se de conhecer, de modo exato, que tipo de tática o gerente usa para maltratar os subordinados.

Perceba quando passou do limite. Todos os chefes podem ser mal-humorados em certas ocasiões, porém a desconsideração constante, que afeta a saúde e o bem-estar de outros, provavelmente é abusiva.

Não deixe de ser participante. Em virtude de as pessoas irritantes da sala do canto serem iguais àqueles companheiros dos velhos tempos de escola, evite se fazer de vítima pedindo desculpas o tempo todo ou parecendo fraco.

Lembre-se de que demonstrar irritação não é legal. Chefes não precisam ser simpáticos, bondosos ou justos. Se, no entanto, a irritação provocada por alguém causar trauma emocional ou distúrbios físicos, você pode solicitar reembolso por dias não trabalhados ou despesas médicas.

Fonte: Willis, G. "Is your boss a bully?", *CNNfn*, http://money.cnn.com acessado em 10 de novembro de 2003; Loeb, M. "Bad bosses and how to deal with them", *CBS Market Watch*, http://cbs.marketwatch acessado em 8 de abril de 2003.

Exercício

Exercício físico, incluindo a participação em esportes, permite a uma pessoa desenvolver resistência aos efeitos prejudiciais do estresse. O exercício pode melhorar a saúde e reduzir a fadiga. A fadiga desempenha um papel importante nas situações que geram estresse, porque as pessoas que se sentem cansadas são mais capazes de reagir exageradamente à frustração. Portanto, a tolerância pela frustração pode ser aumentada com melhor saúde física. Também se considera que o exercício regular tenha valor para reduzir a possibilidade de doença coronariana. Algumas organizações de grande porte, como Tenneco, Weyerhauser, Johns-Manville e Exxon, disponibilizaram uma academia de ginástica na sede da empresa, para promover o bem-estar físico dos empregados.

Apoio social

Uma maneira de resistir ao estresse consiste em manter uma rede sólida de apoio social. Estudos indicam que a existência de outras pessoas amigas (especialmente colegas de trabalho) pode ajudar um indivíduo a lidar com o estresse relacionado ao trabalho.[39] A segurança que se origina da certeza de que se pode contar com outros para obter ajuda quando necessário pode ser valiosa.

Redefinição do cargo

Os cargos podem ser redefinidos para minimizar a criação de estresse. Um método de redefinição, que almeja reduzir as pressões na linha de montagem e os aspectos monótonos e repetitivos de tal trabalho, é o enriquecimento do cargo. Conforme discutimos no Capítulo 5, uma maneira pela qual o enriquecimento do cargo torna uma tarefa mais atraente é a concessão de maior autonomia (usualmente, em termos de ritmo de trabalho próprio) ao trabalhador individual. Tal autonomia é crítica para aliviar sensações de pressão e o estresse resultante.

Duas outras maneiras comuns para reduzir o estresse são proporcionar aos empregados participação na tomada de decisões e melhorar a comunicação, ambos podendo reduzir a sensação de abandono e dependência.

Técnicas de relaxamento

As técnicas de relaxamento, do tipo relaxamento progressivo, ioga e meditação transcendental, apóiam-se na idéia de que relaxar os principais músculos reduz os níveis de ansiedade. A meta dessas técnicas consiste em atingir um estado de tranqüilidade fisiológica e psicológica, e as evidências sugerem que tais melhorias podem realmente ocorrer.[40] Embora algumas corporações (como a New York Telephone Company e a Metropolitan Life Insurance) tenham tentado o uso incentivado de técnicas de relaxamento para seus gerentes,[41] provas da eficácia no âmbito organizacional não se encontram ainda disponíveis. Igualmente, algumas grandes organizações, como Apple Computer e Intel, permitem aos gerentes ausentar-se por períodos sabáticos (com remuneração), para incentivar o "rejuvenescimento mental". As universidades, por exemplo, possuem uma longa tradição de permitir aos membros do corpo docente ausentarem-se, durante um certo período, para dedicar-se a outros projetos que envolvam temas de seu interesse. A AT&T, juntamente com um número crescente de empresas, adotou os "dias sem estresse", quando os empregados comparecem ao trabalho vestindo-se informalmente, incluindo jeans e camisetas.

Gerenciamento do tempo: um método prático para reduzir o estresse

Uma estratégia especialmente útil para enfrentar o estresse relacionado às funções é o **gerenciamento do tempo** eficaz. Uma incapacidade para gerenciar o tempo pode resultar em um número excessivo de compromissos, falta de planejamento e prazos de entrega descumpridos. Uma pessoa, em termos estritos, não gerencia o tempo em si, pois o tempo avança segundo seu próprio ritmo e não está sujeito a nenhuma interferência. Na verdade, o gerenciamento eficaz do tempo é, de fato, o autogerenciamento eficaz. Os especialistas no assunto desenvolveram algumas técnicas úteis para uma pessoa obter controle sobre a vida de trabalho e, conseqüentemente, ter uma existência física e emocional saudável.[42]

Registro do tempo

O primeiro passo para tentar gerenciar o próprio tempo consiste em manter um registro ou diário. Ao indicar, por escrito, os eventos de um dia típico, juntamente com o tempo exigido para cada atividade, é possível conhecer onde o tempo de uma pessoa está sendo empregado. Os resultados desse registro (que podem ser examinados ao término de uma semana) podem oferecer indicações surpreendentes. Alguns executivos, por exemplo, ficam perplexos ao descobrir que uma grande porcentagem de cada dia é dedicada a lidar com interrupções e conversas inúteis. Os resultados de tal registro podem ajudar a identificar fontes de desperdício de tempo e, portanto, a concentrar atenção no emprego mais eficaz do tempo.

Estruturação do tempo

Uma pessoa pode conseguir maior controle de sua vida estruturando o dia de modo a impedir ou eliminar o que desperdiça tempo. Não estar disponível ao telefone ou para visitantes durante uma ou duas horas na manhã, por exemplo, proporciona um período de tempo ininterrupto, durante o qual a correspondência pode ser lida ou se pode escrever. De modo similar, todas as visitas podem ser agendadas entre 14 horas e 16 horas. As reuniões podem ser programadas, estrategicamente, meia hora ou uma hora antes do almoço ou do horário de saída, para assegurar que os participantes desejarão encerrar a reunião pontualmente.

Simplesmente dizer não

Algumas vezes, um empregado é assediado pelo desejo de ter bom entendimento com todos. Em tais casos, os outros percebem que suas solicitações raramente são recusadas por tal colaborador e podem aproveitar-se de sua boa índole. Um passo importante para tais indivíduos obterem controle de suas vidas consiste em aprender a dizer "não" a pedidos que envolvam seu tempo e participação. Recusar as solicitações dos demais requer certa delicadeza e deve ser feito educadamente, porém, com firmeza. Para as pessoas que já se encontram muito comprometidas com suas principais funções, assumir a responsabilidade adicional de gerenciar o time de beisebol do escritório e a atividade de obtenção de fundos, provavelmente, acarretará um estresse desnecessário.

Fazer uma lista

Uma das técnicas mais úteis para gerenciar o tempo consiste em preparar uma lista de "tarefas a realizar". Entrevistas com gerentes eficazes revelam que, invariavelmente, eles mantêm uma lista de planejamento de atividades, que ajuda sua memória e concentra sua atenção e dedicação. Uma lista de planejamento contém itens do tipo chamadas telefônicas a ser retornadas, correspondências a serem preparadas, reuniões a serem agendadas e projetos que requerem monitoramento. Além disso, deve-se atribuir prioridade aos itens da lista. Os mais críticos são designados "categoria A"; os itens cuja importância vem em seguida são designados "categoria B", e assim por diante. Os da categoria A são, então, tratados primeiro, os da B recebem atenção se o tempo permitir e os de categoria inferior são adiados para bem mais tarde. Ao manter uma lista de tarefas a realizar, é importante sempre atualizá-la, nunca cair na tentação de resolver inicialmente os itens de pouca importância ou fáceis e examinar em detalhes a lista, para identificar itens que podem ser delegados razoavelmente a subordinados.

Satisfação do empregado no desempenho das funções

Após uma discussão do estresse e de seu impacto no bem-estar do empregado, é apropriado que, agora, concentremos nossa atenção no tópico relacionado às reações emocionais do colaborador ao trabalho que são inevitáveis. O pensamento e a sensação (isto é, a atitude) de uma pessoa em relação ao trabalho denomina-se **satisfação no cargo**. Conforme é válido para todas as atitudes, o nível de satisfação no cargo é influenciado pelas experiências, especialmente as estressantes. Embora as atitudes de um empregado sejam modeladas pelo próprio cargo, as comunicações de outras pessoas também podem desempenhar um papel importante. Além disso, as expectativas de um colaborador a respeito de suas funções podem influenciar, consideravelmente, sua interpretação e avaliação das experiências relacionadas ao trabalho.[43]

A importância da satisfação no desempenho das funções

Os gerentes modernos reconhecem que o desempenho de uma organização deve ser avaliado em dimensões humanas e em termos de retorno do investimento, participação de mercado, lucro após o imposto de renda, e assim por diante. Diversas razões apóiam a conveniência de atender à satisfação dos empregados. Talvez a mais importante seja de natureza moral. Considere que trabalhar é uma obrigação para a maioria das pessoas. A alternativa, uma vida de subsistência baseada em auxílio do governo e de instituições de ajuda, é inaceitável para a maioria das pessoas. Tendo em vista que a maioria precisa trabalhar e que a maior parte delas dedicará ao trabalho grande parcela da vida adulta, pode-se argumentar que os empregados têm uma *obrigação moral* de tornar a experiência gratificante para sua pessoa (ou, que no mínimo, não seja prejudicial ou desumanizadora).*

---

* Constitui um exercício interessante calcular a proporção da vida de uma pessoa que é dedicada ao trabalho. Considere que um adulto médio viverá até uma idade prevista atuarialmente. O número de anos de vida, na realidade de horas, que resta a uma pessoa pode ser determinado. Esse número finito de horas pode ser dividido, em seguida, em tempo inconsciente (gasto dormindo), consciente, porém sem interesse ou resultado prático (ao participar de atividades rotineiras, como escovar dentes, vestir-se, ir e vir do trabalho) e tempo consciente produtivo. Em termos percentuais, a maior parte do tempo consciente produtivo será dedicada ao trabalho.

O *bem-estar físico e mental* dos trabalhadores parece estar correlacionado à satisfação no trabalho, pois empregados com grau elevado de satisfação apresentam um melhor histórico clínico de saúde física e mental.[44] Essa evidência, entretanto, é de natureza estritamente correlacional. Como conseqüência, é difícil afirmar em que direção a "seta causal" está apontando. Também é concebível que outros fatores possam exercer um papel (por exemplo, nível educacional e renda poderiam ser responsáveis pelas correlações observadas). Não obstante, uma grande insatisfação no trabalho, conforme manifestado pelo estresse, pode resultar em diversos distúrbios fisiológicos, incluindo úlcera e doença arterial.

A satisfação no desempenho do cargo também cumpre um papel importante na *capacidade para contratar e reter mão-de-obra qualificada* por parte de uma empresa. A sobrevivência de uma organização depende consideravelmente dessa capacidade, e uma companhia conhecida por maltratar seu pessoal terá dificuldade para atrair as melhores pessoas para preencher os cargos.

Níveis reduzidos de satisfação no desempenho das funções têm sido relacionados a problemas do tipo *rotatividade, absenteísmo, atividades organizadas pelo sindicato* e *apresentação de queixas*. Em virtude de tais problemas poderem tornar-se onerosos e muito prejudiciais para uma organização, eles não podem ser desprezados levianamente. Portanto, a satisfação no cargo é de enorme importância para o bem-estar da organização, assim como do indivíduo.

Fontes de satisfação no desempenho das funções

Mais de 3 mil estudos foram conduzidos versando sobre o tópico de satisfação no cargo, ou moral, como era denominado mais freqüentemente em anos anteriores.* Seus resultados tendem a apontar para conclusões muito similares. Certas variáveis, por exemplo, correlacionam-se constantemente com a satisfação no cargo. Uma das mais importantes é o nível do cargo. A satisfação é maior entre os empregados que ocupam posições de nível superior, ao passo que tende a ser menor entre ocupantes de cargos exercidos em ambientes quentes, que envolvem movimentação de materiais pesados ou perigosos, como o trabalho em usinas de aço e as funções que não requerem especialização.

O tempo de serviço e a raça também se correlacionam freqüentemente com a satisfação no cargo. Indivíduos que atuam no cargo há menos tempo e trabalhadores afro-americanos são, em termos agregados, um tanto mais insatisfeitos do que os "veteranos" e empregados euro-americanos. Evidentemente, é difícil tirar conclusões bem fundamentadas de tais provas correlacionais, porque o nível do cargo também está associado ao tempo de serviço e à raça. Aqueles que trabalham há muito tempo na empresa tendem a ocupar cargos de nível mais elevado; os trabalhadores afro-americanos, com menor nível educacional, apresentam maior probabilidade de ocupar posições que não requerem especialização.

As mulheres também apresentam maior probabilidade de ocupar cargos de nível inferior. Historicamente, a menor expectativa das mulheres por oportunidades de emprego tem sido razoavelmente coerente com a falta de oportunidades. Têm sido múltiplos os indícios de diferenças de gênero nos níveis de satisfação no cargo. É possível, entretanto, que as expectativas crescentes das mulheres na força de trabalho possam produzir diferenças de satisfação no cargo entre os gêneros.

---

* Talvez o relato mais antigo de um estudo sobre satisfação no cargo seja um tratado de Rammizzini, em Modena, na Itália, no início do século XVII. Tendo observado uma sensação de repugnância no rosto de limpadores de fossas sanitárias, ele decidiu perguntar-lhes como se sentiam no trabalho. Karl Marx, em meados do século XIX, elaborou um questionário de satisfação. As primeiras formas de pesquisas, no entanto, solicitavam mais freqüentemente aos *supervisores* que dissessem aquilo que acreditavam que os trabalhadores sentiam a respeito de suas funções, em vez de perguntar aos próprios empregados.

Finalmente, o tamanho da organização foi identificado como correlacionado com a satisfação no cargo. Empregados de organizações menores tendem a ficar mais satisfeitos do que os de organizações maiores. O tamanho não pode, por si, afetar a satisfação no desempenho das funções, porém, encontra-se associado a fontes de satisfação mais específicas.

Fontes de satisfação extrínseca *versus* intrínseca

Todas as fontes de satisfação no cargo se classificam em duas categorias: intrínseca e extrínseca. As *fontes intrínsecas* originam-se do próprio indivíduo e têm valor psicológico. Tal satisfação é essencialmente auto-administrada. A autonomia, isto é, a independência, como a capacidade para escolher seu próprio ritmo de trabalho, constitui uma fonte de satisfação intrínseca.

As *fontes extrínsecas* originam-se externamente ao indivíduo. Forças além do controle da pessoa determinam a freqüência e a magnitude das fontes extrínsecas de satisfação. Condições de trabalho e oportunidades para interagir com colegas são fontes de satisfação extrínsecas, de modo idêntico à segurança do emprego e aos benefícios do cargo.

Além disso, algumas fontes de satisfação apresentam uma finalidade dupla, pois podem ser extrínsecas, ou tangíveis, em natureza, ao passo que a satisfação intrínseca, ou psicológica, tem valor por causa do que simboliza. Um salário elevado e um avanço rápido na carreira ofereceriam, ambos, fontes duplas de satisfação.

Expectativas

Satisfação é uma experiência muito pessoal, que depende consideravelmente das expectativas de um indivíduo. Imagine, por exemplo, que lhe foi oferecido um cargo executivo de US$ 200 mil dólares por ano. Parece atraente, é lógico. Em teoria, é difícil conceber como alguém poderia ficar insatisfeito com tal salário. Suponha, no entanto, que você descobre que outras pessoas que ocupam uma posição muito similar estão recebendo entre US$ 600 mil e US$ 900 mil por ano. O que antes parecia ser um salário atraente se tornaria, repentinamente, insatisfatório.

Expectativas podem exercer uma influência poderosa no nível de satisfação de uma pessoa. Novos empregados, por exemplo, alimentam, muitas vezes, grandes expectativas irrealistas. No intervalo entre receber a oferta de um emprego e o primeiro dia de trabalho, eles podem fantasiar a respeito da rapidez com que progredirão na nova organização, como serão as condições de trabalho imediatas, e assim por diante. No desempenho das funções, entretanto, podem levar um choque ao se confrontarem com algumas realidades desagradáveis. Podem descobrir que não existe possibilidade de promoção a partir de sua atual posição, que seus colegas não são muito simpáticos ou que o restaurante e os banheiros se encontram em péssimo estado. As expectativas irrealistas dos novos empregados podem ser geradas, parcialmente, por fantasias pessoais e, em parte, pela mídia. Os selecionadores da empresa, no entanto, também podem desempenhar um papel, iludindo empregados prospectivos a respeito da natureza de seu futuro emprego.

As companhias conseguem enfrentar o problema potencial de expectativas irrealistas, oferecendo programas de orientação que proporcionam um ponto de vista mais realista. Os efeitos das previsões realistas quanto às funções sobre as reações dos indivíduos a seu trabalho foram estudados exaustivamente. Com pequenas exceções, os resultados, geralmente, mostraram que as pessoas informadas a respeito das más e das boas características de seus novos cargos, antes de iniciar o trabalho, apresentam níveis mais elevados de satisfação no cargo, menores expectativas iniciais quanto às funções e causam um menor índice de rotatividade logo no início.[45*] Algumas organizações (por exemplo, a Nissan Motor Manufacturing, em sua fábrica de Smyrna, no Tennessee) alteram o conceito de oferecer previsões realistas, fazendo com que os empregados prospectivos participem de programas pré-contratação, que são essencialmente "ensaios no cargo". Durante essa experiência, um candidato realiza uma variedade de exercícios que simulam tarefas relacionadas ao cargo. Embora a experiência tenha valor para a companhia, pois age como maneira de selecionar e doutrinar, o empregado também consegue perceber o que o cargo real poderá oferecer.[46]

Influências do caráter

Embora muitos estudos, na área de satisfação no cargo, mostrem que influências externas – como a definição do cargo – afetam as atitudes do empregado, outras pesquisas indicam que as atitudes individuais no desempenho das funções podem ser razoavelmente constantes, ao longo do tempo e no cargo. Em um estudo realizado durante muitos anos, em escala nacional, sobre satisfação no trabalho, envolvendo 5 mil homens de meia-idade, Staw e Ross constataram estabilidade significativa no decorrer de um período de cinco anos. Mesmo quando as pessoas mudavam de emprego e/ou de ocupação, as atitudes anteriores continuavam a ser um previsor confiável da satisfação futura no cargo. Essas constatações sugerem que os indivíduos podem estar predispostos a se sentirem bem ou mal em sua situação de emprego, independentemente dos detalhes específicos da situação. Esses resultados ajudam a explicar por que algumas pessoas parecem estar sempre infelizes com seu trabalho ou com sua vida e outras, geralmente, aparentam estar felizes e bem dispostas, apesar das mudanças a seu redor. Em resumo, as pessoas podem apresentar, nos cargos que ocupam, predisposições para se sentirem bem ou mal em relação ao trabalho. A expressão **emotividade negativa** foi criada para descrever essa predisposição para sentir-se insatisfeito com o trabalho ou com a vida em geral. As pessoas que apresentam emotividade negativa elevada são, comparativamente, introspectivas e tendem a se-fixar no lado negativo de si mesmas e do mundo. Elas tendem a interpretar informações ambíguas mais negativamente e a oferecer avaliações pessimistas de informações/objetos inerentemente neutros ou inócuos, comuns na vida diária (por exemplo, o número de telefone e o prenome de uma pessoa ou uma folha de papel de 21,25 × 27,50 cm).[47]

Uma descoberta, talvez até mais surpreendente nessa área, resulta de pesquisas sobre a possível influência da genética na satisfação no trabalho. Os pesquisadores da University of Minnesota estudaram especificamente a satisfação no desempenho das funções de gêmeos idênticos criados separadamente. Esses pesquisadores descobriram que parte da variação nas respostas de satisfação no trabalho poderia ser atribuída à genética. As similaridades entre pares de gêmeos existiam, apesar das diferenças das funções.[48] Essas descobertas indicam que as organizações podem ter menos controle sobre a satisfação dos empregados do que se pensava anteriormente. A possibilidade de que a genética seja um fator contribuinte para a satisfação no trabalho, no entanto, não significa que a satisfação no desempenho das funções não seja influenciada por fatores ambientais.[49]

---

* A importância de criar expectativas realistas é cada vez mais reconhecida. Adicionalmente às organizações com fins lucrativos, as sem fins lucrativos, como ordens religiosas, estão usando previsões realistas das funções. Um grupo de religiosas proporciona uma previsão realista a jovens que estão considerando entrar para seu convento. A previsão tem por finalidade mostrar o aspecto triste das celas individuais e as dificuldades das tarefas diárias. Espera-se que tal exposição prévia diminua o número de noviças que abandonam a ordem, reduzindo a expectativa ocasional de que a vida no convento será uma experiência do tipo *Sound of Music*.

A procura por tendências relacionadas à satisfação no desempenho das funções

Com base em artigos de revistas, televisão e cinema, poderíamos ficar tentados a concluir que a maioria dos trabalhadores está insatisfeita em seu trabalho. Pesquisas realizadas com empregados nos Estados Unidos, no entanto, mostram que a grande maioria se encontra, na verdade, razoavelmente satisfeita com suas funções. Uma das pesquisas, que se estendeu por um período de 20 anos, revelou que entre 80% a 90% dos funcionários consideraram-se satisfeitos em um dado ano.[50] Outras amostras representativas revelam um padrão muito análogo.[51]

Apesar das evidências tranquilizadoras, alguns alarmistas argumentam que a satisfação dos trabalhadores está declinando e que o aumento resultante da alienação poderia conduzir a uma revolta. Talvez seja a ameaça implícita de uma revolução dos trabalhadores que torna a perspectiva de uma satisfação declinante um tópico de grande preocupação.[*]

As expectativas da força de trabalho estão aumentando, por causa de maiores níveis educacionais. Se trabalhadores mais preparados não obtiverem melhores empregos, é concebível que a satisfação possa diminuir ao longo dos próximos anos. A afluência sem precedente das décadas recentes também pode contribuir para a criação de uma força de trabalho mais atuante, menos preocupada com incentivos e reconhecimentos extrínsecos, como segurança do emprego, do que com retribuições intrínsecas, como ter um cargo desafiador e interessante.[52]

Conseqüências da insatisfação no desempenho das funções

As pessoas, usualmente, são atraídas por situações gratificantes e tendem a se afastar daquelas que não geram reconhecimento ou são aborrecidas. Esse princípio de reconhecimento e punição parece estar na base de grande parte das provas a respeito da relação entre satisfação no trabalho e comportamento do empregado.

Absenteísmo

A cada ano, mais horas de trabalho são perdidas por causa do absenteísmo do que com greves ou *lockouts*. Os estudos sobre absenteísmo constataram, freqüentemente, que os empregados menos satisfeitos apresentam maior possibilidade de faltar ao trabalho.[53] Ao analisar o absenteísmo, é importante distinguir entre o evitável (ou voluntário) e o inevitável (ou involuntário). O absenteísmo inevitável – por exemplo, aquele devido a doença ou emergência na família – não é, nem de perto, relacionado ao nível da satisfação no trabalho.

Para examinar a relação entre satisfação e absenteísmo, o índice de comparecimento dos empregados de escritório à sede da Sears, Roebuck, em Chicago, foi estudado em um dia de

---

[*] A evidência de uma satisfação no trabalho razoavelmente elevada, em geral, não deve ser interpretada como indicação de que as condições de trabalho (nas fábricas, por exemplo) não precisam ser melhoradas. Tais problemas não são levados em conta quando se examinam os dados agregados para toda a força de trabalho. Igualmente, as pessoas são notavelmente adaptáveis a diversas situações desagradáveis e, muitas vezes, descobrem fontes de satisfação alternativas, em face de condições que, de outro modo, seriam adversas. As relações sociais, por exemplo, podem ser uma fonte importante de satisfação no desempenho de funções monótonas e repetitivas. Como prova de que muitos trabalhadores desejam ocupar melhores posições, considere que somente 24% dos empregados de fábrica declaram que escolheriam novamente o mesmo tipo de trabalho. Para os empregados de escritório, o percentual se eleva somente para 41%. Portanto, muitas pessoas, provavelmente, aspiram por melhores condições, embora estejam razoavelmente contentes com sua situação atual.

grande tempestade de neve.[54] Os empregados de um escritório de Nova York foram usados como grupo de comparação. (No mesmo dia, o tempo estava bom.) Ao relacionar o absenteísmo aos dados de satisfação pessoal no trabalho, foi determinado que o absenteísmo em Chicago era mais variável, isto é, empregados grandemente satisfeitos apresentavam probabilidade muito maior de empenharem-se mais para comparecer ao trabalho, apesar da tempestade de neve, ao passo que os insatisfeitos tinham mais possibilidade de permanecer em casa.

Atraso

Acredita-se, geralmente, que o atraso crônico tende a refletir a insatisfação do empregado.[55] É óbvio que não é possível supor que o atraso crônico seja invariavelmente devido à insatisfação, porque fatores intervenientes, como transporte solidário ou arrumar as crianças de uma família grande para a escola a cada manhã, desempenham um papel. Certas formas de atraso do empregado, no entanto, como permanecer um tempo maior no pátio de estacionamento ou no banheiro, podem ser atribuídas a determinados fatores relacionados à insatisfação, como pouco envolvimento nas funções ou pouca dedicação profissional. Além dos fatores que dizem respeito às atitudes, a existência de penalidades e incentivos organizacionais relacionados ao atraso, bem como pressões sociais, pode desempenhar um papel na decisão de uma pessoa em atrasar-se.

Rotatividade

Estudos demonstram, com um grau razoável de coerência, que empregados insatisfeitos têm maior probabilidade de demitir-se. A influência específica da insatisfação na decisão de sair da empresa, entretanto, pode ser somente moderada, porque uma variedade de outros fatores também se encontra envolvida. Talvez, de grande influência, seja a existência de oportunidades de trabalho alternativas. A conjuntura econômica e o senso de confiança de um empregado no valor de suas aptidões pessoais para o mercado, por exemplo, desempenham um papel importante na decisão de procurar um novo emprego.[56] Flutuações nos índices de saída da empresa, por exemplo, encontram-se grandemente associadas a mudanças nas oportunidades de emprego (conforme ocorre durante períodos de desemprego crescente). Na realidade, a maior parte da variação dos índices de saída pode ser explicada pelo simples fator do ciclo de negócios.[57]

Embora possamos ser tentados a pensar que os gerentes devem tentar reduzir a rotatividade dos empregados, foi indicado que ela pode não ser inerentemente indesejável. Na verdade, a conveniência da rotatividade depende de quem está saindo. Se as pessoas que estão se demitindo são, em termos gerais, excelentes colaboradores, a rotatividade precisa ser reduzida ou eliminada. Se a rotatividade for elevada entre os empregados de desempenho medíocre, porém, a mudança atende, na realidade, aos melhores interesses da organização. Denomina-se **rotatividade funcional** a noção de que uma rotatividade elevada entre os empregados de mau desempenho pode beneficiar uma organização.[58]

Atividade sindical

O maior interesse na atividade dos sindicatos tem sido visto, de longa data, como conseqüência da insatisfação dos empregados.[59] Em uma pesquisa sobre atitudes, envolvendo 62 mil empregados, grande parte da variação da atividade sindical poderia ser prevista com base em informações sobre a insatisfação com a supervisão.[60] Embora a insatisfação com outros aspectos das funções contribuísse para o nível de atividade sindical, com o salário não teve uma relação significativa. Igualmente, há provas de que as atitudes relacionadas à satisfação no trabalho e em face dos sindicatos, em geral, conseguem prever o comportamento nas eleições sindicais.[61] Constatou-se que votar a favor do sindicato estava associado à preocupação por temas econômicos (como segurança e condições de trabalho), preferentemente a não econômicos (como o desejo de criatividade e independência). Em um estudo, as informações sobre satisfação no trabalho permitiram a previsão de votação dos empregados com índice de precisão de 75%. Além da intenção de voto, verificou-se que outras formas de atividade sindical (como a freqüência de greves e o número de queixas no âmbito dos departamentos) possuíam correlação com a insatisfação no trabalho.[62] Portanto, algumas organizações, como a Sears, Roebuck, conduzem deliberadamente pesquisas periódicas sobre atitudes, como um sistema de alerta precoce para identificar problemas que possam resultar em atividades de organização sindical.[63]

Ações hostis

Há bons motivos para acreditar que empregados extremamente insatisfeitos participem de ações hostis direcionadas contra os empregadores ou colegas. Ações hostis incluem sabotagem de equipamentos ou da produção, vandalização de ativos da companhia, crítica irrazoável ao empregador para clientes ou ao público e violência física contra colegas e superiores. Outros exemplos mais específicos incluem a destruição proposital de bancos de dados, colocação de luvas de proteção em mecanismos, a fim de paralisar linhas de montagem, alteração de registros da companhia e processamento a maior ou a menor de pedidos dos clientes.[64]

Até hoje, foram feitas poucas pesquisas sobre a relação entre insatisfação e ação hostil. Tal comportamento é difícil de estudar, porque empregados e empregadores relutam em discutir o tópico com pessoas de dentro ou de fora da organização.[65] Tais ações também não produzem, comumente, um padrão discernível para o estudo, nem são, muitas vezes, facilmente atribuíveis a um sabotador específico.* Os trabalhadores que participam de sabotagem, compreensivelmente, não são identificáveis com facilidade, pois, via de regra, parecem contentes e obedientes.[66] Uma pesquisa confidencial, no entanto, detectou, efetivamente, que ações hostis (furto, vandalismo, destruição deliberada de projetos de trabalho, e assim por diante) apresentavam correlação significativa com insatisfação dos empregados.[67] Pode ser que alguns empregados cometam atos violentos por um desejo de ter uma sensação de domínio ou de controle de seu ambiente de trabalho, que não seja alcançável por meios não violentos. Em resumo, a sabotagem pode representar uma tentativa de criar a sensação de que uma pessoa não está à mercê de seu empregador.[68]

Satisfação no desempenho das funções e produtividade

A maioria das pessoas acredita que trabalhadores satisfeitos são colaboradores produtivos. Para elas, empregados satisfeitos tendem a envolver-se mais com o trabalho e, portanto, são mais produtivos. As pesquisas, entretanto, não identificaram muitas justificativas para essa proposta. Na realidade, as provas disponíveis indicam que a relação entre satisfação no trabalho e produtividade é muito tênue.[69]

---

* O termo *sabotagem* é derivado da palavra francesa *sabot*, calçado de madeira aberto (tamanco), usado por camponeses europeus. Durante a Revolução Industrial, afirmava-se que empregados de fábrica descontentes "sabotavam" o processo de produção, arremessando seus tamancos contra o maquinário.

Em virtude de as pessoas tenderem a estimar exageradamente a influência da satisfação no trabalho, elas desprezam outros fatores que contribuem para a produtividade, entre eles normas de trabalho informais, interdependência das tarefas e ritmo de operação das máquinas no processo de produção. Essas forças, muitas vezes, restringem a amplitude da produtividade individual. Os colegas, usualmente, não permitirão, por exemplo, que um indivíduo trabalhe com muita rapidez ou muita lentidão (pois um trabalhador muito produtivo criará um acúmulo de itens em processo na próxima estação de trabalho e um que não seja suficientemente produtivo provocará um gargalo para outros que suprem materiais). Além disso, a velocidade de operação das máquinas e o planejamento da produção têm por finalidade reduzir a incerteza e manter um controle rigoroso do processo de produção. Esses fatores limitam a liberdade dos empregados, para variar seu desempenho, visando a compatibilizá-lo com sua própria vontade.

Embora esses fatores ajudem a explicar a falta de suporte para uma relação entre desempenho e satisfação, não refutam a proposição de que tal relacionamento pode existir. A crença de que essas variáveis são relacionadas ou, pelo menos, se influenciam mutuamente, ainda é bastante aceita pelos gerentes. Alguns pesquisadores propuseram que os dois parâmetros sejam correlacionados somente quando a satisfação puder exercer um impacto direto sobre o desempenho.[70] Nas situações em que existe pouca pressão para ser produtivo, por exemplo, os dois parâmetros têm mais possibilidade de ser correlacionados. Nas situações com grande pressão para produzir (talvez a maior parte delas), os empregados serão razoavelmente produtivos e as duas variáveis apresentarão possibilidade reduzida de ser relacionadas.

A importância de identificar uma associação positiva entre satisfação no trabalho e produtividade

Se os empregados com ótimo desempenho estão recebendo maior retribuição do que os de mau desempenho, os níveis de satisfação deveriam ser mais elevados entre os primeiros. A conseqüência de tal estado de coisas é uma correlação positiva entre satisfação e desempenho. Portanto, o grau em que a satisfação e o desempenho apresentam correlação positiva constitui um indicativo da extensão em que uma organização é "saudável". Considere a situação oposta, de uma organização na qual a satisfação e o desempenho sejam inversamente relacionados. Essa seria uma situação em que os empregados medíocres se encontrariam mais satisfeitos do que os de desempenho excelente, e em que a rotatividade funcional, provavelmente, seria baixa. Essa situação, sem margem de dúvida, bem como aquela na qual não há correlação entre satisfação e desempenho, não representam o melhor interesse a longo prazo para a organização. Os gerentes devem, portanto, empenhar-se para criar elos entre desempenho e satisfação, oferecendo retribuições grandemente atraentes e eqüitativas, vinculadas ao desempenho.

Resumo

1. **Definir estresse.**
   Estresse é a perturbação física e emocional intensa que uma pessoa sente quando se confronta com uma situação ameaçadora.
2. **Explicar várias perspectivas do estresse relacionado ao trabalho.**
   Hans Selye propôs três estágios que caracterizam a resposta de uma pessoa ao estresse: alarme, resistência e exaustão. Os três constituem a Síndrome de Adaptação Ge-

ral. Uma outra perspectiva afirma que um certo grau de estresse pode ser benéfico, pois consegue melhorar o desempenho.

3. Identificar as causas pessoais do estresse.
Uma causa importante do estresse é a pessoa ter uma personalidade tipo A. As pessoas com essa personalidade tendem a ser impacientes e competitivas. Uma outra causa importante é uma mudança na vida da pessoa (por exemplo, morte do cônjuge ou perda do emprego).

4. Explicar as causas interpessoais do estresse.
As emoções negativas de ciúme (ameaças à auto-estima por causa da perda de um relacionamento) e de inveja (ameaças à auto-estima por causa de resultados ambicionados serem atribuídos a outro indivíduo) podem induzir sensações de estresse. De modo análogo, o namoro no ambiente de trabalho pode ser uma fonte de estresse para observadores e participantes.

5. Relacionar as causas organizacionais do estresse.
Influências organizacionais incluem ter responsabilidade por outros, trabalhar em turnos e ocupar uma posição indutora de estresse ou que requeira esforço emocional. Conflito do papel, ambigüidade do papel e sobrecarga de funções também contribuem para a experiência do estresse.

6. Descrever as reações típicas ao estresse.
Níveis elevados de estresse estão associados a distúrbios físicos, incluindo doença cardíaca, artrite, úlcera, pressão alta, colesterol elevado e, possivelmente, câncer. O estresse está relacionado ao mau desempenho das funções, ao abuso de álcool e de outras drogas, ao absenteísmo, à rotatividade do emprego, à insatisfação do trabalhador, à agressão no ambiente de trabalho, doença psicogênica do grupo e à exaustão.

7. Relacionar maneiras de lidar com o estresse.
Os empregados conseguem lidar com o estresse ponderando os méritos de lutar ou fugir de uma determinada situação. Exercícios físicos e uma rede sólida de apoio social ajudam as pessoas a resistirem ao estresse. Os gerentes podem redefinir cargos, a fim de minimizar a criação de estresse. As pessoas conseguem reduzir o estresse adotando gerenciamento do tempo e técnicas de relaxamento.

8. Afirmar por que os dirigentes precisam ter interesse pela satisfação do empregado no trabalho.
A satisfação no desempenho das funções é produto das concepções, dos sentimentos e das atitudes em relação ao trabalho. Em virtude de o desempenho organizacional precisar ser avaliado em termos humanos e financeiros, os dirigentes não podem desprezar a importância da satisfação no trabalho. Alguns poderiam argumentar que, em função de a maioria das pessoas precisar trabalhar e, conseqüentemente, dedicar grande parte de sua vida adulta ao trabalho, as companhias têm a obrigação moral de tornar o trabalho gratificante. A empresa, no entanto, também se beneficia, pois estudos mostram que trabalhadores satisfeitos gozam de melhor saúde física e mental e que a satisfação no trabalho desempenha um papel significativo na capacidade da empresa para atrair e reter pessoal qualificado. Adicionalmente, níveis reduzidos de satisfação no trabalho foram relacionados a problemas do tipo rotatividade, absenteísmo, organização de sindicatos e apresentação de queixas. Portanto, a satisfação no desempenho das funções constitui um tema crucial para as pessoas e organizações.

9. Citar as fontes mais freqüentes de satisfação no trabalho.
Os resultados de inúmeros estudos indicam que certas variações apresentam correlação constante com a satisfação no trabalho – entre elas, nível do cargo, tempo de serviço e

tamanho da organização. Além disso, a satisfação depende consideravelmente das expectativas e da disposição pessoal do indivíduo. Embora as pesquisas que envolvem a força de trabalho nos Estados Unidos indiquem que a grande maioria dos trabalhadores se encontra razoavelmente satisfeita, tendências recentes apontam que, no futuro, os gerentes poderiam ser desafiados por uma força de trabalho mais exigente, com melhor formação educacional e menos interessada no trabalho como um fim em si.

10. **Descrever algumas reações típicas dos empregados à pouca satisfação no trabalho.**
Entre as reações mais comuns à pouca satisfação no trabalho, ocorrem comportamentos de distanciamento, como absenteísmo, atraso e rotatividade. Os empregados também podem expressar sua insatisfação por meio de maior atividade sindical e de ações hostis. Embora numerosos estudos tenham investigado a relação entre satisfação no trabalho e produtividade, existem poucas evidências que apóiam a noção comumente aceita de que colaboradores satisfeitos são mais produtivos.

Episódio crítico

Nenhuma resposta do monitor 23

Alto-falante: LANÇAMENTO MENOS 45 MINUTOS.

Paul Keller acionou as chaves seqüenciais no monitor de controle 23, de acordo com o livro de instruções para contagem regressiva bem à sua esquerda. Todos os sistemas hidráulicos estavam funcionando normalmente no segundo estágio do foguete da nave espacial, no ponto de verificação 1 menos 45. Keller mudou automaticamente sua chave-mestra de controle para VERDE e sabia que seu impulso eletrônico, juntamente com outros de painéis similares no complexo de Cabo Kennedy, assinalavam a continuidade da contagem regressiva.

Costumava ser um enorme desafio, um trabalho extremamente interessante na própria fronteira do conhecimento sobre o universo. Keller lembrou-se de seu primeiro dia na cidade de Brevard, na Florida, com esposa e filha pequena. Como estavam felizes naquele dia! Ali estava o futuro, a vida tranqüila... para sempre. E Keller seria parte desse futuro fantástico e utópico.

Alto-falante: LANÇAMENTO MENOS 35 MINUTOS.

Keller entrou em pânico. Sua mente havia se distraído momentaneamente, e perdeu sua posição nas instruções de contagem regressiva. Após alguns segundos, encontrou a posição correta e acionou as chaves seqüenciais apropriadas, para o ponto de verificação 1 menos 35. Nenhum problema. Keller mudou a chave-mestra de controle para VERDE e enxugou a testa. Sabia que estava atrasado em sua função de notificar e teria de escutar posteriormente.

Alto-falante: LANÇAMENTO MENOS 30 MINUTOS.

Keller finalizou a seqüência de notificação para o ponto de verificação 1 menos 30 e deu uma última longa tragada em seu cigarro. Ele se lembrou de como julgou ingenuamente que seus problemas com Naomi desapareceriam após terem partido de Minneapolis e vindo para o Cabo, em função do programa espacial. Presentemente, após 10 mil discussões, Keller sabia que não havia escapatória.

Naomi, restou somente uma lata de cerveja? Uma cerveja horrível e de gosto ruim, um sanduíche frio de almoço e salada de batatas? Sobras após 12 horas de exaustão mental?

Ora, cale-se, Paul! Estou saturada de ver você no papel de Sr. Importante. Você fica com as sobras porque nunca sei quando está voltando para casa... Sua filha mal o conhece... E você nos trata como se não fôssemos ninguém... Em posição secundária diante do grande Programa Espacial.

Não o critique, Naomi. Aquele emprego é muito importante para mim, para a Equipe, e proporciona tudo o que você sempre quis... e mais! Somando esta casa e o barco, estamos endividados até o limite.

Bem, não tente me responsabilizar por seus problemas financeiros. Você é aquele que tem de ter todos os benefícios, como os cientistas que ganham o dobro de seu salário. Enfrente a realidade, Paul. Você é apenas um técnico que mexe com botões, independente de quão pomposo seja o título que lhe atribuem.

Alto-falante: LANÇAMENTO MENOS 25 MINUTOS.
Uma luz vermelha piscou nefastamente, indicando um vazamento potencial de fluido hidráulico no subsistema sete do estágio dois. Keller sentiu seus batimentos cardíacos se acelerarem e seu pulso palpitar mais forte. Regra 1... Notifique um problema imediatamente e interrompa a contagem. Ele acionou bruscamente CANCELAMENTO POTENCIAL na chave-mestra.

Alto-falante: A CONTAGEM É INTERROMPIDA NO LANÇAMENTO MENOS 24 MINUTOS E 17 SEGUNDOS.
Keller folheou as instruções para contagem regressiva. Qualquer CANCELAMENTO POTENCIAL exigia uma verificação cruzada, para diferenciar um problema real de uma falha esporádica do sinal. Ele começou a transpirar nervosamente, ao iniciar os procedimentos padronizados de verificação cruzada.
"Monitor 23, aqui fala Controle. Paul, você tem um cancelamento real?" A voz no fone de ouvido era tranqüila, porém impaciente. "Decisão exigida em 30 segundos."
"Eu sei, eu sei" Keller resmungou. "Estou fazendo a verificação cruzada neste instante."
A verificação número um resultou inconclusiva. Keller seguiu automaticamente as instruções detalhadas para a verificação cruzada dois.
"Você precisa de ajuda, Keller?" indagou a voz no fone de ouvido.
"Não, estou bem."
"Decisão requerida" exigia a voz no fone de ouvido. – Os sistemas secundários precisam ser desativados em 30 segundos.
Keller leu e releu os dados no painel. Parecia ser uma falha esporádica do sinal.
"Decisão requerida" exigiu a voz no fone de ouvido.
"Continue a contagem" proferiu impulsivamente Keller, no final. "Subsistema sete plenamente operacional." Ele recostou-se de volta em sua poltrona.

Alto-falante: A CONTAGEM TEM CONTINUIDADE NO LANÇAMENTO MENOS 24 MINUTOS E 17 SEGUNDOS.
Keller sabia que, no intervalo de uma hora após a partida da nave, Barksdale o convocaria para uma reunião. – O que tem acontecido de errado ultimamente, Paul? – ele diria. – Existe algo em que possa ajudá-lo? – Ele, porém, realmente não queria escutar. Barksdale era o tipo de pessoa que interpreta como fraqueza quaisquer problemas pessoais e exige que sejam afastados da mente da pessoa.
Ele exigiria, mais provavelmente, que Keller ensaiasse um número elevado de vezes os procedimentos, enquanto ficaria ao lado... observando e comentando todos os erros... enquanto a pressão subia continuamente.

Alto-falante: LANÇAMENTO MENOS 20 MINUTOS.
As luzes do monitor no painel 23 piscavam rotineiramente.
"Keller" disse a voz no fone de ouvido. "Responda, por favor."
"Controle, aqui é Wallace no monitor 24. "Não creio que Keller esteja se sentindo bem. Melhor enviar rapidamente um substituto!"

Alto-falante: A CONTAGEM É INTERROMPIDA AOS 19 MINUTOS E 33 SEGUNDOS.
"Wallace, aqui é Controle. Auxílio já foi enviado e a contagem foi suspensa temporariamente. Qual parece ser o problema com Keller?"
"Controle, aqui é Wallace. Não sei. Seus olhos estão abertos e fixos no monitor, porém não responde a minhas perguntas. Poderia ser uma convulsão ou... um derrame cerebral."

1. Existe alguma maneira de evitar as manifestações mais sérias (conforme ocorreu com Keller) da pressão no exercício das funções? Explique.
2. Existem alguns primeiros sinais de alarme manifestados pelos empregados sob estresse? Em caso afirmativo, quais são?
3. Qual é o papel apropriado do supervisor nesse caso? Ele deveria tentar oferecer conselhos?

Fonte: Adaptado de Joyce, Robert D. *Encounters in Organizational Behavior*, p. 168-172. Copyright 1972, Pergamon Press PLC. Reproduzido mediante autorização.

Exercício experimental I

Avaliação do risco para a saúde

O formulário de Avaliação do Risco para a Saúde foi elaborado pelo Departamento de Saúde e Bem-estar do governo canadense. O programa de testes inicial indicou que aproximadamente uma pessoa, em cada três que preencheram o formulário, alteraria alguns aspectos não saudáveis de seu estilo de vida, pelo menos durante um período. Julgando que o retorno potencial valeria a pena, o governo enviou pelo correio mais de 3 milhões de cópias do questionário aos canadenses que contribuíam para a Previdência Social. Verificações subseqüentes indicaram que as projeções iniciais do número de destinatários que modificaria seu comportamento estavam corretas. Talvez você figure nesse um terço.

Escolha, entre as três respostas a cada pergunta, a que se adapta mais a você. Observe que alguns itens podem ter somente duas alternativas.

Exercício

_____ 1. Qual é seu principal esforço físico aplicado durante o dia?
   (a) trabalho pesado, caminhar ou trabalhar em casa
   (b) _____
   (c) trabalho burocrático

_____ 2. Qual é sua participação em atividades físicas – esqui, golfe, natação etc. – ou cortar grama, cuidar do jardim etc.?
   (a) diariamente
   (b) semanalmente
   (c) raramente

____ 3. Qual é sua participação em um programa de exercício rigoroso?
   (a) três vezes por semana
   (b) semanalmente
   (c) raramente

____ 4. Qual é o número médio de quilômetros percorridos, caminhando ou correndo, diariamente?
   (a) um e meio ou mais
   (b) menos de 750 m
   (c) nenhum

____ 5. Quantos andares você sobe por dia?
   (a) mais de dez
   (b) dez ou menos
   (c) _____

Nutrição

____ 6. Você está acima do peso?
   (a) não
   (b) 2 kg a 8,5 kg
   (c) 9 kg ou mais

____ 7. Você come uma ampla variedade de alimentos, um pouco de cada dos seguintes cinco grupos alimentares: (1) carne, peixe, aves, legumes desidratados, ovos ou nozes; (2) leite ou produtos lácteos; (3) pão ou cereais; (4) frutas; (5) vegetais?
   (a) diariamente
   (b) três vezes por semana
   (c) _____

Álcool

____ 8. Qual é o número médio de garrafas de cerveja de 360 ml consumidas por semana?
   (a) 0 a 7
   (b) 8 a 15
   (c) 16 ou mais

____ 9. Qual é o número médio de drinques de 45 ml consumidos por semana?
   (a) 0 a 7
   (b) 8 a 15
   (c) 16 ou mais

____ 10. Qual é o número médio de copos de 150 ml de vinho ou cidra consumidos por semana?
   (a) 0 a 7
   (b) 8 a 15
   (c) 16 ou mais

____ 11. Qual é o número total de drinques consumidos por semana, incluindo cerveja, bebidas alcoólicas ou vinho?
   (a) 0 a 7
   (b) 8 a 15
   (c) 6 ou mais

Drogas
_____ 12. Você consome drogas ilegais?
    (a) não
    (b) _____
    (c) sim
_____ 13. Você consome bebidas alcoólicas juntamente com certas substâncias químicas (tranqüilizantes, barbitúricos, drogas ilegais)?
    (a) não
    (b) _____
    (c) sim
_____ 14. Você usa remédios contra dor de modo impróprio ou excessivo?
    (a) não
    (b) _____
    (c) sim

Fumo
_____ 15. Qual é o número de cigarros fumados por dia?
    (a) nenhum
    (b) menos de 10
    (c) 10 ou mais
_____ 16. Qual é o número de charutos fumados por dia?
    (a) nenhum
    (b) menos de 5
    (c) 5 ou mais
_____ 17. Quantas vezes você fuma cachimbo por semana?
    (a) nenhuma
    (b) 1
    (c) 2 ou mais

Saúde pessoal
_____ 18. Você passa por períodos de depressão?
    (a) raramente
    (b) ocasionalmente
    (c) freqüentemente
_____ 19. A ansiedade interfere em suas atividades diárias?
    (a) raramente
    (b) ocasionalmente
    (c) freqüentemente
_____ 20. Você dorme bem?
    (a) sim
    (b) não
    (c) _____
_____ 21. Você conhece as causas e os perigos das doenças venéreas?
    (a) sim
    (b) não
    (c) _____

_____ 22. Faz auto-exame das mamas? (Se não for aplicável, não leve em consideração.)
   (a) mensalmente
   (b) ocasionalmente
   (c) _____

Segurança na estrada e na água
_____ 23. Qual é a quilometragem percorrida, por ano, como condutor ou passageiro?
   (a) menos de 15 mil quilômetros
   (b) 15 mil quilômetros ou mais
   (c) _____
_____ 24. Você excede freqüentemente o limite de velocidade?
   (a) não
   (b) em 15 km/h
   (c) em 30 km/h ou mais
_____ 25. Você usa cinto de segurança?
   (a) sempre
   (b) ocasionalmente
   (c) nunca
_____ 26. Você dirige motocicleta, bicicleta motorizada ou trenó motorizado?
   (a) não
   (b) sim
   (c) _____
_____ 27. Se a resposta ao item acima for afirmativa, você sempre usa um capacete?
   (a) sim
   (b) _____
   (c) não
_____ 28. Você chega a dirigir sob influência do álcool?
   (a) nunca
   (b) _____
   (c) ocasionalmente
_____ 29. Você, alguma vez, dirige quando sua percepção pode estar afetada por drogas?
   (a) nunca
   (b) _____
   (c) ocasionalmente
_____ 30. Você conhece as regras de segurança na água?
   (a) sim
   (b) não
   (c) _____
_____ 31. Se você participa de esportes aquáticos ou anda de barco, usa um colete salva-vidas?
   (a) sim
   (b) não
   (c) _____

Geral
_____ 32. Qual o tempo médio (em horas), por dia, que você gasta assistindo televisão?
   (a) 0 a 1
   (b) 1 a 4
   (c) 4 ou mais

_____ 34. Você, alguma vez, fuma na cama?
   (a) não
   (b) ocasionalmente
   (c) regularmente
_____ 35. Você sempre usa o equipamento entregue para sua segurança?
   (a) sim
   (b) ocasionalmente
   (c) não

Pontuação: Atribua 1 ponto a cada resposta *a*, 3 pontos a cada resposta *b* e 5 pontos a cada resposta *c*. Pontuação Total: _____

- Uma pontuação total entre 35 e 45 é *excelente*. Você tem um estilo de vida elogiável, baseado em hábitos sensatos, e uma percepção acurada da saúde pessoal.
- Uma pontuação total entre 46 e 55 é *boa*. Com algumas pequenas mudanças, você pode alcançar um estilo de vida excelente.
- Uma pontuação total de 56 a 65 significa *risco*. Você está assumindo riscos desnecessários para sua saúde. Diversos de seus hábitos devem ser alterados, para evitar problemas potenciais.
- Uma pontuação total de 66 ou mais é *perigosa*. Ou você tem pouca consciência pessoal dos hábitos de boa saúde ou está optando por não levá-los em conta. Essa é uma zona de perigo.

Fonte: Department of Health and Welfare of Canada, *apud* Ivancevich, J. M.; Matteson, M. T. *Organizational Behavior and Management* 2 ed. Homewood: BPI/Irwin, 1990 p. 250. Reproduzido mediante autorização da editora.

Exercício experimental II

Avaliação de sua satisfação no trabalho

Conforme discutido neste capítulo, a satisfação no desempenho das funções representa um fator extremamente importante para o bem-estar do indivíduo e da organização. Neste exercício, solicita-se que você avalie a maneira como julga sua satisfação no trabalho, em termos de seu cargo atual ou no tipo de função que você acredita que desempenhará quando finalizar essa parte de seu treinamento.

Se está empregado atualmente, seja em período parcial ou integral, responda em relação a de seu atual cargo. Se não trabalha ainda, responda em termos do tipo de função que você pensa, realisticamente, exercer quando começar a trabalhar.

Passo 1

Encontram-se, a seguir, 20 afirmações relativas às características ou aos atributos de seu trabalho. Para cada afirmativa, há duas avaliações:
a. Quanto da característica existe associada atualmente a seu cargo?
b. Quanto da característica deveria estar associada a seu cargo?
Coloque um círculo em torno do número, na escala, que representa a quantidade de características avaliadas; isto é, números baixos representam valores mínimos; números altos, valores máximos. Portanto, se você considerar que existe muito pouco da característica associada a seu cargo, coloque um círculo em torno de 4, e assim por diante. Indique um valor em todas as escalas.

1. A extensão em que meu trabalho é desafiador:
   a. Qual é atualmente?   (mínima)   1 2 3 4 5   (máxima)
   b. Qual deveria ser?   1 2 3 4 5
2. A sensação de gratificação pessoal por ocupar meu cargo:
   a. Qual é atualmente?   (mínima)   1 2 3 4 5   (máxima)
   b. Qual deveria ser?   1 2 3 4 5
3. A extensão em que a remuneração associada a meu cargo é apropriada:
   a. Qual é atualmente?   (mínima)   1 2 3 4 5   (máxima)
   b. Qual deveria ser?   1 2 3 4 5
4. A sensação de segurança em meu cargo:
   a. Qual é atualmente?   (mínima)   1 2 3 4 5   (máxima)
   b. Qual deveria ser?   1 2 3 4 5
5. A oportunidade de trabalhar em colaboração com outros e de desenvolver amizades íntimas:
   a. Qual é atualmente?   (mínima)   1 2 3 4 5   (máxima)
   b. Qual deveria ser?   1 2 3 4 5
6. A extensão em que é reconhecido por resultados positivos no exercício das funções:
   a. Qual é atualmente?   (mínima)   1 2 3 4 5   (máxima)
   b. Qual deveria ser?   1 2 3 4 5
7. A extensão em que o cargo me proporciona prestígio e *status* na companhia:
   a. Qual é atualmente?   (mínima)   1 2 3 4 5   (máxima)
   b. Qual deveria ser?   1 2 3 4 5
8. A oportunidade que o cargo oferece para adquirir um senso de responsabilidade:
   a. Qual é atualmente?   (mínima)   1 2 3 4 5   (máxima)
   b. Qual deveria ser?   1 2 3 4 5
9. A extensão em que o cargo me proporciona um conjunto apropriado de benefícios:
   a. Qual é atualmente?   (mínima)   1 2 3 4 5   (máxima)
   b. Qual deveria ser?   1 2 3 4 5
10. A oportunidade que o cargo oferece para participar da tomada de decisões:
    a. Qual é atualmente?   (mínima)   1 2 3 4 5   (máxima)
    b. Qual deveria ser?   1 2 3 4 5
11. A extensão em que o cargo me proporciona condições de trabalho apropriadas:
    a. Qual é atualmente?   (mínima)   1 2 3 4 5   (máxima)
    b. Qual deveria ser?   1 2 3 4 5
12. A oportunidade de ter autonomia – isto é, pensamento e ação independentes – no cargo:
    a. Qual é atualmente?   (mínima)   1 2 3 4 5   (máxima)
    b. Qual deveria ser?   1 2 3 4 5
13. A sensação de "estar por dentro", isto é, ter acesso a informações importantes ou úteis no cargo:
    a. Qual é atualmente?   (mínima)   1 2 3 4 5   (máxima)
    b. Qual deveria ser?   1 2 3 4 5
14. A oportunidade de participar da fixação de metas e objetivos para o cargo:
    a. Qual é atualmente?   (mínima)   1 2 3 4 5   (máxima)
    b. Qual deveria ser?   1 2 3 4 5
15. A extensão em que o cargo está sujeito a regras e procedimentos apropriados:
    a. Qual é atualmente?   (mínima)   1 2 3 4 5   (máxima)
    b. Qual deveria ser?   1 2 3 4 5

16. A oportunidade que o cargo proporciona para enfrentar desafios e solucionar problemas:
    a. Qual é atualmente?   (mínima)   1 2 3 4 5   (máxima)
    b. Qual deveria ser?   1 2 3 4 5
17. A oportunidade de obter remuneração adicional (por exemplo, gratificações, horas extras) no cargo:
    a. Qual é atualmente?   (mínima)   1 2 3 4 5   (máxima)
    b. Qual deveria ser?   1 2 3 4 5
18. A sensação de ser capaz de usar os conhecimentos especializados no desempenho das funções:
    a. Qual é atualmente?   (mínima)   1 2 3 4 5   (máxima)
    b. Qual deveria ser?   1 2 3 4 5
19. A extensão em que políticas e procedimentos que regem as promoções são apropriados ao cargo:
    a. Qual é atualmente?   (mínima)   1 2 3 4 5   (máxima)
    b. Qual deveria ser?   1 2 3 4 5
20. A extensão em que o supervisor fica atento para que toda pessoa execute um volume de trabalho justo no dia:
    a. Qual é atualmente?   (mínima)   1 2 3 4 5   (máxima)
    b. Qual deveria ser?   1 2 3 4 5

Passo 2
Calcule o resultado de sua satisfação/insatisfação, para cada um dos itens, usando as instruções a seguir. A extensão de sua satisfação/insatisfação com cada característica do cargo é calculada como o resultado de (b) menos o de (a), isto é, "quanto deveria ser" menos "qual é atualmente".
1. Para cada afirmação, faça a subtração (b) – (a).
2. Indique o valor de (b) – (a), para cada afirmativa, nas colunas que se seguem; se (a) for maior que (b), certifique-se de manter o sinal menos para a diferença.
3. Adicione, em seguida, os números de cada coluna, para obter um total de cada categoria; certifique-se, novamente, de manter o sinal menos, caso seja aplicável.
4. Divida esse total pelo número de afirmações usado para avaliar cada categoria.

Lembre-se de que esse resultado ajustado é uma medida de insatisfação. Quanto menor, mais satisfeito você está. Quanto maior, mais insatisfeito.

Fatores Intrínsecos	Fatores Extrínsecos
1b – 1a = _____	3b – 3a = _____
2b – 2a = _____	4b – 4a = _____
6b – 6a = _____	5b – 5a = _____
7b – 7a = _____	9b – 9a = _____
8b – 8a = _____	11b – 11a = _____
10b – 10a = _____	15b – 15a = _____
12b – 12a = _____	17b – 17a = _____
13b – 13a = _____	19b – 19a = _____
14b – 14a = _____	20b – 20a = _____
16b – 16a = _____	
18b – 18a = _____	

Total:	_____	Total:	_____
Dividido por:	11	Dividido por:	19
Ajustado		Ajustado	
Resultado:	_____	Resultado:	_____

Passo 3
Seu instrutor lhe pedirá para formar grupos de três a cinco pessoas. Cada grupo deve discutir os resultados da satisfação dos participantes, em termos de:
1. características do cargo que poderiam ser consideradas responsáveis pelo resultado elevado ou reduzido da satisfação;
2. o que poderia ser feito para mudar cada cargo, a fim de diminuir a insatisfação;
3. que tipo de função, para cada indivíduo, poderia conduzir a uma maior satisfação no cargo.

Passo 4
Esteja preparado para partilhar suas respostas às questões do Passo 3 com toda a classe. Além disso, você poderia discutir as implicações dessas descobertas para o planejamento da carreira – isto é: Quais atributos de seu cargo são significativos em termos de satisfação/insatisfação? De que modo tais informações podem ajudá-lo a tomar decisões relativas à carreira?

Parte Três

Estrutura e dinâmica organizacionais

Capítulo 12 Comunicação

Capítulo 13 Estrutura organizacional e influências ambientais

Capítulo 14 Influências culturais

Capítulo 15 Gerenciamento da mudança e do desenvolvimento organizacional

Se você não concorda comigo, significa que não esteve prestando atenção.
— Sam Markerich

Se você não disser nada, não será solicitado a repeti-lo.
— Calvin "Silent Cal" Coolidge

Nada se espalha mais rápido que o rumor.
— Virgílio

Quem faz fofocas para você, fará fofocas sobre você.
— Provérbio espanhol

Objetivos de aprendizagem

Após estudar este capítulo, você deverá ser capaz de:

1. Relacionar os passos no processo de comunicação e indicar alguns obstáculos à comunicação.
2. Identificar formas de comunicação usuais nas organizações.
3. Explicar como o padrão de comunicação de um grupo afeta seu desempenho.
4. Descrever a natureza da comunicação com o nível inferior, o superior e a comunicação horizontal.
5. Identificar os papéis que uma pessoa representa na rede de comunicação de uma organização.
6. Identificar os aspectos básicos da comunicação não-verbal.
7. Descrever os obstáculos individuais à comunicação.
8. Descrever os obstáculos organizacionais à comunicação.
9. Relacionar técnicas para melhorar a comunicação organizacional.

Capítulo 12

Comunicação

Vamos ser francos: criar linhas abertas de comunicação no trabalho

A comunicação eficaz e aberta é essencial para o bem-estar de toda organização. Um dos tipos mais importantes – e, no entanto, sensível – de comunicação no local de trabalho envolve o *feedback* entre empregados e gerentes. Os colaboradores precisam ter um *feedback* honesto, para ajudar a direcionar os esforços, avaliar o desempenho e indicar áreas que devem ser aprimoradas. Gerentes requerem que os subordinados sejam francos, para assegurar que estão se mantendo acessíveis aos colaboradores e realizando um bom trabalho ao lidar, motivar e oferecer oportunidades de promoção no interior da organização.

A comunicação franca no ambiente de trabalho nem sempre é fácil de encontrar, especialmente nas circunstâncias em que objetivos múltiplos de comunicação parecem estar em conflito. Gerentes, muitas vezes, esforçam-se para dizer aos empregados que não executaram adequadamente um trabalho. Mais difícil ainda é a tarefa de lidar com situações problemáticas nas quais hábitos e traços pessoais de um subordinado estão interferindo, como falta de higiene pessoal, insensibilidade com os colegas ou outros comportamentos impróprios. Em tais casos, a necessidade de franqueza, por parte do gerente, está em conflito com a necessidade igualmente importante de inspirar confiança nos colaboradores e fazer com que se sintam motivados.

A opinião honesta pode ser igualmente difícil de existir quando o sentido da comunicação ocorre dos subordinados para os gerentes, como no caso de avaliações de desempenho ou de queixas apresentadas individualmente. Os empregados podem considerar prejudicial ser franco com os supervisores, receando que uma represália possa afetar negativamente seu *status* atual na empresa. Gerentes, no entanto, e também subordinados, requerem retorno aberto e críticas construtivas, para reforçar os pontos fortes, expondo, ao mesmo tempo, os fracos, que podem prejudicar toda a equipe. Lydia Whitefield, vice-presidente de marketing corporativo da Avaya, recebeu dezenas de avaliações de desempenho feitas pelos chefes durante sua carreira, porém considera as avaliações de seus subordinados diretos como as mais importantes. Whitefield recorda-se de sua resposta a um empregado que lhe afirmou que ela parecia, muitas vezes, estar zangada: "Fiquei aturdida, pois o que ele e outros colaboradores interpretavam como raiva, eu considerava como emotividade". A vice-presidente decidiu que precisava ajustar seu estilo de comunicação e considerou o confronto extremamente útil. "Aquele retorno foi uma experiência que alterou minha vida", afirma. E acrescenta que tais diálogos "podem machucar, porém sempre são instrutivos".

Muitas companhias, conscientes da necessidade imperiosa de avaliações honestas, desenvolveram programas e procedimentos corporativos que incentivam a comunicação franca e segura entre todos os grupos. Os gerentes da General Electric (GE) são avaliados, em parte, pelo grau de sucesso com que transmitem e recebem retorno honesto e são, até mesmo, obrigados a informar aos empregados cuja dedicação ao trabalho está diminuindo que precisam melhorar o desempenho ou buscar oportunidades de progresso em outras empresas. A GE também proporciona instrumentos para os colaboradores avaliarem honestamente os chefes, por meio de canais seguros e anônimos. Algumas companhias, visando a melhorar a comunicação, adotam o sistema de análise do desempenho em 360°, prática formal que exige de todos os chefes, colegas e empregados avaliações recíprocas. Essas análises, normalmente, são anônimas e, via de regra, bem recebidas.

Seja o retorno do desempenho oferecido por meio de canais formais, como o sistema de análise em 360°, ou por meio de reuniões informais da equipe durante a *happy hour*, no entanto, todas as partes podem beneficiar-se quando as linhas de comunicação são mantidas abertas – especialmente se transmitirem, simultaneamente, retorno positivo e críticas construtivas.

Fonte: Hymowitz, C. "Managers See Feedback From Their Staffers As the Most Valuable", *The Wall Street Journal*, 11 nov. 2003; Hymowitz, C. "How to Tell Employees All the Things They Don't Want to Hear", *The Wall Street Journal*, 22 ago. 2000.

Um modelo de processo de comunicação

Existem muitas definições de comunicação de imagem na mente de um receptor, que contenha exatamente os mesmos detalhes pretendidos pelo emissor. Comunicação também pode ser definida como a "troca de mensagens entre pessoas, com a finalidade de construir significados comuns".[1] Ambas as definições indicam uma visão da comunicação interpessoal, envolvendo o uso de sinais verbais e não-verbais e de símbolos, para originar compreensão.

A comunicação verdadeira ou precisa, muitas vezes, é difícil de realizar, por exigir uma seqüência complexa de passos: geração de idéias, codificação, transmissão por diversos canais, decodificação, compreensão e resposta. Conforme a Figura 12.1 indica, existem, em cada passo, obstáculos potenciais para a comunicação bem-sucedida, que podem ser descritos como ruído, barreiras e filtros, e têm o potencial de impedir ou alterar o processo de comunicação.

Para ilustrar esse processo, considere o exemplo de um controlador de estoque que chega à conclusão de que o suprimento de rótulos necessários para embalar um produto está terminando. A *geração da idéia* de que rótulos precisam ser adquiridos resulta na *codificação* da mensagem, formada por símbolos que transmitirão a informação desejada. Nesse caso, a mensagem é um formulário impresso ou um *e-mail* enviado ao comprador. Mensagens codificadas também podem ser simples instruções verbais. A mensagem codificada é *transmitida*, em seguida, por um ou mais canais. Um memorando, por exemplo, poderia ser transmitido pelo correio interno da empresa, e uma instrução verbal, ser comunicada pessoalmente ou por telefone. Além disso, diversos canais podem ser usados simultaneamente, como no caso de uma pessoa fazer uma afirmação verbal e usar gestos e expressões faciais apropriados para enfatizar seu significado.

Receber a mensagem envolve atentar para ela e realmente perceber que se trata de uma mensagem escrita, falada ou transmitida de algum outro modo. Após a recepção, ocorre a *decodificação*, que envolve decifrar a mensagem. A *compreensão* resulta do processo de decodificação, no entanto, muitas vezes é imperfeita. Na extensão em que a mensagem decodificada corresponde à mensagem codificada, podemos afirmar que a compreensão foi efetivada.

O passo final, nesse processo crítico, é a *resposta* do receptor à iniciativa de comunicação, esta resposta pode assumir a forma de ação ou inação. Em nosso exemplo, o comprador pode agir comprando mais rótulos ou dizendo ao controlador que os rótulos não serão mais necessários, por causa de uma alteração no processo de embalagem. Essa resposta, ou ação, age como

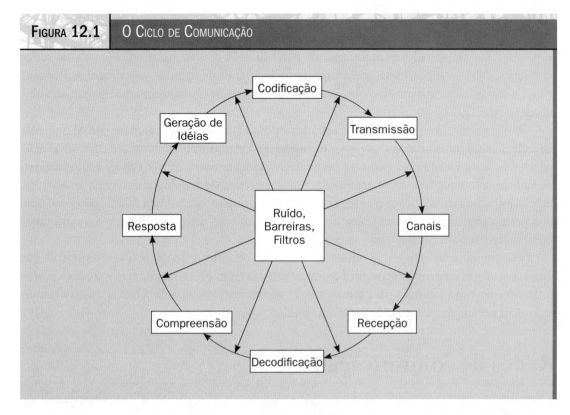

FIGURA 12.1 — O CICLO DE COMUNICAÇÃO

uma forma de retorno do desempenho para o iniciador do processo e determina a natureza de todas as iniciativas de comunicação subseqüentes.

Em virtude de a comunicação envolver tantos passos, numerosos fatores podem intervir para dificultar o processo. A mensagem codificada pode, por exemplo, não corresponder precisamente à pretendida, por causa da escolha inadequada de palavras pelo emissor, ou a resposta pode não refletir de modo preciso a intenção do receptor, como resultado de forças fora de seu controle.

Conforme essa discussão revela, a comunicação bem-sucedida continuamente pode ser difícil de conseguir. Esse fato contribui para a crença disseminada de que a má comunicação é responsável por muitos problemas no âmbito das organizações e que muitas questões mais sérias seriam resolvidas se as pessoas apenas tentassem aprimorar suas aptidões de comunicação. Foi ressaltado, no entanto, que, embora a comunicação possa se encontrar na raiz de muitos problemas, é possível superestimar seu papel.[2] *Mais* comunicação, por exemplo, não significa, necessariamente, *melhor* comunicação. Adicionalmente, as dificuldades de comunicação podem ser, realmente, o sintoma ou o resultado de outro problema, em vez de serem a causa do problema inicial.

Para manter a perspectiva adequada, torna-se crucial reconhecer que a comunicação é um processo social que inclui percepção e influência. A transmissão e a recepção precisas de uma mensagem, mais o impacto que esta exerce no receptor, são igualmente importantes para explicar o processo de comunicação.

Tipos de comunicação

Existem, nas organizações, diversas formas triviais de comunicação interpessoal. Sem dúvida, a mais freqüentemente usada é a palavra oral, pois, usualmente, é a mais rápida. Além disso, a comunicação oral tem probabilidade de ser muito precisa, porque as mensagens podem ser explicadas por meio de um diálogo contínuo. A comunicação escrita também é importante nas organizações. Os empregados dedicam grande parte de seus dias de trabalho expressando idéias por escrito.* Memorandos, cartas, relatórios, fax, formulários de pedidos, *e-mail* etc. podem atuar como registros permanentes, o que melhora sua precisão e clareza, em comparação à comunicação oral.

Uma terceira forma de comunicação interpessoal, a **comunicação não-verbal**, consiste em indicações, sem expressão oral, que um comunicador transmite juntamente com uma mensagem falada ou escrita. Por meio de gesticulação, assentimento com a cabeça e postura, por exemplo, um interlocutor consegue ressaltar suas palavras faladas. Algumas vezes, no entanto, indicações não-verbais podem parecer contradizer o conteúdo da palavra falada, como quando uma pessoa sorri enquanto comunica más notícias. Em tais casos, identificar o conteúdo pretendido pode ser um desafio para o receptor.

A comunicação não-verbal também pode assumir a forma de símbolos. O uniforme que uma pessoa veste ou a forma específica como uma mensagem é escrita, por exemplo, pode transmitir informações adicionais para o receptor. O tópico de comunicação não-verbal será examinado mais detalhadamente ainda neste capítulo.

Redes de comunicação

A estrutura formal de relacionamentos em uma organização pode afetar diversos aspectos do processo de comunicação. Pesquisas relativas ao impacto da estrutura sobre a comunicação focalizaram o modo como diferentes tipos de **rede**, ou padrões de relacionamento, influenciam a comunicação. Tem sido de especial interesse o efeito do grau de centralização de uma rede sobre o processo de comunicação. A Figura 12.2 ilustra o quanto ocorre de centralização em cinco diferentes tipos de rede de comunicação, formadas por cinco pessoas, que foram estudadas minuciosamente. As **redes centralizadas** são caracterizadas pela capacidade diferente de seus membros para obter e divulgar informações. Observe que, em cada rede centralizada, a informação precisa fluir por meio de uma pessoa *principal* (indicada por um X na Figura 12.2). Em contraste, em uma **rede descentralizada**, cada membro tem uma oportunidade igual de participar do processo de comunicação.

O estudo formal das redes apoiou-se na criação de condições experimentais, em que os participantes são colocados em cubículos e autorizados a comunicarem-se somente com membros pré-especificados de seu grupo. Surgiram desses estudos alguns resultados razoavelmente confiáveis.[4]

Geralmente, os membros de redes descentralizadas declaram ter maior satisfação, ao passo que, quanto mais centralizada for uma estrutura, menor será a satisfação. Redes circulares geram os menores índices de satisfação, enquanto redes conectadas integralmente produzem os índices mais elevados. Ao que tudo indica, quanto mais os membros do grupo precisam depender de outros para obter informações e tomar decisões, menos apreciam sua participação.

As redes também diferem quanto à eficácia para lidar com vários tipos de problema. Para tarefas relativamente simples e rotineiras, quando a meta consiste em completar uma tarefa rapida-

---

* Em um estudo da literatura sobre comunicação gerencial, concluiu-se que os gerentes, habitualmente, superestimam a quantidade de tempo que empregam lendo e escrevendo, e tendem a subestimar a quantidade de tempo que gastam conversando.[3]

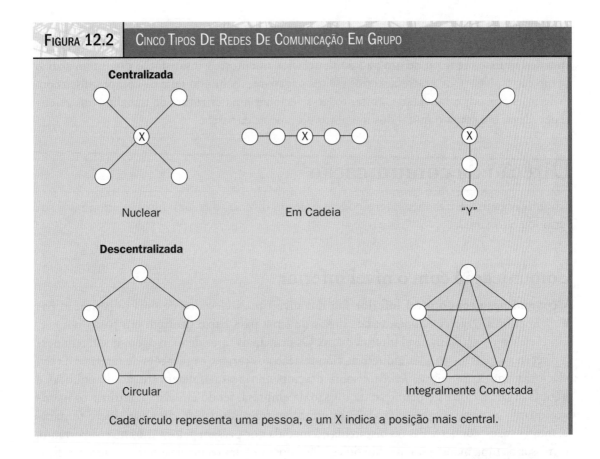

FIGURA 12.2 CINCO TIPOS DE REDES DE COMUNICAÇÃO EM GRUPO

Cada círculo representa uma pessoa, e um X indica a posição mais central.

mente e cometer poucos erros, as redes centralizadas são mais eficientes. Para tarefas complexas que exigem partilhar informações, porém, as descentralizadas apresentam uma vantagem relativa.

Também foi constatado que a natureza da tarefa influi na formação de um modelo de comunicação. Em um estudo, os participantes foram colocados em redes conectadas integralmente e tiveram atribuída a solução de diversos problemas.[5] Foi solicitado aos participantes, em seguida, que equacionassem um conjunto de tarefas relativamente complexas. Quando os grupos executavam as tarefas simples, tendiam a adotar uma estrutura centralizada, convergindo para um núcleo. À medida que se tornavam mais complexas, no entanto, as pessoas do papel mais central consideravam muito grandes as exigências impostas, e os grupos revertiam à sua estrutura original, mais descentralizada.

O surgimento de um único líder tende a ocorrer, mais freqüentemente, nas redes centralizadas, por causa da existência de uma posição central. Quanto maior a disponibilidade de informações para o ocupante desse núcleo, mais a dependência relativa de outros participantes, para obter informações e tomar decisões, conduz à emergência do ocupante do núcleo como líder. Por ser um elo tão importante na rede, a pessoa na posição nuclear acaba dominando a atuação do grupo. Adicionalmente, ela é a mais satisfeita entre os membros.

Redes centralizadas também são mais propensas à sobrecarga de informações. Os membros que ocupam as posições mais centrais ficam sujeitos a maiores exigências de atuação eficaz. Em uma rede descentralizada, as informações e, no final, as decisões, são partilhadas. Como resultado, nenhuma posição específica fica sobrecarregada facilmente.

As implicações desse resultado são razoavelmente diretas. Os padrões de comunicação devem ser estabelecidos para melhor atender à dupla finalidade de aperfeiçoar a execução de tarefas e aumentar a satisfação do grupo. A natureza da tarefa a ser realizada impõe, em grau elevado, a rede apropriada, porém também se deve prestar atenção às conseqüências sociais de uma determinada rede ou de um padrão de relacionamentos. A insatisfação do grupo, abaixo de um certo nível, pode acarretar sérios efeitos negativos, incluindo falta de compromisso com as decisões e maior rotatividade. Portanto, ao selecionar uma estrutura de trabalho, um gerente deve levar em conta o moral dos membros e as metas da tarefa.

Direção da comunicação

Em uma organização, as mensagens podem fluir em diversas direções: nível inferior, nível superior ou horizontal.

Comunicação com o nível inferior

A **comunicação com o nível inferior** flui dos níveis mais elevados de uma organização para os inferiores. Tradicionalmente, tais fluxos de cima para baixo ocorrem um passo por vez, sem exclusão de nenhum nível intermediário. Os principais tipos de mensagem que fluem nessa direção incluem instruções e diretivas com relação aos cargos, explicações de tarefas e de seu relacionamento com outras, *feedback* sobre desempenho pessoal, determinação de políticas e práticas organizacionais e definição da missão da empresa, tendo em vista doutrinar os membros quanto às metas estabelecidas.[6] As informações transmitidas de cima para baixo tornam-se, muitas vezes, condensadas ou distorcidas, à medida que passam pelos vários níveis. Portanto, o emissor de uma mensagem que flui do escalão superior para os níveis inferiores deve verificar se foi recebida de modo preciso em níveis internos.

Um outro problema relacionado à comunicação com o nível inferior é que seus receptores tendem a interpretá-la como um sinal de insatisfação dos níveis mais elevados da organização. Essa percepção comum reflete a crença de que, se o escalão superior encontrou tempo para enviar um memorando, deve ter percebido uma exceção à norma, que precisa ser corrigida.

Comunicação com o nível superior

A **comunicação com o nível superior** flui dos níveis inferiores para os superiores de uma organização. Os tipos mais comuns incluem sugestões para aperfeiçoar procedimentos de trabalho, informações sobre o andamento e o cumprimento de metas, solicitações de ajuda e reações individuais a temas com e sem relação com o trabalho.[7] Alguns obstáculos podem impedir a comunicação com o nível superior. Muitos empregados julgam, por exemplo, que serão criticados se disserem o que pensam para seus superiores, e os que esperam obter promoções e outros reconhecimentos apresentam menos probabilidade de ser francos. Além disso, de modo análogo à comunicação com o nível inferior, aquela com o nível superior está sujeita a simplificação e distorção.

A comunicação com o nível inferior e o superior, no entanto, não são simples processos inversos. Diferenças de autoridade entre níveis podem alterar a precisão, a freqüência e o efeito dessas duas formas. Espera-se, por exemplo, que os empregados de nível inferior reajam rapidamente às comunicações de cima e que os colaboradores de nível graduado tenham autoridade para monitorar as reações desses subordinados e emitir ordens de prosseguimento das tarefas.

Por outro lado, os empregados de nível superior não são obrigados, formalmente, a responder com presteza, ou sequer responder, às comunicações dos subordinados. Na realidade, um colaborador de nível superior que responde prontamente às comunicações do nível inferior arrisca-se a dar a impressão de que um pequeno número de pessoas controla o grupo. Além disso, normalmente, não se espera que um empregado de nível inferior relembre seus superiores de mensagens anteriores ou monitore a reação final a uma mensagem. Desse modo, os empregados que ocupam posições de nível inferior recebem menos retorno do desempenho a respeito do impacto de suas comunicações do que os de nível superior.

Comunicação horizontal

A **comunicação horizontal** consiste em mensagens enviadas entre empregados que ocupam o mesmo nível no interior de uma organização. Exemplos incluem a comunicação entre membros de diferentes departamentos ou entre colegas de um mesmo departamento. Em virtude de os empregados estarem agrupados em departamentos ou trabalharem, algumas vezes, em relativo isolamento de outros que ocupam posições paralelas, normalmente existe pouca oportunidade para a comunicação horizontal. A coordenação de ações, no entanto, faz com que os empregados se comuniquem, algumas vezes, de modo rápido, sem a intermediação do processo de envio de mensagens aos membros dos níveis hierárquicos superiores e, em seguida, para o nível inferior apropriado.

Sugeriu-se, para resolver esse problema, um canal de comunicação formal ou um meio de acesso entre as unidades, a fim de facilitar a cooperação.[8] A Figura 12.3 oferece um exemplo de como um meio de acesso operaria. Nessa situação, as unidades podem comunicar-se de modo direto somente se partilharem um vínculo, conforme indicado pelas linhas contínuas. Se unidades sem conexão desejarem comunicar-se, precisarão enviar suas mensagens por meio de níveis superiores da organização, até que exista um elo partilhado. Se a unidade 3 quisesse, por

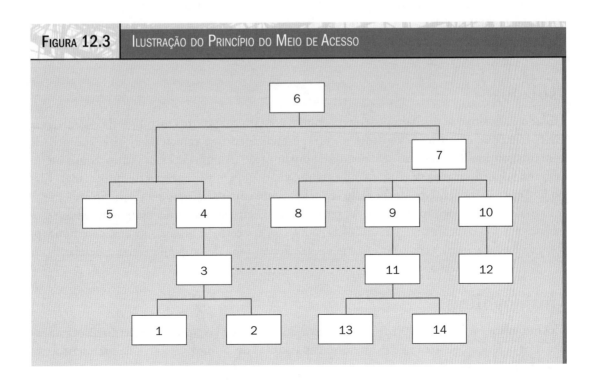

FIGURA 12.3 ILUSTRAÇÃO DO PRINCÍPIO DO MEIO DE ACESSO

exemplo, comunicar-se com a unidade 11, teria de encaminhar sua mensagem para a unidade 6 acima, a qual a transferiria novamente para o nível inferior. Para aumentar a velocidade e a precisão, seria necessário abrir um novo canal de comunicação diretamente entre as unidades 3 e 11, conforme mostrado pela linha interrompida.

Papéis na comunicação

As funções específicas que uma pessoa executa na rede de comunicação de uma organização constituem seu **papel na comunicação**. Foram identificados quatro papéis que os membros da organização podem desempenhar: emissor, contato, isolado, cosmopolita.[9]

Emissores

Emissor é o indivíduo que transmite informações para outros ou controla mensagens. Exemplos comuns são secretárias e assistentes de dirigentes do escalão superior. Um emissor com capacidade para controlar o conteúdo e/ou a ocasião de passar as informações dadas a um decisor consegue, na realidade, influenciar a decisão final.[10] Em virtude de o risco de sobrecarga de informações ser maior em organizações de grande porte, os dirigentes do primeiro escalão passam a depender consideravelmente dos emissores, para simplificar e selecionar as mensagens recebidas. Como resultado dessa maior confiança, os emissores tendem a exercer influência crescente nos níveis mais elevados de uma organização.

Contatos

A pessoa que atua como elo de comunicação entre dois grupos, mas não é membro de nenhum, é um **contato**. Ela atua como ponte entre grupos que necessitam trocar mensagens. A função de emissor está implícita, até certo grau, no papel do contato. Empresas que usam contatos para unir departamentos são relativamente mais eficazes do que as empresas que não os empregam.[11]

Isolados

Isolado é alguém que mantém pouco ou nenhum contato com outros membros da organização. Certas funções, como as de vigilante noturno e mensageiro, se caracterizam pela ausência de contatos contínuos com outros elementos da organização. Algumas pessoas cujos cargos oferecem mais oportunidades de contato, no entanto, ainda podem permanecer desinformadas. Elas podem optar, conscientemente, por não se socializarem com os colegas nem participar da transmissão de informações ou rumores. As sensações de alienação tendem a estar associadas a esse isolamento. Os indícios sugerem que os isolados são, em certo grau, mais jovens, detêm menor formação educacional, encontram-se menos satisfeitos e seu desempenho deixa a desejar.[12]

Cosmopolitas

Cosmopolita é a pessoa cuja rede de comunicação se estende ao ambiente externo da organização. Por definição, ele tem maior interesse em assuntos de âmbito nacional, de preferência nos

Visão Interior

Fazer entender as mensagens

De determinado modo, a tecnologia pode tornar nossa vida mais fácil, porém, não necessariamente quando envolve a comunicação no ambiente de trabalho. O telefone costumava ser a única maneira pela qual conseguíamos nos comunicar eletronicamente. Hoje, a lista é muito maior: correio de voz, e-mail, telefones celulares, pagers e aparelhos de fax. As formas de comunicação não eletrônicas tradicionais (como o correio) ainda permanecem entre nós, porém a ênfase recai na transmissão mais rápida, mediante entrega na manhã seguinte. Um estudo envolvendo 972 empregados em corporações importantes indicou que o colaborador médio envia e recebe cerca de 178 mensagens por dia. Não há dúvida de que esse número aumentará, à medida que a tecnologia progredir e se desenvolver.

A sobrecarga de mensagens baseadas em tecnologia pode criar novos problemas no local de trabalho. A mensagem eletrônica pode gerar uma impressão de insistência e instantaneidade intensa, porém falsa. Em virtude de as pessoas serem obrigadas a responder cada comunicação que recebem, pode parecer facilmente que alguém se encontra sempre resolvendo situações difíceis ou cuidando de problemas ou projetos que exigem atenção, pensamento crítico e análise. Além disso, ocorre frustração quando uma pessoa é afastada continuamente de tarefas importantes. Perder controle cria ansiedade que afeta todo o desempenho no cargo. Para complicar a situação, um e-mail instantâneo pode ser enviado como sendo de "Grande Prioridade", o que aumenta a urgência da resposta. E, em virtude de os sistemas de e-mail poderem informar ao emissor se uma mensagem foi recebida e lida, aumenta a sensação de necessidade de responder imediatamente.

Uma pessoa poderia pensar que o e-mail está substituindo outras formas de comunicação, porém isso não está ocorrendo. Um estudo patrocinado pela Pitney Bowes Inc. revelou que, muitas vezes, o e-mail se encontra "sobreposto às mensagens existentes, aumentando o volume de comunicações". Muitas pessoas enviam e-mail rotineiramente e, então, transmitem em seguida uma mensagem por correio de voz: "Acabo de enviar-lhe um e-mail".

Alguns executivos profissionais que atuam em empresas consideram que fenômeno de "mensagem instantânea/resposta instantânea" pode ser uma vantagem significativa. Estar disponível para os clientes 100% do tempo pode criar um senso mais forte de disponibilidade. O desempenho e o atendimento ao cliente podem ser julgados não somente pela qualidade de uma resposta, mas também pelo seu caráter imediato.

Fonte: Markels, A. "Memo 4/8/97, FYI: Messages Inundate Offices", *The Wall Street Journal*, 8 abr. 1997.

locais, e tende a manter relações profissionais mais intensas. Também é mais propenso a mudar de emprego do que outros colaboradores. De modo idêntico aos contatos, os cosmopolitas podem exercer a função de emissores, pois o relacionamento da organização com o mundo exterior, e as informações que dele provêm, precisam ter sua intermediação.

Comunicação não-verbal

Conforme mencionado no início deste capítulo, duas pessoas podem trocar informações sem usar palavras. Por meio da comunicação não-verbal, usam as expressões faciais, os gestos, a forma de vestir e o contexto social mais amplo, para transmitir mensagens silenciosas. Em termos populares, esse tipo de comunicação, algumas vezes, é indicado por "linguagem corporal". Apesar das indicações de diversos livros de sucesso sobre esse tópico, entretanto, não existe – nem há possibilidade de existir – uma "maneira mágica para conhecer os pensamentos dos empregados ou clientes", sem ter de lhes perguntar.[13] Não existe um modo preciso para transformar sinais não-verbais em mensagens consistentemente confiáveis. Embora um punho cerrado, por exemplo, possa indicar irritação, muitos indivíduos também cerram os punhos quando estão apreensivos.

Aspectos da comunicação não-verbal

Apesar dessas limitações, é possível atribuir um significado limitado a determinados padrões gerais de comportamento em muitas situações. A comunicação não-verbal pode ser compreendida em termos de diversos aspectos razoavelmente básicos.[14]

Proximidade

Sinais não-verbais podem ser interpretados em termos de **proximidade**. Geralmente, as pessoas se aproximam de outras e de objetos que apreciam e desejam, e se afastam dos que avaliam negativamente. Esses conceitos simples explicam grande parte do significado oculto das mensagens não-verbais. Se consideramos uma pessoa interessante ou atraente, por exemplo, nós nos aproximamos ou formulamos muitas perguntas, e nos afastamos ou nos recostamos (ou, até mesmo, puxamos a cadeira para trás), caso prefiramos evitar envolvimento. Quando desejamos encerrar uma conversa, muitas vezes, encenamos movimentos rápidos de intenção de partir; fazemos, por exemplo, pequenos círculos, à medida que nos afastamos gradualmente. Tais movimentos pretendem transmitir a mensagem de que estamos nos aprontando para sair (uma mensagem que pode não ser aceita, embora usualmente seja compreendida pela outra pessoa). De modo similar, dar a uma pessoa um aperto de mão firme e longo transmite uma mensagem de proximidade desejada. Um aperto de mão muito prolongado, no entanto, pode tornar a outra pessoa muito nervosa e desconfortável, especialmente em um primeiro encontro.

A atração total por uma outra pessoa pode ser compreendida pelos efeitos combinados das palavras efetivamente faladas, da expressão oral da mensagem e das expressões faciais que a acompanham. Palavras faladas são aquelas palavras reais, e seu significado é evidente por si só. A expressão oral envolve a entonação e a flexão da voz em uma mensagem falada.* Expressões faciais referem-se aos aspectos claramente não-verbais da mensagem. Mehrabian e Wiener apresentaram provas indicativas de que a percepção ou reação total de uma pessoa, em relação à comunicação de uma outra, pode ser entendida de acordo com a seguinte equação aproximada:[15]

Percepção total = 7% de percepção verbal + 38% de percepção oral + 55% de percepção facial.

Observe que as expressões faciais são muito mais importantes do que o conteúdo verbal para explicar a reação das pessoas a uma mensagem. Portanto, não é *aquilo* que é falado, mas *como* é expresso – isto é, a expressão facial mais a expressão oral – que determina, em grande parte, o significado. Em resumo, se o chefe está sorrindo ou fazendo careta enquanto diz que você é um dos empregados mais incomuns que veio a conhecer, isso faz toda a diferença!

---

* Considere como modificar a ênfase de certas palavras, nas sentenças a seguir, pode alterar consideravelmente o significado:
O auditor estará AQUI terça-feira.
O AUDITOR estará aqui terça-feira.
O auditor estará aqui TERÇA-FEIRA.

Poder

O **poder** é um segundo aspecto que entra na interpretação da comunicação não-verbal.[16] Geralmente, o *status* relativo das pessoas pode ser inferido pelo modo como se relacionam com os demais não-verbalmente. Uma pessoa de *status* mais elevado pode assumir uma postura tranqüila em presença de outras, porém espera-se que a de *status* inferior exiba uma postura corporal mais tensa na presença de superiores. Posturas assimétricas, como colocar os pés sobre a mesa ou apoiar a cabeça no braço, são consideradas aceitáveis para pessoas de *status* elevado, porém inaceitáveis em presença de outras de *status* superior. Espera-se da pessoa de *status* inferior uma postura semelhante à militar de "atenção". Foi indicado que as posturas corporais relativamente mais simétricas das mulheres refletem uma posição de *status* inferior na sociedade.[17]

Muitos dos comentários precedentes podem ser usados para explicar por que as pessoas não gostam de lidar com estranhos. O mal-estar que comumente surge ao lidar com estranhos origina-se, em parte, da preocupação a respeito de como reagirá perante nós. Um estudo relata que, se uma pessoa deseja ser apreciada por outras, incluindo estranhos, simplesmente sorrir mais e ser mais positivo em situações novas pode ser de ajuda.[18] As pessoas diferem muito em sua predisposição para serem positivas ou negativas quando conhecem outras. Tais diferenças são significativas, porque essa predisposição tende a ofuscar a qualidade dos relacionamentos posteriores. Pessoas jovens que entram pela primeira vez no mercado de trabalho, muitas vezes, deixam de aproveitar o modo não-verbal de transmissão de interesse e emoção positiva durante as entrevistas de seleção. Muitas pessoas que, de outra maneira, poderiam ser excelentes empregados não são contratadas porque transmitem negativismo e desapreço a um entrevistador, ao evitar contato visual e demonstrar gestos de "distanciamento" (como resultado de nervosismo e autoconscientização). Em essência, a maior necessidade do "deficiente não-verbal" é uma percepção de seu próprio estilo e o impacto que este exerce nas pessoas que o rodeiam.

Proximidade relativa

Edward Hall, antropólogo, afirma, em sua noção de **proximidade relativa**, que o espaço físico possui uma finalidade importante na comunicação.[19] As pessoas tendem a ficar a uma distância previsível das demais, de acordo com os papéis específicos que ocupam. Tendemos, por exemplo, a permanecer mais afastados de estranhos do que das pessoas com as quais temos intimidade. Quando nos encontramos em um lugar com pouco espaço juntamente com estranhos, como ocorre em elevadores e vagões do metrô, nós nos empenhamos muito para evitar a transmissão de sinais não-verbais que possam ser interpretados como inapropriados. Não sorrimos ou fitamos demoradamente um estranho, por exemplo, quando tomamos um elevador. Se formos surpreendidos fitando alguém, espera-se que venhamos a sorrir (para demonstrar que não há intenção escusa) e, em seguida, evitamos olhar (preferivelmente, observando o indicador de andares do elevador ou os sapatos).

Hall sugere que, na América do Norte, existem **zonas de espaço pessoal** definíveis:

1. *Zona íntima (0 a 60 cm)*. Para permanecer tão próximo, precisamos ter uma associação íntima com a outra pessoa ou ocupar uma posição especial superior.
2. *Zona pessoal (60 cm a 1,20 m)*. No âmbito dessa zona, devemos conhecer razoavelmente bem a outra pessoa.
3. *Zona social (1,20 m a 3,60 m)*. Nessa zona, temos, pelo menos, um conhecimento mínimo da outra pessoa e uma finalidade definida para tentar nos comunicar. A maior parte dos comportamentos no mundo dos negócios ocorre nessa zona.

4. *Zona pública (mais de 3,60 m).* Quando as pessoas estão afastadas mais de 3,60 m, nós as tratamos como se não existissem. Podemos olhar os outros dessa distância, desde que nosso olhar não evolua para uma situação de olhar fixo.[20]

O conceito de **território** relaciona-se à noção de espaço pessoal. Ao contrário deste, que cada um de nós possui em seu interior, ele é atribuído a uma localização física específica. Em termos de território, existem muitas analogias interessantes entre o comportamento humano em contextos organizacionais e o comportamento animal. Animais de caráter mais dominador, por exemplo, ocupam territórios maiores que os menos dominadores.[21] Animais dominadores visitam a área dos inferiores, porém, estes não percorrem os territórios dos superiores. Se um animal inferior se aproxima, efetivamente, do território de um dominador, demonstra sinais de nervosismo e submissão. De modo similar, em ambientes organizacionais, colaboradores de *status* mais elevado ocupam salas maiores do que os de *status* inferior; supervisores penetram no espaço de trabalho dos empregados, porém, o inverso não ocorre; e, se um empregado deseja entrar na sala de um supervisor, usualmente ficará na entrada e perguntará: "Você está ocupado?"

Em um estudo do comportamento em ambientes de trabalho que adquiriu notoriedade, foram observadas as relações entre o pessoal da cozinha e outros empregados do restaurante.[22] Notou-se, no processo, que o pessoal da cozinha exibia uma atitude de "donos" (similar a um senso de território), em relação à área da cozinha. Se outros empregados entrassem nessa área, o padrão de interação social rotineiro cessava de existir. Os "invasores" de *status* inferior eram impedidos abertamente de entrar, ao passo que os de *status* superior (que não podiam ser barrados) eram tolerados até sua partida.

Arranjos espaciais

A disposição dos móveis, como mesas e poltronas, afeta a freqüência e a natureza da comunicação interpessoal. As áreas que mantêm as pessoas afastadas entre si podem ser denominadas **áreas de afastamento social**, enquanto as que aproximam podem ser denominadas **áreas de aproximação social**.[23] Em diversos estudos de áreas de espera de hospitais, constatou-se que dispor o mobiliário em torno do perímetro de uma sala era uma das maneiras mais seguras para diminuir a interação social.*

Simplesmente reestruturar o local de trabalho para minimizar a comunicação social, no entanto, não aumentará necessariamente a produtividade.[25] Como exemplo, considere o caso de um gerente jovem que tentou aumentar a produtividade dos empregados diminuindo a duração de tempo que eles dedicavam à interação social. Com esse propósito em mente, rearranjou o equipamento dos trabalhadores, para tornar-lhes difícil falar entre si enquanto estavam em seus postos de trabalho. Embora efetivamente diminuísse a quantidade de comunicação social durante o desempenho das funções, o mesmo ocorreu com o nível de produção.

Tempo

Embora essa forma de comunicação não-verbal tenha uma natureza mais sutil, o *status* pode ser indicado pelo uso do tempo. O modo como uma solicitação é expressa ("Tão logo quanto possível...") implica o grau de urgência do pedido e de como deve ser considerado. Chegar atrasado

---

* Curiosamente, a disposição dos móveis, em muitos dormitórios de faculdade, é similar à das salas de lazer de hospitais psiquiátricos.[24]

a um evento social, como uma reunião ou um jantar de negócios, pode transmitir diversas mensagens diferentes, incluindo pouca consideração, falta de interesse e falta de ambição. O atraso implica uma agenda muito apertada e que os demais compreenderão e perdoarão. A mesma generosidade não se aplica às pessoas de *status* inferior que se atrasam. As pessoas que chegam cerca de 15 minutos *antes da hora* para um evento, normalmente, são consideradas de *status* inferior e também detentoras de relativamente pouca sociabilidade.[26]

Obstáculos individuais à comunicação

Diferenças de *status*

Conforme vimos ao longo deste texto, o *status* influencia consideravelmente o comportamento das pessoas nas organizações. A disposição para escutar e reagir a uma tentativa de comunicação difere em função do *status* do comunicador. Geralmente, os empregados dão mais atenção – e são até mais solícitos – à comunicação de pessoas de *status* igual ou superior. Além disso, os gerentes declaram que tendem a considerar mais valioso, e pessoalmente gratificante, comunicar-se com superiores, em vez de subordinados.[27] Em face desse viés, a comunicação com o escalão superior, muitas vezes, é compreensivelmente menos eficaz e menos provável de resultar em mudança.

Credibilidade da fonte

A fonte de uma comunicação pode influenciar consideravelmente a possibilidade de o receptor aceitar ou rejeitar a mensagem. Para a comunicação ser eficaz, a fonte deve possuir credibilidade. E uma fonte que combina poder e atração com credibilidade tem condição de ser um comunicador especialmente eficaz. As pessoas também respondem melhor a fontes similares a elas. É por esse motivo que os políticos enfatizam, freqüentemente, os traços e as experiências que têm em comum com o eleitorado.

Vieses perceptivos

De acordo com um velho provérbio, as pessoas tendem a ouvir aquilo que desejam. Sem dúvida, esse fenômeno é tão comum nas organizações quanto na sociedade em geral. Os empregados tendem a desprezar o que não desejam reconhecer, o que é uma forma de percepção seletiva direcionada a suas necessidades e interesses dominantes. Quando as pessoas se deparam com informações que consideram perturbadoras ou desagradáveis, também tendem a desprezá-las. Esse processo é parcialmente responsável pela falha dos colaboradores em aceitar comentários críticos durante as entrevistas de avaliação de desempenho.

Obstáculos organizacionais à comunicação

Sobrecarga de informações

Quando um grande número de informações é direcionado a uma única posição dentro da organização, a decodificação e a interpretação das mensagens podem se tornar opressivas. O principal resultado de tal **sobrecarga de informações** é a redução da eficácia. Ao conceber canais de informação, torna-se importante considerar o volume e a complexidade das informações que podem ser razoavelmente processadas por uma pessoa. Além disso, o tempo exigido para examinar e conseguir compreender as mensagens deve ser levado em consideração. Duas maneiras eficazes para eliminar a sobrecarga de informações são incentivar os empregados a selecionar as mensagens e encorajar os emissores a condensá-las e enviar somente as essenciais.

Pressões do tempo

A necessidade de levar a efeito uma ação rápida em reposta a um problema pode exigir que informações sejam enviadas ou requeridas em curto intervalo de tempo. Tal urgência pode resultar em superficialidade e em um senso de oportunidade inadequado da comunicação – por exemplo, dados podem não conter detalhes suficientes ou chegar muito tarde para que os colaboradores ajam em relação a eles. A comunicação, para ser eficaz, precisa chegar em ocasião apropriada, bem como ser precisa e completa.

Clima organizacional

O sistema social mais amplo de uma organização pode ser um obstáculo para a comunicação eficaz. Se o clima for aberto e baseado na confiança, as comunicações incompletas ou controversas terão maior probabilidade de ser interpretadas favoravelmente. Quando a desconfiança for a norma, porém, as mensagens poderão ser investigadas com muito rigor, para se detectarem "significados ocultos", e mesmo as boas notícias poderão ser recebidas com suspeita e ridículo.

Tecnologia

Embora, normalmente, consideremos a tecnologia como sendo de enorme utilidade para apressar as comunicações (por exemplo, fax, *e-mail*, teleconferência e internet), também é verdade que as peculiaridades das tecnologias mais novas podem contribuir para as diversas formas de incompreensão. Muitos novos usuários, por exemplo, sentem ansiedade associada ao uso de novas tecnologias. Algumas pessoas também podem responder menos às comunicações eletrônicas do que fariam em um contato pessoal. A comunicação por meio dessas tecnologias também apresenta a possibilidade de ser menos transparente, por causa do receio do empregado de as mensagens não serem integralmente confidenciais.[28] Os teletrabalhadores também relatam que sentem maior isolamento social, por causa de seu contato reduzido com os colegas.

Comunicação informal

Até este ponto, concentramo-nos na comunicação formal em contextos organizacionais, porém, a maioria das organizações também mantém numerosos canais de comunicação informal. Em virtude de os empregados, geralmente, serem livres para trocar informações entre si como parte de suas funções, pouco se pode fazer, ou deveria ser feito, para controlar diretamente, ou eliminar, tal comunicação informal. Embora as redes informais possam desempenhar funções úteis, diminuindo a burocracia e resultando em maior lealdade por meio de relações sociais positivas,

elas também podem originar canais conhecidos como **transmissão informal de informações**.*
Apesar de os teóricos organizacionais, geralmente, considerarem esse tipo de transmissão como conseqüência inevitável da estrutura organizacional,[30] a maioria dos gerentes acredita que ela exerce um impacto negativo sobre o funcionamento da organização.

Em virtude de ser flexível e pessoal, a transmissão informal pode ser um dos sistemas de comunicação mais rápidos que existem na maior parte das organizações. Em um exemplo da grande relevância da rapidez da transmissão informal, determinou-se que quase a metade do número de gerentes de uma organização ficou sabendo, no intervalo de apenas 13 horas, que a esposa de um outro havia dado à luz um bebê (o nascimento tinha ocorrido às 23h).[31] A rapidez notável da transmissão informal pode ser atribuída ao fato de as mensagens serem orais, em vez de escritas. Além disso, as pessoas apreciam passar informações em caráter oportuno, pois dão a entender que estão atentas a tudo e bem informadas, existindo valor social ao comunicar notícias surpreendentes aos demais.

A Figura 12.4 resume três tipos de transmissão informal de informações que foram identificados.[32] Algumas dessas transmissões operam como um sistema em cadeia de classe única, em que um membro se comunica com outro, que, por sua vez, repassa a outros, e assim por diante. Tais transmissões informais, no entanto, são, na realidade, razoavelmente incomuns. A maior parte opera como um sistema baseado em grupos, em que algumas poucas pessoas informam um grupo – ou conjunto – de outras pessoas. Em um exemplo, mais de três quartos dos gerentes de uma empresa conheciam os planos de um executivo para demitir-se, porém somente 11% divulgaram o rumor para outras pessoas. Um terceiro tipo, o sistema de fofocas, ocorre quando um único membro se comunica, sem caráter seletivo, com todos que encontra. A maior parte das transmissões informais de informações são sistemas baseados em grupos, com "fofocas" ocasionais, acelerando rapidamente a disseminação.

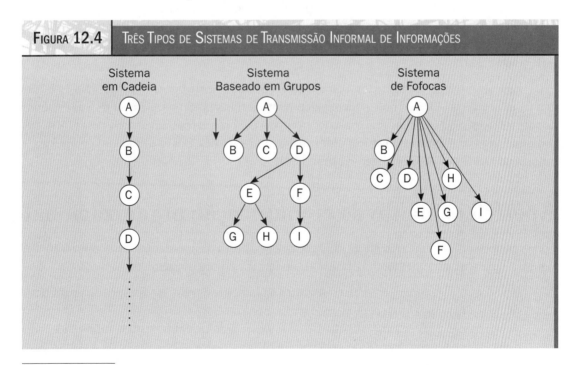

FIGURA 12.4 — TRÊS TIPOS DE SISTEMAS DE TRANSMISSÃO INFORMAL DE INFORMAÇÕES

---

* A expressão "transmissão informal de informações" é uma adaptação livre do inglês *grapevine* (parreira, vinha), o qual se acredita ter surgido durante a Guerra Civil nos Estados Unidos, quando as linhas telegráficas, muitas vezes, eram instaladas entre árvores contíguas e geravam mensagens ambíguas e truncadas. Portanto, as mensagens distorcidas eram consideradas "originárias da *grapevine*".[29]

Estudos do comportamento relacionado à transmissão informal de informações proporcionaram resultados interessantes. Um deles, sobre a precisão de 30 rumores associados a tópicos como aumento salarial, participação nos lucros, promoções e transferências, constatou que 16 dos rumores eram inverídicos, nove eram verdadeiros e cinco apenas parcialmente corretos.[33] Outros estudos, entretanto, indicaram que a precisão desse tipo de transmissão, usualmente, é bem elevada, especialmente quando as informações não são controversas.[34] No caso de informações controversas, a transmissão informal pode estar muito errada. Em face dessas descobertas, talvez não cause muita surpresa que grande parte do número de empregados considere a transmissão informal de informações sua principal fonte de detalhes sobre eventos no interior das organizações.[35]

Os rumores são de especial interesse entre a variedade de informações passadas por transmissão informal. **Rumores** são fatos admitidos sem verificação, transmitidos de uma pessoa para outra. Em virtude de poderem prejudicar pessoas e a própria organização, os gerentes precisam levar em conta o modo como controlar e eliminar o processo. Em um rumor disseminado com base em uma interpretação errônea de seu logo corporativo, por exemplo, que mostrava uma lua e estrelas, a Procter & Gamble foi acusada de promover o satanismo. A companhia foi forçada, no final, a interromper o uso do emblema. Em um outro caso, ocorreu o rumor de que o McDonald's vendia hambúrgueres que continham vermes, forçando a empresa a divulgar uma campanha publicitária ressaltando a pureza e o caráter nutritivo de seu produto. Esses rumores envolvem a percepção de clientes (de preferência a empregados) e mostram o dano potencial que os rumores podem provocar no relacionamento com clientes e nas vendas possíveis.

Devem-se considerar as seguintes técnicas para lidar com rumores:
1. Tente ser paciente enquanto circulam os rumores. Alguns desaparecem ao longo do tempo e provocam pouco dano real.
2. Se esperar não resolve a situação, refute publicamente o rumor. Refutar, e mesmo ridicularizar um rumor em público destrói seu "valor como fato". Essa abordagem também pode levar as pessoas a desconfiar daquelas que tentam passar o rumor adiante posteriormente.
3. Inclua informações verídicas na transmissão informal, como contraposição à mensagem indesejada.[36]

Esse último aspecto sugere uma característica possivelmente positiva da transmissão informal de informações. Os gerentes podem valer-se dessa transmissão para atenderem às finalidades organizacionais, "vazando" informações positivas para as pessoas envolvidas nessa forma de comunicação. Por meio da transmissão informal de informações, por exemplo, um gerente pode influenciar as reações dos empregados às mudanças propostas nos procedimentos operacionais.

Aperfeiçoamento da comunicação organizacional

Todos os tipos de comunicação eficaz são fundamentais para o sucesso de toda organização. Eis algumas sugestões para melhorar a eficácia da comunicação organizacional.[37]

1. *Usar linguagem apropriada*. Palavras, gestos e símbolos devem ser apropriados para o nível de compreensão do receptor.
2. *Adotar comunicação empática*. O quadro de referência do receptor – isto é, suposições e atitudes – deve ser compreendido pelo comunicador.
3. *Incentivar o* feedback. A comunicação nos dois sentidos consegue melhorar o processo. Um comunicador, por meio do *feedback*, pode verificar se uma mensagem foi recebida de modo preciso.

4. *Desenvolver um clima de confiança*. A comunicação melhora quando os participantes mantêm uma relação de confiança. Conquistar e manter a confiança de outros exige esforço contínuo e vontade para participar de um diálogo honesto e franco. Na sede da Compaq Computers, os gerentes e os empregados tomam chope juntos toda sexta-feira, para trocarem informações e assegurarem que todos estejam a par do que está acontecendo na companhia.
5. *Usar mídia apropriada*. Nem todas as formas de comunicação organizacional são igualmente apropriadas para todas as finalidades. A forma de comunicação deve se adequar, preferentemente, à situação. A comunicação oral é melhor para discutir problemas do empregado, como atrasos e mau desempenho. A comunicação escrita é melhor nos assuntos que requerem ação futura, porém é muito lenta para aqueles que exigem ação rápida e muito impessoal para a discussão de problemas do colaborador. Uma comunicação oral seguida por outra escrita é melhor para transmitir informações que requerem ação rápida, orientação específica relativa às funções e alterações nos procedimentos.
6. *Incentivar a escuta eficaz*. Os hábitos de escuta também podem ser melhorados. Entre as técnicas que incentivam uma escuta mais eficaz, destacam-se evitar julgamentos opinativos, prestar atenção ao significado integral da mensagem do emissor e oferecer *feedback* participativo (denominado, algumas vezes, *escuta ativa*) a respeito do grau de compreensão do ouvinte. A escuta ativa, que envolve reafirmar as observações de quem está se comunicando e refletir sobre elas, transmite a mensagem de que o ouvinte está interessado no comunicador como pessoa e que considera importante o que está sendo falado.[38]

Resumo

1. **Relacionar os passos no processo de comunicação e indicar alguns obstáculos à comunicação.**

    São os seguintes passos no processo de comunicação: geração de uma idéia, codificação, transmissão, recepção, decodificação, compreensão e resposta. Os obstáculos à comunicação são o ruído, as barreiras e os filtros.

2. **Identificar formas de comunicação usuais nas organizações.**

    Formas comuns de comunicação nas organizações são: oral, escrita e a comunicação não verbal.

3. **Explicar como o padrão de comunicação de um grupo afeta seu desempenho.**

    Quanto mais os membros do grupo precisam depender de outros para obter informações e tomar decisões, menos satisfeitos permanecem. As redes de comunicação centralizada são mais eficazes para a execução de tarefas simples e rotineiras, de modo rápido e preciso. As redes descentralizadas são preferíveis para tarefas complexas que requerem partilhar informações. Redes centralizadas mantêm, na maioria das vezes, um único líder. Membros das redes centralizadas são mais propensos à sobrecarga de informações.

4. **Descrever a natureza da comunicação com o nível inferior, o superior e a comunicação horizontal.**

    A comunicação com o nível inferior flui dos níveis superiores aos inferiores de uma organização, idealmente uma etapa por vez. A comunicação com o nível superior flui de um nível inferior aos mais elevados de uma organização. A comunicação horizontal flui entre empregados que ocupam o mesmo nível e, freqüentemente, é informal.

5. **Identificar os papéis que uma pessoa representa na rede de comunicação de uma organização.**

    Os papéis desempenhados na comunicação são os seguintes: emissores, contatos, isolados e cosmopolitas. Os emissores passam informações para outras pessoas ou controlam mensagens; contatos atuam como elo de comunicação entre grupos, porém não são membros de nenhum; isolados mantêm pouco ou nenhum relacionamento com outros membros da organização; cosmopolitas possuem redes de comunicação que se estendem para o ambiente externo.

6. Identificar os aspectos básicos da comunicação não-verbal.

Os sinais não-verbais podem ser interpretados em termos de proximidade (o grau em que as pessoas se aproximam ou se afastam de outras), *status* relativo ou poder das pessoas no relacionamento.

7. Descrever os obstáculos individuais à comunicação.

As diferenças de *status* inibem a eficácia da comunicação com o nível superior. Uma fonte que não dispõe de credibilidade comunica-se menos eficazmente. Vieses perceptivos também interferem na comunicação; as pessoas podem, especialmente, transmitir mensagens perturbadoras ou desagradáveis.

8. Descrever os obstáculos organizacionais à comunicação.

Os obstáculos organizacionais incluem sobrecarga de informações (excesso de informações encaminhadas a uma única posição), pressões do tempo, tecnologia e um clima organizacional de desconfiança.

9. Relacionar técnicas para melhorar a comunicação organizacional.

As técnicas para melhorar a comunicação nas organizações são as seguintes: usar linguagem apropriada, adotar comunicação empática, incentivar o *feedback*, desenvolver um clima de confiança, usar mídia apropriada e incentivar a escuta eficaz.

Episódio crítico

Uma falha de comunicação

O médico Jeff Williams é responsável pelo setor de cirurgia em um importante hospital de uma cidade. A maior parte de seu tempo é dedicada a funções administrativas, do tipo analisar orçamentos, coordenar o uso das instalações, trabalhar com o pessoal de apoio e os cirurgiões residentes, reunir-se com administradores do hospital, participar de comitês e examinar queixas.

O Dr. Williams recebe grande apoio de Jackie Jones, sua assistente administrativa, para gerenciar diversos assuntos do dia-a-dia. Jackie trabalha no hospital há 12 anos, os últimos três na cirurgia. O Dr. Williams é responsável pelo setor de cirurgia há seis meses. Em virtude de sua posição e da natureza da cirurgia, ele trabalha, muitas vezes, além do horário convencional. Ele deixa, portanto, trabalho na mesa para Jackie, com instruções breves.

Jackie chegou ao trabalho quinta-feira de manhã e deparou-se com uma pequena pilha de papéis, juntamente com um recado, que dizia: "Complete estes documentos o mais cedo possível". Entre os papéis, encontrava-se um pedido de transferência e alguns itens relativos ao orçamento. Jackie julgou que esses representavam os assuntos mais importantes e, portanto, deu-lhes prioridade. Após verificá-los cuidadosamente, ela os entregou a uma secretária para digitação.

Eram quase 16 horas e Jackie estava se preparando para sair. O Dr. Williams entrou apressadamente em sua área de trabalho e solicitou informações sobre o orçamento. Jackie explicou que estava sendo digitado e que estaria disponível em algum horário, durante a manhã seguinte. O Dr. Williams ficou um tanto inquieto, porque tinha uma reunião programada para as 7 horas, durante o café da manhã, e precisava dessas informações imediatamente.

Jackie dirigiu-se rapidamente para a mesa da secretária, constatando que ela sequer havia iniciado a digitação da proposta orçamentária. Ela concluiu que não havia outra maneira, a não ser ela mesma digitar. Voltou para sua área de trabalho e encontrou o Dr. Williams esperando. "O orçamento não está pronto", explicou, "portanto, vou ficar e prepará-lo". Ele ficou contente por ouvir que Jackie iria aprontá-lo, mas também demonstrou preocupação por ela ainda não tê-lo aprontado.

Jackie tornou-se um tanto confiante e disse: "Tudo bem, então? Não havia indicação, em seu bilhete, de que precisava do orçamento esta tarde." O Dr. Williams pegou sua pilha de instruções e disse: "Está escrito, bem aqui, que deveria ser preparado o mais cedo possível".

1. O que deu errado no processo de comunicação?
2. Que pessoa se enganou, em termos de falha de comunicação?
3. Como essa situação poderia ter sido evitada?

Fonte: Escrito por Bruce Kemelgor, da University of Louisville.

Exercício experimental I

Você realmente está escutando?

Escutar representa, provavelmente, uma das mais importantes aptidões que uma pessoa consegue desenvolver. Ocorre em todas as comunicações orais e interpessoais, sendo essencial para o entendimento entre emissor e receptor. Escutar eficazmente, entretanto, é mais do que simplesmente receber uma mensagem. Escutar de maneira eficaz envolve participação ativa, para auxiliar na compreensão daquilo que a pessoa fala. Desse modo, alguém que escutou ativamente compreende o que foi falado e o seu significado.

A aptidão da escuta ativa envolve usar respostas que não transmitem conselhos ou opiniões. A resposta, simplesmente, capta a compreensão do ouvinte sobre o que a pessoa está dizendo e por qual motivo. Isso expande o processo de comunicação, a ponto de a pessoa que fala saber que o interlocutor, realmente, ouviu o que foi dito. Pode resultar, então, um diálogo mais significativo, livre de obstáculos criados por um julgamento inicial.

Passo 1

Encontram-se, a seguir, algumas afirmativas feitas por empregados a seu gerente. Leia cada uma e selecione a resposta que melhor representa a escuta ativa, colocando um *X* ao lado.

1. Cada dia traz novos problemas. Você resolve um, e logo aparece outro... De que adianta?
    ____ a. Estou surpreso por ouvir você dizer isso.
    ____ b. É assim que as coisas acontecem. Não adianta ficar aborrecido.
    ____ c. Sei que é frustrante e, algumas vezes, desencorajador se deparar seguidamente com problemas.
    ____ d. Dê-me um exemplo para que eu saiba a que você está se referindo.

2. Em nossa reunião, ontem, eu contava com você para receber algum apoio. Tudo o que você fez foi permanecer sentado sem dizer uma palavra.
    ____ a. Esperava que você pedisse minha opinião.
    ____ b. Você, evidentemente, está aborrecido pelo modo como me expressei na reunião.
    ____ c. Ah, disse algo em seu nome. Você não deve ter ouvido.
    ____ d. Tive minhas razões para não me manifestar.

3. Não sei quando terei aquele relatório pronto. Já estou sobrecarregado de trabalho.
    ____ a. Veja se encontra uma pessoa para ajudá-lo.

____ b. Acredite em mim: todos nós estivemos nessa situação.
____ c. O que você quer dizer com sobrecarregado?
____ d. Você parece preocupado com seu volume de trabalho.
4. Fui solicitado a viajar novamente na sexta-feira. Esse é o terceiro fim de semana seguido que foi estragado!
____ a. Por que você não conversa com alguém mais acima na hierarquia e muda essa situação?
____ b. Viajar deve ser um incômodo para você.
____ c. Todos precisam viajar – faz parte do trabalho.
____ d. Tenho certeza de que essa é a última viagem que você terá de fazer por um período.
5. Parece que as outras pessoas estão sempre conseguindo os cargos de desempenho fácil. Por que sempre consigo os de desempenho difícil?
____ a. Você considera que o estou fazendo de vítima e sendo injusto ao atribuir-lhe trabalho.
____ b. Que prova você tem para afirmar isso?
____ c. Se você examinar a programação do trabalho, verá que todos executam funções difíceis e fáceis.
____ d. O que você diz daquele trabalho que solicitei a você ontem?
6. Quando entrei nessa empresa, pensei que haveria muitas oportunidades para progredir. Aqui estou, após quatro anos, ainda executando as mesmas funções.
____ a. Vamos conversar a respeito do que você poderia fazer para ser promovido.
____ b. Talvez você não tenha trabalhado com empenho suficiente.
____ c. Não se preocupe, estou seguro de que logo você terá uma oportunidade.
____ d. Progredir deve ser importante para você. Você parece desapontado.
7. Chegou novamente a ocasião para realizar as avaliações de desempenho. Gostaria de poder fazer uma boa avaliação de todo o meu pessoal – certamente seria mais fácil.
____ a. Eu sei, mas não é possível.
____ b. Todos pensamos desse modo, porém, não se aborreça com isso.
____ c. As avaliações de desempenho parecem perturbá-lo.
____ d. Faça simplesmente o melhor para você.
8. É sempre aquela mesma história todos os dias. Qualquer criança poderia fazer esse trabalho.
____ a. Evidentemente, seu trabalho o está deixando desanimado e fazendo com que se sinta inútil.
____ b. Sempre pensei que você gostava de seu trabalho.
____ c. Reclamar trará algum resultado?
____ d. Se você tiver algumas idéias para melhorar seu trabalho, ficarei contente em ouvi-las.
9. Realmente aprecio obter a promoção. Espero que possa realizar o trabalho.
____ a. Não se preocupe. Estou seguro de que desempenhará melhor, à medida que obtiver mais experiência.
____ b. O que o faz pensar que não pode executar o trabalho?
____ c. Não se preocupe. A maioria das pessoas sente-se desse modo.
____ d. Estou seguro de que você pode realizá-lo, ou não teria sido promovido.
10. Estou cansado. A última venda, realmente, me esgotou. Não creio que possa negociar com outro cliente.

____ a. Lógico que pode. Simplesmente, descanse alguns minutos, e você estará bem.
____ b. O que você fez que o deixou tão cansado?
____ c. Você parece estar exausto.
____ d. Todos acabamos nos sentindo dessa maneira; não se preocupe a respeito disso.

Passo 2
Seu instrutor possui informações sobre as respostas apropriadas. Você pode comparar suas respostas com as que ele lhe mostrará.

Exercício experimental II

Comunicação por meio de clichês: um exercício na Internet
Uma maneira importante de nos comunicar é o uso de clichês. Para conhecer como os clichês podem ajudar (ou atrapalhar) a verdadeira comunicação, visite os seguintes websites interessantes:
http://www.politicalcliche.com
http://www.sportscliche.com

Passos:
1. Navegue nos websites relacionados e resolva o problema proposto em cada um deles.
2. Forme grupos pequenos, para comparar suas respostas a cada problema. Discuta, em seguida, o raciocínio que conduziu a suas escolhas individuais. Compare, em seguida, as avaliações feitas por você com as do grupo.
3. Ainda em grupos pequenos, discuta as vantagens e desvantagens do uso de clichês.
4. Indique, finalmente, clichês utilizados freqüentemente em contextos empresariais. Como eles se comparam aos usados na política e nos esportes? Apresente, para toda a classe, os resultados das descobertas de seus pequenos grupos.

Bem organizado, até o crime compensa.
– *Jim Fisk e Robert Barron*

Corporação: dispositivo engenhoso para obter lucro pessoal, sem responsabilidade pessoal.
– *Ambrose Bierce*

Ninguém pode servir a dois senhores.
– *Mateus 6:24*

O crescimento de uma grande empresa é meramente a sobrevivência dos mais aptos.
– *John D. Rockefeller*

Objetivos de aprendizagem

Após estudar este capítulo, você deverá ser capaz de:

1. Definir descentralização e identificar os pontos fortes e os pontos fracos de uma organização descentralizada.
2. Contrastar organizações complexas e compactas.
3. Descrever unidade de comando e cadeia de comando.
4. Descrever estruturas organizacionais modernas.
5. Discutir as vantagens e as desvantagens de diferentes estruturas organizacionais.
6. Identificar três parâmetros que descrevem o ambiente externo a uma organização.
7. Explicar como o ambiente determina se uma organização terá sucesso ou fracassará.
8. Explicar como as organizações lidam com sua dependência do ambiente.
9. Descrever duas estratégias que as organizações podem usar para gerenciar o ambiente.
10. Identificar os parâmetros estruturais e contextuais de uma organização.
11. Descrever o modo como a estrutura de uma organização complementa sua tecnologia.

Capítulo 13

Estrutura organizacional e influências ambientais

A revolução de Matrix?

Quando o filme de aventuras *The Matrix Revolutions* chegou aos cinemas, em continuação aos filmes anteriores da série *Matrix*, alguns críticos observaram que a trama apresentava tantas situações caóticas e confusão, que os artistas simplesmente ocuparam um plano inferior no labirinto estonteante do filme. Em uma fusão surpreendente entre ficção e realidade, muitos gerentes, no atual mundo dos negócios em transformação contínua, ficam presos no caos estonteante de uma outra matriz popular – a denominada matriz da organização.

Em contraste com as hierarquias tradicionais das empresas, em que a cadeia de comando, normalmente, designa somente um chefe para cada trabalhador individual, a organização matricial vincula cada trabalhador a diversos chefes, de diferentes divisões corporativas, na crença de que uma maior coordenação entre os departamentos funcionais e de produto possa resultar em maior produção. Os gurus da administração que alardeiam os prováveis benefícios da nova abordagem matricial da estrutura organizacional afirmam que o aumento de supervisão, de trabalho em equipe e de integração com diversos diretores conduzem a maior inovação e relevância no mercado para os produtos e serviços.

Infelizmente, a abordagem "duas cabeças pensam melhor que uma" nem sempre funciona conforme planejado. Ter muitos chefes origina uma hierarquia múltipla para os colaboradores e pode criar muita frustração e confusão. Os sistemas matriciais podem gerar situações nas quais os subordinados são forçados a atuar em diversas direções ou permanecem paralisados em face de diversas ordens conflitantes. Estruturas matriciais requerem reuniões e sessões de resolução de conflitos mais freqüentes, ocasionando um retardamento no processo de tomada de decisões. Rivalidades entre chefes, em uma estrutura matricial, podem criar competição exacerbada para conquistar a lealdade e a atenção do mesmo conjunto de subordinados diretos. Por último, as avaliações de desempenho de um único colaborador podem produzir julgamentos potencialmente conflitantes, exigindo avaliação adicional.

Mesmo que os chefes se relacionem bem, atuar no âmbito de uma organização matricial exige experiência gerencial e aptidões de comunicação consideráveis. David Noble, diretor de gerenciamento global da consultoria A. T. Kearney, supervisiona 35 parceiros globais e 200 consultores, em 25 países ao redor do planeta – cada um se reportando a líderes regionais, além do próprio Sr. Noble. A meta dessa configuração, segundo ele, consiste em atender os clientes localmente, "porém com o melhor conhecimento especializado que podemos obter ao redor do mundo". E acrescenta: "É preciso dialogar continuamente com as pessoas em posição equivalente e estar atualizado sobre tudo o que acontece, quem se encontra disponível para trabalhar em determinada função, qual é a equipe adequada e que número de pessoas é necessário em uma equipe". Noble não enfrentou muitas discordâncias com executivos de posição equivalente, a respeito de prioridades e atribuição de funções, porém observa que "tudo fica complicado, por causa do número de unidades envolvidas".

A organização matricial é inovadora e, ao menos no papel, parece solucionar algumas das limitações associadas a estruturas organizacionais mais tradicionais. Do mesmo modo que o personagem "Neo", desempenhado por Keanu Reeves na teia confusa de diversas tramas, no mais recente sucesso de bilheteria da série *Matrix*, no entanto, os benefícios da nova abordagem matricial da estrutura organizacional podem se tornar menores, tendo em vista a confusão que o sistema cria para os empregados. Conforme opina um gerente de nível médio, que recebe ordens de quatro executivos diferentes: "É uma situação com um número excessivo de chefes e muito poucos indivíduos corajosos".

Fonte: Hymowitz, C. "Managers Suddenly Have to Answer to a Crowd of Bosses", *The Wall Street Journal*, 12 ago. 2003.

Examinamos, nos capítulos anteriores, conceitos que se aplicam a indivíduos ou a pequenos grupos de pessoas, em ambientes organizacionais. Neste, concentramos a atenção no impacto que a organização exerce sobre o comportamento e no impacto que o ambiente exerce na própria organização. Desse modo, embora os capítulos anteriores enfatizassem os microaspectos do comportamento organizacional, este examinará algumas macroinfluências. Nesse contexto, *micro* e *macro* organizacional referem-se a diferentes níveis de análise ou conceitualização. O *nível micro* examina condições e processos de uma perspectiva mais orientada ao indivíduo, enquanto o *nível macro* lida com condições e processos que envolvem organizações e o ambiente externo.[*]

Analisamos, inicialmente, os princípios básicos de organização. Examinamos, em seguida, algumas noções contemporâneas de estrutura organizacional. Voltamos nossa atenção, depois, ao modo como o contexto ambiental, em sentido mais amplo, influencia a estrutura organizacional.

Princípios de organização

As organizações podem ser descritas em termos de como suas partes componentes se juntam e operam. Os conceitos de estrutura e funcionamento organizacional usados freqüentemente para descrever as organizações incluem diversos aspectos importantes: descentralização *versus* centralização, estrutura complexa *versus* compacta, unidade de comando e cadeia de comando.

Descentralização *versus* centralização

Descentralização é o grau em que as decisões são tomadas no escalão inferior da hierarquia de uma entidade. Em uma entidade mais centralizada, existe participação relativamente menor dos empregados em diversas decisões. Organizações descentralizadas são caracterizadas por menos monitoramento, ou verificação, das decisões tomadas pelos colaboradores.

É especialmente difícil avaliar a extensão de descentralização existente em uma organização. Sem dúvida, não podemos depender das opiniões do alto escalão quanto ao grau de descentralização presente em sua própria corporação, pois os executivos tendem a confirmar o valor da descentralização e a perceber sua existência. Uma maneira particularmente útil para avaliar es-

---

[*] Sugeriu-se, de modo humorístico, que a abordagem micro do comportamento organizacional analisa os empregados como se a organização não importasse, ao passo que a abordagem macro analisa as organizações como se os empregados não importassem.

se grau consiste em examinar o valor monetário autorizado para os empregados incorrerem em despesas, sem aprovação prévia de um superior. Geralmente, conclui-se que, quanto maior a liberdade dos colaboradores em relação aos gastos, maior a extensão da descentralização. Além disso, a variedade e a magnitude das decisões tomadas sem a participação do alto escalão ou da matriz podem proporcionar uma indicação do grau de descentralização.

Embora o conceito de descentralização tenha adquirido um halo positivo,* não é razoável endossar a noção para todas as organizações e situações. A maioria dos estudiosos acredita ser melhor pensar em termos de um nível de descentralização ótimo para qualquer organização ou suas divisões. A identificação das forças específicas que determinam o patamar de descentralização ótimo tem sido um foco de muitas pesquisas no nível macro.

Existem diversos pontos fracos possíveis, associados às estruturas descentralizadas:

1. Em virtude de uma falta de direção coordenada, ocorre uma tendência para concentrar-se em problemas e funções atuais e não levar em conta oportunidades de crescimento e inovação.
2. Os recursos compartilhados (como equipamento de informática, quadro de colaboradores e instalações de laboratório) podem gerar problemas, por causa da necessidade de alocar sua utilização. De modo similar, funções partilhadas (como os departamentos de pesquisa e desenvolvimento e de compras) podem criar problemas de coordenação.
3. Podem surgir disputas e conflitos internos. Esses conflitos podem não ser resolvidos facilmente, porque cada departamento ou divisão opera com relativa independência. Igualmente, disputas potenciais entre unidades não apresentam a mesma possibilidade de ser identificadas, evitadas ou bem gerenciadas, caso as ações das unidades não sejam coordenadas.[1]

Conforme esses aspectos indicam, a descentralização extrema pode conduzir a uma falta de integração e coordenação. Apesar disso, freqüentemente ela é alardeada como sendo um atributo benéfico para a organização, por causa do aumento previsto da motivação dos empregados, do desempenho, da satisfação e da criatividade. De acordo com essa linha de raciocínio muito difundida, quanto maior o nível de autonomia que a descentralização proporciona aos empregados, maior é o envolvimento e o compromisso dos colaboradores.[2] Provas, nas áreas de enriquecimento do cargo e de equipes de trabalho autodirigidas (veja o Capítulo 5), geralmente confirmam o impacto positivo da maior autodireção e do maior senso de responsabilidade dos empregados. Evidentemente, os estudos nessas áreas, normalmente, não cobrem as mudanças abrangentes que resultam de uma descentralização radical de toda uma organização. Portanto, os limites da descentralização, isto é, os efeitos disfuncionais devidos à falta de iniciativas de integração e coordenação, ainda não foram estudados plenamente.

Estruturas complexas *versus* compactas

Estrutura complexa *versus* **estrutura compacta** refere-se ao número de níveis de autoridade e à amplitude (ou ao tamanho) de cada um. As organizações complexas apresentam mais níveis; as compactas, um número menor. A Figura 13.1 mostra exemplos de ambos os tipos. Observe que

---

* Uma das primeiras "histórias de sucesso" no uso da descentralização é relatada no Antigo Testamento. No Êxodo, capítulo 18, afirma-se que Moisés estava sobrecarregado pelo grande número de decisões judiciais a tomar. Seguindo o conselho de Jetro, seu sogro, ele reestruturou o processo, para que um grupo de juízes assumisse a responsabilidade por tomar muitas decisões de menor importância.

FIGURA 13.1 EXEMPLO DE ESTRUTURAS COMPLEXA E COMPACTA

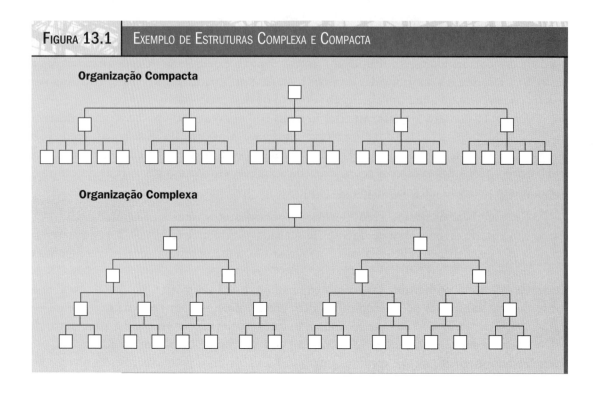

a organização complexa contém cinco níveis gerenciais; a compacta, três. Além disso, ambas as estruturas envolvem o mesmo número de unidades (31). Portanto, a configuração, preferentemente ao tamanho, determina a complexidade ou o caráter compacto de uma estrutura.*

Estruturas complexas e estruturas compactas diferem em termos da amplitude de controle que empregam. **Amplitude de controle** refere-se ao número de empregados que respondem a um único supervisor e, portanto, determina parcialmente o tamanho de uma organização. Na organização complexa mostrada na Figura 13.1, a amplitude de controle é cinco; na compacta, dois. Portanto, pode-se formular a pergunta: "Qual é a amplitude de controle ideal?". Segundo a lógica mais amplamente adotada, no que se refere a esse aspecto, as amplitudes podem ser maiores nos níveis inferiores de uma organização, em comparação aos níveis superiores. Em virtude de os subordinados em posições de nível inferior, normalmente, estarem realizando atividades muito mais rotineiras e uniformes, um número maior de empregados pode ser supervisionado eficazmente nos níveis inferiores. Na realidade, freqüentemente se encontram amplitudes maiores nos níveis inferiores das organizações. Existe, no entanto, uma tendência, em muitas organizações caracterizadas por amplitudes muito grandes (por exemplo, 20 ou mais subordinados), para empregar líderes informais de equipe no âmbito de uma unidade. Esses líderes se reportam ao supervisor da unidade. Podem, entretanto, não ser reconhecidos oficialmente como representantes de um nível gerencial em uma organização. A abordagem baseada no líder informal de equipe permite a um supervisor aumentar o número de subordinados que consegue conduzir eficazmente e, ao mesmo tempo, não criar níveis gerenciais inapropriados.

---

* O conhecido consultor de gestão Peter Drucker recomendou que sete níveis administrativos é o máximo necessário para qualquer organização. Thomas Peters, outro consultor amplamente lido, insiste em que cinco níveis é o máximo para uma organização de grande porte (baseando-se, em parte, no raciocínio de que cinco níveis administrativos são adotados pela Igreja Católica, para controlar 950 milhões de fiéis). Para organizações menores, Peters recomenda três níveis administrativos como máximo.[3]

Geralmente, uma organização mais complexa, com amplitudes de controle mais reduzidas, permite uma orientação mais eficiente dos empregados, pois os supervisores dispõem de mais tempo para dedicar ao monitoramento de um número menor de indivíduos. Portanto, organizações complexas tendem a desincentivar a descentralização, ao passo que as compactas são mais predispostas a adotar a tomada de decisões descentralizadas.

Em termos de desempenho geral, supunha-se, há muito tempo, que organizações complexas e grandemente controladas fossem superiores às compactas. Pesquisas como a conduzida pela Sears, Roebuck and Company, no entanto, questionaram essa suposição.[4] As lojas Sears que adotavam estruturas compactas apresentavam vendas, lucratividade e satisfação dos empregados no trabalho relativamente melhores do que as mais complexas. Essas constatações sugerem que amplitudes de controle em maior grau podem produzir vantagens positivas. O mecanismo preciso pelo qual tais ganhos podem ser obtidos ainda não é compreendido com clareza. É provável, entretanto, que estruturas mais compactas possuam maior descentralização, que atuaria como força propulsora para melhorar o desempenho e as atitudes dos empregados.

Embora as estruturas mais compactas possam ter algumas vantagens não previstas, também podem ser fonte de desvantagens. Quando aplicadas de modo extremo, podem ser disfuncionais. Como exemplo, considere a história verídica de uma empresa de construção de pequeno porte, de propriedade de uma família. A companhia executava, na fase inicial, serviços de reparo e projetos de reforma residencial relativamente simples. Logo os negócios aumentaram e o fundador precisou admitir mais trabalhadores. Estes tiveram de ser supervisionados em equipe, pois diversos grupos se encontravam dispersos geograficamente, trabalhando em diferentes projetos. Finalmente, tornou-se necessário um contador em período integral, para cuidar do lado financeiro do empreendimento. Um gerente de vendas foi contratado em seguida, para preparar anúncios em jornais e no rádio, reunir-se com clientes e fechar negócios. Seguiu-se a contratação de um engenheiro, em período integral, para criar e alterar planos de construção. Como os negócios continuaram a aumentar, o proprietário constatou que seria melhor estocar e manter os materiais necessários, em vez de depender de outras fontes para os suprimentos. A criação da operação resultante de um depósito ofereceu uma nova oportunidade de obter lucro: as pessoas da área vinham ao depósito, a fim de comprar materiais para reparo e reforma de residências (como pregos, tapumes e madeira). Como resultado, o proprietário organizou uma loja de materiais, que teve sucesso como parte da operação do depósito.

Nessa ocasião, ele acabou reconhecendo que administrar a empresa era simplesmente muito pesado para um indivíduo. A estrutura da organização era integralmente compacta. Todas as divisões da companhia se reportavam somente a uma pessoa, o fundador da empresa. Sempre que uma decisão tinha de ser tomada (relacionada, por exemplo, à quantidade de madeira a ser estocada, à conveniência de iniciar um grande projeto ou à admissão de trabalhadores de construção), o proprietário se sentia obrigado a tomar a decisão. Como conseqüência, os empregados o procuravam continuamente, a respeito de temas importantes e de muitos assuntos secundários. Quando suas semanas de trabalho ultrapassaram 80 horas e 90 horas, ele contratou um consultor, a fim de recomendar maneiras para melhorar a eficiência e ajudá-lo a lidar com as exigências de suas funções.[*]

A recomendação do consultor foi reestruturar a organização, para que se tornasse mais complexa. Ele recomendou, especificamente, que fossem nomeados dois gerentes, um para supervisionar as operações do depósito e do escritório e outro para gerenciar a área de construção e vendas da empresa. A Figura 13.2 ilustra a estrutura organizacional antiga e

---

[*] Na realidade, o consultor foi chamado somente após o fundador ter sofrido um ataque cardíaco severo.

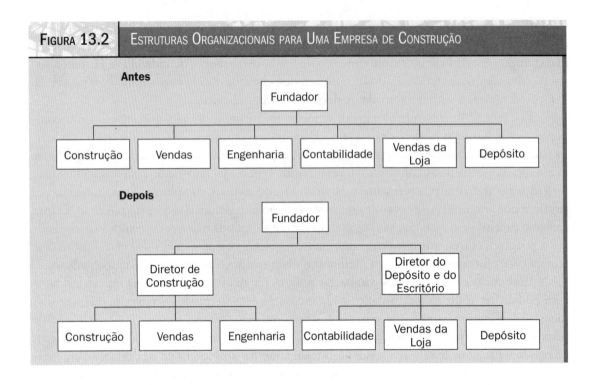

FIGURA 13.2 ESTRUTURAS ORGANIZACIONAIS PARA UMA EMPRESA DE CONSTRUÇÃO

a remodelada. Conforme a figura mostra, a estrutura mais nova e mais complexa permite um maior controle de cada unidade, por causa das menores amplitudes de controle. Além disso, o fundador não precisa mais coordenar as atividades de um grande número de unidades diferentes.

O fundador, como alternativa, poderia ter tentado delegar autoridade para tomar decisões às várias unidades, isto é, descentralizar as operações da empresa. Ele preferiu, no entanto, a estrutura mais complexa, o que ajudou a aumentar, em vez de diminuir, seu controle da companhia. Em virtude do grande comprometimento financeiro envolvido na administração de uma empresa, não é incomum constatar que os fundadores têm predisposição para obter maior controle pessoal.

Unidade de comando e cadeia de comando

Unidade de comando e cadeia de comando são dois outros princípios de organização. **Unidade de comando** significa que todo subordinado deve ter um, e somente um, supervisor; isto é, ele responde e recebe ordens de uma única pessoa. Conforme você pode imaginar, essa noção pretende melhorar o desempenho, reduzindo conflitos e ambigüidades potenciais que poderiam surgir se um subordinado se reportasse a diversos supervisores. Ao subordinar de modo claro cada empregado a um determinado superior, a agilidade das respostas aos problemas e o fluxo de informações devem atingir seu ponto ótimo.

Assumiu-se, há muito, que a unidade de comando representa a pedra angular da eficiência organizacional. A noção de que a unidade de comando não pode ser rompida, no entanto, foi questionada recentemente pelo sistema matricial, estrutura organizacional moderna e inovadora, que analisamos em detalhe posteriormente, neste capítulo.

A **cadeia de comando** diz respeito ao fluxo de informações e de autoridade no interior de uma organização. Como um princípio, ela significa que informações e autoridade devem atuar

Visão Interior

O *Big Brother* está lendo seu *e-mail*

A finalidade da configuração organizacional moderna tem sido aumentar o desempenho, a eficiência e a produtividade. As estruturas corporativas foram criadas a fim de facilitar o fluxo de comunicação em sentido ascendente e descendente no organograma, bem como aperfeiçoá-lo lateralmente. Com a aceitação crescente do teletrabalho e do *e-mail* prontamente disponível para quase todo empregado, as estruturas organizacionais estão se adaptando às exigências da tecnologia. Têm surgido, entretanto, novas responsabilidades corporativas — considere o caso do *e-mail*.

O *e-mail* proporciona a todos acesso praticamente instantâneo aos demais e em qualquer nível corporativo. É verdade que isso é mais usual em organizações menores do que em uma da dimensão da IBM ou da Ford, porém, o acesso encontra-se mais prontamente disponível do que em qualquer época anterior. Existe um efeito desestruturador inerente em relação a algo tão simples como um *e-mail*. Com capacidade para comunicar informações velozmente a um grande número de empregados, a dependência de reuniões tende a diminuir e incentiva-se um ambiente mais informal. A informalidade também tem a tendência de proporcionar aos empregados uma sensação de privilégio. Com o *e-mail*, existe a crença de que ele é o novo telefone, que pode ser usado para a comunicação pessoal e empresarial de uma pessoa. À medida que as organizações incorporam novas tecnologias à configuração organizacional, contudo, também precisam criar políticas para assegurar seu uso adequado.

Os empregadores, de um ponto de vista legal, podem controlar o uso de *e-mails*, mensagens instantâneas, telefones celulares e outras tecnologias, sem o consentimento dos empregados, caso a utilização ocorra durante o período de expediente. Nas organizações centralizadas nos colaboradores, é do melhor interesse da companhia estabelecer e comunicar uma política para todos os empregados, com diversas finalidades. Se eles são notificados do conteúdo da política, torna-se mais difícil iniciar um processo de invasão de privacidade contra o empregador. Uma política formal reduz as expectativas dos colaboradores quanto à privacidade no cargo. Também pode frustrar a disposição dos empregados para participar de atividades ilegais no trabalho. E transmite um conjunto de expectativas relativas a que comportamentos serão tolerados ou não admitidos.

Fonte: "Employee Monitoring: Is There Privacy in the Workplace?", http://www.privacyrights.org/fs/fs7-work.htm acessado em 2 de setembro de 2004; Tadjer, R. "Boss as Big Brother", *Small Business Computing & Communications*, maio 1998, p. 103-104.

---

entre os níveis de modo disciplinado e hierárquico, sem omissão de um nível intermediário. Evidentemente, a necessidade de um fluxo de autoridade em sentido descendente é fácil de entender. O processo inverso, um fluxo de autoridade em sentido ascendente, embora ainda dentro da lógica da cadeia de comando, geralmente não se inclui quando se faz referência à *cadeia de comando*. O fluxo de informações, entretanto, pode ocorrer nos dois sentidos. O importante, no conceito, é que cada nível gerencial sucessivo esteja totalmente informado.

As vantagens prováveis de uma concordância estrita com o princípio da cadeia de comando são que nenhum nível gerencial mais elevado deixará de receber informações, e que níveis apropriados se encontrarão envolvidos na busca de metas comuns. Ao adotar essa abordagem, a coordenação das iniciativas e da integração das atividades deve ser mais facilmente realizada. Embora nem sempre amplamente citada, uma razão adicional para obedecer à cadeia de comando envolve a simples cortesia com superiores e subordinados. Geralmente, é melhor não deixar de considerar ou "passar por cima" de pessoas nessa cadeia, pois há possibilidade de ficarem sabendo informalmente dessa atitude e tornarem-se ressentidas por não terem sido comunicadas ou envolvidas no processo.

Há diferenças no grau em que a cadeia de comando é seguida. Nas organizações em que a uniformidade da missão e da finalidade são importantes (como manter a ortodoxia em uma organização religiosa), a cadeia de comando tem probabilidade de ser mais firmemente enraizada como prática. De modo similar, nas organizações em que a coordenação das atividades é grandemente valorizada, conforme ocorre na área militar, ela também é obedecida de modo rigoroso. Organizações estruturadas menos formalmente (como associações voluntárias ou clubes sociais) podem ter uma necessidade menos premente de adotar estritamente o princípio da cadeia de comando.

Descrição de algumas estruturas organizacionais modernas

As estruturas organizacionais mais prevalecentes hoje são de três tipos: funcional, em função do produto e híbrida entre os dois tipos anteriores. Cada um deles oferece vantagens para enfrentar diversas contingências. Cada forma, no entanto, também apresenta pontos fracos potenciais.

Estrutura funcional

Organizações estruturadas em termos de linhas funcionais agrupam o pessoal e as atividades de acordo com os recursos essenciais para o processo de produção. As contribuições dos departamentos funcionais resultantes auxiliam na missão organizacional total. A Figura 13.3 mostra o organograma de uma empresa hipotética com estrutura funcional.

Uma **estrutura funcional** é especialmente apropriada quando as necessidades mais importantes de uma organização se baseiam na colaboração e no conhecimento técnico, no âmbito de um conjunto de operações definidas quando o ambiente é estável e somente são produzidos um ou poucos produtos. Uma estrutura funcional, no entanto, apresenta diversos pontos fracos. Tende a ser lenta para reagir a mudanças no ambiente da organização. Também pode resultar em menos inovação e restringir a visão e o comprometimento com as metas mais amplas da organização. Uma estrutura funcional também pode apresentar dificuldade para coordenar atividades entre departamentos.

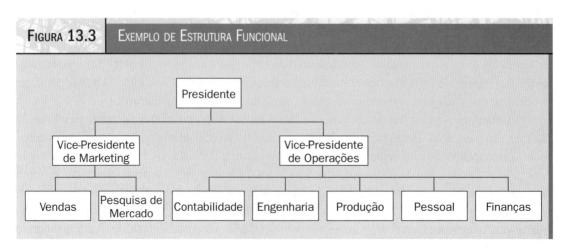

FIGURA 13.3 EXEMPLO DE ESTRUTURA FUNCIONAL

A medida da contribuição de cada departamento também é problemática, pois o produto final é um resultado composto pela atuação das áreas de produção, pessoal, engenharia e marketing. Por último, a vantagem diferenciada dessa estrutura – isto é, maior coordenação – pode resultar em desvantagem, à medida que a organização se tornar maior e mais complexa.

Estrutura em função do produto

Uma empresa que opta por uma **estrutura em função do produto** agrupa pessoal e atividades de acordo com a organização da produção. Cada linha de produto possui suas próprias áreas de produção, marketing e recursos de desenvolvimento, como parte da estruturação. As principais metas de uma estrutura em função do produto são a coordenação entre linhas de produto e a atenção às vontades do cliente. A Figura 13.4 apresenta o organograma de uma empresa hipotética com estrutura em função do produto.

Essa estrutura é mais ajustada para adaptar-se a mudanças no ambiente organizacional, sendo especialmente apropriada para organizações que produzem um grande número de produtos ou são grandemente orientadas ao consumidor. Uma estrutura em função do produto pode, ao mesmo tempo, resultar em enormes perdas, em termos de economia de escala, redundância de esforços e pouca cooperação entre linhas de produto. A utilização conjunta de capacitação e vantagens técnicas também é limitada e pode originar, igualmente, competição interna. Embora esta possa ser saudável até certo ponto, a estrutura da organização pode elevar a competição inicial a uma luta de poder de grande intensidade.

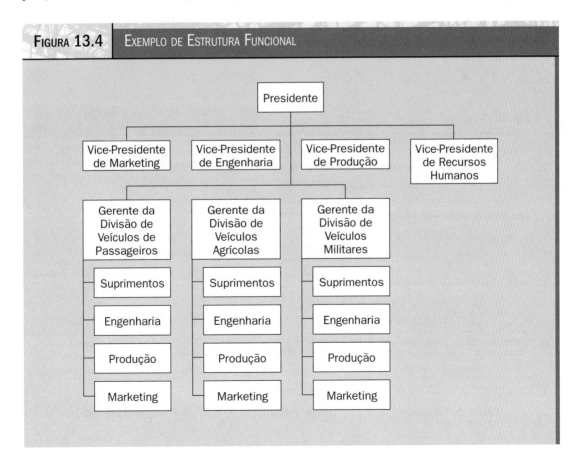

FIGURA 13.4 EXEMPLO DE ESTRUTURA FUNCIONAL

Estrutura híbrida

Como conseqüência da limitação de ambas as formas, poucas empresas adotam uma estrutura puramente funcional ou integralmente em função do produto. Mais usualmente, as grandes organizações modernas combinam, em uma **estrutura híbrida**, as vantagens das formas de estrutura funcional e de estrutura em função do produto. Algumas funções podem ser altamente especializadas e localizadas na sede corporativa, ao passo que outras unidades de produto ou de comercialização podem ser independentes e instaladas em outros locais. Uma organização, ao empenhar-se em conseguir um equilíbrio entre a estrutura funcional e a estrutura em função do produto, consegue se valer dos benefícios de ambas. As estruturas híbridas, normalmente, oferecem, aos grupos de produtos, o apoio funcional de que necessitam no âmbito de uma linha de produtos, tentando manter, simultaneamente, departamentos funcionais para as atividades exigidas por todas as divisões da organização. A Figura 13.5 mostra um exemplo de organograma de uma organização híbrida envolvida em três áreas distintas de produto.

Evidentemente, a estrutura de uma organização raras vezes é estática. Mais comumente, evolui ao longo do tempo, à medida que o alto escalão tenta adaptar melhor sua empresa às características mutantes de seu ambiente.

Estrutura matricial

Em algumas situações, é necessário um equilíbrio mais acurado entre a estrutura funcional e a estrutura em função do produto, para que se levem em conta temas relacionados a ambas as estruturas. Quando for preciso um intercâmbio contínuo entre produto e função, pode ser justificada uma estrutura organizacional matricial, tipo de estrutura híbrida. Em uma **estrutura matricial**, os gerentes funcionais e de produto detêm a mesma autoridade. Exige-se que o pessoal se reporte a gerentes da divisão funcional e de produto. Essa estrutura envolve, em essência, uma hierarquia dupla.

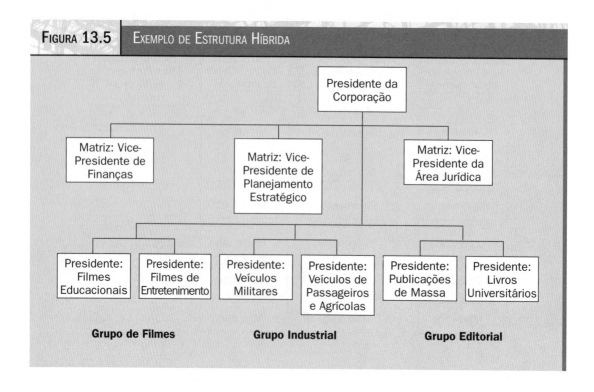

FIGURA 13.5 EXEMPLO DE ESTRUTURA HÍBRIDA

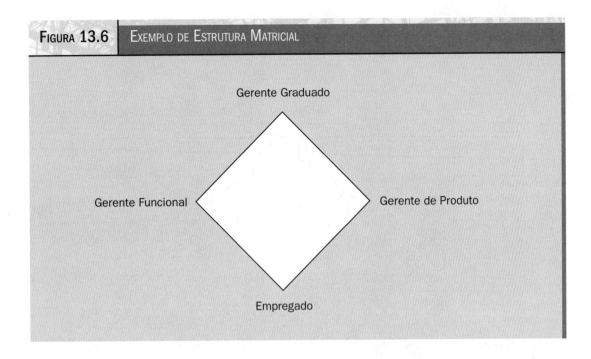

FIGURA 13.6 EXEMPLO DE ESTRUTURA MATRICIAL

Para ilustrar mais precisamente o que significa um sistema matricial, examine a Figura 13.6. Nessa organização, um gerente de escalão superior supervisiona um outro de responsabilidades funcionais e com funções relacionadas ao produto. Esses dois gerentes, por sua vez, supervisionam o único colaborador, cujo trabalho se relaciona a ambas as áreas. Desse modo, em inobservância ao princípio da unidade de comando, o empregado participa de um sistema com dois chefes.*

Ampliando essa ilustração um passo adiante, para incluir todo um grupo administrativo, poderíamos criar a estrutura matricial mostrada na Figura 13.7. A cada interseção das linhas de autoridade e responsabilidade para as divisões de produto e funcional, existiriam grupos de projeto. Conforme a figura indica, recursos humanos e materiais seriam agrupados, para equacionar problemas específicos dos produtos.

Em teoria, todos, em uma organização, poderiam tomar parte da teia de uma matriz. A maior parte das organizações que adotam um limite para a estrutura matricial, no entanto, utiliza seu pessoal de nível gerencial e mantém uma estrutura tradicional em forma de pirâmide para o restante da empresa.[5]

Sob o aspecto negativo, os sistemas matriciais podem gerar grande frustração e confusão, especialmente para o empregado que se reporta a dois superiores. Além disso, empregados que não foram treinados adequadamente para adaptarem-se a um sistema matricial podem continuar comportando-se como se estivessem em uma situação mais tradicional, de cima para baixo, com um chefe. Por último, a adoção de um sistema matricial consome tempo. É possível que haja necessidade de reuniões e sessões freqüentes para resolução de conflitos e que as comunicações precisem, muitas vezes, ser duplicadas, para o atendimento de ambos os superiores. A avaliação do desempenho também pode se tornar complicada, porque, ao avaliar um único subordinado, as opiniões potencialmente conflitantes de dois supervisores precisam ser

---

* Embora o conceito de sistema com dois chefes possa parecer muito estranho, lembre-se de que as pessoas, normalmente, adquiriram muita experiência ao tomar parte em um sistema com dois chefes: quando eram crianças e se relacionavam com uma mãe e um pai.

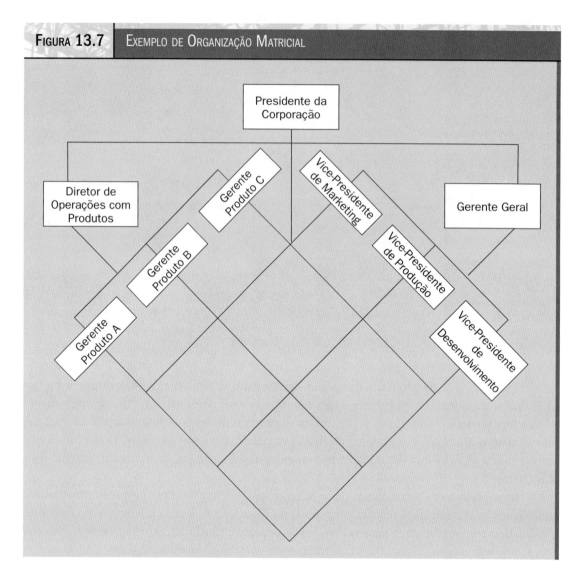

FIGURA 13.7 — EXEMPLO DE ORGANIZAÇÃO MATRICIAL

compatibilizadas. Em resumo, muitos dos problemas que se poderiam esperar da inobservância da unidade de comando ocorrerão em um sistema matricial, se as pessoas não cooperarem para a resolução de conflitos relacionados à divisão de poder e de recursos. Um espírito de colaboração e de atuação colegiada torna-se, portanto, necessário, para que uma forma matricial de organização tenha sucesso.[*]

Influências ambientais

Conforme examinamos ao longo deste texto, as atitudes e os comportamentos dos empregados são influenciados pelas circunstâncias imediatas de suas unidades de trabalho, como suas tarefas, relações intragrupais, regras e políticas. As circunstâncias que definem esses subambientes, no interior da unidade de trabalho, são determinadas, por sua vez, pelas diversas facetas da estrutura organizacional como um todo.

---

[*] Tendo em vista a redistribuição constante de recursos humanos e materiais, uma boa maneira para descrever a dinâmica da estrutura matricial consiste em utilizar a analogia tridimensional de um cubo de Rubik.

Até agora, neste capítulo, concentramo-nos na influência da estrutura da organização e enfatizamos que o gerenciamento eficaz requer uma compreensão de como temas estruturais mais amplos afetam os indivíduos. Examinamos, nesta seção, aspectos dos ambientes externos e estratégias para, realmente, gerenciar o ambiente externo, sendo a meta final controlar as estruturas resultantes e os subambientes no interior dessas estruturas.

Aspectos dos ambientes externos

Uma organização existe no âmbito de um determinado ambiente externo, que abrange todos os diversos fatores (como governo, sistema legal, oferta de mão-de-obra, fornecedores, clientes e estado da tecnologia existente) que podem afetar seu funcionamento. Uma organização, de modo análogo a um organismo vivo, é influenciada por seu entorno e o influencia. De modo similar, ela depende, em grande escala, de características ambientais e precisa se adaptar rapidamente às mudanças no ambiente, para que sobreviva.

O número de características que constituem o ambiente externo de uma organização é considerável. Os estudiosos, no entanto, tentaram reduzir essas características a poucos parâmetros críticos. Entre esses esquemas para análise dos ambientes externos, o principal é o desenvolvido por Robert Duncan.[6] Sua teoria indica três importantes aspectos para compreensão dos ambientes: simplicidade–complexidade, estático–dinâmico e incerteza ambiental.

Simplicidade–Complexidade

Os ambientes podem ser caracterizados em termos de sua complexidade e diversidade relativa.[7] Um ambiente simples contém poucos fatores que afetam a organização e tende a ser relativamente invariável. Em contraste, um ambiente complexo contém um número muito maior de elementos importantes e é mais diversificado. Como exemplo de ambiente simples, considere aquele com que se defrontava um fabricante de tábuas de bater roupa, na virada do século. Em tal contexto, a tecnologia era relativamente simples e o mercado não se alterava. Considere, em comparação, um laboratório farmacêutico atual. O número de produtos fabricados é muito variado e os clientes são muito diferentes (por exemplo, hospitais, médicos e farmácias que vendem os produtos sem exigência de receita médica). A produção, o marketing e a distribuição de medicamentos também são altamente complexos. Adicionalmente, a regulamentação oficial disciplina a fabricação e a distribuição dos remédios.

Estabilidade×Dinamismo

Um segundo aspecto importante dos ambientes é o grau de estabilidade ou dinamismo que caracteriza o entorno de uma organização. Pode-se afirmar que os ambientes diferem em termos do ritmo em que as mudanças ocorrem; portanto, pode-se dizer que diferem em termos de previsibilidade. Em nosso exemplo do fabricante de tábuas de bater roupa, podemos afirmar que o ambiente circundante era relativamente estático, no início do século XX. (Tábuas de bater roupa eram amplamente usadas, até que as máquinas de lavar se tornaram disponíveis e com custo acessível, posteriormente, durante o século.) Uma indústria farmacêutica atual opera em um ambiente constantemente dinâmico e mutável. Novos remédios são desenvolvidos e testados continuamente. Existem mudanças constantes na embalagem dos medicamentos, para levar em conta as preocupações dos clientes quanto à possível violação dos produtos. Adicionalmente, a indústria farmacêutica é responsável (adapta-se com rapidez) pelas inovações no processo de fabricação de medicamentos.

Incerteza ambiental

O grau de incerteza que caracteriza o ambiente está relacionado aos aspectos descritivos de simplicidade–complexidade e estabilidade×dinamismo.[8] De acordo com Duncan, a incerteza ambiental é uma conseqüência da impossibilidade de prever os fatores ambientais com alto grau de confiança e da falta de informações a respeito dos fatores importantes para tomar decisões e dos custos associados a decisões erradas.[9]

Perspectiva ecológica da população

Recentemente, os teóricos apresentaram uma visão difundida de como as organizações se relacionam com seus ambientes.[10] De acordo com a **perspectiva ecológica da população**, as organizações procuram encontrar um nicho em um ambiente circundante altamente competitivo, para que tenham condições de sobreviver. No âmbito dessa visão, o *nicho* é um entorno altamente competitivo, definido como uma combinação entre recursos ambientais e necessidades, capaz de manter a organização. Inicialmente, ele pode ser razoavelmente pequeno. À medida que a organização cresce, porém, consegue expandir-se em tamanho. A perspectiva ecológica da população se apóia consideravelmente nas noções de seleção natural da biologia. Em ambas as visões, as entidades são vistas como competidoras pela sobrevivência em um ambiente difícil, algumas vezes predatório e com muitos concorrentes.*

A visão ecológica da população propõe que existem três estágios no processo de mudança: variação, seleção e retenção.[11] **Variação** é análoga ao conceito de mutação genética na teoria da evolução. Organizações com atributos diferenciados renascem continuamente. Muitas vezes, essas novas organizações são criadas propositalmente, para lidarem com um determinado conjunto de limitações ambientais. Se a nova organização apresenta variações que permitem adaptações, provavelmente terá sucesso. As que não possuem a forma organizacional necessária fracassarão. O fracasso pode ser devido à falta de pessoal especializado, carência de capital ou fatores aleatórios (como aquisição do controle acionário por outra companhia). Ocorre, conseqüentemente, um processo de **seleção**. No decorrer de um período extenso, somente poucas organizações (dentre um grande número das estabelecidas todos os anos) têm possibilidade de sobreviver e ser razoavelmente prósperas. **Retenção** refere-se à institucionalização de certas formas organizacionais ajustáveis. Desde que os produtos sejam procurados ou endossados por grande parte da população, a organização será um componente importante da sociedade. Exemplos de formas de organizações institucionalizadas incluem governos estaduais, entidades educacionais e fabricantes de automóveis. A longo prazo, até mesmo essas formas estabelecidas podem desaparecer. Os principais determinantes da longevidade das formas organizacionais institucionalizadas são o grau de mudança no ambiente a capacidade de adaptarem-se a tal mudança.

Considere, a título de exemplo, o processo de mudança relacionado a lanchonetes que servem hambúrgueres na beira das estradas. No passado, essas lanchonetes, de propriedade e operação individual, realizaram uma função social necessária. À medida que o público adqui-

---

* É interessante que as taxas de mortalidade dos animais com pouca idade, de muitas espécies, e de organizações recentes são muito elevadas.

riu mais mobilidade, a alimentação na beira das estradas se tornou uma atividade mais freqüente para o cidadão médio. Ao longo do tempo, redes de lanchonete que serviam hambúrgueres (McDonald's, Burger King, Wendy's) passaram a dominar as rodovias, oferecendo ao cliente um produto padronizado, juntamente com a conveniência de um atendimento rápido e sem necessidade de sair do carro (*drive-through*).

Atualmente, as primeiras lanchonetes de propriedade individual passaram a ocupar uma posição secundária (em termos de atração e vendas) em relação às grandes formas institucionalizadas dos restaurantes *fast-food*. Os clientes de quem não possui contrato de franquia são agora, mais possivelmente, os que vivem nas vizinhanças, não o público viajante. Nesse exemplo, vemos como as organizações de pequeno porte e independentes estão desaparecendo gradualmente do ambiente. Ao longo do tempo, evidentemente, é possível que termine o atual domínio exercido pelos restaurantes *fast-food*. Para que isso ocorra, (1) as redes precisam ser suplantadas por uma nova forma organizacional (não existente até o momento), que seja superior de algum modo; (2) o que o público deseja terá de mudar (por exemplo, o público precisa deixar de apreciar a carne bovina, ou sua vontade de comer fora de casa deve diminuir em alto grau); (3) as redes de alimentação rápida (*fast-food*) têm de ser incapazes de reagir ao desafio.

Modelo da dependência de recursos

Uma outra visão de como as organizações se relacionam com seus ambientes é representada pelo **modelo da dependência de recursos**. Esse modelo estabelece que as organizações são muito dependentes de seus ambientes externos para matérias-primas e mercados. O sucesso de qualquer organização é, portanto, função da extensão em que a organização consegue se relacionar com o ambiente. Em virtude de as organizações serem vulneráveis a seus ambientes, precisam empreender ações para reduzir ou eliminar sua dependência. Uma abordagem dessa dependência consiste em adquirir ou controlar as forças que podem exercer influência. Um fabricante que depende muito de determinadas matérias-primas, por exemplo, pode tentar adquirir as operações de diversos fornecedores. Isso representa uma tentativa de fazer parte do ambiente e alterá-lo. Uma organização também pode tentar uma mudança interna, a fim de lidar com sua vulnerabilidade. Essa mudança inclui aumento da complexidade da estrutura e criação da função de contato.

Os aumentos da complexidade organizacional refletem a complexidade do ambiente externo. Os departamentos de marketing, por exemplo, são criados e dotados de especialização, para identificar novos mercados e entender os desejos e as necessidades dos clientes. Os departamentos jurídicos estabelecem contatos com entidades federais e estaduais, a fim de proteger a empresa de limitações legais. Os compradores concentram-se na identificação de fornecedores e de novas fontes de matérias-primas. À medida que aumentar a complexidade do ambiente externo, a complexidade da estrutura da organização, provavelmente, aumentará, para que ela lide mais eficazmente com seu entorno.

Uma organização precisa manter relacionamentos eficazes com os principais elementos de seu ambiente. Freqüentemente, são criadas **posições de contato** para cumprir essa finalidade. As pessoas, nessas posições, procuram entender o ambiente externo e representar a organização perante vários públicos e entidades. Exemplos de posições de contato incluem cargos de relações públicas, pesquisa de mercado, recrutamento em faculdades e compras. A função de contato, no entanto, não constitui exclusividade de posições especializadas. Muitos empregados cujos cargos são direcionados, principalmente, para o desempenho de funções no interior da organização podem realizar, às vezes, esse tipo de contato. Uma pessoa do departamento financeiro, por exemplo, pode contatar um amigo que trabalhe para um fornecedor, a fim de conhecer mais sobre suas operações, ou alguém da contabilidade pode reunir-se com um candidato a emprego em outro departamento, a fim de persuadi-lo a entrar para a empresa.

Gerenciamento do ambiente externo

É possível que as organizações alterem o ambiente externo lançando mão de duas estratégias principais. A primeira consiste em estabelecer relacionamentos favoráveis com elementos críticos no ambiente externo. A segunda envolve controlar o domínio ambiental. Cada uma dessas estratégias pode ser efetivada por meio de diversos métodos.

Criação de relacionamentos favoráveis

Para melhorar os intercâmbios, relacionamentos (ou associações) podem ser estabelecidos com elementos do ambiente externo. Uma maneira útil para estabelecer um relacionamento consiste em adquirir uma outra organização, valendo-se de uma fusão. As fusões podem eliminar a dependência de um fator externo, controlando-o. A incerteza a respeito da capacidade de um fornecedor para entregar quantidades suficientes de materiais e com pontualidade, por exemplo, pode ser diminuída com sua aquisição, garantindo, portanto, tratamento preferencial. A aquisição de uma empresa por outra, tendo por meta controlar forças que afetam o processo de produção, é denominada **integração vertical**. Exemplos incluem uma indústria automobilística que adquire um produtor de rádios e baterias, e uma indústria alimentícia que compra uma granja de criação de aves domésticas.

As práticas de admissão também ajudam a estabelecer relacionamentos favoráveis. Em uma abordagem, uma empresa pode decidir recrutar executivos de outras empresas com as quais deseja ter boas relações. Portanto, um supridor de material bélico pode contratar militares reformados do Departamento de Defesa, para fazer parte de sua divisão de negociação de contratos. Uma outra abordagem consiste em selecionar membros do conselho de administração que representem várias entidades ou diversos públicos, como clientes, fornecedores ou grupos de interesse que atuam na comunidade. Atuar em um conselho de administração proporciona aos indivíduos um conhecimento da empresa e um interesse contínuo por seu desempenho. Uma tática similar envolve nomear membros do conselho de outra corporação para o próprio conselho da empresa. Essa tática cria **conselhos de administração interligados**. Como resultado dessa prática, as pessoas adquirem um senso de interesse comum.

Finalmente, uma empresa pode tentar estabelecer relacionamentos favoráveis, investindo em propaganda e relações públicas. Tais iniciativas tentam ressaltar a imagem da companhia perante clientes e o público e, como resultado, influenciar o modo como esses grupos se relacionam com a empresa.

Controle dos domínios ambientais

Existem outras maneiras pelas quais uma organização pode tentar controlar os domínios em que opera. Um método direto consiste em simplesmente comprar ou vender uma linha de produtos. Isso envolve procurar ou evitar fornecedores diferentes, concorrentes, regulamentação oficial, grupos de clientes, e assim por diante. Além disso, uma organização pode se diversificar agressivamente em diferentes setores empresariais, formando **conglomerados**, que podem proporcionar, algumas vezes, mercados integrados para produtos e acesso mais fácil a fornecedores. No leste da Ásia, os conglomerados cresceram a ponto de tornarem-se comparativamente grandes. No Japão, essa corporação enorme é denominada *keiretsu*. Um dos maiores exemplos de *keiretsu* é o Grupo Mitsubishi, que inclui setores tão diferentes como os de vidro, instituições financeiras, mineração, eletrônica, produtos automotivos e cimento.

Uma segunda configuração consiste em unir-se a outras organizações similares que tenham metas e interesses comuns. Operadores de minas de carvão, por exemplo, podem unir esforços para formar uma associação de classe, visando à prática do *lobby*, para promover seus interesses. As metas de tais associações incluem incentivar organismos reguladores a aprovar ou revogar leis que promovem ou restringem os negócios de um setor. Em algumas indústrias tecnologicamente avançadas (por exemplo, robótica e de computadores), uma empresa, individualmente, pode não ter a capacidade para desenvolver e comercializar um novo produto. Em tais casos, as empresas podem operar mediante cooperação, algumas vezes além das fronteiras nacionais, para formar **alianças estratégicas**.

Visão da estrutura organizacional sob o ângulo da contingência

Atualmente, os estudiosos da estrutura organizacional, em geral, apóiam o conceito de que as organizações são **sistemas abertos**. Uma organização, sendo um sistema aberto, precisa lidar com seu ambiente obtendo e utilizando recursos e vendendo produtos finais ou serviços. Organizações não existem em um vácuo nem conseguem operar de modo independente de seu ambiente, isto é, não podem funcionar como **sistemas fechados**.

Com base na visão das organizações como sistemas abertos, é útil considerar de que modo suas características internas são influenciadas pelas mais abrangentes do ambiente e pela própria organização como um todo. Essas características internas, denominadas **dimensões estruturais**, incluem parâmetros do tipo especialização, hierarquia da autoridade, descentralização e complexidade. As características de toda a organização e de seu ambiente, denominadas **dimensões contextuais**, incluem tamanho, tecnologia e públicos externos – clientes, fornecedores e governo. A meta da visão de contingência consiste em explicar como se relacionam as diferenças entre as dimensões contextuais e as estruturais. Conforme o termo *contingência* implica, essa abordagem não se interessa por princípios universais simples que possam ser adotados em todas as situações, mas, como alternativa, procura explicar como um atributo ou uma característica são mutuamente dependentes. Ao analisar as contingências, dois programas de pesquisa fundamentais são dignos de menção.

Sistemas mecanicistas e orgânicos

Em um estudo que abarcou 20 empresas na Inglaterra, os pesquisadores examinaram os relacionamentos entre ambientes externos e a natureza da estrutura organizacional interna.[12] Apoiando-se em observações e entrevistas não-estruturadas, tentaram caracterizar a maneira pela qual as operações de gerenciamento interno eram estruturadas e o ritmo de mudança no ambiente externo. Seus resultados indicaram que empresas em ambientes relativamente estáveis ou inalteráveis tendem a manter operações gerenciais mais muito estruturadas e formais. Eles denominaram tais organizações **mecanicistas**, por causa de sua ênfase em regras e procedimentos e de seu domínio por uma hierarquia de autoridade. Em contraste, empresas em ambientes mais instáveis tendem a possuir organizações internas em que ocorre um fluxo livre, descentralização e maior flexibilidade, sendo denominadas **orgânicas**. O Quadro 13.1 resume as principais diferenças entre organizações mecanicistas e orgânicas.

De importância primordial para essa visão de configuração organizacional é a noção de que essas duas formas extremas de sistema organizacional são mais apropriadas para ambientes diferentes. Sistemas orgânicos são mais capazes de adaptarem-se a mudanças, ao passo que os mecanicistas são apropriados para contextos relativamente estáticos.* Uma empresa que produz *software* para computadores, por exemplo, precisa sobreviver em um ambiente dinâmico, caracterizado por inovações técnicas constantes, e necessita, portanto, de uma forma mais orgânica de organização. No outro extremo, uma empresa de tecidos sintéticos opera em um ambiente relativamente previsível e estável e, portanto, provavelmente tem uma forma mais mecanicista de organização.

Estudos de tecnologia de Woodward

Uma outra variável contextual importante, na estrutura das organizações, é a **tecnologia**, os instrumentos, as técnicas e os conhecimentos utilizados para transformar matérias-primas em produtos acabados. Algumas das pesquisas mais importantes sobre o impacto da tecnologia foram realizadas por Joan Woodward, socióloga industrial britânica.[13]

Em seus estudos, que abarcaram cem empresas na Inglaterra, Woodward propôs-se, inicialmente, a determinar que fatores estruturais estavam associados ao sucesso comercial. Os resultados, entretanto, não identificaram características associadas mais de perto à eficácia (por exemplo, organizações mais burocráticas não eram, necessariamente, mais ou menos bem-sucedidas que as menos burocráticas). Em análises adicionais desses dados, ela procurou descobrir os fatores subjacentes que poderiam ajudar a explicar os padrões que, sob outros aspectos, não tinham significado no conjunto de dados. Ao reclassificar as organizações em termos de tipo de tecnologia, começou a surgir um conjunto de resultados significativos, indicando que a estrutura organizacional deve complementar a tecnologia. Woodward clas-

QUADRO 13.1 | CARACTERÍSTICAS DAS FORMAS ORGANIZACIONAIS MECANICISTA E ORGÂNICA

Mecanicista	Orgânica
Tarefas especializadas	Contribuições dos empregados para uma tarefa comum
Hierarquia de autoridade	Menor adesão à autoridade e controles formais
Comunicação hierárquica	Comunicação em rede
Conhecimento e controle centralizado	Conhecimento e controle descentralizados
Insistência em lealdade e obediência à organização	Lealdade e compromisso manifestados para o projeto ou o grupo
Grau elevado de formalidade	Grau elevado de flexibilidade e autoridade para decisões

---

* Deve-se observar que essas pesquisas não provaram, realmente, que a eficácia é maior quando existem sistemas orgânicos no âmbito de ambientes instáveis, e assim por diante, mas unicamente que um sistema orgânico estava associado à mudança ambiental. A implicação, no entanto, é direta: presume-se que organizações mecanicistas sejam limitadas em sua capacidade de adaptação, por causa de sua rigidez.

sificou, especificamente, as empresas em uma das seguintes categorias: produção unitária (ou em pequena escala), produção em massa (ou em grande escala) e processo de produção de longa duração.

As empresas do tipo **produção unitária** fabricam em função de pequenos pedidos customizados, colocados pelo comprador. Produtos com parâmetros especiais, como mobiliário, eletrônicos e equipamentos de construção especializados, caracterizam esse tipo de empreendimento. As empresas de **produção em massa** fabricam artigos padronizados, que não exigem atenção muito especializada ou variada. Os fabricantes de automóveis e de *trailers* residenciais, por exemplo, empregam a tecnologia de produção em massa. O **processo de produção de longa duração** exige mecanização completa. Ele é totalmente controlado do começo ao fim, para que a qualidade do produto final possa ser prevista facilmente. Entre os usuários da tecnologia do processo de produção de longa duração, encontram-se refinarias de petróleo, indústrias químicas e destilarias.

Com base nesse sistema de classificação, certos padrões de resultado indicam que as estruturas, nas empresas analisadas, eram realmente relacionadas ao tipo de tecnologia. O número de níveis gerenciais, por exemplo, aumentou da produção unitária para o processo de produção de longa duração, isto é, à medida que se elevou a complexidade tecnológica.

Woodward também observou, em seus resultados, diversos padrões complexos. A quantidade de comunicação verbal, por exemplo, tendia a ser menor em organizações de produção em massa, ao passo que a quantidade de comunicação escrita era maior. Além disso, essas empresas tendiam a ser mais altamente centralizadas e a adotar procedimentos mais formalizados do que os outros tipos. Em termos gerais, as empresas de produção unitária e de processo de produção de longa duração eram relativamente mais orgânicas, enquanto as de produção em massa mais mecanicistas. O Quadro 13.2 resume essas constatações.

Análises adicionais de Woodward sobre o sucesso financeiro das mesmas empresas, avaliadas pela participação de mercado, reputação e por outras características, mostram que as bem-sucedidas tendiam a adequar-se ao padrão de atributos estruturais mais usual para seu grupo de tecnologia, conforme especificado no Quadro 13.2. Empresas de produção em massa bem-sucedidas, por exemplo, tendiam a ter estruturas mecanicistas, ao passo que as bem-sucedidas de produção unitária ou de longa duração tendiam a ter estruturas orgânicas. Outros estudos, nos Estados Unidos[14] e no Japão[15], corroboraram as descobertas de Woodward: a tecnologia se relaciona à estrutura e a adequação da estrutura se relaciona ao desempenho organizacional.

QUADRO 13.2 | **PRINCIPAIS DESCOBERTAS DOS ESTUDOS DE WOODWARD SOBRE TECNOLOGIA E ESTRUTURA**

Atributo Estrutural	Produção Unitária	Produção em Massa	Processo de Produção de Longa Duração
Número de níveis gerenciais	Reduzido	Moderado	Elevado
Formalização	Reduzida	Elevada	Reduzida
Centralização	Reduzida	Elevada	Reduzida
Comunicação verbal	Elevada	Reduzida	Elevada
Comunicação escrita	Reduzida	Elevada	Reduzida
Estrutura geral	Orgânica	Mecanicista	Orgânica

Resumo

1. **Definir descentralização e identificar os pontos fortes e fracos de uma organização descentralizada.**

   Descentralização é o grau em que ocorre a tomada de decisões do nível superior para os níveis inferiores em uma organização. Um ponto forte da descentralização é que pode aumentar a motivação, o desempenho, a satisfação, a criatividade, o envolvimento e o compromisso dos empregados. Os pontos fracos incluem uma tendência para se concentrar nos problemas imediatos e não levar em conta oportunidades de crescimento futuro e conflitos internos difíceis de detectar e resolver.

2. **Contrastar organizações complexas e compactas.**

   Organizações complexas apresentam mais níveis e menores amplitudes de controle do que as organizações compactas. Geralmente, as organizações complexas permitem um controle mais estrito dos subordinados, tendendo a desencorajar a descentralização, ao passo que as compactas apresentam maior possibilidade de ser descentralizadas.

3. **Descrever unidade de comando e cadeia de comando.**

   Unidade de comando é a noção de que todo subordinado deve ter somente um supervisor. Cadeia de comando estabelece que informação e autoridade fluem entre os níveis de modo hierárquico, sem omitir qualquer nível.

4. **Descrever estruturas organizacionais modernas.**

   Uma estrutura funcional reúne pessoal e atividades de acordo com os recursos essenciais ao processo de produção. Uma estrutura de produto agrupa pessoal e atividades de acordo com a produção organizacional. Uma estrutura híbrida combina, muitas vezes, as estruturas funcional e de produto. Um sistema matricial é uma estrutura híbrida que envolve uma hierarquia dupla.

5. **Discutir as vantagens e as desvantagens de diferentes estruturas organizacionais.**

   Uma estrutura funcional é útil quando são necessários colaboração e conhecimento especializado e o ambiente é estável. Uma estrutura funcional, no entanto, é lenta para responder a mudanças ambientais e tem menos condições para incentivar a inovação. Uma estrutura de produto dedica mais atenção às necessidades dos clientes, sendo mais adequada para responder a mudanças ambientais. Esta estrutura, entretanto, incorpora redundância de esforços. Uma estrutura híbrida procura alcançar um ponto de equilíbrio entre as estruturas funcional e de produto, podendo ser consideravelmente flexível e capaz de coordenar respostas a pressões relacionadas aos clientes e à produção e oferecer um maior grau de resposta a mudanças ambientais. Um sistema híbrido pode criar problemas em relação à avaliação de desempenho dos empregados, bem como gerar confusão.

6. **Identificar três parâmetros que descrevem o ambiente externo a uma organização.**

   Ambientes podem ser relativamente simples ou complexos e apresentam graus variados de incerteza ambiental.

7. **Explicar como o ambiente determina se uma organização terá sucesso ou fracassará.**

   A organização, para continuar existindo, precisa ter uma configuração apropriada, incluindo metas, recursos humanos, produtos e tecnologia. Acaso, forças aleatórias e mudança contínua também são elementos importantes para determinar que organizações sobreviverão. As de atributos variados são reformuladas continuamente e as que não possuem o formato organizacional necessário fracassarão. Alguns formatos que se adaptam sobreviverão.

8. **Explicar como as organizações lidam com sua dependência do ambiente.**
   As organizações tentam gerenciar seu ambiente. Podem tentar adquirir ou controlar forças influentes e experimentar mudanças internas que as tornem menos vulneráveis. Tais mudanças incluem aumentar a complexidade da estrutura e criar posições de contato.

9. **Descrever duas estratégias que as organizações podem usar para gerenciar o ambiente.**
   As organizações conseguem alterar o ambiente externo estabelecendo relações favoráveis com elementos críticos e controlando o domínio ambiental. Estabelecer relações favoráveis inclui integração vertical, contratação de executivos de companhias com as quais a empresa deseja relacionar-se, recrutar membros do conselho pertencentes a determinados grupos, criar conselhos de administração interligados e investir em propaganda e relações públicas. O controle de domínios ambientais inclui comprar ou vender uma linha de produtos e fazer parcerias com organizações similares que mantêm metas ou interesses comuns.

10. **Identificar os parâmetros estruturais e contextuais de uma organização.**
    Os parâmetros estruturais são as características internas da organização, como especialização, hierarquia da autoridade, descentralização e complexidade. Os parâmetros contextuais são as características da organização e de seu entorno e incluem tamanho, tecnologia e públicos externos (por exemplo, clientes, fornecedores, concorrentes e governo).

11. **Descrever o modo como a estrutura de uma organização complementa sua tecnologia.**
    Os fabricantes, em ordem crescente de complexidade tecnológica, podem ser classificados como empresas de produção unitária, de produção em massa e de processo de produção de longa duração. O número de níveis gerenciais aumenta em função da complexidade tecnológica crescente. As empresas de produção em massa tendem a ser mais mecanicistas em sua estrutura, ao passo que as de produção unitária e de processo de produção de longa duração são relativamente orgânicas.

Episódio crítico

A corporação horizontal

Era óbvio para Mike O'Reilly, presidente e CEO da Cambridge Lighting, que a estrutura organizacional da empresa deixara de atender às necessidades da companhia. Cambridge, fabricante de lâmpadas e dispositivos de iluminação, havia desenvolvido uma estrutura organizacional ao longo dos anos, à medida que as vendas e o número de empregados aumentavam. A organização tinha sido estruturada de acordo com funções especializadas, criando "nichos de excelência". A empresa mantinha diversos níveis de gerenciamento e uma cadeia de comando formal. A capacidade da organização para adaptar-se rapidamente à mudança estava seriamente limitada, porque a maioria das principais decisões exigia aprovação de gerentes. A hierarquia havia se tornado imensamente entrincheirada.

Mike preocupava-se com o fato de a estrutura não ser mais apropriada para o mercado de iluminação, cada vez mais competitivo. Os últimos anos haviam testemunhado mudanças importantes no setor. Lâmpadas e dispositivos de iluminação econômicos estavam sendo importados de países da orla do Pacífico e a iluminação por halogênio, com consumo reduzido de energia, estava se tornando uma alternativa crescentemente difundida. Ele sabia que a Cambridge teria de reagir a essas pressões, se desejasse permanecer uma concorrente viável no setor de iluminação.

Após estudar a organização durante muitos meses, Mike entendeu que diversos departamentos funcionais apresentavam interações limitadas. A discordância entre departamentos (por exemplo, entre marketing e vendas e entre engenharia e produção) chegou, ocasionalmente, a ser intensa e havia impedido a organização de operar com tranqüilidade. Ele estava curioso para saber se uma nova estrutura organizacional deveria ser implementada.

Após ler diversos artigos sobre corporações horizontais (tendência da reestruturação organizacional), Mike e sua equipe executiva desenvolveram um plano para reestruturar a organização em torno dos principais processos. Nas organizações horizontais, os líderes identificam as principais capacitações ou processos e criam a organização em torno deles. Processos importantes, como desenvolvimento de novos produtos, vendas e atendimento ao cliente, foram identificados e metas específicas de desempenho lhes foram atribuídas. Em virtude de o mercado de iluminação haver se tornado muito competitivo, Mike e sua equipe decidiram que a Cambridge deveria se orientar ao cliente. Portanto, as metas de desempenho foram definidas em termos de satisfação do cliente. De acordo com o plano, equipes de especialistas funcionais se concentrariam em um determinado processo importante, visando a cumprir as metas de desempenho estabelecidas.

Após a reestruturação, equipes de empregados de diferentes funções seriam responsáveis pelos estágios de seu principal processo. As equipes multidisciplinares teriam autoridade para tomar decisões sem a participação dos supervisores, diminuindo, desse modo, a cadeia de comando e tornando compacta a hierarquia da organização. Visando a proporcionar melhor atendimento, as equipes se reuniriam regularmente com fornecedores e clientes, para conhecer mais sobre suas necessidades e limitações.

O plano parecia bom no papel, porém Mike estava preocupado com sua implementação. Estava sobre sua mesa o plano com 150 páginas encadernadas, que ele e sua equipe executiva haviam preparado. Eles o apelidaram de "mapa da mina", porque detalhava a maneira como a Cambridge partiria de sua atual estrutura vertical, para concretizar a estrutura horizontal almejada. O processo de reestruturação estava previsto para principiar em, aproximadamente, seis semanas. De início, porém, Mike e sua equipe precisavam partilhar o plano integral com todos na organização. A primeira reunião executiva, para apresentação da nova estrutura organizacional para gerentes de nível sênior e intermediário, estava para começar. Com um suspiro que denotava excitação e hesitação, Mike pegou seu "mapa da mina" e dirigiu-se para a sala de conferências.

1. De que maneira os gerentes convocados para a reunião, provavelmente, reagiriam?
2. Como Mike deveria reagir às preocupações de gerentes e empregados?
3. Que papel o departamento de recursos humanos exerce nessa reorganização?
4. Que tipos de política de pessoal deveriam mudar, para refletir a nova estrutura organizacional?
5. Como a estrutura organizacional implementada na Cambridge difere de uma organização matricial?

Fonte: "The Horizontal Corporation", escrito por Melissa Waite, da State University of New York, University at Buffalo, e Susan Stites-Doe, da State University of New York, College at Brockport.

Exercício experimental

Teste de orientação burocrática

Você pensou a respeito de que tipo de organização gostaria de trabalhar quando concluir seus estudos? A lista de verificação a seguir pode ajudá-lo a definir que tipo de estrutura organizacional seria melhor para você.

Passo 1

Para cada afirmação, indique a resposta (Concordo com mais Freqüência ou Discordo com mais Freqüência) que melhor representa seu modo de pensar.

	Concordo com mais Freqüência	Discordo com mais Freqüência
1. Valorizo a estabilidade em meu emprego.	_____	_____
2. Aprecio uma organização previsível.	_____	_____
3. O melhor trabalho para mim seria aquele em que o futuro é incerto.	_____	_____
4. O Exército dos Estados Unidos seria um bom lugar para trabalhar.	_____	_____
5. Regras, políticas e procedimentos tendem a deixar-me frustrado.	_____	_____
6. Apreciaria trabalhar para uma empresa que empregasse 85 mil pessoas em escala mundial.	_____	_____
7. Trabalhar como autônomo envolveria maior risco do que estou disposto a assumir.	_____	_____
8. Gostaria de ver uma descrição de cargo precisa, antes de aceitar um emprego.	_____	_____
9. Preferiria um trabalho como pintor de casas *free lance* do que como escriturário no Departamento de Veículos Automotivos.	_____	_____
10. O número de anos de trabalho deveria ser tão importante quanto o desempenho na determinação de aumentos salariais e promoções.	_____	_____
11. Eu teria uma sensação de orgulho, caso trabalhasse para a maior e mais bem-sucedida companhia em seu setor.	_____	_____
12. Caso tivesse opção, preferiria ganhar US$ 80 mil por ano como vice-presidente de uma pequena empresa do que US$ 100 mil como assessor especializado em uma grande companhia.	_____	_____

13. Consideraria usar um crachá de empregado com um número uma experiência degradante.

14. As vagas de estacionamento, em uma área da companhia, deveriam ser designadas com base no nível do cargo.

15. Se um contador trabalhar para uma organização, ele não conseguirá ser um verdadeiro profissional.

16. Antes de aceitar um cargo (tendo escolha), gostaria de assegurar se a companhia oferece um excelente conjunto de benefícios para os empregados.

17. Uma companhia, provavelmente, não terá sucesso, a não ser que estabeleça um conjunto claro de regras e procedimentos.

18. Horários de trabalho e férias regulares são mais importantes, para mim, do que ter emoções no cargo.

19. As pessoas deveriam ser respeitadas de acordo com sua posição.

20. Regras são criadas para ser desobedecidas.

Passo 2

Atribua a si um ponto para cada afirmação que você respondeu, segundo a orientação burocrática:

1. Concordo com mais freqüência
2. Concordo com mais freqüência
3. Discordo com mais freqüência
4. Concordo com mais freqüência
5. Discordo com mais freqüência
6. Discordo com mais freqüência
7. Concordo com mais freqüência
8. Concordo com mais freqüência
9. Discordo com mais freqüência
10. Concordo com mais freqüência
11. Concordo com mais freqüência
12. Discordo com mais freqüência
13. Discordo com mais freqüência
14. Concordo com mais freqüência
15. Discordo com mais freqüência
16. Concordo com mais freqüência
17. Discordo com mais freqüência
18. Concordo com mais freqüência
19. Concordo com mais freqüência
20. Discordo com mais freqüência

Passo 3

Interprete sua pontuação. Um resultado muito elevado (15 ou mais) indica que você gostaria de trabalhar em uma organização burocrática. Um resultado muito reduzido (5 ou menos) indica que você ficaria frustrado trabalhando em uma organização burocrática, especialmente uma grande.

Passo 4

Você considera que sua pontuação é representativa da maioria dos alunos de faculdade que optaram pela mesma área de concentração que a você escolheu?

Fonte: Dubrin, Andrew J. *Human Relations: A Job Oriented Approach*. 5 ed. Englewood Cliffs: Prentice-Hall, 1992. p. 434-435.

Toda nação ridiculariza outras nações, e todas estão certas.
– Arthur Schopenhauer

Vamos juntar nossos esforços e nossas mentes
Fazendo o melhor possível na produção
Enviando nossos produtos às pessoas do mundo.
– Canção dos Trabalhadores da Matsushita

Objetivos de aprendizagem

Após estudar este capítulo, você deverá ser capaz de:

1. Definir cultura organizacional e descrever as influências em sua criação e permanência.
2. Explicar a importância das pesquisas que comparam empregados em várias nações.
3. Descrever as características dos gerentes típicos nos Estados Unidos.
4. Contrastar o estilo de gerenciamento japonês com o norte-americano.
5. Dar alguns exemplos de diferenças de costumes sociais e práticas de negócios em outras culturas.
6. Identificar dois métodos de treinamento intercultural.

Capítulo 14

Influências culturais

Os especialistas aconselham as organizações passivas–agressivas: obtenham assessoria!

De acordo com um estudo recente da consultoria em administração global Booz Allen Hamilton, três de cada dez pessoas, nos Estados Unidos, trabalham para uma companhia passiva-agressiva. Ao nível interpessoal, o comportamento passivo–agressivo é demonstrado quando as pessoas simulam uma atitude educada perante outras, enquanto estão irritadas interiormente. Em tais situações, o indivíduo parece simpático, porém, na realidade, está ocultando oposição e demonstrando uma resistência sutil. Organizações com uma cultura passiva–agressiva são caracterizadas por uma falta de sinceridade similar: agrados fingidos entre subordinados e superiores, obediência robótica à liderança, ausência de opiniões discordantes e atribuição de culpa a forças externas, pelo desempenho ruim. Causar alvoroço é o pecado final em tais ambientes de escritório. De modo análogo ao domínio das relações interpessoais, o comportamento passivo–agressivo, no âmbito das organizações, é prejudicial.

Locais de trabalho com uma cultura passiva–agressiva parecem agradáveis em todos os aspectos, porém, escondem um lado obscuro. Gerentes podem fingir estar contentes com empregados e, no entanto, tornarem-se críticos por ocasião da revisão de desempenho. As reuniões são conhecidas pela concordância de todos, especialmente pelo fato de muitos trabalhadores presentes retornarem a suas mesas esperando, secretamente, que as mudanças propostas nunca se materializem. Empregados frustrados usam de retaliação, finalizando o trabalho com atraso ou disseminando comentários negativos por meio de fofocas. Chefes intimidam os subordinados, gerando um ambiente pleno de segredos, maduro para escândalos, assédio sexual e fraudes financeiras.

De acordo com especialistas, o comportamento passivo–agressivo, nas organizações, tem como raiz as políticas da companhia, e é difícil de mudar. Com um bom aconselhamento de psicólogos e consultores organizacionais, no entanto, empresas com problemas conseguem retomar o caminho da recuperação. As companhias são capazes de suplantar o problema passivo-agressivo elogiando as pessoas que se expressam com sinceridade, especialmente as que trazem más notícias, que outros negligenciaram em divulgar durante um tempo excessivo. Quando o CEO Jerry Jurgensen, da Nationwide, assumiu o comando, alguns anos atrás, deparou-se com uma simpatia esfuziante, que degenerava em um grande número de acusações, sempre que as coisas davam errado. Para diminuir tal comportamento disfuncional, a Nationwide começou a promover debates periódicos e animados sobre o tema; a seguradora constatou, desde então, uma elevação de 9% na satisfação dos empregados, com aumento concomitante de 10% nos lucros. A empresa Rohm and Haas, que faz parte da lista *Fortune 500* e fabrica o Morton Salt, iniciou a mudança cultural por meio de seu programa de "metas afrontosas" – iniciativa em que os departamentos estabelecem metas muito exageradas a ser cumpridas vigorosamente, no entanto sem nenhum receio de punição, em caso de fracasso. Embora departamentos da Rohm and Haas não consigam cumprir suas "metas afrontosas", determinadas democraticamente, os níveis gerais de produtividade estão aumentando.

Organizações passivas–agressivas acabam prejudicando a todos, e a solução consiste em atacar frontalmente os sintomas. Stephen Covey, autor de *Os 7 Hábitos das Pessoas Muito Eficientes*, é quem melhor exemplifica a necessidade de ter uma cultura corporativa aberta e honesta. Covey, ao ministrar seminários para executivos graduados, pede às pessoas que fechem os olhos e apontem para o norte. A sala fica plena de braços apontando em todas as direções. Covey solicita, em seguida, àqueles que estão "100% seguros" que apontem o norte. O resultado é o mesmo. A lição é clara: até os executivos confiantes são propensos ao erro. Portanto, as organizações precisam fazer tudo o que estiver a seu alcance para criar culturas em que a discussão aberta e honesta é valorizada e encorajada.

Fonte: Jones, D. "When you're smiling, are you seething inside?: Passive-agressive culture hurts companies, workers", *USA Today*, 12 abr. 2004.

Toda organização existe em uma cultura externa e perpetua sua própria cultura interna. O estudo das influências culturais, tópico de suma importância no campo da antropologia, existe há algum tempo, porém sua aplicação às organizações empresariais constitui um fenômeno mais recente. Neste capítulo, examinamos, inicialmente, as culturas nas organizações. Voltamos nossa atenção, em seguida, ao tópico de diferenças culturais ou nacionais, nas atitudes e comportamentos dos empregados.

Cultura organizacional

Embora a noção de cultura organizacional seja muito popular, é difícil oferecer uma definição precisa. Cultura organizacional tem sido definida, sob diversas formas, como sendo uma filosofia subjacente à política de uma organização, às regras do jogo para continuar operando e à sensação ou ao clima transmitindo pelo leiaute físico da organização.[1] Outros propõem que a cultura organizacional é, em grande parte, uma questão de normas.[2] Exemplos de algumas normas organizacionais incluem: não diga aquilo que o chefe não quer ouvir; não se associe a um evento negativo; não esqueça de aumentar suas despesas de viagem/representação; não critique a companhia para pessoas de fora; não seja portador de más notícias; e, talvez o mais irônico, não torne as normas explícitas a qualquer pessoa que formule perguntas sobre elas.[*]

Embora exista variação considerável nas definições propostas, parece que a maioria apresenta diversos elementos comuns. Com base neles, podemos definir **cultura organizacional** como os valores e normas compartilhados que existem em uma organização e são ensinados aos novos empregados.[**] Essa definição sugere que a cultura organizacional envolva crenças e sentimentos comuns, comportamento regular e um processo histórico para a transmissão de valores e normas. O conceito de cultura organizacional, apesar de sua falta de precisão, é amplamente adotado em círculos gerenciais, algumas vezes como explicação abrangente e adequada para explicar o motivo pelo qual as coisas acontecem ou deixam de ocorrer de determinada maneira em uma empresa, como: "É a maneira como fazemos as coisas aqui – é parte de nossa cultura".

---

[*] Curiosamente, foi divulgado que mais de 90% das normas citadas por membros das organizações são negativas em tom e conotação.

[**] Em termos estritos, a noção de valores e normas já existe no campo do comportamento organizacional. Além disso, a socialização de novos membros constitui um tópico em si. Portanto, o conceito de cultura organizacional continua a ser uma noção um tanto indistinta. Adicionalmente, as organizações são, elas mesmas, produto de uma cultura; assim, causa confusão falar de culturas existindo no âmbito de uma estrutura cultural.

Rituais e histórias

Rituais e histórias organizacionais (noções tomadas de empréstimo da antropologia cultural) desempenham papéis fundamentais na preservação e criação de culturas organizacionais. Alguns rituais cerimoniais, por exemplo, podem acompanhar a nomeação de um novo CEO, incluindo informações introdutórias, banquetes, reuniões e discursos. De modo similar, a premiação pública com um distintivo na lapela pode assumir um significado fundamental, caso os empregados acreditem que tal reconhecimento simboliza uma conquista importante.

A função e a origem das histórias ou mitos organizacionais, muitas vezes, não são claras.[3] Ocasionalmente, uma história relatará um tema que abarca os valores do fundador da corporação ou de outros executivos de projeção. Dependendo da meta, seu tom pode ser positivo ou negativo. Uma história positiva, por exemplo, pode recontar como o presidente esteve presente em um piquenique da companhia e demonstrou grande simpatia pelas esposas e filhos dos colaboradores da empresa. Tal história tem por finalidade transmitir a preocupação implícita que o presidente alimenta pela família corporativa. Ou uma história pode recontar como todos os empregados da empresa (de CEO até o nível hierárquico mais inferior) concordaram com uma redução de 10% nos salários, durante um período econômico difícil, a fim de evitar qualquer dispensa. Sob um ângulo mais negativo, pode ser disseminada uma história de como um ex-empregado foi implacavelmente demitido e sua carreira arruinada, por ter sido acusado do "crime" de deslealdade. A intenção dessa história é, evidentemente, induzir medo e controlar o comportamento dos empregados, por meio de intimidação.

Avaliação e mudança da cultura organizacional

O estudo da cultura organizacional, para que faça uma contribuição substancial para o campo do comportamento organizacional, tem necessidade de conter um conjunto de métodos de análise. Infelizmente, esse estudo apresenta desafios peculiares. Pode-se compreender a cultura de uma organização localizando uma pessoa que a conhece bem, alguém que seja capaz de decifrá-la e tenha motivação para discuti-la.[4] É óbvio que um pesquisador depende, consideravelmente, da capacidade de uma dessas pessoas para proporcionar a reconstrução dos eventos e das crenças dos demais. Portanto, a observação direta de algumas facetas de uma cultura organizacional pode não ser possível (caso não exista participação pessoal em uma organização).

Além de entrevistar os membros da organização e fazer parte dela, as pesquisas podem ser usadas para se obter dados sobre a percepção que as pessoas bem conhecedoras da empresa têm da cultura organizacional. A qualidade das respostas, no entanto, tem possibilidade de ser limitada, porque o pesquisador não pode interagir com o respondente para sondar temas. Adicionalmente, a utilização do método de pesquisa pressupõe que o pesquisador já tenha familiaridade suficiente com a cultura, para saber que questões e temas precisam ser investigados.

Embora pesquisas, entrevistas e o fato de ser membro parcial de uma organização sejam todos potencialmente úteis para o estudo de sua cultura, Edgar Schein e Ralph Kilmann defendem o uso de sessões em grupo por um pesquisador, a fim de verificar suas percepções em comparação à visão real dos membros.[5] Kilmann também propõe que aos membros do grupo seja solicitado listar um conjunto de novas normas que facilitariam o desempenho organizacional. Com tais listas, pode-se iniciar a discussão da mudança de normas e, portanto, as alterações em um elemento importante da cultura da organização. Kilmann relata que as normas propostas listadas mais freqüentemente pelos empregados incluem: trate todos com respeito; escute as opiniões de outros membros, mesmo que discorde delas; reconheça aqueles que sugerem novas idéias e maneiras para executar as tarefas; fale com orgulho de sua organização e departamento. Tais listas de normas desejadas podem servir como ponto de partida útil para alterar a cultura de uma organização. O compromisso com a mudança das características culturais, no entanto, precisa ser obtido, necessariamente, dos administradores do alto escalão, se a mudança desejada for ocorrer e permanecer.

Criação e preservação da cultura organizacional

Em virtude de nosso conhecimento da cultura organizacional baseado em pesquisas ser atualmente muito limitado, torna-se difícil indicar, com alto grau de confiabilidade, normas detalhadas para criação e preservação de culturas organizacionais. Não obstante, diversas observações e sugestões cautelosas podem ser feitas com base na compreensão disponível. Parece que existem, pelo menos, quatro influências principais sobre as origens da cultura organizacional.[6]

1. **As crenças e os valores do fundador de uma organização** podem exercer influência considerável na criação da cultura organizacional. Durante sua permanência à frente da empresa, essas crenças e valores podem se tornar parte das políticas, dos programas e das declarações informais perpetuadas por membros contínuos da organização (análogo à tradição oral ou a contar histórias). James Cash Penney, por exemplo, infundiu em sua organização "a idéia Penney", que consiste em princípios orientadores do tipo "trate todos como seres humanos" e "valorize a lealdade".
2. **As normas adotadas pela sociedade do país nativo ou no qual a empresa opera** também podem desempenhar um papel na determinação da cultura organizacional. Isso significa que a sociedade circundante influencia a cultura das empresas existentes em seu interior.
3. **Problemas de adaptação externa e sobrevivência** acarretam desafios para as organizações, que seus membros precisam enfrentar por meio da criação da cultura organizacional (isto é, normas). O estabelecimento de estratégias e metas e a seleção de métodos para cumpri-las, por exemplo, exigem a criação de normas. Na PepsiCo, a concorrência com a Coca-Cola gerou uma atmosfera interna de extrema competição, fazendo com que carreiras fossem criadas ou destruídas em função de pequenas flutuações na participação de mercado.
4. **Problemas de integração interna** podem resultar na formação da cultura organizacional. Determinar regras para as relações sociais e a distribuição de *status* e estabelecer critérios para a pessoa tornar-se membro do grupo e da organização, por exemplo, requerem a fixação de normas e a aceitação de um conjunto de crenças.

A preservação ou o reforço da cultura de uma organização podem ser melhor compreendidos, conhecendo-se: (1) o que os gerentes consideram importante (o que medem e controlam); (2) a maneira pela qual o alto escalão reage a crises e eventos críticos; (3) que tipos de modelagem deliberada da atuação em papéis são propostos pelos gerentes; (4) critérios para oferecer retribuição e *status*; (5) critérios para admitir, despedir e promover.[7] Esses cinco elementos, para entender a preservação da cultura organizacional, também proporcionam idéias interessantes a respeito de como alterar a cultura de uma organização. Em outras palavras, a melhor maneira para mudar uma cultura consiste em modificar aquilo que os gerentes medem e controlam, mudando a maneira pela qual as crises são enfrentadas, usando modelos de atuação diferentes para empregados novos e alterando o processo de socialização/orientação, estabelecendo critérios diferentes de reconhecimento e alterando os critérios de contratação, promoção e demissão.

Estrutura para compreensão da cultura organizacional

Smith e Vecchio propuseram que a origem, a preservação e a modificação da cultura de uma organização pode ser entendida em termos de seis conceitos básicos[8] (veja a Figura 14.1): decisões críticas do empreendedor ou dos membros fundadores; idéias orientadoras e missão; estrutura social; normas e valores; história relembrada e simbolismo; esquemas institucionalizados.

Decisões críticas do empreendedor ou dos membros fundadores

Os fundadores de uma organização assentam, em essência, o alicerce para a criação de sua cultura. Sua visão e inspiração, bem como seus valores e sentido de missão, desempenham um papel crucial na formação de normas e valores no interior da organização. Além disso, eles influenciam a formação da cultura, valendo-se de meios como as principais decisões de recrutamento, decisões críticas relativas ao mercado da empresa e seleção de sucessores.

Idéias orientadoras e missão

Os líderes da organização articulam um pequeno conjunto de idéias orientadoras. Essas idéias, ou metas de nível e valor superiores, constituem uma declaração de finalidade, ou missão. Normalmente, incorporam uma crença em uma idéia central. Exemplos de idéias orientadoras incluem "IBM Significa Atendimento" e, na 3M, "O 11º mandamento é nunca desprezar a idéia de um produto novo". As ações que atendem a esse compromisso participam da definição da identidade diferenciada da organização.

Estrutura social

Os líderes também desempenham um papel na criação da estrutura social de uma organização. Essa estrutura é formada pelos padrões de interação entre pessoas e grupos no interior da organização. Estrutura social é uma conseqüência da decisão dos líderes, a respeito de como melhor configurar a estrutura da organização em função de considerações técnicas. Esses temas baseados em tarefas afetam, por sua vez, o padrão das relações formais e informais que surgem.

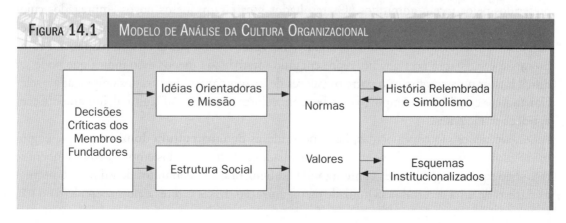

FIGURA 14.1 MODELO DE ANÁLISE DA CULTURA ORGANIZACIONAL

Normas e valores

Normas e valores encontram-se no núcleo daquilo que significa cultura organizacional. De acordo com o indicado pela configuração, normas e valores são influenciados pela missão e pela estrutura social. **Normas** são expectativas para o comportamento dos membros da organização; **valores** são preferências entre atividades e resultados. Os membros, ao participarem de experiências organizacionais comuns, desenvolvem um maior grau de valores compartilhados e normas, os quais passam a servir como auxílio para a comunicação adicional e a tomada de decisões. Essas normas e valores também influenciam a história relembrada e os esquemas institucionais.

História relembrada e simbolismo

Normas e valores podem influenciar o processo pelo qual a história organizacional é relembrada seletivamente e interpretada. **Simbolismo** inclui rituais e cerimônias. Símbolos comunicam valores, legitimam práticas e ajudam a socializar membros e a criar lealdade. Portanto, a história relembrada e o simbolismo conseguem influenciar as normas e valores existentes.

Esquemas institucionalizados

Políticas formais, sistemas de reconhecimento e linhas de autoridade e comunicação exemplificam os **esquemas institucionalizados**. Esses esquemas constituem "a maneira de administrar a empresa" e podem exercer uma influência considerável nas atitudes e nos comportamentos dos membros da organização. Esquemas institucionalizados (por exemplo, os formulários que as pessoas precisam preencher, o treinamento proporcionado pela organização e os sistemas de promoção e remuneração) exercem uma forma de controle sutil sobre as ações dos empregados. Tais esquemas são o resultado de normas e valores. Os esquemas institucionalizados, a história relembrada e o simbolismo ajudam a perpetuar a cultura da organização ao longo do tempo.

Estudos de cultura organizacional

As pesquisas sobre cultura organizacional foram além do estágio descritivo e começaram a desenvolver e a testar previsões. Um estudo criou um questionário para avaliar as percepções que os empregados antigos guardavam dos valores organizacionais e comparou esses valores com os preferidos pelos recém-admitidos.[9] Os resultados mostraram que os novos empregados cujos valores eram compatíveis com os da organização, relativamente a aspectos como respeito pelas pessoas, orientação ao trabalho em equipe, inovação, e assim por diante, tinham maior compromisso e satisfação no trabalho, representando rotatividade menor. Isso indica que pode ser difícil buscar uma combinação entre os valores de uma organização e os dos empregados, selecionando os candidatos a emprego com base em valores – "adaptação" cultural, juntamente com aptidões proficientes.

As organizações são consideradas, hoje, possuidoras de uma **cultura dominante**, que engloba os valores críticos e fundamentais compartilhados pela maioria dos empregados. Também se reconhece que as organizações contêm muitas **subculturas**, ou conjuntos de valores ou normas exclusivas de uma determinada unidade da organização. Esses valores e normas podem ou não conformar-se à cultura dominante da organização. Uma outra expressão usada freqüentemente, na área de cultura corporativa, é **cultura sólida**. Uma cultura sólida (*versus* fraca) distingue-se pela possibilidade de os valores e normas da organização serem seguidos de modo rigoroso e amplamente endossados. Acredita-se, geralmente, que uma cultura sólida proporcionará vantagens para uma organização, em termos de compromisso e satisfação dos empregados. Em uma série de estudos que examinaram a importância da compatibilidade de valores entre empregados e supervisores, os pesquisadores da University of South Carolina descobriram que os empregados apresentam, simultaneamente, mais compromisso e satisfação quando seus valores são idênticos aos de seu supervisor.[10]

Estudos interculturais

O estudo da cultura organizacional se concentra na conduta dos indivíduos nas organizações, ao passo que as pesquisas interculturais buscam identificar as diferenças e similaridades entre participantes de diversas culturas. Definir o que significa o termo *cultura*, nesse nível de análise, não é menos problemático. Com muita freqüência, as fronteiras são usadas como base para definição de cultura, porém, isso é, em grande parte, uma questão de conveniência, pois os aspectos importantes da cultura, algumas vezes, são difíceis de especificar. Pode-se até justificar, com bons argumentos, que o termo *cultura* poderia deixar de ser utilizado ou, ser evitado ao se discutir os processos de comportamento Na área do comportamento organizacional, pode ser mais exato afirmar que o interesse se concentra em estudos que envolvem mais de uma *nação* ou comportamento organizacional comparativo, preferentemente aos temas inter*culturais*.

Mesmo que aceitemos uma designação que não inclua o termo *cultura*, os resultados das pesquisas que comparam empregados de diferentes países permanecem difíceis de interpretar. Essa dificuldade origina-se da inexistência de noções teóricas para explicar o que significa cultura ou nacionalidade, e de uma incapacidade de prever os efeitos da cultura ou da nacionalidade sobre as outras variáveis.[11] Em resumo, é difícil obter sentido dos resultados de estudos entre nações, sem um esquema teórico. Com freqüência, ficamos simplesmente com resultados que indicam que um grupo de empregados do país *A* diferiu ou não de um outro do país *B*. Por que esses resultados ocorreram e como surgiram certas diferenças, muitas vezes, não é explicado. Adicionalmente, muitas pesquisas interculturais podem ficar limitadas pela adoção de teorias "desenvolvidas na América", isto é, os pesquisadores dos temas interculturais utilizam, muitas vezes, teorias e medidas derivadas de modelos criados originalmente no Ocidente, para estudo de ocidentais. Embora muitas teorias em torno de temas de comportamento organizacional se originem, efetivamente, nos Estados Unidos, provavelmente é incorreto supor que as idéias relevantes para explicação do comportamento dos trabalhadores norte-americanos sejam igualmente apropriadas para explicar o dos demais países.

Apesar das dificuldades para se obter inferências a partir de resultados de pesquisas que envolvem países distintos, os pesquisadores continuaram a fazer comparações entre nações. Esse interesse é estimulado pela crença de que processos culturais apresentam regularidade e significado que, no final, se tornam mais compreendidos, talvez após mais resultados serem agrupados e padrões examinados, para identificação de princípios subjacentes. Forças propulsoras adicionais, nas pesquisas entre nações, são a proliferação de corporações multinacionais (empresas que atuam em diversos países) e o crescimento do comércio internacional. O contato cada vez maior entre empregados de diferentes países tem conduzido a uma conscientização crescente da necessidade de uma melhor compreensão dos participantes de outras culturas.

Diferenças culturais

Estudos das diferenças entre grupos nacionais revelaram alguns resultados interessantes. Pesquisas sobre o ritmo de vida em vários países, por exemplo, indicam que os ocidentais tendem a possuir noções razoavelmente precisas do tempo e maior preocupação com pontualidade do que a maioria das demais pessoas. Levine e Wolff examinaram a observância do tempo, a velocidade com que as pessoas caminham e o tempo médio que funcionários dos correios levaram para vender selos em seis países.[12] Uma ordem de classificação dos resultados, em termos de mais rápido a mais lento (1 a 6), corrobora as brincadeiras de que o ritmo de vida difere entre países (Tabela 14.1). O antropólogo Edward Hall distinguiu dois estilos relacionados ao tempo: monocrônico e policrônico.[13] As pessoas que demonstram um estilo monocrônico se concentram em uma tarefa por vez, separando as atividades no tempo e no espaço. Pessoas que exibem um estilo policrônico se concentram em diversas ocupações ao mesmo tempo (combinando com exatidão ou intercalando outras atividades). Países cuja formação remonta à Europa do norte (por exemplo, os Estados Unidos) tendem a ser monocrônicos, ao passo que nações latino-americanas tendem a ser policrônicas. Esses diferentes estilos podem estar subjacentes a algumas incompreensões e conflitos que surgem quando pessoas de diversas nações interagem. A Tabela 14.2 mostra um questionário, criado por Allen Bluedorn, Carol Felker-Kaufman e Paul Lane, para avaliação do estilo de gerenciamento do tempo de uma pessoa.

Uma outra pesquisa, baseada em entrevistas com aproximadamente mil pessoas de cinco países, identificou diferenças consideráveis nos níveis de confiança interpessoal. Foi constatado, especificamente, que a porcentagem de respondentes que concordaram com "pode-se confiar na maioria das pessoas" variou conforme se segue:

Estados Unidos	55%
Inglaterra	49%
México	30%
Alemanha	19%
Itália	7%

Em uma comparação entre os valores de 3.600 gerentes, representando 14 países, foram observadas algumas similaridades nos aspectos de liderança e atitudes.[14] Outra pesquisa sobre o sistema de valores de 2.600 gerentes, em cinco países, também constatou muitas similaridades,

TABELA 14.1 | RITMO DE VIDA EM SEIS PAÍSES

	Precisão dos Relógios nos Bancos	Velocidade ao Caminhar	Rapidez do Correio
Japão	1	1	1
Estados Unidos	2	3	2
Inglaterra	4	2	3
Itália	5	4	6
Taiwan	3	5	4
Indonésia	6	6	5

Fonte: Levine, R.; Wolff, E. "Tempo Social: o Pulsar da Cultura". *Revista Psychology Today* – Tradução Departamento de Letras da PUC-RIO.

TABELA 14.2 — MEDIDA DA POLICRONIA

Pense a respeito de como você se sente sobre as afirmações a seguir. Indique sua opção com um círculo na escala indicada.

	Discordo Veementemente	Discordo	Neutro	Concordo	Concordo Enfaticamente
1. Não gosto de realizar várias atividades ao mesmo tempo.	5 pontos	4 pontos	3 pontos	2 pontos	1 ponto
2. As pessoas não deveriam tentar realizar várias tarefas simultaneamente.	5 pontos	4 pontos	3 pontos	2 pontos	1 ponto
3. Quando me sento à mesa, trabalho em um projeto de cada vez.	5 pontos	4 pontos	3 pontos	2 pontos	1 ponto
4. Sinto-me à vontade fazendo diversas coisas ao mesmo tempo.	5 pontos	4 pontos	3 pontos	2 pontos	1 ponto

Some seus pontos e divida o total por 4. Indique, em seguida, seu resultado na escala a seguir.

```
|     |     |     |     |     |     |     |     |     |
1.0   1.5   2.0   2.5   3.0   3.5   4.0   4.5   5.0
monocrônico                                    policrônico
```

Quanto menor seu resultado (inferior a 3), mais monocrônica sua orientação; quanto maior seu resultado, mais policrônica.

Fonte: Bluedorn, A.; Felker–Kaufman, C.; Lane, P. M. "How Many Things Do You Like Do at Once?: An Introduction to Monochronic and Polychronic Time", *Academy of Mangement Executive* 6, p. 17-26, 1992.

indicando que gerentes apresentam, muitas vezes, visões comuns sobre atividades relacionadas aos negócios, independentemente da nacionalidade.[15]

Certos padrões e conjuntos de resultados também foram observados nesses e em outros estudos envolvendo outros países. Foi constatado, especificamente, que gerentes dos Estados Unidos, do Canadá, da Austrália e da Grã-Bretanha tendem a exigir atitudes razoavelmente similares; que os gerentes japoneses e coreanos tendem a manifestar maior concordância sobre temas relacionados a valores; que centro e sul-americanos tendem a concordar, e assim por diante. Esses conjuntos de respostas sugerem que, embora possam existir muitas semelhanças entre gerentes em escala mundial, também podem ser agrupados em conjuntos baseados em similaridades históricas, religiosas, lingüísticas e raciais.

São relatadas, freqüentemente, diferenças confiáveis entre grupos de países. Foi constatado, em diversos estudos, que vários conjuntos de países diferem, muitas vezes, em atitudes relacionadas à partilha de informações e à crença de que as pessoas são dotadas de capacidade de liderança e iniciativa.[16] Esses resultados, de modo geral, indicam que gerentes anglo-americanos são muito mais democráticos em sua orientação, enquanto gerentes de outros países tendem a ser mais autocráticos.

Uma outra diferença entre os Estados Unidos e outros países pode ser observada na extensão do viés de gênero. Deixar de analisar esse viés contínuo nas atitudes relativas às mulheres em outros países pode acarretar dificuldades para aqueles que esperam realizar negócios na área internacional.* Adicionalmente, a consciência de classe e sistemas de casta são prevalecentes fora dos Estados Unidos. Mesmo em alguns países europeus, contratações e promoções ainda são baseadas em origens sociais e acadêmicas, em vez de mérito objetivo. A confraternização, nos níveis gerenciais e entre gerentes e trabalhadores, não é vista com bons olhos em muitos países no mundo. Um grau limitado de socialização informal do alto escalão com a "turma de baixo", no entanto, é considerado de modo bem favorável pela maioria dos norte-americanos. Geralmente, eles são contrários à conduta elitista e às distinções de classe, ao passo que pessoas de muitos outros países não hesitam em invocar a posição social.[17]

Aspectos das diferenças culturais

Um dos estudos mais ambiciosos sobre diferenças culturais, em termos de sua relação com temas organizacionais, foi realizado por Geert Hofstede, estudioso holandês.[18] Essa pesquisa envolveu dados de mais de 116 mil empregados da IBM, representando 40 países. Com base em seus resultados empíricos e em uma análise dos indícios no campo de diferenças culturais, Hofstede deduziu quatro critérios úteis para comparar culturas: distância do poder, evitação de incertezas, individualismo *versus* coletivismo e masculinidade *versus* feminilidade.

Distância do poder refere-se ao grau em que os membros de uma cultura aceitam a distribuição desigual do poder e a postura apropriada de manter distância entre pessoas.

Evitação de incertezas é o grau em que os membros de uma cultura são capazes de lidar com situações ambíguas ou que provocam ansiedade.

Individualismo versus *coletivismo* refere-se ao fato de os membros de uma cultura adotarem uma visão de que as pessoas têm por obrigação cuidar somente de seus familiares (individualismo) *versus* uma visão de que devem cuidar da família em sentido mais amplo e ter lealdade com grupos (coletivismo).

Masculinidade versus *feminilidade* diz respeito ao fato de os membros de uma cultura valorizarem traços e atributos tradicionalmente definidos como masculinos *versus* traços e atributos mais caracteristicamente femininos em natureza. A Tabela 14.3 resume os pontos extremos dessas quatro características.

Em uma comparação entre gerentes dos Estados Unidos e de 39 países cobrindo esses aspectos, Hofstede constatou que os Estados Unidos se classificavam na 26ª posição (abaixo da média) em distância do poder, 32º em evitar a incerteza (novamente abaixo da média), 1º em individualismo (isto é, grandemente individualista) e 13º em masculinidade (acima da média). Esses resultados sugerem, em sua totalidade, que os gerentes dos Estados Unidos (em termos agregados e em relação aos de outros países) preferem uma pequena distância do poder, sentem-se capazes de lidar com a ambigüidade, são consideravelmente individualistas e endossam tradicionalmente valores masculinos.

Gerenciamento japonês

Muito tem sido escrito sobre a possível superioridade das técnicas do **gerenciamento japonês**, em comparação ao estilo norte-americano de administração. As principais características do mé-

---

* Os Estados Unidos foram a primeira nação a reconhecer legalmente a discriminação entre gêneros e o assédio sexual. Somente Austrália, Canadá, França, Nova Zelândia, Espanha e Suécia também adotam legislação específica sobre assédio. Na maior parte dos países, ele é julgado indiretamente (ou sequer é considerado) com apoio em leis secundárias, como as que dizem respeito à demissão sem justa causa.

TABELA 14.3 | ASPECTOS DAS DIFERENÇAS CULTURAIS

Distância do Poder

Pequena Distância do Poder	Grande Distância do Poder
A desigualdade entre pessoas dever ser reduzida	Deve existir um grau de desigualdade para que todos ocupem um lugar legítimo
Líderes e adeptos consideram-se mutuamente iguais	Líderes e adeptos consideram-se diferentes
Os que detêm poder devem tentar parecer menos poderosos	Os que detêm poder devem tentar parecer poderosos

Fuga de Incerteza

Em Grau Reduzido	Em Grau Elevado
Devem existir poucas regras	Existe a necessidade de regras escritas
A competição pode ser usada construtivamente	A competição pode provocar agressão e, portanto, deve ser evitada
Autoridades devem servir os cidadãos	Cidadãos não têm competência se comparados às autoridades

Individualismo versus Coletivismo

Individualista	Coletivista
A consciência do "eu" é dominante	A consciência do "nós" é dominante
As pessoas devem empenhar-se em benefício próprio e somente para os familiares mais próximos	As pessoas pertencem a famílias com maior número de pessoas ou a clãs
Ênfase na iniciativa e na liderança	Ênfase em fazer parte e seguir os princípios do grupo

Masculinidade versus Feminilidade

Feminino	Masculino
Os homens não precisam ser categóricos, mas podem dar apoio	Os homens devem ser categóricos e as mulheres devem oferecer apoio
A igualdade dos gêneros é o ideal	Os homens devem dominar na sociedade
As pessoas e o ambiente são valorizados	Riqueza e bens materiais são valorizados

Fonte: Hofstede, G. "Cultural Constraints in Management Theories", *Academy of Management Executive* 7, p. 81-93, 1997; Hofstede, G. *Culture's Consequences*. Nova York: Sage Publications, 1980. p. 122, 184, 235 e 395.

todo japonês de gerenciamento (supondo ser razoável falar em termos muito gerais do sistema de gerenciamento de uma nação) foram identificadas por numerosos autores.[19] Contrastar suas descrições com o modo como as empresas norte-americanas são estruturadas ou equacionam problemas similares origina algumas diferenças interessantes.

A principal diferença de estilo entre os dois métodos reside na extensão em que se procura chegar a um consenso ao tomar decisões. As empresas japonesas envolvem um número muito maior de trabalhadores no processo decisório e tentam encontrar uma solução, até que todos os envolvidos fiquem razoavelmente satisfeitos. Nos Estados Unidos, tomar decisões é, mais freqüentemente, uma prerrogativa de determinado gerente.

Uma segunda diferença importante entre os dois estilos de gerenciamento reside no grau de compromisso com o trabalhador. Algumas empresas japonesas oferecem o equivalente a um emprego vitalício aos empregados, criando, portanto, uma sensação de segurança e de fazer parte de uma família. As empresas dos Estados Unidos, em contraste, tendem a uma visão de curto prazo do emprego, dispensando funcionários quando a companhia julga necessário.

Terceiro, os sistemas de avaliação e promoção japoneses são elaborados para reconhecer o número de anos de trabalho, mais do que o mérito. Uma consequência dessa característica, juntamente com um compromisso com a segurança de emprego, é que as pessoas precisam esperar um longo tempo para atingir os níveis gerenciais. Nos Estados Unidos, os gerentes jovens têm a expectativa de subir rapidamente na hierarquia de uma empresa ou, caso não consigam, procurarão um outro emprego. Outras características do gerenciamento japonês citadas menos freqüentemente incluem socialização intensiva, a fim de criar maior coesão do grupo; ênfase em qualidade e produtividade; apoio em um método informal para controlar o comportamento dos empregados.

Embora seja comumente citado que as características do gerenciamento japonês contribuem para a produtividade, isso não significa que o empenho dos japoneses seja maior ou que seu método de gerenciamento seja melhor em algum aspecto significativo. O fato de existirem diferenças não é suficiente, em si, para explicar os resultados econômicos do Japão. Além disso, a relativa vantagem econômica do país se verifica somente em certas áreas, como a produção de aço e de ferro. Os Estados Unidos suplantam o Japão em termos de qualidade e tecnologia na produção de aeronaves, computadores, *software*, medicamentos, equipamentos médicos, equipamentos de telecomunicação e de redes, máquinas agrícolas, celulose e papel, geração total de energia, caminhões, fibras sintéticas, plásticos e artigos gráficos. Os Estados Unidos não lideram em máquinas-ferramenta, aço e automóveis, porém a qualidade está aumentando e espera-se um acréscimo nas exportações.

Se, para fins de argumentação, supusermos que certas práticas do gerenciamento japonês são superiores às norte-americanas, precisaremos considerar a viabilidade de adotar seu método nos Estados Unidos. Muitos estudiosos do gerenciamento japonês consideram não ser razoável pensar em termos de transplantar muitas de suas características.[20] As práticas de promoção por anos de casa, em vez do mérito, por exemplo, teriam pouca aceitação entre os empregados nos Estados Unidos. Outras características, como buscar o consenso na tomada de decisões, podem ser mais factíveis, mas também desnecessárias. Isso significa afirmar que reuniões freqüentes de grupos, para atingir um consenso, podem ter evoluído no Japão por causa da dificuldade de contar com a comunicação escrita na língua japonesa. Como resultado, a comunicação oral pode ter sido considerada preferível para as finalidades empresariais.[21]*

Finalmente, muitas das características positivas do gerenciamento japonês não são comuns nas companhias de maior porte no país. Estima-se, por exemplo, que somente 30% dos trabalhadores se valham da segurança de garantia de um emprego vitalício.[22] De modo idêntico, as práticas relacionadas ao emprego vitalício (remanescentes da época feudal) parecem estar perdendo força em anos recentes, por causa da dificuldade de se manter uma grande equipe de trabalho durante uma recessão econômica.[23] Como conseqüência, algumas empresas japonesas estão utilizando, cada vez mais, a terceirização, o trabalho temporário e mulheres (que podem ser dispensadas mais facilmente).** Além disso, existem poucas oportunidades para as mulheres ascenderem a níveis gerenciais. Geralmente, essas e outras deficiências das práticas empresariais japonesas servem de argumento contra um simples transplante para os Estados Unidos.[25] Adicionalmente, foi indicado que os empregados japoneses jovens se empenham menos no trabalho do que seus predecessores. Uma comparação detectou que somente 14% deles estavam satisfeitos com o trabalho, *versus* 70% de seus equivalentes nos Estados Unidos.***

---

* A invenção da impressão com tipos móveis por Gutenberg – técnica que não pode ser facilmente adaptada ao grande número de ideogramas japoneses – pode ser responsável, portanto, pela ênfase ocidental na comunicação escrita nas empresas.

** Embora o sistema de emprego vitalício, no Japão, seja citado freqüentemente por observadores estrangeiros como um atributo positivo, os críticos ressaltam que ele aumenta, na realidade, o controle dos empregados por parte dos gerentes, ao criar maior dependência dos trabalhadores em relação a seus superiores.[24]

*** Uma pesquisa realizada entre trabalhadores japoneses constatou que 40% temem morrer precocemente, por causa do trabalho. Na realidade, eles têm um termo para morte provocada por excesso de trabalho – *karoshi*.[26]

Visão Interior — Atribuição de um valor monetário à felicidade dos empregados

Logo mais, pode tornar-se parte do passado a visão dos gerentes de que os empregados representam apenas uma despesa necessária e que podem ser substituídos prontamente. Uma tendência crescente entre os empregadores consiste em encarar os empregados como um recurso capaz de exercer um efeito indireto e, no entanto, considerável sobre o lucro. *Dedicação* e *lealdade* são duas palavras que passam a fazer parte do léxico dos gerentes. Esse não é somente o mais recente modismo gerencial. Existe um conjunto crescente de pesquisas indicando que, se a satisfação dos empregados for aprimorada, isso poderá resultar em maior satisfação dos clientes.

A tendência, no novo ambiente corporativo, é medir a satisfação dos empregados, e os resultados são extraordinários. A Sears, Roebuck and Co. concluiu, com base em um estudo abrangente de 800 lojas, que a satisfação com o ambiente de trabalho apresenta uma relação mensurável com a satisfação dos clientes e o lucro. A Nortel Networks, de Toronto, em um estudo similar, chegou às mesmas conclusões: empregados satisfeitos promovem uma satisfação maior dos clientes, e o resultado pode fortalecer a posição financeira da companhia.

Entre os maiores custos atribuídos diretamente à insatisfação dos empregados, incluem-se os relacionados à rotatividade. A MCI percebeu que um novo colaborador produzirá somente 60% do que um empregado experiente, durante os primeiros três meses. Ela também constatou que, embora a insatisfação reduza a eficiência em somente 5%, pode facilmente diminuir as receitas em centenas de milhões de dólares.

Robert Kaplan, professor de contabilidade da Harvard Business School, é um líder no movimento para mensurar ativos intangíveis. Ele propõe que o respeito de um empregador pelo equilíbrio na vida de trabalho constitui um indicador da solidez da empresa. De acordo com Kaplan: "Se você não controla esse aspecto... sequer tem oportunidade para implementar sua estratégia, porque as pessoas mais eficientes se demitem". Quando as empresas compreendem essa realidade e a incluem em sua cultura corporativa, o resultado é um melhor desempenho para a empresa e uma vida melhor para os empregados.

Fonte: Shellenbarger, S. "Companies Are Finding it Really Pays to Be Nice to Employees", *The Wall Street Journal*, 22 jul. 1998.

Ao encerrar a discussão sobre diferenças entre gerentes de vários países, deve-se afirmar que muitos estudiosos do gerenciamento comparativo acreditam existir um conjunto de práticas gerenciais que podem ser aplicadas em todas as culturas. Argumentam, portanto, que o gerenciamento pode ser praticado em um sentido genérico. Verifica-se, normalmente, que as principais funções organizacionais (isto é, marketing, produção e finanças) existem nas empresas ao redor do planeta. Em resumo, os princípios do gerenciamento eficaz podem ser considerados razoavelmente universais ou sem um grau elevado de diferenciação para diversas culturas.

Atuação empresarial no exterior

A integração crescente da economia mundial produziu uma maior demanda por gerentes com experiência em práticas empresariais internacionais. A sofisticação exigida para trabalhar eficazmente com pessoas de outros países leva muito tempo para ser desenvolvida. Como primeiro passo para aprender a relacionar-se com pessoas de outras culturas, é útil considerar como indivíduos de nacionalidades distintas diferem em sua visão de determinada cultura. Encontram-se reproduzidas, a seguir, algumas observações feitas por visitantes dos Estados Unidos.[27]

- "Os americanos parecem estar sempre apressados. Observe simplesmente o modo como caminham pela rua. Nunca se permitem ter tranqüilidade para aproveitar a vida." (Índia)
- "Os americanos nos parecem um tanto distantes. Realmente, não se aproximam tanto de outros povos – mesmo de compatriotas – como os presentes no exterior tendem a demonstrar. É quase como se um deles dissesse: 'Não permitirei que você se aproxime muito de mim'. É como construir uma muralha." (Quênia)
- "Em uma ocasião, estávamos na área rural de algum local desconhecido e vimos um americano parar em um sinal. Embora pudesse ver em ambas as direções, a uma distância de quilômetros, e nenhum veículo se aproximasse, ele, ainda assim, parou!" (Turquia)
- "A tendência, nos Estados Unidos, para pensar que a vida é somente trabalho o atinge frontalmente. Trabalho parece ser o único tipo de motivação." (Colômbia)
- "Nos Estados Unidos, tudo precisa ser discutido e analisado. Até os aspectos menos importantes estão sujeitos a 'Por quê? Por quê? Por quê?'. Fico com dor de cabeça por causa dessas perguntas insistentes." (Indonésia)
- "O americano é muito explícito: ele espera um 'sim' ou um 'não'. Se alguém tentar falar figurativamente, ele ficará confuso." (Etiópia)
- "A primeira vez... que meu professor (americano) disse: 'Não conheço a resposta, terei de buscá-la', fiquei chocado. Perguntei-me: 'Por que ele está me ensinando?' Em meu país, um professor daria uma resposta errada, em vez de admitir desconhecimento." (Irã)

Atuar como gerente em outro país requer uma compreensão de suas tradições, costumes e práticas empresariais. Embora existam poucas provas concretas dos requisitos para ter eficácia na condução de negócios no exterior, o conhecimento acumulado de gerentes com experiência em outros países oferece, efetivamente, algumas indicações a respeito do que dá certo (e do que não dá) em determinadas nações.[28]

América Latina

Realizar negócios na América Latina leva tempo – poucas pessoas se apressam para finalizá-los. Embora alguns costumes estejam mudando, homens e mulheres ainda convivem em grupos separados em eventos sociais (até recentemente, ter um acompanhante ainda era uma prática aceita). Latinos também ficam mais próximos fisicamente do que os norte-americanos quando conversam. Em vez de apertar mãos, os homens podem abraçar-se. Convidados, invariavelmente, chegam atrasados a compromissos (embora espere-se que os norte-americanos sejam pontuais). Diversos traços únicos são o conceito de *mañana* (crença em um futuro indefinido e, portanto, pouca necessidade de preocupar-se com prazos), *machismo* (expectativa de que, nos negócios, os homens exibirão convicção, autoconfiança e liderança com vigor) e *fatalismo* (resignação ao inevitável ou aceitação daquilo que acontece, consideradas, algumas vezes, uma postura heróica). Como regra para os não latinos, quando em dúvida, seja formal.[29]

Leste da Ásia (Japão, as duas Chinas e Coréia do Sul)

Inicialmente, as reuniões de negócios são dedicadas a amabilidades – servir chá, conversar em atitude amigável e criar um relacionamento. A comunicação indireta e vaga é considerada aceitável. Algumas vezes, as afirmações são deixadas incompletas, para que o interlocutor possa chegar sozinho à conclusão. Deve-se evitar forçar outra pessoa a admitir o fracasso ou não ter poder. Colaboradores antigos e pessoas mais velhas impõem respeito. As pessoas do leste asiático, quando se deparam com uma situação estranha, inesperada ou intensamente emotiva, podem rir ou sorrir de uma maneira aparentemente inapropriada (com a finalidade de liberar a tensão, não por considerar a circunstância divertida). Além disso, muitos ocidentais estão convencidos de que os asiáticos do leste usam conscientemente técnicas de ritmo lento como tática de negociação, na crença de que podem explorar a inclinação natural dos ocidentais a demonstrar impaciência. Finalmente, tem-se grande expectativa de que os cartões de visita terão um lado impresso em inglês e outro em caracteres orientais (embora a apresentação de seu cartão nem sempre possa resultar em você receber um cartão de visita da pessoa).[30]

Rússia

Famosos pela observância do protocolo, os russos esperam realizar negócios somente com executivos do escalão superior. Eles aparentam ser rígidos e vagarosos para os ocidentais. Ao cumprimentar estrangeiros pela primeira vez, empregam, algumas vezes, a palavra artificialmente formal *gospodin* (cidadão). Na privacidade, entretanto, os russos são muito mais expressivos e sociáveis. Acordos por escrito são essenciais, pois entendimentos informais e de sentido idêntico para ambas as partes podem não ser levados a bom termo. Infelizmente, redigir um contrato pode ser difícil, porque não existem, no idioma, palavras equivalentes para muitos termos de negócios ocidentais. Portanto, os contratos precisam ser traduzidos duas vezes, isto é, do inglês para o russo e, em seguida, vertidos do russo novamente para o inglês, para determinar se o significado exato se manteve.[31] Em um país de escassez crônica e opções limitadas, os russos têm pouca experiência com propaganda. A filosofia básica de vendas pode ser resumida nas palavras de um cidadão indagado a respeito de como procederia a fim de atrair mais hóspedes para seu hotel. "Bem", ele respondeu, "eu esperaria que todos os demais estivessem repletos".

Oriente Médio

Os orientais são conhecidos por preferirem agir ocasionalmente com a intermediação de terceiros confiáveis, em vez de negociar diretamente. A honra pessoal é grandemente valorizada, e evitar passar vergonha é muito importante. O fatalismo influencia a noção de tempo. Uma expressão favorita é: "Burka insha Allah" – "Amanhã, se Deus quiser". Comparados a pessoas de outras sociedades (especialmente asiáticos do leste), os orientais exibem expressividade emocional muito mais marcante. Eles ficam mais próximos e o contato visual é mais intenso. Igualmente, o contato físico ocasional, durante diálogos (por exemplo, tocar gentilmente no braço ou no joelho de outra pessoa), é comum. Os convidados devem evitar discutir política, religião, família e falar sobre os bens pessoais do anfitrião (fazer comentários sobre os membros femininos da família do anfitrião constitui um tabu e elogiar algum bem possuído implica que o anfitrião deveria oferecer o item como lembrança). Um sinal de que a reunião terminou ocorre quando é oferecido café ou chá.

Treinamento intercultural

Os programas de treinamento intercultural foram criados para ensinar aos membros de uma cultura meios para interagir eficazmente em outra. Os programas variam, os mais simples consistindo meramente em apresentações e leituras relacionadas ao país anfitrião. Programas mais abrangentes podem envolver exercícios de desempenho de papéis, simulações e práticas de atuação no próprio país de destino. Nesta seção, examinamos duas técnicas usadas em programas de orientação: Assimilação de Cultura e Simulação.

Assimilação de Cultura

A **Assimilação de Cultura** é um exercício de aprendizagem programado, criado por cientistas sociais da University of Illinois, sob a direção de Harry Triandis.[32] A assimilação é específica para uma cultura – há um exercício de aprendizagem programado para cada um dos países de um conjunto. A assimilação proporciona, ao aluno, retorno imediato à sua reação a uma situação hipotética. Além de simplesmente descobrir se a resposta escolhida está correta, o aluno recebe uma explicação relacionada ao motivo pelo qual está correta ou incorreta. O exemplo a seguir diz respeito à Tailândia e foi desenvolvido após um estudante dos Estados Unidos ter declarado seu aborrecimento com a falta de pontualidade dos professores tailandeses. Embora os estudantes tailandeses estivessem igualmente descontentes, declararam que nunca demonstrariam esses sentimentos aos professores.

> *Um dia, um administrador tailandês de nível acadêmico médio manteve dois de seus assistentes esperando uma hora para serem recebidos. Os assistentes, embora muito irritados, não deixaram transparecer a irritação enquanto esperavam. Quando o administrador entrou na sala, comportou-se como se não estivesse atrasado, sem oferecer desculpas ou explicações. Após ter-se acomodado em sua sala, convidou os assistentes para entrar; todos começaram a discutir o assunto objeto da convocação da reunião pelo administrador.*
> *Se o evento for observado exatamente como foi relatado nessa passagem, qual das opções a seguir descreve o principal significado do comportamento das pessoas envolvidas?*

1. Os assistentes tailandeses foram extremamente hábeis ao ocultar seus verdadeiros sentimentos.
2. Na Tailândia, exige-se que os subordinados sejam corteses com os superiores, não importando o que acontece ou qual possa ser a posição que ocupam.
3. Em virtude de ninguém ter feito comentários sobre o tema, nada indicou um comportamento incomum para os tailandeses.

O retorno para cada opção é o seguinte:

1. Isso não está inteiramente correto, embora seja característico dos tailandeses tentarem se mostrar reservados em quaisquer circunstâncias. Se os assistentes foram hábeis ao ocultar seus verdadeiros sentimentos, não haveria dúvida quanto ao que sentiam. De modo análogo, a referência ao principal significado do comportamento das pessoas envolvidas pode limitar a inferência para os assistentes.
2. Essa escolha está correta. A informação sobre esse episódio foi plenamente utilizada. Essa "deferência ao chefe" pode ser observada em todos os lugares do mundo, porém tem probabilidade de existir em maior grau na Tailândia do que nos Estados Unidos. Certas pistas indicam essa escolha: os assistentes ocultaram seus sentimentos, o administrador não se desculpou, o atraso não foi mencionado e o encontro foi mantido.
3. Essa resposta está totalmente errada. Embora o comportamento, na passagem, não pareça tão significante para tailandeses quanto poderia ser para americanos, por que nada foi mencionado sobre o atraso? E por que os assistentes estavam "muito irritados", embora "não o demonstrassem?"

A Assimilação de Cultura foi estudada extensivamente, talvez mais do que qualquer outro método de treinamento intercultural. Em geral, os dados indicam que o treinamento de assimilação reduz os problemas interpessoais e de ajuste entre os que recebem treinamento e os membros do país anfitrião.

Simulação

No treinamento por simulação, é criada uma situação em que as pessoas passam a conhecer certos elementos de comportamento com os quais podem se deparar em outro país. A aprendizagem é, principalmente, indutiva, pois se espera que os participantes adquiram percepção e compreensão mais profunda com base na experiência. Um exemplo é o jogo "Bafa, Bafa", uma simulação em que os participantes passam a integrar duas culturas imaginárias, Alfa e Beta. Cada grupo aprende, inicialmente, determinados costumes que caracterizam sua cultura (por exemplo, Alfa é cordial, patriarcal e se expressa em inglês; Beta não usa o inglês, porém é formada por pessoas esforçadas, que procuram maximizar pontos em todos os jogos). Os dois grupos são convidados, em seguida, para um jogo de cartas, valendo pontos, e sentem, inevitavelmente, frustração e hostilidade ao relacionarem-se. Comentários pertinentes, após o desempenho dos papéis, ajudam os participantes a compreenderem seu próprio comportamento negativo e o dos demais. Os participantes acabam percebendo que a compreensão plena das sutilezas de outras culturas requer experiência. Eles aprendem que, o que é aceito como sensato e razoável em uma cultura, pode parecer irracional ou sem importância para uma pessoa de fora, que as diferenças entre as pessoas são vistas, freqüentemente, como ameaça potencial e que criar estereótipos constitui um processo razoavelmente natural.

Resumo

1. **Definir cultura organizacional e descrever as influências em sua criação e permanência.**
   A cultura organizacional abarca os valores partilhados e as normas de uma organização, ensinados aos novos colaboradores. O que influi sobre a criação de culturas são: as crenças e os valores do fundador da organização; as normas da sociedade; os problemas de adaptação externa e de sobrevivência; os problemas de integração interna. Manter uma cultura organizacional depende das prioridades dos gerentes; das reações do alto escalão a eventos críticos; da simulação de papéis pelos gerentes; dos critérios para distribuir retribuição e proporcionar *status*; dos critérios de contratação, promoção e dispensa.
2. **Explicar a importância das pesquisas que comparam empregados em várias nações.**
   As pesquisas podem revelar padrões que identificam princípios subjacentes relativos aos processos culturais. Corporações multinacionais estão proliferando e o comércio internacional cresce continuamente. Como resultado, o maior contato entre nações tornou relevante a necessidade de uma melhor compreensão pelos membros de diferentes culturas.
3. **Descrever as características dos gerentes típicos nos Estados Unidos.**
   Em termos agregados, os gerentes dos Estados Unidos preferem uma pequena distância do poder, sentem-se capazes de lidar com a ambigüidade, são extremamente individualistas e adotam valores considerados tradicionalmente masculinos.

4. **Contrastar o estilo de gerenciamento japonês com o norte-americano.**
   As empresas japonesas envolvem um número muito maior de trabalhadores no processo de tomada de decisões e tentam chegar ao consenso, ao passo que, nos Estados Unidos, os gerentes tomam decisões individuais mais freqüentemente. Os dirigentes japoneses dão mais ênfase à segurança do emprego, enquanto as companhias norte-americanas tendem a adotar uma visão de mais curto prazo. Os sistemas japoneses tendem a reconhecer o número de anos trabalhados mais do que o mérito; nos Estados Unidos, os gerentes jovens esperam ser promovidos rapidamente em uma companhia, ou se demitem.

5. **Dar alguns exemplos de diferenças de costumes sociais e práticas de negócios em outras culturas.**
   Na América Latina, dá-se menos importância à pontualidade, porém há mais contato físico. No leste da África, as pessoas graduadas inspiram grande respeito. Russos tendem a ser formais em ambientes públicos, porém abertos e sociais na privacidade. Os habitantes do Oriente Médio valorizam a honra e tendem a maior expressão emocional.

6. **Identificar dois métodos de treinamento intercultural.**
   A Assimilação de Cultura emprega exercícios de aprendizagem programados, específicos para uma cultura, a fim de explicar por que as pessoas se comportam diferentemente em culturas distintas. O treinamento por simulação envolve exercícios de desempenho de papéis, que oferecem aos participantes uma oportunidade para aprender mais sobre valores, sentimentos e comportamentos de membros de diferentes culturas.

Episódio crítico

A cultura na Continental Communications

A Continental Communications foi fundada, há seis anos, por dois ex-executivos do setor de telefonia, Bill Schuman e Mark Willis. Sua meta era criar uma nova empresa de telefonia a longa distância, que concorreria com as maiores do setor, sem impor a cultura burocrática associada às grandes corporações telefônicas. A empresa, com 400 empregados, proporciona atualmente ligações de longa distância para toda a área da Nova Inglaterra e permanece controlada acionariamente e dirigida por seus fundadores.

Ambos os proprietários empenham-se na administração da empresa e, por manter muito dinamismo e entusiasmo, buscam contratar colaboradores com níveis de dedicação e determinação similares. A Continental recruta pessoal em diversas escolas de administração de primeira linha e admite muitos gerentes para o nível inicial de carreira entre recém-formados. "Formados recentes não têm idéias pré-estabelecidas a respeito de como as companhias de comunicação devem operar", diz Bill. "Eles são como um livro em branco, para o qual transferimos os valores da companhia". Os empregados da Continental são jovens e plenos de energia; a idade mediana da equipe de trabalho é de 34 anos.

No empenho para manter a Continental uma companhia de comunicações viável a longa distância, os colaboradores são incentivados a procurar soluções inovadoras, tentar alternativas de risco e trabalhar horas extras. A maioria dos empregados mensalistas trabalha entre 50 horas e 60 horas por semana. Bill e Mark têm mantido, desde o início, linhas de comunicação aberta com todos os colaboradores. A política adotada afirma que todo empregado pode discutir problemas, temas ou idéias com qualquer outro empregado, em todas as ocasiões. De acordo com Mark: "Atuamos como empresa para apoiar as comunicações. Temos obrigação, perante nossos clientes, de facilitar a comunicação aberta, dentro e fora de nossas fronteiras corporativas". Muitas pessoas da Continental atribuem à política de comunicação aberta o surgimento de idéias inovadoras que circulam em toda a empresa. Os empregados propõem idéias aos colegas e as propostas, muitas vezes, desenvolvem-se em serviços tangíveis oferecidos aos clientes. Para manter um clima dinâmico, os colaboradores podem receber uma gratificação anual elevada, com base no desempenho individual e da equipe e no lucro auferido pela companhia.

Bill e Mark são ciclistas apaixonados, e a equipe de ciclismo da empresa compete freqüentemente em corridas na cidade. Os empregados que partilham a paixão dos proprietários pelo ciclismo recebem uma bicicleta de corrida, com 12 marchas, no valor de US$ 1,2 mil, após completar 150 km contínuos em um dos passeios periódicos da equipe de ciclismo. Muitos colaboradores se lembram da época em que Mark e Bill erraram o percurso, de maneira involuntária, e os empregados que participavam da corrida percorreram, na realidade, quase 180 km. O episódio de Mark e Bill é lembrado sempre que suas projeções de receitas e lucros parecem um pouco longe do alvo. Até o presente, 70 competições ciclísticas foram ganhas. Os colaboradores também recebem uma placa decorativa personalizada, comprovando a admissão ao "Clube dos 150 km". Placas similares são conferidas a empregados que percorreram distâncias de 75 km e 110 km. Todos os colaboradores da Continental, por meio desses e de outros programas, são conscientizados da importância de cumprir metas difíceis.

1. Descreva a cultura organizacional da Continental Communications. Quais são suas principais características?
2. Indique exemplos observáveis da cultura, dos valores compartilhados e das premissas comuns.
3. Em função daquilo que você conhece a respeito da cultura corporativa da empresa, a Continental Communications é o tipo de organização para a qual você gostaria de trabalhar? Por quê?

Fonte: "The Culture at Continental Communications", de Melissa Waite, da State University of New York, University at Buffalo, e Susan Stites-Doe, da State University of New York, College at Brockport.

Exercício experimental

Sua defasagem cultural está aparecendo?

Esta atividade foi criada para ajudá-lo a compreender melhor a cultura em sua faculdade ou universidade. Não existem culturas boas ou más de *per si*. As normas culturais ajudam ou atrapalham a organização no cumprimento de sua missão, suas metas e finalidades. Encontram-se, a seguir, diversos conjuntos de afirmações que constituem a cultura universitária. Prossiga rapidamente e não faça muitas leituras de cada afirmativa.

Passo 1
Complete o seguinte esquema de avaliação cultural. Responda a cada par de afirmações da seguinte maneira:
1. Escolha o item (A) ou (B) em cada par que representa a norma adotada presentemente. Indique essa norma com um *A*.
2. Indique com um *D* a norma (A) ou (B) que é a situação desejada. Essa pode ser uma afirmativa idêntica ou contrária à que você escolheu na parte *A*. Portanto, você poderia ter uma das seguintes configurações:

(A) A   (A) D   (A) AD   (A)
(B) D   (B) A   (B)   (B) AD

3. Usando, a seguir, a escala com 7 pontos, indique a importância da opção (ou do tema) para você.

7: Este é um tema crítico.
6: Isso é muito importante.
5: Isso é moderadamente importante.
4: Esse é um tema neutro.
3: Isso é moderadamente sem importância.
2: Isso é muito sem importância.
1: Esse é um tema extremamente sem importância.

                                                                                                             Real/Desejado   Importância

1. (A) Os professores esforçam-se para ajudar os alunos. _____ _____

    (B) Os professores apenas dão suas aulas. _____ _____

2. (A) Encontram-se prontamente acessíveis canais para os alunos apresentarem queixas. _____ _____

    (B) Poucas pessoas consideram seriamente as queixas dos alunos. _____ _____

3. (A) Muitos alunos, aqui, desenvolvem um senso forte de responsabilidade a respeito de sua atuação na vida social e política contemporânea. _____ _____

    (B) A expressão de uma crença ou convicção pessoal forte é bem rara aqui. _____ _____

4. (A) Os alunos respeitam as regras. _____ _____

    (B) Os alunos prestam pouca atenção às regras. _____ _____

5. (A) Muitos dos instrutores são professores meticulosos e, realmente, expõem detalhadamente os elementos fundamentais de suas disciplinas. _____ _____

    (B) A maior parte dos professores simplesmente ensina os pontos básicos. _____ _____

6. (A) Os alunos têm consciência da necessidade de cuidar do patrimônio da escola. _____ _____

    (B) Os alunos são indiferentes ou relapsos em relação ao patrimônio da escola. _____ _____

7. (A) Os alunos fixam padrões elevados de realização para si mesmos. _____ _____

    (B) Os alunos fazem o mínimo necessário. _____ _____

8. (A) Muitos alunos desempenham um papel ativo, visando a ajudar os novos alunos a adaptarem-se à vida no *campus*. _____ _____

    (B) A maior parte dos alunos presta pouca atenção aos calouros. _____ _____

9. (A) A administração e o corpo docente empenham-se para tratar todos com eqüidade. _____ _____

   (B) Qualquer um que conheça as pessoas certas do corpo docente ou da administração consegue obter uma melhor oportunidade aqui. _____ _____

10. (A) Os eventos importantes, na faculdade, atraem muito entusiasmo e apoio dos alunos. _____ _____

    (B) Os principais eventos da faculdade, usualmente, são tratados com indiferença. _____ _____

11. (A) Os assessores acadêmicos são preparados e oferecem conselhos valiosos. _____ _____

    (B) Os assessores acadêmicos proporcionam poucas informações úteis. _____ _____

12. (A) Informações de interesse dos alunos, como a última data para não realizar um curso, encontram-se prontamente disponíveis. _____ _____

    (B) Informações de interesse dos alunos não são bem divulgadas. _____ _____

13. (A) O relacionamento entre pessoas no *campus* é cordial e amigável. _____ _____

    (B) As pessoas são educadas, porém reservadas. _____ _____

14. (A) Muitos alunos participam de clubes e organizações. _____ _____

    (B) Somente um pequeno número de alunos parece ter interesse em organizações. _____ _____

15. (A) Os membros do corpo docente estão disponíveis para conferências e reuniões. _____ _____

    (B) Os membros do corpo docente raramente se encontram disponíveis para reuniões. _____ _____

16. (A) Os alunos nutrem grande consideração pela ética e pelos valores. _____ _____

    (B) Os alunos parecem não se interessar por aquilo que é ético. _____ _____

17. (A) A maioria dos professores demonstra consideração e interesse pelos alunos, além de oferecer-lhes ajuda. _____ _____

    (B) A maioria dos professores parece não se importar com os alunos como seres humanos. _____ _____

18. (A) Os alunos têm um grau elevado de liberdade e flexibilidade a respeito de temas como comparecimento a aulas. _____ _____

    (B) Os alunos têm muito poucas oportunidades de manifestarem liberdade de escolha. _____ _____

19. (A) Os alunos respeitam o valor da aprendizagem e realizam seus próprios trabalhos escolares. _____ _____

    (B) Os alunos valem-se de diversas formas de desonestidade para serem aprovados. _____ _____

20. (A) As salas de convivência dos prédios residenciais, na universidade, parecem serem agradáveis e locais alegres para se reunir. _____ _____

    (B) A vida, nas salas dos prédios, é monótona e desprovida de interesse. _____ _____

21. (A) A administração parece se preocupar realmente com o bem-estar dos alunos. _____ _____

    (B) A administração parece ser indiferente em relação aos alunos. _____ _____

22. (A) Os alunos colaboram entre si nos trabalhos e projetos escolares. _____ _____

    (B) Os alunos consideram que os trabalhos devem ser feitos individualmente. _____ _____

23. (A) Cursos ou programas de estudo inovadores são introduzidos e experimentados. _____ _____

    (B) Os recursos e programas parecem ser sempre os mesmos. _____ _____

24. (A) Os clubes mantidos pelos alunos parecem exercer um impacto considerável na atmosfera social. _____ _____

    (B) Os clubes mantidos pelos alunos existem, mas exercem pouco impacto no *campus*. _____ _____

25. (A) Os alunos parecem fazer grande uso da biblioteca como fonte de informação. _____ _____

    (B) Os alunos não parecem se valer dos recursos da biblioteca. _____ _____

26. (A) É muito comum encontrar alunos percorrendo a livraria. _____ _____

    (B) A livraria é somente um lugar para comprar livros. _____ _____

27. (A) Atividades atléticas, no interior da universidade, e outras formas de recreação (boliche, pingue-pongue) parecem ser parte significativa da vida dos estudantes. _____ _____

    (B) Atividades e outros eventos recreativos, no interior da universidade, não fazem parte do cenário do *campus*. _____ _____

28. (A) Os cursos oferecem aos alunos uma base para melhorar seu *status* social e econômico na vida. _____ _____

    (B) Os cursos ensinam aos alunos aptidões e técnicas aplicáveis a uma profissão. _____ _____

Passo 2

Para pontuar suas respostas, procure os pares de afirmações para os quais as opções *A* e *D* estão associados a normas diferentes. Exemplos: (A) A, (B) D ou (A) D, (B) A.

Usando a tabela seguinte, registre a pontuação somente para aqueles itens em que existe uma diferença entre Real e Desejado.

Tarefa	Social	Tarefa	Social
1. ____	3. ____	17. ____	14. ____
2. ____	4. ____	18. ____	16. ____
5. ____	6. ____	21. ____	19. ____
9. ____	7. ____	23. ____	20. ____
11. ____	8. ____	25. ____	22. ____
12. ____	10. ____	26. ____	24. ____
15. ____	13. ____	28. ____	27. ____

Passo 3

Com toda a classe ou em pequenos grupos, examine os resultados e indique uma ou duas normas entre as quais existe uma diferença importante. Se toda a classe estiver participando, tente chegar a um consenso a respeito da(s) área(s) predominante(s) de interesse. No caso de pequenos grupos, cada um deve se concentrar em determinada área de interesse. Em ambos os casos, desenvolva um plano de ação resumido para equacionar o que deve ser feito para diminuir as defasagens culturais. Considere os seguintes aspectos, ao desenvolver seu plano:

a. Quais são as normas atuais?
b. Quais seriam algumas normas ideais?
c. Estabeleça algumas normas novas.
d. De que forma cada pessoa pode contribuir para modificar a cultura, para que se adapte às novas normas?

Passo 4

(Somente para o caso de pequenos grupos). Cada pequeno grupo deve estar preparado para apresentar seu plano de ação. Comentários e discussões são incentivados.

Fonte: Bruce Kemelgor, da University of Louisville.

Quantos especialistas em desenvolvimento organizacional são necessários para trocar uma lâmpada? Dez: um para trocar a lâmpada e nove para descrever a experiência.
— Anônimo

Consultor é alguém que pegará seu relógio de pulso e lhe dirá que horas são.
— David Owen

Se uma empresa não estiver falida, não a recupere — a não ser que você seja um consultor.
— Winston G. Rossiter

Consultor: todo sujeito comum a mais de 75 km de sua residência.
— Eric Sevareid

Objetivos de aprendizagem

Após estudar este capítulo, você deverá ser capaz de:

1. Identificar as fontes externas e internas de mudança em uma organização.
2. Descrever os estágios de crescimento organizacional.
3. Relacionar as causas do declínio organizacional.
4. Identificar os fatores que conduzem uma organização ao sucesso ou ao fracasso.
5. Descrever as fases do processo de mudança em uma organização.
6. Descrever as técnicas que os agentes adotam para auxiliar a implantação de mudanças nas organizações.
7. Identificar as condições que aumentam a possibilidade de uma iniciativa de Desenvolvimento Organizacional (DO) dar certo.
8. Avaliar o histórico dos programas de DO.

Capítulo 15

Gerenciamento da mudança e do desenvolvimento organizacional

As oportunidades e os desafios da mudança

"Mudança é a única constante." Em nenhuma circunstância, essa máxima soa mais verdadeira do que na área de gerenciamento das organizações. Todas elas, das sem fins lucrativos e as militares às multinacionais, precisam mudar para acompanhar as enormes pressões originárias de fontes internas e externas. Na realidade, as dificuldades associadas à administração das organizações, sob condições econômicas adversas, avanços tecnológicos, fusões, aquisições e concorrência global são tão grandes, que os gurus da administração ensinam um outro mantra bem-ensaiado: "Mudar ou desaparecer".

Quando Bob Nardelli assumiu a posição de CEO do Home Depot, em dezembro de 2000, as vendas da rede de lojas de reforma residencial sediada em Atlanta estavam diminuindo, sob pressão das lojas concorrentes da Lowe's, e a cultura descentralizada da companhia, anteriormente valorizada, estava se tornando um empecilho. "Os co-fundadores da companhia costumavam dizer aos gerentes das lojas que não levassem em conta os comunicados da matriz e fizessem aquilo que considerassem melhor", recorda-se o Sr. Nardelli. Cada loja da Home Depot estava operando como um feudo distinto, e os gerentes encaravam a matriz da corporação como pouco mais do que um centro de apoio. "Eles adotaram uma postura de início de atividades durante 22 anos", afirma Nardelli. "A mensagem para a sede era: Não se intrometam."

Valendo-se de sua experiência prévia como executivo do primeiro escalão da General Electric – GE, Nardelli começou, imediatamente, a desfazer a "cultura de caubói" da Home Depot, implementando uma série de processos administrativos centralizados para todas as atividades, de compras e estoques a *displays* nas lojas e promoção de produtos. Os planos de Nardelli desagradaram a velha guarda, mas o CEO prosseguiu com determinação, contratando novos diretores, criando novos programas de treinamento e de liderança e aperfeiçoando o sistema tecnológico da companhia. Alguns analistas criticaram as ações, alegando que as novas mudanças obstruíam a inovação, porém, Nardelli aponta para os lucros recordes e para a expansão da Home Depot, como justificativa para sua decisão de criar uma organização de varejo mais centralizada.

Muito afastados das preocupações do setor varejista, por missão e pela distância, os militares dos Estados Unidos também têm reconfigurado suas operações, para criar uma organização mais enxuta e mais eficaz para o mundo pós 11 de Setembro. Os comandantes têm se preocupado, há muito tempo, com o fato de as velhas hierarquias criadas durante a Era Industrial poderem não ser muito adequadas para gerir sistemas de armamentos de alta tecnologia, criados para combater ameaças não-convencionais no mundo atual. A integração de computadores em praticamente todas as dimensões das operações militares, dentro e fora do campo de batalha, começou a transformar o corpo militar em uma força mais ágil, mais compacta e mais atenta. Incertezas quanto ao modo de administrar esses sistemas de armamentos de alta tecnologia, no entanto, estão forçando os militares a remodelar seus programas de treinamento e mesmo toda sua estrutura de comando. Os armamentos controlados por computador têm o potencial de oferecer maior segurança para os cidadãos dos Estados Unidos e de outros países ao redor do mundo, porém, as vantagens são quase igualadas pela complexidade envolvida no gerenciamento de tais dispositivos. Falhas técnicas, nas redes de computadores e nos equipamentos de informática, no mundo civil, acarretam para as empresas perda de tempo e dinheiro; tais falhas, no campo de batalha, podem custar vidas. O setor militar dos Estados Unidos encontra-se ainda na fase inicial de sua nova transição e existem muitas perguntas sem resposta a respeito da melhor maneira de gerenciar as operações militares de alta tecnologia. "Onde serão tomadas as melhores decisões no campo de batalha do futuro?", indaga o coronel do Exército Michael Combest. "Não conhecemos, presentemente, a resposta."

Seja a missão corporativa de expandir as lojas de varejo de reformas residenciais ou assegurar paz e segurança ao redor do planeta, a reestruturação de organizações para enfrentar os desafios do século XXI é, ao mesmo tempo, emocionante e assustadora. O atual ambiente global oferece, como nunca, novas ferramentas e oportunidades. Se as organizações esperam dominar apropriadamente essas novas oportunidades e colher seus benefícios, porém, precisam ser suficientemente flexíveis para aceitar a realidade da mudança.

Fonte: Hymowitz, C. "Home Depot's CEO Led a Revolution But Left Some Behind", *The Wall Street Journal*, 16 mar. 2004; Jaffe, G. "Tug of War: in the New Military, Technology May Alter Chain of Command", *The Wall Street Journal*, 30 mar. 2001.

Organizações não são estáticas, mudam continuamente, em resposta a uma variedade de influências originárias interna e externamente. O desafio, para os administradores, consiste em prever e direcionar os processos de mudança, para aumentar o desempenho organizacional. Examinamos, neste capítulo, o que significa mudança organizacional e como ela ocorre. Analisamos, em seguida, as técnicas para gerenciá-la e avaliá-la.

Fontes de mudança

"O princípio imutável da vida é o princípio da mudança." Este provérbio antigo contém um elemento de verdade importante: mudança é uma característica inevitável na vida das pessoas e das organizações. Para algumas pessoas e organizações, certas facetas da mudança são lentas e quase imperceptíveis, ao passo que outras ocorrem com muita rapidez. Além disso, o impacto dos processos de mudança pode variar de menor importância a verdadeiramente substancial. Entre as fontes mais comuns e influentes da mudança organizacional, encontram-se o surgimento de novos concorrentes, inovações na tecnologia, novos componentes do alto escalão e evolução de atitudes relacionadas ao trabalho.

É útil classificar as fontes de mudança em externas ou internas. Forças externas originam-se no ambiente da organização. Além dos concorrentes e fornecedores, o ambiente externo inclui clientes, conjuntura econômica, força de trabalho e base jurídica. Mudanças em qualquer uma dessas características do ambiente externo podem exercer grandes efeitos positivos ou negativos em uma organização. A ascensão e a queda dos concorrentes apresentam implicações óbvias para o desempenho organizacional, o mesmo ocorrendo com a cooperação e a qualificação dos fornecedores. Se as preferências dos clientes mudam como resultado das alterações de gosto, uma linha de produto pode ser afetada. Recessões, períodos de inflação e variações para melhor ou pior na economia local ou nacional podem exercer influências diretas ou indiretas nas organizações. A educação, o talento e as atitudes dos empregados potenciais também desempenham um papel importante na estabilidade de uma organização. Mudanças nessas facetas da força de trabalho podem resultar em uma falta ou em um excesso de colaboradores qualificados. Finalmente, a legislação federal, como as políticas adotadas pela Equal Employment Opportunity Comission e pela Federal Trade Commission, pode alterar os procedimentos tradicionais de uma organização, em suas funções de recrutamento e de marketing.

As *forças internas de mudança* existem dentro da própria organização. Exemplos incluem alteração das atitudes dos trabalhadores em relação a seus superiores ou ao conjunto de benefícios, produtividade decrescente e mudança envolvendo pessoal qualificado cujas metas e valores influenciam um grande número de pessoas. Mudanças de atitudes dos empregados (devidas à maior idade ou a alterações nas atribuições do cargo) podem resultar em mudanças da satisfação no trabalho, no comportamento relativo à assiduidade e à dedicação. Mudanças nas posições ocupadas por pessoas do alto escalão ou por outros empregados importantes podem alterar o caráter interno da organização. Se um novo presidente enfatizar para seu pessoal a ética corporativa e o atendimento ao cliente, por exemplo, essas preocupações se refletirão na criação de novos programas, na reestruturação da organização e na evolução de uma cultura organizacional diferente.

Crescimento e declínio organizacionais

A mudança organizacional segue, muitas vezes, um padrão evolutivo de crescimento e declínio graduais. O estudo dessa mudança, em nível de análise macro, revela que as formas de evolução e revolução ocorrem à medida que as organizações crescem.

Em um modelo difundido de crescimento organizacional, Larry Greiner argumenta que toda organização possui uma estrutura ideal que corresponde a seu estágio no processo de crescimento.[1] As grandes organizações, por exemplo, precisam de maior formalização de procedimentos e de operações do que as criadas recentemente.

Greiner atesta que uma série de estágios caracteriza o crescimento organizacional. Cada um apresenta um tema ou conjunto de questões dominantes e é precedido por um período de transição, que pode ser denominado *crise de crescimento*. A Figura 15.1 ilustra seu modelo de crescimento organizacional.

Crescimento por meio de criatividade

Uma organização, ao ser criada, via de regra, é informal e fraca em termos de estrutura. O controle e o envolvimento permanente dos fundadores têm possibilidade de ser consideráveis. As energias criativas desse grupo fundador ajudarão a fazer com que a organização leve adiante seu processo de implantação. A natureza e a variedade de problemas se alteram com o crescimento. Surgem problemas com o pessoal, à medida que cresce a equipe de trabalho. De modo análogo, os fundadores da organização (cuja preferência inicial pode estar mais próxima da inovação e do marketing do que de gerenciamento, operações e administração de pessoal) podem constatar que estão mal preparados para liderar sua empresa em crescimento. Isso representa uma crise de liderança que pode ser suplantada, com mais freqüência, atraindo gerentes profissionais.

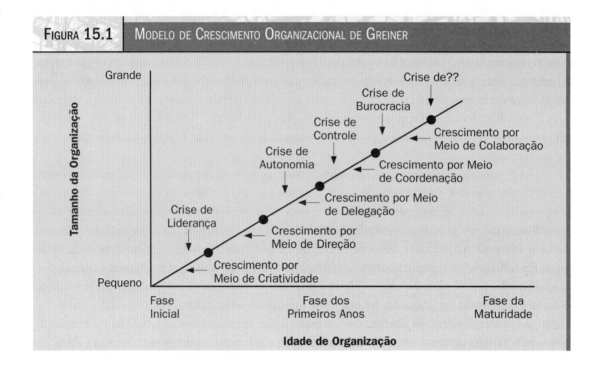

FIGURA 15.1 — MODELO DE CRESCIMENTO ORGANIZACIONAL DE GREINER

Crescimento por meio de direção

Após a resolução da crise de liderança, a organização entra em um estágio de crescimento por meio de direção. A formalização é introduzida pelos gerentes profissionais. Ocorre maior burocratização, à medida que são estabelecidos departamentos e programas para ajudar a geri-la. Um resultado desse crescimento da burocracia é a criação de divisões especializadas. Tal especialização pode provocar problemas, porque as pessoas de cada divisão, ao se tornarem cada vez mais especializadas, podem tentar maior controle de suas operações. Essas iniciativas de maior autodireção estão sujeitas à resistência pelos mesmos gerentes de nível graduado que introduziram, inicialmente, a especialização. A tensão resultante pode acarretar uma crise de autonomia.

Crescimento por meio de delegação

O próximo estágio, delegação, ocorre após a solução bem-sucedida da crise de autonomia, que é vencida delegando-se maior poder de tomada de decisões aos gerentes de nível inferior e intermediário; o alto escalão começa a se concentrar no planejamento a longo prazo. Esses gerentes, no entanto, compreendem, finalmente, que as divisões autônomas agem, algumas vezes, em direções diferentes e que o desempenho pode sofrer por causa da falta de controle. Desse modo, a organização depara-se com uma crise de controle.

Crescimento por meio de coordenação

A crise de controle pode ser solucionada por meio de uma maior coordenação. Podem ser criados, por exemplo, vínculos entre membros de diferentes departamentos, para melhorar a comunicação. Podem-se contratar consultores para avaliar o grau de coordenação necessário e sugerir maneiras para melhorar a eficiência e reduzir a redundância. Grupos de projetos e forças-tarefa podem ser criados para melhorar a coordenação, e é possível introduzir conceitos de estrutura matricial. Uma conseqüência da criação desses mecanismos de coordenação, no entanto, é o aparecimento de inúmeros programas gerenciais, e a complexidade resultante pode significar o emprego de mais tempo e esforço na coordenação do sistema do que no aumento da produtividade real. O estrangulamento causado por tal proliferação de programas gera uma crise burocrática.

Crescimento contínuo por meio de colaboração

A simplificação de programas e sistemas, e a dependência de autocontrole e de normas sociais podem substituir, no final, estruturas mais formais, à medida que uma organização procura solucionar sua crise burocrática. Organizações de maior porte, freqüentemente, contratam consultores externos para auxiliá-las em sua busca contínua de colaboração. A meta desse estágio consiste em ensinar aos gerentes como lidar com a estrutura organizacional, sem ceder ao impulso de criar uma estrutura adicional.

Gerenciamento do declínio organizacional

Da mesma maneira que se pode afirmar que as organizações passam pela fase inicial, pelos primeiros anos e pela maturidade, elas também atravessam a fase de declínio.* **Declínio organizacional** pode ser definido como "redução do quadro de pessoal, dos lucros, do orçamento ou do número de clientes".[2] Essa degeneração pode ocorrer em qualquer setor e em organizações de todos os portes.

Existem diversos fatores específicos que levam ao declínio organizacional. Pode, por exemplo, ocorrer atrofia na própria organização. Ela pode se tornar, simplesmente, menos eficiente ao longo do tempo e perder seu ímpeto para concorrer. Problemas adicionais podem ser criados por autocomplacência, perda de empenho competitivo e equipe de trabalho recalcitrante.

Uma organização também pode enfrentar o perigo de declínio, caso esteja em um estado vulnerável. Organizações novas, que ainda não estão plenamente consolidadas, encontram-se especialmente vulneráveis, porque, muitas vezes, não possuem reservas de caixa e gerentes experientes para enfrentar crises. Redução da atividade econômica e concorrentes agressivos também conseguem arruinar organizações vulneráveis.

Mudanças nos valores da sociedade e no gosto dos consumidores podem conduzir a uma perda de legitimidade e ao declínio subseqüente. Uma organização que fabrica um produto que o público deixou de consumir, por exemplo, pode acabar declinando. Um exemplo desses processos é a menor compra de revólveres de brinquedo pelos pais, durante um período de guerra.

Finalmente, as organizações podem declinar por causa de recursos externos insuficientes. Os recursos necessários podem se tornar escassos ou a incerteza quanto a um suprimento confiável pode acarretar dificuldade para fabricar e entregar um produto acabado. A dependência

---

* Organizações também desaparecem, embora esse tópico não tenha recebido muitos estudos sérios. Presentemente, cerca de 90% das corporações dos Estados Unidos não sobrevivem mais de 25 anos. Ao adotar uma perspectiva de longo prazo, é interessante observar que poucas organizações formais sobreviveram desde 1500. Entre elas, encontram-se algumas corporações de ofício européias, a Igreja Católica e algumas universidades. Portanto, morte organizacional não é um fenômeno raro. As organizações que estão desaparecendo, isto é, encerrando suas atividades, de um modo um tanto surpreendente, na realidade, testemunham um aumento da produtividade dos empregados, possivelmente uma forma peculiar de orgulho dos colaboradores.

da capacidade de um fornecedor para obter e disponibilizar recursos pode ameaçar a sobrevivência de muitas organizações.

Gerenciar o declínio requer muitas das mesmas aptidões gerenciais aplicáveis à administração do crescimento. A capacidade para encontrar soluções criativas, a disposição para inovar e o gerenciamento hábil do conflito são aptidões necessárias para gerentes em todas as organizações, em declínio ou em crescimento. Suportar estoicamente, minimizar perdas e conseguir chegar ao próximo período favorável, tornam-se, entretanto, as principais prioridades dos dirigentes durante períodos de declínio.

Determinantes críticos do sucesso e do fracasso organizacional

As características das organizações que conquistam o sucesso nem sempre são as mesmas que levam ao fracasso.[3] Com base em relatórios gerados por consultores profissionais, é possível identificar os fatores específicos que mais contribuem para o sucesso ou o fracasso. Também é possível classificar esses fatores como sendo, principalmente, ambientais, estruturais ou orientados pelos dirigentes. A Figura 15.2 resume esse sistema de classificação.

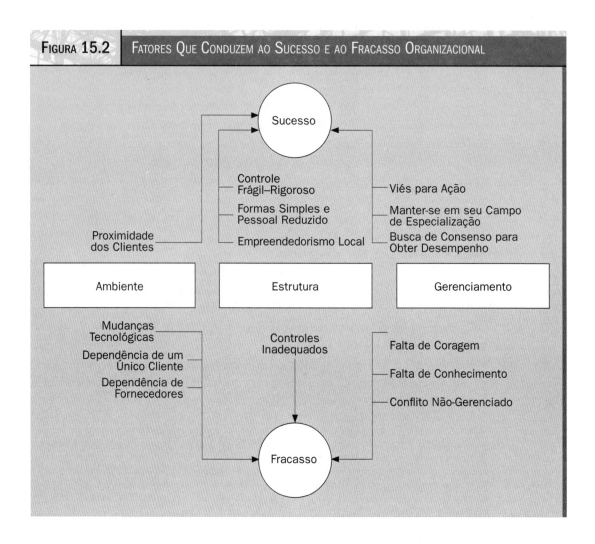

FIGURA 15.2 — FATORES QUE CONDUZEM AO SUCESSO E AO FRACASSO ORGANIZACIONAL

Fatores que resultam em sucesso

Embora uma organização bem-sucedida não precise ter todos os atributos positivos indicados na Figura 15.2, ela possui mais atributos positivos do que negativos. Organizações bem-sucedidas tendem a se concentrar nos clientes e em suas necessidades. Investem em soluções para melhorar as vendas e proporcionar atendimento de primeira linha, não esquecendo que as necessidades dos clientes se encontram nos alicerces da existência de sua organização.

Organizações bem-sucedidas também adaptam suas estruturas às necessidades de suas missões. Os controles, em nível departamental, podem ser simultaneamente frágeis, quando os gerentes gozam de autonomia, e rigorosos, na medida em que metas de desempenho específicas possam ser fixadas. Organizações muito bem-sucedidas mantêm, muitas vezes, uma estrutura simples, porém, apropriada, que emprega um número adequado de colaboradores, evita o tamanho monumental e opera com um quadro de pessoal redundante. O empreendedorismo também é incentivado, no interior das organizações, pelo reconhecimento da inovação bem-sucedida e pelo encorajamento a aceitação de riscos.

Uma característica importante do gerenciamento que pode conduzir ao sucesso é uma ação deliberada, visando a implementar soluções para os problemas. Os dirigentes desencorajam a "paralisia devida à análise" das alternativas e, em vez disso, enfatizam ações satisfatórias que assegurem o cumprimento das metas. Uma outra característica dos dirigentes de empresas bem-sucedidas é a dedicação à área em que a organização se especializou originalmente. Isso é denominado "manter-se em seu campo de especialização". Envolve permanecer próximo daquilo que a organização sabe como realizar da melhor maneira, e não ser conduzida a diferentes caminhos, em busca de linhas de produto alternativas atraentes, porém, incertas.

Organizações bem-sucedidas também tendem a enfatizar um único valor, como vender um produto de qualidade, reduzindo o custo de manutenção para os clientes, ou preocupando-se com as necessidades únicas de cada cliente. Ao enfatizar um valor dominante em seus materiais promocionais e no treinamento dos empregados, a organização estabelece uma reputação proveitosa e diferenciada, em termos de excelência em uma área específica.

Finalmente, os gerentes de companhias bem-sucedidas, muitas vezes, tentam melhorar o desenvolvimento, obtendo a concordância ou o consenso dos empregados. Portanto, gerentes e colaboradores podem trabalhar juntos para fixar metas de desempenho, em concordância mútua. Apreciam-se muito as sugestões dos empregados e incentiva-se um espírito positivo de trabalho em grupo, que servirá de base para maior motivação.

Fatores que conduzem ao fracasso

Diferentes fatores no ambiente, na estrutura e no gerenciamento de uma organização podem levá-la ao fracasso.

Entre os fatores ambientais, as mudanças na tecnologia representam uma causa importante do fracasso organizacional. Inovações que não conseguem ser implementadas dentro da própria organização podem resultar em perda de negócios.

Duas formas de dependência – dependência de fornecedores e dependência de um único cliente – também podem criar problemas. Dificuldades na obtenção de matérias-primas e de financiamento de outras instituições podem ser fatais para uma organização em um ambiente competitivo. Além disso, um cliente, ao perceber que uma outra organização é muito dependente dos negócios que realiza com ele, pode usar seu poder resultante para diminuir preços ou obter maiores concessões, ameaçando comprar de outro fornecedor.

Em termos de estrutura, mecanismos de controle inadequados podem contribuir para o fracasso. Uma organização pode, por exemplo, não ter meios para perceber quando ocorrem mudanças que precisam ser corrigidas. Como resultado, a qualidade do produto talvez diminua ou sejam desprezadas alterações nos níveis de satisfação dos empregados ou dos clientes.

Fatores gerenciais também contribuem para o fracasso. Uma liderança corajosa e decidida pode inspirar uma organização a suplantar situações difíceis ou a executar ações rápidas. Em contraste, a tendência para uma análise excessiva dos dados ou para assumir uma atitude de "esperar e ver o que acontece" consegue fazer com que uma empresa perca terreno para os concorrentes, podendo exacerbar problemas internos. Os tipos de conhecimento especializado que permitem a uma organização fundada há poucos anos ter sucesso podem se tornar ultrapassados, à medida que ela amadurecer. A necessidade de dirigentes profissionais para auxiliar ou substituir o grupo fundador pode passar despercebida, e a importância de admitir novos talentos, para revitalizar o processo inovador, talvez não seja levada em conta.

O conflito pode resultar em disfunção séria, caso não seja bem gerenciado. Grupos conflitantes fixam, muitas vezes, suas próprias metas, visando a vantagens políticas e pessoais, antes do estabelecimento das metas organizacionais. Por essa razão, o conflito deve ser gerenciado, a fim de assegurar sua permanência em formas e níveis desejados. (Recorde-se de que um certo nível de conflito interno seja, provavelmente, inevitável e mesmo desejável.)

Conforme a Figura 15.2 indica, os fatores relacionados ao sucesso ou ao fracasso não se encontram distribuídos igualmente entre as três principais fontes. Um número maior de fatores ambientais, por exemplo, pode contribuir para o fracasso, em vez levar ao sucesso. Inversamente, mais fatores estruturais são fontes potenciais de sucesso mais do que de fracasso. E um número quase igual de fatores gerenciais parece conduzir ao sucesso e ao fracasso. Essa análise, embora um tanto simplista, sugere uma constatação útil: fatores ambientais têm maior probabilidade de gerar ameaças potenciais à estabilidade de uma organização, ao passo que fatores estruturais constituem o principal meio de uma organização para alcançar sucesso ou, no mínimo, enfrentar as ameaças. Quase não é necessário frisar que os fatores relacionados ao gerenciamento são fontes potenciais do sucesso e do fracasso organizacionais.

Desenvolvimento organizacional (DO)

Desenvolvimento organizacional (DO) constitui uma área distinta no âmbito da ciência organizacional, e concentra-se na mudança planejada e controlada das organizações nas direções almejadas. Em muitas empresas, consultores externos, preferentemente a membros da organização, via de regra, são responsáveis por gerenciar o processo de desenvolvimento. O DO, em essência, tenta mudar uma organização como um todo: estrutura, tecnologia, pessoas e/ou tarefas. A Figura 15.3 apresenta uma visão de DO que enfatiza esses quatro fatores. Na realidade, qualquer faceta de uma organização é um alvo legítimo do DO. Em nossa discussão, focalizamos, principalmente, as iniciativas relacionadas à mudanças direcionadas a pessoas, não a tarefas, estrutura ou tecnologia. Uma definição muito conhecida de DO, que podemos adotar para discutir o lado humano da mudança planejada, afirma que ele é uma "iniciativa de longo prazo para melhorar o processo de resolução de problemas e de renovação... por meio de um gerenciamento... mais eficaz da cultura da organização... com ajuda de um agente de mudança... e o uso da teoria e da tecnologia da ciência comportamental aplicada".[4]

| FIGURA 15.3 | ELEMENTOS ORGANIZACIONAIS INTERDEPENDENTES QUE PODEM SER O FOCO DA MUDANÇA NO DESENVOLVIMENTO ORGANIZACIONAL-DO |

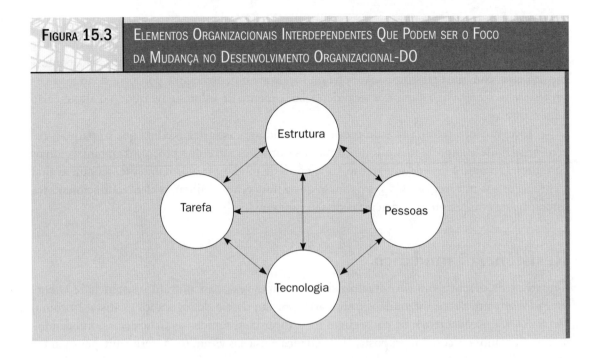

Fases do processo DO

Todos os especialistas em DO, denominados, algumas vezes, *agentes de mudança*, reconhecem as dificuldades inerentes para concretizar mudanças bem-sucedidas e positivas. Há alguns anos, Kurt Lewin, famoso cientista comportamental, argumentou que o processo de mudança envolve três fases básicas (veja a Figura 15.4): reconhecimento, mudança e integração.[5]

O **reconhecimento** ocorre quando uma situação é reconhecida como sendo, de algum modo, deficiente ou inadequada. A percepção de que atitudes ou aptidões dos empregados ou de que regras e procedimentos geram problemas que prejudicam o término das tarefas pode originar o processo de reconhecimento. Algumas vezes, é preciso ocorrer uma crise, antes de um problema atrair a atenção que merece. Condições de trabalho inseguras, por exemplo, podem ter continuidade sem restrições, até que uma greve, sem o sindicato ser notificado ou um acidente puser em risco uma vida, force os dirigentes a reconhecer o problema e tomar uma atitude. O reconhecimento precisa ocorrer antes que o DO possa iniciar, porque a falha de um indivíduo em reconhecer ou aceitar a existência de um problema pode impedir qualquer desejo de mudança.

| FIGURA 15.4 | PROCESSO DE MUDANÇA DE ACORDO COM A VISÃO DE LEWIN |

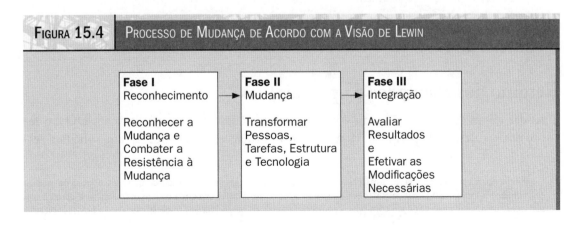

Mudança, a segunda fase do processo, ocorre quando é implementado um novo plano ou sistema em uma organização. Tal plano pode requerer um novo programa de recrutamento ou de orientação ou a introdução de um novo sistema contábil. Pode afetar toda a organização, conforme ocorreria com uma reestruturação total ou focalizar somente alguns poucos indivíduos relevantes, de modo análogo a um exercício de esclarecimento de valores envolvendo o alto escalão administrativo.

Integração, a terceira fase do processo de mudança, ocorre à medida que os padrões recém-criados de comportamento e de técnicas se tornam parte dos processos organizacionais correntes. Durante a fase de integração, os agentes de mudanças, normalmente, tentam avaliar a eficácia de sua intervenção. Caso acreditem que a intervenção falhou, podem redirecionar seus esforços para compensar as deficiências de seu programa.

Resistência à mudança

Tentativas de desenvolvimento organizacional, muitas vezes, encontram resistência.* Os empregados tendem a recear a mudança, em parte, por um desejo de segurança e satisfação com o *status quo*. Conseqüentemente, conseguem identificar com rapidez as deficiências, indicando-as em um plano que contém propostas de mudança e usá-las visando a auferir vantagens para si mesmos. Caso suas objeções sejam manifestadas, porém, não recebam atenção, podem agir para assegurar que os problemas identificados prejudiquem efetivamente o programa de mudança.

A resistência à mudança, um dos desafios mais sérios para o especialista em DO, pode ser superada de diversas formas. Uma das técnicas mais comuns é a educação, não no sentido formal, mas em termos de reunir-se com um grupo de empregados para explicar as mudanças planejadas. A participação no desenvolvimento de planos de mudança também constitui uma maneira eficaz de eliminar a resistência. Em um estudo muito conhecido, observou-se que a resistência à mudança pode ser reduzida significativamente fazendo com que os empregados afetados participem da formulação do plano de mudança.[6] Os programas de mudança que, em certo sentido, são relacionados às pessoas mais afetadas apresentam, freqüentemente, maior probabilidade de sucesso.[7] Uma outra maneira de superar a resistência é a negociação. Lidar com colaboradores que se posicionaram contra mudanças significa obter declarações, por escrito, a respeito de trocas e concessões que gerentes e empregados farão, a fim de efetivar as mudanças.

Na prática, são adotadas, algumas vezes, táticas de coação, apesar de seu valor ético questionável. A coação direta é o principal desses métodos, como ameaçar as pessoas com demissão, caso resistam à mudança planejada, e manipular a opinião, por meio de seleção cuidadosa da ocasião propícia em que a informação é divulgada, a fim de assegurar um impacto favorável.

Técnicas de DO

Retorno dos resultados da pesquisa

Uma das fontes de informação mais amplamente utilizadas pelos especialistas em DO é o **retorno dos resultados da pesquisa**. Para obter as informações de que necessitam, solicitam res-

---

* Conforme observou, muitos séculos atrás, Maquiavel: "Não existe um tema mais delicado do que a introdução de mudanças, pois quem inovar terá por inimigos todos os que se encontram satisfeitos com a ordem estabelecida e como adeptos somente aqueles que as apóiam com pouca convicção dentre os que poderiam se beneficiar com a nova condição".

Visão Interior

As palavras e expressões da moda relativas à mudança organizacional

Uma pessoa formar um vocabulário administrativo constitui uma tarefa tão aterrorizante quanto efetivar a reengenharia da cultura da corporação no atual ambiente empresarial. À medida que as tendências corporativas surgem e desaparecem, o mesmo ocorre com o vocabulário correspondente. Os gerentes, cujas metas de carreira se baseiam em escalar os níveis hierárquicos mais prestigiados da América corporativa, precisam estar atualizados a respeito dessas tendências e integrar as palavras e expressões mais recentes a seu próprio vocabulário, a fim de permanecer em posição vantajosa. O tópico mais candente na hierarquia corporativa, nos dias que correm, é "mudança", e com a mudança aparece um novo conjunto de palavras.

Todo empregado deve ser dotado de "capacitações básicas" em certo grau. As aptidões desejáveis, atualmente, incluem aptidões de liderança, capacidade para planejar e atuar estrategicamente, aptidões de comunicação eficazes em diversos aspectos, bem como uma orientação marcante para qualidade e serviço.

A pessoa "em transição" encontra-se, na realidade, desempregada. Para os executivos em transição, isso permite um tempo de reflexão sobre as próprias aptidões, capacitações básicas, sucessos e fracassos. Uma transição conduz, muitas vezes uma pessoa a se tornar consultor ou a iniciar seu próprio negócio. Para gerentes de nível inferior, direciona-se para consultores em recolocação, selecionadores de executivos e agências de emprego.

Atualmente, as empresas utilizam a "redução de níveis hierárquicos", o que, normalmente, ocorre na gerência intermediária. A tecnologia coleta informações, o que costumava ser uma função dos gerentes intermediários; portanto, a escolha lógica consiste em reduzir pessoal nesse nível. A "interrupção da carreira" também pode afetar o executivo empenhado em subir hierarquicamente – uma pessoa nessa situação não consegue mais ser promovida rapidamente. Uma indicação de redução de níveis hierárquicos ou de uma interrupção da carreira potencial é uma "desconexão", quando o profissional não faz parte do circuito de comunicações.

Para aumentar as chances de sucesso na carreira, estabeleça "tempo de presença", a idéia de que o tempo dedicado ao escritório se encontra relacionado diretamente ao sucesso na carreira. "Pensar de modo inovador" é uma outra forma de impulsionar a carreira. Obter novos sucessos é uma maneira segura para avançar hierarquicamente, porém, não se deve obtê-los como um desafio a seu chefe, pois você pode ficar desconectado. As companhias, ao defrontarem-se com decisões de redução do tamanho, mantêm os empregados "em alinhamento" com seus próprios valores e atitudes. Os participantes de equipes estão sempre em alinhamento.

Os gerentes combatem "condições constantemente mutáveis" durante as fases turbulentas de fusões, aquisições e reengenharia. Suplantar condições constantemente mutáveis requer a aquisição de aptidões de gerenciamento em épocas de transição. Gerentes bem-sucedidos aprendem o *empowerment*, que permite a tomada de decisões pelo nível mais inferior possível. Isso proporciona aos gerentes do nível mais inferior a oportunidade de avançar, porém, também pode criar um bode expiatório conveniente para um gerente de nível superior.

Fonte: "80 Business Buzzwords – Now and Then", *AMA Business Tips*, http://www.amanet.org/movingahead/editorial2002_2003/nov03_80buzzwords.htm, acessado em 3 de setembro de 2004; "The Top 10 in Changespeak", *The Globe and Mail*, 8 ago. 1995.

postas a um questionário escrito ou entrevistam empregados. As perguntas, nessas pesquisas, normalmente, abordam tópicos como satisfação, liderança e tomada de decisões. Os resultados podem ser resumidos e analisados estatisticamente, antes de ser encaminhados aos administradores do alto escalão. Após esses executivos terem examinado os resultados e analisado seu significado, os dados são divulgados aos participantes, para exame e interpretação. Na prática, tal retorno dos resultados, freqüentemente, tem por finalidade despertar a conscientização da necessidade de mudança. Por meio do retorno da pesquisa, por exemplo, o alto escalão pode descobrir que o moral é especialmente baixo entre membros de um determinado departamento ou que um grupo de colaboradores pode começar a reconhecer que todos partilham de uma visão comum de um problema. Após o reconhecimento da necessidade de mudança, são solicitadas sugestões dos empregados para especificar e implementar os programas de mudança.

Embora o retorno dos resultados da técnica de pesquisa de DO possa parecer similar à noção tradicional de realização de uma pesquisa de empregados, existem distinções importantes entre os dois métodos.[8] Na abordagem tradicional, os dados, via de regra, são coletados somente dos empregados de nível inferior, porém, no retorno dos resultados da pesquisa, provavelmente todos na organização serão pesquisados. De modo similar, na abordagem tradicional, somente o alto escalão tem possibilidade de ver os resultados, porém, na variante DO, todos na organização recebem retorno dos resultados em alguma ocasião. Além disso, o desenvolvimento de planos para lidar com os resultados da pesquisa constitui prerrogativa do alto escalão no método tradicional, porém, todos podem conhecer dados no método da pesquisa de retorno dos resultados. Em virtude dessas diferenças essenciais, este método apresenta mais possibilidade de conseguir uma mudança produtiva.

Formação de equipe

Uma outra técnica de DO, **formação de equipe**, tem sido empregada amplamente por especialistas, em anos recentes, em organizações tão díspares quanto Qantas, Mead Corporation e Hewlett-Packard. O núcleo da formação de equipe é representado pelos grupos de trabalho existentes, denominados *grupos de família*, ou grupos de trabalho formados recentemente e reunidos para um fim específico, denominados *grupos especiais*. A meta, em ambos, consiste em melhorar o desempenho, enfrentando problemas e obstáculos.

Em uma iniciativa usual de formação de equipe, um pequeno grupo de pessoas é reunido em um local fora da empresa. Ao afastar-se do local de trabalho, podem evitar interrupções e concentrar-se plenamente na solução de problemas.

Em sua primeira reunião, o grupo pode examinar dados "objetivos" e "subjetivos", relativos a problemas de produtividade, como valores das vendas mensais e relatórios de satisfação dos clientes. A finalidade da análise desses dados é incentivar o grupo a iniciar a fase em que seus membros concordem com a necessidade de mudança. O agente de mudança, durante reuniões subseqüentes, tenta dinamizar o processo, encorajando discussões francas e abertas dos vários aspectos do problema com que se defronta o grupo. No final, a equipe será incentivada a desenvolver um plano específico, para atingir um estado desejado. Em reuniões posteriores, o grupo analisará o sucesso do plano, desenvolvendo e implementando refinamentos de seu conteúdo.

Treinamento da sensibilidade

Uma terceira técnica que tem sido utilizada amplamente por agentes de mudança é o **treinamento da sensibilidade**. Denominado, algumas vezes, *grupo T* (grupos de treinamento), esse método originou-se no National Training Laboratory, em Bethel, Maine. Ao longo dos anos, apesar de algumas mudanças de designação para *grupos de encontro* e *treinamento em laboratório*, a técnica permaneceu praticamente a mesma. Em um grupo T, oito a doze pessoas se reúnem para uma série de sessões, de duas a três horas de duração. O monitor do grupo não assume um papel ativo nas discussões, atuando, de preferência, mais como orientador ou facilitador. A meta ostensiva das sessões é elevar a autopercepção e a sensibilidade das pessoas. Para alcançar essa meta, espera-se que os membros se concentrem no comportamento e em proporcionar retorno dos resultados a respeito das percepções mútuas. Algumas vezes, é difícil atingir o ponto em que ocorre o aprendizado pessoal e social e, em alguns casos, as reações dos membros do grupo podem escapar ao controle. O grupo pode, por exemplo, voltar-se a contra um determinado membro e criticá-lo severamente, sem chegar a uma reconciliação positiva ao término da sessão. Em virtude de o grupo não ter uma programação, alguns membros acostumados a trabalhar em um sistema social ordenado e orientado a metas podem permanecer pouco à vontade. Muitas vezes, um membro se empenhará para se tornar o líder do grupo, a fim de preencher o vazio de liderança criado pela recusa do monitor em controlar as discussões e o comportamento. Posteriormente, outros membros do grupo podem criticar e tornar ressentida a pessoa que tentou assumir o papel de líder.

Em alguns grupos, uma situação de discussão franca e aberta é difícil de acontecer. Isso é especialmente verdadeiro para aqueles compostos por pessoas que trabalham juntas em uma unidade de trabalho que ocorre naturalmente. Alguns monitores, para incentivar discussões mais livres, preferem trabalhar com *grupos estranhos* (cujos membros não se conhecem) e *grupos primos* (cujos membros trabalham na mesma organização, porém, não se subordinam entre si).

Em anos recentes, os Grupos T tiveram aceitação decrescente, por causa de uma variedade de fatores. Uma das principais razões é o receio de que as pessoas "possam ser desmontadas como um relógio e não ser recompostas". A formação de equipe, com seu foco no aumento da produtividade, em vez das aptidões sociais, é mais amplamente adotada hoje.

Reuniões de confrontação

Uma outra técnica para efetivar a mudança desejada é tentar gerenciar o conflito disfuncional (veja o Capítulo 10), por meio de **reuniões de confrontação**. Nesse método, os grupos conflitantes são reunidos em uma situação estruturada, crida para aumentar a cooperação.[9]

A maior parte das reuniões de confrontação segue uma seqüência previsível. Primeiro, os líderes dos grupos conflitantes discutem com o agente a necessidade de mudança. Nessa sessão, os líderes e o consultor delineiam um plano específico de reuniões entre os dois grupos. Em seguida, cada grupo se reúne separadamente, para criar uma lista que resume sua visão das atitudes e comportamentos do outro grupo. Eles tentam, adicionalmente, desenvolver uma lista de impressões que acreditam que o outro grupo criaria para descrevê-los. Em seguida, em uma reunião conjunta formal, um representante de cada grupo lê, em voz alta, as listas de seu grupo. Nenhuma discussão ou reação é permitida. Em seguida, os grupos reúnem-se novamente, em salas separadas, para discutir aquilo que conheceram a respeito de si mesmos e do outro grupo. Cada um também esboça uma lista dos assuntos que precisam ser resolvidos.

Na segunda reunião conjunta, todos os membros discutem abertamente as listas de assuntos pendentes de resolução e desenvolvem um plano de ação, para diminuir o conflito e criar cooperação. Em reuniões subseqüentes, discutem o progresso na implementação de seus planos e a remoção de obstáculos adicionais para uma melhor colaboração.

Qualidade de vida no trabalho

Em muitos países ocidentais industrializados, tem ocorrido o reconhecimento crescente da importância de ressaltar, simultaneamente, o valor das experiências psicológicas dos empregados no trabalho e sua produtividade. Essa filosofia encontra-se incorporada na abordagem da **Qualidade de Vida no Trabalho (QVT)** pelo DO. QVT não é um conjunto de técnicas específicas, mas um conjunto de procedimentos que procura melhorar o clima de trabalho como um todo em uma organização ou em seus subsistemas. Os programas de QVT focalizam temas como redução de conflitos, satisfação dos empregados e participação no trabalho. Em termos de técnicas efetivas, os programas QVT englobam, muitas vezes, redefinição de cargos (Capítulo 5), envolvimento dos empregados na tomada de decisões (Capítulo 8), reformulação dos sistemas de remuneração (Capítulo 5) e/ou a criação de círculos de qualidade (Capítulo 5). A QVT representa, em essência, um estado final desejado que enfatize a importância de proporcionar oportunidades, a fim de que os empregados contribuam para suas funções e tenham mais satisfação no trabalho.[10] Programas QVT bem-sucedidos têm sido usados nas seguinte empresas: AT&T, IBM, Texas Instruments, Xerox e Procter & Gamble.[11]

Condições para a adoção bem-sucedida do DO

Baseando-se nos inúmeros sucessos e fracassos da implementação de programas DO, os especialistas foram capazes de criar uma lista específica de condições que ajudam a assegurar o sucesso de uma iniciativa de DO. Entre as condições mais importantes, destacam-se:

1. Reconhecimento, pelo alto escalão, de que existem problemas.
2. Apoio e envolvimento no programa, por parte dos dirigentes de primeira linha, dos supervisores dos grupos de trabalho e dos formadores de opinião.
3. Sucessos iniciais dos programas DO, sugerindo que o programa está dando certo e que, portanto, incentiva cooperação adicional.
4. Respeito pelos talentos gerenciais daqueles cujo domínio de responsabilidade está sendo aprimorado.
5. Cooperação e envolvimento por parte dos gerentes de recursos humanos.
6. Coordenação e controle eficazes do programa de DO.
7. Avaliação dos resultados.

O DO dá certo?

Apesar da dificuldade para avaliar os efeitos das iniciativas de DO, é possível chegar a algumas conclusões iniciais a respeito de seu valor para o aumento da eficácia organizacional.

Uma análise de 29 estudos determinou que adotar a participação dos empregados em um projeto de mudança mantinha relação com o aumento da produtividade em 14, ao passo que a menor produtividade foi observada somente em dois estudos (os remanescentes apresentavam resultados ambíguos).[13] Constatou-se também que os programas de treinamento apresentavam resultados positivos de produtividade. Um estudo constatou, por exemplo, um aumento de 19% na produtividade, ao longo de um período de três anos, nas empresas que não tinham introduzido treinamento. Um outro estudo da *Forbes 500* indicou que empresas com um estilo de gerenciamento progressista, estrutura organizacional e sistemas de reconhecimento tinham maiores taxas de crescimento de lucros, vendas e lucro por ação, ao longo de um período de cinco anos.

Uma outra análise de 35 estudos classificou os resultados obtidos em variáveis associadas a parâmetros e a processos.[14] *Variáveis associadas a parâmetros* referem-se às medidas de produtividade, eficiência, absenteísmo, lucros, e assim por diante (medidas relativamente "objetivas"), ao passo que *variáveis associadas a processos* referem-se à avaliação de confiança, percepção de liderança, motivação e tomada de decisões (medidas relativamente subjetivas). Além disso, a amostra dos estudos foi classificada, em seguida, em categorias baseadas no direcionamento dos esforços de DO a grupos ou organizações ou indivíduos ou líderes. As análises desses estudos indicam que as variáveis associadas a parâmetros aplicáveis ao grupo (por exemplo, produtividade) tinham grande probabilidade de melhoria após ações de DO. As variáveis associadas a processos aplicáveis às pessoas também apresentavam uma melhoria relativamente positiva (por exemplo, a satisfação no trabalho aumentava, aproximadamente, em 40% nos estudos nos quais foi medida). A Tabela 15.1 resume esses resultados ordenados, em função do impacto positivo.

Foi realizada uma análise adicional desses estudos, em termos do impacto dos diversos procedimentos de DO. Geralmente, as técnicas mais comuns de DO, como formação de equipe e retorno dos resultados da pesquisa, foram consideradas como tendo efeitos positivos, ao passo que os grupos T foram tidos como um tanto menos eficazes.

Apesar das deficiências metodológicas de muitos estudos relacionados ao DO e da tendência dos especialistas a divulgar seus resultados sob uma ótica mais positiva (os fracassos do DO são relatados menos freqüentemente), tudo indica que as iniciativas, via de regra, são eficazes.* Conforme essas análises sugerem, a natureza precisa do impacto do DO depende do tipo de técnica, de sua duração e das medidas escolhidas para avaliar a ação.

DO em perspectiva

Embora diversas análises apontem para conclusões positivas, o valor do DO, conforme usualmente conduzido, muitas vezes é questionado por gerentes e cientistas comportamentais. Algumas dessas críticas resultam de um ceticismo saudável por parte dos gerentes e cientistas comportamentais. Outros fatores, no entanto, podem justificar parcialmente essas críticas.[16]

Inicialmente, o DO não é uma panacéia geral para toda dificuldade com que uma organização pode se defrontar. Seu uso bem-sucedido requer aptidão e conhecimento especializado e aplica-se, em maior escala, a problemas interpessoais. Quando adotado por profissionais não-especializados, não há expectativa de dar resultado.

Os usuários também podem ficar desapontados ao constatar que o DO não resulta no ideal declarado, conforme consta em artigos e textos, porém, a falha pode ser atribuída ao método dos usuários. O DO, por exemplo, é conduzido, freqüentemente, nos níveis inferiores de uma organização, após a aprovação pelo alto escalão. A atitude de que o DO é uma tarefa a ser delegada a um gerente do nível inferior tem probabilidade de minimizar o impacto da maior parte de tais programas. Níveis elevados de participação, apoio e interesse, por parte dos executivos de primeira linha pelas ações de DO, no entanto, são relativamente raros.

Conforme discutido anteriormente, a resistência à mudança representa um obstáculo significativo às iniciativas de DO. Embora a resistência em nível individual possa ser gerenciável, surgem desafios mais difíceis quando ela se origina do sistema organizacional como um todo e da sua necessidade de interagir com seu ambiente externo. Este, evidentemente, não pode ser alterado

---

* Uma constatação específica que deve aumentar nossa cautela ao fazermos inferências sobre os méritos do DO é que quanto mais um estudo for rigoroso sob o aspecto metodológico, menor a probabilidade de que uma iniciativa de DO tenha sido bem-sucedida.[15]

| TABELA 15.1 | EFEITOS DAS AÇÕES DE DO SOBRE VARIÁVEIS ASSOCIADAS A PARÂMETROS E A PROCESSOS |

Variáveis Associadas a Parâmetros	Exemplo	Número de Estudos	Mudança Positiva Média
Grupo	Desempenho, duração das reuniões	8	63%
Organização	Lucro, retorno do investimento	12	47%
Indivíduo	Desempenho, satisfação	14	42%
Líder	Desempenho	3	–
Total		22	51%

Variáveis Associadas a Processos	Exemplo	Número de Estudos	Mudança Positiva Média
Indivíduo	Autoconcientização, auto-realização	10	62%
Grupo	Confiança, envolvimento	20	49%
Líder	Predisposição à influência, facilitação da interação	20	45%
Organização	Liderança, tomada de decisões	27	36%
Total		35	46%

de modo substancial pela maioria das ações de DO e as iniciativas raramente pretendem realizar tais mudanças. Portanto, essa maior contenção limita o avanço possível na organização.

Além disso, as organizações podem ser baseadas em valores que conseguem restringir significativamente certas formas de mudança. As religiosas, por exemplo, aderem, normalmente, a conjuntos de valores, declarações de missão e códigos de conduta específicos que determinam limites em relação àquilo que é factível no que diz respeito à mudança. Portanto, a natureza percebida de uma organização e o que adota determinará que mudanças são consideradas permissíveis por seus membros e seus grupos de interesse na sociedade como um todo.

Também foi sugerido que os principais valores adotados pelos agentes de mudança – confiança, atitude aberta e poder partilhado – não são apropriados para algumas organizações. Os profissionais de DO, como parte de seu trabalho, tentam converter os empregados para seu sistema de valores. Em seguida, quando a ação específica de DO é finalizada, os empregados devem atuar no âmbito do sistema maior e ainda não alterado da organização. Nesse ponto, o treinamento em DO pode produzir resultado oposto, porque um empregado que tenta influenciar uma filosofia de abertura em um ambiente hostil pode estar sujeito a frustração e punição, em vez de aceitação. Na realidade, as pessoas que adotam um estilo aberto de conduta podem ter problemas para competir com os membros mais políticos e erráticos de sua organização.[17] Em alguns casos, colaboradores muito valorizados, competentes e bem-sucedidos podem vir a adotar com tanto entusiasmo os valores de atitudes abertas e de honestidade, que cheguem a rejeitar seu ambiente de trabalho, por não apoiar seus valores recém-descobertos. Como resultado, a organização pode perder, efetivamente, colaboradores valiosos, por causa de uma mudança de valores pessoais induzida por uma iniciativa de DO. A ironia, evidentemente, é que a ação de DO pretendia auxiliar tais pessoas a desempenhar melhor, em vez de incentivá-las a se demitir. Em tais casos, os críticos podem argumentar que o DO tornou os empregados menos capazes de lidar com o mundo real.

Foi sugerido que os agentes de mudança se apoiassem, consideravelmente, em "verdade e apreço" como fontes de influência.[18] O DO é, evidentemente, mais apropriado sob condições de atitudes abertas e colaboração. Na prática, porém, os agentes de mudança podem se apoiar, algumas vezes, no modelo verdade e apreço, quando for inapropriado, isto é, em situações caracterizadas por desconfiança e conflito. Esse representa, então, o dilema básico para os agentes de mudança: De que modo podem ajudar as pessoas em situações de conflito a compreender e assegurar os valores de confiança e colaboração? O modelo verdade–apreço, normalmente, é mais endossado por organizações muito lucrativas e poderosas, como IBM e AT&T. Muitas "organizações em desvantagem", porém, que mais precisam do DO, como governos municipais, pequenas empresas e grupos de ação social, têm menos possibilidade de se envolver em iniciativas de DO.

No futuro, as organizações podem ter de se apoiar com mais ênfase nos serviços de agentes de mudança, quando forem forçadas a submeter-se à mudança planejada. Essa necessidade de mudança gerenciada resultará de diversas forças emergentes. Mudanças rápidas na tecnologia, por exemplo, exigirão que as organizações ajustem suas estruturas e seus processos. O ambiente, para muitas organizações, também se tornará mais turbulento e incerto. Contribuindo para essa pressão, existirá um ambiente empresarial crescentemente globalizado e uma mão-de-obra qualificada em menor número (por menor taxa de natalidade e desafios contínuos para que o sistema educacional do país forme indivíduos altamente capacitados para a força de trabalho). Todos esses parâmetros exigirão que as organizações sejam mais flexíveis e reativas. Portanto, a capacidade para implementar eficazmente a mudança planejada será, com grande probabilidade, de importância até maior nos próximos anos.

Resumo

1. **Identificar as fontes externas e internas de mudança em uma organização.**
   Fontes externas de mudança incluem concorrentes, fornecedores, clientes, a conjuntura econômica prevalecente e o ambiente legal. Fontes internas abarcam alterações nas atitudes dos empregados, produtividade decrescente e substituições de pessoal-chave.
2. **Descrever os estágios de crescimento organizacional.**
   Uma organização principia com uma estrutura informal e cresce por meio de criatividade, até surgir uma crise de liderança. A organização contrata gerentes profissionais e entra em uma fase de crescimento, mediante direção. Uma estrutura mais formal resulta em tensão entre as divisões especializadas e em uma crise de autonomia. Durante o próximo estágio, crescimento apoiado em delegação, gerentes de nível médio e inferior adquirem mais poder para tomar decisões e surge uma crise de controle. No próximo estágio, crescimento por meio de colaboração, os programas visando a uma maior coordenação resolvem a crise de controle, mas geram uma crise burocrática. Para dar continuidade ao crescimento com base em colaboração, a organização simplifica programas e sistemas.
3. **Relacionar as causas do declínio organizacional.**
   As organizações declinam como resultado de atrofia no âmbito da organização, autocomplacência, vulnerabilidade devida a recursos insuficientes ou a gerentes sem experiência, recessões, concorrência agressiva, mudanças nos valores da sociedade e falta de recursos externos.
4. **Identificar os fatores que conduzem uma organização ao sucesso ou ao fracasso.**
   Organizações bem-sucedidas dão relevância aos clientes e a suas necessidades, exercem pouco controle em nível departamental, porém, aplicam um controle rigoroso de metas específicas, possuem uma estrutura simples, enfatizam as ações, mantêm um compromisso com as áreas originais de especialização, ressaltam um valor básico e buscam

consenso entre empregados. Os fatores que resultam em fracasso incluem mudanças tecnológicas, dependência de fornecedores ou de um único cliente, mecanismos de controle inadequados, hesitação em realizar mudanças, falta de conhecimento e conflito não-gerenciado.

5. Descrever as fases do processo de mudança em uma organização.
A primeira fase, reconhecimento, começa com a percepção de que uma situação é problemática. A segunda fase, mudança, ocorre com a implementação de um novo plano ou sistema. A terceira fase, integração, ocorre à medida que novos padrões de comportamento e de técnicas se tornam parte dos processos organizacionais correntes.

6. Descrever as técnicas que os agentes usam para auxiliar a implementação de mudanças nas organizações.
Agentes de mudança usam o retorno dos resultados da pesquisa para obter informações e despertar a conscientização da necessidade de mudança. Uma outra técnica, formação de equipe, utiliza a discussão de problemas como uma maneira de melhorar o desempenho. O treinamento de sensibilidade tenta aumentar a autoconscientização e a sensibilidade em relação a outros. A meta das reuniões de confrontação consiste em gerenciar o conflito disfuncional no grupo. Os programas de qualidade de vida no trabalho usam técnicas do tipo redefinição do cargo, envolvimento dos empregados na tomada de decisões, reformulação dos sistemas de remuneração e círculos de qualidade, para melhorar o clima no trabalho de modo geral.

7. Identificar as condições que aumentam a possibilidade de uma iniciativa de Desenvolvimento Organizacional (DO) dar certo.
Condições favoráveis para o sucesso incluem: o reconhecimento, pelo alto escalão, de que existem problemas, apoio e envolvimento dos líderes no programa, sucessos iniciais no programa de DO, respeito pelo talento dos gerentes afetados, cooperação e envolvimento dos gerentes de recursos humanos, coordenação e controle eficaz do programa de DO e avaliação dos resultados.

8. Avaliar o histórico dos programas de DO.
O sucesso de um programa de DO depende do tipo de técnica, de sua duração e do modo como os resultados são avaliados. As pesquisas indicam, de modo geral, que os programas de DO, usualmente, são eficazes.

Episódio crítico

Forte resistência no Departamento de Polícia Metropolitana

Jerry Spore ficou aborrecido. Como comandante da 10ª Divisão do Departamento de Polícia Metropolitana (MPD, na sigla em inglês), tinha acabado de dar um ultimato ao chefe adjunto: Todos os policiais que não seguissem os padrões do novo uniforme no intervalo de duas semanas receberiam uma advertência formal, que resultaria em afastamento temporário, sem suspensão do salário. Ele, simplesmente, não conseguia entender qual era o problema.

Tudo começou há dois anos, quando um grupo de autoridades municipais respondeu a queixas dos cidadãos referentes ao modelo dos uniformes do MPD, parecidos com o da Gestapo. Até aquela ocasião, os policiais ainda vestiam o quepe antiquado de oito pontas. Seus outros acessórios também tinham um estilo tradicional. Cintos do tipo Sam Browne, que incluíam uma faixa de couro diagonal a partir do ombro, eram usados por cima de cintos de couro. Coldres de revólveres, algemas e outros equipamentos relacionados às funções ficavam presos aos cintos Sam Browne. As autoridades municipais encararam os comentários dos cidadãos como um reflexo da imagem integral do MPD e induziram Spore a empenhar-se para melhorar aquela imagem, alterando os uniformes.

Spore assumiu a tarefa seriamente. Formou um comitê de cidadãos e homens de negócio locais, para pesquisar e avaliar possíveis modificações nos uniformes. Os fornecedores contataram os membros do comitê e os incentivaram a adotar uniformes e acessórios coordenados, criados para maximizar a praticidade. As conclusões do comitê foram que poderiam obter muitos resultados simplesmente mudando os principais acessórios do uniforme. Recomendaram que a cidade adquirisse, para os policiais novos, cintos Sam Browne, novos cintos para calças e novos bonés com topo arredondado. O comitê recomendou que os uniformes fossem introduzidos na Academia de Polícia e adotados, em seguida, por toda a força, ao longo de um período de seis meses, permitindo tempo adequado para aquisição e distribuição.

Portanto, todos os novos recrutas receberam cintos e quepes novos, o mesmo ocorrendo com todos os policiais experientes. Os quepes foram aceitos, praticamente, sem comentários, porém, os cintos foram objeto de resistência. O lado externo do cinto da calça era do tipo velcro, de modo idêntico ao lado interno do cinto Sam Browne, permitindo que se fixassem convenientemente – o fecho do cinto também era de velcro. Os cintos exigiam menos manutenção e eram um pouco menos onerosos do que aqueles que possuíam o padrão anterior.

Os policiais alegaram que a parte interna rígida do velcro cortava os ilhós das calças e que os cintos eram desconfortáveis. Spore observou que, provavelmente, o problema se relacionava mais à obesidade do que ao modelo do cinto. Os policiais mais corpulentos estavam acostumados a vestir seus cintos mais abaixo, sob o abdômen, e o material do lado interno dos cintos novos não ajudava. Alguns dos policiais mais antigos também se queixaram de que os cintos novos eram perigosos. Eles argumentaram que cada policial posicionava os dispositivos de proteção em um lugar ligeiramente diferente nos cintos e que essa mudança poderia custar, na realidade, a vida de um deles em uma situação de emergência.

A maioria dos policiais recém-saídos da academia havia substituído os cintos do estilo velcro, que haviam descartado, por versões de couro. Qualquer policial visto com um cinto velcro era considerado "verde" ou "escravo das normas". A mudança havia sido completamente ignorada pelos policiais e, aparentemente, Powell tinha sido advertido, pelo comitê agora desfeito, a respeito do desperdício de seu tempo e de dinheiro.

Enquanto isso, Powell havia recebido a tarefa de enquadrar esses policiais na norma. Ele percebeu que havia muito mais do que lógica por trás da resistência dos policiais. Powell julgou que Spore havia cometido um erro básico ao lidar com todos os aspectos desse tema e que o erro estava afetando todo o processo de mudança. Ele não culpou os policiais pelas queixas, mas também sabia que seu próprio pescoço estava em risco. Powell iria se aposentar no intervalo de um ano, e não desejava criar problemas agora.

1. Em sua opinião, qual foi o principal erro de Spore?
2. Quais foram as forças que impulsionaram a mudança por trás do tema dos uniformes?
3. Use o modelo de Kurt Lewin, a fim de recomendar um plano ideal de mudança para o novo uniforme.

Fonte: Adaptado de Susan Stites-Doe, State University of New York, College at Brockport, *apud* Ritchie, J. B.; Thompson, Paul R. *Organization and People*. 4. ed. San Francisco: West Publishing, 1988. p. 444-446. Reproduzido mediante autorização.

Exercício experimental

Introdução de uma mudança – Simulação de um papel

A maior parte das mudanças nas organizações vai muito além dos aspectos técnicos da execução do trabalho; envolvem, usualmente, alterações que influenciam a satisfação no trabalho dos empregados. Na realidade, a maioria das pessoas se depara, freqüentemente, com a mudança em nível pessoal. E, muitas vezes, sua reação à mudança é de resistência – não necessariamente à própria mudança, mas por aquilo que ela representa: a perda da satisfação existente.

Uma pessoa, atuando como gerente, poderia pensar em uma série contínua de métodos para introdução da mudança, não sem semelhança a um *continuum* de liderança (Capítulo 7). Em uma ponta, encontra-se a *comunicação/convencimento*, quando os fatos e argumentos são apresentados mostrando as vantagens da mudança. No ponto intermediário, ocorre a *consulta*, quando o gerente discute com os subordinados a necessidade de mudança, solicita suas idéias e toma a decisão. Na outra ponta, ocorre a *colaboração*, quando o gerente e os subordinados discutem a necessidade de mudança e chegam a um consenso em relação a um plano para implementar a mudança. A natureza da discussão que o gerente inicia mais o destaque ou a atração do que se encontra em jogo são de grande ajuda para influenciar as forças pró e contra a mudança.

Passo 1

Esta atividade é uma simulação de papel que diz respeito a uma mudança que precisa ser introduzida. A mudança afeta a todos pessoalmente. Serão selecionados quatro voluntários para os papéis. Os alunos restantes da classe atuarão como observadores. Seu instrutor entregará, a cada participante, uma descrição de seu papel (as descrições dos papéis encontram-se no *Manual do Instrutor*). Se você desempenha um papel, não deve permitir que outras pessoas conheçam a situação em que se encontra.

Passo 2

Os demais alunos de classe receberão do instrutor um formulário para fazer observações. É muito importante, para essa atividade, que você cumpra suas responsabilidades como observador. Após ler e interpretar os papéis, cada simulador deve se deslocar para a frente da sala de aula. Quatro cadeiras dispostas em um semicírculo representarão a sala do supervisor. Quando o instrutor der o sinal, o supervisor do grupo deverá principiar a reunião.

Passo 3

Após a simulação de papéis ter gerado um resultado aceitável, toda a classe poderá se reunir novamente, para discutir as respostas dos observadores. As perguntas formuladas relacionam-se à dinâmica da mudança de uma maneira que busca o reconhecimento da importância do poder, da influência, da comunicação, da motivação, e assim por diante. Esta atividade lhe permitirá integrar a maior parte dos temas que você aprendeu sobre comportamento organizacional.

Fonte: Bruce Kemelgor, da University of Louisville.

Glossário

| A |

Aceitação da meta: grau de aceitação de uma meta por uma pessoa. (5)

Aceitação forçada: forma de gerenciamento de conflitos que tenta dominar o lado opositor, por meio de autoridade formal, ameaças ou uso do poder. (10)

Aceitação mínima: Situação em que um decisor analisa as alternativas, até surgir uma minimamente aceitável para adotar. (8)

Acomodação: estilo de gerenciamento de conflitos que envolve aceitar às vontades de outra pessoa. (10)*

Administração científica: um dos primeiros métodos para gerenciar o comportamento dos trabalhadores, desenvolvido pelo engenheiro Frederick W. Taylor. A administração científica procurou melhorar o desempenho no cargo por meio de: (1) avaliação da produtividade, (2) ênfase na eficiência dos procedimentos da função e (3) criação de esquemas de remuneração que têm força de incentivo. (1)

Administração Por Objetivos (APO): processo no qual superiores e subordinados fixam metas para um período especificado, no fim do qual se reúnem novamente para avaliar o desempenho de cada um, em termos das metas previamente designadas. (5)

Agressão no local de trabalho: iniciativas para prejudicar os colaboradores de uma organização. (11)

Aliança estratégica: iniciativa em cooperação, envolvendo duas ou mais empresas no âmbito de áreas relacionadas sob o prisma técnico. (13)

Ambigüidade do papel: situação que ocorre quando uma pessoa está incerta a respeito de como se espera que ela se comporte em um papel. (9)

Ampliação do cargo: extensão do cargo de um colaborador, a fim de incluir no mesmo nível tarefas variadas e em maior número; extensão horizontal de um cargo. (5)

Amplitude do controle: número de pessoas subordinadas a um determinado supervisor. (13)

Análise crítica do cargo: série de perguntas que visam a determinar o grau em que os colaboradores consideram seus cargos definidos, em função da teoria das características do cargo. (5)

Análise da grade: técnica para aumentar a criatividade; as idéias são relacionadas nos lados de uma grade bidimensional e todas as suas possíveis combinações são analisadas. (8)

Análise da personalidade: método utilizado para avaliar características da personalidade, solicitando aos respondentes que indiquem as afirmações aplicáveis a si mesmos. (2)

Aprendizagem: mudança de comportamento com razoável permanência, resultante da experiência. (3)

Aprendizagem por observação: ocorre quando uma pessoa observa o comportamento de outra e vivencia o resultado da ação correspondente. (3)

Áreas de afastamento social: arranjos do espaço físico, que mantêm as pessoas afastadas entre si. (12)

Áreas de aproximação social: arranjos do espaço físico, que aproximam as pessoas. (12)

Assimilação de cultura: exercício programado de aprendizagem, direcionado especificamente à cultura, para proporcionar ao aluno *feedback* às reações a situações hipotéticas. (14)

Auto-eficácia: sensação de competência originada da percepção de ser capaz de dominar uma tarefa. (3)

Autoridade: poder baseado no direito legítimo de tentar mudar o comportamento de outras pessoas ou de lhes dizer o que devem fazer. (6)

Avaliação da personalidade: modelo para avaliar a personalidade, no qual os respondentes se auto-avaliam com adjetivos no início ou no fim da escala, ou com definições específicas para cada ponto da escala. (2)

| B |

Brainstorming **(tempestade de idéias)**: técnica criada a fim de gerar soluções criativas para os problemas, incentivando os membros do grupo

---

* O capítulo em que um termo ou expressão do glossário é discutido pela primeira vez encontra-se indicado entre parênteses.

a expressar livremente suas idéias em uma atmosfera informal. (8)

| C |

Cadeia de comando: conceito segundo o qual a informação e a autoridade se deslocam entre os níveis de modo estrito e hierárquico. (13)

Centro de controle: grau em que uma pessoa acredita que seu comportamento exerce impacto direto sobre suas ações. Pessoas com um centro de controle interno acreditam que elas mesmas controlam suas vidas. Pessoas com centro de controle externo consideram suas vidas como orientadas por fatores externos. (2)

Cinco grandes dimensões: traços da personalidade constatados como de relevância especial para o ambiente de trabalho: concordância, conscientização, ajuste emocional, extroversão e curiosidade. (2)

Círculo de controle da qualidade (CCQ): pequeno grupo de colaboradores que, na condição de voluntários, reúnem-se regularmente para identificar, analisar e resolver problemas de qualidade e outros existentes em seu trabalho. (5)

Ciúme do colaborador: padrão de pensamentos, emoções e comportamentos resultante da perda sentida de auto-estima, por parte de um colaborador, e da não-efetivação de resultados associados a um relacionamento de trabalho. (11)

Coesão: soma de todas as forças que atuam nos membros do grupo, a fim de permanecerem parte do mesmo. (9)

Colaboração: estilo de gerenciamento de conflitos que tenta satisfazer as preocupações de ambas as partes, por meio de discussão honesta. (10)

Colega menos preferido (CMP): questionário que avalia o modo como os respondentes caracterizam suas impressões a respeito de uma pessoa com quem trabalham de modo menos eficaz. Um CMP elevado (favorecendo o colega menos preferido) é considerado como indicador de um indivíduo orientado a relacionamentos; um CMP reduzido indica uma pessoa orientada à tarefa. (7)

Comportamento organizacional (CO): estudo do comportamento humano no âmbito de um contexto organizacional. O CO vale-se de muitos conceitos e métodos de áreas como psicologia, sociologia e antropologia cultural, para analisar: (1) percepções e valores individuais, (2) processos interpessoais e do grupo de trabalho e (3) forças organizacionais e ambienteis. (1)

Comunicação: criação de uma imagem na mente do receptor, que contenha exatamente os mesmos detalhes pretendidos pelo emissor. (12)

Comunicação com o nível inferior: comunicação que flui do nível superior para o inferior no âmbito de uma organização. (12)

Comunicação com o nível superior: comunicação que flui do nível inferior para o superior no âmbito de uma organização. (12)

Comunicação horizontal: comunicação entre pessoas do mesmo nível em uma organização. (12)

Comunicação não-verbal: transmissão de informações por meio de expressões faciais, contato visual, movimento corporal e uso de objetos e do espaço. (12)

Conciliação: estilo de gerenciamento de conflitos que se empenha pela satisfação pessoal das vontades de ambas as partes. (10)

Concordância: aceitação, por parte da pessoa, de uma tentativa de exercer influência, na crença de que um reconhecimento virá em seguida ou uma punição será evitada. (6)

Condicionamento clássico: método de aprendizagem pelo qual um estímulo não-condicionado é associado repetidamente a um neutro, até que este, isoladamente, possa produzir a mesma resposta provocada pelo primeiro. Quando isso ocorre, o estímulo neutro é designado estímulo condicionado e a resposta, uma resposta condicionada. (3)

Condicionamento operante: forma de aprendizagem na qual os comportamentos que produzem resultados positivos ou eliminam os negativos são adquiridos ou reforçados. (3)

Conflito: forma de interação entre pessoas ou grupos nas situações em que um – ou ambos os lados – percebe que o outro deseja anular uma ação desejada. (10)

Conflito do papel: situação que ocorre quando uma pessoa recebe mensagens conflitantes em relação ao comportamento apropriado para o papel. (9)

Conflito intergrupal: conflito existente entre grupos. (10)

Conflito interpessoal: conflito existente entre duas pessoas. (10)

Conglomerado: conjunto organizacional que inclui uma ampla gama de unidades de negócios diversificados. (13)

Conselhos de administração interligados: situação criada quando uma companhia admite, em seu próprio conselho, membros de uma outra corporação. (13)

Consideração: fator referente à extensão em que um líder demonstra preocupação pelo bem-estar dos membros do grupo. (7)

Consolidação: terceiro estágio do desenvolvimento de um grupo, no qual surge a coesão. (9)

Contato: pessoa, em uma organização, que atua como elo de comunicação entre grupos, sem fazer parte deles. (12)

Controlador: indivíduo que controla o fluxo de informações dirigido às pessoas em uma organização. (12)

Cosmopolita: pessoa cuja rede de comunicação se estende para o ambiente externo da organização. (12)

Cultura dominante: conjunto de valores básicos partilhados pela maioria dos colaboradores. (14)

Cultura organizacional: sistema de valores, crenças e normas existente em uma organização e transmitido aos novos colaboradores. (14)

Cultura sólida: conjunto de valores e normas amplamente aceito e mantido com convicção. (14)

| D |

Decisão não-programada: decisão relativa a uma situação única e complexa para a qual não existe um curso de ação preestabelecido. (8)

Decisão programada: decisão razoavelmente rotineira, que pode ser tomada de acordo com procedimentos preestabelecidos. (8)

Declínio organizacional: diminuição do lucro, do orçamento, da equipe de trabalho ou do número de clientes. (15)

Dedicação aos colaboradores: estilo de liderança relacionado à extensão em que um líder demonstra preocupação pelo bem-estar dos membros do grupo. (7)

Definição de princípios: estágio inicial no desenvolvimento de um grupo, em que os membros determinam os comportamentos desejados e não desejados. (9)

Descaso social: tendência dos membros do grupo para exercer tanto menos esforço individual em uma tarefa, quanto maior for o tamanho do grupo. (8)

Descentralização: grau em que a tomada de decisões ocorre em diversos níveis hierárquicos de uma organização. (13)

Desempenho: quarto e último estágio de desenvolvimento, no qual o grupo direciona os esforços para o desempenho de metas valorizadas. (9)

Desenvolvimento organizacional (DO): processo de introdução e de gerenciamento de mudanças em contextos organizacionais. (1)

Dificuldade da meta: grau de competência ou nível de desempenho das funções exigido pela meta. (5)

Dimensões contextuais: características da organização como um todo e de seu ambiente externo, como tamanho, tecnologia e grupos de interesse externos – por exemplo, clientes, fornecedores e concorrentes. (13)

Dimensões estruturais: características internas de uma organização, como grau de especialização, hierarquia e descentralização. (13)

Disciplina progressiva: uso de uma seqüência de penalidades por infrações às regras, sendo cada uma delas mais severa que a precedente. (3)

Discrição limitada: limitações impostas ao processo de tomada de decisões, que resultam de restrições morais e éticas. (8)

Disponibilidade heurística: processo adotado quando um indivíduo estima a freqüência ou a probabilidade de um evento ou de uma classe de ações pela facilidade com que exemplos podem ser lembrados. (8)

Distanciamento: estilo de gerenciamento de conflitos pelo qual uma pessoa tenta adotar uma posição neutra. (10)

Distorção perceptiva: ação de alterar uma percepção para evitar uma realidade desagradável. As formas de distorção incluem: modificar ou distorcer a realidade, enxergar somente aquilo que se deseja ver e aceitar ilusões. (2)

Doença psicogênica do grupo: surtos de doenças físicas em um grupo, de origem psicológica e que se suspeita serem provocadas por estresse relacionado ao trabalho. (11)

| E |

Efeito de facilitação social: tendência de a presença de outras pessoas aumentar o desempenho de um indivíduo. (9)

Efeito de inibição social: tendência de a presença de outras pessoas prejudicar o desempenho de um indivíduo. (9)

Efeito halo: impressão, em termos gerais, favorável ou desfavorável de uma pessoa, adotada como base para avaliação, independentemente do nível de desempenho real. (2)

Efeito Hawthorne: fenômeno existente em situações de teste, nas quais um maior desempenho dos colaboradores resulta da percepção que têm de estar sendo bem supervisionados. (1)

Escola de relações humanas: reconhece a importância dos fatores e processos sociais para o entendimento do comportamento dos colaboradores. (1)

Esforço emocional: autogerenciamento ativo de comportamento, tom afetivo e estado de ânimo, para manter uma apresentação pessoal positiva. (11)

Emotividade negativa: predisposição estável de uma pessoa para sentir-se insatisfeita com o trabalho ou a vida em geral, na ausência de qualquer fonte de estresse objetiva. (11)

***Empowerment* do colaborador:** conjunto de técnicas motivacionais, criadas para melhorar o desempenho do colaborador, por meio de maiores níveis de participação e autodeterminação. (5)

Enriquecimento do cargo: iniciativas para tornar as funções mais satisfatórias, proporcionando aos colaboradores maior autonomia e responsabilidade pela tomada de decisões; extensão vertical de um cargo. (5)

Equipe de trabalho autodirigida (ETA): grupo de colaboradores intensivamente treinados, responsável por criar um produto, partilhar a tomada de decisões e promover o rodízio de cargos. A remuneração é baseada na proficiência das aptidões. (5)

Erro de atribuição fundamental: tendência a atribuir a forças internas o comportamento de outras pessoas. (2)

Escala M: escala de atitudes que mede o grau em que as pessoas concordam com as idéias de Maquiavel – e, portanto, são consideradas dominadoras e manipuladoras. (6)

Especificidade da meta: grau de precisão da meta. (5)

Esgotamento: exaustão física, emocional e mental, resultante de exposição prolongada a situações estressantes. (11)

Esquemas institucionalizados: modo de operação de uma organização, exemplificado por políticas formais, sistemas de reconhecimento e linhas de autoridade e comunicação. (14)

Estereótipo: crença de que todos os membros de um grupo (por exemplo, um grupo racial, étnico, religioso ou profissional) partilham os mesmos traços e comportamentos. (2)

Estilo cognitivo: estilo de colher e avaliar informações. Jung identificou quatro tipos: sensorial, intuitivo, racional e sensível. (2)

Estímulo condicionado (EC): no condicionamento clássico, estímulo neutro que tem a capacidade de provocar uma resposta condicionada. (3)

Estímulo não-condicionado (ENC): no condicionamento clássico, um estímulo que possui capacidade para provocar uma resposta reflexiva natural (não-condicionada). (3)

Estresse: reações físicas e psicológicas manifestadas por um indivíduo, quando confrontado com uma situação ameaçadora ou muito exigente – como um conflito extremo. (11)

Estudo da sala de montagem de relés: um dos estudos Hawthorne, foi o primeiro a indicar que o aumento da produtividade poderia ser atribuído parcialmente à percepção dos empregados de estarem sendo observados.

Estudos Hawthorne: série de estudos de comportamento dos trabalhadores na fábrica de Hawthorne, da Western Electric, perto de Chicago, no período entre 1924 e 1934. Os estudos, que demonstraram o efeito dos relacionamentos sobre o desempenho das funções, proporcionaram o impulso para o método de relações humanas aplicado às organizações. (1)

Estrutura compacta: descreve uma organização com menos níveis de autoridade e maior amplitude de controle. (13)

Estrutura complexa: descreve uma organização com mais níveis de autoridade e menor amplitude de controle. (13)

Estrutura da tarefa: fator, no modelo de contingência, relativo ao grau em que um trabalho pode ser especificado claramente. (7)

Estrutura em função do produto: tipo básico de estrutura organizacional, que reúne pessoal e atividades de acordo com uma linha de produtos. (13)

Estrutura funcional: tipo básico de estrutura organizacional, que reúne pessoas e atividades de acordo com os recursos essenciais para o processo produtivo. (13)

Estrutura híbrida: tipo de estrutura organizacional que combina as áreas funcional e de produto. (13)

Estrutura inicial: fator relativo à extensão em que um líder inicia as atividades em um grupo, organiza-as e define o modo pelo qual o trabalho deve ser feito. (7)

Estrutura matricial: tipo de estrutura organizacional, na qual um determinado produto é sobreposto a uma forma funcional, criando um sistema duplo de autoridade. (13)

Ética do trabalho: crença na dignidade de todo trabalho, especialmente a convicção de que o comprometimento resulta em sucesso. (2)

Experiência culminante: experiência profunda e mística, em que uma pessoa vive em estado de alegria, satisfação e admiração. (4)

Expectativas de autodesempenho: fenômeno no qual as pessoas avaliadas desempenham de acordo com as expectativas que o avaliador tem delas. (5)

Extinção: declínio do índice de respostas que ocorre quando o reforço dos comportamentos previamente reconhecidos é descontinuado. (3)

| F |

Fator neutralizador de liderança: pessoa, tarefa ou característica organizacional que pode impedir o líder de ser eficaz. (7)

Fatores de higiene: na teoria dos dois fatores, o conjunto de variáveis que fazem parte do contexto em que um cargo é exercido – por exemplo, segurança do emprego, políticas da empresa e condições de trabalho. (4)

Fatores motivadores: na teoria dos dois fatores, o conjunto de variáveis relativa ao conteúdo do cargo – por exemplo, avanço na carreira, grau de responsabilidade e sensação de conquista. (4)

Finalização de sentenças: técnica projetiva para avaliação da personalidade, na qual os respondentes são solicitados a finalizar uma série de sentenças incompletas. (2)

Fluxo: experiência transcendente pela qual uma pessoa sente alegria, satisfação e exibe criatividade. (4)

Formação de equipe: programa de desenvolvimento organizacional, criado para ajudar os grupos de trabalho existentes ou os grupos especiais formados recentemente a melhorarem o desempenho, suplantando obstáculos e resolvendo problemas. (15)

| G |

Gerenciamento da Qualidade Total (GQT): conjunto de princípios que enfatizam a existência e a continuidade de produtos de alta qualidade. (5)

Gerenciamento de recursos humanos: campo de estudo que aplica princípios das ciências comportamentais para estruturar e implementar meios de atrair, desenvolver e motivar pessoas em uma organização. (1)

Gerenciamento do tempo: estratégia para enfrentar o estresse relacionado ao trabalho, por meio de autogerenciamento eficaz. (11)

Gerenciamento japonês: método de gerenciamento que incorpora controle informal dos colaboradores, ênfase em qualidade e produtividade, avaliação e promoção lentas, compromisso com o trabalhador e busca de consenso. (14)

Grau da necessidade de crescimento manifestado por um colaborador: grau de empenho de um colaborador para conseguir crescimento pessoal no ambiente de trabalho. (5)

Grupo: conjunto de duas ou mais pessoas que interagem, partilham crenças comuns e se consideram membros de um grupo. (9)

Grupo aberto: grupo que altera freqüentemente sua composição. (9)

Grupo fechado: grupo no qual o número de participantes permanece relativamente estável. (9)

Grupo formal: grupo formado para cumprir as metas da organização. (9)

Grupo informal: grupo no qual a associação é voluntária e baseada na atração interpessoal. (9)

| H |

Heurística: regras de decisão simplificadas (práticas), adotadas para tomar decisões rápidas. (8)

Heurística de representatividade: avaliação feita com base na similaridade entre os atributos específicos de um determinado evento ou meta e os de uma classe de tais eventos ou metas. (8)

Hierarquia das necessidades: teoria de Maslow segundo a qual existem cinco conjuntos de necessidades, dispostas de modo que as mais básicas, de nível inferior, precisam ser satisfeitas antes das de nível superior. As necessidades são fisiológicas, sociais, relacionadas à segurança, à estima e à auto-realização. (4)

Horário flexível: esquema de trabalho que proporciona aos colaboradores alguma flexibilidade na programação de suas horas de trabalho, especificamente o horário de entrada e de saída. (5)

| I |

Identificação: aceitação, por uma pessoa, de uma influência, originária de uma intenção de estabelecer ou manter um relacionamento satisfatório com a fonte da influência. (6)

Influência: iniciativas tomadas por pessoas para mudar o comportamento de outras, nas situações em que não detêm poder ou autoridade formal sobre seus alvos. (6)

Incongruência do *status*: situação em que todos os aspectos do *status* de um indivíduo não são congruentes. (9)

Início verdejante: novas instalações, com nova equipe de colaboradores, estabelecidas, muitas vezes, como parte de uma iniciativa para introduzir equipes de trabalho autodirigidas. (5)

Insinuações não-verbais: mensagens transmitidas por meio de expressões faciais, mudança de tom ou de altura da voz e movimento ocular e da cabeça. (2)

Integração: a terceira fase do modelo de mudança de Lewin na qual sistemas ou comportamentos criados recentemente se tornam parte dos processos organizacionais correntes. (15)

Integração vertical: situação que ocorre quando uma organização adquire outra com a meta de controlar forças que afetam seu processo de produção. (13)

Internalização: aceitação, por um indivíduo, de uma tentativa de influência, na suposição de que o comportamento resultante é correto e apropriado. (6)

Inveja do colaborador: padrão de pensamentos, emoções e comportamentos resultante de uma perda de auto-estima em reação a uma outra pessoa que atinge os resultados almejados. (11)

| L |

Lei de atração: constatação de que, quanto maior a proporção de atitudes similares que duas pessoas compartilham, maior o grau de atração interpessoal. (9)

Lei do efeito: propõe que o comportamento que produz resultados prazerosos apresenta maior possibilidade de repetir-se do que aquele que gera resultados desagradáveis. (3)

Líder informal: pessoa que não detém autoridade formal, mas exerce influência considerável em um grupo. (7)

Liderança: processo pelo qual os líderes influenciam atitudes, comportamentos e valores de outros. (7)

Liderança carismática: liderança baseada no poder referencial e caracterizada por autoconfiança, senso de finalidade e visão articulada. (7)

Liderança de apoio: na teoria trajetória–meta, o comportamento de um líder que resulta em ser sensível e apoiar as necessidades dos membros do grupo. (7)

Liderança diretiva: na teoria da trajetória–meta, o comportamento de um líder que envolve dar orientação específica aos subordinados e solicitar-lhes que sigam as regras e o regulamento em vigor. (7)

Liderança orientada a resultados: na teoria trajetória–meta, um comportamento do líder que envolve a fixação de metas desafiadoras, demonstrando simultaneamente confiança na capacidade dos subordinados. (7)

Liderança participativa: na teoria trajetória–meta, o comportamento em que um líder partilha autoridade e responsabilidade com os subordinados, incentivando a participação na tomada de decisões e nos assuntos que afetam suas funções. (7)

Liderança transacional: estilo de liderança baseado na permuta de reconhecimento por desempenho. (7)

Liderança transformacional: estilo de liderança que implica a reformulação de toda a estratégia de uma organização, baseada em valores compartilhados. (7)

| M |

Maturidade do cargo: componente da maturidade do subordinado, definido em termos de conhecimento técnico e aptidões relacionadas ao cargo. (7)

Maturidade do subordinado: atributo de situação crítica no modelo de Hersey–Blanchard. Consiste na maturidade do cargo e na maturidade psicológica do subordinado para uma tarefa específica. (7)

Maturidade moral: refere-se ao estágio de julgamento ético em que uma pessoa se encontra. Kohlberg identifica estágios de desenvolvimento moral, agrupados em três categorias: nível pré-convencional, nível convencional e nível baseado em princípios. (2)

Maturidade psicológica: componente da maturidade do subordinado e de sua disposição e capacidade para assumir responsabilidades. (7)

Maximização: tentativa de identificar a solução melhor ou ótima para um problema. (8)

Método da contingência: abordagem do comportamento organizacional que afirma não existir uma maneira ótima para gerenciar todas as situações, mas que os dirigentes devem identificar formas diferentes para lidar com situações distintas. (1)

Modelagem: técnica de modificação do comportamento pela qual a pessoa recebe reforço por aproximações pequenas e sucessivas do comportamento desejado. (3)

Modelo administrativo: modelo de tomada de decisões baseado no reconhecimento de que a racionalidade limitada restringe a tomada de decisões racionais e econômicas otimizadas. (8)

Modelo contingente de eficácia da liderança: teoria que indica ser a eficácia da liderança determinada pelas características do líder e pelo nível favorável da situação. (7)

Modelo da dependência de recursos: visão de como as organizações se relacionam com seu ambiente, tendo em vista que o sucesso de uma empresa é função da otimização de gerenciamento do ambiente. (13)

Modelo de intercâmbio entre líder e membro: enfatiza a importância dos relacionamentos pessoais entre o líder e os subordinados. (7)

Modelo de Porter-Lawler: estrutura conceitual que tenta integrar as várias abordagens da motivação. (4)

Modelo de Vroom-Yetton: focaliza a seleção de um estilo apropriado de liderança para a tomada de decisões com base em considerações de ordem situacional. O modelo propõe cinco estilos: dois são autocráticos (AI e AII), dois são consultivos (CI e CII) e um é orientado a uma decisão do grupo (G). (7)

Modelo racional–econômico: supõe que a tomada de decisões é, e deve ser um, processo racional que consista em uma seqüência de passos que aumenta a probabilidade de alcançar uma meta desejada. *Veja também* Teoria clássica da decisão. (8)

Modelo tridimensional de inteligência: visão de inteligência geral, que analisa a noção de três componentes fundamentais: raciocínio analítico, inteligência social e criatividade. (7)

Modificação do comportamento: método de motivação que utiliza os princípios do condicionamento operante. (4)

Modificação do Comportamento Organizacional (Mod CO): aplicação dos princípios de condicionamento operante a pessoas em contextos organizacionais, usualmente direcionados ao aumento do número de comportamentos desejáveis, pela aplicação de reforço positivo. (3)

Movimento de cultura da qualidade: visão que surgiu no início da década de 1980 e enfatiza a importância de temas de valor organizacional, do tipo de envolvimento e dedicação, visando a influenciar a qualidade da produção. (1)

Mudança: segunda fase do modelo de mudança de Lewin, na qual um plano ou sistema é implementado. (15)

Mudança cautelosa: tendência dos grupos para tomar decisões mais conservadoras do que individuais. (8)

| N |

Namoro no local de trabalho: atração mútua, duradoura e erótica entre colaboradores. (11)

Narração de histórias: técnica projetiva para avaliar a personalidade, em que os respondentes narram histórias a respeito de figuras que lhes são mostradas. *Veja também* Testes de Percepção Temática. (2)

Necessidade de associação: necessidade de companheirismo. (4)

Necessidades de crescimento: necessidades de ordem superior (estima e auto-realização), relacionadas à concretização do potencial de uma pessoa. (4)

Necessidade de prestígio ou reconhecimento: necessidade de se destacar na execução de uma meta ou tarefa de modo mais eficiente do que outros. (4)

Necessidade de poder: necessidade de controlar ou exercer impacto sobre outros. (4)

Necessidades de sobrevivência: necessidades de ordem inferior (fisiológicas, de segurança e sociais), na hierarquia de Maslow, que devem ser satisfeitas para assegurar a sobrevivência de uma pessoa. (4)

Negociação: processo interativo em que dois ou mais grupos discutem a alocação de recursos. (10)

Negociação: segundo estágio do desenvolvimento do grupo, em que os membros se confrontam visando à divisão de poder e ao *status*. (9)

Normas: regras de conduta, escritas ou não-escritas, que orientam o comportamento dos membros do grupo. (9)

| O |

Opção pelo risco: tendência dos grupos para tomar decisões mais arriscadas do que as individuais. (8)

Organização mecanicista: organização caracterizada por um grau elevado de formalização e centralização. (13)

Organização orgânica: organização caracterizada por um grau relativamente reduzido de formalização e centralização. (13)

Orientação à tarefa: estilo de liderança relativo ao grau em que um líder mostra preocupação em fazer um trabalho ser executado e ajuda a direcionar o grupo para cumprir as metas. (7)

| P |

Papel: conjunto de comportamentos associados à posição de uma pessoa em um grupo. (9)

Papel esperado: conjunto formal de comportamentos, transmitido por uma descrição de cargos e por membros da unidade de trabalho. (9)

Papel na comunicação: função específica que uma pessoa desempenha na rede de comunicação de uma empresa. (12)

Papel percebido: conjunto de comportamentos que uma pessoa acredita ser o esperado em termos de seu desempenho. (9)

Papel representado: conjunto real de comportamentos demonstrados por uma pessoa em uma posição. (9)

Participação nos lucros: modelo de gestão de incentivo que vincula a gratificação de uma pessoa ao desempenho de uma unidade de negócios. (5)

Pensamento único do grupo: tendência de os membros de um grupo consideravelmente coeso buscarem consenso de modo bastante convincente, a ponto de deixar de examinar linhas de procedimento alternativas e, talvez, retificadoras. (8)

Percepção da pessoa: processo pelo qual o indivíduo recebe e interpreta informações sobre um outro. (2)

Percepção seletiva: tendência de uma pessoa a ser influenciada por seus próprios interesses. (2)

Perspectiva ecológica da população: visão de como as organizações se relacionam com seu ambiente ao afirmar que seu sucesso depende da escolha de um nicho em ambientes muito competitivos. (13)

Personalidade: conjunto de traços e características que formam um padrão que distingue uma pessoa de todas as demais. (2)

Personalidade tipo A: caracterizada por impaciência, competitividade e empenho pelo sucesso. (11)

Personalidade tipo B: caracterizada por uma atitude relaxada, tranquila e não-competitiva em relação ao trabalho e à vida. (11)

Pessoa isolada: indivíduo que mantém pouco ou nenhum contato com outros membros da organização. (12)

Poder: capacidade de uma pessoa ou de um grupo para mudar atitudes e comportamentos dos demais. (6 e 12)

Poder baseado em especialização: poder individual lastreado na posse de conhecimento especializado e relevante para as funções. (6)

Poder coercitivo: poder baseado na extensão em que um indivíduo ou uma organização detém controle das punições. Oposto de poder de reconhecimento. (6)

Poder da posição: fator, no modelo de contingência, relativo ao poder inerente a uma posição. (7)

Poder de reconhecimento: poder individual baseado na extensão em que uma pessoa controla um reconhecimento valorizado por outra. O oposto de poder coercitivo. (6)

Poder legítimo: poder individual baseado na crença de que a pessoa detém o direito legítimo de exercer controle sobre outras. (6)

Poder referente: poder individual baseado em um nível elevado de admiração ou respeito pelo detentor do poder.

Polarização do grupo: tendência dos membros de um grupo para assumir posições extremadas (na direção que preferiam originalmente) após a discussão. (8)

Políticas organizacionais: atividades direcionadas à aquisição, ao desenvolvimento e ao uso do poder para o resultado preferido (e, usualmente, personalista) por uma pessoa, em situações nas quais existem incerteza ou desacordo. (6)

Posição de contato: posição, em uma organização, que a representa em várias entidades/situações no ambiente externo. (10)

Predominância: na hierarquia de necessidades de Maslow, a capacidade das necessidades de ordem inferior de sobrepor-se às de ordem superior. (4)

Princípio do primeiro passo: tendência em concordar com a solicitação de um favor considerável, após o pedido de um outro pequeno. (6)

Probabilidades subjetivas: estimativas da possibilidade de que um evento ocorrerá após um outro – por exemplo, que o desempenho conduzirá a um certo resultado. (4)

Processo de produção de longa duração: tecnologia pela qual todo o processo de fabricação é contínuo e mecanizado. (13)

Produção em massa: tecnologia baseada em lotes expressivos de peças ou produtos padronizados. (13)

Produção unitária: tecnologia pela qual os produtos são customizados para atender a pedidos específicos dos clientes. (13)

Programação de índice fixo: programação em que uma série de números de respostas deve ser executada antes que a recompensa seja adotada.

Programação de intervalo fixo: programação em que ocorre um reconhecimento somente após um intervalo fixo de tempo haver decorrido desde o último reconhecimento. (3)

Programação de intervalo variável: programação em que o reconhecimento é aplicado após uma quantidade variável de tempo haver decorrido desde último reconhecimento. (3)

Programação de índice variável: programação em que um reconhecimento é aplicado após um número variável de respostas. (3)

Programação fixa: programação de reforço em que a quantidade de tempo ou o número de comportamentos demonstrados é especificado. (3)

Programação por índice: programação que reforça o comportamento, com base no número de vezes em que um comportamento é exibido. (3)

Programação por intervalo: programação que reforça o comportamento com base no tempo decorrido. (3)

Programação variável: programação que visa ao reforço em que varia a quantidade de tempo decorrido ou o número de respostas oferecidas. (3)

Projeção: tendência para atribuir nossas emoções e qualidades a outros; mecanismos de defesa. (2)

Proximidade: estudo do espaço físico como forma de comunicação não-verbal. (12)

Proximidade relativa: conceito usado na interpretação da comunicação não-verbal, baseado no fato de que as pessoas se aproximam das que avaliam positivamente e se afastam das que avaliam negativamente. (12)

Punição: apresentação de um evento desagradável após um comportamento indesejável. Trata-se de um reforçador negativo, que tenta eliminar o comportamento indesejado. (3)

| Q |

Qualidade da vida de trabalho (QVT): método de desenvolvimento organizacional, que procura otimizar o ambiente de trabalho. Os programas QVT têm por objetivo melhorar o desempenho e as vivências psicológicas dos colaboradores no trabalho. (15)

| R |

Racionalidade limitada: suposição de que as limitações organizacionais, sociais e humanas fazem com que os decisores aceitem soluções "suficientemente boas", em vez de otimizadas. (8)

Reconhecimento: primeira fase no modelo de mudança de Lewin, na qual as pessoas se tornam conscientes da necessidade de mudança. (15)

Reconhecimento extrínseco: reconhecimento externo ao cargo, como gratificação ou promoção. (5)

Reconhecimento intrínseco: reconhecimento que faz parte do próprio cargo, como o grau de desafio ou responsabilidade. (5)

Redes: modelos de relacionamento. (12)

Rede descentralizada: rede de comunicação em que cada membro tem oportunidade igual para obter e transmitir informações. (12)

Rede centralizada: rede de comunicação na qual os membros dispõem de oportunidades desiguais para obter e transmitir informações. Elas fluem por meio de uma pessoa central. (12)

Reforço contínuo: esquema criado para incentivar o comportamento correto toda vez que este for demonstrado. (3)

Reforço negativo: uso de estímulo (punição) para enfraquecer respostas indesejadas, resultando em sua eliminação. (3)

Reforço parcial: situação em que uma resposta é reconhecida de maneira descontínua ou variável. O comportamento adquirido mediante reforço parcial, em geral, é mais resistente à extinção do que o adquirido por meio de reforço contínuo. (3)

Reforço positivo: uso de estímulos (incentivos) para reforçar as respostas desejadas, resultando em sua repetição. (3)

Relação entre líder e membros: fator, no modelo de contingência, que se refere ao grau de credibilidade, confiança e respeito que o líder obtém dos membros do grupo. (7)

Resistência à mudança: permanência de um comportamento, na ausência de reforço. (3)

Responsabilidade difusa: conceito utilizado freqüentemente para explicar uma mudança arriscada, que afirma ser a responsabilidade individual compartilhada entre os membros de um grupo. (8)

Resposta condicionada (RC): no condicionamento clássico, resposta reflexiva provocada por um estímulo condicionado. (3)

Resposta não-condicionada (RNC): no condicionamento clássico, uma resposta reflexiva provocada pela ocorrência de um estímulo não-condicionado. (3)

Retenção: estágio, na perspectiva de ecologia da população, em que certas formas organizacionais bem-sucedidas são institucionalizadas. (13)

Retorno da pesquisa: técnica de desenvolvimento organizacional, na qual são usados questionários para obter informações sobre temas de interesse; os resultados são resumidos e entregues aos colaboradores para análise e interpretação. (15)

Retrofit **(força-tarefa para inovação):** introdução de equipes de trabalho autodirigidas em uma força de trabalho existente. (5)

Reunião de última oportunidade: técnica para contestar o pensamento único do grupo, em que ocorre uma reunião cujos membros são incentivados a externar dúvidas ou hesitações incômodas a respeito de uma decisão. (8)

Reuniões de confrontação: técnica de desenvolvimento organizacional, por meio da qual grupos conflitantes são aproximados em uma situação estruturada para melhorar a cooperação. (15)

Revisão do papel: processo pelo qual as pessoas recebem informações a respeito de seu papel e ajustam seu comportamento de modo correspondente. (9)

Rotatividade de cargos: transferência sistemática dos colaboradores de um cargo para outro, tendo por meta aumentar a motivação e o interesse. (5)

Rotatividade funcional: premissa segundo a qual uma rotatividade elevada de colaboradores com mau desempenho pode beneficiar uma organização. (11)

Rumores: crenças sem verificação, transmitidas por canais informais no interior de uma organização. (12)

| S |

Satisfação no cargo: atitude de uma pessoa em relação a seu cargo. Um dos aspectos do campo de comportamento organizacional mais amplamente estudado. (11)

Seleção natural: estágio, na perspectiva de ecologia da população, em função do qual somente sobrevivem as organizações que possuem a forma necessária e as demais desapareçam. (13)

Semana de trabalho alterada: semana de trabalho reduzida. A forma mais comum envolve trabalhar quatro dias por semana, dez horas por dia (denominada semana 4-40). (5)

Simbolismo: inclui rituais e cerimônias. Os símbolos comunicam valores, legitimam práticas, ajudam a socializar os membros, e criar lealdade. (14)

Síndrome da Adaptação Geral: refere-se aos três estágios do estresse identificados por Selye – alarme, resistência e exaustão. (11)

Sistema aberto: sistema que apresenta algum grau de interação com seu ambiente externo. Todas as organizações são sistemas abertos, embora variem em grau. (13)

Sistema fechado: sistema que não interage com seu ambiente externo. (13)

Sobrecarga de funções: situação que ocorre quando é esperado um excesso de atividades por parte de um colaborador, tendo em vista o tempo disponível e seu nível de capacidade. (11)

Sobrecarga de informações: situação que ocorre quando está esgotada a capacidade de processamento de informações de um participante da rede de comunicação. (12)

Status: condição ou valor social atribuído a uma pessoa, por causa da posição que ela ocupa em um grupo. (9)

Subcultura: conjunto de valores e normas específico de determinada unidade organizacional. (14)

Substituto de liderança: indivíduo, tarefa ou característica organizacional que pode tornar supérflua a liderança. (7)

| T |

Técnica Delphi: técnica para melhorar a tomada de decisões pelo grupo, segundo a qual as opiniões de especialistas são solicitadas por meio de questionários específicos, enviados previamente, e então, compilados. Adota-se o consenso para tomar uma decisão. (8)

Técnica dos degraus da escada: estrutura de tomada de decisões por grupos, que inicia com um grupo pequeno e central e, agregando um por vez, envolve ativamente todos os membros na tomada da decisão final. (8)

Técnica nominal de grupo (TNG): técnica para aperfeiçoar a tomada de decisões; um pequeno grupo de pessoas apresenta e discute suas idéias, antes de votar confidencialmente na linha de ação preferida. A decisão resulta dos votos obtidos por uma única alternativa. (8)

Técnicas projetivas: testes baseados na idéia de que as pessoas darão respostas altamente individualizadas a estímulos ambíguos. As técnicas projetivas incluem o teste de Rorschach, a narração de histórias e a finalização de sentenças. (2)

Tecnologia: conhecimento, ferramentas e técnicas empregados pelas organizações em suas atividades. (13)

Teletrabalho: uso de um *link* de computador para realizar, em casa, uma parte ou todas as funções. (5)

Teoria clássica da decisão: método de tomada de decisões que supõe que os decisores são objetivos, dispõem de informações completas e consideram todas as alternativas possíveis e respectivas conseqüências antes de selecionar a solução otimizada. *Veja também* Modelo racional–econômico. (8)

Teoria comportamental de tomada de decisões: teoria que peopõe um método de tomada de decisões baseado no reconhecimento de que a racionalidade limitada restringe a tomada de decisões otimizadas. (8)

Teoria da aprendizagem social: método de estudo da motivação, que enfatiza a importância dos processos de modelagem e de auto-regulação no aprendizado. (4)

Teoria da atribuição: explica o processo em que observamos o comportamento de outras pessoas e, então, lhe atribuímos causas internas e externas. (2)

Teoria da atribuição causal de Kelley: modelo baseado em observações de concordância, coerência e caráter distintivo em termos comportamentais, que prevê as atribuições internas em contraste com as externas. (2)

Teoria da eqüidade: propõe que uma pessoa se empenhará para manter uma proporção entre empenho e resultado igual à obtida por outra, com base em comparação. (4)

Teoria da expectativa: propõe que o comportamento é função das expectativas de uma pessoa a respeito do futuro e do valor dos resultados futuros. (4)

Teoria da liderança situacional: teoria que propõe que o comportamento otimizado do líder está relacionado à maturidade dos subordinados. (7)

Teoria da personalidade implícita: tendência para perceber um traço em uma pessoa, por possuir um traço relacionado. (2)

Teoria das características do cargo: modelo de enriquecimento do cargo, em que a presença de cinco características – diversidade de aptidões, identificação com as tarefas, significado das tarefas, autonomia e *feedback* – conduz a três estados psicológicos importantes, que acarretam, por sua vez, resultados positivos relacionados ao trabalho. (5)

Teoria das trocas sociais: teoria que indica que, nos relacionamentos, as pessoas monitoram continuamente a diferença entre vantagens e custos e julgam os resultados em função de dois padrões: um nível de comparação e um nível de comparação entre alternativas. (9)

Teoria do recurso cognitivo: teoria que destaca a visão de que os líderes, orientadores inteligentes e com experiências relevantes nas funções, serão mais eficazes se atuarem em contextos sem estresse, com subordinados que os apóiem. (7)

Teoria do reforço: uma teoria que adota os princípios do condicionamento operante e que considera o comportamento atual em função das conseqüências do comportamento passado. (4)

Teoria dos dois fatores: teoria de Herzberg da satisfação no trabalho, afirmando que satisfação e insatisfação se originam de grupos diferentes de variáveis, denominados fatores motivadores e de higiene. (4)

Teoria organizacional: campo de estudo que focaliza a organização (e atributos como metas, tecnologia e cultura) como unidade de análise. (1)

Teoria trajetória–meta: teoria fundada no modelo de expectativa de motivação, indicando que os líderes podem influenciar a satisfação e o desempenho dos subordinados, baseando o reconhecimento no cumprimento das metas de desempenho e informando a trajetória para atingi-las. (7)

Teorias de conteúdo: focalizam os fatores específicos que motivam as pessoas agir para suprir suas necessidades. Exemplos: teorias de Maslow, Herzberg e McClelland. (4)

Teorias do processo: teorias que focalizam o processo pelo qual o reconhecimento controla o comportamento. Exemplos: as teorias sobre expectativa, eqüidade e reforço. (4)

Território: localização física específica em relação à qual uma pessoa demonstra uma atitude de domínio exclusivo. (12)

Teste de Apercepção Temática (TAT): método que envolve narração de histórias para avaliação da personalidade, composto por 20 figuras que mostram situações ambíguas. O respondente cria histórias, que são analisadas para detectar temas recorrentes. (2)

Teste situacional: técnica que envolve a observação direta do comportamento de uma pessoa em uma situação de teste, criada para proporcionar informações sobre a personalidade. (2)

Tomada de decisões organizacionais: decisões relativas aos problemas e às práticas das organizações. (8)

Tomada de decisões pessoais: decisões que afetam diretamente uma pessoa.

Transmissão informal de informações: canais de comunicação informais existentes no interior de uma organização, que evitam os canais formais. (12)

Treinamento da sensibilidade: técnica de desenvolvimento organizacional, que procura melhorar o entendimento que os colaboradores têm de seu próprio comportamento e do impacto que ele exerce sobre outras pessoas. Supõe-se que tal sensibilidade aprimorada reduza os conflitos interpessoais na organização. (15)

| U |

Unidade de comando: conceito que afirma deverem os colaboradores responder a um único superior e somente receber ordens dele. (13)

| V |

Valores: preferências dos membros de uma organização entre as atividades e os resultados. (14)

Valorização: valor que uma pessoa atribui ao reconhecimento que ela espera obter. (4)

Vantagem situacional: no modelo de contingência, a noção do grau de facilidade ou dificuldade que uma situação pode ter para um líder. Três fatores – relações entre líder e membros, estrutura das tarefas e poder da posição – combinam-se para representar uma gama de situações possíveis. (7)

Variação: estágio, sob a perspectiva de ecologia da população, relativo ao desenvolvimento de organizações com atributos exclusivos. (13)

Viés da experiência pessoal: tendência a ser influenciado por experiências reais e pessoais, em vez de informações objetivas válidas e relevantes, ao tomar uma decisão. (8)

Viés da opção implícita: tendência para optar por uma alternativa preferida, em um exercício de tomada de decisões, e participar da análise de alternativas, a fim de confirmar o preconceito inicial. (8)

Viés da percepção tardia: alegação de que uma pessoa teria previsto a inevitabilidade relativa de um resultado conhecido. (1)

Viés de aversão a perdas: tendência para a tomada de decisões em que as perdas são consideradas mais importantes que os ganhos, embora seu valor objetivo seja igual. (8)

Viés de percepção seletiva: tendência a se interessar somente por informações específicas, por causa de grandes expectativas anteriores. (8)

Viés do proveito próprio: tendência para atribuir o sucesso a fatores internos e a considerar o fracasso como conseqüência de fatores externos. (2)

| Z |

Zonas de espaço pessoal: distâncias definidas de cultura, existentes entre as pessoas. (12)

Notas

Capítulo 1: Introdução ao comportamento organizacional

1. C. D. Wrege e R. M. Hodgetts, "Frederick W. Taylor's 1899 Pig Iron Observations: Examining Fact, Fiction, and Lessons for the New Millennium", *Academy of Management Journal* 43 (2000), p. 1283-1291; S. Wilentz, "Speedy Fred's Revolution", *New York Review*, 20 nov. 1997, p. 32-37; J. Gies, "Automating the Worker", *Invention and Technology* (inverno 1991), p. 56-63; F. J. Lundy, "Hugo Münsterberg: Victim or Visionary?", *Journal of Applied Psychology* 77 (1992), p. 787-802.
2. E. A. Locke, "The Ideas of Frederick W. Taylor: An Evaluation", *Academy of Management Review* 7 (1982), p. 14-24; L. W. Fry, "The Maligned F. W. Taylor: A Reply to His Many Critics", *Academy of Management Review* 30 (1976), p. 124-139.
3. J. M. Gotcher, "Assisting the Handicapped: The Pioneering Efforts of Frank and Lillian Gilbreth", *Journal of Management* 18 (1992), p. 5-13; C. D. Wrege e R. G. Greenwood, *Frederick Taylor: The Father of Scientific Management: Myth and Reality* (Homewood, Ill.: Irwin, 1991).
4. R. Olson *et al.*, "What We Teach Students About the Hawthorne Studies: A Review of Content within a Sample of Introductory I-O and OB Textbooks", *The Industrial-Organizational Psychologist* 41 (2004), p. 23-39; A. H. Schulman *et al.*, "The Hawthorne Studies: What Are We Teaching?" (*paper* apresentado no National Meeting of the Academy of Management, 1991); F. J. Roethlisberger e W. J. Dickson, *Management and the Worker: An Account of a Research Program Conducted by the Western Electric Company, Hawthorne Works, Chicago* (Cambridge, Mass.: Harvard University Press, 1939); Anon, "Hawthorne Revisited: The Legend and the Legacy", *Organizational Dynamics* 3 (1975), p. 67-68; E. Mayo, *The Human Problems of an Industrial Civilization* (Nova York: Viking, 1933).
5. R. H. Franke e R. P. Urian, "Illumination and Productivity at Hawthorne" (*paper* apresentado no National Meeting of the Academy of Management, 1991); R. H. Franke, "The Hawthorne Experiments: Empirical Findings and Implications for Management" (*paper* apresentado no National Meeting of the Academy of Management, 1987).
6. S. R. Barley e G. Kunda, "Design and Devotion: Surges of Rational and Normative Ideologies of Control in Managerial Discourse", *Administrative Science Quarterly* 37 (1992), p. 363-399.
7. T. J. Peters e R. H. Waterman Jr., *In Search of Excellence* (Nova York: Harper & Row, 1982); T. E. Deal e A. A. Kennedy, *Corporate Cultures* (Reading, Mass.: Addison-Wesley, 1982); W. G. Ouchi, *Theory Z: How American Business Can Meet the Japanese Challenge* (Reading, Mass.: Addison-Wesley, 1981).
8. R. P. Vecchio e C. Bullis, "Moderators of the Influence of Supervisor–Subordinate Similarity on Subordinate Outcomes", *Journal of Applied Psychology* 86 (2001); S. Jackson *et al.*, "Some Differences Make a Difference: Individual Dissimilarity and Group Heterogeneity as Correlates of Recruitment, Promotions, and Turnover", *Journal of Applied Psychology* 76 (1991), p. 675-689; R. Lattimer, "Managing Diversity for Competitive Advantage", em *Textbook Authors Conference of American Association of Retired Persons* (Washington, D.C., 1992), p. 23-26; W. Watson *et al.*, "Cultural Diversity's Impact on Interaction Process and Performance: Comparing Homogeneous and Diverse Task Groups", *Academy of Management Journal* 36 (1993), p. 590-602; A. Tsui *et al.*, "Being Different: Relational Demography and Organizational Attachment", *Administrative Science Quarterly* 37 (1992), p. 549-579.
9. M. M. LeBlance e J. Barling, "Workplace Aggression", *Current Directions in Psychological Science* 13 (2004), p. 9-12; M. McNamee, "Job Violence: A Global Survey", *Business Week*, ago. 17, 1998, 22; P. Stuart, "Perspectives on Murder at Work", *Personnel Journal* (fev. 1992).
10. K. G. Roy, "The Systemic Conditions Leading to Violent Human Behavior", *Journal of Applied Behavioral Science* 36 (2000), p. 389-406; P. M.

Muchinsky, "Emotions in the Workplace: The Neglect of Organizational Behavior", *Journal of Organizational Behavior* 21 (2000), p. 801-805; C. M. Solomon, "Keeping Hate Out of the Workplace", *Personnel Journal* (jul. 1992), p. 30-36.
11. G. N. Powell e S. Foley, "Something to Talk About: Romantic Relationships in Organizational Settings", *Journal of Management* 24 (1997).
12. J. P. Dillard e K. I. Miller, "Intimate Relationships in Task Environments", em S. W. Duck (ed.), *Handbook of Personal Relationships* (Nova York: Wiley, 1988), p. 449-465.
13. B. Azar, "Blinded by Hindsight", *Monitor on Psychology* (maio 2000), p. 28-29; J. J. Christensen-Szalanski e C. Fabian-Willham, "The Hindsight Bias: A Meta-Analysis", *Organizational Behavior and Human Decision Processes* 48 (1991), p. 147-168; C. Ofir e D. Mazursky, "Does a Surprising Outcome Reinforce or Reverse the *Hindsight* Bias?", *Organizational Behavior and Human Decision Processes* 69 (1997), p. 51-57; P. F. Lazarsfeld, "The American Soldier—An Expository Review", *Public Opinion Quarterly* 13 (1949), p. 377-404; P. Slovic e B. Fischhoff, "On the Psychology of Experimental Surprises", *Journal of Experimental Psychology: Human Perception and Performance* 3 (1977), p. 544-551.
14. R. Sternberg *et al.*, "Testing Common Sense", *American Psychologist* 50 (1993), p. 912-927; R. P. Vecchio, "Some Popular (But Misguided) Criticisms of the Organizational Sciences", *Organizational Behavior Teaching Review* 11 (1987), p. 28-34.

Capítulo 2: Personalidade e percepção

1. C. Holden, "Identical Twins Reared Apart", *Science* (mar. 1980), p. 1323-1324.
2. J. L. Rodgers *et al.*, "Resolving the Debate over Birth Order, Family Size, and Intelligence", *American Psychologist* 55 (2000), p. 599-612; J. R. Warren, "Birth Order and Social Behavior", *Psychological Bulletin* 65 (1966), p. 38-49.
3. S. F. Blinkhorn, "The Writing is on the Wall", *Nature* 366 (1998), p. 208; A. Rafaeli e R. J. Klimoski, "Predicting Sales Success through Handwriting Analysis: An Evaluation of the Effects of Training and Handwriting Sample Content", *Journal of Applied Psychology* 68 (1983), p. 212-217; G. Ben-Shakkar *et al.*, "Can Graphology Predict Occupational Success?: Two Empirical Studies and Some Methodological Ruminations", *Journal of Applied Psychology* 71 (1986), p. 645-653; E. Neter e G. Ben-Shakur, "The Predictive Validity of Graphical Inferences: A Meta-analysis", *Personality and Individual Differences* 10 (1989), p. 737-745.
4. J. W. Macfarlane *et al.*, "A Developmental Study of the Behavior Problems of Normal Children Between 21 Months and 14 Years", *University of California Publications in Child Development* 2 (1954), p. 483.
5. D. W. Mackinnon, "Violation of Prohibitions", em *Explorations in Personality*, ed. H. Murray (Nova York: Oxford University Press, 1938).
6. R. Koenig, "Toyota Takes Pains, and Time, Filling Jobs at Its Kentucky Plant", *Wall Street Journal*, 1º dez. 1987, 1.
7. R. S. Woodworth, *Personal Data Sheet* (Chicago: Stoelting, 1918).
8. J. C. Nunnally, *Psychometric Theory* (Nova York: McGraw-Hill, 1994); O. K. Buros, ed., *Tests in Print III* (University of Nebraska, 1983); O. K. Buros, ed., *Mental Measurements Yearbook* (University of Nebraska, 1941).
9. D. P. Crowne e D. Marlowe, *The Approval Motive: Studies in Evaluative Dependence* (Nova York: Wiley, 1964).
10. S. O. Lilienfeld, "Projective Measures of Personality and psychopathology: How Well Do They Work?", *Skeptical Inquirer* (1999), p. 32-39; A. I. Rabin, "Projective Methods: An Historical Introduction", em *Projective Techniques in Personality Assessment*, ed. A. Rabin (Nova York: Springer, 1958), p. 3.
11. W. D. Spangler, "Validity of Questionnaire and TAT Measures of Need for Achievement: Two Meta-analyses", *Psychological Bulletin* 112 (1992), p. 140-154; C. D. Morgan e H. A. Murray, "A Method of Investigating Fantasies: The Thematic Appercention Test", *Archives of Neurological Psychiatry* 34 (1935), p. 289-306.
12. J. B. Rotter, "Generalized Expectancies for Internal *versus* External Control of Reinforcement", *Psychological Monographs* 80, n. 609 (1966); J. B. Rotter, "Level of Aspiration as a Method of Studying Personality, III. Group Validity Studies", *Character and Personality* 11 (1943), p. 254-274.
13. Rotter, "Generalized Expectancies", 11-12.

14. R. W. Renn e R. J. Vandenberg, "Differences in Employee Attitudes and Behaviors Based on Rotter's Internal-External Locus of Control", *Human Relations* 44 (1991), p. 1161-1178; H. M. Lefcourt, "Recent Developments in the Study of Locus of Control", em *Progress in Experimental PersonalityResearch*, ed. B. Maher (Nova York: Academic Press, 1972), p. 1-39.
15. J. S. Coleman *et al.*, *Equality of Educational Opportunity* (Washington, D.C: U.S. Government Printing Office, 1966).
16. R. P. Vecchio, "Workers' Belief in Internal *versus* External Determinants of Success", *Journal of Social Psychology* 114 (1981), p. 199-207.
17. M. Seeman, "Alienation and Social Learning in a Reformatory", *American Sociological Review* 69 (1963), p. 270-284; M. Seeman, "On the Meaning of Alienation", *American Sociological Review* 24 (1959), 782-791.
18. P. J. Andrisani e C. Nestel, "Internal–External Control as a Contributor to and Outcome of Work Experience", *Journal of Applied Psychology* 61 (1976), p. 156-165.
19. J. B. Rotter, "Some Problems and Misconceptions Related to the Construct of Internal versus External Control of Reinforcement", *Journal of Consulting and Clinical Psychology* 43 (1975), p. 56-67.
20. R. M. Baron e R. L. Ganz, "Effects of Locus of Control and Type of Feedback on the Task Performance of Lower-Class Black Children", *Journal of Personality and Social Psychology* 21 (1972), p. 124-130.
21. P. T. Wong e C. F. Sproule, "An Attribution Analysis of the Locus of Control Construct and the Trent Attribution Profile", em *Research with the Locus of Control Construct:* vol. 3, *Extensions and Limitations*, ed. H. M. Lefcourt (Nova York: Academic Press, 1984), p. 309-360.
22. J. M. Minelo e J. Garrett, "The Protestant Ethic as a Personality Variable", *Journal of Counseling and Clinical Psychology* 36 (1971), p. 40-44.
23. M. Merrens e J. Garrett, "The Protestant Ethic cale as a Predictor of Effective Work Performance", *Journal of Applied Psychology* 60 (1975), p. 125-127.
24. J. Greenberg, "The Protestant Work Ethic and Reactions to Negative Performance Evaluation on a Laboratory Task", *Journal of Applied Psychology* 62 (1977), p. 682-690.
25. R. Eisenberger, *Blue Monday: The Loss of the Work Ethic in America* (Nova York: Paragon House, 1989); O. Cherrington, "The Values of Younger Workers", *Business Horizons* 20 (1977), p. 18-20.
26. R. P. Vecchio, "The Function and Meaning of Work and the Job: Morse and Weiss Revisited", *Academy of Management Journal* 23 (1980), p. 361-367.
27. P. A. Sorokin, *The Crisis of Our Age: The Social and Cultural Outlook* (Nova York: Dutton, 1941).
28. W. Woods, "Personality Tests Are Back", *Fortune*, 30 mar. 1987, p. 74-82; I. B. Myers e K. C. Briggs, *Myers-Briggs Type Indicator* (Princeton, N.J.: Educational Testing Service, 1962); W. Taggert e D. Robey, "Minds and Managers: On the Dual Nature of Human Information Processing and Management", *Academy of Management Review* 6 (1981), p. 187-195; J. W. Slocum e D. Hellriegel, "A Look at How Managers' Minds Work", *Business Horizons* 26 (1983), p. 58-68.
29. A. B. Carroll, "Linking Business Ethics to Behavior in Organizations", *SAM Advanced Management Journal* 43 (1978), p. 4-11.
30. R. Ricklees, "Ethics in America", *Wall Street Journal*, 31 out. 1983, p. 33.
31. L. Kohlberg, "Stage and Sequence: The Cognitive-Developmental Approach to Socialization", em *Handbook of Socialization Theory and Research*, ed. D. A. Goslin (Chicago: Rand-McNally, 1969), p. 347-400.
32. L. Kohlberg e D. Candee, "The Relationship of Moral Judgment to Moral Action", em *Morality, Moral Behavior and Moral Development*, ed. W. Kurtines e J. Gerwitz (Nova York: Wiley, 1984), p. 52-73.
33. W. E. Stratton *et al.*, "Moral Development and Decision Making: A Study of Student Ethics", *Journal of Enterprise Management* 3 (1981), p. 35-41.
34. J. R. Snarey, "Cross-cultural Universality of Social-Moral Development: A Critical Review of Kohlbergian Research", *Psychological Bulletin* 97 (1985), p. 202-232.
35. T. A. Judge *et al.*, "Five-Factor Model of Personality and Job Satisfaction: A meta-analysis", *Journal of Applied Psychology* 87 (2002), p. 530-541; G. M. Hurtz e J. J. Donovan, "Personality and Job Performance: The Big Five Revisited", *Journal of Applied Psychology* 85 (2000), p. 869-879; T. Judge *et al.*, "The Big Five Personality Traits, General Mental Ability, and Career Success Across the Life Span", *Personnel Psychology* 52 (1999), p. 621-652; J. Block, "A Contrarian View of the Five-Factor Approach to Personality Description",

Psychological Bulletin 117 (1995), p. 187-215; J. A. Wagner e J. R. Hollenbeck, *Organizational Behavior* (Upper Saddle River, N.J.: Simon and Schuster, 1998); B. Barry e G. L. Stewart, "Composition Process, and Performance in Self-Managed Groups: The Role of Personality", *Journal of Applied Psychology* 82 (1997), p. 62-78; J. F. Salgado, "The Five-Factor Model of Personality and Job Performance in the European Community", *Journal of Applied Psychology* 82 (1997), p. 30-43; C. J. Thoresen, "Five-Factor Model of Personality and Employee Absence", *Journal of Applied Psychology* 82 (1997), p. 745-755; J. M. Crant, "The Proactive Personality Scale and Objective Job Performance among Real Estate Agents", *Journal of Applied Psychology* 80 (1995), p. 532-537; J. M. Crant, "The Proactive Personality Scale as a Predictor of Entrepreneurial Intentions", *Journal of Small Business Management*, jul. 1996, p. 42-49; M. R. Barrick e M. R. Mount, "The Big Five Personality Dimensions and Job Performance: A Meta-analysis", *Personnel Psychology* 44 (1991), p. 1-26.

36. R. Buck, *Nonverbal Behavior and the Communication of Effect* (Nova York: Guilford Press, 1983); P. Ekman, "Cross-cultural Studies of Facial Expression", em *Darwin and Facial Expression*, ed. P. Ekman (Nova York: Academic Press, 1973).

37. C. Darwin, *The Expression of the Emotions in Man and Animals* (Londres: Murray, 1872).

38. P. Eckman e W. V. Friesen, *Unmasking the Face* (Englewood Cliffs, N.J.: Prentice-Hall, 1975).

39. L. A. Streeter et al., "Pitch Changes During Attempted Deception", *Journal of Personality and Social Psychology* 35 (1977), p. 345-350.

40. S. Chollar, "In the Blink of an Eye", *Psychology Today* 22 (1988), p. 8-10; R. E. Kraut, "Verbal and Nonverbal Cues in the Perception of Lying", *Journal of Personality and Social Psychology* 36 (1978), p. 388-391.

41. A. S. Imada e M. D. Hakel, "Influence of Nonverbal Communication and Rater Proximity on Impressions and Decisions in Simulated Employment Interviews", *Journal of Applied Psychology* 62 (1977), p. 295-300.

42. L. Ulrich e D. Trumbo, "The Selection Interview since 1949", *Psychological Bulletin* 63 (1965), p. 100-116.

43. C. L. Kleinke et al., "Effects of Gaze, Touch, and Use of Name on Evaluation of 'Engaged' Couples", *Journal of Research in Personality* 1 (1974), p. 368-373.

44. M. L. Knapp, *Nonverbal Communication in Human Interaction*, 2ª ed. (Nova York: Holt, Rinehart and Winston, 1978).

45. P. C. Ellsworth e J. M. Carlsmith, "Eye Contact and Gaze Aversion in an Aggressive Encounter", *Journal of Personality and Social Psychology* 28 (1973), p. 280-292; P. C. Ellsworth e E. J. Langer, "Staring and Approach: An Interpretation of the Stare as a Nonspecific Activator", *Journal of Personality and Social Psychology* 33 (1976), p. 117-122.

46. T. A. Judge e D. M. Cable, "The Association of Income and Height", *Journal of Applied Psychology* 88 (2003), p. 741-752; M. Hosoda et al., "The Effects of Physical Attractiveness on Job-Related Outcomes: A Meta-analysis of Experimental Studies", *Personnel Psychology* 56 (2003), p. 431-462; J. H. Langlois et al., "Maxims or Myths of Beauty? A Meta-Analytic and Theoretical Review", *Psychological Bulletin* 126 (2000), p. 390-23; L. Harper "Good Looks Can Mean a Pretty Penny on the Job, and 'Ugly' Men Are Affected More Than Women", *Wall Street Journal*, 23 nov. 1993, B-l; I. H. Frieze et al., "Attractiveness and Income for Men and Women in Management", *Journal of Applied Social Psychology* 21 (1991), p. 1039-1057; A. Feingold, "Good-Looking People Are Not What We Think", *Psychological Bulletin* 111 (1992), p. 304-341; D. S. Hamermesh e J. E. Biddle, "Beauty and the Labor Market", *American Economic Review* 84 (1994), p. 1174-1194; P. Morrow et al., "The Effects of Physical Attractiveness and Other Demographic Characteristics on Promotion Decisions", *Journal of Management* 16 (1990), p. 45-60.

47. L. J. Cronbach, "Processes Affecting Scores on 'Understanding of Others' and 'Assumed Similarity'", *Psychological Bulletin* 52 (1955), p. 177-193.

48. R. Taft, "The Ability to Judge People", *Psychological Bulletin* 52 (1955), p. 1-23.

49. W. Poundstone, "Impossible Questions". Across the Board. Set./Out. (2003), p. 44-48; B. Kleinmuntz, "Why We Still Use Our Heads Instead of Formulas: Towrd an Integrative Approach", *Psychological Bulletin* (1990), p. 296-310; J. S. Wiggins, *Personality e Prediction: Principles of Personality Assessment* (Reading, Mass.: Addison-Wesley, 1973).

50. H. C. Triandis e V. Vassiliou, "Frequency of Contact and Stereotyping", *Journal of Personality and Social Psychology* 7 (1967), p. 316-328.

51. S. S. Zalkind e T.W. Costello, "Perception: Some Recent Research and Implications for Administration", *Administrative Science Quarterly* 7 (1962), p. 218-235.
52. S. E. Asch, "Forming Impressions of Personality", *Journal of Abnormal and Social Psychology* 41 (1946), 258-290.
53. S. Feshback e R. D. Singer, "The Effects of Fear Arousal upon Social Perception", *Journal of Abnormal and Social Psychology* 55 (1957), p. 283-288.
54. S. S. Sears, "Experimental Studies of Perception, I. Attribution of Traits", *Journal of Social Psychology* 7 (1936), p. 151-163.
55. R. Jacobs e J. Farr, "Industrial and Organizational Psychology at the Pennsylvania State University", *The Industrial-Organizational Psychologist* 30 (1993), 75-79.
56. J. M. Crant e T. S. Bateman, "Assignment of Credit and Blame for Performance Outcomes", *Academy of Management Journals* (1993), p. 7-27; F. Heider, "Social Perception and Phenomenal Causality", *Psychological Review* 51 (1944), p. 358-374; F. Heider, *The Psychology of Interpersonal Relations* (Nova York: Wiley, 1958); W. Ryan, *Blaming the Victim* (Nova York: Vintage Books, 1977); Y. Trope, "The Multiple Roles of Context in Dispositional Judgment", em *On-Line Cognition in Person Cognition*, ed. J. N. Bassil (Hillsdale, N.J.: Lawrence Erlbaum, 1989); R. S. Wyer *et al.*, "Cognitive Mediators to Rape", *Journal of Personality and Social Psychology* 48 (1985), p. 324-338.
57. J. W. Thibaut e H. W. Riecken, "Some Determinants and Consequences of the Perception of Social Causality", *Journal of Personality* 24 (1955), p. 113-133.
58. E. P. Hollander, "Leadership and Power", em *The Handbook of Social Psychology*, 3. ed., ed. G. Lindzey e E. Aronson (Nova York: Random House, 1985); R. Baumhart, *An Honest Profit* (Nova York: Holt, Rinehart and Winston, 1968); S. N. Brenner e E. A. Molander, "Is the Ethics of Business Changing?" Harvard Business Review (1977), p. 57-71; J. S. French, "The Conceptualization and the Measurement of Mental Health in Terms of Self-Identity Theory", em *The Definition and Measurement of Mental Health*, ed. S. B. Sells (Washington, D.C.: U.S. Department of Health, Education, and Welfare, 1968); H. H. Kelley, Attribution in Social Interactions", em *Attribution: Perceiving the Causes of Behavior*, ed. E. E. Jones *et al.* (Morristown, N.J.: General Learning Press, 1972).
59. R. T. Blackburn *et al.*, "Are Instructional Improvement Programs Off Target?", *Current Issues in Higher Education* 1 (1980), p. 31-48; P. Cross, "Not Can but Will College Teaching Be Improved?", *New Directions for Higher Education* (primavera 1977), p. 1-15.

Capítulo 3: Mudança do comportamento dos colaboradores por meio das conseqüências

1. G. H. Bower e E. R. Hilgard, *Theories of Learning* (Englewood Cliffs, N.J.: Prentice-Hall, 1981).
2. J. B. Watson e R. Rayner, "Conditioned Emotional Reactions", *Journal of Experimental Psychology* 3 (1920), p. 1-14.
3. A. Bandura, *Social Learning Theory* (Englewood Cliffs, N.J.: Prentice-Hall, 1977).
4. R. W. White, "Motivation Reconsidered: The Concept of Competence", *Psychological Review* 66 (1959), p. 297-333.
5. T. J. Peters e R. H. Waterman Jr., *In Search of Excellence: Lessons from America's Best-Run Companies* (Nova York: Harper & Row, 1982).
6. A. P. Goldstein e M. Sorcher, *Changing Supervisor Behavior* (Nova York: Pergamon, 1974).
7. E. L. Thorndike, *Animal Intelligence* (Nova York: Macmillan, 1911).
8. N. E. Miller e B. R. Dvorkin, "Visceral Learning", em *Contemporary Trends in Cardiovascular Psychophysiology*, ed. P. A. Obrist *et al.* (Chicago: Aldine, 1973); B. T. Engel, "Operant Conditioning of Cardiac Function: A Status Report", *Psychophysiology* 9 (1972), p. 161-177.
9. J. L. Komaki, "Applied Behavior Analysis and Organizational Behavior; Reciprocal Influence of the Two Fields", em *Research in Organizational Behavior*, vol. 8, ed. B. M. Staw e L. L. Cummings (Greenwich, Conn.: JAI, 1986); B. F. Skinner, *The Behavior of Organisms* (Nova York: Appleton, 1938); L. W. Frederiksen, *Handbook of Organizational Behavior Management* (Nova York: Wiley, 1982).
10. W. C. Hamner e E. P. Hamner, "Behavior Modification on the Bottom Line", *Organizational Dynamics* 4 (1976), p. 3-21.
11. W.C. Hamner, "Worker Motivation Programs: The Importance of Climate, Structure, and Performance Consequences", em *Contemporary Problems in Personnel*, ed. W. C. Hamner e

F. L. Schmidt (Chicago: St. Clair Press, 1977); F. Luthans e R. Kreitner, *Organizational Behavior Modification* (Glenview, Ill.: Scott, Foresman, 1975).
12. Hamner e Hamner, "Behavior Modification on the Bottom Line".
13. E.A. Locke, "The Myths of Behavior Mod in Organizations", *Academy of Management Review* 2 (1977), p. 543-553.
14. F. H. Kanfer e P. Karoly, "Self-control: A Behavior-istic Excursion into the Lion's Den", *Behavior Therapy* 3, (1972), p. 398-416.
15. E. Pedalino e V. Gamboa, "Behavior Modification and Absenteeism: Intervention in One Industrial Setting", *Journal of Applied Psychology* 59 (1974), p. 694-698.
16. E. Deci et al., "A Meta-Analytic Review of Experiments Examining the Effects of Extrinsic Rewards on Intrinsic Motivation", *Psychological Bulletin* 125 (1999), p. 627-668; J. C. McGinnis et al., "The Effect of Token Rewards on 'Intrinsic' Motivation for Doing Math", *Journal of Applied Behavior Analysis* 32 (1999), p. 375-379; R. Eisenberger e J. Cameron, "Detrimental Effects of Reward: Reality or Myth?", *American Psychologist* 51 (1996), p. 1153-1166; E. L. Deci, "The Effects of Contingent and Noncontingent Rewards and Controls on Intrinsic Motivation", *Organizational Behavior and Human Performance* 8 (1972), p. 217-229; P. C. Jordan, "Effects of Extrinsic Reward on Intrinsic Motivation: A Field Experiment", *Academy of Management Journal* 29 (1986), p. 405-111; U. J. Wiersma, "The Effects of Extrinsic Rewards in Intrinsic Motivation: A Meta-analysis", *Journal of Occupational and Organizational Psychology* 65 (1992), p. 101-114; W. E. Scott et al., "The Effects of 'Intrinsic' and 'Extrinsic' Reinforcement Contingencies on Task Behavior", *Organizational Behavior and Human Decision Processes* 41 (1988), p. 405-125; A. Kohn, *Punished by Rewards* (Nova York: Houghton-Mifflin, 1993).
17. R. L. Solomon, "Punishment", *American Psychologist* 19 (1964), p. 239-253.
18. K. Tyler, "Careful Criticism Brings Better Performance", *HR Magazine* 42 (1997), p. 57; J. A. Mello, "The Fine Art of the Reprimand: Using Criticism to Enhance Commitment, Motivation, and Performance", *Employment Relations Today* 22 (1995), p. 19-27.

Capítulo 4: Motivação

1. "America's Growing Anti-business Mood", *Business Week*, 17 jun. 1972, 101; M. L. Ambrose e C. T. Kulik, "Old Friends, New Faces: Motivation Research in the 1990s", *Journal of Management* 25 (1999), p. 231-292; R. A. Kovach, "'Employee Motivation: Addressing a Crucial Factor in Your Organization's Performance", *Employment Relations Today* 22 (1995), p. 93-107.
2. H. A. Murray, *Explorations in Personality* (Nova York: Oxford University Press, 1938); H. A. Murray, *Thematic Appercention Test Manual* (Cambridge, Mass: Harvard University Press, 1943).
3. D. C. McClelland, "Toward a Theory of Motive Acquisition", *American Psychologist* 23 (1965), p. 321-333; D. C. McClelland, *The Achieving Society* (Princeton, N.J.: Van Nostrand, 1961).
4. D. C. McClelland e D. G. Winter, *Motivating Economic Achievement* (Nova York: The Free Press, 1969); G. A. Steiner e J. B. Miner, *Management Policy and Strategy* (Nova York: Macmillan, 1977).
5. H. A. Wainer e I. M. Rubin, "Motivation of Research and Development Entrepreneurs: Determinants of Company Success", *Journal of Applied Psychology* 53 (1969), p. 178-184.
6. D. C. McClelland e R. E. Boyatzis, "Leadership Motive Pattern and Long-Term Success in Management", *Journal of Applied Psychology* 67 (1967), p. 737-743.
7. D. A. Kolb e R. Boyatzis, "On the Dynamics of the Helping Relationship", *Journal of Applied Behavioral Science* 6 (1970), p. 230-237.
8. McClelland, *The Achieving Society*; R. P. Vecchio, "A Test of a Moderator of the Job Satisfaction-Job Quality Relationship: The Case of Religious Affiliation", *Journal of Applied Psychology* 65 (1980), p. 195-201.
9. McClelland, "Toward a Theory of Motive Acquisition"; R. L. Helmreich et al., "The Honeymoon Effect in Job Performance: Temporal Increases in Predictive Power of Achievement Motivation", *Journal of Applied Psychology* 71 (1986), p. 185-188.
10. Metropolitan Economic Development Association, "Business Leadership Training – What's Happening", *Meda Reports* 5, n. 1 (1977), p. 1-7; D. E. Durand, "Effects of Achievement Motivation and Skill Training on the Entrepre-

neurial Behavior of Black Businessmen", *Organizational Behavior and Human Performance* 14 (1975), p. 76-90; J. A. Timmons, "Black Is Beautiful – Is It Bountiful?", *Harvard Business Review* 49 (1971), p. 81-94.
11. A. H. Maslow, *Motivation and Personality* (Boston: Addison-Wesley, 1987); A. H. Maslow, *Toward a Psychology of Being* (Nova York: Van Nostrand, 1968).
12. C. Keutzer, "Whatever Turns You On: Triggers to Transcendent Experiences", *Journal of Humanistic Psychology* 8 (1978), p. 68-72.
13. M. A. Wahba e L. G. Bridwell, "Maslow Reconsidered: A Review of Research on the Need Hierarchy Theory", *Organizational Behavior and Human Performance* 15 (1976), p. 212-240; E. E. Lawler e J. L. Suttle, "A Causal Correlational Test of the Need Hierarchy Concept", *Organizational Behavior and Human Performance* 7 (1972), p. 265-287; D. T. Hall e K. E. Nougaim, "An Examination of Maslow's Need Hierarchy in an Organizational Setting", *Organizational Behavior and Human Performance* 3 (1968), p. 12-35.
14. C .P. Alderfer, *Existence, Relatedness, and Growth* (Nova York: The Free Press, 1972).
15. M. Csikszentmihalyi, "If We Are So Rich, Why Aren't We Happy?", *American Psychologist* 54 (1999), p. 821-827; T. S. Bateman *et al.*, "In Search of Flow", *Proceedings of the Academy of Management Meeting* (2000), p. 54; M. Csikszentmihalyi, *Flow: The Psychology of Optimal Experience* (Nova York: Harper & Row, 1990).
16. F. Herzberg *et al.*, *The Motivation to Work* (Nova York: Wiley, 1959).
17. J. I. Klein, "Feasibility Theory: A Resource-Munificence Model of Work Motivation and Behavior", *Academy of Management Review* 15 (1990), p. 646-665; J. P. Campbell *et al.*, *Managerial Behavior, Performance, and Effectiveness* (Nova York: McGraw-Hill, 1970); L.W. Porter e E. E. Lawler, *Managerial Attitudes and Performance* (Homewood, Ill.: Irwin, 1968); M. Sussmann e R. P. Vecchio, "Conceptualizations of Valence and Instrumentality: A Fourfold Model", *Organizational Behavior and Human Performance* 36 (1985), p. 96-112; V. H. Vroom, *Work and Motivation* (Nova York: Wiley, 1964).
18. B. F. Skinner e W. F. Dowling, 'Conversation with B. F. Skinner", *Organizational Dynamics* 1 (1973), p. 31-40; F. Luthans e R. Kreitner, *Organizational Behavior Modification* (Glenview, 111.: Scott, Fores-man, 1975); F. Luthans, *Organizational Behavior* (Nova York: McGraw-Hill, 1977).
19. Vroom, *Work and Motivation*.
20. J. S. Adams, "Injustice in Social Exchange", em *Advances in Experimental Social Psychology*, vol. 2, ed. L. Berkowitz (Nova York: Academic Press, 1965); P. S. Goodman e A. Friedman, "An Examination of Adams' Theory of Inequity", *Administrative Science Quarterly* 16 (1971), p. 217-288; J. S. Adams e S. Freedman, "Equity Theory Revisited: Comments and Annotated Bibliography", em *Advances in Experimental Social Psychology*, vol. 9, ed. L. Berkowitz e E. Walster (Nova York: Academic Press, 1976); Campbell e Pritchard, "Motivation Theory in Industrial and Organizational Psychology".
21. R. T. Mowday e K. A. Colwell, "Employee Reactions to Unfair Outcomes in the Workplace: The Contributions of Adams' Equity Theory to Understanding Motivation", em *Motivation and Work Behavior*, ed. L. W. Porter *et al.* (Burr Ridge, IL: McGraw-Hill), p. 65-82; C. Kulik e M. Ambrose, "Personal and Situational Determinants of Referent Choice", *Academy of Management Review* 17 (1992), p. 212-237; E. E. Lawler *et al.*, "Inequity Reduction over Time in an Induced Overpayment Situation", *Organizational Behavior and Human Performance* 3 (1968), p. 253-268; J. W. Harder, "Equity Theory versus Expectancy Theory: The Case of Major League Baseball Free Agents", *Journal of Applied Psychology* 76 (1991), p. 458-464.
22. R. P. Vecchio, "An Individual Differences Interpretation of the Conflicting Predictions Generated by Equity Theory and Expectancy Theory", *Journal of Applied Psychology* 66 (1981), p. 470-481.
23. K. Sauley e A. G. Bedeian, "Equity Sensitivity: Construction of a Measure and Examination of Its Psychometric Properties", *Journal of Management* 26 (2000), p. 885-910; E. W. Miles *et al.*, "Equity Sensitivity and Outcome Importance", *Journal of Organizational Behavior* 15 (1994), p. 585-596; R. Mowday, "Equity Theory Predictions of Behavior in Organizations", em *Motivation and Work Behavior*, 2. ed., ed. R. M. Steers ee L. W. Porter (Nova York: McGraw-Hill, 1979); M. R. Carrell e J. E. Dittrich, "Equity Theory: The

Recent Literature, Methodological Considerations and New Directions", *Academy of Management Review* 3 (1978), p. 202-210; R. W. Griffeth et al., "Equity Theory and Interpersonal Attraction", *Journal of Applied Psychology* 74 (1989), p. 394-401.

24. R. P. Vecchio, "Models of Psychological Inequity", *Organizational Behavior and Human Performance* 34 (1984), p. 266-282; P. S. Goodman, "Social Comparison Processes in Organizations", em *New Directions in Organizational Behavior*, ed. B. M. Staw e G. R. Salancik (Chicago: St. Clair Press, 1976); R. P. Vecchio, "Predicting Worker Performance in Inequitable Settings", *Academy of Management Review* 7 (1982), p. 103-110.

25. A. Bandura, *Social Learning Theory* (Englewood Cliffs, N.J.: Prentice-Hall, 1977); A. P. Goldstein e M. Sorcher, *Changing Supervisor Behavior* (Nova York: Pergamon, 1974).

26. Porter e Lawler, *Managerial Attitudes and Performance*.

Capítulo 5: Aumento da motivação dos colaboradores usando reconhecimento, metas, expectativas e empoderamento

1. E. E. Lawler e G. D. Jenkins, "Strategic Reward Systems", em *Handbook of Industrial and Organizational Psychology*, ed. M. D. Dunnette e L. M. Hugh (Palo Alto, Calif.: Consulting Psychologists Press, 1992); E. E. Lawler III, *Pay and Organizational Effectiveness* (Nova York: McGraw-Hill, 1971); E. E. Lawler III, "New Approaches to Pay: Innovations That Work", *Personnel* 53 (1976), p. 11-23; E. E. Lawler III, *Pay and Organization Development* (Reading, Mass.: Addison-Wesley, 1981); E. E. Lawler III, "Whatever Happened to Incentive Pay?", *New Management* 1 (1984), p. 37-41.

2. Lawler, "Whatever Happened to Incentive Pay?".

3. K. W. Chilton, "Lincoln Electric's Incentive System: A Reservoir of Trust", *Compensation and Benefits Review* 26 (1994), p. 29-34; H. C. Handlin, "The Company Built upon the Golden Rule: Lincoln Electric", *Journal of Organizational Behavior Management* 12 (1992), p. 151-163.

4. A. Mitra et al., "A Drop in the Bucket: When Is a Pay Raise a Pay Raise?", *Journal of OrganizationalBehavior* 18 (1997), p. 117-137; Lawler, "Whatever Happened to Incentive Pay?"; D. R. Spitzer, "Power Rewards: Rewards That Really Motivate", *Management Review* 85 (1996), p. 45-50.

5. M. E. Graham e T. M. Welbourne, "Gainsharing and Women's and Men's Relative Pay Satisfaction", *Journal of Organizational Behavior* 20 (1999), p. 1027-1042; J. Ramquist, "Labor-Management Cooperation", *Sloan Management Review* 23 (1982), p. 49-55; E. Leefeldt, "Profit-Sharing Plans Reward Productivity", *Wall Street Journal*, nov. 15, 1984, 1.

6. T. Curry e K. Jackson-Fallon, "Workers' Risks and Rewards", *Time*, abr. 15, 1991, p. 42-43.

7. E. A. Locke e G. P. Latham, "Building a Practically Useful Theory of Goal Setting and Task Motivation", *American Psychologist* 57 (2002), p. 705-711; G. P. Latham e E. Locke, "Self-Regulation through Goal-Setting", *Organizational Behavior and Human Decision Processes* 50 (1991), p. 212-247; G. P. Latham e G. Yukl, "A Review of Research on the Application of Goal-Setting in Organizations", *Academy of Management Journal*, (1975), p. 824-845; E. A. Locke, "Job Satisfaction and Job Performance: A Theoretical Analysis", *Organizational Behavior and Human Performance* 5 (1970), p. 484-500; J. Hollenbeck et al., "An Empirical Examination of the Antecedents of Commitment to Difficult Goals", *Journal of Applied Psychology* 74 (1989), p. 18-23; P. C. Earley et al., "Goals, Strategy Development, and Task Performance", *Journal of Applied Psychology* 74 (1989), p. 24-33; M. Tubbs, "Goal Setting: A Meta-analytic Examination of the Empirical Evidence", *Journal of Applied Psychology* 71 (1986), p. 474-483; A. J. Mento et al., "A Meta-analytic Study of the Effects of Goal Setting on Task Performance", *Organizational Behavior and Human Decision Processes* 39 (1987), p. 52-83.

8. S. E. White et al., "Goal Setting, Evaluation Apprehension, and Social Cues as Determinants of Job Performance and Job Satisfaction in a Simulated Organization", *Journal of Applied Psychology* 62 (1977), p. 665-673.

9. H. Tosi et al., "Setting Goals in Management-by-Objectives", *California Management Review* 12 (1970), p. 70-78.

10. J. Kondrasuk, "Studies in MBO Effectiveness", *Academy of Management Review* 6 (1981), p. 419-430; P. F. Drucker, *The Practice of Management* (Nova York: Harper, 1954); A. P. Raia,

Managing by Objectives (Glenview, Ill.: Scott, Foresman, 1974); S. J. Carroll e H. L. Tosi, *Management by Objectives: Applications and Research* (Nova York: Macmillan, 1973).
11. R. Rodgers *et al.*, "Influence of Top Management Commitment on Management Program Success", *Journal of Applied Psychology* 78 (1993), p. 151-155; R. Rodgers e J. E. Hunter, "Impact of Management by Objectives on Organizational Productivity", *Journal of Applied Psychology* 76 (1991), p. 322-336.
12. R. Rosenthal, "Covert Communication in Laboratories, Classrooms, and The Truly Real World", *Current Directions in Psychological Science* 12 (2003), 151-154; R. A. Jones, *Self-Fulfilling Prophecies: Social, Psychological, and Physiological Effects of Expectancies* (Hillsdale, N.J.: Erlbaum, 1977); J. S. Livingston, "Pygmalion in Management", *Harvard Business Review* 47 (1969), p. 81-89.
13. R. Rosenthal e L. Jacobson, Pygmalion in the Classroom: Teachers' Expectations and Pupil Intellectual Development (Nova York: Holt, Rinehart and Winston, 1968).
14. A. S. King, "Managerial Relations with Disadvantaged Work Groups: Supervisory Expectations of the Underprivileged Worker" (dissertação Ph.D., Texas Tech University, 1970).
15. O. B. Davidson e D. Eden, "Remedial Self-Fulfilling Prophecy: Two Field Experiments to Prevent Golem Effects Among Disadvantaged Women", *Journal of Applied Psychology* 85 (2000), p. 386-398; N. M. Kierein e M.A. Gold, "Pygmalion in Work Organizations: A Meta-Analysis", *Journal of Organizational Behavior* 21 (2000), p. 913-928; T. Dvir *et al.*, "Self-Fulfilling Prophecy and Gender: Can Women Be Pygmalion and Galatea?", *Journal of Applied Psychology* 80 (1995), p. 253-270; D. Eden e A. B. Shani, "Pygmalion Goes to Boot Camp: Expectancy, Leadership, and Trainee Performance", *Journal of Applied Psychology* 67 (1982), p. 194-199; D. Eden, "Pygmalion without Interpersonal Contrast Effects: Whole Groups Gain from Raising Manager Expectations", *Journal of Applied Psychology* 75 (1990), p. 394-400; S. Oz e D. Eden, "Restraining the Golem: Boosting Performance by Changing the Interpretation of Low Scores", *Journal of Applied Psychology* 79 (1994), p. 744-754; D. Eden, "Leadership and Expectations: Pygmalion Effects and Other Serf-Fulfilling Prophe-cies in Organizations", *Leadership Quarterly* 3 (1992), p. 271-305.
16. R. Rosenthal e K. Fode, "The Effect of Experimental Bias on the Performance of the Albino Rat", *Behavioral Science* % (1963), p. 183-189.
17. A. Smith, *An Inquiry into the Nature and Causes of the Wealth of Nations* (Nova York: Modern Library, 1937; 1ª ed. 1776).
18. A. C. Filley *et al.*, *Managerial Process and Organizational* Behavior (Dallas: Scott, Foresman, 1987).
19. F. Herzberg *et al.*, *The Motivation to Work* (Nova York: Wiley, 1959).
20. R. A. Melcher, "Volvo and Renault: Marriage May Be the Answer", *Business Week*, 23 nov. 1992, p. 50-51; S. Prokesch, "Edges Fray on Volvo's Brave New Humanistic World", *New York Times*, 7 jul. 1991, C5; R. A. Guzzo *et al.*, "The Effects of Psychologically Based Intervention Programs on Worker Productivity: A Meta-analysis", *Personnel Psychology* 38 (1985), p. 275-292; R. E. Kopelman, "Job Redesign and Productivity: A Review of the Evidence", *National Productivity Review* 4 (1985), p. 237-255.
21. C. L. Hulin e M. R. Blood, "Job Enlargement, Individual Differences, and Worker Responses", *Psychological Bulletin* 69 (1968), p. 41-55.
22. M. R. Blood e C. L. Hulin, "Alienation, Environmental Characteristics and Worker Responses", *Journal of Applied Psychology* 51 (1967), p. 284-290.
23. R. P. Vecchio, "Individual Differences as a Moderator of the Job Quality-Job Satisfaction Relationship: Evidence from a National Sample", *Organizational Behavior and Human Performance* 26 (1980), p. 305-325.
24. J. K. White, "Individual Differences and the Job Quality-Worker Response Relationship: Review, Integration, and Comments", *Academy of Management Review* 3 (1978), p. 267-280.
25. J .R. Hackman e G. R. Oldham, *Work Redesign* (Reading, Mass.: Addison-Wesley, 1980); J. R. Hackman e G. R. Oldham, "Motivation Through the Design of Work: Test of a Theory", *Organizational Behavior and Human* Performance 16 (1976), p. 250-279.
26. R. W. Renn e R. J. Vandenberg, "The Critical Psychological States: An Underrepresented Component in Job Characteristics Model Research", *Journal of Management* 21 (1995), p. 279-303; J. Kelly, "Does Job Design Theory

Explain Job Redesign Outcomes?", *Human Relations* 45 (1992), p. 753-774; Y. Fried e G. R. Ferris, "The Validity of the Job Characteristics Model: A Review and Meta-analysis", *Personnel Psychology* 40 (1987), p. 287-322; C. R. Berlinger *et al.*, "Job Enrichment and Performance Improvements", em *Productivity in Organizations*, ed. J. P. Campbell e R. J. Campbell (San Francisco: Jossey Bass, 1988); J. B. Miner, *Theories of Organizational Behavior* (Hinsdale, Ill.: Dryden, 1980); T. Taber e E. Taylor, "A Review and Evaluation of the Psychometric Properties of the Job Diagnostic Survey", *Personnel Psychology* 43 (1990), p. 467-500.

27. A. R. Cohen e H. Gadon, *Alternative Work Schedules: Integrating Individual and Organizational Needs* (Reading, Mass.: Addison-Wesley, 1978).

28. B. B. Bakes *et al.*, "Flexible and Compressed Workweek Schedules: A Meta-Analysis of Their Effects on Work-Related Criteria", *Journal of Applied Psychology* 84 (1999), p. 496-513; V. E. Schein *et al.*, "Impact of Flexible Working Hours on Productivity", *Journal of Applied Psychology* 62 (1977), p. 463-465.

29. "HR Update-Fourth of Full-Timers Enjoy Flexible Hours", *HRM Magazine* (jun. 1998), p. 26; C. Latack e L. W. Foster, "Implementation of Compressed Work Schedules Participation and Job Redesign as Critical Factors for Employee Acceptance", *Personnel Psychology* 38 (1985), p. 75-92; R. T. Golembiewski e W. Proehl, "A Survey of the Empirical Literature on Flexible Workhours: Character and Consequences of a Major Innovation", Academy of Management Review 3 (1978), p. 837-855; D. Dalton e D. Mesch, "The Impact of Flexible Scheduling on Employee Attendance and Turnover", *Administrative Science Quarterly* 35 (1990), p. 225-257.

30. J. Pierce e R. Dunham, "The 12-Hour Work Day: A 48-Hour, Eight-Day Week", *Academy of Management Journal* 35 (1992), p. 1086-1098; P. Dickson, *The Future of the Workplace* (Nova York: Wybright and Talley, 1975).

31. J. M. Ivancevich e H. C. Lyon, "The Shortened Workweek: A Field Experiment", *Journal of Applied Psychology* 62 (1977), p. 34-37.

32. Cohen e Gadon, *Alternative Work Schedules*.

33. K. E. Pearlson e C. S. Sounders, "There's No Place Like Home: Managing Telecommuting Paradoxes", *Academy of Management Executive* 15 (2001), p. 117-128; N. Kurland e D. Bailey, "Telework: The Advantages and Challenges of Working Here, There, Anywhere, and Anytime", *Organizational Dynamics*

28 (1999), p. 53-68; M. J. Flynn, "Crystal Vision: Will Telecommuting Change the World-Or is it Just Another Way to Work?", *Telecommute* (1999), p. 14-19; M. Apgar, "The Alternative Workplace: Changing Where and How People Work", *Harvard Business Review* (1998), p. 121-138; A. J. Chapman *et al.*, "The Organizational Implications of Tele working", em *International Review of Industrial and Organizational Psychology*, ed. C. L. Cooper e I. T. Robertson (Winchester, U.K.: Wiley, 1995); L. Haddon e A. Lewis, "The Experience of Teleworking: A Review", International Journal of Human Resource Management 5 (1994), p. 193-223; J. N. Goodrich, "Telecommuting in America", *Business Horizons* (1990), p. 31-37.

34. J. D. Blair *et al.*, "Quality Circles: Practical Considerations for Public Managers", *Public Productivity Review* 10 (mar. 1982), p. 14.

35. R. W. Miller e F. N. Prichard, "Factors Associated with Workers' Inclination to Participate in an Employee Involvement Program", *Group and Organization Management* 17 (1992), p. 414-430; R. P. Vecchio, "Employee Attributes and Interest in Quality Circles", *Proceedings of the Southeast Regional Meeting of the American Institute for Decision Sciences* (1985), p. 106-108; S. A. Zahra *et al.*, "An Empirical Investigation into the Dynamics of Volunteerism for Quality Circle Participants" (*paper* apresentado na Southern Management Associação, 1983); M. Marks, "The Question of Quality Circles", *Psychology Today* 20 (1986), p. 36-46; M. Marks *et al.*, "Employee Participation in a Quality Circle Program: Impact on Quality of Work Life, Productivity, and Absenteeism", *Journal of Applied Psychology* 71 (1986), p. 61-69; J. Brockner e T. Hess, "Self-Esteem and Task Performance in Quality Circles", *Academy of Management Journal* 29 (1986), p. 617-622; T. Wada e R. P. Vecchio, "Quality Circles at Mitsubishi", *Quality Circles Journal* 7 (1984), p. 33-34.

36. R. W. Griffin, "Consequences of Quality Circles in an Industrial Setting: A Longitudinal Assessment", *Academy of Management Journal* 31 (1988), p. 338-358.

37. Blair, Cohen, e Hurwitz, "Quality Circles: Practical Considerations'".

38. J. D. Osburn *et al.*, *Self-directed Work Teams* (Homewood, Ill.: Irwin, 1990).

39. J. Hoerr et al., "Management Discovers the Human Side of Automatic", *Business Week*, set.. 1986, p. 70-76; A. Bernstein, "GM May Be Off the Hook", Business Week, set. 1987, p. 26-27.
40. M. A. Huselid, "The Impact of Human Resource Management Practices on Turnover, Productivity, and Corporate Financial Performance", *Academy of Management Journal* 38 (1995), p. 635-672; R. Rogers, *Implementation of Total Quality Management* (Nova York: International Business Press, 1996); A. Wilkinson e H. Willmott, *Making Quality Critical* (Nova York: Rutledge, 1995); E. E. Lawler, "Total Quality Management and Employee Involvement: Are They Compatible?", *Academy of Management Executive* 8 (1994), p. 68-76.
41. E. L. Harrison, "The Impact of Employee Involvement on Supervisors", *National Productivity Review* (1992), p. 447-452.
42. B. L. Kirkman e B. Rosen, "Powering Up Teams", *Organizational Dynamics* 28 (2000), p. 48-66; J. P. Guthrie, "Alternative Pay Practices and Employee Turnover: An Organization Economics Perspective", *Group and Organization Management* 25 (2000), p. 419-439; W.A. Randolph, "Rethinking Empowerment: Why Is It So Hard to Achieve?", *Organizational Dynamics* 29 (2000), p. 94-107; G. Spreitzer et al., "Developing Effective Self-Managing Work Teams in Service Organizations", *Group and Organization Management* 24 (1999), p. 340-366; M. J. Stevens e M. A. Campion, "Staffing Work Teams: Development and Validation of a Selection Test for Teamwork Settings", *Journal of Management* 25 (1999), p. 207-228; R. C. Liden et al., "An Examination of the Mediating Role of Psychological Empowerment of the Relations Between the Job, Interpersonal Relationships, and Work Outcomes", *Journal of Applied Psychology* 85 (2000), p. 407-416; J. W. Bishop e S. K. Dow, "An Examination of Organizational and Team Commitment in a Self-Directed Team Environment", *Journal of Applied Psychology* 85 (2000), p. 439-450; R. D. Banker et al., "Impact of Work Teams on Manufacturing Performance: A Longitudinal Field Study", *Academy of Management Journal* 39 (1996), p. 867-890; S. Cohen e G. E. Ledford, "The Effectiveness of Self-Managing Teams: A Quasi-Experiment", *Human Relations* 47 (1994), p. 13-43; D. H. Doty, "Survey Based Prescriptions for Skill-based Pay", *American Compensation Association Journal* 1 (1992), p. 48-59; R. W. Griffin, "Effects of Work Redesign on Employee Perceptions, Attitudes, and Behaviors: A Long-Term Investigation", *Academy of Management Journal* 34 (1991), p. 425-435; J. Cordery et al., "Attitudinal and Behavioral Effects of Autonomous Group Working: A Longitudinal Field Study", *Academy of Management Journal* 34 (1991), p. 464-476; R. J. Magjuka e T. Baldwin, "Team-based Employee Involvement Programs: Effects of Design and Administration", *Personnel Psychology* 44 (1991), p. 793-812; K. Thomas e B. Velthouse, "Cognitive Elements of Empowerment: An 'Interpretive' Model of Intrinsic Task Motivation", *Academy of Management Review* 15 (1990), p. 666-681; C. Leana et al., "The Effects of Employee Involvement Programs on Unionized Workers' Attitudes, Perceptions, and Preferences in Decision Making", *Academy of Management Journal* 35 (1992), p. 861-873; N. Hayes, *Successful Team Management* (Nova York: International Business Press, 1997).
43. M. Parker e J. Slaughter, *Choosing Sides: Unions and the Team Concept* (Nova York: Labor Notes-South End Press, 1988).

Capítulo 6: Poder e política

1. D. C. McClelland, Power: The Inner Experience (Nova York: Irvington, 1975); D. C. McClelland, "Power Is the Great Motivation", *Harvard Business Review* 54 (1976), p. 100-110.
2. H. C. Kelman, "Processes of Opinion Change", *Public Opinion Quarterly* 25 (1961), p. 57-78.
3. H. Aguinis et al., "Power Bases of Faculty Supervisors and Educational Outcomes for Graduate Students", *Journal of Higher Education* 67 (1996), p. 267-297; J. R .P. French Jr. e B. H. Raven, "The Bases of Social Power", em *Studies in Social Power*, ed. D. Cartwright (Ann Arbor: University of Michigan, Institute for Social Research, 1959); T. Hinkin e C. Schriesheim, "Development and Application of New Scales to Measure the French and Raven Bases of Social Power", *Journal of Applied Psychology* 74 (1989), p. 561-567; A. Etzioni, *A Comparative Analysis of Complex Organizations*, ed. rev. (Nova York: The Free Press, 1975); R. Mayer, "Understanding Employee Motivation through Organizational Commit-

ment" (dissertação Ph.D., Purdue University, 1989); M. Sussmann e R. P. Vecchio, "A Social Influence Interpretation of Worker Motivation", *Academy of Management Review* 7 (1982), p. 177-186; R. P. Vecchio e M. Sussman, "Preference for Forms of Supervisory Social Influence", *Journal of Organizational Behavior* 10 (1989), p. 135-143.

4. E. Vigoda, "Organizational Politics, Job Attitudes, and Work Outcomes: Exploration and Implications for the Public Sector", *Journal of Vocational Behavior* 57 (2000), p. 326-347; J. Pfeffer, *Power in Organizations* (Boston: Pitman, 1981).

5. R. H. Miles, *Macro Organizational Behavior* (Santa Monica, Calif.: Goodyear, 1980), p. 174-175; Pfeffer, *Power in Organizations*; R. W. Allen et al., "Organizational Politics: Tactics and Characteristics of Its Actors", *California Management Review* 12 (outono de 1979), p. 77-83; A. J. DuBrin, *Winning at Office Politics* (Nova York: Ballantine, 1978).

6. A. J. DuBrin, "Deadly Political Sins", *National Business Employment Weekly* (outono de 1993), p. 11-13; DuBrin, *Winning at Office Politics*.

7. R. Christie e F. L. Geis, ed., *Studies in Machiavellianism* (Nova York: Academic Press, 1970).

8. D. S. Wilson et al., "Machiavellianism: A Synthesis of the Evolutionary and Psychological Literatures", *Psychological Bulletin* 119 (1996), p. 285-299; G. R. Gemmil e W. J. Heisler, "Machiavellianism as a Factor in Managerial Job Strain, Job Satisfaction, and Upward Mobility", *Academy of Management Journal* 15 (1972), p. 53-67.

9. D. Kipnis, *The Powerholders* (Chicago: University of Chicago Press, 1976); P. Block, *The Empowered Manager* (San Francisco: Jossey-Bass, 1988); R.V. Exline et al., "Visual Interaction in Relation to Machiavellianism and an Unethical Act", em *Studies in Machiavellianism*, ed. R. Christie e F. L. Geis (Nova York: Academic Press, 1970), p. 53-75; D. Kipnis e S. M. Schmidt, *Profiles of Organizational Influence Strategies* (San Diego: University Associates, 1982); S. M. Schmidt e D. Kipnis, "The Perils of Persistence", *Psychology Today*, nov. 1987, p. 32-34.

10. C. F. Turner e D. C. Martinez, "Socioeconomic Achievement and the Machiavellian Personality", *Sociometry* 40 (1977), p. 325-336.

11. D. Brass e M. Burkhardt, "Potential Power and Power Use: An Investigation of Structure and Behaviors", *Academy of Management Journal* 36 (1993), 441-470; Kipnis e Schmidt, *Profiles of Organizational Influence Strategies*; C. Schriescheim e T. Hinkin, "Influence Tactics Used by Subordinates: A Theoretical and Empirical Analysis and Refinement of the Kipnis, Schmidt, and Wilkinson Subscales", *Journal of Applied Psychology* 75 (1990), p. 246-252; G. Yukl e J. B. Tracey, "Consequences of Influence Tactics Used with Subordinates, Peers, and the Boss", *Journal of Applied Psychology* 76 (1992), p. 525-535; C. Falbe e G. Yukl, "Consequences for Managers of Using Single Influence Tactics and Combinations of Tactics", *Academy of Management Journal* 35 (1992), p. 638-652.

12. Schmidt e Kipnis, "The Perils of Persistence".

13. S. M. Farmer et al., "Factors Affecting the Use of Upward Influence Strategies", *Proceedings of the Academy of Management* (1993), p. 64-68; Kipnis, *The Powerholders*; Block, *The Empowered Manager*; D. Kipnis et al., "Patterns of Managerial Influence: Shotgun Managers, Tacticians, and Bystanders", *Organizational Dynamics* (1984), p. 58-67.

14. M. Lefkowitz et al., "Status Factors in Pedestrian Violation of Traffic Signals", *Journal of Abnormal and Social Psychology* 51 (1955), p. 704-706.

15. W. Duncan e J. Feisal, "No Laughing Matter: Humor in the Workplace", *Organizational Dynamics* 17 (1989), p. 18-30.

16. S. Milgram et al., "Note on the Drawing Power of Crowds of Different Size", *Journal of Personality and Social Psychology* 13 (1969), p. 79-82.

17. J. C. Freedman e S. C. Fraser, "Compliance without Pressure: The Foot-in-the Door Technique", *Journal of Personality and Social Psychology* 4 (1966), p. 195-202.

18. G. F. Cavanagh et al., "The Ethics of Organizational Politics", *Academy of Management Review* 6 (1981), p. 363-374.

19. S. Milgram, "Behavioral Study of Obedience", *Journal of Abnormal and Social Psychology* 67 (1963), p. 371-378.

20. S. Milgram, *Obedience to Authority* (Nova York: Harper, 1974); M E. Shanah e K.A. Yahya, "A Behavioral Study of Obedience in Children", *Journal of Personality and Social Psychology* 35 (1977), p. 530-536.

21. T. Blass, "The Milgram Paradigm After 35 Years: Some Things We Now Know About Obedience to Authority", *Journal of Applied Social*

Psychology 29 (1999), p. 955-978; M. E. Shanah e K. A. Yahya, "A Cross-Cultural Study of Obedience", *Bulletin of the Psychonomic Society* 11 (1978), p. 267-269; CBS News, fragmento de *Sixty Minutes*, "I Was Only Following Orders", mar. 31, 1979, 2-8; D. M.Mantell, "The Potential for Violence in Germany", *Journal of Social Issues* 27 (1971), p. 101-112; W. Kilham e L. Mann, "Level of Destructive Obedience as a Function of Transmitter and Executant Roles in the Milgram Obedience Paradigm", *Journal of Personality and Social Psychology* 29 (1974), p. 696-702; S. R. Shalala, "A Study of Various Communication Settings Which Produce Obedience by Subordinates to Unlawful Superior Orders" (dissertação de Ph.D., University of Kansas, 1974).

22. T. Blass, "The Milgram Paradigm After 35 Years: Some Things We Now Know About Obedience to Authority", *Journal of Applied Social Psychology* 29 (1999), p. 955-976.

Capítulo 7: Liderança

1. B. M. Bass, *Bass and Stogdil's Handbook of Leadership*, 3. ed. (Nova York: The Free Press, 1990).
2. K. B. Schwartz e K. Menon, "Executive Succession in Failing Firms", *Academy of Management Journal* 28 (1985), p. 680-686; W. G. Wagner *et al.*, "Organizational Demography and Turnover in Top-Management Groups", *Administrative Science Quarterly* 29 (1984), p. 74-92.
3. G. R. Salancik *et al.*, "Administrative Turnover as a Response to Unmanaged Organizational Independence", *Academy of Management Journal* 10 (1980), p. 422-437.
4. R. Hogan *et al.*, "What We Know about Leadership", *American Psychologist* 49 (1994), p. 493-504; S. Lieberson e J. F. O'Connor, "Leadership and Organizational Performance: A Study of Large Corporations", *American Sociological Review* 37 (1972), p. 117-130; N. Weiner e T. A. Mahoney, "A Model of Corporate Performance as a Function of Environmental, Organizational, and Leadership Influences", *Academy of Management Journal* 24 (1981), p. 453-470; G. R. Salancik e J. Pfeffer, "Constraints on Administrator Discretion: The Limited Influence of Mayors on City Budgets", *Urban Affairs Quarterly* 12 (1977), p. 475-498; D. Miller, "Some Organizational Consequences of CEO Succession", *Academy of Management Journal* 36 (1993), p. 644-659; A. Cannella e M. Lubatkin, "Succession as a Sociopolitical Process: Internal Impediments to Outsider Selection", Academy of Management Journal 36 (1993), p. 763-793; S. Friedman e K. Saul, "A Leader's Wake: Organization Member Reactions to CEO Succession", *Journal of Management* 17 (1991), p. 619-642; D. Hambrick e G. Fukutomi, "The Seasons of a CEO's Tenure", *Academy of Management Review* 16 (1991), p. 719-742.
5. R. Stewart, *Managers and Their Jobs: A Study of the Similarities and Differences in the Ways Managers Spend Their Time* (Londres: Macmillan, 1967).
6. H. Mintzberg, "The Manager's Job: Folklore and Fact", *Harvard Business Review* 53 (jul.-ago. 1975), p. 49-61; H. Mintzberg, *The Nature of Managerial Work* (Nova York: Harper & Row, 1973).
7. D. L. Marples, "Studies of Managers – A Fresh Start", *Journal of Management Studies* 4 (1967), p. 282-299.
8. S .A. Kirkpatrick e E. A.Locke, "Leadership Do Traits Matter?", *Academy of Management Executive* (1991), p. 48-60; R. M. Stogdill, "Personal Factors Associated with Leadership: A Survey of the Literature", *Journal of Psychology* 25 (1948), p. 35-71.
9. D. L. Cawthon, "Leadership: The Great Man Theory Revisited", *Business Horizons* 39 (1996), p. 1-4.
10. R .M. Stogdill, *Handbook of Leadership* (Glencoe, Ill.: The Free Press, 1975); Bass, *Handbook of Leadership*; R. M. Yohngjohn e D. J. Woehr, "A Meta-analytic Investigation of the Relationship Between Individual Differences and Leadership Effectiveness", *paper* apresentado no Annual Meeting of the Society for Industrial Organizational Psychology, San Diego, CA, 2001.
11. E. Ghiselli, *Exploration in Managerial Talent* (Santa Monica, Calif.: Goodyear, 1971).
12. T. A. Judge *et al.*, "Intelligence and Leadership: A Quantitative Review and Test of Theoretical Propositions", *Journal of Applied Psychology* (2004): prelo, F. E. Fiedler, "Cognitive Resources and Leadership Performance", *Applied Psychology: An International Review* 44 (1995), p. 5-28.
13. R. P. Vecchio, "Cognitive Resource Theory: Successor to the 'Black Box' Model of Leadership", *Contemporary Psychology* 33 (1988), p.

1030-1032; F. E. Fiedler e J. E. Garcia, *New Approaches to Effective Leadership* (Nova York: Wiley, 1987); F. E. Fiedler, "The Contribution of Cognitive Resources and Behavior to Leadership Performance" (*paper* apresentado no Annual Meeting of the Academy of Management, Boston, Mass., 1984); F. E. Fiedler e A. F. Leister, "Leader Intelligence and Task Performance: A Test of a Multiple Screen Model", *Organizational Behavior and Human Performance* 20 (1977), p. 1-14; J. Blades, "The Influence of Intelligence, Task Ability, and Motivation on Group Performance" (dissertação de Ph.D., University of Washington, 1976).
14. R. P. Vecchio, "A Theoretical and Empirical Examination of Cognitive Resource Theory", *Journal of Applied Psychology* 75 (1990), p. 141-147.
15. R. J. Sternberg, "WICS: A Model of Leadership in Organizations", *Academy of Management Learning and Education* 2 (2003), p. 386-401; R .K. Wagner e R. J. Sternberg, "Street Smarts", em *Measures of Leadership*, ed. K. E. Clark e M. B. Clark (West Orange, N.J.: Leadership Library of America, 1990).
16. Vecchio, "A Theoretical and Empirical Examination of Cognitive Resource Theory".
17. Stogdill, *Handbook of Leadership*.
18. R. P. Vecchio, "Leadership and Gender Advantage", *Leadership Quarterly* 6 (2002), p. 643-671; D. Park, "Androgynous Leadership Style", *Leadership and Organization Development Journal* 18 (1997), p. 166-171; J. A. Kolb, "Are We Still Stereotyping Leadership? A Look at Gender and Other Predictors of Leadership Emergence", *Small Group Research* 28 (1997), p. 370-393; A. H. Eagly e B. T. Johnson, "Gender and Leadership Style: A Meta-analysis", *Psychological Bulletin* 108 (1990), p. 233-256; A. Eagly *et al.*, "Gender and the Evaluation of Leaders: A Meta-analysis", *Psychological Bulletin* 111 (1992), p. 3-22; J. S. DeMatteo *et al.*, "Evaluations of Leadership in Preferential and Merit-Based Leader Selection Situations", *Leadership Quarterly* 7 (1996), p. 41-62; A. Eagly *et al.*, "Gender and the Effectiveness of Leaders: A Meta-analysis", *Psychological Bulletin* 117 (1995), p. 125-145.
19. R. P. Vecchio, "Leadership and Gender Advantage", *Leadership Quarterly* (2003), prelo; G. N. Powell, "One More Time: Do Female and Male Managers Differ?", *Academy of Management Executive* 4 (1990), p. 68-75.
20. A. Feingold, "Gender Differences in Personality", *Psychological Bulletin* 116 (1994), p. 429-456; L. M. Terman e C. C. Miles, *Sex and Personality: Studies on Masculinity and Femininity* (Nova York: McGraw-Hill, 1936); M. E. Shaw, *Group Dynamics* (Nova York: McGraw-Hill, 1971).
21. R. A. Noe, "Women and Mentoring: A Review and Research Agenda", *Academy of Management Review* 13 (1988), p. 65-78.
22. K. E. Kram e L. A. Isabella, "Alternatives to Mentoring: The Role of Peer Relationships in Career Development", *Academy of Management Journal* 28 (1985), p. 110-132.
23. K. Lewin *et al.*, "Patterns of Aggressive Behavior in Experimentally Created Social Climates", *Journal of Social Psychology* 10 (1939), p. 271-301.
24. C. Gibb, "Leadership", em *The Handbook of Social Psychology*, 2. ed., ed. G. Lindzey e E. Aronson, 5 vols. (Reading, Mass.: Addison-Wesley, 1969), 4:205-282; B. Bass, *Leadership, Psychology, and Organizational Behavior* (Nova York: Harper & Row, 1960).
25. V. H. Vroom e F. C. Mann, "Leader Authoritarianism and Employee Attitudes", *Personnel Psychology* 13 (1960), p. 125-140.
26. R. F. Bales, "The Equilibrium Problem in Small Groups", em *Working Papers on the Theory in Action*, ed. T. Parson *et al.* (Glencoe, Ill.: The Free Press, 1953).
27. E. A. Fleishman e E. F. Harris, "Patterns of Leadership Behavior Related to Employee Grievance and Turnover", *Personnel Psychology* 15 (1962), p. 43-56; R. P. Vecchio e K. J. Boatwright, "Preferences for Idealized Styles of Supervision", *Leadership Quarterly* (2002), prelo;.
28. T. A. Judge *et al.*, "The Forgotten Ones? The Validity of Consideration and Initiating Structure in Leadership Research", *Journal of Applied Psychology* 89 (2004), p. 36-51; Stogdill, *Handbook of Leadership*; Yukl, *Leadership in Organizations* (Upper Saddle River, N.J.: Prentice-Hall, 2002).
29. L. L. Larson *et al.*, "The Great Hi-Hi Leader Behavior Myth: A Lesson from Occam's Razor", *Academy of Management Journal* 19 (1976), p. 628-641.
30. S. Kerr *et al.*, "Toward a Contingency Theory of Leadership Based upon the Consideration and Initiating Structure Literature", *Organizational Behavior and Human Performance* 12 (1974), p. 62-82; Stogdill, *Handbook of Leadership*; Yukl, *Leadership in Organizations*.

31. R. R. Blake e J. S. Mouton, *The New Managerial Grid* (Houston: Gulf, 1978).
32. R. R. Blake e J. S. Mouton, "A Comparative Analysis of Situationalism and 9,9 Management by Principle", *Organizational Dynamics* 24 (primavera 1982), p. 21.
33. P. M. Podsakoff *et al.*, "Transformational Leader Behaviors as Determinants of Employee Satisfaction, Commitment, Trust, and Organizational Citizenship Behaviors", Journal of Managements (1996), p. 259-298; L. K. Hall, "Charisma: A Study of Personality Characteristics of Charismatic Leaders" (dissertação de Ph.D., University of Georgia, Athens, 1983); J. A. Conger e R. N. Kanungo, "Behavioral Dimensions of Charismatic Leadership", em *Charismatic Leadership: The Elusive Factor in Organizational Effectiveness*, ed. J. A. Conger e R. N. Kanungo (San Francisco: Jossey-Bass, 1988); J. A. Conger e R. N. Kanungo, "Toward a Behavioral Theory of Charismatic Leadership in Organizational Settings", *Academy of Management Journal* 12 (1987), p. 637-647; R. House *et al.*, "Personality and Charisma in the U.S. Presidency: A Psychological Theory of Leader Effectiveness", *Administrative Science Quarterly* 36 (1991), p. 364-396.
34. B. M. Bass, "Theory of Transformational Leadership Redux", *Leadership Quarterly* 6 (1995), p. 463-478; B. M. Bass, *The Multifactor Leadership Questionnaire–Form 5* (Binghamton: State University of Nova York Press, 1985); M. J. Cram e T. S. Bateman, "Charismatic Leadership Viewed From Above: The Impact of Proactive Personality", *Journal of Management* 21 (2000), p. 63-75; B. M. Bass e B. J. Avolio, "Phototypicaliry, Leniency, and Generalized Response Set in Rated and Ranked Transformational and Transactional Leadership Descriptions", *Binghamton State University of Nova York Center for Leadership Studies*, Report Series 88-2 (1988); R. P. Vecchio, "Entrepreneurship and Leadership: Common Trends and Common Threads", *Human Resources Management Review* 13 (2003), p. 303-327.
35. T. A. Judge e J. E. Bono, "Five-Factor Model of Personality and Transformational Leadership", *Journal of Applied Psychology* 85 (2000), p. 751-765; W. L. Kon *et al.*, "The Effects of Transformational Leadership on Teacher Attitudes and Student Performance in Singapore", *Journal of Organizational Behavior* 16 (1999), p. 319-333; B. M. Bass, "Policy Implications of Transformational Leadership", em *Research in Organizational Change and Development*, ed. R. W. Woodman e W. A. Pasmore (Greenwich, Conn.: JAI, 1988); J. M. Burns, *Leadership* (Nova York: Harper & Row, 1978).
36. R. J. House e R. N. Aditya, "The Social Scientific Study of Leadership: Quo Vadis?", *Journal of Management* 23 (1997), p. 409-473; S. J. Musser, "The Determination of Positive and Negative Charismatic Leadership" (*paper* não publicado, Grantham, Pa., Messiah College); D. Sankowsky, "The Charismatic Leader as Narcissist: Understanding the Abuse of Power", *Organizational Dynamics* 23 (1995), p. 57-71; J. A. Conger, *The Charismatic Leader: Beyond the Mystique of Exceptional Leadership* (San Francisco, CA: Jossey-Bass, 1989).
37. M. R. Kets de Vries e D. Miller, "Narcissism and Leadership: An Object-relations Perspective", *Human Relations* 38 (1985), p. 583-601; M. R. Kets de Vries e D. Miller, *The Neurotic Organization: Diagnosing and Changing Counter-productive Styles of Management* (San Francisco: Jossey-Bass, 1984).
38. R. Ayman *et al.*, "The Contingency Model of Leadership Effectiveness: Its Levels of Analysis", *Leadership Quarterly* 6 (1995), p. 147-167; F. E. Fiedler, *A Theory of Leadership Effectiveness* (Nova York: McGraw-Hill, 1967).
39. F. E. Fiedler, "The Contribution of Cognitive Resources and Behavior to Leadership Performance" (*paper* apresentado no Annual Meeting of the Academy of Management, Boston, Mass., 1984).
40. C. A. Schriesheim *et al.*, "Least Preferred Co-Worker Score, Situational Control, and Leadership Effectiveness: A Meta-analysis", *Journal of Applied Psychology* 79 (1994), p. 561-573; R. P. Vecchio, "Cognitive Resource Theory: Successor to the 'Black Box' Model of Leadership", *Contemporary Psychology* 33 (1988), p. 1030-1032; R. P. Vecchio, "A Theoretical and Empirical Examination of Cognitive Resource Theory", *Journal of Applied Psychology* 75 (1990), p. 141-147; R. P. Vecchio, "An Empirical Investigation of the Validity of Fiedler's Model of Leadership Effectiveness", *Organizational Behavior and Human Performance* 19 (1977), p. 180-206; M. J. Strube e J. E. Garcia, "A Meta-analytic Investigation of Fiedler's Contingency Model of Leadership Effectiveness", *Psychological Bulletin* 90 (1981), p. 307-321; R. P. Vecchio, "Assessing the Validity of

Fiedler's Contingency Model of Leadership Effectiveness: A Closer Look at Strube and Garcia (1981)", *Psychological Bulletin* 93 (1983), p. 404-408; M. J. Strube e J. E. Garcia, "On the Proper Interpretation of Empirical Findings: Strube and Garcia (1981) Revisited", *Psychological Bulletin* 93 (1983), p. 600-603.

41. F. E. Fiedler, "The Leadership Game: Matching the Man to the Situation", *Organizational Dynamics* 4 (1976), p. 6-16.
42. R. P. Vecchio, "Some Continuing Challenges for the Contingency Model of Leadership", Monographs in Organizational Behavior and Industrial Relations 24 (1998), p. 115-124; R. P. Vecchio, "An Empirical Investigation of the Validity of Fiedler's Model".
43. M. G. Evans, "Extensions of a Path-Goal Theory of Motivation", *Journal of Applied Psychology* 59 (1974), p. 172-178; M. G. Evans, "The Effects of Supervisory Behavior on the Path-Goal Relationship", *Organizational Behavior and Human Performance* 5 (1970), p. 277-298.
44. R. J. House, "A Path-Goal Theory of Leader Effectiveness", *Administrative Science Quarterly* 16 (1971), p. 321-338.
45. C. A. Schriesheim e A. S. DeNisi, "Task Dimensions as Moderators of the Effects of Instrumental Leadership: A Two-Sample Replicated Test of Path-Goal Leadership Theory", *Journal of Applied Psychology* 66 (1981), p. 589-597; A. D. Szilagyi e H. P. Sims, "An Exploration of the Path-Goal Theory of Leadership in a Health-Care Environment", *Academy of Management Journal* 17 (1974), p. 622-634.
46. H. K. Downey et al., "Analysis of Relationships among Leader Behavior, Subordinate Job Performance, and Satisfaction: A Path-Goal Approach", *Academy of Management Journal* 18 (1975), p. 253-262; R. J. House e G. Dessler, "The Path-Goal Theory of Leadership: Some Post Hoc and A Priori Tests", em *Contingency Approaches to Leadership*, ed. J. G. Hunt e L. L. Larson (Carbondale: Southern Illinois University Press, 1974).
47. K. H. Blanchard e P. Hersey, "Great Ideas Revisited", *Training and Development Journal* 50 (1996), p. 42-47; P. Hersey e K. H. Blanchard, *Management of Organizational Behavior*, 3. ed. (Englewood Cliffs, N.J.: Prentice-Hall, 1977).
48. C. F. Fernandez e R. P. Vecchio, "Situational Leadership Theory Revisited: A Test of an Across-Jobs Perspective", Leadership Quarterly 8 (1997), p. 67-84; C. L. Graeff, "Evolution of Situational Leadership Theory: A Critical Review", *Leadership Quarterly* 8 (1997), p. 153-170; W. R. Norris e R. P. Vecchio, "Situational Leadership Theory: A Replication", *Group and Organization Management* 17 (1992), p. 331-342; C. L. Graeff, "The Situational Leadership Theory: A Critical Review", *Academy of Management Review* 7 (1983), p. 285-291; G. Yuld, *Leadership in Organizations* (Englewood Cliffs, N.J.: Prentice-Hall, 1981); R. P. Vecchio, "Situational Leadership Theory: An Examination of a Prescriptive Theory", *Journal of Applied Psychology* 72 (1987), p. 444-451.
49. V. H. Vroom e P. W. Yetton, *Leadership and Decision Making* (Pittsburgh: University of Pittsburgh Press, 1973).
50. R. H. Field e R. J. House, "A Test of the Vroom–Yetton Model Using Manager and Subordinate Reports", *Journal of Applied Psychology* 75 (1990), p. 362-370; V. H. Vroom, "Leadership Revisited", em *Man and Work in Society*, ed. E. L. Case e F. G. Zimmer (Nova York: Van Nostrand Reinhold, 1975); V. H. Vroom e A. G. Jago, "On the Validity of the Vroom-Yetton Model", *Journal of Applied Psychology* 63 (1978), p. 151-162; R. H. Field, "A Test of the Vroom–Yetton Normative Model of Leadership", *Journal of Applied Psychology* 67 (1982), p. 523-532; W. C. Wedley e R. H. Field, "The Vroom–Yetton Model: Are Feasible Set Choices Due to Chance?", *Academy of Management Proceedings* (1982), p. 146-150.
51. B. Smith, "The Telos Program and the Vroom–Yetton Model", em *Crosscurrents in Leadership*, ed. J. G. Hunt e L. Larson (Carbondale: Southern Illinois University Press, 1979), p. 39-40.
52. V. H. Vroom e A. G. Jago, The New Leadership: Managing Participation in Organizations (Englewood Cliffs, NJ: Prentice-Hall, 1988); V. H. Vroom e A. G. Jago, "Leadership and Decision Making: A Revised Normative Model" (*paper* apresentado no Annual Meeting of the Academy of Management, Boston, Mass., 1984); G. B. Graen e M. Uhl-Bien, "Relationship Based Approach to Leadership: Development of Leader-Member Exchange Theory of Leadership", *Leadership Quarterly* 6 (1995), p. 219-247; R. M. Dienesch e R. C. Liden, "Leader-Member Exchange Model of Leadership: A Critique and Further Developments", *Academy of Management Review* 11

(1986), p. 118-134; D. Duchon *et al.*, "Vertical Dyad Linkage", *Journal of Applied Psychology* 71 (1986), p. 56-60.

53. K. Dunegan *et al.*, "Examining the Link Between Leader-Member Exchange and Subordinate Performance: The Role of Task Analyzability and Variety as Moderators", *Journal of Management* 18 (1992), p. 59-76; F. Danserau *et al.*, "A Vertical Dyad Linkage Approach to Leadership within Formal Organizations: A Cognitudinal Investigation of the Role-Making Process", *Organizational Behavior and Human Performance* 15 (1975), p. 46-78; G. Graen e J. F. Cashman, "A Role-Making Model of Leadership in Formal Organizations: A Developmental Approach", em *Leadership Frontiers*, ed. J. G. Hunt e L. L. Larson (Kent, Ohio: Kent State University Press, 1975), p. 143-165; R. C. Liden e G. Graen, "Generalizability of the Vertical Dyad Linkage Model of Leadership", *Academy of Management Journal* 23 (1980), p. 451-465; R. P. Vecchio, "Are You IN or OUT with Your Boss?", *Business Horizons* 29 (1987), p. 76-78; R. P. Vecchio, "A Dyadic Interpretation of the Contingency Model of Leadership Effectiveness", *Academy of Management Journal* 22 (1979), p. 590-600.

54. C. A. Schriesheim *et al.*, "Leader-Member Exchange (LMX) Research: A Comprehensive Review of Theory Measurement, and Data-analytic Practices", *Leadership Quarterly* 10 (1999), p. 63-113; C. R. Gertsner e D.V. Day, "Meta-analytic Review of Leader-Member Exchange Correlates and Construct Issues", *Journal of Applied Psychology* 82 (1997), p. 827-844; J. Miner, *Theories of Organizational Behavior* (Hinsdale, Ill.: Dryden, 1980); R. P. Vecchio, "Predicting Employee Turnover from Leader-Member Exchange", *Academy of Management Journal* 28 (1985), p. 478-485; G. Ferris, "Role of Leadership in the Employee Withdrawal Process: A Constructive Replication", *Journal of Applied Psychology* 70 (1985), p. 777-781.

55. R. P. Vecchio *et al.*, "The Predictive Utility of the Vertical Dyad Linkage Approach", *Journal of Social Psychology* 126 (1987), p. 17-625; R. P. Vecchio, "Leader-Member Exchange, Objective Performance, Employment Duration, and Supervisor Ratings: Testing for Moderation and Mediation", *Journal of Business and Psychology* 12 (1998), p. 327-341; R. P. Vecchio e W. R. Norris, "Predicting Employee Turnover from Performance, Satisfaction, and Leader-Member Exchange", *Journal of Business and Psychology* 11 (1996), p. 113-125; R. P. Vecchio e B. C. Gobdel, "The Vertical Dyad Linkage Model of Leadership: Problems and Prospects", *Organizational Behavior and Human Performance* 34 (1984), p. 5-20; R. P. Vecchio, "Effective Followership: Leadership Turned Upside Down", *Journal of Business Strategies* 4 (1987), p. 39-47; G. Graen e W. Schiemann, "Leader-Member Agreement: A Vertical Dyad Linkage Approach", *Journal of Applied Psychology* 63 (1978), p. 206-212; R. Katerberg e P. W. Horn, "Effects of Within-Group and Between-Groups Variation in Leadership", *Journal of Applied Psychology* 66 (1981), p. 218-223; R. P. Vecchio, "A Further Test of Leadership Effects Due to Between-Group Variation and Within-Group Variation", *Journal of Applied Psychology* 67 (1982), p. 200-208.

56. P. M. Podsakoff *et al.*, "Meta-analysis of the Relationships Between Kerr and Jermier's Substitutes for Leadership and Employee Attitudes, Role Perceptions, and Performance", *Journal of Applied Psychology* 81(1996), p. 380-399; P. M. Podsakoff, "Do Substitutes for Leadership Really Substitute for Leadership? An Empirical Examination of Kerr and Jermier's Situational Leadership Model", *Organizational Behavior and Human Decision Processes* 54 (1993), p. 1-44; S. Kerr e J. M. Jermier, "Substitutes for Leadership: Their Meaning and Measurement", *Organizational Behavior and Human Performance* 22 (1978), p. 375-403; S. Kerr, "Substitutes for Leadership: Some Implications for Organization Design", *Organization and Administrative Sciences* 8, (1977), p. 135.

57. J. K. Van Fleet, *The 22 Biggest Mistakes Managers Make* (West Nyack, N.Y.: Parker, 1973).

58. M. McCall e M. Lombardo, *Off the Track: Why and How Successful Executives Get Derailed – Technical Report No. 21* (Greensboro, N.C.: Center for Creative Leadership, 1983).

59. A. H. Church, "From Both Sides Now: Leadership – So Close and Yet So Far", *The Industrial-Organizational Psychologist* 35 (1998), p. 57-69; R Hogan *et al.*, "What We Know About Leadership: Effectiveness and Personality", *American Psychologist* 49 (1994), p. 493-504.

Capítulo 8: Tomada de decisão

1. H. A. Simon, *The New Science of Managerial Decision Making*, 2. ed. (Englewood Cliffs, N.J.: Prentice-Hall, 1977).
2. A. Ebling, *Behavioral Decisions in Organizations*, 2. ed. (Glenview, Ill.: Scott, Foresman, 1978).
3. H. A. Simon, Administrative Behavior, 3. ed. (Nova York: The Free Press, 1976); K. R. MacCrimmon e R. N. Taylor, "Decision Making and Problem Solving", em *Handbook of Industrial and Organizational Psychology*, ed. M. D. Dunnette (Chicago: Rand-McNally, 1976).
4. H. A. Simon, *Models of Man* (Nova York: Wiley, 1957).
5. J. G. March e H. A. Simon, Organizations (Nova York: Wiley, 1958).
6. Simon, *Models of Man*.
7. I. P. Levin *et al.*, "All Frames Are Not Created Equal: A Typology and Critical Analysis of Framing Effects", *Organizational Behavior and Human Decision Processes* 76 (1998), p. 149-188; D. Kahneman e A. Tversky, "Intuitive Prediction: Biases and Corrective Procedures", *Management Science* 62 (1980), p. 250-257.
8. P. O. Soelberg, "Unprogrammed Decision Making", *Industrial Management Review* (1987), p. 19-29; D. J. Power e R. J. Aldag, "Soelberg's Job Search and Choice Model: A Clarification, Review, and Critique", *Academy of Management Review* (1985), p. 48-58.
9. A. Tversky e D. Kahneman, "The Framing of Decisions and the Psychology of Choice", Science 211 (1981), p. 453-458.
10. B. M. Staw, "The Escalation of Commitment to a Course of Action", *Academy of Management Review* 6 (1981), p. 577-587.
11. *Ibid.*, p. 577.
12. B. M. Staw e J. Ross, "Commitment in an Experimenting Society: An Experiment on the Attribution of Leadership from Administrative Scenarios", *Journal of Applied Psychology* 65 (1980), p. 249-260.
13. T. Lant e A. Hurley, "A Contingency Model of Response to Performance Feedback: Escalation of Commitment and Incremental Adaptation in Resource Investment Decisions", *Group and Organization Management* 24 (1999), p. 421-437; H. Drummond, "Giving It a Week and Then Another Week: A Case of Escalation in Decision Making", *Personnel Review* 26 (1997), p. 99-113; B. M. Staw e H. Hoang, "Sunk Costs in the NBA", *Administrative Science Quarterly* 40 (1995), p. 474-494; G. Whyte *et al.*, "When Success Breeds Failure: The Role of Self-Efficacy in Escalating Commitment to a Losing Course of Action", *Journal of Organizational Behavior* 18 (1997), p. 415-432; H. Garland, "Throwing Good Money after Bad: The Effect of Sunk Costs on the Decision to Escalate Commitment to an Ongoing Project", *Journal of Applied Psychology* 75 (1990), p. 728-731; J. Ross e B. M. Staw, "Organizational Escalation and Exit: Lessons from the Shoreham Nuclear Power Plant", *Academy of Management Journal* 36 (1993), p. 701-732; J. Brockner, "The Escalation of Commitment to a Failing Course of Action: Toward Theoretical Progress", *Academy of Management Review* 17 (1992), p. 39-61.
14. Staw, "The Escalation of Commitment".
15. W. W. Park, "A Comprehensive Empirical Investigation of the Relationships Among Variables of the Groupthink Model", *Journal of Organizational Behavior* 21 (2000), p. 873-887; J. N. Choi e M. U. Kim, "The Organizational Application of Groupthink and Its Limitations in Organizations", *Journal of Applied Psychology* 84 (1999), p. 297-306; M. E. Turner e A.R. Pratkanis, "Twenty-Five Years of Group-think Theory and Research: Lessons from the Evolution of a Theory", *Organizational Behavior and Human Decision Processes* 73 (1998), p. 105-115; J. K. Esser, "Alive and Well after 25 Years: A Review of Groupthink Research", *Organizational Behavior and Human Decision Processes* 73 (1998), p. 116-141; I. L. Janis, *Victims of Groupthink* (Boston: Houghton-Mifflin, 1972); G. Whyte, "Groupthink Reconsidered", *Academy of Management Review* 14 (1989), p. 45-56.
16. I. L. Janis, "Sources of Error in Strategic Decision Making", em *Organizational Strategy and Change*, ed. J. M. Pennings (San Francisco: Jossey Bass, 1985).
17. M. E. Turner *et al.*, "Threat, Cohesion, and Group Effectiveness: Testing a Social Identity Maintenance Perspective on Groupthink", *Journal of Experimental and Social Psychology* 63 (1992), p. 781-796.
18. J. A. F. Stoner, "A Comparison of Individual and Group Decisions Involving Risk" (dissertação de mestrado, Sloan School of Management, MIT, 1961).

19. A. F. Teger e D. G. Pruitt, "Components of Group Risk Taking", *Journal of Experimental Social Psychology* 3 (1967), p. 189-205.
20. N. Kogan e M. A. Wallach, "Group Risk Taking as a Function of Members' Anxiety and Defensiveness", *Journal of Personality* 35 (1967), p. 50-63.
21. J. A. F. Stoner, "Risky and Cautious Shifts in Group Decisions: The Influence of Widely Held Values", *Journal of Experimental Social Psychology* 4 (1968), p. 442-459.
22. N. Kogan e M. G. Wallach, *Risk Taking: A Study of Cognition and Personality* (Nova York: Holt, Rinehart and Winston, 1964).
23. R. E. Knox e R. K. Safford, "Group Caution at the Racetrack", *Journal of Experimental Social Psychology* 12 (1976), p. 317-324.
24. M. F. Kaplan, "The Influencing Process in Group Decision Making", em Group Processes, ed. C. Hendrick (Newberry Park, Calif.: Sage, 1987); D. G. Myers e H. Lamm, "The Group Polarization Phenomenon", *Psychological Bulletin* 83 (1976), p. 602-627.
25. P. B. Paulus, "Groups, Teams, and Creativity: The Creative Potential of Idea-Generating Groups", *Applied Psychology: An International Review* 49 (2000), p. 237-262; M. L. Maznerski, "Understanding Our Differences: Performance in Decision-Making Groups with Diverse Members", *Human Relations* 47 (1994), p. 531-552; J. P. Wanous e M. A. Youtz, "Solution Diversity and the Quality of Group Decisions", *Academy of Management Journal* 29 (1986), p. 149-159; M. E. Shaw, Group Dynamics, 3. ed. (Nova York: McGraw-Hill, 1981).
26. A. H. Van de Ven e A. L. Delbecq, "The Effectiveness of Nominal, Delphi, and Interacting Group Decision-Making Processes", *Academy of Management Journal* 17 (1974), p. 605-621.
27. N. Dalkey, *The Delphi Method: An Experimental Study of Group Opinions* (Santa Monica, Calif: The Rand Corporation, 1969).
28. A. L. Delbecq et al., *Group Techniques for Program Planning* (Glenview, Ill.: Scott, Foresman, 1975).
29. Van de Ven e Delbecq, "The Effectiveness of Nominal, Delphi, and Interacting Group Processes".
30. S. Harkins et al., "Social Loafing: Allocating Effort or 'Taking It Easy'", *Journal of Experimental Social Psychology* 16 (1980), p. 457-465.
31. J. George, "Extrinsic and Intrinsic Origins of Perceived Social Loafing in Organizations", *Academy of Management Journal* 35 (1992), p. 191-202; R. Albanese e D. Van Fleet, "Rational Behavior in Groups: The Free Riding Tendency", *Academy of Management Review* 10 (1985), p. 244-255.
32. S. G. Rogelbert et al., "The Stepladder Technique: An Alternative Group Structure Facilitating Effective Group Decision Making", *Journal of Applied Psychology* 77 (1992), p. 730-737.
33. H. C. Lehman, *Age and Achievement* (Princeton, N.J.: Princeton University Press, 1953).
34. D. W. MacKinnon, "Assessing Creative Persons", *Journal of Creative Behavior* I (1967), p. 303-304.
35. E. Raudsepp, "Are You a Creative Manager?", *Management Review* 58 (1978), p. 15-16.
36. T. Rotondi, "Organizational Identification: Issues and Implications", *Organizational Behavior and Human Performance* 13 (1975), p. 95-109.
37. E. P. Torrance, "Is Bias Against Job Changing Bias against Giftedness?", *Gifted Child Quarterly* 15 (1971), p. 244-248.
38. R. M. Guion, *Personnel Testing* (Nova York: McGraw-Hill, 1965).
39. J. F. Mee, "The Creative Thinking Process", *Indiana Business Review* 3 (1956), p. 4-9; F. D. Randall, "Stimulate Your Executives to Think Creatively", *Harvard Business Review* (jul.-ago. 1955), p. 121-128.
40. D. J. Treffinger e J. C. Gowan, "An Updated Representative List of Methods and Educational Programs for Stimulating Creativity", *Journal of Creative Behavior* 5 (1971), p. 127-139; S. J. Parnes e E. A. Brunelle, "The Literature of Creativity, Part I", *Journal of Creative Behavior* I (1967), p. 52-109.
41. D. W. Taylor et al., "Does Group Participation When Using Brainstorming Techniques Facilitate or Inhibit Creative Thinking?", *Administrative Science Quarterly* 3 (1958), p. 23-47.
42. A. J. DuBrin, *Contemporary Applied Management* (Piano, Tex.: Business Publications, Inc., 1985).
43. R. Von Oech, *A Whack on the Side of the Head: How to Unlock Tour Mind for Innovation* (Nova York: Warner Books, 1984).
44. F. Parsa e W. Lankford, "Students' Views of Business Ethics: An Analysis", *Journal of Applied Social Psychology* 29 (1999), p. 1045-1057;

S. Harrington, "What Corporate America Is Teaching about Ethics", *Academy of Management Executive* 5 (1991), p. 21-30.
45. D. P. Rubin et al., "The Perceived Importance of an Ethical Issue as an Influence on the Ethical Decision-Making of Ad Managers", *Journal of Business Research* 35 (1996), p. 17-28; L. K. Trevino e S.A. Youngblood, "Bad Apples in Bad Barrels: A Causal Analysis of Ethical Decision-Making Behavior", *Journal of Applied Psychology* 75 (1990), p. 378-385; L. Barton, *Ethics: The Enemy in the Workplace* (Cincinnati, Ohio: Southwestern College Publishing, 1995); E. Jansen e M. A. Von Glinow, "Ethical Ambivalence and Organizational Reward Systems", *Academy of Management Review* 10 (1985), p. 814-822.
46. B. D. Penn e B. D. Collier, "Current Research in Moral Development as a Decision Support System", *Journal of Business Ethics* 4 (1985), p. 131-136.

Capítulo 9: Dinâmica de grupo

1. J. R. Hackman, "Group Influences on Individuals in Organizations", em *Handbook of Industrial and Organizational Psychology*, ed. M. D. Dunnette e L. M. Hough (Palo Alto, Calif.: Consulting Psychologists Press, 1992); R. Likert, *New Patterns in Management* (Nova York: McGraw-Hill, 1961).
2. S. Mazumdar, "How Birds of a Feather Flock Together in Organizations: The Phenomena of Socio-Physical Congregation and Distancing", *Journal of Architectural and Planning Research* 12 (1995), p. 1-10.
3. D. Bryne, *The Attraction Paradigm* (Nova York: Academic Press, 1971); D. Bryne e G. L. Clore, "A Reinforcement Model of Evaluative Responses", *Personality: An International Journal* 1 (1970), p. 103-128.
4. J. W. Thibaut e H. H. Kelley, *The Social Psychology of Groups* (Nova York: Wiley, 1959).
5. B. W. Tuckman, "Developmental Sequence in Small Groups", *Psychological Bulletin* 63 (1965), p. 384-399.
6. R. S. Baron et al., *Group Process, Group Decision, Group Action* (Pacific Grove, Calif.: Brooks-Cole, 1992); R. B. Zajonc, "Social Facilitation", *Science* 149 (1965), p. 269-274.
7. K. Bettenhausen, "Five Years of Group Research: What We've Learned and What Needs to Be Addressed", *Journal of Management* 17 (1991), p. 345-382; B. Guerin, "Mere Presence Effects in Humans: A Review", *Journal of Experimental Social Psychology* 22 (1986), p. 38-77; R. G. Green, "Alternative Conceptions of Social Facilitation", em *Psychology of Group Influences*, ed. P. B. Pavles (Hillsdale, N.J.: Erlbaum, 1989); J. M. Jackson et al., "Major League Baseball Performance as a Function of Being Traded: A Drive Theory Analysis", *Personality and Social Psychology Bulletin* 14 (1988), p. 46-56.
8. R. M. Steers, *An Introduction to Organizational Behavior* (Glenview, Ill.: Scott, Foresman, 1984).
9. S. J. Karau e K. D. Williams, "Social Loafing: A Meta-analytic Review and Theoretical Integration", *Journal of Personality and Social Psychology* 65 (1993), p. 681-706; P. C. Early, "East Meets West Meets Mideast: Further Explorations of Collectivistic and Individualistic Work Groups", *Academy of Management Journal* 36 (1993), p. 319-348; R. S. Baron et al., *Group Process, Group Decision, Group Action*; B. Latane et al., "Many Hands Make Light the Work: The Causes and Consequences of Social Loafing", *Journal of Personality and Social Psychology* 37 (1979), p. 822-832.
10. N. R. F. Maier, *Problem Solving and Creativity in Individuals and Groups* (Belmont, Calif.: Brooks-Cole, 1970).
11. M. Orlitzky e J. D. Benjamin, "The Effects of Sex Composition on Small-Group Performance in a Business School Case Competition", *Academy of Management Learning and Education* 2 (2003), p. 128-138; H. T. Reitan ed M. E. Shaw, "Group Membership, Sex-Composition of the Group, and Conformity Behavior", *Journal of Social Psychology* 64 (1964), p. 45-51.
12. B. M. Gross, *Organizations and Their Managing* (Nova York: The Free Press, 1968), p. 242-248.
13. E. P. Torrance, "Some Consequences of Power Differences on Decision Making in Permanent and Temporary Three-Man Groups", *Research Studies, Washington State College* 22 (1954), p. 130-140.
14. K. Bettenhausen e J. K. Murnighan, "The Emergence of Norms in Competitive Decision-Making Groups", *Administrative Science Quarterly* 10 (1985), p. 350-372.
15. J. R. Hackman, *Handbook of Industrial and Organizational Psychology*.

16. A. Zander, *Making Groups Effective* (San Francisco: Jossey-Bass, 1983), p. 55-56.
17. R. H. Van Zelst, "Validation of a Sociometric Regrouping Procedure", *Journal of Abnormal and Social Psychology* 47 (1952), p. 299-301.
18. K. L. Dion, "Cohesiveness as a Determinant of Ingroup-Outgroup Bias", *Journal of Personality and Social Psychology* 28 (1973), p. 163-171.
19. R. M. Stogdill, "Group Productivity, Drive, and Cohesiveness", *Organizational Behavior and Human Performance* 8 (1972), p. 26-43.
20. J. R. Hackman, *Handbook of Industrial and Organizational Psychology*; S. E. Seashore, *Group Cohesiveness in the Industrial Work Group* (Ann Arbor: University of Michigan Press, 1954).
21. C. Evans e K. Dion, "Group Cohesion and Performance: A Meta-analysis", *Small Group Research* 22 (1991), p. 175-186.
22. E. Trist e K. Bamforth, "Some Social and Psychological Consequences of the Long-Wall Method of Goal-Setting", *Human Relations* 4 (1951), p. 1-38.

Capítulo 10: Gerenciamento de conflito

1. K. A. Jehn, "A Qualitative Analysis of Conflict Types and Dimensions in Organizational Groups", *Administrative Science Quarterly* 42 (1997), p. 530-557; J. A. Wall e R. R. Callister, "Conflict and Its Management", *Journal of Management* 21 (1995), p. 515-558; K.W. Thomas, "Organizational Conflict", em *Organizational Behavior*, ed. S. Kerr (Columbus, Ohio: Grid, 1979).
2. S. P. Robbins, *Managing Organizational Conflict* (Englewood Cliffs, N.J.: Prentice-Hall, 1974).
3. A. C. Amason, "Distinguishing the Effects of Functional and Dysfunctional Conflict on Strategic Decision Making: Resolving a Paradox for Top Management Teams", *Academy of Management Journal* 39 (1996), p. 123-148.
4. Robbins, *Managing Organizational Conflict*.
5. V. S. Mouly e J. K. Sankaran, "On the Study of Settings Marked by Severe Superior-Subordinate Conflict", *Organization Studies* 18 (1997), p. 175-192; J. M. Rabbie e F. Bekkers, "Threatened Leadership and Intergroup Competition", *European Journal of Social Psychology* 8 (1978), p. 19-20.
6. R. D. Luce e H. Raiffa, *Games and Decisions* (Nova York: Wiley, 1957), p. 95.
7. S. Cross e R. Rosenthal, "Three Models of Conflict Resolution: Effects on Intergroup Expectancies and Attitudes", *Journal of Vocational Behavior* 55 (1999), p. 561-580; M. Sherif, *In Common Predicament: Social Psychology of Intragroup Conflict and Cooperation* (Boston: Houghton Mifflin, 1966).
8. Robbins, *Managing Organizational Conflict*.
9. J. Lowell, "GMAD: Lowdown at Lordstown", *Ward's Auto World*, abr. 1972, 29.
10. Thomas, "Organizational Conflict"; D. Weider-Hatfield e J. D. Hatfield, "Superiors' Conflict Management Strategies and Subordinate Outcomes", *Management Communication Quarterly* 10 (1996), p. 189-208; C. Jarboe e H. R. Witteman, "Intragroup Conflict Management in Task-Oriented Groups", *Small Group Research* 17 (1996), p. 316-338; K. W. Thomas, "Toward Multi-Dimensional Values in Teaching: The Example of Conflict Behaviors", *Academy of Management Review* 2 (1977), p. 484-490.
11. J. W. Galbraith, *Designing Complex Organizations* (Reading, Mass.: Addison-Wesley, 1973); J. A. Wall e M. W. Blum, "Negotiations", *Journal of Management* 17 (1991), p. 273-304.
12. R.T. Keller e W. E. Holland, "Boundary-Spanning Activity and Research and Development Management: A Comparative Study", *IEEE Transactions and Engineering Management* (1975), p. 130-133.
13. C. E. Naquin, "The Agony of Opportunity in Negotiation: Number of Negotiable Issues, Counterfactual Thinking, and Feelings of Satisfaction", *Organizational Behavior and Human Decision Processes* 91(2003), p. 91-107; C. E. Naquin e R. D. Tynan, "The Team Halo Effect: Why Teams are Not Blamed for Their Failures", *Journal of Applied Psychology* 88 (2003), p. 332-340; J. P. Meyer, "The Pros and Cons of Mediation", *Dispute Resolution Journal* 52 (1997), p. 8-14; C. Watson e L. R. Hoffman, "Managers as Negotiators", *Leadership Quarterly* 7 (1996), p. 63-85; R. Adler et al., "Thrust and Parry: The Art of Tough Negotiating", *Training and Development Journal* 50 (1996), p. 42-48.
14. S. P. Robbins, *Managing Organizational Conflict* (Englewood Cliffs, N.J.: Prentice-Hall, 1974).

Capítulo 11: Gerenciamento do estresse e da satisfação do colaborador no desempenho das funções

1. R. L. Kahn e P. Byosier, "Stress in Organizations", em *Handbook of Industrial and Organizational Psychology*, eds. M. D. Dunnette e L. M. Hough (Palo Alto, CA: Consulting Psychologists Press, 1992), p. 571-650; R. S. Lazarus, "Toward Better Research on Stress and Coping", *American Psychologist* 55 (2000), p. 665-673; H. Selye, *The Stress of Life* (Nova York: McGraw-Hill, 1976).
2. M. T. Matteson e J. M. Ivancevich, *Controlling Work Stress* (San Francisco: Jossey-Bass, 1987).
3. B. D. Kirkealdy et al., "The Influence of Type A Behavior and Locus of Control Upon Job Satisfaction and Occupational Health", *Personality and Individual Differences* 33 (2002), p. 1361-1371; D. Ganster et al., "The Nomological Validity of the Type A Personality among Employed Adults", *Journal of Applied Psychology* 76 (1991), p. 143-168; M. Friedman e R. Rosenman, *Type A Behavior and Tour Heart* (Nova York: Knopf, 1974); R. W. Bortner, "A Short Rating Scale as a Potential Measure of Patterns of Behavior", *Journal of Chronic Diseases* 22 (1966), p. 87-91.
4. R. Rosenman e M. Friedman, "The Central Nervous System and Coronary Heart Disease", *Hospital Practice* 6 (1971), p. 87-97.
5. C. D. Jenkins, "Psychologic and Social Precursors of Coronary Disease", *New England Journal of Medicine* 284 (1971), p. 244-255.
6. J. H. Howard et al., "Health Patterns Associated with Type A Behavior: A Managerial Population", *Journal of Human Stress* 2 (1976), p. 24-31.
7. J. A. Scully et al., "Life Event Checklists: Revisiting the Social Readjustment Rating Scale After 30 Years", *Educational and Psychological Measurement* 60 (2000), p. 864-876; A. DeLongis et al., "The Impact of Daily Stress on Health and Mood: Psychological and Social Resources as Mediators", *Journal of Personality and Social Psychology* 54 (1988), p. 486-495; T. H. Holmes e R. H. Rahe, "Social Readjustment Rating Scale", *Journal of Psychosomatic Research* 11 (1967), p. 213-218.
8. R. P. Vecchio, "It's Not Easy Being Green: Jealousy and Envy in the Workplace", em *Research in Personnel and Human Resources Management*, ed. G. R. Ferris (Greenwich, Conn.: JAI, 1995).
9. *Ibid.*
10. *Ibid.*
11. R. P. Vecchio, "Negative Emotion in the Workplace: Employee Jealousy and Envy", *International Journal of Stress Management* 7 (2000), p. 161-179; K. Dogan e R. P. Vecchio, "Managing Employee Envy in the Workplace", *Compensation and Benefits Review* (2001), p. 57-64; R. P. Vecchio, "Jealousy and Envy Among Health Care Professionals", em *Organizational Psychology and Health Care*, ed. P. LeBlanc et al. (Munique: Verlag, 1999), p. 121-132; R. P. Vecchio, "Categorizing Envy Coping Mechanisms: A Multidimensional Analysis of Workplace Perceptions", *Psychological Reports* 81 (1998), p. 137-138; R. P. Vecchio, "Employee Jealousy: Antecedents, Consequences, and Testable Hypotheses" (*paper* apresentado em 1993, Meeting of the Western Division of the Academy of Management, San Jose).
12. S. Foley e G. N. Powell, "Not All Is Fair in Love and Work: Coworkers' Preferences for and Responses to Managerial Interventions Regarding Workplace Romances", *Journal of Organizational Behavior* 20 (1999), p. 1043-1056; G. N. Powell e S. Foley, "Something to Talk About: Romantic Relationships in Organizational Settings", *Journal of Management* 24 (1998), p. 421-448; A. B. Fisher, "Getting Comfortable with Couples in the Workplace", *Fortune* 130 (3 out. 1994), p. 138-144.
13. L. A. Mainero, "A Review and Analysis of Power Dynamics in Organizational Romances", *Academy of Management Review* 11 (1986), p. 750-762; C. Pierce e H. Aguinis, "A Framework for Investigating the Link Between Workplace Romance and Sexual Harassment", *Group and Organization Management* 26 (2001), p. 207-230.
14. A. A. McLean, *Work Stress* (Reading, Mass.: Addison-Wesley, 1979); J. V. Brady, "Ulcers in Executive Monkeys", *Scientific American* 199 (1958), p. 89-95.
15. M. M. Smith et al., *Occupational Comparison of Stress-Related Disease Incidence* (Cincinnati: National Institute for Occupational Safety and Health, 1978).
16. McLean, *Work Stress*, 80.
17. *Ibid.*, 82.
18. J. Schaubroeck e J. R. Jones, "Antecedents of Workplace Emotional Labor Dimensions

and Moderators of Other Effects on Physical Symptoms", *Journal of Organizational Behavior* 21 (2000), p. 163-183; D. E. Gibson, "Constructing Emotional Maps: Structures in Organizations and Emotions" (*paper* apresentado em 1993, Meeting of the Western Division of the Academy of Management, San Jose); E. Goffman, "On Face Work", Psychiatry 18 (1955), p. 215-236; A. R. Hochschild, "Emotion Work: Feeling Rules and Social Structure", American Journal of Sociology 85 (1979), p. 551-575.
19. J. Van Maanen e G. Kunda, "Real Feelings: Emotional Expression and Organizational Culture", em *Research in Organizational Behavior* 11, ed. B. Staw e L. Cummings (Greenwich, Conn.: JAI, 1989), p. 43-103.
20. R. L. Kahn et al., *Organizational Stress* (Nova York: Wiley, 1964).
21. *Ibid.*
22. J. Martocchio e A. O'Leary, "Sex Differences in Occupational Stress", *Journal of Applied Psychology* 74 (1989), p. 495-501; J. Cassel, "Psychosocial Processes and Stress: Theoretical Formulation", *International Journal of Health Services* 4 (1974), p. 471-482; W. H. Hendrix et al., "Behavioral and Physiological Consequences of Stress and Its Antecedent Factors", *Journal of Applied Psychology* 70 (1985), p. 188-201; W. H. Hendrix, "Factors Predictive of Stress, Organizational Effectiveness and Coronary Heart Disease Potential", *Aviation, Space, and Environmental Medicine* (jul. 1985), p. 654-659.
23. B. L. Margolis et al., "Job Stress: An Unlisted Occupational Hazard", *Journal of Occupational Medicine* 16 (1974), p. 659-661.
24. Friedman e Rosenman, *Type A Behavior and Tour Heart*.
25. J. R. P. French e R. D. Caplan, "Organizational Stress and Individual Stress", em *Failure of Success*, ed. A. J. Marrow (Nova York: Amacom, 1972).
26. C. M. Winget et al., "Physiological Effects of Rotational Work Shifting: A Review", *Journal of Occupational Medicine* 20 (1978), p. 204-210.
27. A. Brief et al., *Managing Job Stress* {Boston: Little, Brown, 1981).
28. T. G. Cummings e C. L. Cooper, "A Cybernetic Framework for Studying Occupational Stress", *Human Relations* (1979), p. 395-418.
29. D. Ganster and J. Schaubroeck, "Work Stress and Employee Health", *Journal of Management* 17 (1991), p. 235-271; D. Nelson e C. Sutton, "Chronic Work Stress and Coping: A Longitudinal Study and Suggested New Directions", *Journal of Applied Psychology* 33 (1990), p. 859-869; K. Bammer e B. H. Newberry, ed., *Stress and Cancer* (Toronto: Hogrefe, 1982).
30. J. M. Ivancevich e M. T. Matteson, *Stress and Work* (Glenview, 111.: Scott, Foresman, 1980).
31. W. H. Mobley et al., "Review and Conceptual Analysis of the Employee Turnover Process", *Psychological Bulletin* 86 (1979), p. 493-522; L. W. Porter e R. M. Steers, "Organizational, Work, and Personal Factors in Employee Turnover and Absenteeism", *Psychological Bulletin* 80 (1973), p. 151-176; R. M. Steers e S. R. Rhodes, "Major Influences on Employee Attendance: A Process Model", *Journal of Applied Psychology* 63 (1978), p. 391-407.
32. J. Schaubroeck et al., "Dispositional Affect and Work-Related Stress", *Journal of Applied Psychology* 77 (1992), p. 322-335; S. Sullivan e R. S. Bhagat, "Organizational Stress, Job Satisfaction, and Job Performance: Where Do We Go from Here?", *Journal of Management* 18 (1992), p. 353-374; A. Kornhauser, *Mental Health of the Industrial Worker* (Nova York: Wiley, 1965).
33. J. H. Neuman e R. A. Baron, "Workplace Violence and Workplace Aggression: Evidence Concerning Specific Forms, Potential Causes, and Preferred Targets", *Journal of Management* 24 (1998), p. 391-419; R .J. Bennett e S. L. Robinson, "Development of a Measure of Workplace Deviance", *Journal of Applied Psychology* 85 (2000), p. 349-360.
34. M. M. Smith et al., *Occupational Comparison of Stress-Related Disease Incidence* (Cincinnati: National Institute for Occupational Safety and Health, 1978).
35. B. Cohen et al., "An Investigation of Job Satisfaction Factors in an Incident of Mass Psychogenic Illness at the Workplace", *Organizational Health Nursing* 26 (1978), p. 10-16.
36. T. F. Jones, "Mass Psychogenic Illness", *American Family Physician* 62 (2000), p. 2649-2656; G. W. Small et al., "A Sudden Outbreak of Illness Suggestive of Mass Hysteria in Schoolchildren", *Archives of Family Medicine* 3 (1994), p. 711-716; R. M. Philen et al., "Mass Sociogenic Illness by Proxy", Lancet! (1989), p. 1372-1376; B. S. Selden, "Adolescent Epi-

demic Hysteria Presenting as a Mass Casualty, Toxic Exposure Event", *Annals of Emergency Medicine* 18 (1989), p. 892-895.
37. M. L. Carter et al., "The Epidemic Hysteria Dilemma", *American Journal of Diseases of Children* 143 (1989), p. 269; A. Hefez, "The Role of the Press and the Medical Community in the Epidemic of 'Mysterious Gas Poisoning' in the Jordan West Bank", *American Journal of Psychiatry* 142 (1985), p. 833-837.
38. D. Amrire, *Did Tou Know?* (Nova York: Reader's Digest Limited, 1990).
39. K. Allen, J. Blascovich, and W.B. Mendes, "Cardiovascular Reactivity and the Presence of Pets, Friends, and Spouses", *Psychosomatic Medicine* 64 (2002), p. 727-739; McLean, Work Stress et al., "Chief Executive Life Style Stress", *Leadership and Organization Development Journal* 16 (1995), p. 18-28.
40. C. Maslach, "Job Burnout: New Directions in Research and Intervention", *Current Direction in Psychological Science* 12 (2003), p. 189-192; R. K. Wallace e H. Benson, "The Physiology of Meditation", *Scientific American* (1972), p. 84-90; T. Schultz, "What Science Is Discovering about the Potential Benefits of Meditation", *Today's Health*, abr. 1972, p. 34-37.
41. A. J. DuBrin, *Fundamentals of Organizational Behavior* (Nova York: Pergamon, 1978), p. 142.
42. A. Lakien, *How to Gain Control of Tour Time and Tour Life* (Nova York: Peter Wyden, 1973); R. A. MacKenzie, *The Time Trap* (Nova York: McGraw-Hill, 1972).
43. T. A. Judge e A. H. Church, "Job Satisfaction: Research and Practice". Em C. A. Cooper e E. A. Locke (eds.), *Industrial and Organizational Psychology: Linking Theory to Practice* (Malden, MA: Blackwell, 2000), p. 109-129; A. Dalessio et al., "Paths to Turnover: A Re-analysis and Review of Existing Data on the Mobley, Horner, and Hollingsworth Turnover Model", *Human Relations* 39 (1986), p. 245-263; R.P. Vecchio, "Worker Alienation as a Moderator of the Job Quality-Job Satisfaction Relationship: The Case of Racial Differences", *Academy of Management Journal* 23, (1980), p. 479-486.
44. S. M. Crow e S. J. Hartman, "Can't Get No Satisfaction", *Leadership and Organization Development Journal* 16 (1995), p. 34-38.
45. J. Wanous et al., "The Effects of Met Expectations on Newcomer Attitudes and Behaviors: A Review and Meta-analysis", *Journal of Applied Psychology* 76 (1991), p. 288-297.
46. J. P. Wanous, *Organizational Entry: Recruitment, Selection, Orientation, and Socialization of Newcomers* (Reading, Mass.: Addison-Wesley, 1992); J. P. Wanous e A. Colella, "Organizational Entry Research: Current Status and Future Directions", em *Research in Personnel and Human Resources Management*, vol. 7, ed. K. Rowland e G. Ferris (Greenwich, Conn.: JAI, 1989), p. 59-120; P. W. Horn et al., "Realistic Job Previews for New Professionals: A Two-Occupation Test of Mediating Processes" (trabalho, Arizona State University, 1993); R. J. Vandenberg e V. Scarpello, "The Matching Model: An Examination of the Processes Underlying Realistic Job Previews", *Journal of Applied Psychology* 75 (1990), p. 60-67.
47. R .P. Steel e J. R. Rentsch, "The Dispositional Model of Job Attitudes Revisited: Findings of a 10- year study", *Journal of Applied Psychology* 82 (1997), p. 873-879; P. Moyle, "The Role of Negative Affectiv-ty in the Stress Process", Journal of Organizational Behavior 16 (1995), p. 647-668; B. M. Staw e J. Ross, "Stability in the Midst of Change: A Dispositional Approach to Job Attitudes", Journal of Applied Psychology 70 (1985), p. 469-480; B. M. Staw et al., "The Dispositional Approach to Job Attitudes: A Lifetime Longitudinal Test", Administrative Science Quarterly 31 (1986), p. 56-77; T. A. Judge e E. A. Locke, "Effect of Dysfunctional Thought Processes on Subjective Well-being and Job Satisfaction", *Journal of Applied Psychology* 78 (1993), p. 475-490; T. A. Judge, "The Dispositional Perspective in Human Resources Research", em *Research in Personnel and Human Resources Management*, 10ª ed., ed. G. R. Ferris e K. M. Rowland (Greenwich, Conn.: JAI, 1992), p. 31-72; K. R. Parkes, "Coping, Negative Affectivity, and the Work Environment: Additive and Interactive Predictors of Mental Health", *Journal of Applied Psychology* 75 (1990), p. 399-409; P. Y. Chen e P. E. Spector, "Negative Affectivity as the Underlying Cause of Correlations Between Stres-sors and Strains", *Journal of Applied Psychology* 76 (1991), p. 398-407; T. Judge, "Does Affective Disposition Moderate the Relationship Between Job Satisfaction and Voluntary Turnover?", *Journal of Applied Psychology* 78 (1993), p. 395-401; J. George e A. Brief, "Feeling Good – Doing Good: A

Conceptual Analysis of the Mood at Work-Organizational Spontaneity Relationship", *Psychological Bulletin* 132 (1992), p. 310-329.
48. R .D. Arvey *et al.*, "Job Satisfaction: Environmental and Genetic Components", *Journal of Applied Psychology* 74 (1989), p. 187-192.
49. D. W. Organ, "The Happy Curve", *Business Horizon* 38 (1995), p. 1-3; J. Schaubroeck *et al.*, "Does Trait Affect Promote Job Attitude Stability?", *Journal of Organizational Behavior* 17 (1996), p. 191-196; A. Davis-Blake e J. Pfeffer, "Just a Mirage: The Search for Dispositional Effects in Organizational Research", *Academy of Management Review* 14 (1989), p. 385-400; I. Levin e J. Stokes, "Dispositional Approach to Job Satisfaction", Journal of Applied Psychology 74: (1989), p. 752-758; T. J. Bouchard *et al.*, "Genetic Influences on Job Satisfaction: A Reply to Cropanzano and James", *Journal of Applied Psychology* 76 (1991), p. 89-93.
50. R .P. Quinn e G. L. Staines, *The 1977 Quality of Employment Survey* (Ann Arbor: Institute for Social Research, University of Michigan, 1979).
51. C. N. Weaver, "Job Satisfaction in the United States in the 1970s", *Journal of Applied Psychology* 65 (1980), p. 364-367.
52. R. P. Vecchio, "The Function and Meaning of Work and the Job: Morse and Weiss (1955) Revisited", *Academy of Management Journal* 23 (1980), p. 361-367; H. L. Sheppard e N. Herrick, *Where Have All the Robots Gone?* (Nova York: The Free Press, 1972); M. C. Morse e R. S. Weiss, "The Function and Meaning of Work and the Job", *American Sociological Review* 20 (1955), p. 191-198.
53. G. Johns, "The Great Escape", Psychology Today, out. 1987, p. 30-33; L. R. Waters e D. Roach, "Relationship between Job Attitudes and Two Forms of Withdrawal from the Work Situation", *Journal of Applied Psychology* 55 (1971), p. 92-94; R. Hackett e R. M. Guion, "A Reevaluation of the Absenteeism-Job Satisfaction Relationship", *Organizational Behavior and Human Decision Processes* (1985), p. 340-381; K. D. Scott e G. S. Taylor, "An Examination of Conflicting Findings on the Relationship Between Job Satisfaction and Absenteeism: A Meta-analysis", *Academy of Management Journal* 28 (1985), p. 588-612.
54. F. J. Smith, "Work Attitudes as Predictors of Attendance on a Specific Day", *Journal of Applied Psychology* 62 (1977), p. 16-19.
55. S. Adler e J. Golan, "Lateness as a Withdrawal Behavior", *Journal of Applied Psychology* 66 (1981), p. 544-554.
56. J. M. Carsten e P. E. Spector, "Unemployment, Job Satisfaction, and Employee Turnover: A Meta-analytic Test of the Muchinsky Model", *Journal of Applied Psychology* 72 (1987), p. 374-381; R. P. Vecchio, "Workers' Perceptions of Job Market Favorability and Job Insecurity", *Mid-Atlantic Journal of Business* 21 (1983), p. 9-16.
57. H. Wool, "What's Wrong with Work in America?: A Review Essay", *Monthly Labor Review* 96 (1973), p. 38-44.
58. D. R. Dalton *et al.*, "Turnover Overstated: The Functional Taxonomy", *Academy of Management Review* 7 (1982), p. 117-123; M. B. Staw, "The Consequences of Turnover", *Journal of Occupational Behavior* (1980), p. 253-273.
59. M. E. Gordon e A. S. DeNisi, "A Re-examination of the Relationship Between Union Membership and Job Satisfaction", *Industrial and Labor Relations Review* 48 (1995), p. 222-236.
60. W.C. Hamner e F. J. Smith, "Work Attitudes as Predictors of Unionization Activity", *Journal of Applied Psychology* 63 (1978), p. 415-421.
61. M. D. Zalesny, "Comparison of Economic and Noneconomic Factors in Predicting Faculty Vote Preference in a Union Representation Election", *Journal of Applied Psychology* 70 (1985), p. 243-256; J. G. Getman *et al.*, *Union Representation Elections: Law and Reality (Nova York: Russell Sage Foundation, 1976)*; C. A. Schriesheim, "Job Satisfaction, Attitudes Toward Unions, and Voting in a Union Representation Election", *Journal of Applied Psychology* 63 (1978), p. 548-552.
62. E. A. Fleishman e E. F. Harris, "Patterns of Leadership Behavior Related to Employee Grievances and Turnover", *Personnel Psychology* 15 (1962), p. 54-56; E. A. Fleishman *et al.*, *Leadership and Supervision in Individuals* (Columbus: Ohio State University Personnel Research Board, 1955).
63. D. Buss, "Job Tryouts Without Pay Get More Testing in U.S. Auto Plants", *Wall Street Journal*, 10 jan.1985, p. 31.
64. M. Sprouse, *Sabotage in the American Workplace: Anecdotes of Dissatisfaction, Mischief and Revenge* (San Francisco: Pressure Drop Press, 1992).

65. R. A. Giacolone e P. Rosenfeld, "Reasons for Employee Sabotage in the Workplace", *Journal of Business and Psychology* 1 (1987), p. 367-378.
66. M .D. Crino ee T. L. Leap, "What HR Managers Must Know about Employee Sabotage", *Personnel* (1989), p. 31-37.
67. C. M. Staehle, *Job Dissatisfaction and Action Alternatives: A Study of the Relationship between Dissatisfaction and Behaviors in Work Organizations* (tese de doutorado, College of Business and Management, University of Maryland, 1985).
68. V. L. Allen e D. B. Greenberger, "Destruction and Perceived Control", em *Advances in Experimental Psychology*, 2. ed., ed. A. Baum e J . E. Singer (Hillsdale, N.J.: Erlbaum, 1980).
69. M. T. Iaffaldana e P. M. Muchinsky, "Job Satisfaction and Job Performance: A Meta-analysis", *Psychological Bulletin* 97 (1985), p. 251-273.
70. R. S. Bhagat, "Conditions Under Which Stronger Job Performance-Job Satisfaction Relationships May Be Observed: A Closer Look at Two Situational Contingencies", *Academy of Management Journal* 25 (1982), p. 772-789.

Capítulo 12: Comunicação

1. J. Fulk e B. Boyd, "Emerging Theories of Communication in Organizations", *Journal of Management* 17 (1993), p. 407-446; M. M. Allen et al., "A Decade of Organizational Communication Research", em *Communication Yearbook*, ed. S. Deetz (Newbury Park, Calif.: Sage, 1993); O. W Baskin e C. E. Aronoff, *Interpersonal Communication in Organizations* (Glenview, Ill.: Scott, Foresman, 1980), p. 4.
2. G. Johns, *Organizational Behavior: Understanding Life at Work* (Glenview, Ill.: Scott, Foresman, 1983).
3. C. A. O'Reilly e L. R. Pondy, "Organizational Communication", em *Organizational Behavior*, ed. S. Kerr (Columbus, Ohio: Grid, 1979), p. 119-150.
4. M. E. Shaw, *Group Dynamics: The Psychology of Small Group Behavior* (Nova York: McGraw-Hill, 1976).
5. *Ibid.*
6. B. L. Hawkins e P. Preston, *Managerial Communication* (Santa Monica, Calif.: Goodyear, 1981).
7. L. W. Rue e L. Byars, *Communication in Organizations* (Homewood, Ill.: Irwin, 1980).
8. H. Fayol, *General and Industrial Management*, trad. Constance Storrs (London: Pitman, 1949).
9. E. M. Rogers e R. A. Rogers, *Communication in Organizations* (Nova York: The Free Press, 1976).
10. A. Pettigrew, "Information Control as a Power Resource", *Sociology* 6 (1972), p. 187-204.
11. P. H. Lawrence e J. W. Lorsch, *Organization and Environment: Managing Differences and Integration* (Homewood, Ill.: Irwin, 1969).
12. K. H. Roberts e C. A. O'Reilly, "Some Correlates of Communication Roles in Organizations", *Academy of Management Journal* 22 (1979), p. 42-57.
13. S. Martin, "The Role of Nonverbal Communication in Quality Improvement", *National Productivity Review* 15 (1995), p. 27-39; Baskin e Aronoff, *Interpersonal Communication in Organizations*, 102.
14. A. Mehrabian, "Verbal and Nonverbal Interaction of Strangers in a Waiting Situation", *Journal of Experimental Research in Personality* 5 (1971), p. 127-138; A. Mehrabian, *Silent Messages* (Belmont, Calif.: Wadsworth, 1971).
15. *Ibid.*
16. *Ibid.*
17. A. Mehrabian, "Significance of Posture and Position in the Communication of Attitude and Status Relationships", *Psychological Bulletin* 71 (1971), p. 359-372; Mehrabian, "Decoding of Inconsistent Communications".
18. *Ibid.*
19. E. T. Hall, "A System for the Notation of Proxemic Behavior", *American Anthropologist* 5 (1963), p. 1003-1026.
20. E. T. Hall, *The Hidden Dimension* (Garden City, N.Y.: Doubleday, 1966).
21. R. Ardrey, *The Territorial Imperative* (Nova York: Atheneum, 1966).
22. *Ibid.*
23. H. Osmond, "The Relationship between Architect and Psychiatrist", em *Psychiatric Architecture*, ed. C. Goshen (Washington, D.C.: American Psychiatric Association, 1959); H. Osmond, "Function as the Basis of Psychiatric Ward Design", *Mental Hospitals* 8 (1957), p. 23-32.
24. S. Van der Ryn e M. Silverstein, *Dorms at Berkeley: An Environmental Analysis* (Berkeley: Center for Planning and Development Research, 1967).
25. Baskin e Aronoff, *Interpersonal Communication in Organizations*.

26. E. H. Marcus, "Neurolinguistic Programming", *Personnel Journal* 27 (1983), p. 972.
27. E. E. Lawler et al., "Managerial Attitudes Toward Interaction Episodes", *Journal of Applied Psychology* 52 (1968), p. 432-439.
28. T. Brady, "Avoid Privacy Collisions in the Information Highway", *Management Review* 86 (1997), p. 45-47; D. Snyder, "Electronic Mail Privacy", *Journal of Individual Employment Rights* 3 (1996), p. 235-249; T. A. Daniel, "Electronic and Voice Mail Monitoring of Employees", *Employment Relations Today* 22 (1995), p. 1-10; R. F. Federico e J. M. Bowley, "The Great E-Mail Debate", *HR Magazine* 41 (1996), p. 67; J. Schmitz e J. Fulk, "Organizational Colleagues, Media Richness, and Electronic Mail: A Test of the Social Influence Model of Technology Use", *Communication Research* 18 (1991), p. 487-523.
29. K. E. Davis, *Human Behavior at Work* (Nova York: McGraw-Hill, 1977).
30. *Ibid.*
31. K. E. Davis, "Management Communication and the Grapevine", *Harvard Business Review* 31 (1953), p. 43-49.
32. *Ibid.*
33. R. Hershey, "The Grapevine – Here to Stay But Not Beyond Control", *Personnel* 20 (1966), p. 64.
34. M. K. Kennedy, "Who Pruned the Grapevine?", *Across the Board* 34 (1997), p. 55-56; B. Smith, "Care and Feeding of the Office Grapevine", *Management Review* 85 (1996), p. 6; J. Smythe, "Harvesting the Office Grapevine", *People Management* 1 (1995), p. 24-26; Davis, *Human Behavior at Work*; E. Rudolph, "A Study of Informal Communication Patterns within a Multi-Shift Public Utility Organization Unit" (dissertação de Ph.D., University of Denver, 1971).
35. W. St. John, "In-House Communication Guidelines", *Personnel Journal* (1981), p. 877.
36. A. J. DuBrin, *Foundations of Organizational Behavior* (Englewood Cliffs, N.J.: Prentice-Hall, 1984).
37. K. H. Chung e L. C. Megginson, *Organizational Behavior: Developing Managerial Skills* (Nova York: Harper & Row, 1981), p. 203-204.
38. R. M. Harris, "Turn Listening into a Powerful Presence", *Training and Development Journal* 51 (1997), p. 9-11; D. Craib, "Allstate's Communication Strategy: It's a Tool for Growth", *Communication World*, maio 1986, p. 24-26.

Capítulo 13: Estrutura organizacional e influências ambientais

1. H. Wilmott, "What Has Been Happening in Organizational Theory, and Does It Matter?", *Personnel Review* 24 (1995), p. 33-53; M. M. Lucio e M. Noon, "Organizational Change and the Tensions of Decentralization", *Human Resource Management Journals* (1994), p. 65-78; L. Keen, "Organizational Decentralization and Budgetary Devolution in Local Government", *Human Resource Management Journal* 5 (1994), p. 79-98; R. Duncan, "What Is the Right Organization Structure?", *Organizational Dynamics* 33 (1979), p. 66.
2. P. Petre, "America's Most Successful Entrepreneur", *Fortune*, 27 out. 1986, p. 24-32.
3. T. Peters, *Thriving on Chaos* (Nova York: Harper & Row, 1987), p. 430.
4. R. P. Vecchio, "A Cross-National Comparison of Span of Control", International *Journal of Management*, 72 (1995), p. 261-270; J. C. Worthy, "Organizational Structure and Employee Morale", *American Sociological Review* 15 (1950), p. 169-179.
5. R. E. Anderson, "Matrix Redux", *Business Horizons* 37 (1994), p. 6-10; W. F. Joyce, "Matrix Organization: A Social Experiment", *Academy of Management Journal* 29 (1986), p. 536-561.
6. B. Boyd e J. Fulk, "Executive Scanning and Perceived Uncertainty", *Journal of Management* 22 (1996), p. 1-21; R. B. Duncan, "The Characteristics of Organizational Environments and Perceived Environmental Uncertainty", *Administrative Science Quarterly* 17 (1972), p. 313-327.
7. *Ibid.*
8. P. Thompson e J. O'Connell-Davidson, "The Continuity of Discontinuity: Management and Rhetoric in Turbulent Times", *Personnel Review* 24 (1995), p. 17-33; J. B. Miner, *Theories of Organizational Structure and Process* (Hinsdale, Ill.: Dryden, 1982); E. Gerloff et al., "Three Components of Perceived Environmental Uncertainty: An Exploratory Analysis of the Effects of Aggregation", *Journal of Management* 17 (1991), p. 749-768.
9. M. Sharfman e J. Dean, "Conceptualizing and Measuring the Organizational Environment: A Multidimensional Approach", *Journal of Management* 17 (1991), p. 681-700.

10. D. B. Marin et al., "Towards a Theory of Organizational Evolution", *International Journal of Management* 13 (1996), p. 523-530; J. Pfeffer e G. Salancik, *The External Control of Organizations* (Nova York: Harper & Row, 1978); D. Wholey e J. Brittain, "Organizational Ecology: Findings and Implications", *Academy of Management Review* 11 (1986), p. 513-533.
11. R. L. Daft, *Organizational Theory and Design* (St. Paul, Minn.: West, 1983).
12. R. P. Vecchio e T. L. Keon, "Predicting Employee Satisfaction from Congruency among Individual Need, Job Design, and System Structure", *Journal of Occupational Behavior* 2 (1981), p. 283-292; T. Burns e G. M. Stalker, *The Management of Innovation* (Londres: Tavistock, 1961); T. Burns, "Industry in a New Age", *New Society* 31 (1963), p. 17-20.
13. R. M. Price, "Technology and Strategic Advantage", *California Management Review* 38 (1996), p. 38-56; J. Woodward, *Industrial Organization* (Londres: Oxford University Press, 1965).
14. W. L. Zwerman, *New Perspectives on Organizational Theory* (Westport, Conn.: Greenwood, 1970).
15. R. M. Marsh e H. Mannari, "Technology and Size as Determinants of the Organizational Structure of Japanese Factories", *Administrative Science Quarterly* 26 (1981), p. 33-56.

Capítulo 14: Influências culturais

1. E. H. Schein, *Organizational Culture and Leadership* (San Francisco: Jossey-Bass, 1985).
2. R. H. Kilmann, "Corporate Culture", *Psychology Today*, abr. 1985, p. 62-68.
3. Schein, *Organizational Culture and Leadership*; H. M. Trice e J. M. Beyer, *The Cultures of Work Organization* (Englewood Cliffs, N.J.: Prentice-Hall, 1993).
4. *Ibid*.
5. *Ibid*.; Kilmann, "Corporate Culture".
6. Schein, *Organizational Culture and Leadership*.
7. *Ibid*.
8. C. G. Smith e R. P. Vecchio, "Organizational Culture and Strategic Management: Issues in the Management of Strategic Change", *Journal of Managerial Issues* 5 (1993), p. 53-70; L. J. Mischel, "Revisiting the Porter, Lawler, and Hackman Congruency Model" (*paper* apresentado no Society for Industrial and Organizational Psychology Meeting, maio 1995.
9. C. A. O'Reilly et al., "People and Organizational Culture: A Profile Comparison Approach to Assessing Person-Organization Fit", *Academy of Management Journal* 34 (1991), p. 487-516.
10. B. M. Meglino et al., "Value Congruence and Satisfaction with a Leader: An Examination of the Role of Interaction", *Human Relations* 44 (1991), p. 481-495; E. C. Ravlin e B. M. Meglino, "The Transitivity of Work Values: Hierarchical Preference Ordering of Socially Desirable Stimuli", *Organizational Behavior and Human Decision Processes* 44 (1989), p. 494-508.
11. P. R. Harris e R. T. Moran, Managing Cultural Differences (Houston, Tex.: Gulf Publishing, 2000); Meglino et al., "A Work Values Approach to Corporate Culture"; P. C. Earley, "East Meets West Meets Mideast: Further Explorations of Collectivistic and Individualistic Work Groups", *Academy of Management Journal* 36 (1993), p. 319-348; C. M. Fiol, "Managing Culture as a Competitive Resource: An Identity-based View of Sustainable Competitive Advantage", *Journal of Management* 17 (1991), p. 196-211; G. Hofstede et al., "Measuring Organizational Cultures: A Qualitative and Quantitative Study across Twenty Cases", *Administrative Science Quarterly* 35 (1990), p. 286-316; N. Boyacigiller e N. Adler, "The Parochial Dinosaur: Organizational Science in a Global Context", *Academy of Management Review* 16 (1991), p. 262-290.
12. R. Levine e E. Wolff, "Social Time: The Heartbeat of Culture", Psychology Today, mar, 1985, p. 28-35; A. Bluedorn et al., "How Many Things Do You like to Do at Once: An Introduction to Monochronic and Polychrome Time", *Academy of Management Executive* 6 (1992), p. 17-26.
13. E. T. Hall, *The Dance of Life* (Garden City, N.Y.: Anchor-Doubleday, 1969).
14. M. Haire et al., *Managerial Thinking* (Nova York: Wiley, 1965).
15. G. W. England, *The Manager and His Values* (Cambridge, Mass.: Ballinger, 1975).
16. F. C. Brodbeck et al., "Cultural Variation of Leadership Prototypes Across 22 European Countries", *Journal of Occupational and Organizational Psychology* 73 (2000), p. 1-29; G. W. England, *The Manager and His Values* (Cambridge, Mass.: Ballinger, 1975); Haire et al., *Managerial Thinking*; R. Griffeth et al., "A

Multivariate Multinational Comparison of Managerial Attitudes", em *Proceedings of the 40th Annual Meeting of the Academy of Management* (1980), p. 63-67.
17. W. Hardman e J. Heidelberg, "When Sexual Harassment Is a Foreign Affair", *Personnel Journal* 75 (1996), p. 91; V. E. Schein *et al.*, "Think Manager – Think Male: A Global Phenomenon", *Journal of Organizational Behavior* 17 (1996), p. 33-41; R. Vernon e L. T. Wells, *Manager in the International Economy* (Englewood Cliffs, N.J.: Prentice-Hall, 1981).
18. G. Hofstede, *Culture's Consequences* (Nova York: Sage Publications, 1980); G. Hofstede, "Cultural Constraints in Management Theories", *Academy of Management Executive* 7 (1993), p. 81-93.
19. R. R. Rehder, "Education and Training: Have the Japanese Beaten Us Again?", *Personnel Journal* 64 (jan. 1983), p. 42-47; W. G. Ouchi, *Theory Z: How American Business Can Meet the Japanese Challenge* (Reading, Mass.: Addison-Wesley, 1981); W. G. Ouchi e M. Price, "Hierarchies, Clans and Theory Z: A New Perspective on Organization Development", *Organizational Dynamics* 32 (outono 1978), p. 24-44; K. H. Chung e M. A. Gray, "Can We Adopt the Japanese Methods of Human Resources Management?", *Personnel Administrator* 64 (maio 1982), p. 43-47.
20. L. S. Dillon, "Adopting Japanese Management: Some Cultural Stumbling Blocks", *Personnel* 32 (July 1983), p. 77-81.
21. *Ibid.*
22. *Ibid.*
23. H. Befu e C. Cernosia, "Demise of Permanent Employment' in Japan", *Human Resource Management* 29 (1990), p. 231-250.
24. J. J. Sullivan e R. B. Peterson, "A Test of Theories Underlying the Japanese Lifetime Employment System", *Journal of International Business Studies* (1991), p. 79-97.
25. S. Kamata, *Japan in the Passing Lane* (Nova York: Pantheon, 1983).
26. "Dying for a Living", Time, 3 maio 1993, p. 19.
27. N. J. Adler, *International Dimensions of Organizational Behavior* (Cincinnati: South-Western, 2002); J. Scarborough, *The Origins of Cultural Differences and Their Impact on Management* (Westport: Quorum, 1998).
28. R. Stewart, "German Management", *Business Horizons* 39 (1996), p. 52-54; J. S. Osland, "Working Abroad: A Hero's Adventure", *Training and Development Journal* 49 (1995), p. 47-51; R. Stewart, "German Management", *Business Horizons* 39 (1996), p. 52-54; P. R. Harris e R. T. Moran, *Managing Cultural Differences* (Houston: Gulf, 1987); L. E. Palich *et al.*, "Managing in the International Context: Testing Cultural Generality of Sources of Commitment to Multinational Enterprises", *Journal of Management* 21 (1995), p. 671-690; J. S. Osland, "Working Abroad: A Hero's Adventure", *Training and Development Journal* 49 (1995), p. 47-51.
29. C. R. Greer e G. K. Stephens, "Employee Relations Issues for U.S. Companies in Mexico", *California Management Review* 38 (1996), p. 121-145.
30. B. Stening e E. F. Ngan, "The Cultural Context of Human Resource Management in East Asia", *Asia Pacific Journal of HRM* 35 (1997), p. 3-15; M. Johnson, "China: The Last True Business Frontier", *Management Review* 3 (1996), p. 39-43; E. D. Smith, "Doing Business in Vietnam: A Cultural Guide", *Business Horizons* 39 (1996), p. 47-51; C. Hebard, "Managing Effectively in Asia", *Training and Development Journal* 50 (1996), p. 35-39.
31. S. M. Sommer, D.H. Welsh, and B.L. Gubman, "The Ethical Orientation of Russian Entrepreneurs", *Applied Psychology: An International Review* 49 (2000), p. 688-708; A. I. Naumor e S. M. Piffer, "Measuring Russian Culture Using Hofstede's Dimensions", *Applied Psychology: An International Review* 49 (2000), p. 709-718; K. Rubens, "Changes in Russia", *HR Magazine* 40 (1995), p. 70-80; H. Kabasakal e A. Dastmalchian (ed.), "Special Issue on Leadership and Culture in the Middle East", *Applied Psychology: An International Review* 50 (2001), p. 479-595.
32. H. C. Triandis, "The Psychological Measurement of Cultural Syndromes", *American Psychologist* 51 (1996), p. 407-415; S.H. Schwartz, "Beyond Individualism-Collectivism: New Cultural Dimensions of Values", em U. Kim *et al.* (ed.) *Individualism and Collectivism: Theoretical and Methodological Issues* (BSF, 1993).

Capítulo 15: Gerenciamento da mudança e do desenvolvimento organizacional

1. C. L. Pearce e C. P. Osmond, "Metaphors for Change", *Organizational Dynamics* 24 (1996), p. 23-35; L. E. Greiner, "Evolution and Revolution as Organizations Grow", *Harvard Business Review* 50 (1972), p. 37-46.
2. E. Stark, "Surviving Organizational Death", *Psychology Today*, jun. 1989, p. 17; R. D'Aveni, "The Aftermath of Organizational Decline", *Academy of Management Journal* 32 (1989), p. 577-605; D. A. Whetten, "Organizational Decline: A Neglected Topic in Organizational Science", *Academy of Management Review* 5 (1980), p. 557.
3. J. Basaszewski, "Thirteen Ways to Get a Company in Trouble", *Inc.*, set. 1981, 97-100; R. L. Daft, *Organization Theory and Design* (St. Paul, Minn.: West, 1983); T. J. Peters, "Putting Excellence into Management", *Business Week*, 21 jul. 1980, p. 196-205.
4. J. I. Porras, *Stream Analysis* (Reading, Mass.: Addison-Wesley, 1987); W. L. French e C. H. Bell, *Organization Development: Behavioral Science Interventions for Organization Improvement*, 2. ed. (Englewood Cliffs, N.J.: Prentice-Hall, 1978), p. 14.
5. B. Schneider et al., "Creating a Climate and Culture for Sustainable Organizational Change", *Organizational Dynamics* 24 (1996), p. 7-19; C. Hardy e F. Redivo, "Power and Organizational Development: A Framework for Organizational Change", *Journal of General Management* 20 (1994), p. 29-41; K. Lewin, *Field Theory in Social Science* (Nova York: Harper & Row, 1951).
6. R. D. Iverson, "Employee Acceptance of Organizational Change", *International Journal of Human Resource Management* 7 (1996), p. 122-149; K .E. Hultman, "Scaling the Wall of Resistance", *Training and Development Journal* 49 (1995), p. 15-18; R. J. Recardo, "Overcoming Resistance to Change", *National Productivity Review* 14 (1995), p. 5-12; L. Coch e J. R. P. French, "Overcoming Resistance to Change", *Human Relations* 1 (1948), p. 512-532.
7. J. P. Wanous et al., "Cynicism About Organizational Change: Measurement, Antecedents, and Correlates", *Group and Organization Management* 25 (2000), p. 132-153; M. Zalesny e R. P. Vecchio, "Challenges to Leadership in the Implementation of Technological Change", em R. P. Vecchio (ed.), *Leadership: Understanding the Dynamics of Power and Influence in Organization* (University of Notre Dame Press, 1997); A. Armenakis et al., "Creating Readiness for Large-Scale Change", *Human Relations* 46 (1993), p. 681-703; P. R. Lawrence, "How to Deal with Resistance to Change", *Harvard Business Review* 47 (1969), p. 115-122.
8. A. N. Kluger e A. DeNisi, "The Effects of Feedback Interventions on Performance: A Historical Review, A Meta-analysis, and a Preliminary Feedback Intervention Theory", *Psychological Bulletin* 119 (1996), p. 254-284; French e Bell, *Organization Development*.
9. D. Lewis, "The Organizational Culture Saga", *Leadership and Organizational Development Journal* 17 (1996), p. 12-19.
10. M. Fields e J. Thacker, "Influence of Quality of Work Life on Company and Union Commitment", *Academy of Management Journal* 35 (1992), p. 439-450.
11. R. Golembiewski e B. Sun, "Positive-Findings Bias in QWL Studies: Rigor and Outcomes in a Large Sample", *Journal of Management* 16 (1990), p. 665-674.
12. French e Bell, *Organization Development*.
13. S. C. Marrinac et al., "Competitive Renewal Through Workplace Innovation: The Financial and Non-Financial Returns to Innovate Workplace Practices". A report prepared for the U. S. Department of Labor (Boston: Ernst and Young Center for Business Innovation, 1995).
14. A. N. Kluger e A. DeNisi, "The Effect of Feedback Interventions on Performance", *Psychological Bulletin* 119 (1996), p. 254-284; J. I. Porras e R. C. Silvers, "Organization Development and Transformation", *Annual Review of Psychology* 42 (1991), p. 51-78; J. I. Porras e P. O. Berg, "The Impact of Organization Development", *Academy of Management Review* 3 (1978), p. 249-266; J. I. Porras et al., "Organization Development: Theory, Practice, and Research", em *Handbook of Industrial/Organizational Psychology*, ed. M. D. Dunnette (Palo Alto, Calif.: Consulting Psychologists Press, 1992); G. A. Neuman et al., "Organizational Development Interventions: A Meta-analy-

sis of Their Effects on Satisfaction and Other Attitudes", *Personnel Psychology* 42 (1989), p. 461-483.
15. D. Terpstra, "Relationship between Methodological Rigor and Reported Outcomes in Organizational Development Evaluation Research", *Journal of Applied Psychology* (1981), p. 541-542.
16. A. A. Armenakis e A. G. Bedeian, "Organizational Change: A Review of Theory and Research in the 1990s", *Journal of Management* 25 (1999), p. 293-315; P. J. Robertson *et al.*, "Dynamics of Planned Organizational Change: Assessing Empirical Support for a Theoretical Model", *Academy of Management Journal* 36 (1993), p. 619-634; A. J. DuBrin, *Foundations of Organizational Behavior* (Englewood Cliffs, N.J.: Prentice-Hall, 1984).
17. *Ibid.*, 471.
18. J. Woodall, "Managing Culture Change: Can It Ever Be Ethical?", *Personnel Review* 25 (1996), p. 26-40; W. G. Bennis, *Organization Development: Its Nature, Origins, and Prospects* (Reading, Mass.: Addison-Wesley, 1969).

Índice remissivo

| A |

abordagem do comportamento organizacional (CO), 8-14
    Estudos Hawthorne e, 10-11
    método da administração científica, 8-10
    método da contingência, 11-12
    métodos das relações humanas, 10-11
    movimento de cultura da qualidade e, 12-14
    visão de conjunto e resumo da, 8
absenteísmo, 262, 273
abuso de drogas e alcoolismo, 262
ACM, 109
ações hostis, 275-278
Adams, J. Stacy, 81-82
adaptação, 160, 256-257, 342
administração por objetivos (APO), 96-97
Aeppel, T., 195
agentes (de mudança), 371-372
aliança estratégicas, 329
alianças, 130, 134
Altman, J., 22
ambientes externos, 325-328
ambigüidade (do papel), 220, 260
ameaças, 223
American Airlines, 109
American Express, 108
American Society of Safety Engineers, 229
análise macro *versus* micro, 7-8
análises micro *versus* macro, 7-8
ângulo da contingência, 329-330
    dimensões estruturais *versus* contextuais, 329
    Estudos de tecnologia de Woodward, 330-331
    sistemas abertos *versus* fechados, 329
    sistemas mecanicistas *versus* orgânicos, 329-330
    visão de conjunto e resumo, 329
aplicações práticas, 4-5
APO (administração por objetivos), 96-97
apoios sociais, 267
Apple Computers, 33, 108, 267
Applewhite, Marshall, 156
apresentação de queixas, 270
aquisição de comportamentos complexos, 55-56
áreas de afastamento e de aproximação social, 302
arranjos espaciais, 302
Asimov, Isaac, 250
aspectos (da personalidade), 31-36
    centro de controle (interno *versus* externo), 31-32
    estilo cognitivo, 33
    ética do trabalho, 32-33
    Indicador de Tipos Myers-Briggs e, 33-34
    maturidade moral, 34-35
    Modelo dos Cinco Grandes, 35-36
    visão de conjunto e resumo, 31
aspectos de complexidade–simplicidade, 325
aspectos de estabilidade e dinamismo, 325
aspectos de simplicidade-complexidade, 325
assimilação (cultural), 354

Associação de Desenvolvimento Econômico Metropolitano, 74
Associação Nacional de Reconhecimento dos Empregados, 51
atração interpessoal, 213-215
aumento (da motivação), 90-120. *Veja também* aumento da motivação
aumento da motivação (reconhecimento, metas, expectativa e *empowerment*), 90-120
    empoderamento dos empregados e, 101-115
        ampliação do cargo, 104
        círculos de controle de qualidade, 109-110
        desumanização *versus* reumanização e, 104
        equipes de trabalho autodirigidas (ETAs), 110-115
        Gerenciamento da Qualidade Total (GQT), 111-112
        horário flexível, 103, 107
        redefinição das funções, 102-103
        rotatividade de cargos, 104
        semana de trabalho alterada, 107-108
        teletrabalho, 91, 108
        teoria das características do cargo, 105
        visão de conjunto e resumo, 101
    episódio crítico (exemplo), 117
    exercício experimental, 118-120
    expectativas e, 98-101
        conceito de Pigmalião e, 99
        gerenciamento construtivo e, 100-101
        profecias de autodesempenho e, 99-100
        visão de conjunto e resumo, 98
    fixação de metas e, 95-98
        aceitação da meta, 96
        dificuldade da meta, 96
        especificidade da meta, 95
        administração por objetivos (APO) e, 96-98
        visão de conjunto e resumo, 95
    objetivos de aprendizagem, 90
    reconhecimento e sistemas de reconhecimento, 92-95
    visão de conjunto e resumo, 90-92, 115-117
        extrínseco *versus* intrínseco, 92
        influências ambientais, 312-337. *Veja também* estrutura organizacional e influências ambientais
        papéis da remuneração, 92-94
        perspectivas futuras do, 94-95
        planos de aquisição de ações, 94
        planos de incentivo, 94
        planos de participação nos lucros, 94
        planos de participação nos resultados da unidade, 95
        planos de remuneração variável, 95
        (reconhecimento, metas, expectativas e *empowerment*)
        visão de conjunto e resumo, 92
autocensura, 191

auto-eficácia, 54
avaliação (traços de personalidade), 28-30
  análise da personalidade, 29-30
    Mental Measurement Yearbook e, 29
    Folha de Dados Pessoais e, 29
    Tests in Print e, 29
    visões de conjunto e resumo da, 29-30
  avaliações, 28
  testes situacionais, 29
  visão de conjunto e resumo, 28
A. T. Kearney, 313
AT&T, 33, 74, 91-92, 267, 376, 379
atividade sindical, 274-275
atração (interpessoal), 213-214
atributos demográficos, 255
autonomia, 105
autoridade, 124, 138-140, 155. *Veja também* poder e política

| B |

Baines, Hal, 172-173
Ball, George, 188
Ballard, Roger, 204
Baron, R. A., 263
Barron, Robert, 312
bases do poder, 125-128
bem-estar mental e físico, 270
Beneficial Finance Corporation, 108
Bethlehem Steel Works, 9
Berra, Yogi, 180
Beyerlein, M., 129
bibliografia, 382-406
Bierce, Ambrose, 312
BJ's Wholesale, 59
Black and Decker, 97
Blake, Robert, 155
Blanchard, K., 173
Bluedorn, Allen, 346-347
bobos (no escritório), 133
Boeing, 111, 237
Booz Allen Hamilton, 339-340
Bortner, R. W., 254
Bosti Associates, 209-210
brainstorming, 200-201
Bridgestone Firestone, 229
Briggs, Isabel, 33-34
Briggs, Katharine, 33-34
Browing, David, 204
Brutal Bosses (Hornstein), 266
Burger King, 327

| C |

Cable, Dan, 39
cadeia de comando, 132-132, 318-320
cadernos de anotações e arquivos de idéias, 201
Calley, William, 138
capacitações (básicas), 373
Capone, Al, 122
cargos, 101-107, 134, 163, 264-265
  clareza na distribuição das tarefas, 134
  enriquecimento dos, 104
  maturidade no cargo, 163
  redefinição dos, 102, 267
  rotatividade dos, 104
  teoria das características do cargo, 105
Carlson, L., 92
Carnegie, Dale, 123
Cartwright Jr., Robert, 229
Castro, Fidel, 190
Caterpillar, 111
Cavanagh, Gerald, 137
cenários do Dilema dos Prisioneiros, 235
centralização *versus* descentralização, 296-298, 314-315
Centro de Administração Aplicada, 266
centro de controle (interno *versus* centro de controle (interno *versus* centro de controle interno, 31
centro de controle externo, 31
Centro de Pesquisas sobre Empresas de Mulheres (CWBR), 145-147
Centro de Pesquisas sobre Qualidade de Vida (Drucker School of Management), 71
Chamberlin, J., 72
Cheaper by the Dozen (Gilbreth e Gilbreth), 9-10
chefes irritantes, 266
Chouinard, Yvon, 71
Christie, R., 135
ciclos (de comunicação), 293
cinco bases do poder, 125-128. *Veja também* poder e política
  inter-relação entre as bases de poder, 127-128
  poder baseado em especialização, 127
  poder coercitivo, 126
  poder de reconhecimento, 125-126
  poder legítimo, 126-127
  poder referente, 127
  visão de conjunto e resumo, 125
cinco estilos de gerenciamento do conflito, 239-242
cinco tipos de rede de comunicação, 294-296
Círculos de controle de qualidade, 109-110
citações, 395-406
ciúme e inveja, 255-257
Claremont Graduate University, 77
clima (organizacional), 304
clima de confiança, 307
Clinton, B., 71, 123
CMPs (colaboradores menos preferidos), 158-161
coercitivos, 136
coesão, 223-224
colaboração, 367
colaboradores menos preferidos (CMP), 158-161
colaboradores temporários, 15
Colin, M., 146
Como Conquistar Amigos e Influenciar Pessoas (Carnegie), 123
comparações (programações de reforço), 57-58
comportamento dos empregados por meio das conseqüências
comunicação, 290-311
  ciclos de, 293
  direção da, 296-298
    comunicação com o nível inferior, 296
    comunicação com o nível superior, 296-297
    comunicação horizontal, 297-298
    princípio do meio acesso e, 297
    visão de conjunto e resumo, 296
  episódio crítico (exemplos de), 308-309
  exercícios experimentais, 309-311

Índice Remissivo

informal, 304-306
melhoria da, 306-307
modelos de, 292-293
não-verbal, 294, 299-303
    arranjos espaciais, 302
    aspectos da, 300-303
    poder e, 301
    proximidade e, 300
    proximidade relativa e, 301-302
    tempo e, 302-303
    visão de conjunto e resumo da, 293-294, 299-300
objetivos de aprendizagem para a, 290
obstáculos (individuais) à, 303
    credibilidade da fonte, 303
    diferenças de *status*, 303
    viés perceptivo, 303
obstáculos (organizacionais) à, 303
    clima organizacional, 304
    pressões do tempo, 304
    sobrecarga de informações, 303
    tecnologia, 304
papéis na, 298-299
    contatos, 298
    cosmopolitas, 298-299
    emissores, 298
    isolados, 298
    visão de conjunto e resumo da, 298
redes de comunicação (centralizadas *versus* descentralizadas), 294-296
tipos de, 293-294
visão de conjunto e resumo da, 290-292, 307-308
comunicação com o nível inferior, 296
comunicação com o nível superior, 296-297
comunicação empática, 306
comunicação horizontal, 297-298
comunicação e indicações não-verbais, 38-40, 294, 299-303
comunicação informal, 304-306
conceito
    "clube dos velhos amigos", 146
    de adulação, 123
    de "aptidão para sobreviver em meio à hostilidade", 149
    de codificação, 292
    de coerência, 44
    de concordância, 44
    de condições constantemente mutáveis, 373
    de consideração, 153, 162
    de decodificação, 292
    de estrutura inicial, 153
    de estruturação do tempo, 268
    de "fazer uma lista", 269
    de GAP (Programa de Aceitação de Metas), 98
    de interrupção da carreira, 373
    de *keiretsu*, 329
    de maximização, 186
    de Pigmalião, 99
    de responsabilidade por outros, 258
    de satisfação mínima, 186
    de território, 302
    de tempo de presença, 373
    do mito elevado–elevado, 153
    "simplesmente dizer não", 268
    therblig, 10

conceitos básicos, 2-23. *Veja também* conceitos fundamentais
conceitos de Programa de Aceitação de Metas (GAP), 98
conceitos fundamentais, 2-23
    benefícios do estudo, 4-6
        aplicações práticas, 4-5
        crescimento pessoal, 6
        maior conhecimento, 6
    comportamento organizacional (CO) 4-8
        campos relacionados ao, 6-8
        definição de, 4, 6-8
    desafios que confrontam os gerentes, 14-18
        colaboradores temporários, 15
        crítica do comportamento organizacional (CO), 16-18
        diversidade da equipe de trabalho, 14-15
        expressão das emoções no trabalho, 15-16
        visão de conjunto e resumo, 14
    episódios críticos (exemplos), 21-22
    estruturas para o estudo, 18
    exercício experimental, 22-23
    modelos, 8-14
        Estudos Hawthorne e, 10-11
        método da administração científica, 8-10
        método da contingência, 11-12
        método e relações humanas, 10-11
        movimento da cultura de qualidade e, 12-14
        visão de conjunto e resumo, 8
    objetivos de aprendizagem, 2
    visão de conjunto e resumo, 2-4, 19-21
concordância, 124-125
condicionamento clássico, 53-54
condicionamento operante (instrumental), 55
condicionamento (clássico *versus* operante/instrumental), 53-55
condicionamento instrumental (operante), 55
condições de trabalho, 258
conflito interpessoal, 235-236
conflitos do papel, 259-360
conflitos intergrupais, 242-243
Confúcio, 90
conglomerados, 329
Connelly, John, 204
consciência de classe, 94
Conselhos de Administração Interligados, 328
Conseqüências e mudanças de comportamento, 50-69. *Veja também* mudança do continuidade do comportamento desejado, 56-58 comportamento cortês, 237
contatos, 298
contraste (perceptivo), 42-53
Coolidge, Calvin, 290
coordenação, 366
Corning, 95
Corporate Culture (Deal e Kennedy), 12
cosmopolitas, 220, 298-299
Costco Wholesale Corp., 59
Covey, Stephen, 34
credibilidade da fonte, 303
crescimento pessoal, 5-6
criação de relacionamentos favoráveis, 328
criatividade, 149, 198-202, 365-366
Csikszentmihalyi, Mihaly, 71-72, 77

cultura organizacional, 340-342. *Veja também* influências culturais
culturas dominantes, 344
Cummins Engine Company, 95
CWBR (Centro de Pesquisas sobre Empresas de Mulheres), 145

| D |

dados objetivos *versus* subjetivos, 374
    Business School, 157
dados pessoais (personalidade), 29-30
Daft, Douglas, 157
dar o exemplo, 134
Darwin, Charles, 37
da Vinci, Leonardo, 30
Deal, T. E., 12
decisões críticas, 343
decisões individuais *versus* grupais, 193-194
decisões não-programadas *versus* programadas, 182-183
decisões organizacionais *versus* pessoais, 182-184
decisões pessoais *versus* organizacionais, 182-183
decisões programadas *versus* não-programadas, 182-183
dedicação, 351
definição dos termos, 383-394
Delcamp, Michael, 226
delegação, 366
departamentos e agências dos Estados Unidos, 14-15, 230, 264
    Departamento do Trabalho, 14-15
    Serviço Postal (USPS), 15, 230, 264
desafios às crenças, 132
desafio às crenças enraizadas, 134
descaso social e técnica dos degraus da escada, 197-198
descentralização *versus* centralização, 294-296, 314-315
desenvolvimento organizacional (DO), 7, 370-376
desempenho, 215-224
desumanização *versus* reumanização, 104
determinantes de sucesso e fracasso, 368
determinantes do fracasso e do sucesso, 368-370
díades, 167
diferenças de *status*, 301-303
difusão (da responsabilidade), 192
dimensões estruturais *versus* contextuais, 329
dimensões contextuais versus estruturais, 329
dinâmica e estrutura (organizacionais). *Veja também* os tópicos individuais
    comunicação, 290-311
    estrutura organizacional e influências ambientais, 312-337
    influências culturais, 338-361
    gerenciamento da mudança e do desenvolvimento organizacional, 362-382
dinâmicas de grupo, 193-196, 209-227
    atração interpessoal, 213-214
        arranjos físicos do escritório, 213
        distâncias física e psicológica, 213-214
        lei da atração e, 214
        similaridade, 214
        teoria das trocas sociais e, 214
        visão de conjunto e resumo, 213
    desempenho, 215-224
    episódio crítico (exemplo), 225-226
    estágios de desenvolvimento da formação do grupo, 215
    exercício experimental, 226-227
    motivos para a formação de grupos, 211-212
    polarização do grupo, 193
    tomada de decisões grupais *versus* individuais, 193-194
    objetivos de aprendizagem, 208
    natureza dos grupos, 210
        grupos formais *versus* informais, 210-211
        grupos abertos *versus* fechados, 211
    visão de conjunto e resumo, 208-210, 224-225
direção e crescimento, 366
diretrizes (disciplinares), 63-65. *Veja também* disciplinares, diretrizes
diretrizes para manter a disciplina, 63-65
    disciplina progressiva e, 63-64
    passos e, 65
    reuniões disciplinares e, 64-65
    visão de conjunto e resumo, 63
disciplina progressiva, 63-64
disciplinares, reuniões, 64-65
discrição limitada, 186
Disneylândia, 259
disparate (político), 132-133
distâncias (psicológica e física), 213-214
distinção entre linha e *staff*, 233
distinções entre *staff* e linha, 233
distorção (perceptiva), 42
diversidade (da força de trabalho), 14-15
dizer não ao alto escalão, 132
doença psicogênica do grupo, 263-264
domínio de controle (ambiental), 328
Doyle, Arthur Conan, 47-48
Dresser, Maggie, 226
Drucker, Peter, 316
Drucker School of Management, 71
DuBrin, A. J., 227, 265. 337
Duncan, Robert, 327
Dunn, Frank, 157
Dunn, Keith, 80
DuPont, 6, 95

| E |

eBay, 145
EC (estímulo condicionado), 53-54
Eden, D., 100
efeito halo, 41
Efeito Hawthorne, 11, 110
eficiência dos obstáculos, 169-171
Eichmann, Adolf, 138
Eisner, Michael, 157
eliminação de alianças e grupos fechados, 134
Elliot, Gloria, 133
emissores, 298
emotividade negativa, 275
empoderamento dos empregados, 101-115
    círculos de qualidade, 109-110
    desumanização *versus* reumanização e, 104
    enriquecimento do cargo, 104-105
    equipes de trabalho autodirigidas (ETADs), 110-115
    Gerenciamento da Qualidade Total (GQT), 112
    horário flexível, 103, 107
    redefinição das funções, 102-104
    rotatividade de cargos, 104
    semanas de trabalho alteradas, 108

Índice Remissivo 431

visão de conjunto e resumo, 101
teletrabalho, 91, 108
teoria das características do cargo, 105-108
empreendedor, 343
ENC (estímulo não-condicionado), 53-54
enfrentamento dos participantes do jogo, 134-135
enriquecimento (do cargo), 104-105
episódios críticos (exemplos). *Veja também os tópicos individuais*
    para estrutura e dinâmica organizacional, 308-309, 333-334, 356-357, 380-381
        comunicação, 308-309
        estrutura organizacional e influências ambientais, 333-334
        gerenciamento da mudança e do desenvolvimento organizacionais, 380-381
        influências culturais, 356-357
    para processos individuais, 21-22, 67-68, 87-88, 117
        aumento da motivação (reconhecimento, metas, expectativas e *empowerment*), 117
        conceitos fundamentais, 21-22
        motivação, 87-88
        mudança do comportamento dos empregados por meio das conseqüências, 87-88
        personalidade e percepção da pessoa, 47
    para processos interpessoais, 142-143, 172-173, 203-204, 225-226, 245-246, 278-280
        gerenciamento do conflito, 245-246
        gerenciamento do estresse e satisfação no trabalho, 278-280
        dinâmica de grupo, 226-228
        liderança, 172-173
        poder e política, 142
        temas relativos a decisões, 203-204
equipes de trabalho autodirigidas (ETAs), 110-115
erro de atribuição fundamental, 43
escala M, 135
escuta eficaz, 307
escuta (eficaz *versus* ativo), 307
esforço emocional, 259
esgotamento, 264-266
esquema de reforço variável, 56-57
esquemas institucionalizados, 344
estágio de alarme (Síndrome de Adaptação Geral), 252-253
estágio de desempenho (de grupos), 215
estágio de desenvolvimento (de grupos), 215
estágio de exaustão (Síndrome da Adaptação Geral), 252-253
estágio de negociação (de grupos), 215
estágio de resistência (na Síndrome de Adaptação Geral), 252-253
estágios da maturidade moral, 35
estágios do desenvolvimento (de grupos), 215
estereótipo, 41, 191
    negativo, 191
estilo coercitivo, 243
estilo cognitivo, 33-34
estilo de colaboração, 239-240
estilo de conciliação, 240
estilo de evasão, 240-241
estilo de gerenciamento da equipe, 156
estilo de gerenciamento empobrecido (*laissez-faire*), 155
estilo de gerenciamento por autoridade / obediência, 155
estilos de gerenciamento organizacional, 155
estímulo ao conflito, 243-244
estímulo condicionado (EC), 53-54
estímulo não-condicionado (ENC), 53-54
estratégias de redução (gerenciamento de conflitos), 236
estrutura complexa *versus* compacta, 317-320
estrutura e dinâmica organizacionais. *Veja também os tópicos individuais*
    comunicação, 290-311
    gerenciamento da mudança e do desenvolvimento organizacionais, 362-382
    influências culturais, 339-340
estrutura em função do produto, 320
estrutura funcional, 320-321
estrutura híbrida, 322
estrutura organizacional, 312-337.
    e influências ambientais, 312-337
    estruturas modernas, 320-324
        em função do produto, 321-322
        funcionais, 320-321
        híbridas, 322
        matriciais, 322-324
        visão de conjunto e resumo, 320
    episódio crítico (exemplo), 333-334
    exercício experimental, 335-337
    influências ambientais, 324-329
        ambientes externos, 325-328
        aspectos de simplicidade–complexidade, 325
        aspectos estático-dinâmicos, 325-326
        controle dos domínios ambientais, 329
        criação de relacionamentos favoráveis, 328
        incerteza ambiental, 328
        modelo da dependência de recursos e, 327-328
        perspectivas ecológicas da população, 326-327
        retenção, 327
        seleção, 326
        variação, 326
        visão de conjunto e resumo, 324
    objetivos de aprendizagem, 312
    princípios de organização, 311-320
        cadeia de comando, 318-320
        descentralização *versus* centralização, 314-315
        estrutura complexa *versus* compacta, 317-320
        unidade de comando, 318-320
        visão de conjunto e resumo, 314
    processos em nível micro *versus* macro, 314
    visão de conjunto e resumo, 314, 332-333
    visões contingenciais da, 329-331
        dimensão estrutural *versus* contextual, 329
        estudos de tecnologia de Woodward, 330-331
        sistemas abertos *versus* fechados, 329
        sistemas mecanicistas *versus* orgânicos, 329-330
        visão de conjunto e resumo, 329
estruturas compactas *versus* complexas, 315-318
estruturas de análise (influências culturais), 345-346
estruturas matriciais, 322-324
estruturas modernas, 320-324
estruturas sociais, 343
Estudos da Sala de Montagem de Relés, 10
estudos da Ohio State University, 153-154
estudos de liderança da Ohio State University, 153-154
estudos de liderança da University of Iowa, 151-152
estudos de McClelland sobre necessidades, 73-75
estudos de tecnologia (de Woodward), 330-331

estudos interculturais, 345-351
ETAs (equipes de trabalho autodirigidas), 110-115
ética, 137-138, 201
ética do trabalho, 32-33
exemplos. *Veja* incidentes críticos
exercício e estresse, 267
exercícios experimentais, 205-207. *Veja também nos tópicos individuais*
   para estrutura e dinâmica organizacionais, 309-311, 335-337, 357-361, 382
      comunicação, 309-311
      estrutura organizacional e influências ambientais, 335-337
      gerenciamento da mudança e do desenvolvimento organizacionais, 382
      influências culturais, 357-361
   para os processos individuais, 22-23, 68-69, 88-89, 118-120
      aumento da motivação (reconhecimento, metas, expectativas e *empowerment*), 118-120
      conceitos fundamentais, 22-23
      dinâmicas de grupo, 226-227
      gerenciamento de conflitos, 246-248
      gerenciamento do estresse e satisfação no trabalho, 280-287
      liderança, 173-179
      motivação, 88-89
      mudança do comportamento dos empregados por meio das conseqüências, 68-69
      para processos interpessoais, 142-143, 173-179, 205-207, 226-227, 246-248, 280-287
      personalidade e percepção das pessoas, 47-49
      poder e política, 142-143
      temas relativos a decisões, 205-207
expectativa de desempenho– resultado, 78-79
expectativas (dos empregados), 98-101
experiências culminantes, 76
expressão das emoções no trabalho, 15-16
expressões faciais, 37
Exxon, 33, 267

| F |

fatores de comunicação, 232
fatores de estresse organizacional, 258-261
fatores de estresse pessoal, 255-257
fatores de higiene, 78
fatores do comportamento pessoal, 234
fatores estruturais (gerenciamento de conflitos), 232-234
fatores interpessoais, 255-257
fatores motivadores, 78
Federal Express Corporation, 111
feedback participativo, 307
Felker-Kaufman, Carol, 346-347
Fiedler, Fred, 158-161
filmes *Matrix*, 313-314
finalização de sentenças, 30
Fiorina, Carly, 145
Fischer, A., 146
Fisk, Jim, 312
fixação de metas, 95-98
Fletcher, M., 230

Flow: The Psychology of Optimal Experience (Csikszentmihalyi), 71-72
Fode, K., 100
Folha de Dados Pessoais, 29
Força de Trabalho 2000: Trabalho e Trabalhadores para o Século XXI, 14
força motivacional (equação da), 80
Ford Motor Company, 109, 190
formação de equipes, 243, 374
Frames of Mind: The Theory of Multiple Intelligences (Gardner), 38
Frost, Robert, 144
Fulmer, Ingrid Smithey, 5
Fundação de Políticas de Emprego, 91
FWI (Families and Work Institute), 103

| G |

Gadsby, Polly, 102
Gallup Organization, 51, 217
Garai, Gabor, 252
Gardner, Howard, 38
Gateway, Inc., 13
GE (General Electric), 33-97, 111, 291, 363
Geis, F. L., 135
General Electric (GE), 33-97, 111, 291, 363
General Foods, 104, 111
General Motors, 6, 109, 111, 181, 199, 238
gerenciamento "clube de campo", 155
gerenciamento construtivo, 100-101
gerenciamento da mudança e do desenvolvimento organizacionais, 362-382
   críticas ao, 377-379
   desenvolvimento organizacional (DO), 370-376
   determinantes do sucesso e do fracasso, 368-370
      determinantes do fracasso, 368-370
      sucesso, 368-369
   episódio crítico (exemplo) de, 380-381
   exercício experimental, 382
   fontes de, 364-365
      externas, 364
      internas, 365
   objetivos de aprendizagem, 362
   oportunidades e desafios do, 362-364
      agentes de mudança e, 371
      condições para a adoção bem-sucedida do, 376
      fases do, 370-373
      formação de equipes e, 374
      grupos de famílias e grupos especiais e, 374
      processos de reconhecimento–mudança–integração, 371-372
      qualidade de vida no trabalho (QVT) e, 376
      resistência à mudança e, 372
      retorno da pesquisa, 372-374
      reuniões de confrontação e, 375
      técnicas para, 372-376
      termos e expressões da moda do, 373
      treinamento de sensibilidade e, 374-375
      visão de conjunto e resumo, 370
   padrões de crescimento e declínio organizacionais, 365-368
      crescimento por meio de colaboração, 367
      crescimento por meio de coordenação, 366-367

crescimento por meio de criatividade, 365
crescimento por meio de delegação, 366
crescimento por meio de direção, 366
crises de crescimento, 367
gerenciamento do declínio, 365-368
modelo de crescimento organizacional de Greinier, 365-366
visão de conjunto e resumo, 365
sucesso do, 376
visão de conjunto e resumo, 363-364, 379-380
gerenciamento da impressão, 130
Gerenciamento da Qualidade Total (GQT), 112
gerenciamento das informações e política, 130
gerenciamento de conflitos, 228-248
conflitos entre grupos, 242-243
episódio crítico (exemplos), 245-246
estilos de, 239-241
cinco estilos de gerenciamento de conflito, 241
estilo de benevolência, 241
estilo de coação, 239
estilo de conciliação, 240
estilo de evasão, 240-241
modelo bidimensional de Thomas (comportamento no conflito) e, 240
visão de conjunto e resumo de, 239
estímulo ao conflito, 243-244
estratégias para diminuir os conflitos, 236-242
comportamentos cortês e, 237
metas de nível superior, 236-238
métodos estruturais, 238-239
exercícios experimentais, 246-248
fontes de conflito e, 232-236
cenários do Dilema dos Prisioneiros, 235-236
conflitos interpessoais, 235-236
distinções entre linha e *staff*, 233
fatores de comunicação, 232
fatores do comportamento pessoal, 234
fatores estruturais, 232
heterogeneidade do quadro de pessoal, 234
interdependência de recursos, 234
participação nas, 233
poder, 234
sistemas de reconhecimento, 234
visão de conjunto e resumo das, 232
objetivos de aprendizagem, 228
processos de conflito, 230-232
visão de conjunto e resumo de, 228-230, 244
visão tradicional *versus* contemporânea do, 231-232
gerenciamento do desenvolvimento e da mudança, 362-382. *Veja também* gerenciamento do estresse e satisfação no trabalho, 250-287
causas do, 253-261
ambigüidade do papel, 259-260
atributos demográficos, 255
ciúme e inveja, 255-257
condições de trabalho, 258
conflito do papel, 263
esforço emocional, 259
fatores interpessoais, 255-257
fatores organizacionais, 258-261
fatores pessoais, 255-257
mudança na vida, 255
namoro no local de trabalho, 251, 257
responsabilidade por outros, 258

sobrecarga de funções, 260
trabalho em turnos, 260-261
episódio crítico (exemplo), 278-280
exercícios experimentais, 280-287
lidar com o, 264-269
apoio social, 267
exercício, 267
gerenciamento do tempo, 268-269
reações de fuga ou luta, 265
redefinição do cargo, 267
técnicas de relaxamento, 267
visão de conjunto e resumo, 264-265
objetivos de aprendizagem, 250
reações ao, 261-265
absenteísmo, rotatividade e insatisfação, 262
alcoolismo e abuso de drogas, 262
doença psicogênica do grupo, 263-264
esgotamento, 264
problemas físicos, 261-262
violência no ambiente de trabalho, 262
satisfação do empregado no trabalho, 269-276
bem-estar físico e mental e, 270
conseqüências da, 273-275
emotividade negativa e, 272
expectativas e, 271-272
fontes de, 270-272
influências do caráter, 272
produtividade e, 275-276
tendências da, 273
visão de conjunto e resumo, 269-270
Síndrome da Adaptação Geral, 252-253
visão de conjunto e resumo, 250-252, 276-278
visões de, 252-253
gerenciamento japonês, 348-351
Gerhart, Barry, 5
Ghandi, Mahatma, 149, 156
Gilbreth, Frank, 9-10
Gilbreth, Lillian, 9-10
Giraudoux, Jean, 122
GlaxoSmithKline, 209
glossário, 383-394. *Veja também* expressões e termos básicos
Gonthier, Giovanella, 237
Good Business: Leadership, Flow, and the Making of Meaning (Csikszentmihalyi), 71
GQT (Gerenciamento da Qualidade Total), 112
grau de necessidade de crescimento, 107
satisfação do empregado no trabalho, 269-276. *Veja também* gerenciamento do estresse e satisfação no trabalho
Greiner, Larry, 365-366
Griffen, Ricky W., 143
grupos abertos *versus* fechados, 211
grupos de encontro, 375
grupos de família e grupos especiais, 374
simulação (escalas), 30
grupos especiais, 374
grupos estranhos, 375
grupos fechados *versus* abertos, 211
grupos formais *versus* informais, 210-211
grupos informais, 210-212
grupos primos, 375
guardiões do pensamento, 191

H

Hackman, J. Richard, 105-107, 222
Haines, Jeff, 80
Hall, Edward, 301, 346
Hamburg, G. V., 38
Handbook of Leadership, 146
Hanks, Tom, 127
Hanover Trust, 108
Harding, Karen, 204
Harvard University, 38, 99
Hawkings, Stephen, 38
Head, Thomas C., 143
Heider, Fritz, 43
Herman Miller (fabricante de móveis), 95
Hersey, P., 164, 173
Herzberg, Fred, 77-78, 84-85, 104
heterogeneidade, 232
heterogeneidade dos colaboradores, 232-233
heurística, 186
    julgamento, de, 187
heurística de disponibilidade, 187-188
heurística de representatividade, 187
Hewlett-Packard (HP), 374
Heyer, Steven J., 157
hierarquia das necessidades (Maslow), 75-77
história (relembrada), 344
história relembrada e simbolismo, 343-344
histórias e rituais, 341
Hitler, Adolf, 127, 156
Hodges, Charles, 67
Hodges, Helen, 146
Hodgetts, R., 22
Hoffer, Eric, 144
Hoffman, Abbie, 250
Hofstede, Geert, 348-349
Holmes, S., 59
Holmes, T. H., 256
Home Depot, 145, 363-364
Honeywell, 33, 109, 202
Hoover, Jonh, 133
Hopkins, Debby, 145
horário flexível, 103, 107
Hornstein, Harry, 266
Hospital Beth Israel, 95
hostilidade, 224, 263
How to Work for an Idiot (Hoover), 133
HP (Hewlett-Packard), 374
Hughes Aircraft, 109
Hymowitz, Carol, 146, 157, 292, 314, 364

I

Iacocca, Lee, 156
IBM, 6, 91, 319, 343, 348, 376, 379
idéias e missões (orientadoras), 343
idéias orientadoras e missões, 343
identificação, 125
identidade e necessidade de estima, 76, 212
ilusão de unanimidade, 191
ilusões de invulnerabilidade, 191
Igreja Católica, 33, 191, 316
imersão, 199

IMP (Índice de Motivação Potencial), 106
In Search of Excellence (Peters e Waterman), 12
Incaviglia, Pete, 90
incerteza (ambiental), 326
incubação, 199
Indicador de Tipos Myers-Briggs, 33-34
Índice de Motivação Potencial (IMP), 106
influências culturais, 338-360
    cultura organizacional, 340-342
        avaliação e mudança, 341-342
        criação e preservação da, 342
        rituais e histórias, 341
        visão de conjunto e resumo, 340
    episódios críticos (exemplos), 356-357
    estruturas de análise para as, 343-344
        decisões críticas e, 343
        esquemas institucionalizados, 344
        estruturas sociais, 344
        história relembrada e simbolismo, 344
        idéias orientadoras e missões, 343
        membros fundadores e, 343
        normas e valores, 344
        visão de conjunto e resumo, 343
    estudos de, 344-345
    estudos entre nações e, 345
    estudos interculturais e, 345-351
        diferenças culturais, 346-348
        gerenciamento japonês e, 348-351
        policronia, 347
        visão de conjunto e resumo, 345
    exercícios experimentais, 357-361
    práticas de negócios internacionais e, 351-352
    objetivos de aprendizagem, 338
    organizações passivas-agressivas e, 339-340
    treinamento intercultural e, 353-354
        assimilação de cultura, 354-355
        simulação, 355
        visão de conjunto e resumo, 353-354
    visão de conjunto e resumo, 338-340, 355-356
influências do caráter, 272
início verdejante, 114
insatisfação (dos empregados), 262, 273
insinuação, 123, 129, 136
inteligência social, 149-150
inveja e ciúme, 255-257
Investigação sobre a Natureza e as Causas da Riqueza das Nações (Smith), 102
integração vertical, 328
interdependência de recursos, 234
internalização, 125
International Harvester, 109
inter-relação entre as bases do poder, 127-128
isolados, 298
isolamento, 224
Ivancevich, J. M., 253, 261, 284

J

Jacobson, L., 99
Jaffe, G., 364
Jago, Art, 167
Janis, Irving, 190-191
J. C. Penney, 108, 342
Johns-Manville, 267

jogo Bafa, Bafa, 355
Joinson, C., 230
Jones, D., 340
Joyce, Robert D., 280
Judge, Tim, 39
Jung, Carl Gustav, 33
Jurgensen, Jerry, 339

| K |

Kahneman, Daniel,187
Kaplan, Robert, 351
Katersky, Barbara, 217
Keller, Paul, 278
Kelley, H. H., 44
Kelman, H. C., 124
Kemelgor, Bruce, 69, 89, 117, 142, 173, 248, 309, 361, 382
Kennedy, A. A., 12
Kennedy, John F., 156, 190, 228
Kennedy, Robert, 190
Kichner, Henry, 226
Killington, Linda, 226
Kilmann, Ralph, 341
King, Martin Luther, 123
Kipnis, D., 136-137
Kirkland, Lane, 70
Kleiman, C., 103
Knolle, Henry, 9
Kohlberg, Lawrence, 34-35
Koppes, Richard, 157
Koresh, David, 156
Kumar, K., 129

| L |

laissez-faire (estilo de gerenciamento empobrecido), 155
Lancaster, H., 80
Landers, Ann, 144
Landy, F., 154
Lane, Paul M., 346
lealdade, 330, 351
lei da atração, 214
Lei do Efeito, 16, 55
leituras, 395-406
Lawler, III, Edward E., 84-86, 92-94
Lazarsfeld, Paul, 17
leiautes do escritório, 213-214
Lenin, Vladimir Ilyich, 228
Lenox, Bill, 142
Levenson, Sam, 50
Levine, R., 346
Lewin, Kurt, 371, 381
Lickona, T., 35
liderança, 144-179
    abordagem comportamental da, 151-158
        estudos da Ohio State University, 153-154
        estudos de liderança da University of Iowa e, 151-152
        liderança carismática e, 156-158
        liderança transacional e, 156
        liderança transformacional e, 156
        modelo do Gráfico Gerencial, 155-156
        Sistema de Análise do Processo de Interação e, 152-153
        visão de conjunto e resumo, 151
    carismática, 156-158
    de apoio, 162
    diretiva, 162
    episódio crítico (exemplo), 172-173
    exercício experimental, 173-179
    líderes informais, 147
    líderes *versus* gerentes, 146-147
    método situacional, 158-169
        modelo de contingência de eficácia da liderança (Fiedler), 158-161
        modelo de intercâmbio entre líder e membro, 167-169
        modelo de liderança de Vroom-Yetton, 165-167
        teoria da trajetória–meta e, 162-163
        teoria da liderança situacional e, 163-164
        visão de conjunto e resumo, 156
    natureza da, 146-147
    objetivos de aprendizagem, 144
    obstáculos à eficácia pessoal e, 170-171
    participativa, 162-163
    substitutos e neutralizadores de, 169-170
    tarefas do gerente, 148
    teoria dos traços, 148-151
        temas relacionados ao gênero e, 150-151
        visão de conjunto e resumo, 148-150
    transacional, 156
    visão de conjunto e resumo, 144-148, 171-172
líderes *versus* gerentes, 146-147
líderes informais, 147
Lincoln, Abraham, 144, 149
linguagem apropriada, 306
lista de "tarefas a realizar", 269
Loeb, M., 266
Lorenzi, P., 120
Lorsch, Jay, 157
Lucent Technologies, 145
Lud, Ned, 102

| M |

Magna-Donnelly Mirrors, 95
Maher, K., 38
maior conhecimento, 6-7
Managing to Have Fun (Weinstein), 80
manipulação, 60
Manson, Charles, 156
Maquiavel, Nicolau, 128, 134, 374
maquiavelismo, 135-136
Markels, A., 299
Markerich, Sam, 290
Marshall Fields, 181
Marx, Karl, 8, 102, 270
Maslow, Abraham H., 75-77, 84-86
Matteson, M. T., 253, 261, 284
maturidade, 34, 163
    moral, 31
    psicológica (hierarquia de Maslow), 75
McClelland, David C., 73-75, 84-85
McDonald's, 181 306, 327
McGuffey's Restaurants, 80
McNamara, Robert, 190
Mead Corporation, 374
mecanismos e estratégias, 132-134, 264-269
membros fundadores, 343
Mental Measurements Yearbook, 29

metas (de nível superior), 236-238
metas afrontosas, 339
método
    da administração científica, 8-40
    da contingência, 11-12
    de relações humanas, 10-11
    dos traços (liderança), 148-151. *Veja também* liderança
    situacional (da liderança), 158-169. *Veja também* liderança
métodos estruturais (gerenciamento de conflitos), 238-239
mídia apropriada, uso da, 307
Milgram, Stanley, 138-140
Millionaire Women Next Door (Stanley), 146
Milton, John, 123
missões (orientadoras), 343
MIT, 192, 259
Moberg, Dennis, 137
modelagem, 55-56
modelo
    abrangente (da motivação), 84-86
    administrativo (tomada de decisões), 185-187
    bidimensional de Thomas (comportamento conflitante), 239-240
    da dependência de recursos, 327-328
    das Cinco Grandes, 35-36
    de contingência (da eficácia da liderança), 156-162
    de decisão racional-econômico, 184-186
    de Gráfico Gerencial, 155-156
    de Greiner (crescimento organizacional), 365-367
    de intercâmbio entre líder e membros, 167-169
    de liderança de Vroom-Yetton, 165-167
    de Porter–Lawler, 84-86
    tridimensional de inteligência, 149
modelos. *Veja também os tópicos individuais*
    comunicação, 292-293
    administrativo para tomar decisões, 186-187
    bidimensional do comportamento conflitante e, 239-240
    contingente de eficácia da liderança (Fildler), 158-161
    da dependência de recursos, 327-328
    de crescimento organizacional de Greiner, 365-366
    de decisão racional–econômico, 184-186
    de intercâmbio entre líder e membros, 167-169
    de liderança de Vroom-Yetton, 165-167
    de Porter-Lawler, 84-86
    do Gráfico Gerencial, 155-156
    tridimensional de inteligência, 149
modificação do comportamento organizacional (Mod CO), 55-61
    aquisição de comportamentos complexos, 55-56
    avaliações, 58-60
    continuidade do comportamento desejado, 56-58
    controvérsias a respeito da, 60-61
    manipulação e, 60
    visão de conjunto e resumo, 55
Moisés, 315
Monsanto, 95
Morton Salt, 339
motivação, 70-89
    aumento da, 90-120. *Veja também* aumento da motivação (reconhecimento, metas, expectativas e *empowerment*)
    conceito de fluxo e, 71-72, 77
    episódio crítico (exemplo), 87-88
    estudos das necessidades (McClelland) e, 73-75
    exercícios experimentais, 88-90
    hierarquia de necessidades (Maslow), 75-77
    modelo abrangente de, 84-86
        modelo de Porter-Lawler e, 84-86
        teorias de conteúdo e, 84
        teorias de processo e, 84
        visão de conjunto e resumo, 84
    natureza da, 2-84
    objetivos de aprendizagem, 70
    teoria do reforço e, 81-82
    teoria da aprendizagem social e, 84
    teoria da motivação para o sucesso, 72-73
    teoria da eqüidade (Adams) e, 81-84
    teoria da expectativa, 78-81
    teoria dos dois fatores (Herzberg), 77-78
    Teste de Percepção Temática (TPT) e, 74
    visão de conjunto e resumo da, 70-72, 86-87
Mountain Bell, 108
Mouton, Jane, 155-156
movimento de cultura da qualidade, 12-14
mudança do comportamento do empregado por meio
    das conseqüências, 50-69
    episódio crítico, 67-68
    exercício experimental, 68-69
    natureza da aprendizagem e, 52-55
        aprendizagem observacional, 54-55
        auto-eficácia, 54
        condicionamento clássico, 53
        condicionamento operante (instrumental), 55
        reforço negativo *versus* positivo e, 55
        visão de conjunto e resumo, 52-53
    objetivos de aprendizagem, 50
mudança na sociedade, 94
mudanças na vida, 255-256
Murray, Henry A., 73

| N |

namoro (no local de trabalho), 251, 257
Nardelli, Bob, 363
narração de histórias, 30
National Institute for Occupational Safety and Health, 229
National Training Laboraty, 375
Nationwide, 339
natureza da aprendizagem, 52-55
necessidade de associação, 74-75, 212
necessidade de estima (hierarquia de Maslow), 75-76
necessidade de realização, 73-74, 212
necessidades, 73-77, 107
    de crescimento (hierarquia de Maslow), 75-77
    de estima e identidade, 212
    de necessidades de McClelland, 73-75
    de segurança (hierarquia de Maslow), 75
    de sobrevivência (hierarquia de Maslow), 75
    grau de necessidade de crescimento manifestado por um colaborador, 107
    hierarquia das necessidades (Maslow), 75-77
    necessidade de poder, 73-74
    relacionadas ao potencial de realizações (hierarquia de Maslow), 75-76
    sociais (hierarquia de Maslow), 75

negociação, 242-243
negociação (distributiva *versus* integradora), 243
negociação integradora *versus* distributiva, 243
Neuman, J. H., 263
neutralizadores e substitutos (da liderança), 169
New York Telephone Company, 267
Noble, David, 313
normas, 222-223, 344
    do grupo de trabalho, 222-223
Northrop Grumman, 109
Nutt, Paul, 181

| O |

objetivos (de aprendizagem). *Veja* aprendizagem,
    objetivos de; *veja também tópicos individuais*
    estrutura e dinâmica organizacionais, 290, 312, 338, 362
        comunicação, 290
        estrutura organizacional e influências ambientais, 312
        gerenciamento da mudança e do desenvolvimento organizacionais, 362
        influências culturais, 338
    para processos individuais, 2, 24, 70, 90
        aumento da motivação (reconhecimento, metas, expectativas e *empowerment*), 90
        conceitos fundamentais, 2
        motivação, 70
        personalidade e percepção das pessoas, 24
    para processos interpessoais, 122, 144, 180, 208, 228, 250
        dinâmica de grupo, 208
        gerenciamento de conflitos, 228
        gerenciamento do estresse e satisfação no trabalho, 250
        liderança, 144
        poder e política, 122
        temas relativos a decisões, 180
observadores, 68, 136
obstáculos (individuais *versus* organizacionais), 303-304
obstáculos à eficácia pessoal, 170-171
Oldham, Greg, 105
opção cautelosa, 193-194
opção (pelo risco), 192
organizações em desvantagem, 379
organizações passivas–agressivas, 338-340
Orwell, George, 190
Os 7 Hábitos das Pessoas Muito Eficientes (Covey), 340
Ovitz, Mike, 123
Owen David, 362

| P |

Pachter, R., 72
PADs (profecias de autodesempenho), 99-100
padrão de comparação, 82
padrões de crescimento e declínio organizacional, 365-368
palavras e expressões da moda, 373Palmer, Jerry, 87
papéis da remuneração, 92-94
papéis relacionados à punição, 61-65
    alternativas de punição, 62

diretrizes disciplinares, 63-64. *Veja também* diretrizes disciplinares
    programas de reconhecimento, 51-52
    punição eficaz, 62-63
    retribuição *versus* punição, 62
    visão de conjunto e resumo, 61
Parker, Michael, 114
passar por cima do supervisor, 132
passos (disciplinares), 64
Patagonia, 71
Pavlov, Ivan, 53
P&G (Procter & Gamble), 111, 270, 376
Pennington Performance Group (Previsão do Local de Trabalho), 3
pensamento único do grupo, 190-192
pensar de modo inovador, conceito de, 373
percepção das pessoas, 24-49. *Veja também* personalidade e percepção das pessoas
percepção e personalidade, 24-49
percepção seletiva, 42
perder a calma, 65, 132
personalidade e percepção das pessoas, 24-49, 253-254
    episódio crítico (exemplo), 47-48
    exercícios experimentais, 47-49
    objetivos de aprendizagem, 24
    percepção das demais pessoas, 36-45
    precisão da, 37-38
        contraste perceptivo, 43
        distorção perceptiva e, 42
        dos traços de personalidade, 40
        efeito halo e, 41
        estereótipos e, 41
        expressões faciais e, 37
        indicações não-verbais, 38-40
        quociente emocional (QE) e, 38
        obstáculos à, 40-42
        percepção seletiva, 42
        projeção e, 41-42
        teoria da atribuição e, 43-45
        teoria da personalidade implícita e, 41
        visão de conjunto e resumo, 36
personalidade, 26-36
    aspectos da, 31-36. *Veja também* aspectos (da personalidade)
    avaliação dos traços, 28-30. *Veja também* avaliação dos traços (personalidade)
    definição de, 26
    determinantes da, 26-27
    visão de conjunto e resumo, 26
    personalidade Tipo *A versus* Tipo *B*, 253-254
    visão de conjunto e resumo, 24-26, 45-47
personalidade tipo A *versus* tipo B, 253-254
perspectivas ecológica da população, 326-327
pesquisas da TalentKeeper, 3
Peter, Laurence J., 180
Peters, T. J., 12
planos
    de aquisição de ações, 94-95
    de incentivo, 94
    de participação nos lucros, 94-95
    de participação nos resultados da unidade, 94-95
    de remuneração variável, 95
poder baseado em especialização, 127
poder coercitivo, 126

poder de posição, 160
poder de reconhecimento, 125-126. *Veja também* cinco bases do poder
poder e política, 122-143
    autoridade e, 124
    cinco bases do poder, 125-128
        inter-relação entre as bases do poder, 127-128
        poder baseado em especialização, 127
        poder coercitivo, 126
        poder legítimo, 126-127
        poder referente, 127
        poder de reconhecimento, 125-126
        visão de conjunto e resumo, 125
    comunicação e, 300-301
    concordância e, 125
    episódio crítico (exemplo), 142
    diferenças entre, 124
    exercícios experimentais, 142-143
    identificação e, 125
    internalização e, 125
    necessidade de, 73-74
    obediência à autoridade, 138-140
    objetivos de aprendizagem, 122
    política organizacional, 128-138
        bobos no escritório, 133
        conseqüências da, 136-137
        desafios às crenças arraigadas, 134
        desrespeito à cadeia de comando, 132
        distribuir as tarefas claramente e, 134
        dizer não ao alto escalão, 132
        eliminação de alianças e grupos fechados, 134
        enfrentar os que participam do jogo, 134-135
        estratégia de dar o exemplo, 134
        ética da, 137-138
        formação de alianças e de redes, 130
        gerenciamento da impressão transmitida, 130
        gerenciamento das informações, 130
        insinuação, 129
        maquiavelismo, 135-136
        mecanismos para lidar com, 132-135
        passar por cima do supervisor, 132
        perder a calma, 132
        princípio do primeiro passo, 137
        promover a oposição, 130
        responsabilidade do cargo de linha, 130-131
        tática de dividir e conquistar, 235
        tática de excluir a oposição, 131-132
        tática de não fazer prisioneiros, 131
        táticas escusas na, 131-132
        táticas políticas escusas, 131-132
        técnicas de influência, 136-137
        versus política (geral), 128-129
        visão de conjunto e resumo, 128-129
    princípio da adulação, 122-123
    processos de influência interpessoal e, 124-125
poder legítimo, 126-127
poder de reconhecimento, 125-126. *Veja também* cinco bases do poder
poder referente, 127
polarização (do grupo), 193
Polaroid, 104
policronia, 347
política, 121-143. *Veja também* poder e política
política organizacional, 128-138. *Veja também* poder e política

posições de apoio, 131
posições de contato, 242-243, 327
posições *staff*, 131
Porter, Lyman, 84-86, 92
Poundstone, William, 40
Pourciau, Lester J., 208
Powell, Robert, 381
práticas de negócios internacionais, 351-353
precisão (perceptiva), 36-39
pressão para concordar, 191
Previsão do Local de Trabalho (Pennington Performance), 3
princípio do meio de acesso, 297
princípio do primeiro passo, 137
princípios de organização, 314-320
probabilidades subjetivas, 79
processo criativo, 199-200
processo criativo, cinco estágios do, 199-200
processo de produção de longa duração, 331
processos. *Veja também os tópicos individuais*
    individuais, 1-120
        aumento da motivação (reconhecimento, metas, expectativas e *empowerment*), 90-120
        motivação, 70-89
        mudança do comportamento dos empregados por meio das conseqüências, 50-69
        personalidade e percepção, 24-49
    interpessoais, 121-287
        dinâmica de grupo, 208-227
        gerenciamento de conflitos, 32-248
        gerenciamento do estresse e satisfação no trabalho, 250-287
        liderança, 144-179
        poder e política, 122-143
        tomar decisões, 180-207
processos de alinhamento, 373
processos de empoderamento, 101-115
processos de influência (interpessoal), 124-125, 128
processos de integração, 372
processos de reconhecimento–mudança–integração, 371-372
processos de redução de níveis hierárquicos, 373
processos de transição, 373
produção em massa, 331
processos em nível micro *versus* macro, 314
processos individuais. *Veja também tópicos individuais*
processos interpessoais. *Ver também os tópicos individuais*
    dinâmica de grupo, 208-227
    gerenciamento de conflitos, 228-248
    gerenciamento do estresse e satisfação no trabalho, 250-287
    liderança, 144-179
    poder e política, 122-143
    tomar decisões, 180-207
produção unitária, 331
Procter & Gamble (P&G), 111, 306, 376
produtividade 275-276
programação de reforço interno (fixo *versus* variável), 56-58
programação por índice de reforço (fixo *versus* variáveis), 56-58
programações de reforço, 56-58. *Veja também* reforço
programações fixas de reforço (intervalo *versus* índice), 56-58

projeção, 41-42
promoção da oposição, 130
proximidade, 300
proximidade relativa, 301-302
punições alternativas, 62
punições eficazes, 2-63

| Q |

Qantas, 374
QE (quociente emocional), 36-37
qualidade de vida no trabalho (QVT), 376
queixas, 270
quociente emocional (QE), 38

| R |

raciocínio analítico, 149-150
racionalidade limitada, 185
Rahe, racionalização, 191
Raudsepp, E., 207
Rayburn, Sam, 208
RC (resposta condicionada), 53-54
reações de fuga ou de luta, 265
Reconhecimento e sistemas de reconhecimento, 51-52, 62, 92-95
    extrínseco *versus* intrínseco, 92
    papel da remuneração em, 92-94
    perspectivas futuras, 94-95
    planos
        de aquisição e ações, 94
        de incentivo, 94
        de participação nos lucros, 94
        de participação nos resultados da unidade, 94-95
        de remuneração variável, 95
    programas de, 51-52
    visão de conjunto e resumo, 92
    versus punições, 62. *Veja também* papéis relacionados à punição
reconhecimento extrínseco *versus* intrínseco, 92
reconhecimentos intrínsecos *versus* extrínsecos, 92
redes, 130, 294-296
redefinição (das funções), 102-104
Reeves, Keanu, 314
referências na literatura, 395-406
reforço, 56-58, 81
    negativo *versus* positivo, 55
    programações, 56-58
        comparações entre as, 56-58
        programações de intervalo (fixos *versus* variável), 56-58
        programações por índice (fixo *versus* variável), 57-58
        visão de conjunto e resumo, 56
    teorias de, 81
reforço negativo *versus* positivo, 55
regras e procedimentos (para o gerenciamento de conflitos), 242
Reitz, H. J., 213
relações adversas, 94
relações entre líder e membros, 159, 161, 168
responsabilidade do cargo de linha, 130
resistência (à mudança), 372
resposta condicionada (RC), 53-54

resposta de obediência à autoridade, 138-140
resposta não-condicionada (RNC), 53-54
RNC (resposta não-condicionada), 53-54
retenção, 326
Retorno de características de desempenho, 105, 306, 372-373
Retorno de informações, 106, 306, 372-373
Retorno de resultados, 106, 306, 372-373
reumanização *versus* desumanização, 104
reuniões de confrontação, 375
Rigas, John, 157
Rigby, D., 13
Ritchie, J. B., 381
rituais e histórias, 341
Robbins, Alan, 195
Rockefeller, Sr., John D., 312
Rockne, Knute, 42
Rohm and Haas, 339
Roosevelt, Franklin D., 156, 190
Rosenstein, B., 237
Rosenthal, Robert, 99-100
Rossiter, Winston G., 362
rotatividade, 104, 262, 270, 274
    (de cargos), 104
    funcional, 274
Rotter, Julian, 31-32
Royce Medical, 80
Rude Awakenings: Overcoming the Civility Crisis in the Workplace (Gonthier), 237
rumores, 306
Rusk, Dean, 190

| S |

sabotagem, 275
Safer, Morley, 140
Sam's Club, 59
Sandburg, J., 52
satisfação, 224
Scanlon, Joseph, 95
Schein, Edgar, 341
Schlesinger, Jr., Arthur, 190
Schmidt, Stuart, 136-137
Schopenhauer, Arthur, 338
Schuman, Bill, 356
Schwarzenegger, Arnold, 127
Scott, Kimberly, S., 5
Sears, Roebuck, 273
seis estágios do desenvolvimento moral, 35
seleção, 326
Sellers, P., 146
Selye, Hans, 252
semana de trabalho alterada, 107-108
seminários de *Treinamento para Lidar com Bobos* (Elliott), 133
Separations Systems Consultants, 146
Sevareid, Eric, 362
Shakespeare, William, 24
Shani, A. B., 99
Shellenbarger, Sue, 103, 217, 252, 351
Sherif, M., 236-238
Shuit, D. P., 25
simbolismo, 344
similaridade, 214

Simonetti, Jack L., 204
simulação de escalas, 30
simulações, 355
Síndrome de Adaptação Geral, 253
Sistema de Análise do Processo de Interação, 152-153
Sistema mecanicista *versus* orgânico, 329-330
sistema orgânico *versus* mecanicista, 329-330
sistemas fechados *versus* abertos, 329
Sixty Minutes, 140
Skilling, Jeffrey, 157
Skinner, B. F., 51, 55
Slaughter, Jane, 114
Smith, Adam, 8, 102
Smith, C. G., 343
sobrecarga, 260, 303-304
    de funções, 260
    de informações, 303-304
sobrecarga de informações, 303-304
Society for Human Resource Management, 251
Spore, Jerry, 380
Stanley, Tomas J., 146
Staw, Barry M., 188-189
Stengel, Casey, 228
Stengel, Richard, 123-124
Sternberg, Robert, 149-150
Stites, Doe, Susan, 226, 246, 334, 357, 381
Stoner, James, 192
subculturas, 344
substitutos e neutralizadores (da liderança), 169-170
sucesso, 72-73
    teoria da motivação para o, 72-73
Summers, Jim, 226

| T |

Tadjer, R., 319
tarefas, 106, 153, 159, 212
    estrutura das, 159
    execução das, 212
    identidade das, 106
    importância das, 106
táticas, 136
táticas de exclusão da oposição, 131-132
táticas políticas escusas, 131-132
Taylor, Frederick, 8-10
técnica de dividir e conquistar, 235
técnica de meditação transcendental, 267
técnica dos degraus da escada, 197-198
técnicas de influência, 137
técnicas de meditação, 267
Técnica nominal do grupo (TGN), 196
técnicas de relaxamento, 267
teletrabalho, 91, 108
temas de liderança relacionados ao gênero, 150-151
temas de tomada de decisões, 180-207
    criatividade e, 198-201
    episódio crítico (exemplo), 203-204
    ética, 201
    exercício experimental, 205-207
    modelo racional-econômico e, 184-185
    objetivos de aprendizagem, 180
    obstáculos, 187-193
    técnicas, 194-198

    descaso social e técnica dos degraus da escada, 197
    técnica Delphi, 196-197
    técnica nominal do grupo (TGN), 196
    tomada de decisões individual *versus* grupal, 193-194
    teoria clássica da decisão, 184-185
    teoria comportamental das decisões (modelo administrativo), 185-187
    tipos de decisão organizacional, 182-183
        decisões pessoais *versus* organizacionais, 182-183
        decisões programadas *versus* não-programadas, 182-183
        visão de conjunto e resumo, 182
    visão de conjunto e resumo, 180-182, 202-203
tempo, 268-269
    comunicação não-verbal e, 300-301
    gerenciamento do, 268-269
    pressões do, 304
    registro do, 268
Tenneco, 267
teoria clássica da decisão, 184-186
teoria comportamental (da liderança), 151-158. *Veja também* liderança
teoria comportamental das decisões (modelo administrativos), 108
teoria da aprendizagem social, 84
teoria da atribuição causal de Kelley, 44
teoria da eqüidade (Adams), 81-84
teoria da expectativa, 78-81
teoria da liderança situacional, 163-164
teoria da personalidade implícita, 41
teoria da trajetória–meta, 162-163
teoria das trocas sociais, 214
teorias de processos, 84
teoria do recurso cognitivo, 149
teoria dos dois fatores (Herzberg), 77-78
teoria organizacional, 7
teorias de conteúdo, 83-84
Test in Print, 29
Teste de Percepção Temática (TPT), 74
testes situacionais, 29
Texas Instruments, 104, 109, 376
tipos de decisão organizacional, 182-183
    decisões pessoais *versus* organizacionais, 182-183
    decisões programadas *versus* não-programadas, 182-183
    visão de conjunto e resumo, 182
Theory Z (Ouchi), 12
Thomas, Ken W., 240, 241
Thompson, Paul R., 381
tópicos de CO. *Veja* tópicos de comportamento organizacional (CO)
tópicos de comportamento (organizacional). *Veja também tópicos individuais*
    estrutura e dinâmica organizacionais, 289-382
        estrutura organizacional e influências ambientais, 312-337
        comunicação, 290-311
        gerenciamento da mudança e do desenvolvimento
        influências culturais, 338-361
        organizacionais, 362-382
    processos individuais, 1-120

aumento da motivação(reconhecimento, metas,
    expectativas e *empowerment*), 90-120
conceitos fundamentais, 2-23
motivação, 70-89
mudança de comportamento dos empregados
    por meio das conseqüências, 50-69
personalidade e percepção, 24-49
processos interpessoais, 121-189
    dinâmica de grupo, 208-228
    gerenciamento de conflitos, 228-249
    gerenciamento do estresse e satisfação no cargo, 250-287
    liderança, 144-179
    poder e política, 122-143
    tomada de decisões, 180-207
Toyota, 181
TPT (Teste de Percepção Temática), 74
trabalho em turnos, 260-261
Transmissão informal de informações (*grapevine*), 305-306
Travelers Insurance, 108
treinamento, 353-355, 374-375
    em laboratório, 375
    de sensibilidade, 374-375
    grupal T, 374-375
    intercultural, 353-355
Triandis, Harry, 354
Trumbo, D., 154
Trump, Donald, 123
Tversky, Amos, 187
Twain, Mark, 90

| U |

Udall, Steward, 122
unidade de comando, 318-320
University of Illinois, 354
University of North Carolina, 209
University of South Carolina, 345

| V |

Valenzi, E., 22
valores e normas, 344
valorização, 79-81
Valvoline, 95
Van Fleet, J. K., 170
Van Maanen, John, 259
vantagem situacional, 159
variação, 326
variáveis associadas a parâmetros, 377
    sobrecarga de funções, 260
    sobrecarga de informações, 303-304
variáveis associadas a parâmetros *versus* associadas a processos, 377
variáveis associadas a processos, 377-378
variedade de aptidões, 106
Vecchio, Robert P., IV, 343
Velásquez, Manuel, 137
verificação, 200
viés, 18, 44, 303
viés da percepção tardia, 18
    aumento da motivação (reconhecimento, metas,
        expectativas e *empowerment*), 90-120
    conseqüências, 50-69

conceitos fundamentais, 2-23
motivação, 70-89
mudança do comportamento do empregado por meio das
personalidade e percepção, 24-49
visão de conjunto e resumo, 50-52, 66-67
viés em proveito próprio, 44
viés perceptivo, 303
violência e agressão no local de trabalho, 262
Virgílio, 290
visão de conjunto e resumo. *Veja também os tópicos individuais*
    de estrutura e dinâmica organizacionais,290-292, 307-308, 312-314, 332-333, 338-340, 355-356, 362-364, 379-380
        comunicação, 290-290, 307-308
        estrutura organizacional e influênciasambientais, 312-314, 332-333
        gerenciamento da mudança e do desenvolvimento organizacionais, 362-364, 379-380
        influências culturais, 338-340, 355-356
    dos processos individuais, 2-4,19-21, 24-26, 44-46, 50-52, 65-67, 70-72, 86-87, 90-92, 115-116
        aumento da motivação (reconhecimento, metas,
            expectativas e *empowerment*), 90-92, 115-116
        conceitos fundamentais, 2-4, 19-21
        mudança de comportamento dos empregados
            por meio das conseqüências, 50-52, 65-67
        motivação, 70-72, 86-87
        personalidade e percepção das pessoas, 24-26, 44-46
    dos processos interpessoais, 122-124, 140-141, 144-148, 171-172, 180-182, 202-204, 208-210, 224-225, 228-230, 244, 250-252, 276-278
        dinâmica de grupo, 208-210, 224-225
        gerenciamento de conflito, 228-230, 250-252
        gerenciamento de estresse e satisfação no trabalho, 250-252, 273-276
        liderança, 144-147, 171-172
        poder e política, 122-124, 140-141
        temas relacionados a decisões, 180-182, 202-204
Volvo, 104
Von Oech, Roger, 201
Vroom, Victor H., 79, 165-167

| W |

Waddams, Milton, 209
Waite, Melissa, 226, 334, 357
Waksal, Sam, 157
Wal-Mart, 59, 145
Wall Street Journal, 34
Warner Memorial Hospital, 142
Waterman, Jr., R. H., 12
Watson, John, 53
Weinstein, Matt, 80
Wells Fargo, 97
Wendy's, 327
Westinghouse, 109
Weyerhauser, 267
Whitefield, Lydia, 291

Why Decisions Fail (Berrett - Koehler), 181
Williams, Jeff, 308-309
Willis, G., 266
Willis, Mark, 356
Wilson, Earl, 50
Winfrey, Oprah, 127
Wolff, E., 346
Woods, Tiger, 127
Woodward, Joan, 330-331
Workplace Bullying and Trauma Institute, 266

| X |

Xerox Corporation, 54, 111, 376

| Y |

Yale University, 79, 138, 149
Yetton, Phillip W., 144, 165-166
You're Too Kind: A Brief History of Flattery Stengel, 123

| Z |

Zaslow, J., 133
Zellner, W., 59
zona íntima, 301
zonas (espaço pessoal), 301-302
zonas públicas, 302
zonas sociais, 301

Impressão e acabamento:

tel.: 25226368